① **Grabfeld, Werratal und Thüringer Rhön**

② **Der Thüringer Wald**

③ **Thüringer Schiefergebirge und Saaletal**

④ **Thüringer Städte an der Via Regia**

⑤ **Der Norden**

⑥ **Der Osten**

Nachlesen & Nachschlagen

Wandern in Thüringen

Unterwegs mit

Heidi Schmitt

1963 in Nürnberg geboren. Schreiben, Reisen und Kunst bestimmen die kreative Arbeit von Heidi Schmitt. Die freie Publizistin studierte Theater- und Medienwissenschaften an der Universität Erlangen-Nürnberg und war Redakteurin der Neuen Presse Coburg. Im Michael Müller Verlag sind ihre Reiseführer „Thüringen" und „Dänemark Nordseeküste" erschienen. Zu ihren abenteuerlichsten Welt-Reisen gehören Australien und Mexiko.

Die Mayas wussten, was sie taten, als sie ihre Pyramiden so hoch bauten, dass sie oben ein Stück über das Blätterdach hinausreichen. Klettert man dort hinauf, entkommt man dem dampfenden Dschungel, und mit der frischen Brise fühlt man sich der Welt entrückt. Das gleiche befreiende Erlebnis hatte ich auf dem Baumkronenpfad hoch über dem Urwald des Hainich, nur dass die Kletterei dort kein bisschen halsbrecherisch war! Thüringen, das „grüne Herz Deutschlands", hält viele solche Naturerfahrungen bereit. Schon bei den Recherchen für dieses Buch war Thüringen für mich oft ein grünes Erlebnis: zu Fuß und mit Skiern den Rennsteig entlang, mit dem Fahrrad durchs Werratal, platsch hinein in die herrlichen Seen, nachdenklich am „Grünen Band".

Mich wundert nicht, dass Goethe auf dem Kickelhahn beim Blick über die „dampfenden Thäler" dichterische Höhenflüge hatte und Luther „im Reich der Vögel" auf der Wartburg seine Bibelübersetzung nur so zuflog. Burgen, Paläste, Kirchen, Natur, Theater, Kunst und viel(e) Geschichte(n) – Thüringen ist einfach inspirierend. Und wenn der Geist mal lahmte, gaben Bratwurst, Brätel & Co. neue Energie. Beim Blick in Thüringer Töpfe durfte ich auch erfahren, wo die berühmten Klöße „Hütes" heißen und wo man Goethes, Schillers und Luthers Leibspeisen heute noch genießen kann.

Was haben Sie entdeckt?

Haben Sie ein gemütliches Lokal gefunden, einen schönen Weg erwandert, eine Attraktion oder ein besonderes Museum entdeckt? Wenn Sie Ergänzungen, Verbesserungen oder Tipps zum Buch haben, lassen Sie es uns bitte wissen! Schreiben Sie an: Heidi Schmitt, Stichwort „Thüringen"
c/o Michael Müller Verlag GmbH | Gerberei 19, D – 91054 Erlangen
heidi.schmitt@michael-mueller-verlag.de

Thüringen

Heidi Schmitt

2. komplett überarbeitete und aktualisierte Auflage 2020

Inhalt

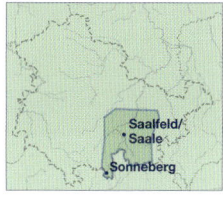

Thüringer Schiefergebirge und Saaletal ▪ 112

Im Schiefergebirge lohnt sich ein Besuch der Glasstadt Lauscha und des Spielzeugmuseums Sonneberg. Das Saaletal lockt mit Schloss Heidecksburg, Leuchtenburg und Schloss Burgk sowie dem „Thüringer Meer".

Thüringer Städte an der Via Regia ▪ 158

Die Top-Highlights Thüringens sind in den Städten zu sehen, darunter die Wartburg in Eisenach, Schloss Friedenstein in Gotha, Dom und Krämerbrücke in Erfurt sowie das Goethe-Haus in Weimar. Wer Kultur und Shopping verbinden möchte, ist hier richtig.

Der Norden ▪ 274

Das Kyffhäuser-Denkmal, das „Bauernkriegs-panorama" in Bad Frankenhausen und der Baumkronenpfad im Hainich-Urwald setzen hier Akzente. Ebenso empfiehlt sich ein Bummel durch Mühlhausen und durch die Themengärten von Bad Langensalza.

Der Osten ▪ 318

In der Fleckerlteppichlandschaft sind hübsche Bauwerke wie die Osterburg in Weida und die Schlösser in Greiz zu finden. Modernes Zentrum ist die Otto-Dix-Stadt Gera. Die Skat-Stadt Altenburg wird vom Residenzschloss und vielen Türmen überragt.

Nachlesen & Nachschlagen ■ 354

Wandern in Thüringen ■ 384

8 Wanderungen | Übersicht ab Seite 386
GPS-kartierte Touren sind mit dem Symbol ᴳᴾˢ gekennzeichnet. Download der GPS-
Tracks inkl. Waypoints unter http://mmv.me/47560

Verzeichnisse ■ 416

Was haben Sie entdeckt?

Haben Sie ein gemütliches Lokal gefunden, einen schönen Weg erwandert, eine
Attraktion oder ein besonderes Museum entdeckt? Wenn Sie Ergänzungen,
Verbesserungen oder Tipps zum Buch haben, lassen Sie es uns bitte wissen!
Schreiben Sie an: Heidi Schmitt, Stichwort „Thüringen"
c/o Michael Müller Verlag GmbH | Gerberei 19, D – 91054 Erlangen
heidi.schmitt@michael-mueller-verlag.de

✎ nachhaltig, ökologisch, regional

meinTipp Die besondere Empfehlung unserer Autorin

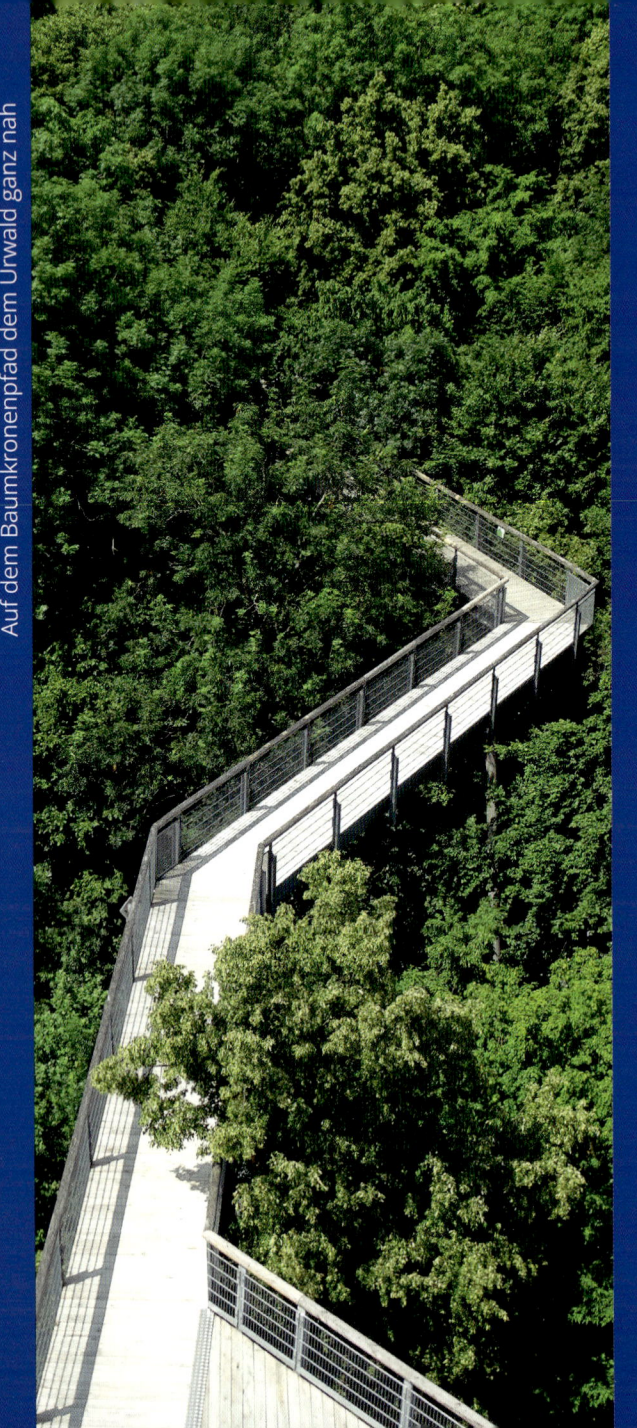

Auf dem Baumkronenpfad dem Urwald ganz nah

Orientiert

in Thüringen

Die Region im Profil

Thüringen ist …

Kultur und Natur bietet Thüringen reichlich. Top-Ziele wie Weimar und die Wartburg locken ebenso wie Konzerte im Bergwerk oder eine Rennsteig-Tour.

Bundesland Thüringen:
- Fläche: 16.172,50 km²
- Einwohner: 2.143.145
- Landeshauptstadt: Erfurt

… das „grüne Herz" Deutschlands

So lautet Thüringens Ehrentitel, und in der Tat kann man zwischen Rhön, Thüringer Wald und Harz, zwischen Werra und Saale die Natur von ihrer schönsten Seite erleben, kann ursprüngliche Wälder, malerische Täler, wilde Schluchten und vieles mehr entdecken. Einer der landschaftlichen Höhepunkte ist das UNESCO-Weltnaturerbe Hainich mit seinen uralten Buchenwäldern.

… ein Bundesland in der Mitte

Ein Gedenkstein markiert Deutschlands „exakten Mittelpunkt" in dem Dorf Niederdorla. Der Streit darum war groß, denn auch andere Thüringer Orte wollten gerne im Mittelpunkt stehen. Die Nachbarn tragen es mit Fassung: Eingerahmt wird Thüringen von den Bundesländern Bayern, Hessen, Niedersachsen, Sachsen-Anhalt und Sachsen.

… Stein gewordene Geschichte

Thüringen ist ein uraltes Siedlungsgebiet, in dem die Menschen jede Menge steinerne Spuren hinterlassen haben. So erinnert die riesige Steinsburg bei Römhild an die Kultur der Kelten. Weit mehr bauliche Relikte findet man naturgemäß aus späteren Zeiten, insbesondere aus Mittelalter und früher Neuzeit, als viele ehemals kleine Marktflecken wegen Thüringens günstiger Lage an den Handelswegen zu reichen Städten heranwuchsen. So umgab sich die Reichsstadt Mühlhausen mit einer mächtigen Mauer und strebte mit 59 Türmen himmelwärts. Eisenach verfügte gleich über drei verschiedene Märkte und in Erfurt siedelten sich die Händler auf der Krämerbrücke an. Auch imposante Kirchenbauten hat die Zeit hervorgebracht, etwa den Dom St. Marien in Erfurt oder die ehemalige

Stiftskirche von Altenburg. Wahrzeichen der Stadt sind die „Roten Spitzen"

… das Land der Burgen und Schlösser

Thüringens Geschicke wurden von zahlreichen Landesherren gelenkt, die ihre Machtansprüche mit Burgen und Schlössern untermauerten. Das absolute Burgen-Highlight ist die auf der UNESCO-Weltkulturerbe-Liste geführte Wartburg in Eisenach, die einst dem verfolgten Reformator Martin Luther Schutz bot. Es lohnt sich aber auch, die kleineren Burgen zu besuchen, etwa die Veste Heldburg mit dem Deutschen Burgenmuseum, die „Drei Gleichen" bei Gotha oder die Osterburg in Weida. Wer die Saale entlangreist, sollte sich Schloss Burgk und die riesige barocke Anlage von Schloss Heidecksburg in Rudolstadt nicht entgehen lassen.

… geprägt von Dichtern und Denkern

Inbegriff der Thüringer Kultur ist die „Weimarer Klassik", die vor allem von Goethe und Schiller geprägt wurde. Die ganze Stadt mit Goethehaus, Schillerhaus oder der nach einem verheerenden Brand aufwendig restaurierten Anna Amalia Bibliothek ist ein lebendiger Erinnerungsort an diese Epoche der deutschen Kunst und Literatur. Die musikalische Spur des Komponisten Johann Sebastian Bach beginnt in Eisenach und lässt sich über Arnstadt und Mühlhausen bis nach Weimar verfolgen. In Erfurt startete Martin Luther als Jura-Student, wurde Mönch im Augustinerkloster und bekam dort das Rüstzeug, das ihn für eine Erneuerung der Kirche eintreten ließ. Die Thüringer Lutherstätten wie das Luther-Museum in Eisenach oder das Lutherhaus in Schmalkalden erzählen seine Geschichte.

… auch eine Grenz-Erfahrung

Die Abriegelung der Grenze in den 1960er-Jahren und ihr Ausbau zum „Todesstreifen" mit Minengürtel, Stacheldraht, Wachtürmen und Schießbefehl traf Thüringen besonders hart. Wie eine Mauer ganze Familien auseinanderriss, kann man im deutschdeutschen Museum Mödlareuth nachvollziehen. Am „Point Alpha" bei Geisa war der Kalte Krieg am heißesten: Hier lagen sich US-Soldaten und DDR-Truppen Auge in Auge gegenüber. Heute ist die 743 km lange ehemalige Grenze ein „Grünes Band" und einzigartiges Biotop.

… eine Region voller Genüsse

Thüringer Bratwurst und Thüringer Klöße sind die Klassiker der thüringischen Küche. Thüringer Weißbier wird schon seit alters her in Arnstadt gebraut, dunkler Gerstensaft sprudelt in Bad Köstritz. Und der Saale-Wein gedeiht an den sonnigen Hängen des Saale-Tals. Für feines Nougat ist Schmalkalden bekannt.

Burgen und mehr

Erlebnis Kultur

Die reiche Geschichte Thüringens fand ihren Niederschlag in Kunst und Architektur von Weltformat. Ein Eldorado für KultUrlauber ...

■ Landkultur: von Backhaus bis Windmühle im Freilichtmuseum Hohenfelden → S. 250

■ Ostalgie: Trabi, Wimpel und Sandmännchen in der Museumsbaracke Olle DDR in Apolda → S. 254

Lebendige Geschichte

Bei einer Fahrt durch Thüringen reist man wie in einem aufgeschlagenen Geschichtsbuch. Das Mittelalter wird entlang der Thüringer Städtekette mit Eisenach, Gotha, Arnstadt, Erfurt, Weimar und Jena auf Schritt und Tritt lebendig ebenso wie die Epochen der Reformation, Klassik und Moderne. Spuren früher Kulturen erlebt man besonders eindrucksvoll im Museum Steinrinne bei Bilzingsleben und im Opfermoor Vogtei bei Niederdorla. Das meistbesuchte Denkmal Thüringens ist das 81 m hohe Kaiser-Wilhelm-Nationaldenkmal (→ S. 310) auf dem Kyffhäuser.

Großartige Baukunst

Wer Thüringen besucht muss die Wartburg (→ S. 174) gesehen haben. Sie ist UNESCO-Welterbe und einer der besterhaltenen romanischen Profanbauten nördlich der Alpen. Ein wunderbares Beispiel romanischer Kirchenarchitektur ist die Liebfrauenkirche in Arnstadt (→ S. 195). Die spätgotische Stadtkirche St. Michael in Jena zeigt bauliche Finessen wie die Prozessionskavate und das Brauttor. Ein Meisterwerk barocker Gestaltungslust ist die Schlosskirche Eisenberg.

Prachtvolle Schlösser

Zahlreiche Bilderbuchschlösser mit glanzvollen Kunstsammlungen wollen entdeckt werden. Besonders sehenswert sind Schloss Belvedere bei Weimar (→ S. 250), Schloss Elisabethenburg in Meiningen, Schloss Wilhelmsburg Schmalkalden, die Dornburger Schlösser bei Jena und die Schlösser in Greiz.

Handwerkskunst

Viele Dörfer und Städtchen haben sich mit schmuckem Fachwerk herausgeputzt. Besonders schön erhalten ist das Altstadtensemble in Schmalkalden (→ S. 82), aber auch das Gradierwerk in

Bad Salzungen ist ein Paradestück des Fachwerkbaus. Handwerkskunst ganz anderer Art ziert das Schloss Sondershausen. Hier sind meisterhafter Knorpelwerkstuck und ein Saal voller geschliffener Kalksteinplättchen zu bestaunen, der liebevoll das „thüringische Bernsteinzimmer" genannt wird. Glaskunst aus dem Thüringer Wald ist weltberühmt und wurde bis in die USA exportiert. Ein Besuch in der Glasbläserstadt Lauscha (→ S. 120) mit Künstlerateliers und Glasmuseum eröffnet diese farbenfrohe Welt.

Museen zum Mitmachen

Im Bachhaus Eisenach (→ S. 165) kann man die Welten des Musikgenies Johann Sebastian Bach sehen, hören und sogar betreten. In den Porzellanwelten auf der Leuchtenburg bei Kahla (→ S. 144) wird in szenischen Bildern die Erfindung und die historische Bedeutung von Porzellan auf unterhaltsame Weise präsentiert.

Industrie-Kultur

Bergbau prägt viele Regionen Thüringens. Einblick in die Eisenverhüttung im 19. Jh. ermöglicht das Technische Museum Neue Hütte bei Schmalkalden. Alte und neue Wunderwerke aus Blech und Lack bewundern Motorfans in der Automobilen Welt Eisenach (→ S. 167). Im Glocken- und Stadtmuseum Apolda klingen den Besuchern die Ohren: Die Besucher dürfen die einst hier gegossenen Glocken anschlagen. Im Meininger Dampflokwerk schnaufen noch heute uralte Stahlrosse.

Besondere Sammlerstücke

In den Thüringer Museen sind herrliche Beispiele der Sammlerleidenschaft zusammengetragen. Ganz eigene Welten bieten die Fantasiewelt „Rococo en miniature" auf der Heidecksburg Rudolstadt (→ S. 140) und die barocke Figurensammlung „Mon plaisir" im Schloss Arnstadt.

Meister der Moderne

Im kubischen Bau des neuen Bauhaus-Museums (→ S. 234) in Weimar fanden die epochemachenden Arbeiten der Bauhauskünstler wie Wilhelm Wagenfeld, Paul Klee und Lyonel Feininger eine neue Heimat. Eine moderne Auseinandersetzung mit einem historischen Stoff und zudem ein Werk der Superlative ist das 14 x 123 m große Bauernkriegspanorama von Werner Tübke in Bad Frankenhausen (→ S. 313).

Treffpunkt Theater

Im herzoglichen Theater in Meiningen wurde das moderne Regietheater erfunden, heute bietet der Spielplan Vielfalt von Oper bis Puppentheater. Die Bühnenmaschinerie im barocken Ekhof-Theater in Gotha (→ S. 180) wird bei Aufführungen noch regelmäßig in Betrieb gesetzt. Im Deutschen Nationaltheater Weimar wirkten Goethe und Schiller, heute ist das Staatstheater Thüringens Bühne Nummer eins.

Stadt, Land, Fluss

Natur erleben

Grünes Gebirge, blaue Stau-
seen, goldenes Flachland –
Thüringen strahlt in vielen
Farben. Landschaft, Tier- und
Pflanzenwelt warten auf ihre
Entdeckung.

■ Mäh: das nette Rhönschaf
übernimmt die Pflege des
Kalkmagerrasens → S. 52

■ Flattrig: an der Hängebrücke am
Kobersfelsen seltene Schmetterlinge
sehen → S. 408

■ Uralt: die Betteleiche im Hainich
wartet seit mehr als 800 Jahren auf
Selfies → S. 414

Nationalparks bestaunen

Fast 1000 m hohe Berge, die Kornkammer im weitläufigen Thüringer Becken,
romantische Flusstäler, gewaltige Stauseen sowie Wälder, die ein Drittel der
Landesfläche ausmachen – Thüringen
hat viel Natur zu bieten.

Intensive Nutzung für Forst, Landwirtschaft und Energiegewinnung, das
ist die eine Seite. Doch Thüringen weist
auch acht nationale Naturlandschaften
aus: das UNESCO-Biosphärenreservat
Rhön, den Naturpark Thüringer Wald
mit dem UNESCO-Biosphärenreservat
Thüringer Wald, den Naturpark Thüringer Schiefergebirge-Obere Saale, das
UNESCO-Weltnaturerbe Nationalpark
Hainich und die Naturparks Eichsfeld-
Hainich-Werratal, Kyffhäuser und Südharz. Hier hat die Natur Vorrang vor
dem Menschen. Vor allem in Wanderstiefeln kann man sich ihr behutsam
nähern. Erläuterungen zur Tier- und
Pflanzenwelt bekommt man bei geführten Touren von Rangern, z. B. im Biosphärenreservat Thüringer Wald
(→ S. 70). Auf dem Baumkronenpfad
im Nationalpark Hainich (→ S. 282)
wird den Besuchern das Ökosystem
Wald erklärt. Besonders schön ist dort
ein Besuch im Frühjahr, wenn der
Waldboden mit Teppichen von Frühblühern bedeckt ist, oder im Herbst, um
den goldgelben „Indian Summer" zu
erleben.

Tiere beobachten

Mit geschätzten 55.000 Tier- und
Pflanzenarten ist Thüringen eines der
artenreichsten Bundesländer. Die
Nationalparks und Reservate bieten
Rückzugsräume selbst für gefährdete
Spezies.

Im Nationalpark Hainich ist die
scheue Wildkatze (→ S. 283) wieder
heimisch geworden. Auch die gefähr-

dete *Gelbbauchunke* findet im Hainich ihre Tümpelchen.

Im Thüringer Wald sollen einzelne *Wölfe* leben und im Harz streunt der *Luchs*. *Fischotter, Biber, Schwarzstorch, Wanderfalke* und *Uhu* sind ebenso wieder zu finden wie die seltene *Kleine Hufeisennase* und andere Fledermausarten.

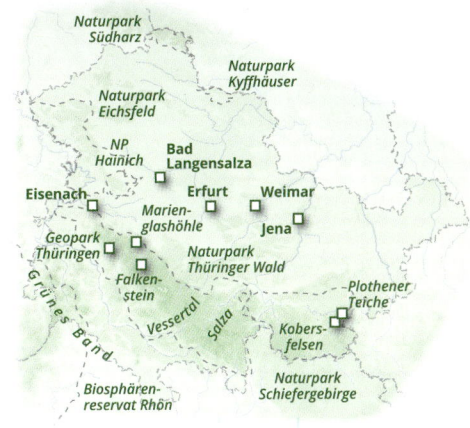

Das Vessertal gibt *Baummarder, Iltis* und *Rothirsch* Heimat. An den Plothener Teichen kann man im Frühjahr und Herbst das „Starenwunder" (→ S. 156) beobachten.

743 km lang ist Thüringens „Grünes Band". Der ehemalige Grenzstreifen ist heute ein Biotop, in dem man beim Wandern Braunkehlchen, Wanstschrecke, Rotmilan und *Silberdistel* sehen kann.

Fels und Tal

Als typische geologische Formation findet man im Thüringer Wald „Rotliegendes", also stattliche Felsen in rötlicher Färbung. Wildromantisch ist eine Wanderung in die Drachenschlucht (→ S. 409) bei Eisenach. Schöne Felsformationen findet man bei Tambach-Diethartz wo der Falkenstein (→ S. 398) 96 m aufragt und Wanderfalken Nistplätze bietet.

Gebändigte Natur: Parks

Auch die Städte verfügen über grüne Oasen, die entdeckt werden wollen. Den Park an der Ilm in Weimar (→ S. 232) wusste schon Goethe zu schätzen. Den Botanischen Garten in Jena (→ S. 262) mit 10.000 Pflanzenarten hat der Geheimrat sogar selbst konzipiert. Eine Gartenmeile in Bad Langensalza (→ S. 278) lockt Gartenliebhaber mit elf Parks und Themengärten, darunter ein Japanischer Garten und ein üppiger Rosengarten. Der Egapark in Erfurt (→ S. 223) ist mit über 36 Hektar einer der großen Garten- und Freizeitparks Deutschlands. Er ist Teil der Bundesgartenschau 2021, mit der sich das Stadtgebiet Erfurt noch mehr begrünen wird.

Phänomenale Geologie

Zwischen Inselsberg und Drei Gleichen können sich Hobbygeologen und -botaniker im Geopark Thüringen über geologische Phänomene wie Badlands, Fossilien oder Höhlen informieren. Bis zu 90 cm lange Gipskristalle hängen von der Decke der Marienglashöhle in Friedrichroda (→ S. 100). Einblick in ein 258 Millionen Jahre altes tropisches Riff erhält man in der Altensteiner Höhle (→ S. 94). In der mit 2 km längsten Höhle Thüringens wurden Knochen des Höhlenbären Ursus spelaeus gefunden. Weiter östlich grassiert der Goldrausch: Das Flüsschen Schwarza ist einer der goldreichsten Flüsse Deutschlands, dort kann man unter fachkundiger Anleitung Gold waschen wie am Klondike (→ S. 130).

Im Sommer und Winter

Aktiv in Thüringen

Rennsteig, Downhill, Paddel-
touren oder Jedermann-
Skispringen – in Thüringen
kommen Actionsportler und
Genuss-Aktive abwechslungs-
reich in Bewegung.

■ Knackig: der GutsMuths-Rennsteiglauf gilt als einer der schwie-
rigsten Marathons

■ Aussichtsreich: 18 Löcher golfen
in Schlagweite der Wartburg bei
Eisenach

■ Erfrischend: die Skihalle in Oberhof
beschert auch im Sommer Schnee
zum Langlaufen

Wandern

Auf bestens gepflegten Wanderwegen
kann man ganz Thüringen erwandern.

Bekanntester Weitwanderweg ist der
Rennsteig (→ S. 60). Von Hörschel bei
Eisenach bis Blankenstein an der Saale
sind auf dem Hauptkamm des Thürin-
ger Waldes 170 km in einzigartiger
Natur zu erleben.

Der Thüringenweg (410 km) verbindet Ost- und Westthüringen von Altenburg bis Creuzburg.

Entlang der Stationen, die der Reformator Martin Luther im 16. Jh. in
beruflicher Mission und auf der Flucht
vor kaiserlicher Verfolgung in Mitteldeutschland gegangen ist, treffen sich
auf dem Lutherweg (900 km) Pilger
und Wanderer.

Thüringens Urwald, den Hainich,
umrundet der Hainichlandweg ab/bis
Weberstedt (130 km).

Der Barbarossa-Wanderweg (332 km)
führt von Korbach in Hessen über Sondershausen und Bad Frankenhausen
bis zum Kyffhäuserdenkmal.

Eine Etappenwanderung rund um
Jena lässt sich auf der Saale-Horizontale absolvieren (71 km).

Radfahren

Etappenradler finden in Thüringen gemütliche Genussstrecken und anspruchsvolle Bergtouren. Auf dem Radfernweg Thüringer-Städtekette (230 km)
lernt man alle kulturellen Highlights
von Eisenach über Gotha, Erfurt,
Weimar, Jena und Gera bis Altenburg
kennen. Entschleunigung versprechen
der Werratal-Radweg (306 km), der
Saale-Radweg (403 km) und der Elster-
radweg (250 km). Mountainbiker finden anspruchsvolle Routen besonders
im Thüringer Wald. Der Rennsteig-
Radwanderweg (200 km) führt am
Kamm des Mittelgebirges entlang.

Baden und Wassersport

Schwimm- und Freibäder finden sich meist in noch so kleinen Gemeinden. Tolle Wasser-Erlebnis-Welten gibt es hier: Saalemaxx (→ S. 142) in Rudolstadt (zahlreiche Rutschen, u. a. Free Fall mit 45 % Gefälle), Badewelt Waikiki in Zeulenroda, GalaxSea-Freizeitbad in Jena, Tabbs in Tabarz.

Die 80 km lange Wasserfläche der Saalekaskade (→ S. 151) wird nicht umsonst „Thüringer Meer" genannt. An den Talsperren Bleiloch und Hohenwarte findet man alles, was im Sommer Spaß macht: schöne Badestrände, Bootsverleihe, Windsurfreviere, Tauchsport, Ausflugsschifffahrt, Tube und Wasserski – und ruhige Buchten für Angler. An der Talsperre Zeulenroda gibt es einen schönen Sandstrand zum Baden und Wassersport von Bootfahren bis Tauchen.

Klettern

Die Landeshauptstadt Erfurt bietet Indoor-Kletterspaß in der Kletterhalle im Blockpark. Die größte Kletterhalle Thüringens ist das Rocks Kletterzentrum Jena mit 1550 m² Kletterfläche. Klettern in freier Natur kann man in der „Rabenschüssel" bei Jena-Lobeda und am größten freistehenden Felsen Thüringens, dem 96 m hohen Falkenstein im Thüringer Wald bei Tambach-Diethartz. Fast in allen Regionen gibt es inzwischen attraktive Hochseilgärten, z. B. Kletterwald Saalburg, Kletterwald Tabarz, Woodjump Oberhof und Kletterwald Hohenfelden. Den „tiefsten" Hochseilgarten findet man im Erlebnisbergwerk Merkers (→ S. 49) 500 m unter der Erde.

Action-Sport

Downhill mit Seilbahnaufstieg ist im Bike-Park der Skiarena Silbersattel (Foto) möglich. In Steinach bekommen Mutige beim Skiflug mit dem Skiflyer (→ S. 119) ganzjährig ihren Adrenalinkick. Mit einem Sommerbob auf Rollen rast man in der Sommersaison die Oberhofer Rennschlitten- und Bobbahn hinab.

Wintersport

Im Thüringer Wald hat Wintersport Tradition und so stammen viele Olympiasieger und Weltmeister von dort. Leistungssport vom Langlauf über Rodeln bis Skisprung wird rund um Oberhof (→ S. 73) groß geschrieben. Insgesamt finden auch ganz normale Langläufer und Skater 1600 km bestens hergerichtete Loipen und Skiwanderwege vor. Die schönsten Skipisten gibt es in der Skiarena Silbersattel und in der Skiarea Heubach. Wer noch mehr Winterspaß sucht, findet ihn beim Hundeschlittenfahren, Rodeln, Snowtubing, Snowkiten, Schlittschuhlaufen und Schneeschuhwandern. In der Thüringer Rhön bieten die vier Skigebiete Dermbach, Hohe Geba, Hohe Rhön und Oberes Feldatal 95 km Skiwanderwege. Der Einzelschlepplift Träbes befördert Alpinskifahrer auf den Gebaberg.

Familienurlaub

Thüringen mit Kindern

Spiel, Spaß und Abenteuer können Familien in allen Regionen
erleben. Draußen und drinnen
gibt es viele Aktivitäten, die
nichts kosten.

- Retro: ein historischer Sandstein-
bergbau wurde zur Märchenhöhle
Walldorf → S. 36
- Cool: Schlittschuhlaufen und
Eislaufdisco im Eissportzentrum
Erfurt → S. 213
- Elegant: schwimmen wie Meerjung-
frauen können Kinder im Ottlilienbad
Suhl → S. 67

Kinderland

Zelten, Angeln, Stockbrot backen oder
durch die Wasserrutsche düsen – in
Thüringen möchte man noch einmal
Kind sein. Man muss nicht unbedingt
tief in die Tasche greifen: umsonst und
draußen findet die Rasselbande viele
Spiel-Räume. Kurze Radtouren und
leichte Familienwanderungen wie auf
dem Märchen-Natur-Pfad Feensteig im
Hainich oder zur Werraquelle bei Masserberg (→ GPS-Tour S. 395) gibt es
viele. Selbst der Rennsteig ist für Kinder gerüstet, in den Orten Hörschel,
Oberhof, Neuhaus am Rennweg und
Blankenstein steht je ein Rennsteig-
Schuh zum Rutschen, Spielen und Klettern. Im Winter nimmt man den Schlitten mit für fröhliche Rutschpartien. Im
Sommer sorgen Sommerrodelbahnen
wie in Saalburg und Ruhla für Kreisch-
Alarm. Schönster Innen- und Außen-
spielplatz ist die Kindererlebniswelt
Rumpelburg (→ S. 280) in Bad Langensalza – und das bei jedem Wetter.

Pädagogik kindgerecht

Museen, Burgen und Schlösser lassen
sich mit kindgerechten Guides erkunden oder begeistern Kids durch Mit-
mach Veranstaltungen. Das Stadtmuseum Flohburg in Nordhausen
(→ S. 301) macht mit seinen Spielsta-
tionen vor, wie kindgerechte Vermittlung musealer Inhalte gelingen kann.
Neben günstigen Eintrittskarten für
Kinder bekommt man in vielen Museen
auch reduzierte Familientickets. Im
Rahmen seiner Museumspädagogik
bietet das Angermuseum in Erfurt
jeden Mittwoch um 13 Uhr kostenlos
die „Kunstpause am Mittag" an, bei der
in zehn Minuten ein Ausstellungsstück
und seine Geschichte erklärt wird.
Einer der wichtigsten Erzieher stammt
aus Thüringen: An Friedrich Fröbel,
den „Erfinder" des Kindergartens, erinnert das Fröbel-Museum in Bad Blankenburg (→ S. 131). Die von ihm erfun-

denen Spiel- und Bastelgaben kann man im Spielzimmer oder bei Seminaren ausprobieren.

Märchenhafte Welten

Die zauberhafteste aller Höhlen findet man in den Feengrotten Saalfeld (→ S. 136). In die farbenreiche Höhle geht es mit „Zwergen-Führungen". Im Feenweltchen können die Kleinen in die magische Welt der Elfen, Trolle und Kobolde eintauchen (Foto). Der Walderlebnispfad vermittelt spielerisch Wissen um den Wald und seine Bewohner. Im *Märchenwald Saalburg* sind beliebte Märchenfiguren zu liebevoll ausgestatteten Szenen arrangiert worden. Und im *Zwergenpark Trusetal* wimmeln tausende Wichtel durch eine schöne Gartenanlage.

Natur und Tiere

Im Erfurter Zoopark (→ S. 224) sind mehr als 1000 Tiere zu sehen – in den begehbaren Gehegen wie Känguruland, Hirschwald und Streichelzoo kann man ihnen ganz nahe kommen. Im *Affenwald Straußberg* bei Sondershausen lernt man Berberaffen, Varis und Kattas kennen. Bunte Unterwasserwelten präsentiert das Meeresaquarium Zella-Mehlis (→ S. 71). Besondere Attraktion sind die riesigen Haibecken und das Krokodilhaus. Im *Exotarium Oberhof* kann man Schlangen, Spinnen und Warane gefahrlos beobachten. Heißer Tipp für Pferdemädchen und -jungs ist das Haflinger-Gestüt Meura mit diversen Angeboten für Reitsport.

Spielen und Lernen

Das Deutsche Spielzeugmuseum Sonneberg (→ S. 115) zeigt historische und moderne Puppen, Bären und andere Spielzeuge, es gibt Spielecken und eine Museumsrallye. Spannend für kleine Forscher ist die Explorata Mitmachwelt Zella-Mehlis, wo sie physikalischen Phänomenen durch Ausprobieren auf den Grund gehen können.

Freizeitparks

Die Thüringer Freizeitparks sind klein und gemütlich. Action und Spaß erleben Kids im Funpark Inselsberg (→ S. 91) mit dem Wie-Flyer, Rennsteig-Fox, Abenteuerspielplatz und anderen Attraktionen. Im Freizeitpark *Mini-a-thür* bei Ruhla sind Thüringer Sehenswürdigkeiten als Modelle im Maßstab 1:25 zu sehen, außerdem gibt es Kindereisenbahn, Modellbootanlage und Spielplatz.

Theater und Kino

Puppentheater hat Tradition und wird auch heute noch gepflegt. Das Theater Waidspeicher in Erfurt bietet einen abwechslungsreichen Spielplan für Leute ab vier Jahren. Auch das Theater Meiningen (→ S. 32) hat eine Puppentheatersparte, die sehenswerte Inszenierungen herausbringt. Beim Kinderfilmfestival Goldener Spatz in Erfurt können Kinder nicht nur die neuesten Kino- und TV-Produktionen ansehen, sondern auch mit Regisseuren und Schauspielern ins Gespräch kommen.

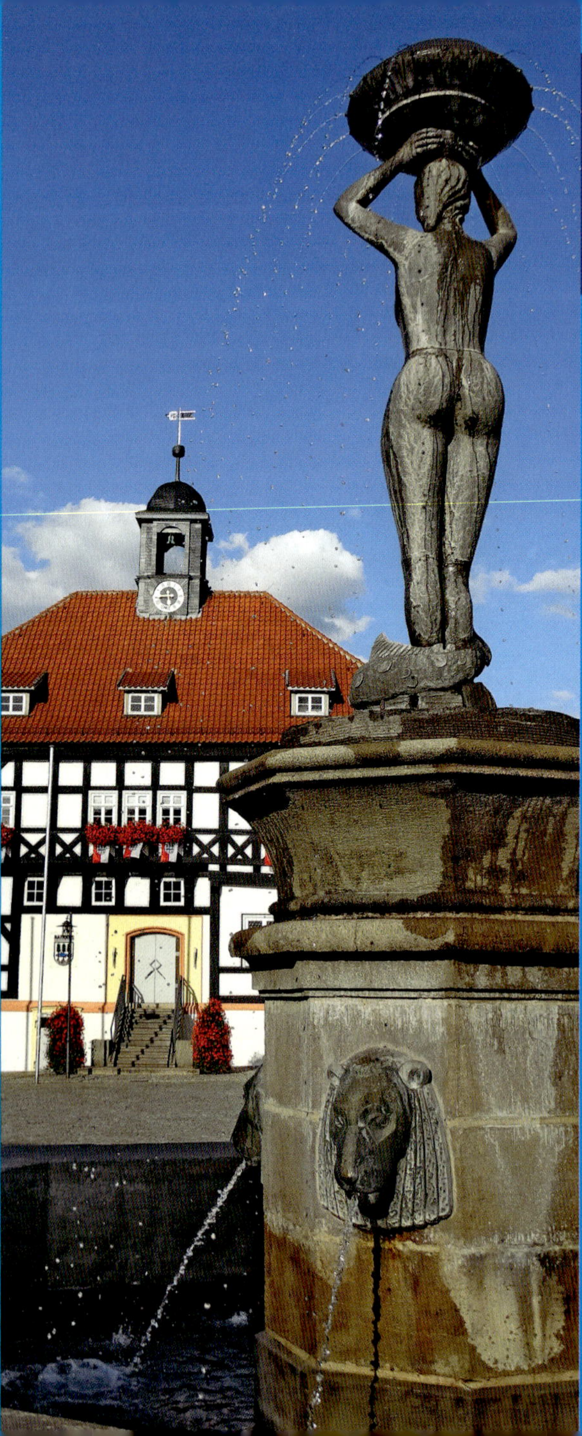

Die Muschelminna in Waltershausen

Unterwegs

in Thüringen

Grabfeld, Werratal und Thüringer Rhön

Den Südwesten zwischen Thüringer Wald und Thüringer Rhön dominieren weite, stille Landschaften. Hübsche Städte wie das Theatermekka Meiningen und der Kurort Bad Salzungen bieten willkommene Abwechslung.

■ Dunkelgräfin: In Hildburghausen versteckte sich die Tochter des Franzosenkönigs Ludwig XVI.

■ Hütesholle: Frau Holle schenkte den Meiningern das Rezept für die Klöße, die hier „Hütes" heißen.

Tief im Westen des Freistaats erwartet den Besucher eine Region voll spannender Gegensätze. Die Werra markiert die Haupt-Siedlungsachse am Westrand des Thüringer Waldes. Der Fluss hat ein liebliches Flusstal geformt, in dem sich die größeren Städte der Region finden: Eisfeld, Hildburghausen, Meiningen, Bad Salzungen. Westlich davon erstreckt sich das Biosphärenreservat Rhön, eine von den Kuppen verwitterter Vulkane geprägte Landschaft, wo auf wacholderbestandenen kargen Hängen Schafe weiden. Den Titel „Sternenpark" trägt die Rhön mit Recht, denn bei Nacht können Romantiker hier einen von künstlichem Licht ungetrübten Sternenhimmel bewundern. In Geisa wird der westlichste Punkt Thüringens erreicht. Das Dorf Käßlitz im Grabfeld markiert den südlichsten Punkt. Dem Grabfeld mit schmucken Fachwerkdörfchen merkt man noch immer seine historische Zugehörigkeit zu Franken an. Hier warten kulturelle Perlen wie Schloss Glücksburg in Römhild oder die Kirche St. Leo in Bibra mit Tilman Riemenschneiders Apostelaltar auf Entdeckung.

Große Epochen deutscher Geschichte haben im Südwesten Thüringens Spuren hinterlassen. Die der Kelten finden sich mit der Steinsburg im Gebiet der Gleichberge. Das Staatstheater Meiningen lockt seit dem 19. Jh. Künstler und Zuschauer in die Werrastadt. Ein Monument der deutsch-deutschen Teilung findet sich in der Gedenkstätte Point Alpha. Am „heißesten Punkt" des Kalten Krieges standen sich diesseits und jenseits der Sperranlagen auf

einem Bergrücken westlich von Geisa US-Militärs und DDR-Truppen gegenüber.

Der Thüringer Südwesten lässt sich sportlich-dynamisch per Fahrrad, Kanu oder auf Schusters Rappen erkunden oder gemächlich mit dem Auto. Zu gemütlichen Landpartien lädt die Deutsche Alleenstraße zwischen Bad Salzungen und Fladungen ein. Der Salzabbau bei Merkers macht durch weithin sichtbare weiße Kaliberge auf sich aufmerksam. Salzhaltiges Wasser entfaltet seine heilsame Wirkung in Bad Colberg und Bad Salzungen. Beide Orte empfehlen sich für Kuren und Wellnessaufenthalte.

Was anschauen?

Schillermuseum Bauerbach: Der Rückzugsort Friedrich Schillers auf seiner Flucht ist heute ein liebevoll gestaltetes Museum. → S. 29

Veste Heldburg: Auf der im 12. Jh. angelegten und im Renaissancestil erweiterten Burganlage erklärt das Deutsche Burgenmuseum so manchen Mythos. → S. 26

Schloss Elisabethenburg: Im Meininger Residenzschloss sind prachtvolle Repräsentationsräume und eine hochkarätige Kunstsammlung mit Werken von Tilman Riemenschneider bis Ernst Barlach zu sehen. → S. 34

Kloster Veßra: Das Freilichtmuseum neben der Kirchenruine St. Marien erzählt auf lebendige Weise vom klösterlichen und bäuerlichen Leben in alter Zeit. → S. 45

Steinsburgmuseum: Reiche Funde aus der Keltenzeit wie Schmuck, Pfeilspitzen, Keramik und Werkzeuge berichten in dem Museum bei Römhild über die Lebensweise der frühen Siedler ab der Mittelsteinzeit. → S. 27

Meininger Dampflokwerk: Das Instandsetzungwerk ist ein Mekka für Eisenbahnfans. In der Lokhalle kann man zusehen, wie historische Loks für den heutigen Einsatz auf der Schiene gewartet werden. → S. 34

Was unternehmen?

Fahrradfahren entlang der Werra: Bestens ausgebaute Radwege machen die Tour zum Vergnügen – ob auf dem gesamten Werratal-Radweg oder nur auf einem Teilstück. → S. 39

Wandern in der Thüringer Rhön: Das „Land der offenen Fernen" bietet Ausblicke der Extraklasse, z. B. auf dem Gebaweg. → S. 57

Und was sonst?

Erlebnisbergwerk Merkers: Im ehemaligen Salzbergwerk in Merkers finden heute in 500 m Tiefe Konzerte von Rock bis Klassik sowie verschiedene Sportevents statt. → S. 49

Karneval in Wasungen: Der berühmte Straßenkarneval macht das kleine Fachwerkstädtchen während der „tollen Tage" zu Thüringens Narrenhochburg. → S. 46

Montgolfiade Heldburg: Alljährlich im August steigen dutzende bunte Heißluftballons in den Himmel über der Veste Heldburg – wer mag, kann mitfahren. → S. 26

Grabfeld, Werratal und Thüringer Rhön

7 km

Das Grabfeld

„Graffelti" nannte Papst Gregor III. im Jahre 793 die Bewohner dieser Landschaft. In alten Schriften tauchen Namen wie „Grapfeld" auf (nach dem urslawischen Namen der einst hier verbreiteten Hainbuche).

Die Herkunft des heutigen Namens wurde nie eindeutig geklärt, zu unwichtig war wohl der ehemals ostfränkische Gau. In seiner Historie ging das Grabfeld durch mehrere Besitzerhände, heute gehört es teils zu Bayern, teils zu Thüringen.

Das Thüringer Grabfeld litt in der DDR-Zeit unter den Einschränkungen als grenznahes Sperrgebiet. Die kleinen Orte wie Ummerstadt, Bad Colberg, Heldburg, Römhild oder Bedheim haben sich in dieser hügeligen, von Ackerbau geprägten Landschaft zwischen Rhön, Meiningen und Hildburghausen ein beschauliches Flair erhalten. Ruhe und Natur suchende Urlauber fühlen sich hier rundum wohl. Wer die Ohren aufmacht, hört ostfränkischen Dialekt.

Information Allgemeine Auskünfte über die Region unter www.thueringen.info.

Tourist-Information Bad Colberg-Held-

burg, Hauptstr. 4, 98663 Bad Colberg, ℡ 036871-20159, www.stadt-heldburg.de.

Verwaltungsgemeinschaft Heldburger Unterland: www.vg-heldburgerunterland.de.

Stadtverwaltung Römhild, Griebelstr. 28, Römhild, ℡ 036948-8810, www.stadt-roemhild.de.

Verbindungen Regionalzüge halten in Hildburghausen. Von hier aus gibt es regionale Busverbindungen von WerraBus Hildburghausen. **Busse** fahren regelmäßig ab/bis Hildburghausen nach Römhild, Bad Colberg, Käßlitz, Gleichamberg. Von Hildburghausen aus geht es nach Suhl, Schleusingen, Eisfeld und Bad Königshofen (Bayern). **Von Weitramsdorf bei Coburg** fahren Busse nach Bad Colberg und Heldburg. www.werrabus.de.

Fahrradfahren Zu den Spuren der Kelten führt der **Kelten-Radweg** (44 km), der in Themar startet und über Kloster Veßra, Steinsburg, Römhild nach Bad Königshofen (Bayern) führt. www.thueringen-entdecken.de.

Der **Werra-Obermain-Radweg** (60 km) ist die kürzeste Verbindung zwischen Werra und Main. Von Hildburghausen führt der Weg bis Stressenhausen, die östliche Strecke verläuft über Bad Rodach, Bad Colberg, Ummerstadt und Gemünda, die westliche über Streufdorf, Heldburg und Gemünda. Ziel ist Bad Staffelstein in Franken. www.initiative-rodachtal.de.

Wandern Auf einem **Archäologischen Wanderweg** (10 km) bei Römhild, der am Steinsburgmuseum beginnt, sind Funde keltischen Ursprungs an der Steinsburg zu entdecken. Der **Keltenpanoramaweg** führt von den Gleichbergen über Streufdorf durch den Landkreis Coburg und hinauf in den Thüringer Wald zum Bleßberg (60 km, Markierung roter Punkt bzw. rotes Quadrat). Von Bauerbach aus ging Friedrich Schiller regelmäßig zu Fuß nach Meiningen, um Tinte, Papier, Bücher und Schnupftabak zu besorgen. Auf dem **Schiller-Wanderweg** (10,5 km) marschiert man von Bauerbach nach Meiningen durch Täler, Buchenwälder und an der Werra entlang. Weitere Informationen unter www.meiningen.de.

Ummerstadt und Bad Colberg

Das schmucke, 837 erstmals erwähnte Fachwerkstädtchen Ummerstadt mit seinem historischen Marktplatzensem-

ble diente als Kulisse für einige Szenen des Kinofilms „Luther". Das Töpferhandwerk hat „Thüringens kleinste Stadt" (530 Einwohner) bekannt gemacht. Über die Ummerstadter Töpferverse, mit denen viele Waren verziert wurden, kann man im Töpfer- und Heimatmuseum am Luthersberg schmunzeln. In der *Kurstadt Bad Colberg* (120 Einwohner) genießen Franken wie Thüringer die Wirkung der stark salzhaltigen Thermalquelle, auf die Bergarbeiter um die Jahrhundertwende stießen. 1910 öffnete das Bade- und Kurhaus inmitten eines riesigen Kurparks seine Tore. 1930 wurden die Kuranlagen im neobarocken Stil ausgebaut. Heute steht das historische Gebäude im Kontrast zu der modernen Architektur der Terrassentherme und der Rehaklinik.

Baden Die **Terrassentherme Bad Colberg** gefällt durch ihre Architektur und ihre Aussichtslage am Hang. In elf gestaffelten Becken genießen die Badenden das salzhaltige Thermalwasser. Mo–So 9–21 Uhr. ℡ 036871-230, www.thueringens-terrassentherme.de.

Übernachten/Essen Gasthof Rangerhof, in der kleinen Gaststätte kommen regionale Gerichte auf den Tisch: Eierschmalz, Zürdeldätsch, gebackenes Blut oder saure Schnippele. Wem das zu exotisch ist, der bekommt natürlich auch Rouladen mit Klößen und andere Thüringer Gerichte. Hauptstr. 34, Bad Colberg, ℡ 036871-21711, www.bad-colberg.de.

Landgasthaus Seysingshof, schön sanierter Bauernhof mit angrenzendem Neubau und modernen, mit Naturholzmöbeln eingerichteten Zimmern, teils mit Fachwerkcharme. EZ ab 49 €, DZ ab 72 €, Frühstück 7,80 €/Pers., Reussengasse 20, Bad Colberg, ℡ 01577-2600555, www.seysingshof.de.

Heldburg

Schon bevor der 1000-Seelen-Ort Heldburg erreicht ist, grüßt von einem Bergkegel aus sein Wahrzeichen, die Veste Heldburg. Von der so genannten „Fränkischen Leuchte" blickt man hinüber zur „Fränkischen Krone", der Veste Coburg.

Farbenfrohes Event: die Montgolfiade in Heldburg

Veste Heldburg: Angelegt im 12. Jh. diente die Burg den Grafen von Henneberg zur Grenzsicherung. Ihr heutiges Erscheinungsbild verdankt sie einem großen Um- und Ausbau Mitte des 16. Jh. Der herrliche Renaissancebau, auch Französischer Bau genannt, mit geschmückten Erkern und Treppenturm zeugt von dieser Epoche. Im 19. Jh. baute Herzog *Georg II. von Sachsen-Meiningen* die Veste als Wohnsitz für sich und seine nicht standesgemäße Frau, die Schauspielerin Ellen Franz, aus. 1982 richtete ein Brand schwere Schäden an, die in jahrzehntelanger Sanierung beseitigt wurden. Auf der Veste erläutert das **Deutsche Burgenmuseum** anhand von Burgmodellen, Grafiken, multimedialen Präsentationen und originalen Ausstellungsstücken die Geschichte des Burgenbaus und lüftet manchen Mythos über das Leben auf Burgen seit dem Mittelalter.
Museum: April bis Okt. Di–So 10–17 Uhr, Nov., Dez., März Di–So 10–16 Uhr, Jan./Feb. Sa/So 10–16 Uhr. Eintritt 7 €, ✆ 036871-21210, www.deutschesburgenmuseum.de.

Veranstaltungen: Die *Montgolfiade* Heldburg im August ist ein sehenswertes Spektakel mit Dutzenden Heißluftballonen. Gästefahrten sind nach Anmeldung möglich. Infos unter www.stadt-heldburg.de.

Wohnmobile Fünf Stellplätze auf dem Reisemobilstellplatz „Am Sportplatz" in Heldburg mit Blick auf die Veste Heldburg. Anschlüsse für Strom, Wasser und Abwasser sind vorhanden. Am Rainbrünnlein, Heldburg.

Römhild

Die östlich von Römhild gelegenen *Gleichberge* ziehen die Blicke auf sich. Die Basalt-Kegel vulkanischen Ursprungs ragen mit 679 beziehungsweise 641 m aus dem Umland heraus. Auf dem *Kleinen Gleichberg* legten die Kelten zwischen dem 10. und 8. Jh. v. Chr. ein militärisches und kultisches Zentrum an – die *Steinsburg*. Mehrere Befestigungsringe und ein Gipfelplateau, das vermutlich ein Heiligtum trug, lassen sich bei Wanderungen ausmachen. Die Kelten-Epoche wird im *Steinsburg-Museum* dargestellt. Um 1300 versah Graf Heinrich IV. von

Henneberg-Hartenberg Römhild mit Stadtrechten. Bereits die Kelten verarbeiteten in der Region Ton zu keramischen Produkten. Vor 500 Jahren wurde Römhild durch sein Töpferhandwerk weithin bekannt. Seit 1975 veranstaltet die 6900-Einwohner-Gemeinde im dreijährigen Turnus das *Keramik-Symposium Römhild*. Eine Traditionsveranstaltung ist der *Kalte Markt* am letzten Donnerstag im Januar. Seit über 200 Jahren werden auf dem Straßenmarkt Keramik, Seilerprodukte, Textilien, Spielzeug, aber auch Tauben, Geflügel und Kaninchen feilgeboten. Eintopf aus der Gulaschkanone, Grog und Glühwein wärmen fröstelnde Marktbesucher auf.

Schloss Glücksburg: Mittelpunkt der früheren Residenzstadt der Grafen von Henneberg und der Herzöge von Sachsen-Coburg ist das im 15. Jh. im Stil der Spätgotik errichtete Schloss Glücksburg. Die Kunstwerke, die bei den Keramik-Symposien entstehen, sind Teil der Ausstellung im Schloss, wo zudem eine Antikensammlung, Künstlerpuppen, eine Sammlung zum ländlichen Handwerk sowie historische Feuerwehrgeräte zu sehen sind. In den beiden Innenhöfen des Schlosses findet jedes Jahr am dritten Augustwochenende der *Thüringer Keramikmarkt Römhild* statt.

▪ April bis Okt. Di–Fr 10–12 und 13–16 Uhr, Nov. bis März nach Vereinbarung. Eintritt 4 €. Griebelstr. 28, ✆ 036948-88140, www.stadt-roemhild.de.

Stiftskirche Römhild: Vom Schloss aus erreicht man entlang der Hauptstraße nach wenigen Schritten die Stiftskirche, die 1470 zu einer spätgotischen Hallenkirche ausgebaut wurde. Der Innenraum des sehenswerten dreischiffigen Baus ist mit prächtigem Rippengewölbe, steinernen Emporen, Ausmalungen und einem barocken Hochaltar ausgestaltet. Zu den Kostbarkeiten gehören die bronzenen Grabdenkmäler der Henneberger Grafen aus der Werkstatt des Nürnbergers *Peter Vischer d. Ä.*

▪ April bis Dez. tagsüber geöffnet. www.kirchengemeinde-roemhild.de.

Steinsburgmuseum: Auf dem Sattel zwischen den beiden Gleichbergen liegt das Steinsburgmuseum. Die hervorragende Ausstellung zeigt reiche Funde aus der Keltenzeit: Schmuck aus Bronze und Glas, Pfeil- und Speerspitzen, Werkzeuge, Zeugnisse zu Bestattungsritualen und anderes mehr. Es gibt Erläuterungen zu den archäologischen Funden der Region und der Lebensweise der Menschen von der Mittelsteinzeit bis zur vorrömischen Eisenzeit.

▪ Di–So 9–17 Uhr. Eintritt 2 €. Waldhaussiedlung 8, Römhild, ✆ 0361–573222000, www.alt-thueringen.de.

Baden **Waldbad Römhild,** mit Quellwasser gefüllte Schwimmbecken und schöne Liegewiesen laden zum Sommergenuss. In den Thüringer Ferien tägl. 10–20 Uhr, ansonsten Mo–Fr 13–19 Uhr, Sa/So 10–19 Uhr. Hildburghäuser Str. 52, ✆ 036948-20540, www.stadt-roemhild.de.

Übernachten/Essen **Hotel Waldhaus,** neben dem Steinsburgmuseum mit schönen, mit Naturholzmöbeln eingerichteten Zimmern.

Stiftskirche Römhild

EZ ab 49 €, DZ ab 67 €. Im rustikalen *Restaurant* oder im schönen *Biergarten* gibt es gutbürgerliche Thüringer Speisen und Vegetarisches. Waldhaussiedlung 10, Römhild, ✆ 036948-80147, www.keltenhotel-waldhaus.de.

Hotel Zum Hirsch, schöne Zimmer mit gediegen-komfortabler Einrichtung. In der Sauna oder im Rasul-Bad kann man herrlich entspannen. EZ ab 50 €, DZ ab 80 €, Frühstück 7 €/Pers. Das elegante *Restaurant* (mit Biergarten) verwöhnt mit Thüringer und internationalen Spezialitäten. Dazu schmeckt das selbst gebraute Hirsch-Bräu. Mo–Sa 18–21.30, So 11.30–14 Uhr. Heurichstr. 32, Römhild, ✆ 036948-8680, www.hotel-hirsch-prediger.de.

Einkaufen Die **Töpferei Weingarten** in Römhild verkauft Zierkeramik und Geschirr in traditionellen Formen und Glasuren. Heurichstr. 2, Römhild, Mo–Fr 10–18, Sa 9–14 Uhr, ✆ 036948-80794, www.toepferei-weingarten.de.

Mit ihren bunten Glasuren fallen die Stücke des **Töpferhofs Gramann** aus Römhild ins Auge. Hier gibt es u. a. Kaffee- und Teeservice und Gartenkeramik. Mo–Fr 10–18, Sa 9.30–13 Uhr. Milzerstr. 30, Römhild, ✆ 036948-21141, www.toepferhof-gramann.de.

Streufdorf-Straufhain

Auf der Strecke Richtung Hildburghausen lohnt ein kurzer Stopp in Streufdorf. Unterhalb der evangelischen Marien-Kirche wurde in den historischen Gaden, den einstigen Wohnräumen, die die Wehrkirche umgaben, das **Zweiländermuseum Rodachtal** eingerichtet. Das Museum informiert u. a. über das Leben im ehemaligen Sperrgebiet sowie die „Aktion Ungeziefer", eine 1952 durchgeführte Zwangsumsiedlung von Einwohnern, die das Ministerium für Staatssicherheit als „politisch unzuverlässig" einstufte.

▪ Do, Fr, Sa 13–17, So 10–17 Uhr. Eintritt 2,50 €, ✆ 036875-50651, www.zweilaendermuseum.de.

Bedheim

Ein kulturelles Kleinod verbirgt sich in dem 580-Einwohner-Ort. In der im 13. Jh. erbauten **Kiliankirche** erklingt bei Sommerkonzerten an jedem zweiten Sonntag die „*Schwalbennestorgel*" im Zusammenspiel mit der Hauptorgel. Geschnitzte Emporen, Ausmalungen und prächtige Grabplatten schmücken den barocken Innenraum.

▪ www.schwalbennestorgel.de

Schloss Bedheim: Das dreiflügelige Schloss wird mit großem Engagement vor dem Verfall bewahrt. Es wurde in der Renaissance erbaut und erlebte seine Blütezeit im Rokoko. Mit den Wirtschaftsgebäuden und dem wieder genutzten Garten ist es ein schönes Beispiel für ein barockes Gutshofensemble. Das ehemalige Gärtnerhaus beherbergt ein Café, wo die frischen Bio-Früchte des Gartens zu feinen Torten, Säften und Marmeladen werden.

▪ Schloss Bedheim und Gartencafé: Mai bis Okt. Sa/So 13–19 Uhr, ✆ 03685-405030, www.schloss.bedheim.de.

Bibra

In Sichtweite der großen Talbrücken der Autobahn A 71 liegt das 580-Einwohner-Dorf. Es lohnt sich, in die spätgotische **Kirche St. Leo** hineinzuschauen. In der 1503 geweihten Kirche finden sich bedeutende Werke von *Tilman Riemenschneider*: der Apostelaltar, der Kirchenväteraltar und der Verkündigungsaltar sowie zwei weitere Schnitzfiguren. Die Stifter aus dem Hause Bibra waren Dompröbste und Bischöfe von Würzburg, die den berühmten Würzburger Bildschnitzer mit der Ausgestaltung beauftragten. An der Oberen Dorfstraße sind Mauern, Wehrtürme und ein Gebäude der einstigen *Wasserburg Bibra* zu sehen, die die Herren von Bibra im 12. Jh. bauten. Sie wurde im Bauernkrieg zerstört und teilweise wieder aufgebaut. Gegenüber steht das *Neue Schloss*, das 1558 errichtet wurde.

▪ Kirche St. Leo: Mai bis Sept. Sa/So 13–17 Uhr, wochentags nach Vereinbarung, ✆ 036944-54294, www.thueringen.info.

Die trutzige Wasserburg in Bibra

Bauerbach

Nicht nur für Schiller-Liebhaber ist das 250-Einwohner-Dorf interessant. Hierher zog sich *Friedrich Schiller* nach seiner Flucht aus Stuttgart zurück. Von 1782 bis 1783 lebte der Dichter im Wohnhaus des Ritterguts Bauerbach, hier entwarf er sein Drama „Don Carlos" und vollendete „Louise Millerin" („Kabale und Liebe"). In dem schmucken Fachwerkhaus sieht man die mit historischem Mobiliar ausgestattete Wohnung Schillers. An *Henriette von Wolzogen*, die ihm Asyl gewährte, erinnern die beiden „Wolzogen-Zimmer", die im Stil des Biedermeier ausgestaltet sind. Die Ausstellung „Schillers Flucht aus Stuttgart und Aufenthalt in Bauerbach" macht mit den historischen Hintergründen bekannt. Der Dramatiker hat offenbar die Bauerbacher mit seiner Leidenschaft fürs Theater angesteckt. Im **Naturtheater Bauerbach,** etwa 1 km außerhalb des Dorfs, stellen von Mai bis Juli Bauerbacher Bürger seit 1955 gemeinsam mit Theaterprofis einen Theatersommer auf die Bühne, der sich sehen lassen kann. Alte Bäume bilden die Kulisse für Klassiker, Schwänke und Kindertheater. Das Ensemble erhielt den „Thüringer Kulturpreis" und gastierte schon zweimal in Japan.

▪ **Schiller-Museum:** März bis Okt. Di–So 11–15 Uhr. Eintritt 3 €. Friedrich-Schiller-Str. 1, ✆ 03643-545400, www.klassik-stiftung.de.

▪ **Naturtheater „Friedrich Schiller" Bauerbach:** Spielplan und Infos unter www.naturtheater-bauerbach.de.

Essen & Trinken   Gasthaus Zum braunen Roß, historisches Schillergasthaus in Bauerbach. In der gemütlichen Gaststube gibt es feine Thüringer Speisen wie Roulade, Räuberbraten oder Ente – natürlich mit Klößen, die rund um Meiningen traditionell „Hütes" heißen. Mi/Do 12–18, Fr 12–14 und 17.30–21, Sa 12–21, So 11.30–15 Uhr. Friedrich-Schiller-Str. 17, ✆ 036945-519400, www.zum-braunen-ross-bauerbach.de.

Meiningens Herzöge schufen Schloss Elisabethenburg

Meiningen

Als Theaterstadt hat Meiningen in Europa einen guten Namen. Illustre Künstler wie Schiller, Goethe, Wagner und Reger lebten und arbeiteten hier, und der Kultur-Mittelpunkt Südthüringens zieht bis heute Musenpilger in Scharen an. Großzügige Parkanlagen und ein glanzvolles Schloss sorgen für den edlen Rahmen.

Eingebettet zwischen kleineren Hügeln, liegt die 21.000-Einwohner-Stadt idyllisch im Werratal. Die A 71 (Schweinfurt–Suhl) sorgt für beste Verkehrsanbindung des Mittelzentrums, das rund 10.000 Arbeitsplätze vor allem im Dienstleistungsgewerbe, aber auch in der Produktion bietet. In dem seit über 100 Jahren bestehenden *Meininger Dampflokwerk* unterhält die Deutsche Bahn das letzte größere Instandsetzungswerk Westeuropas für Dampflokomotiven. Mit Volldampf in die Zukunft sind Hochtechnologieunternehmen aus den Bereichen Elektronik, Mikroelektronik und Optoelektronik unterwegs. Ein wichtiges Standbein der

Wirtschaft ist die Kulturbranche. Mit über 340 Mitarbeitern vor und hinter den Kulissen ist das Meininger Theater einer der größten Arbeitgeber.

Auch in sportlicher Hinsicht passiert in der Stadt einiges: In 50 Vereinen sind die fitten Meininger aktiv. 2012 erkämpften sie sich bei „Mission Olympic" zusammen mit dem sächsischen Weißwasser den Titel „Deutschlands aktivste Stadt".

Stadtgeschichte

Der Name Meiningen geht auf germanische Stämme zurück, die hier wohl ab dem 5. Jh. lebten. Mit der Ausbreitung des Fränkischen Reichs und dem Bau von Handelsstraßen und Flussübergängen im 8. Jh. wurde auch an der Furt an der Werra (heute südliches Ende der Altstadt) eine Siedlung der Franken begründet. Im Jahr 982 wird Meiningen in einer Urkunde Kaiser Ottos II. erwähnt. 1008 wird das Königsgut Meiningen dem Bistum Würzburg angeschlossen. Im 13. Jh. wurden starke Befestigungsanlagen mit Wassergräben und einer Landwehr gebaut. Mitte des 14. Jh. verlieh Kaiser Ludwig IV. Meiningen die Stadtrechte. Bis zum 16. Jh. hatte Würzburg die Oberhoheit über die Stadt, die sich danach in hennebergischem Besitz befand. Nach dem Ende des Dreißigjährigen Kriegs wurde Meiningen wettinisch, gehörte zunächst zu Sachsen-Altenburg, seit 1672 zu Sachsen-Gotha. Mit der Aufteilung des Erbes von Herzog Ernst dem Frommen an seine sieben Söhne entstand 1680 das Herzogtum Sachsen-Meiningen.

Herzog Bernhard I. baute das *Schloss Elisabethenburg* und gründete die Hofkapelle, die bis heute unter diesem Namen existiert. Das barocke Erscheinungsbild der Residenzstadt wurde 1782 mit der Anlage des englischen Gartens unter Herzog Georg I. vollendet. Sein Sohn Herzog Bernhard II. eröffnet 1831 das erste *Meininger Theater*. Mit der Gründung mehrerer Großbanken im 19. und 20. Jh. rückte Meiningen zu einem der bedeutendsten Finanzstandorte Deutschlands auf. Große Teile des mittelalterlichen Meiningen fielen in der zweiten Hälfte des 15. Jh. Bränden zum Opfer. Ein weiterer verheerender Brand suchte die Stadt 1874 heim und vernichtete nahezu ein Drittel der Bausubstanz. Meiningen wurde im klassizistischen Stil wiederaufgebaut, der bis heute das Stadtbild prägt.

Stadt und Theater

Das berühmteste Bauwerk der Stadt, ein klassizistischer Bau mit einem von sechs korinthischen Säulen getragenen Portal, zieht die Blicke auf sich. „Dem Volke zur Freude und Erhebung" – dieser Wahlspruch Herzog Georgs II. (1826–1914) über dem Portal des Meininger Theaters sagt viel aus über die Haltung des als „Theaterherzog" in die Geschichte eingegangenen Regenten. Als Politiker vertrat er eine liberale, parlamentarische und englandfreundliche Monarchie, was 1889 zum Bruch mit Kaiser Wilhelm II. führte.

Georgs Liebe galt der Kunst, vor allem dem Theater. Das Herzogliche Hoftheater wurde anfangs von verschiedenen Theatergesellschaften bespielt. Als neuer Herzog übernahm Georg II. ab 1866 auch die Leitung des Theaters. Er gründete ein festes Schauspielensemble und formte als Regisseur und Bühenbildner daraus ein Team, das als „Die Meininger" europaweit mit aufsehenerregenden Gastspielen bekannt wurde. Im Mittelpunkt seiner „Meininger Prinzipien" steht das Werk des Dramatikers, dem die Darstellung dienen soll.

Ziel der Theaterkunst ist die Entwicklung eines Wertebewusstseins bei den Zuschauern. Der Regisseur vereint die philosophischen, dramaturgischen und schauspielerischen Elemente durch seine Arbeit zu einem Gesamtkunstwerk. Das Ensemble ist der Star, nicht der einzelne Schauspieler, die Finanzierung des Theaters ist Pflicht der Gesellschaft. Mit diesen modernen Strukturen revolutionierte Georg II. die Theaterwelt. Für Begeisterungsstürme beim Publikum sorgten die historisch detailgetreuen Bühnenbilder, mit denen vor allem der Coburger Theatermaler Max Brückner berühmt wurde, die historisierenden Kostüme, die Spezialeffekte von der Beleuchtung bis zu Geräuschen und vor allem die Choreographie der Massenszenen. Die Kritik jedoch störte sich an der vermeintlichen Ausstattungswut. Unterstützung fand Georg II. in dem Shakespeare-Übersetzer *Friedrich von Bodenstedt*, dem Schauspieler und Regisseur

Grabfeld, Werratal und Thüringer Rhön   ↓ Karte S. 24

Ludwig Chronegk, vor allem aber in der Schauspielerin *Ellen Franz*, die er liebte, adelte und als Freifrau von Heldburg schließlich heiratete.

Der kunstbeflissene Herzog sorgte auch dafür, dass die seit 1690 bestehende Meininger Hofkapelle zu einem bedeutenden Orchester wurde. Bei der ersten Aufführung des „Ring des Nibelungen" 1876 in Bayreuth bildete die Meininger Hofkapelle den Stamm des Festspielorchesters, und auch später holte Richard Wagner die Musiker gerne nach Bayreuth. Von 1880 bis 1885 war der Pianist und Dirigent *Hans von Bülow* Hofmusikintendant in Meiningen. Er orientierte sich an den künstlerischen Prinzipien des Schauspiels und gab der Interpretation des Gehalts eines Werks den Vorrang vor der Virtuosität der Interpreten. Der Erfolg der Hofkapelle auf Tourneen machte das Orchester weithin bekannt. Die Komponisten Johannes Brahms, Richard Strauss und Max Reger kamen nach Meiningen, um mit der Hofkapelle zu arbeiten.

Meininger Theater: Rund 160.000 Menschen besuchen jedes Jahr die Aufführungen von Oper, Operette, Musical, Ballett, Konzert sowie Schauspiel und Puppentheater, die das Südthüringische Staatstheater Meiningen veranstaltet. Der ursprüngliche Bau des Herzoglichen Hoftheaters, der 1831 mit Aubers „Fra Diavolo" eröffnet wurde, brannte 1908 ab. Bereits im Dezember 1909 hob sich der Vorhang erstmals im neuen Haus. An den Wandflächen rechts und links neben dem Portikus sind Reliefs mit den Musen Thalia und Melpomene zu sehen. Innen empfängt den Besucher eine Ausstattung in reinem Neo-Empire-Stil.

Goldene Ornamente zieren die Balkonbrüstungen im 740 Plätze zählenden Zuschauerraum. Die kuppelartige Decke trägt zarte Stuck- und Blütendekorationen. Im Bühnenhaus haben computergesteuerte Technik mit Dreh- und Hubbühnen und neuem Schnürboden Einzug gehalten, deren Funktion man sich bei einer Theaterführung erläutern lassen kann. Zwischen 1988 und 1995 wurden zwei Neubauten für moderne Probebühnen und Werkstätten angebaut. Im angrenzenden Gebäude an der Bernhardstraße mit einer

Das Meininger Theater ist seit jeher ein Ort lebendiger Theaterkunst

ebenfalls klassizistischen Fassade ist eine weitere Spielstätte zu finden: die *Neuen Kammerspiele*. In dem 1833 als jüdisches Kaufhaus errichteten Haus präsentiert zudem die *Städtische Galerie „ada"* zeitgenössische Kunst und regionale Künstler.

■ **Theaterkasse:** Mo 8–16, Di–Fr 8–18, Sa 10–12 Uhr. Bernhardstr. 3, ✆ 03693-451222 und 451137. Führungen nach Anmeldung unter ✆ 03693-451137 (nicht während der Sommerpause), 5 €. Parkplätze: Volkshaus und Lindenallee. www.meininger-staatstheater.de.

Theatermuseum Zauberwelt der Kulisse: Die berühmten historischen Bühnenbilder der „Meininger" erwachen heute im Theatermuseum „Zauberwelt der Kulisse" zu neuem Leben. In der 1797 erbauten ehemaligen Reithalle der Herzöge gegenüber dem Residenzschloss Elisabethenburg werden 275 Bühnendekorationen (Prospekte, Panoramawände, Setz- und Hängestücke) sowie 420 originale Kostüme, Figurinen und tausende Dokumente aufbewahrt. In jährlichem Wechsel wird jeweils ein komplettes Bühnenbild aus einer der legendären Inszenierungen von Schiller, Shakespeare oder Kleist vorgestellt. Die rund einstündigen Präsentationen mit moderner Licht-, Audio- und Vorführungstechnik machen die einstige Bühnenwirkung erlebbar. Für die Erhaltung dieser Schätze setzten sich berühmte Schauspieler wie Klaus-Maria Brandauer, Armin Müller-Stahl und Iris Berben ein, deren Namen wie in einem „Walk of Fame" vor dem Theatermuseum verewigt sind.

■ **Bühnenbildpräsentationen:** Di–So 10, 12, 14, 16 Uhr, 4 €, Kombikarte 7 € (plus Schloss und Literaturmuseum). 20. Jan. bis 20. Febr. geschlossen. Schlossplatz 2, ✆ 03693-471290, www.meiningermuseen.de.

Stadtrundgang

Altstadt: Meiningen ist eine grüne Stadt. Gleich hinter dem Theater lädt der 1782 angelegte *Englische Garten* mit Teich, künstlichen Ruinen und Denkmälern für Reger, Brahms, Bechstein und Jean Paul zu Spaziergängen ein. Herrlich flanieren lässt es sich auch im *Park von Schloss Elisabethenburg*. Die Altstadt erreicht man vom Theater aus über die Bernhardstraße entlang klassizistischer Palais und Bankengebäude und vorbei am Gänsemännchenbrunnen. In den Gassen lassen sich zahlreiche historische Fachwerkhäuser entdecken, z. B. das *Henneberger Haus* (Georgstr. 2), das *Büchnersche Haus* (Georgstr. 20), die *Alte Posthalterei* (Ernestinerstr. 14) oder das *Hartungsche Haus* (Wintergasse 8). Das *Steinerne Haus* (Anton-Ulrich-Str. 43) stammt aus der Renaissance, seine reich geschmückte Fassade zieren steinerne Karyatiden und Hermen. Viele Häuser wurden beim großen Stadtbrand ein Raub der Flammen. Das *Schlundhaus* (Schlundgasse 4) wurde 1906 nachgebaut, sein dreigeschossiger Erker ist dem des ehemaligen Merkelschen Hauses nachempfunden.

Stadtkirche St. Marien: Am Marktplatz erinnert der Heinrichsbrunnen (1872) an Kaiser Heinrich II., der den Bau der Stadtkirche „Unserer lieben Frauen" im Jahr 1003 als vorromanische Basilika veranlasst haben soll. Die beiden den Platz dominierenden 50 m hohen Türme der Kirche wurden nach 1100 erbaut. Im 15. Jh. sollte die Kirche im Stil französischer Kathedralen vergrößert werden, wurde aber nie vollendet. Das heutige neugotische Aussehen erhielt die dreischiffige Hallenkirche von 1884 bis 1889 durch Architekt Otto Hoppe. Die Dächer der Kirche sind mit Ornamenten aus bunt glasierten Ziegeln versehen. Zur Innenausstattung gehört eine steinerne Madonna aus dem 14. Jh. und das Altarkreuz mit dem lebensgroßen Kruzifix aus der Werkstatt von *Veit Stoß*. An der Orgel (1889) spielten u. a. Johannes Brahms und Max Reger. Im Sommerhalbjahr werden die Besucher, die in die *Turmstube*

Grabfeld, Werratal und Thüringer Rhön ↓ Karte S. 24

des Nordturms aufsteigen, jeden Mittwochnachmittag von den „Türmerfrauen" mit Kaffee und Kuchen bewirtet. Von dort oben kann man die Meininger Altstadt wunderbar überblicken.

▪ Mai bis Okt. Di–Fr 10–17 Uhr, Sa 10–14 Uhr, So ab 11.30 Uhr. Turmbesteigung Mi 14–18 Uhr.

Museen

Schloss Elisabethenburg: Das Residenzschloss der Herzöge von Meiningen wurde von 1682–92 als barocke Dreiflügelanlage an der Stelle des einstigen fränkischen Königsguts und einer Wasserburg der Bischöfe von Würzburg errichtet. Das Schloss verdankt seinen Namen Herzogin Elisabeth Eleonore, der Gemahlin Herzog Bernhards I. Der Rundgang durch die rund 50 Ausstellungsräume ist eine Zeitreise durch Barock, Klassizismus und Historismus. In den fürstlichen Repräsentations- und Wohnräumen spiegelt sich der Geschmack des jeweiligen Regenten wider. Stuckaturen an Wänden und Decken, textile Wandbespannungen, prunkvolle Kachelöfen sowie museale Schaustücke und Möbel erzählen von der Ausstattungskunst und der fürstlichen Sammelleidenschaft.

In den **Kunstsammlungen** sind Werke des 16. bis 20. Jh. angehäuft von weltberühmten Künstlern wie Riemenschneider, Tischbein, Lenbach, Dürer, Callot oder auch Barlach. Im *Nordflügel*, dem „Bibrabau", ist ein Rest der alten Burganlage zu finden. In diesem ältesten Teil des Schlosses befinden sich das Thüringische Staatsarchiv, das Kreis- und Stadtarchiv sowie die Max-Reger-Musikschule. Der Haupteingang befindet sich stadtseitig im bogenförmigen Südflügel. Der Schlosshof ist mit einer Grünfläche um den zentralen Springbrunnen gestaltet. Die ehemalige *Schlosskirche* im Südflügel dient heute als Konzertsaal. Darüber befindet sich der Riesensaal mit Stuckaturen von 1705. Im neoklassizistischen Stil wurde 1907 der prächtige *Marmorsaal* gestaltet. Einen

Einblick in das Leben des Theaterherzogs bieten die *Wohnräume* von Georg II., der hier mit seiner dritten Frau, Helene Freifrau von Heldburg, lebte.

Das **Musikmuseum** widmet sich der Musikgeschichte Meiningens. Hier ist das Arbeitszimmer von *Max Reger* zu sehen. Im Max-Reger-Archiv werden tausende Briefe, sein gesamter Notennachlass und ein Teil seiner Privatbibliothek aufbewahrt.

An das Schloss schließt sich der großzügige **Schlosspark** an, der von der Werra und den beiden Bleichgräben begrenzt wird. Ruhebänke, Skulpturen und ein Spielplatz laden zum Verweilen ein.

▪ Di–So 10–18 Uhr. Eintritt 4,50 €, Kombikarte 7 € inkl. Literaturmuseum und Theatermuseum, Audioguide 3 €. Führungen durch die Ausstellung Sa 16.30 Uhr, April bis Okt. Mo 14 Uhr. Schlossplatz 1, ✆ 03693-503641, www.meininger museen.de.

Baumbachhaus: Das Literaturmuseum Baumbachhaus zeigt persönliche Gegenstände und bibliophile Kostbarkeiten des einstigen Hausherren Rudolf Baumbach, von dem uns u. a. der Text des Liedes „Hoch auf dem gelben Wagen" bekannt ist. Auch über das Wirken von Jean Paul, Friedrich Schillers Aufenthalte im Meininger Land und weitere Schriftsteller, die im 18. und 19. Jh. in Meiningen lebten, wird informiert. Möbel und Inventar vom Klassizismus bis zur Gründerzeit illustrieren das bürgerliche Wohnmilieu. Ein Biedermeierzimmer ist dem Märchensammler Ludwig Bechstein gewidmet.

▪ Di–Fr 10–12 und 13–18 Uhr, Sa/So 14–16 Uhr (zur Besichtigung des Baumbachhauses an den Wochenenden an der Museumskasse im Schloss melden). Eintritt 4,50 €, Kombikarte 7 €. Burggasse 22, ✆ 03693-503641, www. meiningermuseen.de.

Dampflokwerk: Das 1914 gegründete Meininger Dampflokwerk ist ein Mekka für Eisenbahnfans. Die Deutsche Bahn betreibt hier das letzte größere Instandsetzungswerk für Dampflokomotiven in

Frau Holles Geheimnis: die Meininger „Hütes"

In und um Meiningen haben die Thüringer Klöße einen besonderen Namen – sie heißen hier „Hütes". Nach einer Legende soll Frau Holle den Meiningern die Kartoffel und das Rezept für Klöße geschenkt haben – als Wiedergutmachung dafür, dass sie mit ihrem Frost den Weinbergen an der Werra den Garaus gemacht hatte. Das Rezept wird jedenfalls seit Jahrhunderten bewahrt. Beim alljährlichen *Hütesfest* zelebriert die Meininger „Hütesholle" das Hütesritual und übergibt dem Bürgermeister die Zubereitungsanleitung mit den feierlichen Worten: *Du Sohn uralten Stadtgeblütes. Hier hast Du das Receptum. Hüt es!*

Westeuropa. Im Werk können die Besucher die Lokhalle mit den gerade zu bearbeitenden Lokomotiven und Waggons, das Anheizhaus und die Kesselschmiede besichtigen. Weil auch alte Lokomotiven alle paar Jahre technisch überprüft werden müssen, waren nahezu alle in Deutschland fahrenden Dampfloks schon einmal in Meiningen. Auch Restaurierungen und Nachbauten werden hier realisiert.

▪ **Werksführungen:** Jan. bis März und Nov. bis Dez. jeden 1. und 3. Samstag im Monat, April bis Okt. jeden Samstag, jeweils 10 Uhr am Haupteingang, 6 €. Am Flutgraben 2, ✆ 03693-851602, www.dampflokwerk.de.

Praktische Infos   → Karte S. 37

Information Touristinformation, Mo–Fr 10–18, Sa, Feiertag 10–15 Uhr. Ernestinerstr. 2, 98617 Meiningen, ✆ 03693-44650, www.meiningen.de.

Anfahrt/Verbindungen Bahn, die Südthüringen-Bahn fährt regelmäßig nach Eisenach, Suhl, Erfurt, Sonneberg, Neuhaus am Rennweg. ✆ 03693-50860, www.sued-thueringen-bahn.de.

Bus, mit Regionalbussen erreicht man regelmäßig Schmalkalden, Bad Salzungen, Suhl, Kaltennordheim, Römhild und andere Orte der Region. Neun Stadtlinien verkehren innerhalb Meiningens. ✆ 03693-84540, www.mbb-mgn.de.

Baden Im Freizeit- und Erholungszentrum Rohrer Stirn befindet sich das **Hallenbad** mit 25-m-Becken, Mehrzweckbecken, 40-m-Rutsche und Sauna (Mo–Fr 11–22, Di und Do 6–8.30, Sa/So 10–20 Uhr).

Freibad, im Grünen gelegenes Bad mit schöner Aussicht, 50-m-Becken, Beachvolleyball, Basketball, Tischtennis, FKK-Bereich und Kiosk. Mai bis Sept. tägl. 10–20 Uhr. Rohrer Stirn, ✆ 036 93-484400, www.stadtwerke-meiningen.de.

Parken *Gebührenfrei* am Parkplatz Volkshausplatz (nördlich der Innenstadt, ideal für Theaterbesucher), auf der Großmutterwiese, an der Lindenallee. *Kostenpflichtig* im Zentrum Ost, Zentrum West, Tiefgarage Am Mittleren Rasen.

Einkaufen Tea Time & Teestube 9, hübsches kleines Geschäft mit feinen Tees zum Mitnehmen und gleich Trinken. Mo, Di, Do, Fr 10–18 Uhr. Ernestinerstr. 17, ✆ 03693-478422, www.teeladen-meiningen.de.

VIBA 10, Filiale der Schmalkaldener Nougatfabrik mit breiter Palette an Süßwaren. Mo–Sa 9.30–18, So 14–18 Uhr. Markt 1D, ✆ 03693-501 3557, www.viba.de.

Bioladen Saskia Pfeffer 7, große Auswahl an Bio-Lebensmitteln, Brot, Wein, Naturkosmetik und mehr. Mo–Fr 9–18.30 Uhr, Sa 9–13.30 Uhr, Eduard-Fritze-Str. 7a, ✆ 03693-8856543, www.bioladen-meiningen.de.

Fahrrad Direkt durch Meiningen führt der **Werratal-Radweg** (306 km) www.werratal.de. Der **Meiningen-Haßfurt-Radweg** (98 km) führt von Meiningen durch hügeliges Land über Bad Königshofen nach Haßfurt. In Walldorf kann man in den **Rhön-Rennsteig-Radweg** (80 km) einsteigen, der von Fladungen nach Oberhof führt. www.meiningen.de.

Fahrradreparatur Fahrrad Service Vietsch, Postgasse/Georgstr. 20, ✆ 03693-410 58, www.fahrrad-vietsch.de.

Kino Casino Lichtspiele, Wettiner Str. 1 b, ✆ 03693-506880, www.kino-meiningen.de.

Märchenhöhle 30 Märchenbilder der Gebr. Grimm und von Ludwig Bechstein werden in der Märchenhöhle Walldorf bei Meiningen gezeigt. In dem Schaubergwerk tragen 2500 Säulen das unterirdische Labyrinth der Sandsteinhöhle, in der einst feinkörniger Sand abgebaut wurde. Die Höhle ist nur im Rahmen einer Führung zu besichtigen. Die Temperatur beträgt 8–10 °C. Im angrenzenden *Freizeitpark* gibt es Spielgeräte und Tiergehege. April bis Mai u. Sept. bis Okt. 10–17 Uhr, Juni bis Aug. 10–18 Uhr. Eintritt 6 €, Kind 3 €. An der Sandsteinhöhle 4, Walldorf, ☎ 03693-881277, www.sandsteinhoehle.de.

Stadtführungen Allgemeiner Stadtrundgang, Sa 14 Uhr ab der Touristinfo, 4 €. Weitere Führungsthemen unter ☎ 03693-44650, www.meiningen.de/Tourismus/Führungen.

Veranstaltungen Alle zwei Jahre im Wechsel veranstaltet das Meininger Theater den **Meininger Bühnenball** (Januar/Februar) bzw. das **Sommerfest des Meininger Theaters** (Juni/Juli). Beide Veranstaltungen ziehen tausende Besucher an.

Die **Meininger Kleinkunsttage** bieten im März und April Programme mit den besten Kabarettisten und Comedians Deutschlands.

Hütesfest, das Fest im Juni/Juli feiert die Meininger Klöße mit Musik, Umzug und Hütesritual. Rund 6000 Hütes werden bei dem Fest verspeist.

Beim **Festival Grasgrün** im Juli und August ist Musik von Klassik bis Pop zu hören.

Meininger Dampfloktage Anfang September im Dampflokwerk.

Meiningen leuchtet, Straßenfest Ende Oktober, dann wird die Stadt in Kerzenschein und Lichtanimationen getaucht.

Wandern Der **Schillerwanderweg** (10,5 km) von Meiningen nach Bauerbach erinnert an das Asyl des Dichters im Meininger Land. www.meiningen.de. Der Premium-Wanderweg **„Der Meininger"** (13,5 km) startet an der Bogenbrücke hinter Schloss Elisabethenburg und führt mit schönen Ausblicken und durch abwechslungsreiche Natur rund um die Theaterstadt. www.meiningen.de. Durch Meiningen führt der Weitwanderweg **Werra-Burgen-Steig** (350 km). www.werra-burgen-steig.de.

Übernachten ****** Solewerk Hotel Sächsischer Hof 🟪**, das 1802 als Logierhaus gebaute Hotel steht in zentraler Lage zwischen Theater und Altstadt. Die Einrichtung integriert Antiquitäten und Bühnenbildentwürfe von Herzog Georg II. Elegante und komfortable Zimmer. Parkplatz am Haus. EZ ab 79 €, DZ ab 99 €, Frühstücksbüffet 12 €/Pers. Georgstr. 1, ☎ 03693-4570, www.saechsischerhof.com.

Hotel im Kaiserpark 🟪, großzügig bemessene Zimmer in modern-gediegener Ausstattung, leckeres Frühstück. Theater und Zentrum sind in wenigen Minuten zu Fuß erreichbar. Tiefgarage. EZ 54 €, DZ 86 € inkl. Frühstück. Günter-Raphael-Str. 1, ☎ 03693-815700, www.hotel-meiningen.de.

Hotel Schlundhaus 🟪, der Name ist fränkisch und verweist auf den Ratskeller, in dem so manches Bierchen die Kehlen hinunterlief. Nachdem das ursprüngliche Schlundhaus dem Stadtbrand zum Opfer fiel, erhielt das „Haus zum Stern" in Marktplatznähe diesen Titel. Hinter der historischen Fassade findet man stilvoll-komfortable Gästezimmer. EZ ab 64 €, DZ ab 88 €, Frühstück 5 €/Pers. Schlundgasse 4, ☎ 03693-813838, www.meininger-hotels-mit-flair.de.

Hotel Wolke 🟪, nur 300 m vom Dampflokwerk entfernt. Hier schweben in Zimmern mit Ikea-Look nicht nur Dampflokfans auf Wolke sieben. Das Hotel garni bietet nette Extras wie eine Waschmaschine. EZ 42 €, DZ 70 € inkl. Frühstück. Goethestr. 18, ☎ 03693-886337, www.hotel-wolke-meiningen.de.

Camping Campingplatz Rohrer Stirn 🟪, schönes, sonniges Gelände neben dem Frei- und Hallenbad, Stellplätze von 60 bis 100 m² mit Stromanschluss, sechs separate Wohnmobilstellplätze mit Stromanschluss, Zeltwiese, moderne Sanitäreinrichtungen, Hunde erlaubt. Stellplatz pro Nacht mit 2 Pers. 17,50 €. Geöffnet April bis Okt. Rohrer Stirn, 98617 Meiningen, ☎ 03693-484421, www.stadtwerke-meiningen.de.

Wohnmobile Kostenlose Stellplätze ohne Ausstattung auf den Parkplätzen Großmutterwiesen und Volkshausplatz. Separate, kostenlose Wohnmobil Stellplätze am Camping Rohrer Stirn (mit Sanitärnutzung 5 €).

Essen & Trinken Posthalterei 🟪, die Feinschmeckeradresse der Stadt, in rustikalem Ambiente mit Gewölbebögen und Posthorn. Das Restaurant im Solewerk Hotel Sächsischer Hof hat seinen Schwerpunkt in der regionalen Küche, hier und da variiert mal asiatisch, mal mediterran. Im Weinkeller lagern 8000 Flaschen, aus dem mancher Schatz zu heben ist. Mi–Sa 17.30–24 Uhr (Mitte Juli bis Ende August geschlossen). Georgenstr. 1, Tel. 03693-4570, www.saechsischerhof.com.

MeinTipp **Restaurant Schloss-Stuben 🟪**, gutbürgerliche Küche in stimmungsvollem Ambiente, eine Empfehlung ist der Fisch aus Un-

termaßfeld, aber auch Fleischgerichte wie „Perlhuhnbrust im Pfännchen". Neben vielen schmackhaften Kloßgerichten mit hausgemachten „Hütes" gibt es auch Veganes. Di–So ab 11 Uhr. Schlossplatz 1, ☎ 03693-502344, www.schloss-stuben-mgn.de.

meinTipp Restaurant Henneberger Haus **4**, der herrliche Biergarten des historischen Hauses ist an Sommertagen proppenvoll. Begleitet vom Plätschern der Bleichgräben verspeist man kreative Thüringer Spezialitäten, gutbürgerliche Gerichte und Saisonales. Abends Reservierung empfehlenswert. Mo–Sa 11.30–14 und 17–22 Uhr, So 11.30–14 und 17–21

Uhr. Georgstr. 2, ☎ 03693-508990, www.henneberger-haus.de.

Museumscafé im Hessensaal 3, der Stuck im Hessensaal der Elisabethenburg ist die Wucht – und er passt zu den Sahnehäubchen auf den Torten und Kuchen ebenso wie zu Bratapfel und Waffeln. Nov. bis April Di–So 11–17 Uhr, Mai bis Okt. Di–So 11–18 Uhr. Schlossplatz, ☎ 03693-881036. www.meiningermuseen.de.

Gelateria La Voglia 12, Eiskreationen mit Obstsalat, mächtige Erdbeerbecher, frische Ananas mit Cremeschmelz – das La Voglia vereint Genuss und Vitamine. Mo–So 9.30–21.30 Uhr. Markt 16.

Die idyllischen Werra-Dörfer lassen sich gut mit dem Fahrrad entdecken

Das Werratal

Zwischen Thüringer Wald und Thüringer Rhön hat die Werra ein reizvolles Tal geschaffen. Von zwei Quellen gespeist, die eine bei Fehrenbach, die andere bei Siegmundsburg, gluckert sie zuerst als schmaler Gebirgsbach durch das Thüringer Schiefergebirge, um dann zwischen Eisfeld und Vachdorf durch eine Hügellandschaft zu mäandern, bis sich ihr Tal weitet.

Besonders eindrucksvoll ist der plötzliche Landschaftswechsel, wenn man auf der Autobahn A 71 von Suhl unterwegs ist und kurz vor Rohr das Thüringerwaldeinheitsgrün eine herrliche Flussaue in Breitwandformat freigibt. Wasser und fruchtbare Böden verlockten schon die Kelten und später die *Hermunduren*, die Ur-Thüringer, sich hier niederzulassen. Auch heute ist der Platz an der Werra immer noch unschlagbar attraktiv: **Meiningen** (→ S. 530) erhielt in einer geowissenschaftlichen Studie den Titel „Q-City" als bestmöglicher Standort einer Stadt in Deutschland.

Mühlen, sehenswerte Städte und Dörfer, Schlösser und Burgen begleiten die Werra. Von den Menschen wurde der Fluss seit Jahrhunderten für Fischfang und Fischzucht, zur Flößerei und Energiegewinnung genutzt – und leider auch als Abwasserkanal: Die Eindämmung der Versalzung der Werra durch den Kali-Bergbau war die wohl größte ökologische Herausforderung.

Zwischen Philippsthal und Lauchröden wechselt die Werra mal auf die hessische, mal auf thüringische Seite. Die Werratal-Orte **Creuzburg** und **Treffurt** am Rande des *Nationalparks Hai-*

nich sind im Kapitel „Der Norden" beschrieben. Nach 299 km mündet die Werra in Niedersachsen in die Weser, doch in Thüringen zeigt sie ihre bezauberndsten Seiten.

Information **Werratal Touristik,** allgemeine Auskünfte für Radreisende und Wasserwanderer. Kirchplatz 2, Bad Salzungen, ☎ 03695-861459, www.werratal.de.

Verbindungen Die **Regionalzüge** der Süd-Thüringen-Bahn fahren zwischen Sonneberg und Eisenach und halten im Werratal auch an kleineren Bahnhöfen. Fahrradtransport kostenlos. www.sued-thueringen-bahn.de.

Bootsverleih Wer kein eigenes Boot hat, mietet einfach eines bei zahlreichen Anbietern entlang der Werra. www.werratal.de.

Mein Tipp Ein idyllischer Treff für Paddler und Kanuten ist das **Kanureich in Henfstädt.** Von hier aus kann die obere Werra zwischen Trostadt und Meiningen als Schnuppertour, als Tages- oder Mehrtagestour „erpaddelt" werden. ☎ 036873-69671, www.kanureich.de.

Fahrradfahren Der **Werratal-Radweg** führt auf 306 km von den Quellen im Schiefergebirge bis zur Mündung in die Weser. In Thüringen bietet der bestens ausgebaute und ausgeschilderte Fernradweg regelmäßig Rastplätze mit Informationen zu regionalen Besonderheiten, schöne Badestellen, Möglichkeiten zum Paddeln und viel Kultur. ☎ 036873-69671, www.werratal.de.

Wandern Der **Werra-Burgen-Steig** (350 km) führt in 20 Etappen von den Werraquellen im Thüringer Wald bis zur Mündung in die Weser. Unterwegs in Thüringen erlebt man herrliche Landschaften und bedeutende Sehenswürdigkeiten. www.werra-burgen-steig.de.

Wasserwandern Befahrbar ist die Werra für routinierte Kanufahrer bei gutem Wasserstand ab Themar. Ab Meiningen kann man im *Zweierkajak* paddeln, ab Bad Salzungen im *Kanadier*. Ab Lauchröden gibt es öffentliche *Floßfahrten*. *Schlauchboote* werden ab Creuzburg eingesetzt. ☎ 03695-861459, www.werratal.de.

Eisfeld

Oberhalb des fränkisch geprägten 5700-Einwohner-Städtchens grüßt das *Schloss Eisfeld* mit seinem markanten Haubenturm. Nördlich steigen die Hänge des Thüringer Schiefergebirges steil an, südwestlich fließt die Werra in Richtung Hildburghausen.

Wie viele Orte in der Region gehörte Eisfeld zunächst zum Kloster Fulda, kam dann unter die Regentschaft der Henneberger, der ernestinischen Kursachsen und schließlich zu Sachsen-Gotha. An der Fernstraße zwischen Erfurt und Nürnberg wurde auch am Marktort Eisfeld reger Handel betrieben. Der Würzburger Dompropst Kilian von Bibra ließ 1488 die spätgotische Stadtkirche am Markt errichten, doch schon ab 1525 zog hier der neue evangelische Glaube ein. Martin Luthers Freund, der Theologe *Justus Jonas*, förderte die Konfessionalisierung in Coburg und Eisfeld und war hier Pfarrer. Berühmtester Sohn der Stadt ist der Dichter und Musiker *Otto Ludwig* (1813–1865), in dessen Sommerhaus eine Ausstellung zu Leben und Werk eingerichtet ist.

An der Werra bei Reurieth

Eisfeld profitiert heute von der guten Anbindung an die Autobahn A 73 Suhl–Nürnberg und die Bundesstraße B 281, einer günstigen Verbindung nach Saalfeld. Zu DDR-Zeiten war Eisfeld Grenzstadt. Der ehemalige Grenzübergang Eisfeld-Rottenbach dient heute als Autobahnraststätte, im Wachturm gibt eine *Gedenkstätte* Einblick in das Leben an und mit der Grenze. In alten Zeiten dominierten rund um Eisfeld Spielzeugherstellung und Porzellanindustrie. 1952 siedelte sich VEB Carl Zeiss Jena mit einem Werk in Eisfeld an, wo bis 1991 Ferngläser, Zielfernrohre und optische Messgeräte gefertigt wurden. Heute gibt es in Eisfeld Betriebe für Metallbearbeitung, Präzisionsmechanik, Möbel- und Werkzeugbau.

▪ **Gedenkstätte Innerdeutsche Grenze,** tägl. 8–18 Uhr, Eintritt 2 €.

▪ **Dichtergedenkstätte Otto Ludwig,** Besichtigung nach Voranmeldung sowie an Pfingsten und am Tag des offenen Denkmals. ℘ 03686-300308, www.museum-eisfeld.de.

Sehenswertes

Schloss Eisfeld: Nach einer Sanierung erstrahlt das Schloss in neuem Glanz. Mit dem Bau der Burganlage wurde 1080 begonnen, 1360 wurde die Kemenate und 1580 der „Neue Bau" errichtet. Der runde Bergfried stammt aus dem 12. Jh. 1636 wurde er um zwei Stockwerke erhöht und erhielt eine welsche Haube. Das Schloss war Amtssitz der landesherrschaftlichen Vögte. Heute sind in dem historischen Gebäude das Museum Eisfeld und die Touristinformation untergebracht. Das **Museum** zeigt eine Ausstellung zur Stadtgeschichte, dem Handwerk und Südthüringer Porzellan von 1760 bis zur Gegenwart sowie die Sammlung Otto Ludwig mit Werken des 1813 in Eisfeld geborenen Dichters. Im Museum ist auch eine *Steinmärbelmühle* von 1867 zu sehen, die zeigt, wie die beliebten „Märbel", die Spiel-Murmeln, einst aus Stein oder Ton hergestellt wurden.

▪ Museum: Di–Fr 13–16 Uhr, Sa/So 13–17 Uhr, Eintritt 3 €, Turmbesteigung 1 €. Schloss/ Marktplatz 2, ℘ 03686-300308, www.museum-eisfeld.de.

Schloss Eisfeld mit markantem Bergfried

Praktische Infos

Information **Touristinformation Eisfeld** im Museum. Di–Fr 10–16, Sa/So 13–17 Uhr. Schloss/Marktplatz 2, 98673 Eisfeld, ✆ 03686-300308, www.stadt-eisfeld.de.

Verbindungen **Bahn:** Regelmäßig fahren Regionalzüge zwischen Sonneberg und Eisenach. www.sued-thueringen-bahn.de.

Bus: Regionalbusse von WerraBus fahren regelmäßig nach Hildburghausen, Masserberg, Schleusingen, Coburg. Sonneberg wird mit den Linien der OVG Sonneberg erreicht. www.bus-bahn-thueringen.de.

Veranstaltungen Das **Musikfestival Woodstock Forever** findet im August im Feriendorf Auenland (→ Übernachten) statt.

Wandern Von Coburg kommend führt der **Lutherweg** durch Eisfeld und dann hinauf in den Thüringer Wald. www.lutherweg.de. Auf dem **Werra-Burgen-Steig** ist von Eisfeld aus eine schöne Wanderung über den Bleßberg zur Werraquelle bei Siegmundsburg (14 km) möglich. Wer lieber bergab wandert, geht den Weg in umgekehrter Richtung. www.werra-burgen-steig.de.

Im Eisfelder Ortsteil Waffenrod gibt es mehrere schöne **Wald-Wanderrouten** Richtung Masserberg und Rennsteig. Durch Eisfeld führt der **Panoramaweg Schaumberger Land** (90 km, Markierung Ritterhelm), der entlang des Südrands des Thüringer Schiefergebirges fast bis Sonneberg und durch die mainfränkischen Hügel führt. www.thueringer-wald.com.

Übernachten/Essen **Gaststätte Zum Glöckle,** hier werden Schnitzelfans glücklich: Die Fleischscheiben in diverser Zubereitung gibt es von Größe XS (halbes Schnitzel) bis zum XXXL-Teller mit fünf Schnitzeln … Aber auch Klöße und Braten landen auf dem Teller – und das mit „Thüringer Kloß-Siegel". Günstige Preise. Mi–Mo 10–22 Uhr. Otto-Ludwig-Str. 3, Eisfeld, ✆ 03686-618366, www.gloeckle-eisfeld.de.

Berggasthof & Hotel Kranich, schöne, komfortable Zimmer im Landhausstil mit Blick ins Frankenland und zur Rhön. Nur 300 m entfernt kann man in das 40-km-Langlaufnetz einsteigen, das hinauf nach Masserberg führt. Es gibt Sauna und Wellnessmassagen. EZ ab 63 €, DZ ab 86 € inkl. Frühstück. Im Restaurant werden regionale Speisen serviert. Mo–Mi, Fr/Sa 17–21, So 11.30–17 Uhr. Frankenblick 1, Eisfeld, OT Hinterrod, ✆ 03686-300511, www.berggasthof-hotel-hinterrod.de.

Mein Tipp **Feriendorf Auenland,** Eisfeld liegt gleich bei Mittelerde. Das glauben Sie nicht? Dann schauen Sie mal im Freizeitpark Auenland im Ortsteil Waffenrod vorbei. Dort wohnt man in acht urigen Erdhäusern wie ein Hobbit. Wenn das Feuer im Ofen knistert und man Platz nimmt an den aus rohen Baumstämmen gezimmerten Sitzecken, wird es kuschelig. Jetzt wäre der Moment, den Kultroman „Herr der Ringe" zur Hand zu nehmen. Tagsüber lädt der nahe Wald zum Wandern oder Skifahren ein. Für Kinder gibt es Abwechslung mit Sommerrodelbahn, Abenteuerspielplatz und im Winter bei einer Fahrt mit dem Hundeschlitten. 2 Pers. ab 99 €, Frühstück 10 €/Pers., Kind 7 €. Das *Panoramarestaurant Bergbaude* serviert Thüringer Spezialitäten, u. a. auch ein „Räubergelage". April bis Okt. tägl. ab 11 Uhr, Nov. bis März Mo–Mi ab 17, Do–Fr ab 12, So ab 11 Uhr. Zum Burgberg 2, Eisfeld, OT Waffenrod, ✆ 03686-618900, www.freizeitpark-waffenrod.de.

Hildburghausen

Ein Saurier, eine mysteriöse Gräfin, ein berühmtes Konversationslexikon und die Erfindung des Brühwürfels – in Hildburghausen stößt man auf interessante Geschichten. Zahlreiche Dichter und Künstler, darunter Friedrich Rückert und Jean Paul, weilten hier und bescherten Hildburghausen das Flair eines „Klein Weimar".

„Der kleine Klassiker" – unter diesem Titel wirbt die 12.000-Einwohner-Stadt im Werratal für sich. 1828 verlegte *Joseph Meyer* sein Bibliographisches Institut von Gotha nach Hildburghausen. Bis 1874 betrieb er sein Verlagshaus in der Oberen Marktstr. 44, wo „Meyers Konversationslexikon", Klassiker-Ausgaben und „Brehms Tierleben" entstanden. Mit einem Gymnasium und einem Technikum machte sich „Hibu", so der gebräuchliche Kurzname, auch als Schulstadt einen Namen. Gegründet wurde Hildburghausen von den Franken wohl schon vor dem Jahr 900, erstmals taucht es in Urkunden von 1234 auf. Das Rathaus am Markt wurde auf den Ruinen eines 1388 bei einem Brand

So soll er ausgesehen haben, der Hildburghäuser Saurier

zerstörten Steinhauses aus dem Mittelalter aufgebaut und erhielt seine Renaissance-Gestalt um 1595.

Prägend für Hildburghausen war die Zeit unter den ernestinischen Sachsen, ab 1680 war die Stadt Residenz des Herzogtums Sachsen-Hildburghausen. Nicht Krieg veränderte das Gesicht der Stadt, sondern ein Wirbelsturm, der im Jahr 1572 Häuser und die Existenz der in der Textilverarbeitung tätigen hugenottischen Bevölkerung vernichtete. Ein großer Stadtbrand 1779 und der Wiederaufbau prägten das Ensemble um den Marktplatz und in der Oberen Marktstraße mit den schönen Fassaden im so genannten „Zopfstil". Das 1695 gebaute Barockschloss fiel 1945 einem Artilleriebeschuss zum Opfer und wurde abgerissen. Der Schlosspark (zwischen Wiesen- und Clara-Zetkin-Straße), der seit 1800 als englischer Garten gepflegt wird, erinnert an diese Zeit.

Sehenswertes

Chiroterium-Monument: Hildburghausens älteste Spuren überdauerten auf Sandsteinplatten, die der Gymnasialdirektor Friedrich Sickler 1833 in einem Steinbruch entdeckte. Der Fund war so phänomenal, dass Stücke der Platten an Museen in aller Welt verkauft wurden. Die Fährten der urzeitlichen Tiere aus der Triaszeit sind als Rekonstruktion auf dem Chirotherium-Monument neben dem Rathaus zu sehen. Davor schleicht die Nachbildung eines *Chiroterium barthii*, des Urahns der Krokodile, Vögel und Dinosaurier, über das Pflaster.

Stadtmuseum: In der „Alten Post", einem Gebäude mit Bauteilen aus dem 14. und 16. Jh., residiert heute das Museum der Stadt. In der Dauerausstellung tauchen wichtige historische Figuren auf: Herzogstochter Therese, die als Gemahlin von Ludwig I. Königin von Bayern wurde, die Dunkelgräfin, hinter der man die Tochter des hingerichteten französischen Königs Ludwig XVI. vermutet, und Verleger *Joseph Meyer*, dessen 52-bändiges „Konversationslexikon" im Museum als Erstausgabe zu sehen ist. Nicht zu vergessen auch der

Fabrikant *Rudolf Scheller*, der in Hildburghausen die „Tütensuppe" und den Brühwürfel erfand.

■ Mi–Fr 10–17, Sa/So 13–17 Uhr. Eintritt 3,50 €. Apothekergasse 11, ☎ 03685-403689, www.museum-hildburghausen.de.

Christuskirche: Beim großen Stadtbrand von 1779 wurde Hildburghausens erste Kirche, die Laurentiuskirche, zerstört. 1781 begann der Wiederaufbau und 1785 wurde das im Stil des klassizistisch überformten Spätbarock erbaute Gotteshaus als Christuskirche geweiht. Auf der Nordseite beeindruckt das von Säulen getragene, doppelstöckige Portal. Innen erstrahlt der von einer Kuppel gekrönte Kirchenraum in Weiß mit Gold. Über dem Altar befinden sich in einer Linie die balkonartige Kanzel und die spätbarocke Orgel. Der einstige Herzogsstand auf der Westempore birgt eine *Bibliothek* mit wertvollen Wiegendrucken aus der Anfangszeit des Buchdrucks. Mit einem Fassungsvermögen von 2000 Menschen ist die Christuskirche die größte Kirche Südthüringens.

■ Pfingsten bis Erntedank tägl. 14–16 Uhr geöffnet. Immanuel-Kant-Platz 1.

Das Geheimnis der Dunkelgräfin

Ein geheimnisvolles Paar, das von 1810 bis 1837 zurückgezogen auf Schloss Eishausen lebte, bescherte Hildburghausen ein bis in jüngste Tage ungelöstes Geheimnis. Die „Dunkelgräfin", die sich dort vor der Gesellschaft verbarg und wenn, dann nur verschleiert zu sehen war, soll die Tochter des hingerichteten französischen Königs Ludwig XVI. und seiner Frau Marie Antoinette gewesen sein. Prinzessin *Marie Thérèse Charlotte*, die 1789 den Sturm auf die Bastille überlebte, wurde 1795 – im Austausch für französische Kriegsgefangene – der österreichischen Verwandtschaft ihrer Mutter übergeben. Soweit die Fakten. Einige Historiker vertreten jedoch die These, dass „Madame Royale" nach ihrer Freilassung aus der Pariser Kerkerhaft gegen eine andere Frau ausgetauscht worden sei, möglicherweise, um eine ungewollte Schwangerschaft zu vertuschen.

Unter dem Schutz des holländischen Diplomaten *Leonardus Cornelius van der Valck* floh Madame Royale vor Napoleon und soll zunächst in Gotha, Jena und anderen deutschen Städten gelebt haben. Als Dunkelgraf und Dunkelgräfin zogen sich die beiden schließlich 1807 nach Eishausen zurück, wo die Dunkelgräfin am 25. November 1837 starb.

Das Schloss existiert nicht mehr, wohl aber die Gräber der beiden. Um die Spekulationen zu beenden, setzte sich der Stadtrat gegen ein Bürgervotum durch: Am 15. Oktober 2013 wurde das Grab der Dunkelgräfin auf dem Stadtberg geöffnet. Bei einem interdisziplinären Wissenschaftsprojekt des Mitteldeutschen Rundfunks (MDR) kam durch DNA-Vergleiche und anthropologische Untersuchungen eines zweifelsfrei ans Licht: Die Person, die hier bestattet worden war, ist *nicht* Prinzessin Marie Thérèse Charlotte. Doch ob damit die Legende von der Dunkelgräfin beendet ist – wer weiß.

Praktische Infos

Information Touristinformation, Mo 10–14, Di 13–18, Do 10–18, Fr 10–14 Uhr. Markt 25, 98646 Hildburghausen, ☎ 03685-405842, www.hildburghausen.de.

Verbindungen Bahn: Mit der Süd-Thüringen-Bahn geht es regelmäßig in Richtung Sonneberg und Eisenach. www.sued-thueringen-bahn.de.

Bus: Hildburghausen ist der Knotenpunkt der Regionalbusse von WerraBus. Von hier aus Verbindungen in die gesamte Region, u. a. nach Schleusingen, Suhl, Eisfeld, Ummerstadt und Römhild. Im Stadtverkehr verkehrt die Linie B. www.werrabus.de.

Parken Über das Leitsystem sind die meist kostenpflichtigen Parkplätze schnell zu finden.

Baden Werra Sport- und Freizeitbad in Hildburghausen: 25-m-Schwimmbecken mit Sprungturm, Spaßbecken und kleines beheiztes Außenbecken, das auch im Winter geöffnet ist. Highlight ist die 50 m-Wasserrutsche. Eine Sauna gehört ebenfalls dazu. Im Freibad (Mitte Mai bis Mitte Sept. 10–20 Uhr) gibt es ein 50-m-Becken, Nichtschwimmerbecken und Beachvolleyballanlage. Oberes Kleinodsfeld 16, Hildburghausen, ☎ 03685-404333, www.sprung-frei.de.

Theater Das **Stadttheater Hildburghausen** zeigt ein abwechslungsreiches Programm aus Gastspielen vom klassischen Konzert über Kabarett bis zu Shows aus Rock und Pop. Coburger Str. 22, ☎ 03685-405842, www.stadttheater-hildburghausen.de.

Die **Junge Bühne Hildburghausen** bringt zeitgenössische Stücke für Kinder, Jugendliche und Erwachsene auf die Bühne des Stadttheaters. www.junge-buehne-hildburghausen.de.

Rathaus Hildburghausen

Veranstaltungen Die Gemahlin von König Ludwig von Bayern war ein Spross des Hildburghäuser Fürstenhauses. Was lag näher, als Prinzessin Therese zur Namenspatronin des Theresienfests zu machen, das die Hildburghäuser seit 1990 genauso gern feiern wie die Münchner ihr Oktoberfest: Das **Theresienfest** (Ende Sept./Anfang Okt.) ist eines der beliebtesten Volksfeste in Südthüringen. Karussells, Buden und natürlich Bier und Musik sorgen für Stimmung. www.theresienfest.de.

Übernachten/Essen Hotel garni Grüner Baum, der grüne Baum als Fassadenmalerei macht das Haus unverwechselbar. Das nette Hotel direkt am Werratal-Radweg ist eine zertifizierte Bett & Bike-Unterkunft und bietet moderne, freundliche Zimmer im ausgebauten Dach. EZ 40 €, DZ 50–65 €. Ebenhardser Dorfstr. 2, Hildburghausen, OT Ebenhards, ☎ 03685-409793, www.hotel-hildburghausen.de.

MeinTipp **Pension Thüringer Hof,** schön saniertes Gebäude mit malerischem Innenhof, in ruhiger Lage in der Nähe des Marktplatzes. Gemütliche Zimmer mit Landhausmöbeln und modernen Bädern. Unterstellmöglichkeit für Fahrräder. EZ 50 €, DZ 72,50 € inkl. Frühstück. Obere Braugasse 18, Hildburghausen, ☎ 03685-4011548, www.pension-thueringer-hof.

Wacholderschänke, zu Burger, Steak und selbst gemachter Pasta kehrt man hier gerne ein. Sonntags gibt es Klöße und Braten. Di–So 17.30–23 Uhr. Geschwister-Scholl-Str. 21, ☎ 03685-6797231, www.wacholder-schaenke.de.

Restaurant Burghof, den Geschmack von Indien genießt man im Jugendstilambiente des Restaurants Burghof. Ingwer, Chili, Koriander und Curry spielen in vielen Gerichten mit, etwa im vegetarischen Gemüse-Pakora. Wer deutsche Küche bevorzugt, findet Variationen von Schnitzel, Steak und Fisch. Auch italienische Pasta fehlt nicht im Angebot. So–Fr 11–14.30 und ab 17 Uhr, Sa ab 17 Uhr. Friedrich-Rückert-Str. 6, ☎ 03685-4096870, www.restaurant-burghof-hildburghausen.de.

Stadtcafé, vom Frühstück bis zum Nachmittagscafé, vom Snack bis zum Tiramisu – für einen Besuch im Stadtcafé gibt es gute Gründe. Bei schönem Wetter sitzt man draußen am Markt und genießt die Eisbecher. Mo–Fr 8–18, Sa/So 13–18 Uhr. Markt 3, ☎ 03685-706690, www.stadtcafe-hbn.de.

Wohnmobile Drei gebührenfreie Stellplätze auf dem Parkplatz Friedrich-Rückert-Straße.

Kloster Veßra

Ganz gleich, ob man sich mit dem Rad über die kleinen Anstiege und Abfahrten des Werratal-Radwegs gemüht hat oder mit dem Auto über die ruhige B 89 Richtung Themar unterwegs ist – in Kloster Veßra sollte man unbedingt eine Pause einlegen.

Auf einer Anhöhe über der Schleusemündung liegt die kleine Gemeinde Veßra (400 Einwohner), die sich rund um das Klostergut aus dem 12. Jh. angesiedelt hat. Die beiden charakteristischen Türme der Kirchenruine St. Marien lassen ahnen, welchen Raum das geistige Zentrum des früheren Prämonstratenserklosters einmal einnahm. Rund um die Klosterruine scharen sich weitere Bauteile des großen romanischen Baudenkmals: die Torkapelle, die Klausur, Reste des Kreuzgangs. Mit der Reformation wurde das Kloster 1543 säkularisiert und dann in eine Domäne der Hennebergischen Landesherren umgewandelt. Nach 1991 wurde das Baudenkmal durch umfangreiche Sanierungen gesichert.

Freilichtmuseum: 1990 wurde auf dem sechs Hektar großen Areal das *Hennebergische Museum Kloster Veßra* eingerichtet. Gärten und Teiche, das „Leutebackhaus", die Klostermühle, ein historisches Bienenhaus und Stallungen vermitteln lebendige Eindrücke von der klösterlichen und bäuerlichen Wirtschaft. Ein herrliches Zeugnis fränkischer Fachwerkbautradition ist das 1716 erbaute *Fachwerkhaus eines wohlhabenden Pferdehändlers* aus Eicha. Es zeigt die „Fränkische Laube", eine architektonische Kostbarkeit.

Das *Museum* präsentiert Grafiken mit Bildnissen der Henneberger Regenten, Karten, Wappensteine, Folterwerkzeuge, landwirtschaftliches Arbeitsgerät und andere Schaustücke mehr. Bei Veranstaltungen steht die lebendige Vermittlung im Vordergrund – vom Bierbrauen im Dorfbrauhaus bis zum Töpfern.

Gartenmesse in Kloster Veßra

▪ Mai bis Sept. tägl. 9–18, Okt. bis April Di–So 10–17 Uhr. Eintritt 6 €, Familie 12 €. Kloster Veßra, Anger 35, ✆ 036873-69030, www.museumklostervessra.de.

Rennsteigbahn Ein Erlebnis ist die Fahrt mit historischen Sonderzügen der *Rennsteigbahn* vom Bahnhof Rennsteig bis Themar – inklusive der Möglichkeit zum Besuch von Kloster Veßra. Termine unter ✆ 036782-70666, www.rennsteigbahn.de.

✎ **Übernachten/Essen** Hotel zur Werra, ökologisch wohnen – mit diesem Anspruch betreut das Hotel in Vachdorf seine Gäste. 33 helle Komfortzimmer mit Naturholzmöbeln stehen zur Verfügung, der Zugang ist barrierefrei. EZ 51 €, DZ 91 € inkl. Bio-Frühstück. Rietweg 239, Vachdorf, ✆ 036949-490204, www.hotel-zur-werra.de.

Wasungen

„Woesinge Ahoi!" – wenn dieser Schlachtruf erklingt, beginnt Wasungens fünfte Jahreszeit und der kleine Werra-Ort mutiert zur Thüringer Karnevalshochburg. Immerhin wird hier schon seit 1524 Karneval gefeiert.

Am Samstag vor Rosenmontag wälzt sich eine Prozession mit mehr als 80 Themenwagen durch die Stadt. Der MDR überträgt das Spektakel mit tausenden Zuschauern live. Wasungen wird 874 erstmals erwähnt und erhält 1308 Stadtrechte. Zunächst hennebergisches Territorium, gehört es ab dem 16. Jh. den Wettinern und ist ab 1680 Teil des Herzogtums Sachsen-Meiningen. Wasunger Gewehre waren weltweit begehrt, aber auch Tabakanbau und -handel florierten bis ins 19. Jh. Seit dem 12. Jh. wird Wasungen von der *Burg Maienluft* überragt, die heute als Hotel genutzt wird.

Unter dem Jahr geht es beschaulich zu, und so hat man Muße für einen Bummel durch die denkmalgeschützte Fachwerkstadt mit stattlichen Adelshöfen und Bürgerhäusern. Zu den schönsten Häusern im fränkisch-hennebergischen Stil gehören das an der Durchgangsstraße (B 19) stehende *Renaissance-Rathaus* sowie das *Amtshaus* mit dem Renaissance-Torbogen davor. Das *Damenstift* wurde 1596 als Stiftshaus für verarmte adelige Damen errichtet. Das Fachwerk zeigt kunstvoll gestaltete Hölzer und geschweifte Andreaskreuze mit „gotischen Nasen". Im Inneren sind Stuckdecken aus der Erbauungszeit erhalten.

▪ Die Fachwerk-Sehenswürdigkeiten sind als Stadtrundgang zusammengefasst, über den eine Infotafel am Markt informiert.

Information Touristinformation im Damenstift, Mo–Fr 10–12 und 13–16, Sa 10–12, Mai bis Okt. auch So 14–16 Uhr. Untertor 1, 98634 Wasungen, ☏ 036941-71505, www. wasungen.de.

Verbindungen Bahn: Die Süd-Thüringen-Bahn fährt regelmäßig in Richtung Meiningen und Bad Salzungen, www.sued-thueringen-bahn.de.

Bus: Regionalbusse fahren regelmäßig nach Meiningen, Hümpfershausen, Metzels, Bonndorf und Walldorf, www.mbb-mgn.de.

Museen Im Damenstift zeigt das **Stadtmuseum** eine Sammlung zur Wasunger Geschichte und Kultur, auch das **Thüringer Karnevalsmuseum** ist hier untergebracht. Mo–Fr 10–12 und 14–16, Sa 10–12, So 14–16 Uhr. Eintritt 2 €. Untertor 1, ☏ 036941-71505, www.wasungen.de.

Übernachten/Essen **Hotel Maienluft**, im restaurierten Domänen-Gebäude der einstigen Burg hoch über dem Werratal nächtigt man in mit historischen Möbeln eingerichteten Zimmern unterschiedlicher Größe. Die zur Werraseite bieten einen herrlichen Ausblick und kosten etwas mehr. Es gibt einen Fahrrad-Shuttle. EZ ab 45 €, DZ ab 75 € inkl. Frühstück. Im *Restaurant* gibt es regionale Spezialitäten. Im *Biergarten* mundet das Kreuzberg-Bier. Di–Fr ab 15 Uhr, Sa/So ab 12 Uhr. Maienluft 1, Wasungen, ☏ 036941-7840, www.burg-maienluft.de.

Bad Salzungen

Tief einatmen! Im Gradierwerk von Bad Salzungen rieselt stark salzhaltiges Wasser über Reisigbündel und sorgt durch die feinste Verteilung für heilsame Luft. Die „grüne Stadt mit starker Sole" ist eine Kurstadt, Bad Salzungen ist aber auch ein gemütlicher Ort für entspannten Urlaub.

Schon in der Bronzezeit lebten hier Kelten und gewannen aus der Sole das „weiße Gold". Die geförderte Sole ist mit bis zu 27 Prozent fast so salzhaltig wie das Tote Meer und die stärkste Sole in Deutschland. Im Thermalwasser muss man nicht viel paddeln – es trägt von alleine. Als Aushängeschild des staatlich anerkannten Sole-Heilbads erinnert die jährlich gewählte „Keltenfürstin" an die historischen Wurzeln. Heute leben die 20.000 Einwohner besonders vom Kur-Tourismus. Abseits von den Kureinrichtungen haben sich

Prächtiges Fachwerk: das Gradierwerk Bad Salzungen

mittelständische Betriebe diverser Branchen angesiedelt. Erfolgreich ist in Bad Salzungen auch der Storch gelandet: Mittels Webcam können Interessierte die Kinderstube des Zugvogels auf dem Bohrturm der Gradieranlage beobachten. Und mit dem alle drei Jahre stattfindenden *Internationalen Bildhauersymposium* kommen moderne Kulturimpulse in die Stadt.

Stadtgeschichte

In einer Urkunde von Karl dem Großen wird seine „Villa Salsunga" 775 erstmals urkundlich erwähnt. Im 9. Jh. gehört der Ort dem Kloster Fulda und steht bis ins 13. Jh. unter dem Einflussbereich der Henneberger. Anschließend regieren die Wettiner, die die reiche Salz-Stadt mit Türmen und Wehrmauern befestigen. Nach der Plünderung im Dreißigjährigen Krieg durch die Schweden kommt das Territorium 1640 zu Sachsen-Gotha. Seit 1590 wird Salz im so genannten Gradierverfahren gewonnen. Den „Sauerbrunnen" nutzte man schon in der Renaissance als Heilmittel. 1821 entstand in Salzungen das ers-

te Badehaus und ein reger Kurbetrieb entwickelte sich. Seit 1923 trägt die Stadt den Titel „Bad".

Sehenswertes

Gradierwerk: Hauptanziehungspunkte der Stadt sind die „Solewelt" und das historische Gradierwerk. Beim Spaziergang im Gradiergarten vor dem großartigen Fachwerkbau im hennebergisch-fränkischen Stil weht den Besucher die frische, salzhaltige Luft an. Eingekleidet mit weißen Kapuzenmänteln kann man in den Gängen des Gradierwerks wandeln, wo die Sole über Reisigbündel plätschert und sich durch Verdunstung immer stärker konzentriert. Über Jahrhunderte wurde das Leben der Bewohner Bad Salzungens von der Arbeit in der Saline bestimmt. Im *Museum am Gradierwerk* wird die Gewinnung des Salzes erläutert. Die Besitzer der Siedehäuser, die „Nappen", gehörten zur angesehenen „Pfännerschaft" und lenkten die Geschicke der Stadt. Auch über die Entwicklung der Kur im Wandel der Zeit gibt das Museum Auskunft. Am Ende des Rundgangs ist ein Blick in den Bohrturm möglich. Bei Schauvorführungen auf dem Freigelände wird das Salzsieden gezeigt.

■ **Gradierwerk:** Tägl. 8–19 Uhr, Eintritt 4,90 €. Am Solbad 4, ☎ 03695-69340, www.gradierwerk-badsalzungen.de. **Museum am Gradierwerk:** Tägl. 10–17 Uhr, Eintritt 2 €. An den Gradierhäusern 4, ☎ 03695-693471, www.bad salzungen.de.

Altstadt: Ein Bummel durch die Altstadt führt vorbei an schönen Fachwerkhäusern, wie der 1887 eröffneten Kinderkurklinik „Charlottenhall" (Mathilde-Wurm-Str. 7). Ein Großteil der historischen Bausubstanz stammt aus dem 18. Jh., da vorher mehrere Brände wüteten. Vom *Rathaus* am Marktplatz ist es nicht weit zur *Stadtkirche*, die in schlichtem Barock erstrahlt und eine kostbare Reger-Orgel birgt. Der barocke Kirchturm überragt die Reste der 775 erstmals erwähnten *Schnepfenburg* am Ufer des Burgsees, eine Befestigungsanlage, die wahrscheinlich schon Jahrhunderte früher zur Sicherung der Solevorkommen diente. Das klassizistische *Schloss*, das Herzog Johann auf Teilen der Burgmauer errichten ließ, dient heute als Amtsgericht. Ein Spaziergang am Ufer des Burgsees ist sehr zu empfehlen. Der Erdfallsee entstand infolge lokaler Ausspülung der Salzschichten des Zechsteins. Unterhalb des Burgfelsens hat der ansonsten flache See eine Tiefe von 25 m. Eine der romantischsten Ecken Salzungens ist der *Haunsche Hof.* Der 1624 im Renaissancestil verschönerte Bau mit Treppenturm und Rundportal dient heute als Veranstaltungsort von Kulturveranstaltungen.

■ Stadtkirche Mo–So 15–18 Uhr. Haunscher Hof, Bad Salzunger Kulturverein, Unter den Linden 4, ☎ 03695-852840, www.kulturverein-bad salzungen.de.

Praktische Infos

Information Touristinformation, im Museum am Gradierwerk. Tägl. 10–17 Uhr. An den Gradierhäusern 4, 36433 Bad Salzungen ☎ 036 95-693420, www.tourismus-badsalzungen.de.

Verbindungen Bahn: Die Süd-Thüringen-Bahn fährt stündlich nach Eisenach und Meiningen, www.sued-thueringen-bahn.de.

Bus: Mit den Bussen der VG Wartburgkreis geht es von Bad Salzungen u. a. nach Bad Liebenstein, Bad Hersfeld, Vacha, Suhl, Kaltensundheim, Eisenach, www.vgwak.de.

Burgsee in Bad Salzungen

Baden Im **Schwimmbad Drei Eichen** schlängelt sich die Wasserrutsche im Zentrum des großzügigen Badebeckens. Neben weitläufigen Wiesen mit wenigen Bäumen gibt es Beachvolleyball, Basketball, Tischtennis und eine Kinderspielanlage. Mai bis 15. Juni 10–19 Uhr, 16. Juni bis 15. Aug. 10–20 Uhr, 16. Aug. bis Sept. 10–19 Uhr. Am Schwimmbad 2, ✆ 03695-8506919, www.badsalzungen.de.

Fahrradfahren Die abwechslungsreiche Gegend ist wie geschaffen zum Radfahren. Wer gerne Strecke macht, radelt auf dem **Rhönradweg** (180 km) von Bad Salzungen bis Geisa und kann über Bad Neustadt/Saale bis Hammelburg fahren, www.rhoen.de. Entlang der Werra geht es auf dem **Werratalradweg** (gesamt 306 km) in Richtung Meiningen oder Philippsthal, www.werratal.de. Der **Werra-Suhltal-Radweg** (35 km) führt über den Lutherstammort Möhra entlang des Flüsschens Suhl bis nach Gerstungen. Bei Berka an der Werra gibt es Anschluss an den Werratal-Radweg, www.radroutenplaner.thueringen.de.

Kino Mainstream- und Arthauskino im **pab-Kinocenter**, Passage an den Beeten, ✆ 03695-628858, www.pab-kino.de.

Kur Die **Solewelt Bad Salzungen** bietet eine breite Palette an Kuranwendungen. Im schön gestalteten Sole Aktivbad sorgt das salzhaltige Wasser in drei Becken für Auftrieb beim Schwimmen. Das Wasser im „Salztopf" mit 15 % natürlicher Sole trägt die Schwimmer wie im Toten Meer. Außerdem gibt es die Möglichkeit zu Inhalationen, eine große Saunalandschaft, Fitness-Zentrum, Gesundheits-Zentrum und die Totes-Meer-Salzgrotte. Mo–Sa 10.30–22 Uhr, So 9.30–21 Uhr. Am Flößrasen 1, ✆ 03695-69340, www.solewelt.de.

Wandern Der **Rhönwanderweg** (75 km) führt von Bad Salzungen nach Meiningen. Auf dem **Werra-Burgen-Steig** erreicht man Vacha und Bad Liebenstein. Auf dem mit Skulpturen und Rastplätzen gestalteten **Pummpälzweg** (27 km) wandert man zwischen Bad Salzungen und Eisenach auf den Spuren des Märchensammlers Ludwig Bechstein. Die Kurstadt bietet zahlreiche regionale Wanderwege in unterschiedlicher Länge. Eine schöne Runde ist der **Frankenstein-Rundweg** (6,6 km) vom Gradierwerk über die Burgruine Frankenstein und zurück. Der **Bad Salzunger Rundwanderweg** (16 km) führt im Grünen einmal rund um die Stadt und bietet immer wieder neue Stadtansichten. www.badsalzungen.de.

Übernachten/Essen ******Kurhaus am Burgsee**, das historische Haus, das 1851 aus einer Zuckerfabrik hervorging, bietet großzügige, moderne Komfortzimmer. Einige der Zimmer haben Blick auf den See. EZ ab 64,50 €, DZ ab 77 €, Frühstück 7,40 €. Im *Restaurant* und auf der *Seeterrasse* werden internationale Spezialitäten und Vegetarisches serviert. Am See 49, ✆ 03695-652088, www.kurhaus-bad salzungen.de.

***Hotel Haus Hufeland, am Burgsee. Bei schönem Wetter sitzt man herrlich auf der Frühstücksterrasse am Seeufer. Die Zimmer sind hell und modern gestaltet, einige haben Balkon und Kühlschrank. EZ ab 51,50 €, DZ ab 65 €, Frühstück 7,50 €. ✆ 03695-653000, www. hotel-haushufeland-badsalzungen.de.

Hotel Lindentor, preisgünstige Unterkunft in der Nähe des Marktplatzes. Die Zimmer sind schlicht, aber komfortabel. EZ 38 €, D7 65 € inkl. Frühstück. Steinweg 22, ✆ 03695-622652, www.hotel-bad-salzungen.com.

Mein Tipp **Restaurant & Pension Kartoffelkäfer,** gemütliches Flair mit historischen Stücken, vom uralten Eichenbalken über originale Pflastersteine bis zum nostalgischen Telefon. Auf den Tisch kommen Kartoffelspezialitäten, Vegetarisches, Pastagerichte, Steaks vom Vulkanstein-Grill und regionales Bier vom Fass. Mo–Sa 11–14.30 und ab 17 Uhr, So 11–21 Uhr. Unter dem Dach gibt es zwei gemütliche *Zimmer* im Landhausstil. EZ 53 €, DZ 71 € inkl. Frühstück. Silge 11, ✆ 03695-606204, www. kartoffelkaefer.net.

Kamadu, die coole, stylische Bar lockt mit verführerischen Cocktails. Promillefrei geht es los und nach den bunt Gemixten oder Exotischen ist lange nicht Schluss. Mi/Do 19–1, Fr/Sa 20–3 Uhr. Passage an den Beeten, ✆ 0172-8569566, www.kamadu.de.

Wohnmobile Direkt an der Sole-Welt finden Mobilisten im Sole-Reisemobilhafen mit 80 Parzellen beste Bedingungen (keine Wohnwagen!). Stromanschluss an jeder Parzelle, Frisch- und Abwasseranschluss an der Zufahrt. Stellplatz 10 € pro Nacht. Am Flößrasen 1, ✆ 036 95-8534470, www.sole-reisemobilhafen.de.

Erlebnisbergwerk Merkers

Die Spurensuche zur Thüringer Kalisalzproduktion wird im ehemaligen Bergwerk Merkers zum Erlebnis. In 90

Grabfeld, Werratal und Thüringer Rhön → Karte S. 24

Sekunden fahren die Besucher unter Leitung erfahrener Steiger im Förderkorb blitzschnell auf 500 m Tiefe. Auf der Tour mit Allradfahrzeugen durch das endlose Labyrinth aus Kammern und Strecken in bis zu 800 m „Teufe" staunt man über den größten Untertage-Schaufelradbagger der Welt und die erst 1980 entdeckte Kristallgrotte mit Salzkristallen von bis zu 1 m Länge. Ein *Museum* informiert über die Geschichte der Kaliindustrie an der Werra.

Die Nationalsozialisten versteckten in der Grube Merkers am Ende des Zweiten Weltkriegs die Gold- und Devisenbestände der Reichsbank sowie Kunstwerke aus den Berliner Museen. Die Amerikaner entdeckten den Schatz im „Goldraum", den General Eisenhower im April 1945 selbst inspizierte. Mit einzigartiger Akustik beeindruckt der Konzertsaal im ehemaligen Großbunker, in dem Stars der Klassik und Rockmusik regelmäßig Konzerte geben. Und auch Wettbewerbe finden hier statt, vom Kristallmarathon bis zur Mountainbiketour; auch ein Hochseilgarten steht „Down under" zur Verfügung. Bei Hochzeiten oder Events darf frau gerne mit Trägerkleidchen erscheinen, denn die Temperatur beträgt ganzjährig angenehme 21 bis 28 Grad Celsius. Ansonsten besteht für die Bergmannsnovizen Helmpflicht und Kittelgebot.

▪ Führungen Jan.–März, Nov./Dez. Di–Sa 9.30–13.30 Uhr, April–Okt. Di–Sa 9.30–13.30, So 10.30 Uhr. 23–26 €. Anmeldung erforderlich, Tickets unter ☏ 03695-614101. Erlebnisbergwerk Merkers, Zufahrtstraße, Krayenburggemeinde, www.erlebnisbergwerk.de.

Badeseen

Eine Kette aus Baggerseen reiht sich zwischen dem Dorf Breitungen und Bad Salzungen an der Werra. Die Seen entstanden ab den 1960er-Jahren durch den Kiesabbau, füllten sich mit Grundwasser und gehören heute zu den saubersten Badegewässern Deutschlands.

Die Kiesseen sind ein beliebtes Terrain für alle Arten von Wassersport, vom Schwimmen über Paddeln bis Surfen. Der *Werratal-Radweg* führt mitten durch die Naturschutzgebiete, wo Wasser, Wiesen, Bäume und Schilf vielen Vögeln und Wasserbewohnern Raum zum Leben bieten.

Der *Kiessee Breitungen* ist ein herrliches, ruhig gelegenes Naherholungsgebiet. Hier finden Badefans ein Strandbad mit weitläufigen Liegewiesen, Bäumen, sauberem Wasser und flachem Strand, so dass hier auch Kinder prima baden können. Ein schöner Spielplatz, Minigolf und Volleyball-Plätze sorgen für Abwechslung. Es gibt ein großes Sanitärgebäude mit Duschen und Umklei-

Der Baggersee bei Breitungen an der Werra lädt zum erfrischenden Bad

den am Strandbad, Parkplätze befinden sich vor dem Campingplatz.

▪ Geöffnet März–Okt. Salzunger Str. 24a, 98597 Breitungen, ☏ 036848-409512, www.strandbad-breitungen.de.

Bei Immelborn führt die Landstraße auf einem Saum zwischen den Seen hindurch, was beim Baden, Grillen und Campen aber niemanden stört. Der beliebte *Badesee Immelborn* ist mit Badestrand (auch FFK-Abschnitt), Spielplatz, Grillstube, Biergarten, Bootsverleih und Camping sehr gut ausgestattet.

▪ An den Badeseen 1, Immelborn, ☏ 03695-622101, www.kiesgrube-immelborn.de.

Schloss Herrenbreitungen

Leben wie ein Schlossherr auf dem Lande – dazu lädt Herrenbreitungen ein. Die Spuren der Geschichte haben sich ins Antlitz des Schlosses gegraben, aber als Herberge und Hochzeits-Location hat das romantische Gemäuer dennoch seinen Reiz. Außerdem finden regelmäßig Konzerte und Ausstellungen statt.

Seit 2007 setzt sich der Schlossbesitzer dafür ein, dass das Schloss saniert und wiederbelebt wird. Zuerst bauten wohl die Franken um 750 auf dem Burghügel über der Werra eine Befestigungsanlage. Im 12. Jh. gründeten die Benediktiner ein Kloster, dessen romanische Basilika heute das Wahrzeichen von Breitungen ist. Der hennebergische Graf Poppo XII. ließ um 1560 ein neues Renaissanceschloss errichten, das im Dreißigjährigen Krieg beschädigt wurde. Ein Teil der Basilika musste abgetragen werden, der gerettete Baukörper wurde 1662 als reformierte Basilika geweiht.

An Graf Poppo erinnert noch das Hennebergische Wappen über dem Eingangsportal, aber auch eine Spukgeschichte. Im so genannten Poppo-Saal stand einst das Sterbebett des Grafen mit einer Inschrift darauf. Jeder, der es wagte, die Inschrift zu berühren,

bekam von unsichtbarer Hand Ohrfeigen. Auch durfte man das Bett nicht verrücken, denn heftiges Krachen und Donnern wäre die Folge gewesen. Angeblich erschien der Graf zur Mitternachtsstunde jedem Mutigen, der es trotz alledem wagte, in seinem Bett zu nächtigen.

▪ Führungen nach Voranmeldung, ☏ 036848-253780 oder 0171-5173006. Schloss 3, Breitungen/Werra, www.schloss-breitungen.de.

Information Gästeinformation, Mo 10–12, Di 13–17, Do 10–12 Uhr. Rathausstr. 22, 98597 Breitungen, ☏ 036848-88221, www.breitungen.de.

Verbindungen Bahn: Breitungen und Immelborn sind Haltestellen der Regionalzüge der Süd-Thüringen-Bahn zwischen Bad Salzungen und Meiningen. www.sued-thueringen-bahn.de.

Bus: Die Regionalbus-Linie 440 der Meininger Busbetriebe zwischen Schmalkalden und Bad Salzungen hält mehrmals täglich u. a. in Breitungen, Barchfeld und Immelborn. www.mbb-mgn.de.

Übernachten Schloss Breitungen, auch wenn der Putz außen etwas bröckelt, die Gästezimmer im Schloss sind modern saniert, jedes ist individuell mit historischen Möbeln und Bildern eingerichtet. Einen Fernseher sucht man vergebens, dafür kommt beim Blick aufs Werratal Burgherrenfeeling auf. DZ als EZ 50 €, DZ ab 60 € inkl. Frühstück. Schloss Breitungen, ☏ 036848-253780, www.schloss-breitungen.de.

Camping Schloss Breitungen, auf dem Gelände gibt es Stellplätze für Wohnwagen und Zelte, 10 €/Pers., Dusche und WC im Schloss. Adresse siehe Übernachten.

*mein*Tipp **** Kiesseecamping Breitungen,** moderner Familienplatz, der durch sehr gute Ausstattung und schöne Lage am See überzeugt; 24 Stellplätze für Wohnwagen/-mobile mit Stromanschluss, 40 Stellplätze für Zelte, teils mit Blick auf den See. Moderne Sanitäreinrichtungen, Küche, Waschmaschine, Wäschetrockner, Imbiss, Minigolf, Spielplatz. *Bungalows* und *Schäferwagen* auf Anfrage. Freier Eintritt am Badesee für Camper. Stellplatz und 2 Pers. 23 €. Geöffnet 1. April bis 31. Okt. ☏ 03693-484460. Salzunger Str. 24a, 98597 Breitungen. www.breitungen.de.

Grabfeld, Werratal und Thüringer Rhön → Karte S. 24

Blick von der Hohen Geba auf Stepfershausen

Die Thüringer Rhön

Das etwa 1500 km² große Mittelgebirge erstreckt sich auf dem Gebiet der drei Bundesländer Bayern, Hessen und Thüringen. Die Thüringer Rhön umfasst die Region westlich der Werra bis zur Landesgrenze und ist wohl der beschaulichste und abgeschiedenste Teil dieser Landschaft.

Am Nordrand bei *Vacha* geht der Blick des Reisenden hin und her zwischen den weißen Salzbergen, die der Kaliabbau an diesem Abschnitt der Werra aufgetürmt hat, und den charakteristischen grünen Vulkan-Kuppen, für die die Rhön berühmt ist. Der *Öchsenberg bei Sünna* ist 627 m hoch. Im Süden der Region erreicht die *Hohe Geba* immerhin 751 m, der höchste Berg ist mit 814 m der *Ellenbogen* bei Frankenheim.

Als freundlicher Botschafter übernimmt das Rhönschaf mit seinem schwarzen Kopf überall im **UNESCO-Biosphärenreservat Rhön** seine landschaftspflegerischen Aufgaben. Auf den Kalkmagerrasen gedeihen Orchideen und andere seltene Pflanzen. Die Rhön wurde mit dem Titel „*Sternenpark*" ausgezeichnet, weil sie noch Gebiete mit natürlichen Nachtlandschaften aufweist – hier können Romantiker einen von künstlichem Licht ungetrübten Sternenhimmel bestaunen. Nachtaktive Tiere und Pflanzen finden hier ihren Lebensraum. In den kleinen Orten der Rhön-Region herrscht ein gemütliches Tempo, hier kann man im Entschleunigungsgang die Natur genießen und auch die unspektakulären kleinen Sehenswürdigkeiten der Region.

Information Allgemeine Infos über die Thüringer Rhön: www.rhoenforum.de, www.thueringen.info.

Stadt Vacha, Bahnhofstr. 21, 36404 Vacha, ☎ 036962-2610, www.vacha.de.

Touristinformation Geisa, in der Galerie Anneliese Deschauer, Schlossplatz 1 + 2, 36419 Geisa, ☎ 036967-69115, www.geisa.de.

Tourist-Information Dermbach, Kirchberg 5, 36466 Dermbach, ☎ 036964-86286, www.dermbach.de.

Touristinformation Kaltennordheim, Schlosshof 4, 36452 Kaltennordheim, ☎ 036 966-81220, www.kaltennordheim.de.

Verbindungen In die Thüringer Rhön fahren keine Züge. Mit den Regionalbussen der Meininger Busbetriebe erreicht man von Meiningen aus u. a. Kaltennordheim und Geba, www.mbb-mgn.de. Die Busse des Wartburgkreises verkehren u. a. ab Bad Salzungen nach Vacha, Sünna, Geisa, Dermbach, Empfertshausen und Kaltennordheim, www.vgwak.de.

Baden Das **Freibad Vacha** am Stadtrand bietet Schwimmer- und Nichtschwimmerbecken sowie eine Sprunganlage. Mo–So 12–19 Uhr, in den Ferien 10–20 Uhr. Frankfurter Straße, Vacha, www.vacha.de.

Freibad Dermbach, das gepflegte Bad verfügt über eine 50 m-Sportschwimmbahn, schöne Liegewiesen, Beachvolleyball und Kinderspielplatz. Tägl. 10–20 Uhr. Schwimmbadweg 14, Dermbach, www.dermbach.de.

Freibad Kaltennordheim mit 50 m-Schwimmerbecken und Liegewiesen. Mo–Sa 13–20, So und in den Ferien tägl. 10–20 Uhr. Schwimmbadweg, www.kaltennordheim.de.

Der **Schönsee** bei Urnshausen, der östlich außerhalb des Ortes im Wald zu finden ist, ist etwas für Naturliebhaber. Das ruhige Naherholungsgebiet bietet Wanderwege und einen **Campingplatz,** www.schoensee-camping.de.

Fahrradfahren Der **Ulstertal-Radweg** (55 km) von der Ulsterquelle am Heidelstein bis zur Mündung in die Werra bei Philippsthal führt durch die wunderschöne Natur der Hessischen und Thüringer Rhön. Der **Rhön-Radweg** (180 km) beginnt in Bad Salzungen und verläuft bis Hammelburg in den Flusstälern von Werra, Ulster, Brend und Fränkischer Saale. Der **Feldatal-Radweg** (51 km) führt durch die Orte Dorndorf, Dermbach, Kaltennordheim und Fladungen, www.rhoen.de.

Kunst Die **Kunststation Oepfershausen** bietet ein abwechslungsreiches Kursprogramm zu Themen der bildenden Kunst, www.kunststation-oepfershausen.de.

Veranstaltungen Beim **Rhöner Country-Festival** mit Country-live-Musik und Pferde-

shows verwandelt sich alljährlich im Juni Bernshausen zum Wilden Westen, www.roehner-countryfestival.de. Tausende Besucher zieht der an Pfingsten stattfindende **Heiratsmarkt** in Kaltennordheim an. Neben zahlreichen Verkaufsständen mit regionalen Produkten und Gastronomie locken Karussells und Fahrgeschäfte.

Wandern Der **Keltenpfad** (17 km, Markierung rotes K auf weißem Grund) am Öchsen- und Dietrichsberg beginnt am Keltendorf Sünna und führt zu den Resten einer keltischen Siedlungsanlage, www.wanderinstitut.de. Der aussichts- und erlebnisreiche Premium-Wanderweg **Point-Alpha-Weg** (14,6 km, Markierung rotes P auf weißem Grund) führt rund um Geisa und zur Gedenkstätte „Point Alpha", www.rhoen.de. Die Extratour **Gebaweg** (15 km, Markierung rotes G auf weißem Grund) startet auf der Hohen Geba und führt auf abwechslungsreichen Wegen nach Stepfershausen, Oberkatz, zur Hohen Löhr, ins Dorf Geba und zurück zur Hohen Geba, www.hohe-geba.de.

Vacha

Auch wenn jungsteinzeitliche und keltische Funde nahe der Stadt Vacha eine frühe Besiedlung des Raumes belegen, war der Ort an der Werra viele Jahrhunderte lang zu unbedeutend, um in Geschichtsbüchern aufzutauchen. 1186 erhielt Vacha die Stadtrechte. Ab dieser Zeit ging der Handelsverkehr der *Via Regia* über die – noch in Teilen erhaltene – Werrabrücke, die während der deutschen Teilung die innerdeutsche Grenze markierte und heute „Brücke der Einheit" heißt. Der Zugang zur Brücke wurde seit dem hohen Mittelalter von der **Burg Wendelstein** geschützt, in der nun das Museum zur Stadtgeschichte untergebracht ist. Von überregionaler Bedeutung ist die *Puppensammlung* mit rund 2000 Puppen.

Vom Burgturm aus genießt man den Überblick über die 5400-Einwohner-Stadt. Eine Gedenktafel erinnert an den Landsknecht-Hauptmann Hans Sippel, den Anführer des Werrahaufens im Deutschen Bauernkrieg, der aus Vacha

Grabfeld, Werratal und Thüringer Rhön → Karte S. 24

Burg Wendelstein in Vacha

stammt. Rund um den langgestreckten Marktplatz findet man eindrucksvolle Fachwerkhäuser im hessischen Stil, wie das „Knusperhäuschen" oder die „Widemarck", das einstige Rathaus mit dem Vitusbrunnen. Auf dem Storchenturm nisten Störche und mittels Webcam ist jeder, der will, live dabei.

■ Museum Burg Wendelstein, Di–Fr 10–17, Sa/So 14–17 Uhr. Eintritt 3 €, Turm 1 €. 📞 036962-22839, www.museum-vacha.de.

Keltendorf Sünna

Wer durch den kleinen Ort Sünna kommt, sollte seine einzige Sehenswürdigkeit nicht verpassen – das Keltendorf. Von der B 84 zweigt man östlich ab und hält auf den *Öchsenberg* (627 m) zu. Wegen seiner beherrschenden Lage über dem Werratal war der kegelartige Rest eines erloschenen Vulkans bereits in der Jungsteinzeit besiedelt. Archäologen fanden hier ein keltisches Oppidum mit dreifachem

Ringwall und einer Größe von 30 Hektar, neben der Steinsburg bei Römhild eine der größten Keltensiedlungen in Thüringen.

Im „Keltendorf Sünna" wird die Kultur der Kelten in einem Freilichtmuseum erlebbar gemacht. In dem mit Holzpalisaden umfriedeten Schaudorf wurden keltische Handwerker- und Wohnhäuser, ein Langhaus und eine überdachte Feuerstätte gebaut. Das Leben dieser vorchristlichen Kultur wird auf Schautafeln erläutert. In Regie des Keltenhotels sind ab 2020 wieder Erlebnistage mit Vorführungen zu keltischen Handwerkstechniken und das Keltenfest geplant.

■ Das Keltendorf Sünna liegt 1,5 km außerhalb des Orts. Geöffnet tägl. 10–17 Uhr, Eintritt frei. Informationen: Kelten-Hotel, 📞 036962-2670, www.keltenhotel.de.

Übernachten/Essen   Kelten-Hotel, das bei Bogenschützen und Naturliebhabern beliebte Hotel liegt umgeben von Wald in unmittelbarer Nähe des Keltendorfs Sünna. Direkt am Haus beginnen diverse Wanderwege. Die Zimmer sind gemütlich und haben moderne Bäder. Sauna gegen Gebühr. EZ ab 59 €, DZ ab 69 € inkl. Frühstück. Im *Restaurant* gibt es regionale Küche, Vegetarisches und keltische Speisen. *Herrlicher Biergarten*. Mo–Fr 17–21 Uhr, Sa 12–22 Uhr, So 11–16 Uhr. Goldene Aue, Sünna, 📞 036962-2670, www.keltenhotel.de.

Wohnmobile In **Vacha** kostenlose Stellplätze auf dem Parkplatz „Am Vachwerk" direkt an der B 62, Strom und Wasser 1 €.

Geisa

Auch im Ulstertal lassen sich Siedlungen aus der jüngeren Steinzeit und der Bronzezeit nachweisen. Im frühen Mittelalter lag die Region im Einflussbereich des Bistums Würzburg sowie der Diözese Fulda, und so gehört Geisa auch heute noch zu den wenigen katholisch geprägten Gegenden Thüringens. Als städtischer Markt- und Handelsplatz mit Schank- und Braurecht profitierte Geisa seit dem 14. Jh. von der nahen

Via Regia (heute B 84). 1815 bekam das Herzogtum Sachsen-Weimar-Eisenach Geisa zugesprochen. Nach 1920 wurde Geisa der Anschluss an Fulda verwehrt und somit die direkte Grenzlage besiegelt. Die sehenswerte *Gedenkstätte Point Alpha* ist ein viel besuchtes Denkmal der deutschen Teilung.

Das Zentrum des 2000-Einwohner-Städtchens prägt das neugotische *Rathaus am Markt*. Im Turm der spätgotischen Stadtpfarrkirche *St. Philippus und Jakobus* erklingt täglich um 11, 15 und 19 Uhr ein Carillon mit 49 Bronzeglocken. Sehenswert ist das *Schlossplatz-Ensemble* mit dem ab 1678 erbauten „Fürstlichen Schloss" und dem 1712 von Johann Dientzenhofer errichteten Barockschloss, in dem heute ein Hotel und Restaurant zuhause sind. Im *Stadtmuseum* ist eine stadtgeschichtliche Sammlung zu sehen. Wichtigste Exponate sind die Nachbildung einer keltischen Schnabelkanne und die Originalausgabe von Athanasius Kirchers „Mundus Subterraneus" (1678).

▪ Stadtmuseum, Di und Do 11–16 Uhr. Eintritt 1,50 €, für Point-Alpha-Besucher frei. Schlossplatz 5, ✆ 036967-69115, www.stadt-geisa.org.

MeinTipp **Übernachten Hotel Schloss Geisa,** im ehemaligen fürstlichen Schloss von Geisa. Die Komfortzimmer in elegant-modernem Stil bieten herrlichen Ausblick. EZ 79,50 €, DZ 99,50 € inkl. reichhaltigem Frühstücksbuffet. Schlossplatz 4, Geisa, ✆ 036967-593550, www.schlossgeisa.de.

Wohnmobile In Geisa an der Freizeit- und Sportanlage Schleider Straße, Frischwasser von April bis Okt., Strom und Wasser gegen Gebühr.

Gedenkstätte Point Alpha

Beobachtungstürme, Streckmetallzaun, Kolonnenweg und Kfz-Sperrgraben – die Sicherungsanlagen der innerdeutschen Grenze erzählen in der Gedenkstätte Point Alpha zwischen dem thüringischen Geisa und dem hessischen Rasdorf heute noch davon, wie unversöhnlich Ost und West sich hier gegenüberstanden. Wo einst Schießbefehl herrschte und bis 1989 Splitterminen und Selbstschussanlagen die „Republikflucht" verhindern sollten, kann man heute auf dem „Grünen Band" spazieren gehen. Direkt auf dem einstigen Todesstreifen wurde im Jahr 2000 das Denkmal der deutschen Teilung und Wiedervereinigung enthüllt. Im „Haus der Grenze" informiert eine Dauerausstellung über die damaligen Grenzanlagen, das Leben im Schatten des Eisernen Vorhangs, aber auch über den Naturschutzaspekt des heutigen „Grünen Bandes". 14 monumentale Skulpturen des Künstlers *Ulrich Barnickel* sind auf dem „Weg der Hoffnung" zu sehen als Symbol für die Kraft der Freiheit und die Würde des Menschen.

„Point Alpha" war einer der heißesten Punkte im Kalten Krieg – und von 1965 bis 1989 ein strategischer Beobachtungsstützpunkt der US-Streitkräfte in Europa. Aug' in Auge lagen sich die GIs auf der hessischen und die DDR-Grenztruppen auf der Thüringer Seite gegenüber. Vom Turm des US-Camps aus observierten die Amerikaner die Grenzanlagen und den Ort Geisa, stets im Funkkontakt mit den Patrouillen und dem Regimentshauptquartier in Fulda. Unter der US-Flagge mahnt ein Schild „Attention 50 Meters to Border". Im Grenzmuseum erinnern ein Arsenal an Jeeps, Panzern, Mannschaftswagen und sogar ein Hubschrauber in Tarnfarben an die militärische Konfrontation zwischen NATO und Warschauer Pakt. Die kleine Ausstellung in den Militärbaracken präsentiert martialische Ausrüstung: Gewehre, Handgranaten, Gasmasken, Stahlhelme. Angriffs- und Verteidigungspläne erläutern das militärische Szenario und machen deutlich, wie hoch das Risiko für einen heißen Krieg in der Region des so genannten „Fulda Gap" zeitweise eingeschätzt wurde.

Die geostrategisch günstige „Fulda Lücke" galt bei den NATO-Militärs als eine der vier möglichen Einfallschneisen des Warschauer Paktes in die Bundesrepublik Deutschland. Eine Invasion hätte nach Annahmen der Strategen zum schnellen Vorrücken bis in das strategisch wichtige Frankfurt und an den Rhein geführt. Bei Ausbruch eines Dritten Weltkriegs wären an dieser Stelle wahrscheinlich von beiden Seiten atomare Waffen eingesetzt worden. Die Besatzung von *Point Alpha* hatte allerdings nur den Auftrag zu beobachten und nicht zu Kampfhandlungen.

■ April bis Okt. tägl. 9–18 Uhr, Nov. und März 10–17 Uhr, Dez. bis Febr. Di–So 10–16.30 Uhr, Eintritt 6 €. Es gibt Führungen, Grenzwanderungen und Zeitzeugengespräche. Platz der Deutschen Einheit 1, Geisa, ☎ 06651-919030, www.pointalpha.com.

Dermbach

Die Legende vom „Rhönpaulus" ist im Erzählgut der Rhön weit verbreitet. Das Heimatmuseum informiert über den Räuber, Schmuggler und Wilderer, der 1780 am Galgen hingerichtet wurde, ebenso wie über die Korkverarbeitung in Dermbach, eine Besonderheit der Region. Das barocke *Schloss* in Dermbach im Feldatal dient als Bürgermeisteramt und Bibliothek. Im *Gasthaus Sächsischer Hof*, ein großartiger zweigeschossiger Fachwerkbau von 1623, sollen schon der Literat Ernest Hemingway und der schottische Whisky-Hersteller Johnny Walker abgestiegen sein. Die katholische *Kirche St. Peter und Paul* gehörte einst zu einem Franziskanerkloster und zeigt im Innenraum eine reiche Ausstattung in dunklem Marmor.

■ Heimatmuseum, Di–Fr 10–16, Sa 10–14 Uhr. Eintritt 3 €. Kirchberg 5, Dermbach, ☎ 036964-86286, www.dermbach.de.

Übernachten/Essen Saxenhof, in Dermbach. Hemingway war einer der prominentesten Gäste im 400 Jahre alten Sächsischen Hof. An ihn, seine Frauen und seine Yacht erinnern die Zimmer-Kategorien des angenehmen Wellnesshotels. Die Zimmer sind individuell und mit modernem Komfort gestaltet (auch barrierefrei). EZ 75–105 €, DZ 100–160 € inkl. Frühstück, Apartment mit Miniküche und Balkon 180 €. Im großzügigen Eden-Spa mit schönem Sauna- und Wellnessbereich entspannt man herrlich. Regionale und saisonale Feinschmeckerküche machen das *Restaurant* zur beliebten Adresse. Im „Wohnzimmer" bei Worschtknödel und Rhöner Fingerspatzen läuft einem ebenso das Wasser im Munde zusammen wie bei Schmorbratenravioli oder Forellen-Ceviche à la Hemingway. Mi–Sa 17–23 Uhr, So 12–23 Uhr, Reservierung empfehlenswert. Im exklusiven „BjoernsOx" serviert Sternekoch Bjoern Leist kreative Acht-Gänge-Menüs (129 €, Mi–Sa 18.30–23 Uhr, nur mit Reservierung). Bahnhofstr. 2, Dermbach, ☎ 036964-869230, www.roehner-botschaft.de.

Camping Campingplatz Rhön Feeling, in Bernshausen. Einfacher Wiesenplatz mit Stellplätzen für Camper und Zelte. Wasser- und Stromanschlüsse, die sanitären Anlagen im Freizeithotel können genutzt werden. Pro Pers. und Nacht 6 €. Geöffnet April bis Okt. Hauptstr. 29, Bernshausen, ☎ 036964-82523, www.rhoen-feeling.de.

Sehenswertes in der Umgebung

Unterwegs auf der „Deutschen Alleenstraße" reist man hier über lange Strecken in einem grünen Tunnel. In **Zella** zieht die rote Sandsteinkirche der ehemaligen Propstei die Blicke auf sich. Das *Benediktinerinnenkloster* wurde hier 1136 gegründet. Die eindrucksvolle, zwischen 1715 und 1732 erbaute *Barockkirche* mit ihrer geschwungenen Fassade ist ein Meisterwerk von Andreas Gallasini.

Das benachbarte **Empfertshausen** ist die Wiege der Thüringer Rhönschnitzer. Im Museum „Alte Schnitzschule" sind bedeutende historische und zeitgenössische Stücke rhöntypischer Holzschnitzereien zu sehen. Beim alljährlich im Sommer stattfindenden *Bildhauersymposium* kann man den internationalen Holzbildhauern beim Arbeiten zusehen. Bei Märkten zu Ostern und Weihnachten kann man die Kunstwerke erwerben.

Kaltennordheim

Die abgeschiedene Lage der Bauernhöfe in der Thüringer Rhön machte es den jungen Leuten schwer, geeignete Heiratskandidaten zu finden. Aus diesem Grund wird seit 1563 alljährlich zu Pfingsten in Kaltennordheim der „Heiratsmarkt" gefeiert, bei dem nicht nur alltägliche Waren gehandelt, sondern auch Hochzeiten angebahnt wurden. Heute ist der „Heiratsmarkt" ein beliebtes regionales Volksfest. Ansonsten geht es beschaulich zu. Im Zentrum findet man die Reste der *Merlinsburg*, ein hennebergisches Schloss aus dem 13. Jh. Auf dem Gelände wurde im 18. Jh. das Amtsschloss der Weimarer Herzöge errichtet. So kam auch Johann Wolfgang von Goethe als Staatsminister mehrfach nach Kaltennordheim. Hier schrieb er sein Gedicht „Meine Göttin". Im Turm des Schlosses war 1780 der „Rhönpaulus" inhaftiert, der die Reichen bestohlen und die Beute an die Armen weitergegeben haben soll. Die 500 Jahre alte *Sommerlinde im Schlosshof* diente einst den Musikanten als Podium, heute ist sie ein Naturdenkmal. Das Personal des Heimatmuseums weiß den Gästen viele Geschichten aus alter Zeit zu erzählen.

■ Holzschnitzermuseum Alte Schnitzschule, geöffnet bei Veranstaltungen (Termine unter www.thueringen.info/rhe), Empfertshausen, Hauptstr. 31. Schloss Kaltennordheim: Schlosshof 4, ☎ 036966-81220.

Übernachten/Essen Landgasthof Zur guten Quelle, in Kaltensundheim. In dem 300 Jahre alten Gasthof stieg schon Goethe bei einer seiner Rhön-Inspektionen ab, der Gast von heute wohnt in einem der liebevoll eingerichteten Zimmer und entspannt in „Goethes Schwitzkasten". EZ 48–55 €, DZ 76–90 € inkl. Frühstück. Im *Restaurant* schmeckt man, dass Fleisch, Fisch und Gemüse für die Rhöner Gerichte aus ökologischer Erzeugung stammen. Unter der Linde 1, Kaltensundheim, ☎ 036946-3850, www.gute-quelle.de.

Wohnmobile In Kaltennordheim „In der Aue", Strom gegen Gebühr.

Sehenswertes in der Umgebung

Die Rhönorte Kaltenwestheim und Geba lassen sich einiges einfallen, um Touristen anzuziehen. Die neueste Attraktion von Kaltenwestheim ist die Arche Rhön: Das Besucherzentrum in Form eines schiffsförmigen Gebäudes soll spielerisch Wissen über die Rhön, das regionale Handwerk und die geologischen Phänomene vermitteln – die „Arche" öffnet den Blick ins „Land der offenen Fernen". Die „Erlebniswelt Rhönwald" neben der Arche lädt mit Spielgeräten, Barfußpfad, Waldschule und Infotafeln zum Entdecken ein.

■ Arche Rhön: Auf halber Strecke zwischen Kaltenwestheim und Oberweid.

Die Hohe Geba ist ein verkleinertes Abbild der Hohen Rhön. Hier gibt es zahlreiche Wanderwege, die durch ausgedehnte Buchenwälder, über weite Matten und über Kuppen führen. Vom Gebaberg (751 m) sind bei klarem Wetter die Berge der Hohen Rhön, die Gleichberge, der Thüringer Wald und sogar das Fichtelgebirge zu sehen. Holzskulpturen und Pflanzen der Rhön kann man im *Rhönkulturgarten* bewundern.

■ Rhönkulturgarten, nördlich des Dorfes Geba.

Wohnmobile Auf der Hohen Geba auf einem Wiesengelände neben dem Bergstübchen (Einkehrmöglichkeit), Strom und Wasser gegen Gebühr.

Grabfeld, Werratal und Thüringer Rhön   ↓ Karte S. 24

🚶 **Wanderung 1: Rund um die Hohe Geba in der Thüringer Rhön**   → S. 388
Keine schwierige, aber eine anstrengende Rundwanderung mit langen Auf- und Abstiegen und grandiosen Ausblicken in die Hohe Rhön

Der Thüringer Wald

Raue Berge, tiefe Schluchten und Wald, wohin das Auge schaut – der Thüringer Wald macht seinem Namen Ehre. Legenden ranken sich um ihn, im Rennsteiglied wird er besungen und er bietet tolle Outdoor-Erlebnisse im Sommer und im Winter.

■ Goethe-Graffiti: Auf dem Kickelhahn (861 m) schrieb Goethe sein Gedicht „Wandrers Nachtlied" auf die Bretterwand einer Hütte.

■ Luthers „Entführung": Im Glasbachgrund bei Steinach wurde der mit Reichsacht belegte Reformator in Schutzhaft genommen.

Zwischen Eisenach und Gehren gelegen, ist der Thüringer Wald der nordwestliche Teil des „Thüringisch-Fränkischen Mittelgebirges". Östlich davon schließt sich das Thüringer Schiefergebirge an (ab S. 114), das aber häufig in die Bezeichnung Thüringer Wald eingeschlossen ist. Viele Gipfel des Thüringer Waldes ragen über 800 m auf und bieten schöne Ausblicke. Der höchste Berg ist der Große Beerberg (983 m). Der weithin sichtbare Große Inselsberg (916 m) ist vielleicht der charakteristischste der Gipfel.

Das Kammgebirge bildet eine natürliche Barriere zwischen Thüringer Becken und dem Werratal, wirkt als Wasserscheide und war historische Grenze verflossener Herrschaftsbereiche. Viel Niederschlag und lange Frostperioden formten ein ausgeprägtes Relief – die Wege im Thüringer Wald führen in kurzer Folge von einem Höhenrücken hinunter ins nächste schluchtartige Tal. Dank der Thüringerwaldautobahn mit mehreren Tunneln durchquert man das Gebirge in kürzester Zeit. Wer auf Nebenstraßen unterwegs ist, hat eine kurvenreiche Fahrt zu bewältigen.

Der Thüringer Wald gehört zu den beliebtesten Regionen des Bundeslandes. Wer Ruhe und Natur sucht, der wird hier fündig. Ein dichtes Netz an Wander- und Radwegen erschließt das Gebirge. Unberührte Natur mit seltenen Tier- und Pflanzenarten ist im UNESCO-Biosphärenreservat Thüringer Wald zu entdecken. Im Winter präsentiert sich die Landschaft oft tief verschneit, man kann sie auf bestens präparierten Langlaufloipen und Winterwanderwegen genießen. Zahlreiche Olympiasieger kommen aus dem Thüringer Wald, wo sich in Oberhof ein

Zentrum des Leistungssports mit Sportstätten für Biathlon, Bob- und Rodelsport sowie Skisprung auf internationalem Niveau entwickelt hat.

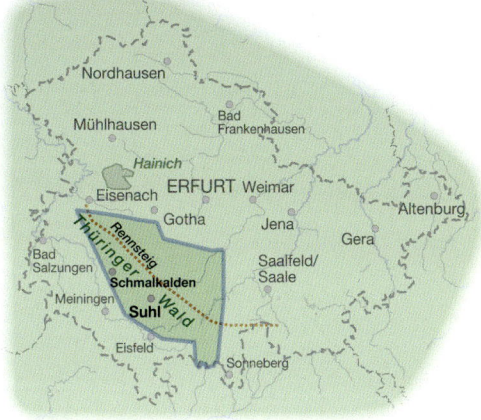

Was anschauen?

Schloss Bertholdsburg: Das Schleusinger Schloss ist geprägt durch eine faszinierende Mischung aus Mittelalter und früher Neuzeit. → S. 78

Schmalkalden: Das sehenswerte Städtchen mit seinen herrlichen alten Fachwerkhäusern kann man am besten vom Turm der Georgskirche, in der Martin Luther predigte, überblicken. Das Prunkstück Schmalkaldens ist das reich ausgestattete Schloss Wilhelmsburg. → S. 82

Klosterruine Paulinzella: Die Reste des gewaltigen romanischen Kirchenbaus aus dem 11. Jh. lassen sich bei einem Spaziergang, bei Gottesdiensten oder bei Konzerten erleben. → S. 111

Waffenmuseum Suhl: Das Museum präsentiert Jagd-, Prunk-, Militär- und Sportwaffen und zeigt, wie seit dem Mittelalter an diesem Ort Waffen geschmiedet wurden. → S. 65

Freizeitpark „Mini-a-thür": Rund 100 Modelle der wichtigsten Thüringer Sehenswürdigkeiten von der Wartburg bis zu den Dornburger Schlössern sind in Ruhla originalgetreu im Maßstab 1:25 nachgebaut worden. → S. 97

Was unternehmen?

Adrenalin in Oberhof: Auf den Spuren der Olympioniken und Weltmeister kann man sich beim Sommerbob oder beim Ice Rafting die Bobbahn mit 15 Kurven hinunterstürzen. → S. 76

Rennsteig-Wanderung: Der berühmte Fernwanderweg Rennsteig führt auf 170 km über den Kamm des Thüringer Waldes, aber er lässt sich auch in mehreren kurzen Etappen genießen. → S. 60

Klettern am Falkenstein: Geübte Kletterer finden am imposanten 96 m hohen Falkenstein in der Nähe von Tambach-Dietharz ihre Herausforderung. Doch auch Wanderer freut der Anblick des höchsten freistehenden Kletterfelsens Thüringens. → S. 398

Langlauf auch im Sommer: Die Skihalle in Oberhof beschert Brettlfans ganzjährig frostigen Sportgenuss auf einer 2-km-Runde. → S. 75

Und was sonst?

Ältestes Heilbad: In Bad Liebenstein kurte schon Fürst Pückler, heute kann man hier Kur, Kultur und Wellness entspannt verbinden. → S. 93

Hundeschlittenrennen Trans-Thüringia: Im Februar können Zuschauer das atemberaubende Rennen mit rund 500 Schlittenhunden und ihren Mushern zwischen Masserberg und Neustadt am Rennsteig verfolgen. → S. 80

Haie beobachten: In die farbenfrohe Unterwasserwelt tropischer Ozeane kann man beim Besuch des Meeresaquariums in Zella-Mehlis eintauchen. Besonders die Haie und Krokodile faszinieren große und kleine Besucher. Auch Schildkröten, Doktorfische und Korallen sind zum Greifen nah. → S. 71

Der Rennsteig

Einzigartige Natur, Bergeinsamkeit, Ruhe – auf dem Rennsteig kann man das noch erleben. Nicht zufällig ist der historische Höhenweg Deutschlands meistbegangener Weitwanderweg. Etwa 100.000 Wanderer zieht es Jahr für Jahr hierher, um das Glück auf Schusters Rappen zu finden.

Der Rennsteig mit seinen insgesamt 169,3 km Länge reicht vom *Thüringer Wald* über das *Thüringer Schiefergebirge* bis in den *Frankenwald* auf bayerischer Seite. Einst diente der Rennsteig (auch Rennweg genannt) eiligen Boten als schnelle Verbindung zwischen den Residenzstädten. Wer den Rennsteig entlang wandert, muss mindestens 44 Stunden reine Gehzeit einplanen. Abgesehen von den tatsächlich rennenden Teilnehmern des alljährlichen „Guts-Muths-Rennsteiglaufs", sehen Wandernde den Weg als Ziel und genießen die Höhen des Waldes Schritt für Schritt. Neben Familien und Sportfans begegnet man auf dem Rennsteig immer wieder auch richtigen Rennsteigtraditionalisten. Den typischen Rennsteiggruß „Gut Runst!" darf man dann gerne erwidern.

Die erste *Markierung* des Rennsteigs, das typische weiße „R", steht im Eisenacher Stadtteil Hörschel (195 m), das Ende des Wegs findet sich in Blankenstein an der Saale (414 m). Dazwischen liegen schier endlose Misch- und Nadelwälder, blühende Bergwiesen, farnbestandene tiefe Schluchten und großartige Ausblicke. Meist bewegt man sich auf Höhen zwischen 500 m und 970 m, doch es sind auch giftige Anstiege zu bewältigen. Die höchsten Erhebungen, die der Rennsteig überschreitet, sind der *Große Inselsberg* (916 m), der *Große Beerberg* (983 m), der *Schneekopf* (978 m) und der *Große Finsterberg* (944 m). Besonders sehenswert sind die *Drachenschlucht* bei Eisenach, der felsengesäumte *Bergsee Ebertswiese* bei Floh-Seligenthal, der *Rennsteiggarten* in Oberhof, die *Rennsteigwarte* bei Masserberg, die eine hervorragende Aussicht bietet, und die *Holzkirche in Neuhaus am Rennweg*.

Wer nicht aufsteigen, sondern bequem mit der Eisenbahn hinauffahren will, kommt am Rennsteigbahnhof in Schmiedefeld an, einem der höchstgelegenen Bahnhöfe Thüringens. Am Rennsteig verlocken viele Sehenswürdigkeiten zu kleinen Abstechern: die *Wartburg*, *Schmalkalden*, das *Glasmuseum in Lauscha* oder der *Schieferpark Lehesten*. Die vom Hauptweg abzweigenden Wanderwege, die so genannten Rennsteig-Leitern, führen dorthin.

Mit der **Geschichte des Rennsteigs** und dem Leben der Menschen befasst sich das *Rennsteigmuseum* in Neustadt am Rennsteig. Als „Rynnestig" wird der Rennsteig erstmals im Jahre 1330 erwähnt. Der Kammweg bildete die Grenze zwischen dem Herzogtum Franken und der Landgrafschaft Thüringen. Der Weg verbindet und trennt zugleich: Bis heute ist der Rennsteig Sprachgrenze – nördlich klingt es thüringisch-obersächsisch, südlich hört man einen fränkischen Zungenschlag. Als „Kümmeläquator" markiert der Rennsteig auch kulinarische Differenzen: Nördlich wird die Bratwurst mit Kümmel gewürzt, südlich verwendet man diese Zutat nicht. Und als Wasserscheide wirkt der Kamm des Mittelgebirges ebenfalls: Der *Dreistromstein bei Sigmundsburg* macht darauf aufmerksam, dass sich hier am Rennsteig die Flusssysteme Werra–Weser (Westen), Saale–Elbe (Osten) und Main–Rhein (Süden) trennen.

Vor allem aus dem 18. Jh. überdauerten historische Grenzsteine mit den Wappen der verschiedenen Fürstentümer. Rund 1300 dieser Steine sind erhalten geblieben. Auf dem *Schönwappenweg bei Steinbach am Wald* kann man auf 2 km besonders viele dieser Grenzmarkierungen entdecken. Bezeichnungen wie „Große Ausspanne" bieten Wanderern nicht nur Orientierung. Sie erinnern auch an die gefährliche Fuhrmannsarbeit hinauf zum Kammweg. Damit die schweren Fuhrwerke die steilen Auffahrten auf die Höhen überhaupt schaffen konnten, spannte man zusätzliche Pferde vor – und nach Erreichen des Gipfels wieder aus.

Erstmals als Wanderweg begangen und topographiert wurde der Rennsteig von *Julius von Plänckner*. Den ersten Rennsteig-Boom löste der Schriftsteller *August Trinius* um 1890 mit seinem Buch über den Rennsteig aus. An den

Gut markiert: der Rennsteig

Der Thüringer Wald → Karte S. 60

sechs Etappen der „großen Runst", der zwischen 1897 und 1942 jährlich begangenen historischen Wanderung des Rennsteigvereins, orientieren sich die Wegbeschreibungen noch heute. Die Tradition der „Gesamtbezwingung" halten die Mitglieder des Rennsteigvereins hoch, nicht ohne am Startpunkt einen Werrakiesel in die Tasche zu stecken und diesen in Blankenstein in die Saale zu werfen. Ohrwurmfähig wurde der Rennsteig durch *Herbert Roths* Rennsteiglied. Seit der Premiere am 14. April 1951 in Hirschbach bei Suhl avancierte sein Vers „Ich wandre ja so gerne am Rennsteig durch das Land ..." zum Hit, mehr noch: zu Thüringens heimlicher Hymne.

Besonders wanderfreundlich ist der Rennsteig in Thüringen, wo die Ausschilderung dicht und die Zahl der Schutzhütten und Rastmöglichkeiten hoch ist. Der östliche, oberfränkische Abschnitt (ca. 15 km) führt an zum Teil stark befahrenen Straßen entlang. Als **Radwanderweg** für sportlich-ambitionierte Fahrer gibt es am Rennsteig insgesamt 195 erschlossene Kilometer, die um allzu große Steigungen einen Umweg machen. Im Winter ist entlang des Rennsteigs zwischen Ascherbrück (Ruhla) und Brennersgrün (Lehesten) der längste **Fernskiwanderweg** Mitteleuropas (142 km) gespurt.

Information Ausführliche Informationen über den Rennsteig unter www.thueringer-wald.com.

Verbindungen Bahn: Der *RennsteigShuttle* der Erfurter Bahn fährt Sa, So und feiertags von Erfurt bis zum historischen Bahnhof Rennsteig. www.rennsteigbahn.de. Zu den Orten des Rennsteigs verkehren die *Erfurter Bahn*, die *Elster-Saale-Bahn*, die *Süd Thüringen Bahn* und *DB Regio*. www.erfurter-bahn.de, www.sued-thueringen-bahn.de, www.bahn.de.

Bus: Regelmäßige Verbindungen bieten die Verkehrsgesellschaft Wartburgkreis, IOV Omnibusverkehr Ilmenau, MBB Meininger Busbetriebe, Städtische Nahverkehrsgesellschaft Suhl/Zella-Mehlis. Überblick über alle Angebote unter dem Motto „Rennsteig erfahren": www.bus-bahn-thueringen.de.

Ausrüstung Für Wanderungen auf dem Rennsteig empfiehlt sich festes Schuhwerk. Wanderstöcke unterstützen bei Anstiegen. Im Sommer Mückenspray mitnehmen! In den größeren Orten entlang des Rennsteigs gibt es Sportfachgeschäfte, die Ausrüstungsgegenstände verkaufen.

Etappen Die traditionellen **sechs Etappen** sind: Hörschel – Großer Inselsberg (32,8 km), Großer Inselsberg – Oberhof (30,8 km), Oberhof – Kahlert (27 km), Kahlert – Limbach (19,7 km), Limbach – Steinbach am Wald (30 km), Steinbach am Wald – Blankenstein (28 km). Die Etappen können je nach Kondition oder mit „Umwegen" zu Sehenswürdigkeiten an der Strecke gestaltet werden. Weitere Infos: ✆ 03681–353050, www.thueringer-wald.com.

Rennsteig-Häuser Sechs moderne Rennsteig-Häuser dienen Wanderern und Langläufern als Service-Station mit Umkleiden, Duschen und WCs, E-Bike-Lademöglichkeit und Ski-Wachs-Einrichtungen. 50-Cent-Münzen bzw. 1-Euro-Stücke bereithalten! **Standorte:** Tambach-Dietharz/Neue Ausspanne, Oberhof, Schmiedefeld a. R., Masserberg, Neuhaus a. R. und Lehesten/Brennersgrün.

Rennsteig-Leitern Zu den sehenswerten Dörfern und Städten rechts und links des Rennsteigs führen 40 Wanderwege, die als „Rennsteig-Leitern" mit einem gelben „R" markiert sind.

Rennsteig-Radweg Der Rennsteig-Radweg folgt dem grünen „R". www.rennsteig.de/radweg.

Rennsteig-Schuh An vier Standorten begeistert ein „Rennsteig-Schuh" mit Rutsch, Spiel- und Klettermöglichkeiten die kleinen Wanderer: Hörschel, Oberhof, Neuhaus am Rennweg, Blankenstein.

Rennsteig-Tunnel Der zweiröhrige Rennsteigtunnel der A 71 ist 7916 m lang und damit Deutschlands längster Straßentunnel. Er unterquert den Rennsteig zwischen den Anschlussstellen Oberhof und Gräfenroda.

Wandern ohne Gepäck Es gibt zahlreiche Anbieter für Wanderungen ohne Gepäck. Maßgeschneiderte Touren arrangiert der Reiseveranstalter „Wandern in Thüringen" (Katrin Tepper). Es werden individuelle Etappen mit Übernachtung und Gepäcktransport organisiert. Aue 5, 99842 Ruhla-Thal, ✆ 03691-2491860, 0179-2445925, www.wandern-in-thueringen.info.

Wild Campen & Biwakieren Schlafen unter freiem Himmel ist in Deutschland eigentlich

verboten. Besonders in Nationalparks, Natur-
schutzgebieten, Biotopen, Wild- und Wasser-
schutzgebieten darf man nicht im Freien
übernachten. Wer erwischt wird, riskiert eine
Ermahnung, im Wiederholungsfall ein Bußgeld.
Wer auf privaten Grundstücken zelten will,
braucht das Einverständnis des Besitzers. Am
Rennsteig geht man mit dem Thema meist
kulant um.

> **Bei jeder Rast gilt:** Lagerplatz sauber
> verlassen, Müll mitnehmen, Feuer machen
> ist tabu!

Wetter Der Thüringer Wald ist für sein raues
Klima bekannt. Zwischen Tal- und Berglagen,
Ost- und Westhängen herrschen abhängig von
den meist westlichen Winden und der Breite
des Gebirgskammes oft unterschiedliche Wet-
terbedingungen, die man bei der Planung berücksichtigen sollte. In den Kammlagen gibt es
relativ häufig Nebel, Regen sowie starke Winde.
Die Durchschnittstemperaturen von Mai bis
September schwanken zwischen 10,8 °C an der
Schmücke und 19,9 °C bei Schleusingen. In
den oberen Höhenlagen liegt von Spätherbst
bis weit ins Frühjahr hinein Schnee.

Übernachten/Essen Von der einfachen
Rennsteighütte bis hin zum Wellnesshotel findet man in den Orten entlang des Rennsteigs
Unterkünfte in allen Kategorien. In der Ferienzeit empfiehlt sich bei Unterkünften direkt am
Rennsteig rechtzeitige Reservierung. Unterwegs findet man auf den Berghütten Jausen-
stationen und in den Orten Restaurants. Zum
Verzehr der eigenen Rucksackverpflegung bieten sich Sitzbänke mit Aussicht sowie Schutzhütten an.

> **Wanderung 2: Rennsteigrunde zum**
> **Großen Beerberg und Schneekopf** → S. 392
> Leichte Rundwanderung mit schönen Aussichtspunkten und
> kurzen Gipfelanstiegen

IM GRÜNEN WALD
DIE ROTE STADT

DIE EIN ZERSCHOSSEN
RATHAUS HATT '
(1920)

Die Inschrift am Rathaus Suhl erinnert an den Kapp-Putsch

Suhl

Die kreisfreie Stadt liegt in einem großen Talkessel am Südrand des Thüringer Waldes. Berühmt war Suhl als Waffenstadt, aber auch als Wiege des legendären „Schwalbe"-Motorrollers. Markant thront auf dem Ringberg ein klotziger Hotelkomplex, und auch unten in der Stadt zeigt sich heute noch manche Plattenbau-Monstrosität.

Bis zum Bau der Autobahnen A 73 und A 71, die sich im Autobahndreieck Suhl vereinen, kurvte man als Autofahrer über alpenverdächtige Serpentinenstraßen nach Suhl hinein. Heute „schwebt" man in 82 m Höhe über dem Haseltal und lässt die Stadt an sich vorüberziehen. Zwischen Talsohle und den höchsten Stadtteilen liegen rund 500 Höhenmeter.

Die Entwicklung als Industriestadt mit Eisenerzbergbau und Metallverarbeitung prägte das Stadtbild, aber auch ein verheerender Brand, der 1753 große Teile der historischen Bebauung vernichtete. Seit etwa 1100 gehörte „Sulaha" zum Gebiet der Henneberger Grafen. Urkundlich erwähnt wird Suhl erstmals 1318, auch die ältesten Eisen-

hämmer, in denen das Erz verhüttet und mit Hammerwerken geschmiedet wurde, datieren aus dieser Zeit. Zunächst wurden Blankwaffen und Arbeitsgerät hergestellt, ab dem 16. Jh. fertigten die Suhler Schmiede auch Handfeuerwaffen. Suhls berühmteste Fabrik war das 1856 gegründete *Simson-Werk*, das mit eleganten und schnellen Karossen den Suhler Automobilbau begründete. Nach der Enteignung der jüdischen Besitzerfamilie durch die Nationalsozialisten wurde der Betrieb ab 1939 unter der Bezeichnung „Gustloff-Werke – Waffenwerk Suhl" zum Zentrum der *Kriegswaffen-Produktion* in Mitteldeutschland.

Nach dem Weltkrieg wurden ab 1946 Fahrräder, Kinderwagen, Jagdgewehre und Motorräder gebaut. Berühmt wurden die Simson-„Vögel", Kleinroller von „Schwalbe" bis „Albatros". 2002 kam mit der Insolvenz das Aus für die Traditionsfirma. Suhl kämpft seit Jahren mit starker Abwanderung: Von über 56.000 Einwohnern im Jahr 1989 sind heute noch rund 35.000 übrig. Die idyllische Lage an den Hochlagen des Thüringer Waldes und die gewachsene Infrastruktur von Wanderwegen, Mountainbikestrecken und Wintersporteinrichtungen bescherten Suhl 2013 das Prädikat „Staatlich anerkannter Erholungsort".

Sehenswertes

Das Zentrum der Stadt ist geprägt von Bauten aus der DDR-Zeit und wenigen historischen Häuserzeilen. Entlang der **Friedrich-König-Straße** hat sich mit dem Rundbau des Congress Centrums, dem Lauterbogen-Center und dem Einkaufszentrum am Steinweg ein modernes Bauensemble herausgebildet, neben dem das *historische Malzhaus* mit dem Waffenmuseum wie ein Relikt vergangener Zeit anmutet. Jenseits des Herrenteichs gelangt man zur barocken **Kreuzkirche** (1731), die Vorbild für die Dresdener Hofkirche war. Die Figuren am Altar symbolisieren Glaube und Liebe. Die gewaltige Uhr, die die gesamte Decke des Gotteshauses einnimmt, will an die Vergänglichkeit des Lebens erinnern.

Der **Steinweg,** über den die Handelsstraße vom Maingebiet in das Thüringer Becken führte, ist mit schönen, alten Fachwerkhäusern und fein sanierten Fassaden von Rokoko bis Neorenaissance die gute Stube Suhls. Zahlreiche Läden laden zum Bummeln ein. Im Mittelpunkt des **Marktplatzes,** auf dem seit 1509 Handel getrieben wird, steht das Wahrzeichen von Suhl: das Waffenschmieddenkmal mit Brunnen. Eine Inschrift am Rathaus erinnert an die heftigen Kämpfe während des Kapp-Putsches am 15. März 1920: „Im

grünen Wald die rote Stadt, die ein zerschossen Rathaus hat". Das *Rathaus* steht an der Stelle eines Baues, der bis ins 15. Jh. zurückreicht. Nach dem Stadtbrand von 1753 wurde das Rathaus 1812 bis 1817 wieder aufgebaut. 1913 erhielt es eine neobarocke Fassadengestaltung. Ebenfalls am Markt befindet sich das *ehemalige Amtshaus* aus dem 17. Jh., das im 19. Jh. eine klassizistische Fassade erhielt und heute als Arbeitsgericht dient. Die Hauptkirche **St. Marien** in der Kirchgasse, erbaut 1487–91, wurde schon mehrfach ein Raub der Flammen. 1757 erhielt sie ihr heutiges barockes Erscheinungsbild.

■ **Kreuzkirche:** Mo–Fr 10–16, Sa 10–12 Uhr; Steinweg. **Marienkirche:** Mo–Fr 10–16, Sa 10–12 Uhr; Kirchgasse 9.

Waffenmuseum: Das europaweit einzigartige Spezialmuseum für Waffen erzählt Suhls Geschichte als Waffenstadt. In dem 1668 in hennebergisch-fränkischem Fachwerkstil erbauten ehemaligen Malzhaus untergebracht, zeigt das Museum über 460 Waffen und andere

Das Waffenschmieddenkmal

Der Thüringer Wald → Karte S. 60

Exponate. Die Dauerausstellung vermittelt, wie die Suhler Eisenerzgewinnung die Grundlage schuf, um Waffen zu schmieden. Eine historische Werkstatt gibt Einblick in die Arbeit der Waffenschmiede. Zu den schönsten Ausstellungsstücken gehören die Prunkwaffen, die mit Einlagen aus Gold, Silber und Edelsteinen sowie Schmuckgravuren als Statussymbole für Herrscherhäuser angefertigt wurden. Auch die Jagdwaffensammlung erzählt von kunsthandwerklicher Könnerschaft. Weitere Schwerpunkte des Museums sind Sport- und Militärwaffen. In der zweiten Hälfte des 19. Jh. verlor Suhl seine Monopolstellung in der Waffenherstellung. Aus vier ehemaligen Hammer- und Blechwalzwerken wurden Porzellanfabriken, die fortan feines Gebrauchsporzellan herstellten; das Museum zeigt einige exquisite Stücke der Porzellanfabrik Schlegelmilch.

▪ Di–So 10–18 Uhr. Eintritt 6 €. Friedrich-König-Str. 19, ☎ 03681-742218, www.waffenmuseum.eu.

Fahrzeugmuseum: Mit rund 180 Ausstellungsstücken erzählt das Museum im Congress Centrum die Geschichte des Suhler Fahrzeugbaus seit 1896, die durch das berühmte *Simson-Werk* begründet wurde. Vom Tretkurbelfahrrad des Heinrich Mylius, bis zum BMW-Rennwagen des Autorennfahrers Paul Greifzu, vom AWO-Motorrad 425 mit Seitenwagen bis zum Dixi der Fahrzeugfabrik Eisenach reicht die Spannweite der Exponate. Im Mittelpunkt aber stehen die Simson-Fahrzeuge: Prachtstücke wie der Simson Supra, die „Schwalbe" und die anderen Kleinkrafträdern der Vogel-Serie oder auch die Rennmaschine Simson RS 350/7 aus dem Jahr 1959 erfreuen das Auge.

▪ Tägl. 10–18 Uhr, Eintritt 6 €. Friedrich-König-Str. 7, ☎ 03681-705004, www.fahrzeug-museum-suhl.de.

Fachwerkbauten in Suhl-Heinrichs: Der Straßenmarkt im Ortsteil Heinrichs zählt zu den schönsten Ecken Suhls. Nach aufwendiger Restaurierung präsentiert sich das Ensemble von Fachwerkhäusern in hennebergisch-fränkischem Stil als prachtvolle Denkmalstraße. Die Geschichte von Heinrichs reicht bis in das Jahr 1111 zurück. Im Zentrum steht das historische *Rathaus* mit seinem 1551 errichteten Sockelgeschoss und den 1657 aufgerichteten Schaugiebeln. Im Obergeschoss sind die Brüstungsfelder mit geschweiften und mit Herzen ausgeschnittenen Rauten geschmückt. Das aufwendige Fachwerk trägt weiteres Dekor wie Andreaskreuze, Volutenrollen und ein krönendes Sonnenrad.

▪ Die in der Touristinformation erhältliche Broschüre „Erlebnis Fachwerk" gibt interessante Erläuterungen zu allen Fachwerkhäusern entlang der alten Meininger Straße in Heinrichs.

Das historische Rathaus
in Suhl-Heinrichs

Praktische Infos

Information   **Touristinformation,** Mo–Fr 10–18, Sa 10–16, So 10–14 Uhr. Im Congress Centrum Suhl, Friedrich-König-Str. 7, 98527 Suhl, ☎ 03681-788405 und 788228, www.suhl-tourismus.de.

ssen & Trinken

Restaurant Diana Garten
Restaurant Crazy Horse
Restaurant Delphi
Route 24 Steakhouse im Tivoli
Gambrinus
Restaurant Goldener Hirsch

Übernachten

1 Hotel Ringberg
3 City Hotel Suhl
5 Michel Hotel Suhl
8 Hotel Goldener Hirsch

Verbindungen Bahn: Südthüringen-Bahn und DB fahren regelmäßig nach Erfurt, Meiningen und Sonneberg.

Bus: Suhl (Zella-Mehlis) ist Station der Fernbuslinie FlixBus. In der Stadt sowie in Zella-Mehlis verkehrt die städtische Nahverkehrsgesellschaft, www.sngonline.de. Weitere regionale Verbindungen unter www.bus-bahn-thueringen.de.

Parken Die kürzesten Wege ins Zentrum bieten die Parkhäuser des Congress Centrum Suhl, des Lauterbogen-Centers und des Einkaufszentrums am Steinweg.

Baden Im Ottilienbad im Congress Centrum werden Mädchen zu Meerjungfrauen, ausleihbare Meerjungfrauenkostüme mit Schwanzflosse machen es möglich. Das Bad bietet Strömungskanal, Massagedüsen, Kinderbecken und 50-m-Schwimmbahnen. Dazu eine große Saunalandschaft und Wellnessangebote. Mo–Sa 9–21, So 9–18 Uhr. Friedrich-König-Str. 7, www.suhl-ccs.de.

Congress Centrum Suhl Die 1972 erbaute „Stadthalle der Freundschaft" wurde in den 1990er-Jahren saniert. Der imposante Rundbau des CCS zieht mit Shows und Musikveranstaltungen Besucher aus der Region an. Friedrich-König-Str. 7, ☎ 03681-7880, www.suhl-ccs.de.

Fahrradfahren Der **Haseltalradwanderweg** (25 km) verbindet Suhl mit dem Werratal-Radweg auf einem angenehmen Talweg (www.suhltrifft.de). Ambitionierte Mountainbiker finden auf der **Gipfel-Tour** ab Suhl-Goldlauter am Schneekopf, am Großen Finsterberg und am großen Eisenberg ihre Herausforderungen (34 km, 860 Höhenmeter). www.thueringer-wald.com.

Gästekarte Die Suhler Gästekarte erhält, wer mindestens eine Übernachtung gebucht hat. Die Karte gewährt Ermäßigungen und kostenlose Angebote in Suhl, den Ortsteilen sowie in Schmiedefeld, Frauenwald, Stützerbach und Zella-Mehlis. www.suhl-tourismus.de.

Markt Am Dienstag, Donnerstag und Freitag 9–16 Uhr auf dem Marktplatz.

Schießsportzentrum Auf dem Friedberg werden alle olympischen Schießdisziplinen mit Feuer- und Druckluftwaffen wettkampfmäßig betrieben. Touristisches Schießen sowie Besichtigungen sind nach Voranmeldung zu den Öffnungszeiten möglich. Ausleihen kann man Luftpistolen, Kleinkaliber-Pistolen und Wurf-scheiben. Mo–Sa 9–12 und 13–18 Uhr. Schützenstr. 6, ☎ 03681-8840, www.ssz-suhl.de.

Tierpark Suhl Der Tierpark in der „Suhler Schweiz" ist auf die Haltung und Zucht von Haus- und Wildtieren spezialisiert, die vom Aussterben bedroht sind, darunter Elch, Luchs, Alpensteinbock und Uhu. April bis Sept. tägl. 9–18 Uhr, Okt. bis März tägl. 10–16.30 Uhr, Eintritt 6 €. Carl-Fiedler-Str. 58, ☎ 03681-760441, www.tierpark-suhl.eu.

Veranstaltungen **Suhler Ostermarkt** rund um den Dianabrunnen im Atrium des Congress Centrums.

Das **Heinrichser Maifest** wird im Mai am Rathaus Heinrichs als Mittelalterfest gefeiert.

Das **Vesserer Schwarzebeersfest** lockt im Juli mit Leckereien rund um die Heidelbeere in den Stadtteil Vesser.

Die **Heinrichser Kirmes** wird Mitte September mit Musik, Umzug und Karussells gefeiert.

Das hochkarätig besetzte Kunst- & Literaturfest **Provinzschrei,** alljährlich im September und Oktober, hat sich von seinem Ursprung in Suhl inzwischen in viele Orte im Thüringer Wald ausgebreitet.

Der **Sühler Chrisamelmart,** der Weihnachtsmarkt, findet im Advent auf dem Marktplatz statt.

Kontraste in Suhl: das Congress Centrum und das historische Malzhaus

Wandern Rund um den Suhler Talkessel führt der **Herbert-Roth-Wanderweg** (24 km, grüner Querstrich auf weißem Quadrat), der zahlreiche Auf- und Abstiege, aber auch herrliche Ausblicke auf Suhl mit sich bringt. Der Geologie der Erde kann man bei der **Wanderung zur Steinsburg** (5,2 km, schwarz-weiße Markierung) ab/bis Suhl-Neundorf auf den Grund gehen. Höhepunkte sind der Steinsburggipfel, ein mauerartiger Felsen eines ehemaligen Vulkanschlotes, und ein Sandsteinbruch ("Geologisches Fenster"). Über die **Rennsteig-Leiter** ab Suhl-Goldlauter gelangt man auf den **Fernwanderweg Rennsteig.** www.suhltrifft.de.

Übernachten   ** City Hotel Suhl 3**, das Haus mitten im Zentrum glänzt mit seinem großartigen Ausblick auf die Stadt. Die sachlich-modern eingerichteten, komfortablen 127 Zimmer verteilen sich auf 15 Etagen. Im *Panoramarestaurant Sedici* im 16. Stock gibt es gehobene mediterrane und Thüringer Küche. Übernachtung inkl. Frühstück 65–110 €/Pers. Friedrich-König-Str. 1, ☎ 03681-7100, www. arcadia-hotel.de/suhl.

Hotel Goldener Hirsch 8, hübsches Fachwerkhaus mit einem neu angebauten Gästehaus. Die Zimmer sind gemütlich und komfortabel, eine schöne Gartenanlage lädt zum Verweilen ein. Tennisplatz, kostenlose Parkplätze, kostenloser Fahrradverleih und überdachter Abstellraum vorhanden. EZ ab 74 €, DZ ab 99 € inkl. Frühstück. An der Hasel 91–93, ☎ 03681-79590, www-goldener–hirsch–suhl.de.

Hotel Ringberg 1, das Haus hoch über Suhl fällt schon von weitem ins Auge. Damit es auf dem Ringberg als Ferienhotel der DDR-Bauernhilfe gebaut werden konnte, wurde 1979 der Gipfel abgetragen und planiert. Das modernisierte Haus verfügt heute über 290 komfortable Zimmer mit herrlicher Aussicht. Seine Lage macht es für Aktivurlauber zum perfekten Standort: Wanderwege, Loipen, Mountainbike-Strecken beginnen am Hotel, ein Kletterwald sorgt für Herausforderungen. Entspannt geht es im Spa mit Sauna und Schwimmbad zu. EZ 65–87 €, DZ 114–156 € inkl. Frühstück. Im **Restaurant Diana Garten 1** wird gehobene Küche serviert (tägl. 12–14 und 17.30–21 Uhr). Ringberg 10, ☎ 03681-3890, www.ringberghotel.de.

**** Michel Hotel Suhl 5, freundliches Haus in der Innenstadt, die Zimmer sind modern und komfortabel. EZ 80–120 €, DZ 99–140 € inkl. Frühstück. Platz der Deutschen Einheit 2, ☎ 03681-7676, www.michelhotel-suhl.de.

Wohnmobile Fünf Wohnmobilstellplätze ohne Versorgung an der Werner-Seelenbinder-Straße, direkt hinter dem Congress Centrum. Weitere Stellplätze in den Stadtteilen Heinrichs und Vesser.

Essen & Trinken   Restaurant Delphi 4, in der Innenstadt, modern eingerichtet, man sitzt angenehm in gemütlichen Sitzecken. Geboten werden eine breite Palette griechischer Gerichte sowie Hausspezialitäten wie Lammfilet mit Likörwein. Tägl. 11.30–14.30 und 17.30–23.30 Uhr. Steinweg 13, ☎ 03681-4580373, www.restaurant-delphi-suhl.de.

MeinTipp **Restaurant Goldener Hirsch 8**, in der gemütlichen Gaststube oder im romantischen Innenhof lässt man sich Thüringer und internationale Spezialitäten schmecken sowie eine große Auswahl an Salaten und vegetarischen Gerichten aus frischen, regionalen Produkten. Hauptgericht 10–28 €. Mo–Do 17–22, Fr/Sa 11–22, So 11–21 Uhr. An der Hasel 91–93, ☎ 03681-79590, www.goldener-hirsch-suhl.de.

Route 24 Steakhouse im Tivoli 6, modernes Flair im schönen Gastraum. Die Küche bietet typisch amerikanische Gerichte wie hausgemachte Burger, Wraps, Pulled Pork und Steaks sowie erfreuliche vegetarische Alternativen wie Grillgemüse oder Veggie-Wrap. Außen wartet ein schöner *Biergarten*. Di–Sa ab 17 Uhr. Rimbachstr. 24, ☎ 03681-706918, www.restaurant-tivoli.de.

Gambrinus 7, Biergaststätte mit urigem Gastraum. Ins Glas kommen diverse Sorten Gerstensaft, irischer Apfelwein und Highland Malt Whiskeys. Dazu schmecken hausgemachte Suppen, Kartoffelpuffer und Maultaschen. Hungrige haben die Wahl zwischen Thüringer Spezialitäten, Nudelgerichten, Vegetarischem und Steak. Mo–Do 16–24, Fr 16–1, Sa 17–1 Uhr. Neundorfer Str. 5, ☎ 03681-309744, www.gambrinus-suhl.de.

Restaurant Crazy Horse 2, auf der Terrasse des Steakhauses hat man einen schönen Blick auf die "Suhler Schweiz". Nach einem Rinderhüftsteak "Sitting Bull" oder der Steakplatte "Crazy Horse Spezial" könnte man die Fichten hinterm Haus glatt für die Wälder Wyomings halten. Reservierung empfehlenswert. Mi/Do 11–14 und 17–22, Fr 11–14, 17–23, Sa 11–14.30, 17–23 Uhr, So 11–15, 17–22 Uhr. Carl-Fiedler-Str. 56, ☎ 03681-71280, www.gasthaus-pension-crazy-horse.de.

Der Thüringer Wald ↓ Karte S. 60

Biosphärenreservat Thüringer Wald

Zwischen Suhl, Ilmenau, Masserberg und Schleusingen erstreckt sich das UNESCO Biosphärenreservat Thüringer Wald, eine einzigartige Landschaft aus Wäldern, Bergwiesen und Hochmooren. Nach mehreren Erweiterungen umfasst das Reservat nun 33.700 Hektar. Die waldreiche Landschaft ist tektonisch geprägt von den höchsten Bergen des Thüringer Waldes, also dem Großen Beerberg (983 m), dem Schneekopf (978 m) und dem Großen Finsterberg (944 m) – und von tief eingeschnittenen Tälern wie Vessertal und Ilmtal. Das Biosphärenreservat ist eingeteilt in Entwicklungszonen, Pflegezonen und Kernzonen. Sechs Einzelflächen, darunter die Regenmoore auf dem Beerberg, auf dem Schneekopf und im Morast, gehören zu den Kernzonen, die sich naturbelassen entwickeln dürfen. Hier wachsen seltene Pflanzen wie der insektenfressende Sonnentau, Wildorchideen und Trollblumen, hier leben der schwarz-gelb gefärbte Feuersalamander, der in Deutschland als gefährdete Tierart gilt, sowie Baummarder, Iltis und Rothirsch. Das Betreten der Schutzzonen ist nur auf Wegen erlaubt. Am besten kennenlernen kann man das Biosphärenreservat Thüringer Wald auf Schusters Rappen.

Information Informationszentrum Biosphärenreservat im Haus „Am Hohen Stein" in Schmiedefeld am Rennsteig, tägl. 10–18 Uhr, Eintritt frei, Brunnenstr. 1, Schmiedefeld, ✆ 0361-573924622, www.biosphaerenreservat-thueringerwald.de.

Vesser

Das Vessertal rund um den kleinen Suhler Ortsteil Vesser (225 Einwohner) war der Ausgangspunkt des Biosphärenreservats. Es wurde von der UNESCO bereits 1979 als schützenswerter Naturraum anerkannt. Dem Autor des „Rennsteiglieds" Herbert Roth ist eine Ausstellung im Fremdenverkehrsbüro Suhl-Vesser gewidmet. Vermutlich wurde in Vesser schon um das Jahr 900 Eisenerz gefördert. Der Magneteisenstein des Schwarzen Crux war schwer schmelzbar und konnte erst Mitte des 17. Jh. in Hochöfen verhüttet werden. Beim Rundgang durch das Besucherbergwerk Schwarzer Crux kann man sich über die Geologie und die historischen Abbautechniken informieren. Der Crux-Magnetit-Stollen dient auch als Heilstollen bei Haut- und Atemwegserkrankungen (Fr–Mi ab 10 Uhr, Crux-Str. 1, Suhl-Vesser, www.schwarzer-crux.com).

Information Fremdenverkehrsbüro **Vesser**, Mo–Do 9–14, Fr 9–12 Uhr. Schmiedefelder Str. 11, 98711 Suhl-Vesser, ✆ 036782-61300, www.vesser.de.

Verbindungen **Bus:** Vesser ist erreichbar mit der Linie K der Nahverkehrsgesellschaft Suhl/Zella-Mehlis. Haltestelle auch am „Schwarzen Crux", www.sngonline.de. Zudem bedient die Linie 300 des IOV Ilmenau die Strecke Ilmenau–Suhl, www.iov-ilmenau.de.

Wandern Zahlreiche Wanderwege rings um Vesser führen durch Wiesengründe mit seltenen Pflanzen, vorbei an Gebirgsbächen und durch herrliche Buchen- und Fichtenwälder. **Geführte Wanderungen** begleiten durch die Kernzone des Biosphärenreservats Thüringer Wald (Mai bis Okt. Do 10 Uhr ab Parkplatz Kirche, ca. 3 Std.). ✆ 036782-61300, www.vesser.de.

Der **Vessertal-Rundwanderweg** (25 km, grüner Punkt auf weißem Quadrat) ist eine anspruchsvolle Wanderung mit verschiedenen Einstiegspunkten (Wanderparkplätze) im Biosphärenreservat. Wegverlauf: Schmiedefeld, Schwarzer Crux, Zehn Teiche, Vesserquelle, Wegscheide, Adlersberg, Stutenhaus, Breitenbach, Vesser, Schmiedefeld, www.thueringerwald.com.

Übernachten/Essen **Hotel Vessertal Forellenhof**, ruhig gelegenes Haus mit ordentlichen Zimmern. Parkplatz und Sauna vorhanden. Zu den Spezialitäten des *Restaurants* gehören natürlich Forellen frisch aus dem kleinen Teich am Hotel (Di Ruhetag).

EZ 40 €, DZ 60–86 € inkl. Frühstück. Suhler Weg 1, ☎ 036782-61468, www.hotel-vessertal-forellenhof.de.

Gasthof Deutsches Haus, liebevoll eingerichtete Zimmer, teils mit historischem Mobiliar. In der urigen Gaststube schmecken Bratwurst, Brätel oder Rahmgeschnetzeltes und sonntags Braten mit Klößen zu günstigen Preisen. EZ 40 €, DZ 80 € inkl. Frühstück, Halbpension möglich. Stutenhausstr. 3, Vesser, ☎ 036 782-61365, www.deutsches-haus-vesser.de.

Zella-Mehlis

Unmittelbar an das Stadtgebiet von Suhl grenzt Zella-Mehlis an. Das aus den Orten Zella St. Blasii und Mehlis gebildete Städtchen mit knapp 11.000 Einwohnern schmiegt sich in ein von Bergen umgebenes, enges Tal. Im Mittelalter wurde von hier aus der Oberhofer Pass kontrolliert.

Herzog Ernst I. von Sachsen-Gotha gliederte Zella St. Blasii und Mehlis in sein Herzogtum ein und beendete die Zweiteilung. Die Stadt lebte vom Bergbau und von Waffenschmieden. An die Gründung der „Klosterzelle des Heiligen Blasius" im Jahr 1111 erinnert heute der Name der *Kirche St. Blasii* in Zella. Die evangelische Barockkirche mit ihrem querovalen Grundriss wurde 1768–1774 an Stelle der bei einem Stadtbrand zerstörten Blasii-Kapelle errichtet. Der Innenraum wirkt mit zweigeschossig umlaufenden Emporen, einem Kanzelaltar und der darüberliegenden Ratsloge wie eine Art Amphitheater. Die Kirche besitzt eine wertvolle Barock-Orgel.

Zella-Mehlis ist geprägt von mittelständischer Wirtschaft und profitiert von der Anbindung an die A 71 und dem Eisenbahnknotenpunkt. Traditionell wird hier der Wintersport groß geschrieben: Dem SC Motor Zella-Mehlis gehören so erfolgreiche Sportler wie die Biathletin Kati Wilhelm und der Rennrodler Andi Langenhan an. Neben Wanderwegen und Loipen bietet die Stadt dem Gast eine unerwartete Attraktion: das *Meeres-Aquarium*. Es empfiehlt sich für einen Besuch besonders mit Kindern ebenso wie die *Explorata Mitmachwelt*.

Meeres-Aquarium: In die Unterwasserwelt tropischer Ozeane kann man beim Besuch dieses Aquariums eintauchen. Korallen, Seeanemonen und bunte Riffbewohner vom Doktorfisch bis zum Zackenbarsch kann man hier beobachten.

Der Thüringer Wald ↓ Karte S. 60

Haie sind die Attraktion im Meeres-Aquarium Zella-Mehlis

Stets umlagert sind verschiedene Haibecken, in denen Zitronenhaie, Ammenhaie, Sandtigerhaie und Leopardenhaie ihre Bahnen ziehen. Das größte Becken fasst eine Million Liter Wasser. Im Krokodilhaus kann man die Riesenreptilien vom Brillenkaiman bis zum Nilkrokodil sowie verschiedene Schildkrötenarten zum Greifen nah erleben.

▪ Tägl. 10–18 Uhr. Erw. 13 €, Kind 7 €, Familienkarte erhältlich. Beethovenstr. 16, ☎ 03682-41078, www.meeresaquarium-zella-mehlis.de.

Explorata Mitmachwelt: Phänomene aus Physik und Naturwissenschaft selbst erforschen können Kinder und Erwachsene in der interaktiven Ausstellung „Explorata". Hier kann man an 80 Stationen experimentieren, staunen und komplexe Sachverhalte im wahrsten Sinn des Wortes begreifen.

▪ Tägl. 10–18 Uhr. Erw. 8 €, Kind 5–6 €, auch Familienkarten. Forstgasse 29, ☎ 03682-4787451, www.explorata.de.

Technisches Denkmal Gesenkschmiede: Das technische Denkmal und Museum zeigt die ältesten Brettfallhämmer Deutschlands mit über 16 Tonnen Eigengewicht und erklärt die Produktion von Gesenkschmiedeteilen und Werkzeugherstellung.

▪ Mo, Di, Do, Fr 10–17 Uhr, Sa/So 10–16 Uhr, Eintritt 3 €. Lubenbachstr. 4, ☎ 03682-43345, www.museum.zella-mehlis.de.

Kirche St. Blasii

Information Touristinformation, Mo–Fr 10–18, Sa 10–12 Uhr. Louis-Anschütz-Str. 28, 98544 Zella-Mehlis, ☎ 03682-482840, www.tourismus.zella-mehlis.de.

Verbindungen Bahn: Ab Zella-Mehlis fahren Südthüringen-Bahn und DB regelmäßig nach Suhl, Erfurt, Meiningen, Sonneberg. www.sued-thueringen-bahn.de. www.bahn.de.

Bus: In Zella-Mehlis halten die Busse von Flixbus. Die Meininger Busbetriebe steuern regelmäßig Suhl, Oberhof und Meiningen an, www.mbb-mgn.de.

Fahrradfahren Auf dem **Rhön-Rennsteig-Radweg** (80 km) ist man von Fladungen in der Rhön über das Werratal und Zella-Mehlis nach Oberhof unterwegs. Sportliche Mountainbiker testen ihre Kondition auf der **Zella-Mehliser-Runde** (25 km, 806 Höhenmeter, ab Touristinformation), www.thueringer-wald.com.

Wandern Eine schöne Wanderung (10 km) zum Zella-Mehliser **Hausberg Ruppberg** startet am Sportplatz Alte Straße, mit netter Einkehrmöglichkeit auf der Ruppberghütte (geöffnet Mai–Okt. Sa/So). Der Fernwanderweg **Rennsteig** ist nur 5 km von Zella-Mehlis entfernt. Den Dreiherrenstein kann man auf einer Wanderung über den **Jahnstein zum Reisinger Stein** besichtigen (ab/bis Mehliser Struth, 15 km). www.tourismus.zella-mehlis.de.

Übernachten/Essen *** Hotel Waldmühle, außerhalb im Lubenbachtal. Das Haus bietet freundliche Komfortzimmer, Sauna und Wandelgarten mit Außenwhirlpool und Kneippanlage. Im *Restaurant* gibt es Thüringer Spezialitäten. EZ ab 59 €, DZ ab 84 € inkl. Frühstück. Lubenbachstr. 2, Zella-Mehlis, ☎ 03682-89890, www.hotel-waldmuehle.de.

Hotel Sterngrund, auf halber Strecke nach Oberhof. Die Zimmer sind modern eingerichtet und günstig, die Wintersport-Bilder erinnern an die Wettkämpfe der Wintersportregion. In der gemütlichen *Gaststube* und im *Biergarten* gibt es Thüringer Küche und Wildgerichte. Hausspezialität sind die Riesenwindbeutel mit diversen Füllungen. EZ ab 42 €, DZ ab 52 € inkl. Frühstück. Sterngrund 1, Zella-Mehlis, ☎ 03682-469911, www.hotel-sterngrund-oberhof.de.

Restaurant Hotel Stadt Suhl, traditionelles Lokal im Zentrum, das Zellaer Spezialitäten sowie internationale und vegatarische Gerichte zu günstigen Preisen auftischt. Bahnhofstr. 7, Zella-Mehlis, ☎ 03682-41931, www.hotel-stadt-suhl.de.

Ein Hotel im Sprungschanzen-Stil prägt das Stadtbild

Oberhof

Naturgenuss im Thüringer Wald und beschauliches Bummeln entlang schieferverkleideter Häuser – das ist die eine Seite von Oberhof. Die andere hat Tempo. Vis-à-vis von Oberhof ist ein eigener Stadtteil mit erstklassigen Sportstätten entstanden, wo die Jagd nach Rekorden im Mittelpunkt steht.

In der Loipe wird um jeden Meter gefightet, an der Schießanlage dominieren Konzentration und Präzision, an der Sprungschanze tüfteln die „Adler" an ihrem Flug und im Eiskanal der Bobanlage wird die perfekte Kurvenlage geübt. Nach dem Rennen ist vor dem Rennen, wie es scheint: Selbst im Hochsommer sausen die Rodler auf Rollen die 15 Kurven hinunter und die Langläufer trainieren, auch bei 25 Grad im Schatten, in der Skihalle für die nächsten Wettbewerbe (→ Kastentext „365 Tage Winter"). Die Oberhofer Sportanlagen sind jedoch nicht nur für die Athleten reserviert, auch Gäste können sommers und winters auf den Spuren der Olympioniken und Weltmeister an ihrer Fitness arbeiten und Spaß haben.

Zum mondänen **Wintersportort** wurde das schneesichere, auf 800 m gelegene Oberhof unter dem Sachsen-Coburg-Gothaischen Herzog Carl Eduard. Durch den Bau des Brandleitetunnels, ein Eisenbahntunnel mit 3039 m Länge, bekam Oberhof 1884 einen Bahnhof. Die schnelle Erreichbarkeit der abgelegenen Gegend beflügelte den Fremdenverkehr. Inzwischen wurde der Bahnhof allerdings geschlossen. Der ab den 1950er-Jahren in der DDR systematisch geförderte Leistungssport hat Oberhof mit dem Bau von Sportstätten und Infrastruktur geprägt. Die Mega-Hotels der Ulbricht-Ära sind Geschichte, sie wurden zugunsten kleinerer Hotels und Pensionen abgerissen. Stadtbildprägend ist aber weiterhin das *Hotel Panorama*, das wie zwei gegenläufige Sprungschanzen Oberhof überragt. Auf die 1600 Einwohner Oberhofs kommen heute 3500 Gästebetten, um den Ansturm von rund 160.000 Touristen mit 400.000 Übernachtungen pro Saison zu bewältigen – Oberhof zählt zu den meistbesuchten Orten Thüringens.

Wahre Publikumsmagnete sind die Weltcup-Wettbewerbe im Biathlon und der Rennrodel Weltcup, zu denen alljährlich rund 100.000 Besucher kommen. Die Stadt empfiehlt sich aber vor allem außerhalb dieser Events als Wintersportort mit herrlichen, weitläufigen Langlaufrevieren, 800-Meter-Skipiste, Snowpark, Schlittenbahn, Winterwanderwegen und rasanten Aktivitäten von Snowmobilfahren bis Ice Rafting. Im Sommer ist der Luftkurort ein Paradies für Wanderer und Nordic Walker. Radler können sich auf abwechslungsreichen Touren austoben, Adrenalin-Junkies holen sich den Kick beim Sommerbob und Genießer finden die schönsten Gipfel mit weiten Ausblicken gleich vor der Haustür.

Sehenswertes

Rennsteiggarten Oberhof: Etwa 4000 Pflanzenarten aus den Gebirgen Europas, Asiens, Nord- und Südamerikas und den arktischen Regionen kann man im Rennsteiggarten bestaunen. Der botanische Garten für Gebirgsflora ist in Deutschland einzigartig. Bei einem Spaziergang auf dem 1 km langen Rundweg sieht man je nach Jahreszeit u. a. Alpenrose und Enzian, Frauenmantel und Fingerhut, Edelweiß und Storchschnabel. Besonders üppig entfaltet der Rennsteiggarten seine Blütenpracht im Mai und Juni.

▪ 20. April bis 30. Sept. tägl. 9–18 Uhr, 1. Okt. bis 3. Nov. tägl. 9–17 Uhr, Eintritt 8 €, Kombiticket mit Exotarium 13 €. Am Pfanntalskopf 3, ☎ 036842-22245, www.rennsteiggarten oberhof.de.

Exotarium Oberhof: Was auf der Welt so alles kriecht und krabbelt können die Besucher im Einkaufszentrum Oberer Hof bewundern. Aus dem Hobby der Betreiber, das mit ein paar Schlangen und Echsen begann, ist heute ein veritabler Zoo geworden. In 48 Terrarien und sieben Aquarien sind 35 Reptilienarten, 70 Fischarten, Spinnen, Gliedertiere und Lurche zu sehen. Netzpython, Klapperschlange, Bindenwaran, Riesenvogelspinne, Stabheuschrecke und anderen faszinierenden Tieren kann man gefahrlos nahe kommen.

▪ Tägl. 10–18 Uhr, Eintritt 8,50 €, Kombiticket mit Rennsteiggarten 13 €. Crawinkler Str. 1, ☎ 036842-21404, www.exotarium-oberhof.de.

Blütenpracht im Rennsteiggarten

365 Tage Winter: Langlauf in der Skisport-Halle

Die Grillen zirpen. Bei strahlendem Sonnenschein und 25 Grad im Schatten pelle ich mich in den Langlaufdress. Den Sommer zum Winter machen – wie verrückt ist das denn? Der Automat prüft meine Chipkarte und schleust mich piepend durch die Schiebetür. Dann stehe ich mit den Füßen im Schnee. Mein Atem kondensiert zu weißen Wölkchen. Bei minus vier Grad macht die kuschelige Mütze plötzlich Sinn. Ich halte mich rechts, schiebe in klassischer Technik auf den Geradeauspfeil zu. Im  linken Tunnel signalisieren rote Ampellichter „Einbahnstraße!". Den Biathlon-Schießstand nehme ich im Augenwinkel war. Ich verschwinde in einer Röhre, die kalte Luft schneidet im Hals. Zum Glück geht's erstmal leicht bergab. Schnell rundet sich die Röhre, nach gut 1 km und einem leichten Anstieg komme ich wieder in der Haupthalle heraus.

Ein Trupp buntlila gekleideter Herren mittleren Alters schnallt die Latten unter runde Waden. Die Teenager am Fenster der Besuchertribüne haben nur Augen für ihre Smartphones. Skater zischen an mir vorbei, während ich mich zwischen Nordost- und Westschleife auf Betriebstemperatur bringe. Abgesehen von ein paar Fenstern, die einen kurzen Ausblick ermöglichen, gucke ich an weiße Wände. Optisch ist Langlaufen draußen schöner. Aber ein Gedanke motiviert unter Sichtbeton und Lüftungsrohren: Dieses Jahr werde ich zu Saisonbeginn brettlmäßig fit sein!

Auf geht's zur letzten Schleife der insgesamt 2-km-Runde: die Schnellkraftstrecke. Ein knackiger Anstieg. Schon wieder überholen die Skater. „Norge" steht hinten auf ihrem Dress. Ich habe ein Déjà-vu. Im letzten Winter haben mich norwegische Biathleten auf der Hausloipe von Hochfilzen stehen lassen! Aber warum Oberhof? Der Anstieg lässt mir Raum zum Nachdenken. Richtig, Städtepartnerschaft mit Lillehammer. Und die erste Oberhofer Sprungschanze hat auch ein Norweger gebaut, der Liebe wegen. Schöne Geschichte, doch die Abfahrt fordert meine Konzentration. Die Spur ist zum Glück glatt durchgezogen und ich kriege beim Pistenbully in der Halle gut die Kurve. Mit jeder Schleife macht das Skilaufen im Sommer mehr Spaß, und schneller als gedacht ist meine Stunde um. Im aufgeheizten Auto wird mir dann klar: Die herrliche Abkühlung in der Loipe kann man in Oberhof an 365 Tagen im Jahr haben.

▪ Skisport Halle: Mai bis Aug. Di, Fr, Sa 11–18 Uhr, Mi/Do 11–14 Uhr, So 11–16 Uhr, weitere s. Webseite, www.oberhof-skisporthalle.de. Gästebiathlon nach Anmeldung. ☎ 036842-53148, www. sportluck.de. Tambacher Str. 44, ab 15 €/Std. Besucherterrasse 1 €.

Praktische Infos

Information Oberhof Information, tägl. 9–17 Uhr. Crawinkler Str. 2, 98559 Oberhof, ☎ 03684-2680, www.oberhof.de.

Verbindungen Bus: Regionalbusse fahren regelmäßig ab Gotha, Suhl und Zella-Mehlis nach Oberhof, www.bus-bahn-thueringen.de.

Die Buslinie 422 verkehrt regelmäßig zwischen Suhl, Bahnhof Zella-Mehlis über Oberhof Zentrum zum Grenzadler; sie dient auch als Shuttlebus zu den Wanderwegen, Loipen und Sportstätten, www.mbb-mgn.de.

Parken Zahlreiche gebührenpflichtige Plätze mit Parkautomat oder Handyparken. Am nächsten an den Sportstätten und Loipen: Parkplatz „Am Grenzadler" und Tambacher Stra-ße. Für Wanderer: Oberhof Richtung Gehlberg, Parkplatz „Am Rondell", dort direkter Einstieg zum Rennsteig. Kostenfreie Parkplätze gibt es am Kurpark, am nördlichen Ortseingang Parkplatz „Am Wadeberg" (Nähe Hotel Panorama) und am südlichen Ortseingang Parkplatz „Zum Gründle".

Baden Die große Badelandschaft im Erlebnis-bad **H²Oberhof** bietet diverse Schwimmbe-cken innen und außen, Spielmöglichkeiten für Kinder und Whirlpools. Hauptattraktion ist die 110 m lange Rutsche mit acht Kurven. Im schön gestalteten Außenbereich kann man Sonne tan-ken. Sechs verschiedene Saunen, darunter eine russische Reisigsauna und eine aromatische Brotsauna, sorgen für Abwechslung beim Schwitzen. Di–Sa 10–22 Uhr, So 10–20 Uhr. Dr.-Curt-Weidhaas-Str. 2, ☎ 036842-2920, www.h2-oberhof.de.

Bobbahn Die 1971 eingeweihte **Rennschlit-ten- und Bobbahn Oberhof** ist nicht nur Austragungsstätte internationaler Wettbewer-be, auch Touristen können die 1354,5 m lange Strecke mit 15 Kurven aus der Perspektive der Athleten erleben. Im Sommerbob auf Rollen, im Ice-Rafting-Boot, in einem Original-Vierer-bob oder im Ice Tube können Wagemutige mit bis zu 80 km/h den Eiskanal hinabsausen. ☎ 0800-6237463, www.bob-icerafting.de.

Einkaufen Im Shopping-Center Oberer Hof gibt es Mitbringsel wie Kräuterliköre und Kunsthandwerk (bei „Kunstgewerbe Anschütz") sowie Schmalkaldener Nougat-Spezialitäten (Viba Sweets). In der **Holzschnitzerei Bley** (neben Haus des Gastes) erhält man handge-schnitztes Spielzeug, Holzfiguren und anderes Kunsthandwerk (Crawinkler Str. 4). Im **Glas-studio Risch** gibt es alles aus Glas vom Thü-ringer Christbaumschmuck bis zu bemalten und gravierten Gläsern (Theodor-Neubauer-Str. 5).

Fahrrad Rund um Oberhof bieten sich zahl-reiche schöne Tourenmöglichkeiten an. Im Sommer erobern die Mountainbiker den Fall-bachhang als **Bikepark.** Mit grünem „R" ist der **Rennsteig-Radweg** markiert. In Oberhof beginnt auch der **Rhön-Rennsteig-Radweg** nach Fladungen (80 km).

Oberhof Card Die kostenlose Karte, die je-der Übernachtungsgast erhält, bietet ein ab-wechslungsreiches Programm mit Aktivangebo-ten und Kulturveranstaltungen sowie Vergüns-tigungen in ganz Thüringen.

Schneetelefon ☎ 036842-26921

Sportausrüstung Sport Luck verkauft Sportzubehör; auch Fahrräder, Skier, Schlitten u. a. kann man hier ausleihen. Oberer Hof, Cra-winkler Str. 1, und Skihalle, Tambacher Str. 44, ☎ 036842-53148, www.sportluck.de.

Sports Walk of Fame Ein bisschen Glamour à la Hollywood gibt es auch in Oberhof. In dem seit 2005 entstandenen Sports Walk of Fame haben sich zahlreiche Sportgrößen verewigt, da-runter Ronny Ackermann, Andrea Henkel, Silke Kraushaar, André Lange, Gunda Niemann-Stirne-mann und Kati Wilhelm. Zu sehen sind die Hand-abdrücke der Athleten auf dem Gehweg entlang des Oberen Hofs. www.sports-walk-of-fame.de.

Wandern Die Region ist ein Eldorado für Wan-derer mit zahlreichen Tourenmöglichkeiten. Dienstag und Donnerstag von 10–13 Uhr kann man die **Sportstätten** bei einer geführten Wanderung kennenlernen (ab Touristinfo, 8 €, 12 km). Eine schöne **Rennsteig-Tour** zum Beerberg und zum Schneekopf (→ „Klei-ner Wanderführer" S. 392). Rund um die nahe **Ohratalsperre** (15 km) bei Luisenthal führt ein befestigter Weg, der auch mit dem Kinder-wagen befahrbar ist.

Weltcup   Alle Infos unter www.weltcup-oberhof.de.

Übernachten ** Berghotel Oberhof,** ruhig gelegen und von einem eigenen Park umgeben. Exklusiv gestaltet sind die 15 Zim-mer und Suiten in der 1891 erbauten und denkmalgeschützten Villa Silva. Ein großzügiges Meerwasser-Schwimmbad, Sauna und Well-nessbehandlungen sorgen fürs Wohlbefinden. EZ ab 89 €, DZ ab 155 € inkl. Frühstück. Theo-dor-Neubauer-Str. 20, ☎ 036842-270, www.berghotel-oberhof.de.

*** Ahorn Panorama Hotel, das 1969 in der Form von zwei Sprungschanzen erbaute Interhotel war einst ein Aushängeschild unter den devisenbringenden Hotels der DDR, nach der Wende wurde es modernisiert. Nach kürzlich erfolgter Renovierung und unter neuer Leitung präsentiert sich das Hotel nun zeitgemäß. Das Haus bietet ein schönes Hallenbad, Sauna, Fitnessraum, Wellnessabteilung, eine 1200 m² große Indoor-Spielewelt, Kino, Streichelzoo und vielfältige Animationsangebote. Die 408 Zimmer und 80 Appartements sind modern und komfortabel. Drei *Restaurants* bieten abwechslungsreiche Küche. Während des Biathlon-Weltcups beherbergt das Haus viele Athleten, weshalb sich für diese Zeit frühzeitige Buchung empfiehlt. EZ ab 72 €, DZ ab 84 € inkl. Frühstück. Theodor-Neubauer-Str. 29, ☏ 036842-500, www.ahorn-hotels.de.

Sporthotel Oberhof, gleich hinter dem Haus beginnen Wanderwege und Loipen. 60 modern eingerichtete Zimmer, teilweise mit Balkon. Die rustikalen *Ferienhäuser* mit Küche für bis zu 6 Pers. vermitteln skandinavisches Hüttenflair. Sport wird in dem Hotel groß geschrieben – vom Tennisplatz bis zum Bikecenter. Zudem eigene Sauna und verschiedene gastronomische Angebote. EZ ab 55 €, DZ ab 80 € inkl. Frühstück. Ferienhäuser (Selbstversorger) ab 140 €. Am Harzwald 1, ☏ 036842-2860, www.sporthotel-oberhof.de.

Appartements Haus Tannhäuser, in Ortsmitte. Fünf geräumige, moderne *Ferienwohnungen* mit komfortabler Ausstattung. Wer nicht selbst kochen möchte: Im Haus befindet sich das *Restaurant Cortina*. App. 55–96 € je nach Reisezeit. Theo-Neubauer-Str. 8, ☏ 03641-609278, www.haus-tannhaeuser.de.

Chalet Sonnenhang, schöne und modern eingerichtete Zimmer, Studios und Appartements. Alle Wohneinheiten verfügen über eine Küche, ein Teil der Zimmer hat einen schönen Balkon. Eigene Sauna und Parkplätze. EZ 55–80 €, DZ 70–120 € ohne Frühstück. Crawinkler Str. 22, ☏ 036842-27700, www.chalet-sonnenhang-oberhof.de.

Hotel Zum Gründle, solide Unterkunft mit modernen Zimmern, direkt neben dem Schwimmbad *H²Oberhof*. EZ 42,50–45 €, DZ 85–90 € inkl. Frühstück. Rudolf-Breitscheid-Str. 8, ☏ 036842-5100, www.zumgruendle.de.

Wohnmobile 60 Stellplätze auf einem befestigten Platz in der Jahnstraße am Ortsrand von Oberhof mit Strom (Münzeinwurf) und Versorgungsanlage im Einfahrtsbereich. Aufenthaltsraum mit Fernseher und Sanitäranlagen vorhanden. März bis Nov. 10 €, Dez. bis Febr. 14 €. Jahnstr. 7, ☏ 036842-575012, www.wohnmobilstellplatz-oberhof.de.

Essen & Trinken Restaurant Saltus, im Hotel Berghof. Das stylische Restaurant mit gehobener Küche ist für die knusprige Ente berühmt, aber auch das Zanderfilet oder die hausgemachten Riccotta-Spinat-Tortelloni munden. Mo–Do 12–22, Fr/Sa 12–17 und 20.30–22 Uhr, So 14.30–22 Uhr. Theodor-Neubauer-Str. 20, ☏ 036842-270, www.berghotel-oberhof.de.

mein Tipp **Restaurant & Café Cortina,** gehobene italienische Alpenküche in originellem Ambiente, ein wohltuender Kontrast zum allgegenwärtigen Thüringer Flair. Hier möchte man sich durchschlemmen von den alpinen Frühstücken über frische Pizza, Pasta und Leckeres aus Topf und Pfanne (auch vegetarisch) bis hin zu Kaiserschmarrn und Germknödel. Mi–So 12–21, Frühstück Sa/So 9–11.30 Uhr. Theodor-Neubauer-Str. 8, ☏ 036842-22323, www.restaurant-cortina.de.

Restaurant Luisensitz, Oberhof ist international, und so wundert es nicht, im Luisensitz ein Schweizer Gasthaus zu finden. Hier wird bei gehobenen Preisen der kulinarische Spagat zwischen Bündner Fleisch und Thüringer Bratwurst gewagt, dazu gibt es Raclettekäse im Pfännchen und Kotelett mit Blutwurst und Klößen. Die original Schweizer Röschti und das Käsefondue sind einen eidgenössischen Juchzer wert. Do–Di ab 17 Uhr. Theodor-Neubauer-Str. 25, ☏ 036842-22196, www.luisensitz-oberhof.de.

Gasthof Thüringer Hütte, am Grenzadler direkt auf dem Rennsteig und bei den Sportstätten bietet sich das urige Blockhaus für den Einkehrschwung an. Hier gibt es Thüringer Spezialitäten, Eintöpfe oder Handkäs mit Musik zum günstigen Preis. Tägl. 10–18 Uhr. Am Grenzadler 3, ☏ 036842-52323, www.thueringer-huette.de.

Gasthof Obere Schweizerhütte, gemütliche Rast direkt bei den Sportstätten. Mit hausgemachten Klößen, Braten und Wild oder selbst gebackenem Hüttenkuchen verwöhnt der Wirt Wanderer und Skifahrer. Warme Küche Di–So 11–20 Uhr. Alte Ohrdrufer Str. 8, ☏ 036842-531321, www.obereschweizerhuette.de.

Der Thüringer Wald → Karte S. 60

Schleusingen

Das Städtchen am Südwestabhang des Thüringer Waldes direkt an der A 73 ist ein schöner Ausgangspunkt für eine Tour hinauf zum Rennsteig bei Masserberg. Ein kulturelles Highlight sollte man sich zuvor nicht entgehen lassen: das Schloss Bertholdsburg.

Im *Renaissance-Rathaus* geben historische Wandmalereien Zeugnis von Schleusingens wichtigstem Industriezweig: der *Glasindustrie*. Der holzreiche Thüringer Wald war wie geschaffen für den Betrieb von Glashütten. So siedelten sich hier Glasmacher aus Hessen und dem Spessart an und gründeten im 19. Jh. Fabriken für Behälterglas und technisch-medizinische Glasinstrumente. Ein anderes Bild erinnert an Schleusingens Münzrecht seit dem 13. Jh. Von 1621 bis 1622 entstanden hier so genannte Kippermünzen, eine für Sammler interessante Interimswährung.

Auf der Trasse der 1998 eingestellten *Rennsteigbahn* gibt es zwischen Ilmenau und Schleusingen sowie von Schleusingen nach Themar regelmäßig Museumsfahrten. Im Sommer lockt der wunderschön gelegene *Bergsee Ratscher*.

Schloss Bertholdsburg: Die mächtige Anlage, das Wahrzeichen des 5000-Einwohner-Städtchens, fasziniert durch die Mischung aus mittelalterlicher Burganlage und frühneuzeitlichem Schloss im Stil der Renaissance. Das älteste der einstigen Thüringer Residenzschlösser lag strategisch günstig an der wichtigen Handelsstraße von Erfurt nach Nürnberg. Ab dem 13. Jh. regierten hier die Henneberger, wie auch das Schleusinger Stadtwappen mit der Henne verrät. Graf Georg Ernst führte die Reformation in seinem Land ein und gründete 1577 eine Landesschule, durch die sich Schleusingen zur bedeutenden Schulstadt entwickelte. In den Räumen der Vierflügelanlage sind besonders zwei Säle im Nordflügel sehenswert: der eine mit einer floralen Stuckdecke, der andere im Erdgeschoss mit Wandmalereien von den „Zwölf Taten des Herkules" aus dem 16. Jh. Das *Heimatmuseum* und das *Naturhistorische Museum* zeigen sehenswerte Sammlungen zur Naturkunde, Mineralogie, Paläontologie sowie zur Burg- und Regionalgeschichte. Die *Schlossbibliothek* mit 27.000 Bänden birgt einen Schatz an Inkunabeln, Handschriften sowie einen Lutherbrief. Vom Schlossgarten aus wirkt die Südfassade mit ihren zinnenähnlichen Giebeln und Türmen besonders eindrucksvoll.

Schloss Bertholdsburg

▪ Schloss & Museum Di–Fr 9–17, Sa/So 10–18 Uhr, Eintritt 6 €, Kombiticket mit Museum Kloster Veßra 9 €. Schlossgarten ganzjährig

Mo–Fr 8–17, Sa/So 10–18 Uhr. Burgstr. 6, ℡ 036841-5310, www.thueringerschloesser.de, www.museum-schleusingen.de.

Information **Touristinformation,** Mo, Di, Do Fr 9.30–12 und 13–18, Mi 9.30–14, jeden 2. Sa im Monat 9.30–12 Uhr. Markt 6, 98553 Schleusingen, ℡ 036841-3300, www.reisen-am-markt.de.

Verbindungen Mit Werra Bus regelmäßig Fahrten nach Suhl, Hildburghausen, Eisfeld, Themar und Masserberg, www.bus-bahn-thueringen.de, www.werrabus.de.

Baden/Veranstaltungen Das **Erholungsgebiet Bergsee Ratscher** wartet mit einem wunderschönen, sandigen Badestrand auf. Weitläufige Liegewiesen mit Textil- und FKK-Bereich, Volleyball, Tischtennis, Wasserrutsche, Bootsverleih, Surfmöglichkeit und diverse gastronomische Angebote. Zudem gibt es hier Großveranstaltungen wie das legendäre **Schleusinger Countryfestival** Ende Juli oder die **Rocktage** Mitte August. Parken an anliegenden Wiesen. Am Bergsee 40, ℡ 036841-32229, www.bergseeratscher.de.

Übernachten/Essen **Hotel Zum Goldenen Löwen,** am Marktplatz. Der 1524 gebaute Gasthof ist Schleusingens zweitältestes Gasthaus. Aus dem netten Zimmer aus blickt man auf den Marktplatz mit Brunnen. EZ 44 €, DZ 65–73 € inkl. Frühstück. Im *Restaurant* gibt es Thüringer Küche, aber auch Vegetarisches zu günstigen Preisen. Di, Do, Fr, Sa 11–15 und 17–22 Uhr, So 11–15 Uhr. Markt 22, ℡ 036841-42353, www.zum-goldenen-loewen-schleusingen.de.

Hotel Haus am See, in den stilvollen, komfortablen Zimmern kann man von der Nixe Slusia träumen, die hier der Legende nach einen Grafen verzaubert hat. Es gibt Sauna und Bootsverleih. EZ 75 €, DZ ab 95–105 € inkl. Frühstück. Im *Restaurant* werden Gaumenfreuden der gehobenen Art serviert. Mo 17–22, Di–Fr 12–22, Sa 11.30–22, So 11.30–21 Uhr. Am langen Teich 3, ℡ 036841-3370, www.haus-am-see-schleusingen.de.

Camping **Campingplatz Bergsee Ratscher,** herrlich am See gelegener Platz mit direktem Zugang zum Strand. Auf dem leicht abfallenden Wiesengelände gibt es Stellplätze für Zelte und Wohnwagen. Die Sanitäranlagen sind zweckmäßig. Stellplatz plus 2 Pers. 24 €. Bungalows (4 Pers.) 60 €. Geöffnet Mai bis Sept. Am Bergsee 40, ℡ 036841-32229, www.bergseeratscher.de.

Schleusegrund

Entlang des Flüsschens Schleuse geht die Fahrt vorbei am *Bergsee Ratscher* und dann in nordöstlicher Richtung durch *Oberrod*, *Waldau* und *Lichtenau*. Die kleinen Orte in diesem Tal bieten als Gemeinde Schleusegrund Erholungsgebiete am Rande des Biosphärenreservats Thüringer Wald und damit vor allem für Wanderer und Radfahrer reichlich Betätigungsmöglichkeiten. In *Schönbrunn* lohnt sich der Besuch des schön gelegenen Terrassen-Freibads und der *Talsperre Schönbrunn*, die man auf einem 15 km langen Weg umrunden kann (Parkplatz an der Staumauer).

Naturtheater Steinbach-Langenbach: Wie ein griechisches Theater angelegt ist dieses Naturtheater, das 3000 Zuschauern gute Sicht und Akustik vor der traumhaften Naturkulisse des Thüringer Waldes bietet. Gegründet wurde die Freilichtbühne im Langenbachtal 1955. 34 Spielzeiten lang gastierte hier das Meininger Theater mit Schauspiel- und Opernproduktionen. In den 1990er-Jahren orientierte sich das Programm hin zu Blasmusik- und Chortreffen sowie Gastspielen mit überregionalen Stars aus Rock und Volksmusik. Heute gibt es eine Mischung aus Gastspielen von Tournee-Theatern und Stars aus Kabarett, Volksmusik, Rock und Pop.

▪ Veranstaltungen Mai bis Okt. Ticket-Hotline ℡ 036874-38536, www.theater-im-gruenen.de.

Wandern Vom Ortsteil Gießübel aus startet die lohnende Wanderung in die **Gießübler Schweiz** (8 km, Markierung grüner diagonaler Strich). Start und Ziel ist am Vereinshaus Gießübel. Der Naturlehrpfad führt vorbei an imposanten Felsengruppen und schönen Aussichtspunkten, www.schleusegrund.de.

Masserberg

Die dunkelgrauen, schieferverkleideten Häuser des kleinen Rennsteigorts kündigen den Übergang vom Thüringer

Der Thüringer Wald → Karte S. 60

Wald in das Thüringer Schiefergebirge an. Im 17. Jh. siedelten sich hier im Jagdrevier der Schwarzburger Grafen unterhalb des Eselsbergs Waldarbeiter und Köhler an – somit ist Masserberg eine der jüngsten Siedlungen am Rennsteig. Bis 1918 gehörte der am Kamm gelegene 2200-Einwohner-Ort zum Fürstentum Schwarzburg-Sondershausen, die am Hang nach Süden gelegenen Ortsteile Fehrenbach, Heubach, Schnett und Einsiedel lagen im Herzogtum Sachsen-Meiningen. Seit 1897 blüht der Tourismus in dem Rennsteig-Etappenort. Seit 1999 ist die Gemeinde „Heilklimatischer Kurort". Die frische Luft wird hier als ebenso heilsam beschrieben wie die Klimareize durch Wind, vermehrte Niederschläge und kühle Temperaturen. Eine Reha-Klinik ist neben dem Fremdenverkehr ein wichtiges wirtschaftliches Standbein.

Die Lage auf 830 m Höhe macht Masserberg zu einem relativ schneesicheren Gebiet, und so tummeln sich bis weit ins Frühjahr hinein Skifahrer auf 70 abwechslungsreichen Loipen- und Skiwanderwegkilometern zwischen Schnett und Friedrichshöhe. Auch Fans des alpinen Skisports finden anfängertaugliche Hänge und Lifte in Masserberg und Heubach. Bei entsprechender Schneelage wird Masserberg im Februar Schauplatz des *Hundeschlittenrennens Trans-Thüringia*. Fast fühlt man sich dann wie am Klondike, wenn man die rund 500 Schlittenhunde mit ihren Mushern an der 130 km langen Rennstrecke beobachtet.

Im Sommer sind rund um Masserberg ausgedehnte Wanderungen möglich. Eine schöne Aussicht genießt man von der *Rennsteigwarte* auf dem Eselsberg. Zwischen Masserberg und Fehrenbach entspringt ein Arm der Werra. Die Quelle ist in Stein gefasst, das Wasser sprudelt aus einem Löwenkopf aus Messing. Die Einheimischen streiten darum, ob die zweite Werraquelle am Bleßberg bei Siegmundsburg oder die Masserberger Werraquelle die „echte" Werraquelle ist.

Information Touristinformation, Mo–Fr 9.30–12 und 13–16.30 Uhr, Sa. 9.30–12 Uhr. Masserberg, Hauptstr. 37, ☏ 036870-57015, www.masserberg.de.

Beim Hundeschlittenrennen Trans-Thüringia in Masserberg

🚶 **Wanderung 3: Zur Werraquelle und auf die Rennsteigwarte am Eselsberg**
→ S. 395
Gemütliche Wanderung für die ganze Familie

Verbindungen   Regelmäßige Busse u. a. nach Schönbrunn/Schnett, Friedrichshöhe, Eisfeld, Schleusingen, Hildburghausen, www.bus-bahn-thueringen.de.

Parken   Mehrere teils gebührenpflichtige Parkplätze sind ausgeschildert. Am einfachsten parkt man von Fehrenbach kommend auf dem Großparkplatz am Ortseingang (gebührenpflichtig). Hier finden Wanderer und Skifahrer WCs, Duschen und Umkleiden im Rennsteighaus (50-Cent- und 1-€-Münzen). Direkt am Parkplatz beginnen Loipen und Wanderwege, www.masserberg.de.

Fahrrad   Die meisten Wege durch den Thüringer Wald bei Masserberg sind so befestigt, dass sie auch mit dem Fahrrad/ Mountainbike zu befahren sind. Masserberg bietet den Einstieg auf den **Rennsteig-Radweg.** Wer gern sportlich unterwegs ist, kann auf der Tour **„Von Masserberg zu den Werraquellen"** (26 km, 433 m Aufstieg/Abfahrt) von Masserberg nach Siegmundsburg beide Quellen der Werra besuchen. www.outdooractive.com.

Fremdenverkehrsabgabe   Pro Nacht und Pers. 1,50–3 €.

Hundeschlittenrennen   Das Schlittenrennen *Trans-Thüringia* findet im Februar bei entsprechender Schneelage in Masserberg und Neustadt am Rennsteig statt, www.trans-thueringia.de.

Wandern   Rund um Masserberg gibt es eine Vielzahl schöner Wanderwege. Der Terrain-Kurweg durch die **Fehrenbacher Schweiz** (8 km, ab Parkplatz Rennsteig Masserberg) ermöglicht schöne Ausblicke. Direkt durch Masserberg verläuft der Weitwanderweg **Rennsteig**, www.thueringen.info.

Wintersport   Masserberg ist ein Eldorado für Langläufer und Skiwanderer. Die 70 km Loipen und Skiwanderwege werden regelmäßig mit klassischer und Skatingspur hergerichtet. Der Loipengarten Masserberg ist Di und Do ab 17 Uhr beleuchtet. Am *Ersteberg* gibt es einen Einzelschlepplift. Die mit Beschneiungsanlage ausgerüstete blaue Piste ist 650 m lang und bietet Anfängern beste Bedingungen (www.skilift-masserberg.de). Die mit Schneekanonen und Flutlicht ausgerüstete *Skiarea Heubach*

bietet mit einer blauen und einer roten Piste mit je 600 m Länge Skispaß für Anfänger und Fortgeschrittene. Außerdem gibt es je einen Rodelhang in Masserberg und Schnett, www.masserberg.de.

Übernachten/Essen   *****Hotel Haus Oberland,** direkt am Waldrand. Gemütliches Haus mit Altbau und Neubau, die großzügigen Zimmer sind modern oder klassisch eingerichtet. Sauna, Billardzimmer und Parkplatz vorhanden. Im *Restaurant* und im urigen Jagdzimmer mit Kamin wird Thüringer Küche aus regionalen Zutaten serviert. EZ 49–59 €, DZ 78–92 € inkl. Frühstück. Rennsteigstr. 2, Masserberg, ☏ 036870-2170, www.hotel-haus-oberland.de.

Kurhotel Auerhahn, familiengeführtes Hotel mit komfortablen, stilvollen Zimmern. Sauna und Massagesessel dienen der Entspannung. EZ ab 56 €, DZ ab 78 € inkl. Frühstück. Das rustikale *Restaurant* serviert abwechslungsreiche, frische Küche (Mo–Fr ab 17, Sa/So 11.30–14 und ab 17 Uhr). Neustädter Str. 1, ☏ 036 870-560, www.kurhotel-auerhahn.de.

Hotel Schöne Aussicht, ruhiges, kleines Hotel mit tatsächlich schöner Aussicht und gemütlichen Zimmern mit bequemer Sitzecke. Fahrradkeller und Motorradgarage. EZ 48 €, DZ 70–80 € inkl. Frühstück. An der schönen Aussicht 3, ☏ 036870-59059, www.schoeneaussicht-masserberg.de.

Steakhouse & Restaurant Waldblick, im Hotel Schöne Aussicht. Es gibt Thüringer Gerichte oder Steaks, die Küche setzt auf frische Produkte und feine Aromen. Frische Salate, feine Pasta und Fischgerichte runden das Angebot ab, das man im Restaurant oder im Biergarten mit schöner Aussicht genießen kann. Mo–Do ab 17, Fr–So ab 11.30 Uhr. Reservierung empfehlenswert. An der schönen Aussicht 3, ☏ 036870-59059.

Café und Hotel daheim, schön renoviertes historisches Gebäude mit schicken, komfortablen Appartements und Studios. App. 105 € (2 Pers., 45 m²), Studio ab 124 € (2–4 Pers., 80 m²). Das Café wartet mit leckeren Torten und Kuchen auf (Mi–Mo 13.30–18 Uhr). Kurhausstr. 10, ☏ 036870-259885, www.cafe-hotel-daheim.de.

Der Thüringer Wald → Karte S. 60

Der Altmarkt ist die gute Stube von Schmalkalden

Schmalkalden

Die romantische Fachwerkstadt, die in ihrer Geschichte lange unter hessischer Regentschaft stand, zählt zu den besonders sehenswerten Städten Thüringens. Die gelungene Altstadtsanierung und das frische Flair des Fachhochschulorts stehen der einstigen Bergbaustadt gut zu Gesicht.

Große Anstrengungen wurden unternommen, um die historische Bausubstanz überwiegend aus dem 15. bis 18. Jh. herauszuputzen. Eine kostspielige Aufgabe, die auch in Zukunft zu stemmen sein wird. Denn es gibt noch etliche wertvolle Denkmäler, wie zum Beispiel den Hessenhof, die aus dem Dornröschenschlaf geweckt werden wollen.

874 wird Schmalkalden urkundlich erstmals erwähnt. Seit dem 9. Jh. wird in und um Schmalkalden Eisenerz gewonnen und verarbeitet. Bis heute ist die Stadt ein international bekannter Standort der Metallverarbeitungs- und Werkzeugindustrie. An der 1991 gegründeten Fachhochschule studieren rund 3000 Studenten, u. a. in den Fachrichtungen Maschinenbau, Elektrotechnik,

Informatik und Betriebswirtschaft. Schmalkalden gilt als eines der wirtschaftlich starken Zentren Thüringens, Forschung und Wirtschaft gehen hier Hand in Hand. Durch Ansiedlung innovativer Unternehmen will sich die Stadt zum Zentrum für erneuerbare Energien entwickeln.

Auch für die Lebensqualität der 19.500 Einwohner wird viel getan. Die Landesgartenschau 2015 verwandelte Industriebrachen in Parklandschaften, die Stadt und Natur nun harmonisch verbinden. Kultur spielt eine große Rolle: Konzerte, Kunstausstellungen, Vorträge, Kleinkunst und vieles mehr ist im Schmalkaldener Veranstaltungskalender zu finden. Der Wintersport hat durch die Lage am Thüringer Wald

Tradition – das Leistungssportzentrum in Oberhof liegt vor der Haustür. Zu den bekanntesten Sportlern aus Schmalkalden gehören die Biathleten Kati Wilhelm, Sven Fischer und Frank Luck, die alle drei als Olympiasieger an der Weltspitze standen.

Die Altstadt

Altmarkt: Die historische Altstadt von Schmalkalden ist rundum sehenswert. Unbeschadet haben hier zahlreiche Fachwerkhäuser aus dem 14. bis 18. Jh. die Zeiten überdauert und wurden mit viel Engagement saniert. Den Stadtbummel beginnt man sinnvollerweise am Altmarkt, um den sich die meisten Sehenswürdigkeiten gruppieren. Neben Fachwerkhäusern in fränkischer Rähmbauweise fallen die „Steinernen Kemenaten" mit ihren steilen Satteldächern und den gotischen Treppengiebeln ins Auge, so zum Beispiel die Todenwarthsche Kemenate (1575) am Ostrand des Platzes. Die aus Stein gebauten Kemenaten waren im Mittelalter die einzigen beheizbaren Häuser. *Ausstellungen zeitgenössischer Kunst* gibt es im Haus Altmarkt Nr. 8 (Otto Mueller Museum der Moderne, www.om-museum.de).

Rathaus: Drei Gebäudeteile bilden das Rathaus am Altmarkt, in dem Bürgerbüro, Stadtverwaltung und der Ratskeller zu finden sind. Der südliche

Der Thüringer Wald → Karte S. 60

Schmalkalden – Schutz für die Reformation

Mitte des 16. Jh. schrieb Schmalkalden europäische Geschichte. Unter Führung Philipps von Hessen, einem der ersten protestantischen Fürsten Deutschlands, wurde 1530 der Schmalkaldische Bund gegründet. Der Bund sollte den protestantischen Ständen Schutz gegen den katholischen Kaiser Karl V. bieten und Martin Luthers reformatorische Bewegung unterstützen. Siebenmal tagte der Bund in der Stadt. Der „glanzvollste Fürstentag" fand 1537 in ganz großem Stil statt: 16 Fürsten, sechs Grafen, Gesandte des Kaisers, des Papstes, des französischen und des dänischen Königs, Vertreter von 28 Reichs- und Hansestädten sowie 42 evangelische Theologen mit Martin Luther und Philipp Melanchthon an der Spitze waren zugegen.

Um den Protestantismus zurückzudrängen begann Karl V. 1546 den so genannten Schmalkaldischen Krieg. 1547 gewann er die Schlacht bei Mühlberg, der Bund wurde aufgelöst. Geblieben sind aus dieser Zeit zwei Begriffe, über die man heute mitunter stolpert: „Schmalkalder Artikel" und „Schmalkaldische Artikel". Das sollte auch der Zugereiste unterscheiden: „Schmalkalder Artikel" sind die Werkzeuge und Kleineisenwaren, die hier produziert wurden und für Wohlstand sorgten. Als „Schmalkaldische Artikel" sind Martin Luthers 1537 veröffentlichte Schriften über die Lehren und Praktiken der katholischen Kirche berühmt. Besonders prangert er darin den Ablasshandel und die Heiligenverehrung an. 1580 wurden sie gemeinsam mit den Katechismen, Glaubensbekenntnissen und Melanchthons „Augsburger Konfession" Teil des Konkordienbuchs und sind damit bis heute gültige Bekenntnisschrift der evangelischen Kirche.

Gebäudeteil wurde 1905 errichtet. Er umschließt zusammen mit dem nördlichen Bau aus der Spätgotik die prachtvolle „Steinerne Kemenate" von 1415. Im Audienzsaal im Obergeschoss tagt heute der Stadtrat. Das Rathaus war 1530 Schauplatz der Gründung des „Schmalkaldischen Bundes" (→ Kastentext S. 83). In der Eingangshalle des Rathauses zeugen Wappentafeln von den Mitgliedern des Bundes. Das Stadtwappen über dem Haupteingang zeigt Löwe und Henne als Zeichen der Doppelherrschaft (1360–1583) durch die Henneberger Grafen und die hessischen Landgrafen.

Stadtkirche St. Georg: Die Nordseite des Altmarkts wird von der Stadtkirche mit ihren drei Türmen überragt. Der Bau wurde 1437 auf Teilen einer romanischen Vorgängerkirche begonnen und 1570 mit den Türmen abgeschlossen. Die Fenster sind mit reichem Maßwerk verziert. Doch auch andere Details des Fassadenschmucks fallen ins Auge: eine gotische Sonnenuhr, die Stadtuhr

Die Türmerstube in der Kirche St. Georg

mit den Figuren von Tod und Jungfrau sowie der Portraitkopf eines Mannes, in dem man den Kirchenbaumeister Jörg Meier vermutet. Im Inneren lenkt das wunderschöne Netzgewölbe der dreischiffigen, spätgotischen Hallenkirche die Blicke nach oben. Beim protestantischen „Bildersturm" im Jahr 1608 wurden viele Kunstwerke zerstört. Erhalten geblieben ist der Taufstein von 1560. Ebenso wie die Miniaturen in dessen Sockel fielen auch die Füllungen des Chorgestühls und der Empore diesen Ereignissen zum Opfer. 1899 wurden die alten Altarbilder eines fränkischen Malers bei Sanierungsarbeiten wiederentdeckt; die Malereien von 1503 zeigen die Leidensgeschichte Christi. Die Kirchenfenster sind heute mit modernen Glasbildern von Carl Crodel ausgestaltet. Die barocke Kanzel befindet sich an der rechten Seite des Chorraums. Ihr ursprünglicher Platz war die Säule, die nun mit einem Luther-Relief geschmückt ist. Während des Treffens des Schmalkaldischen Bundes 1537 predigte Martin Luther einige Male in der Georgskirche. In der *Lutherstube* befindet sich ein kleines Kirchenmuseum.

▪ Kirche: Mai bis Okt. Mo–Sa 10.30–16.30 Uhr, Nov. bis April Mo–Sa 11–12 und 14–15 Uhr. Orgelmusik von Juni bis Sept. Mi 12 Uhr.

Türmerstube: Wer gut zu Fuß ist, lässt sich die kleine Kraxelei über die immer schmaler werdende Wendeltreppe mit ihren 171 Stufen auf den Südturm der Kirche nicht entgehen. Der Ausblick über die Altstadt und hinüber zu Schloss Wilhelmsburg ist grandios! Hoch droben in der einstigen Türmerstube lebten seit 1571 die Türmer mit ihren Familien. Ihre wichtigste Aufgabe war die Brandwache. Doch mussten die „höchsten" Beamten Schmalkaldens auch zu jeder vollen Stunde per Hand nachläuten sowie nach Dieben Ausschau halten.

▪ Mai bis Okt. Mo–Fr 10–15 Uhr. „Turmgeld" 1,50 €. Um Gegenverkehr auf der Treppe zu vermeiden, ist die Anmeldung über die Gegensprechanlage obligatorisch. Lassen Sie Gepäck am besten unten. Vorsicht beim Abstieg: Es gibt keinen Handlauf.

Kirchhof und Gillersgasse: Ein Ensemble schöner Fachwerkhäuser säumt den Platz hinter der Kirche. Die Reformierte Schule (Haus Nr. 2), das Evangelische Dekanat und das „Alte Kantorat" sind Beispiele virtuoser Zimmermannskunst. Hinter einer den Platz begrenzenden Mauer befindet sich die Gillersgasse. Im Haus Nr. 2 finden in der „FBF-Galerie" wissenschaftliche, politisch-philosophische und künstlerische Veranstaltungen statt.

Historicum: Gleich nebenan in der Gillersgasse 1 befindet sich das Zinnfigurenmuseum Historicum. Mit tausenden Miniaturfiguren wird in Schaubildern die Menschheitsgeschichte lebendig. Themen sind u. a. das alte Ägypten, das Römische Reich, die Wikinger, die napoleonische Epoche, der Schmalkaldische Krieg und die Gegenwart.

■ Mo/Di und Do/Fr 10–13 und 15–18 Uhr, Mi 10–18, Sa 10–12 Uhr, Eintritt 4 €. Zinngießen inkl. Eintritt und Führung 10 €/Pers. ✆ 0172-7810787, www.zinnfigurenmuseum.com.

Spaziergang zum Lutherplatz: Nur wenige Schritte musste Martin Luther 1537 von der Georgskirche zu seiner Wohnung gehen. Über die *Salzbrücke*, einem Platz, auf dem zu seiner Zeit die Öfen und Werkstätten der Schmiede standen, führte ihn der Weg durch die schmale Steingasse. Auf der linken Seite befindet sich eine dreigeschossige steinerne Kemenate aus dem 15. Jh. Seit 1664 ist hier die *Rosenapotheke* zu finden. Zu Luthers Zeit war in dem Haus die reitende Post untergebracht. Eine Gedenktafel erinnert daran, dass im Hinterhaus Luthers Kollege Philipp Melanchthon im Jahr 1540 logierte. Auch andere Spuren der Geschichte in der Steingasse sind nicht zu übersehen: „Stolpersteine" aus Messing im Straßenpflaster und der Davidstern über einem Hauseingang erinnern an das jüdische Leben in Schmalkalden und den Holocaust.

Das Lutherhaus

Am Ende der Steingasse öffnet sich der Lutherplatz. Im zweiten Stock von Haus Nr. 7 wohnte Martin Luther im Februar 1537 bei seinem Freund, dem hessischen Rentmeister Balthasar Wilhelm. Das *Lutherhaus* trägt eine vergoldete Stucktafel von 1687 mit einer Inschrift. Die Tafel zeigt einen Schwan, Sinnbild für Martin Luther, der über die rote Teufelsfratze siegt. Wenn es heute am Lutherplatz mitunter kräftig dampft, hat das jedoch nichts mit dem Leibhaftigen zu tun. Seit 2013 zeigt eine Wettersäule Luftdruck, Wind, Temperatur, Niederschlag und Luftfeuchte an; und wenn's richtig heiß ist, sorgt sie mit einem Nebel für angenehme Kühlung.

Fachwerkerlebnishaus: Im Fachwerkhaus aus dem Jahr 1369 in der Weidebrunner Gasse Nr. 13 kann man die über die Jahrhunderte realisierten baulichen Veränderungen nachvollziehen. Unter anderem sind Zeugnisse eines rundbogigen Ladenfensters mit Klappläden (1551), ein Kriechboden zur Vorratshaltung (18. Jh.) und Reste typischer Farbfassungen (15.–20. Jh.) zu

Der Thüringer Wald ↓ Karte S. 60

Die prächtige Residenz
Schloss Wilhelmsburg

sehen. Das sanierte Haus wird seit 2013 von Künstlern und Kunsthandwerkern, vom Verein für Schmalkaldische Geschichte und dem Verein Weidebrunner Gasse 13 genutzt. Die Räume können individuell und mit Führung besichtigt werden.

■ Di–Sa 11–17 Uhr. Weidebrunner Gasse 13, ☎ 03683-606242. www.schmalkaldischer geschichtsverein.de.

Schloss Wilhelmsburg

Die großzügige Vierflügelanlage aus der Spätrenaissance mit weitläufigen Gartenanlagen ist das Prunkstück von Schmalkalden. Auf dem Hügel oberhalb der Stadt ließ Landgraf Wilhelm IV. von Hessen-Kassel eine mittelalterliche Burg abreißen und von 1585–90 die Wilhelmsburg als Jagd- und Sommerresidenz erbauen. Die Bau-

meister setzten die Ideen des humanistisch gebildeten Landesfürsten in die Tat um. Die vier Flügel sind um einen fast quadratischen Innenhof gruppiert, die Hofecken betonen achteckige Treppentürme. Der westliche Außenturm gehört zur *Schlosskirche*.

Reiche Tür- und Fensterbemalungen, Stuckelemente und Kassettendecken in den Innenräumen zeugen von fürstlicher Prachtentfaltung. Die Hofstube, das Landgrafengemach, das Tafelgemach und die Herrenküche lassen nachempfinden, wie die gräfliche Familie hier lebte. Die Decke des 26 x 13 m großen Riesensaals zieren Motive und Szenen der Tugenden. In diesem Raum finden heute Konzerte und andere Veranstaltungen statt. Eine *Dauerausstellung* im Schloss informiert über den Schmalkaldischen Bund.

Schlosskirche: Auch in der überreich mit Stuck ausgestalteten Schlosskirche erklingt regelmäßig Musik. Erstmals wurden in diesem protestantischen Kirchenbau Altar, Kanzel und Orgel übereinander angeordnet. Der Göttinger Orgelbauer Daniel Meyer schuf von 1587–89 die *Holzpfeifenorgel* mit 252 hölzernen Pfeifen, sechs Registern und einem Manual. Die Orgel ist eines der wenigen noch spielbaren Instrumente der Renaissance und im Rahmen einer internationalen Konzertreihe regelmäßig zu hören. Im Keller unter der Schlosskirche ist eine originalgetreue Kopie der in Secco-Technik gemalten *Iwein-Malerei* nachgebildet. Die Originale der ältesten erhaltenen nichtsakralen Wandmalereien Thüringens wurden im Keller des Hessenhofs entdeckt, sind aber nicht öffentlich zugänglich. Die Geschichte des Epos von „Liebesleid und Liebeslust der Ritter Iwein" von Hartmann von der Aue wird im Schloss in einer interessanten 3-D-Animation wieder lebendig.

■ Schloss: April bis Okt. tägl. 10–18 Uhr, Nov.– März Di–So 10–16 Uhr, Eintritt 6 €. ☎ 03683-403186, www.museumwilhelmsburg.de.

Monumente der Technik

Besucherbergwerk Finstertal: „Glück auf" steht über dem Eingangstor der bis 1934 betriebenen Eisen- und Braunsteinmine im Ortsteil Asbach. Heute können die Besucher, nachdem sie mit einem gelben Schutzhelm ausstaffiert sind, 350 m erschlossenes Grubengelände erkunden, die Gezähekammer sehen und fluoreszierende Mineralien bestaunen.

■ April bis Okt. Mi–So 10–17 Uhr. Führungen jede volle Stunde, letzte Führung 16.45 Uhr, Eintritt 3 €. Talstr. 145, Ortsteil Asbach, ✆ 03683-488037, www.museumwilhelmsburg. de/museen/besucherbergwerk-finstertal.

Hochofen-Museum Neue Hütte: In der spätklassizistischen Hochofenanlage von 1835 wurde Eisenerz auf Holzkohlenbasis zu Roheisen verhüttet. Der Hochofen war bis 1924 in Betrieb und ist eines der letzten Zeugnisse dieser Technologie. Die Ausstellung informiert über Geschichte und Technik der Neuen Hütte sowie über das Eisenhandwerk im Raum Schmalkalden. Zu sehen sind eine industrielle Holzbohrerfertigungsanlage, eine handwerkliche Nagelschmiede und die Rekonstruktion von Wasserzufuhr, Wasserrad und Turbinenanlagen.

■ April bis Okt. Mi–So 10–17 Uhr, Nov. bis März Mi–Fr 10–16 Uhr, So 12–16 Uhr, Eintritt 3 €. Ortsteil Weidebrunn, Gothaer Straße, ✆ 03683-403018, www.museumwilhelmsburg.de/ museen/hochofenmuseum-neue-huette.

Praktische Infos   → Karte S. 89

Information Touristinformation, April bis Okt. Mo–Fr 10–18, Sa/So 10–15 Uhr, Nov. bis März Mo–Fr 10–17, Sa 10–13 Uhr. Auer Gasse 6–8, 98574 Schmalkalden, ✆ 03683-6097580, www.schmalkalden.com.

Verbindungen   Bahn: Regelmäßig Züge nach Wernshausen, Bad Salzungen, Eisenach, Meiningen, Sonneberg, Zella-Mehlis, Suhl, Erfurt. www.sued-thueringen-bahn.de.

Bus: Innerorts verkehren Stadtbusse, außerorts zahlreiche Linien in die Orte der Region. www.mbb-mgn.de.

Parken Rund um die Altstadt sind mehrere gut ausgeschilderte Parkplätze zu finden. Zentral: „Pfaffenwiese", „Steinerne Wiese", „Hinter der Stadt", „Am Schloss".

Baden   Freibad Näherstille, solarbeheizt, Schwimmer-, Nichtschwimmer- und Planschbecken, Liegewiese. Eintritt 3 €. Geöffnet 1. Mai bis 15. Sept. tägl. 9–20 Uhr. Am Schwimmbad 8, ✆ 03683-405199, www.freibad-schmalkalden.de.

Der Thüringer Wald → Karte S. 60

Die Geschichte der Eisenverhüttung zeigt das Hochofen-Museum

Einkaufen   Trauminsel 🔟, im „Hexenhäuschen" aus dem 15. Jh. auf der so genannten „Insel" zwischen Altmarkt und Salzbrücke gibt es Schmalkalder Tees, hausgemachte Bonbons und süße Werrakiesel, Dips, Öle, Wein etc. Mohrengasse 2, ✆ 03683-469181, www.trauminsel-schmalkalden.de.

Lutherbuchhandlung 4️⃣, die gut sortierte Buchhandlung im Lutherhaus mit Schwerpunkt christliche Literatur hat alle Titel zu den Themen Luther, Reformation und Schmalkalden im Sortiment. Zudem regionale Wander- und Fahrradführer sowie regionale Postkarten. Lutherplatz 7, ✆ 03683-600690.

VIBA Nougatwelt 1️⃣1️⃣, hier gibt es das berühmte Schmalkalder Nougat, Pralinen, Früchteriegel, Liköre, Fruchtaufstriche und alles, was das süße Herz sonst noch höher schlagen lässt. Nougat Allee 1, ✆ 03683-6921600, www.viba-sweets.de.

Fahrradfahren   Wo früher Dampfloks schnauften, können sich heute Radfahrer vergnügen. Auf der einstigen Bahntrasse führt der **Mommelstein-Radweg** 33 km über spektakuläre Viadukte und durch beleuchtete Tunnel. Die ersten 15 km von Wernshausen an der Werra bis nach Floh-Seligenthal gehen noch angenehm dahin. Danach klettert der Weg über den 703 m hohen Mommelstein bis auf die Höhen des Rennsteigs. Belohnt werden die Radler mit wunderschönen Ausblicken, z. B. auf den Inselsberg. Der Mommelstein-Radweg verbindet die Fernradwege Werratal und Rennsteig. (Broschüre mit Tourenbeschreibung und Höhenprofil bei der Touristinfo Schmalkalden).

Fahrradreparatur   Fahrrad Anschütz, Stiller Gasse 17, ✆ 03683-403909.

Markt   Mi 8–17 Uhr und Sa 10–16 Uhr auf dem Altmarkt.

Nordic-Walking   In Schmalkalden und Floh-Seligenthal sind Routen mit unterschiedlichem Schwierigkeitsgrad als Nordic-Walking-Strecken ausgewiesen (5 km bis 12,1 km, Broschüre in der Touristinfo). Der asphaltierte Mommelstein-Radweg fungiert als Verbindungsstrecke und ist auch für Nordic-Blading und Nordic-Skiing als Trainingsstrecke geeignet.

Stadtführungen   April bis Okt. jeden Mo, Mi, Sa um 11 Uhr ab Touristinformation (4 €). Gruppenführungen zu historischen Themen und Kostümführungen, auch in Fremdsprachen, ganzjährig buchbar, ✆ 03683-403182, Touristinformation.

Veranstaltungen   Im Juli wird im Stadtteil Wernshausen an der Werra das traditionelle **Flößerfest** mit Musik, Floßfahrten und Flößerwettkämpfen gefeiert. Von Mai bis Sept. steht die Renaissance-Orgel auf Schloss Wilhelmsburg im Mittelpunkt einer **internationalen Konzertreihe.**

Das **„Schmalkalder Hirschessen"** lockt alljährlich Ende August tausende Besucher an. Das historische Stadtfest geht auf den Brauch der „Hirschspende" im Jahr 1379 zurück und wird mit zünftigem Essen und Trinken, Markttreiben sowie Open-Air-Konzerten begangen.

Besucher des **mittelalterlichen Weihnachtsmarkts** auf Schloss Wilhelmsburg werden am 1. und 2. Adventswochenende in die Zeit des Mittelalters versetzt. Im Nov./Dez. findet in der Altstadt der **Schmalkalder Herrscheklasmarkt** statt.

Wandern   Ein Schild am Lutherplatz beschreibt sieben ausgewählte Wanderwege rund um Schmalkalden. Auch einige berühmte Fernwanderwege führen durch die Stadt.

An der ehemaligen Burg Wallrab, wo heute die Wilhelmsburg steht, stand bis 1319 die Kapelle St. Jakob. Hier kann man auf dem **Jakobsweg** unter dem Zeichen der gelben Muschel auf blauem Grund durch den Schmalkalder Stadtwald nach Fambach und Breitungen im Werratal wandern (17,4 km). www.outdooractive.com/de/wanderung/thueringer-wald/wanderung-auf-dem-jakobsweg.

Der alte Pilgerpfad **Via Romea** führt von Stade über Schmalkalden bis Rom (blaues Quadrat mit Pilgerstab, www.viaromea.de). Der mit dem „L" gekennzeichnete **Lutherweg** kommt von Eisenach. In Schmalkalden führt er am Lutherhaus vorbei Richtung Tambach-Dietharz (17 km), dem Reiseweg Luthers von 1537 folgend (www.lutherweg.de/wegverlauf/thueringen).

Ab dem Lutherplatz führt der **Museums-Rundwanderweg** über Schloss Wilhelmsburg. Auf „eisernen Spuren" werden auf der 14 km langen Runde das Besucherbergwerk Finstertal und das Hochofen-Museum Neue Hütte erreicht (Markierung rotes „M" im Quadrat).

Wohnmobile   Ganzjährig auf dem Wohnmobilstellplatz im Westendpark.

Übernachten   Hotel Grünes Tor 2️⃣, hier schläft man in großzügigen Fachwerkzimmern im Landhausstil. Reichhaltiges Frühstücksbuffet im Hotel Patrizier gegenüber. Die *Gaststätte Hopfengarten* bietet Thüringer Küche und 33

Technisches Museum
Neue Hütte,
Floh-Seligenthal

Schmalkalden

110 m

Biersorten. EZ ab 59 €, DZ ab 74 €, Frühstück 10 €/Pers. Weidebrunner Gasse 12, ✆ 03683-4666800, www.grünes-tor.de.

Stadthotel Patrizier 3, in dem schön eingerichteten historischen Fachwerkhaus in der Altstadt logieren schon im 16. Jh. Gäste. Die Zimmer sind hübsch und komfortabel. EZ ab 59 €, DZ ab 79 €. Weidebrunner Gasse 9, ✆ 03683-604514, www.stadthotel-patrizier.de.

mein Tipp **Hotel Teichhotel 1**, ruhig gelegenes 3-Sterne-Hotel mit familiärer Atmosphäre, nur 10 Fußminuten in die Altstadt. In den komfortablen Zimmern im hellen Landhausstil fühlt man sich wohl. Leckere Cocktails gibt es in der *Wunderbar* (Mo–Do 18–1, Sa 18–2 Uhr, So Ruhetag) und auf der Außenterrasse. DZ als EZ 67,50 €, DZ 88 € inkl. Frühstück. Transferservice vom Bahnhof, Fahrrad-

und Gepäcktransport. Teichstr. 21, ✆ 03683-402661, www.teichhotel.de.

★★★★ Aktiv & Vital Hotel Thüringen 16, in ruhiger Lage am Stadtrand, 4 km ins Zentrum. Das Wellnesshotel mit Saunalandschaft, Massagen, Spa-Anwendungen, Hallenbad und umfangreichem Sport-Angebot bietet einen herrlichen Blick ins Tal. Komfortable Zimmer im Landhausstil. In der *Gaststube Henneberger Haus* gibt es gehobene Küche à la carte. EZ ab 78 €, DZ ab 119 € inkl. Frühstück. Notstr. 33, ✆ 03683-466570, www.aktivhotel-thueringen.de.

★★★★ Hotel Villa Casamia garni 17, im Ortsteil Asbach, 2,5 km ins Zentrum. Modern und stilvoll, die luxuriös eingerichteten Zimmer bieten allen Komfort. DZ als EZ ab 69 €, DZ ab 89 €, Frühstück 8 € p. P. Untere Herrenwiese 6a, Asbach, ✆ 03683-466170, www.hotel-casamia.de.

Am Zinnfigurenmuseum

Gästehaus Susanne `14`, nah zur Altstadt und zu Schloss Wilhelmsburg. Die modern mit schönen Farben gestalteten Gästezimmer sind preiswert. DZ als EZ 51 €, DZ 84 € inkl. Frühstück. Pkw-Parkplatz am Haus, Unterstellmöglichkeit für Fahrräder. Stiller Tor 19, ☎ 03683-465448 und 0171-2019367, www.pension-schmalkalden.de.

Pension Barbara `15`, zentral gelegenes Haus mit geräumigen, modernen Ferienwohnungen, jeweils mit Küche und separatem Eingang. Gepflegter Garten mit Grillplatz. Übernachtung pro Pers. 27 €, Zuschlag für nur eine Nacht 6 €. Parkplatz 3 €, Frühstück 8,50 €. Auer Gasse 5-7, ☎ 03683-600827 und 0170-9869926, www.pensionbarbara.com.

Camping   Campingplatz Nüßleshof `9`, Stellplätze für Zelte und Wohnwagen in einem schönen Wiesengrund bei Heßles (14 km bis Schmalkalden). Ordentliche Sanitäranlagen mit Duschen und Toiletten. Zelt 4 €, Wohnwagen/Wohnmobil 7 €, Auto 1 €. Die Feriensiedlung mit 15 einfachen *Bungalows* ist ganzjährig geöffnet. Bungalow 25–40 € (je nach Größe und Personenzahl). Geöffnet April bis Sept. Urlaubszentrum Heßles, Nüßleser Straße, 98597 Fambach, Ortsteil Heßles, ☎ 0152-38930107, www.gemeinde–fambach.de.

*mein*Tipp ****** Kiesseecamping Breitungen** `7`, bei Breitungen. Sehr gute Ausstattung und schöne Lage am See. ☎ 03693-484460 → Details S. 51.

Wohnmobile   Schöne Stellplätze mit Ver- und Entsorgung am Westendpark, Westendstraße 4.

Essen & Trinken   Ratskeller `12`, das urige Restaurant im alten Rathaus serviert regionale Küche, z. B. hausgemachte Rouladen, Thüringer Klöße, Wild- und Geflügelspezialitäten sowie diverse Biersorten. Tägl. ab 11 Uhr. Altmarkt 2, ☎ 03683-402742.

Schmalkalder Stadtgrill `13`, in einem historischen Fachwerkensemble am Altmarkt. Hier gibt es Schmalkalder Spezialitäten wie Rostbratwurst, Rostbrätl, Frikadellen oder Backfisch. Dazu die „Hopfenperle" oder „Vita Cola" aus Schmalkalden. Mo/Di und Do/Fr 10–18, Sa ab 11 Uhr. Am Altmarkt 9, ☎ 03683-401155, www.schmalkalder-stadtgrill.de.

*mein*Tipp **Gaststube Zum Kirchhof** `6`, beste Hausmannskost ohne Schnickschnack zu günstigen Preisen. Was es aktuell gibt, steht auf einer Schiefertafel, wird frisch zubereitet und schnell serviert: ob Brätel, Knöllersuppe (Erbsensuppe) mit Wurst oder Klöße mit Rahmchampignons. Im Sommer sitzt man an Tischen und Bänken draußen zwischen den Fachwerkhäusern, bei schlechtem Wetter in der netten Gaststube. Di, Fr, Sa ab 11, Mi 11–16, So 11–15 Uhr, am Wochenende besser reservieren. Kirchhof 14, ☎ 03683-401139, www.gaststaette-zum-kirchhof-omas-kueche.de.

Eiscafé Bella Vita `8`, mit Blick auf Altmarkt und Stadtkirche genießt man eine Vielfalt an italienischen Eissorten sowie hausgemachte Kuchen und kleine Snacks. Sommer Mo–Sa 10–22, So 12–22 Uhr, Winter Mo–Sa 11–18, So 13–18 Uhr, im Januar geschlossen. Am Altmarkt. ☎ 03683-466757.

Stadtcafé Endter `5`, hier gibt es Thüringer Rahmkuchen und hausgemachte Torten. Einladende Kaffeehaus-Atmosphäre. Mo–Sa 7.30–18, So 13–18 Uhr. Steingasse 8, ☎ 03683-607411, www.cafe-endter.de.

*mein*Tipp **VIBA Nougatwelt** `11`, die „Erlebnis-Confiserie" ist nicht nur für Naschkatzen einen Besuch wert. Hier kann man dem Chocolatier durch die Glasscheibe beim Fertigen der edlen Pralinen zusehen – und in Mitmach-Kursen selbst zur Spritztülle greifen (für Kurse Anmeldung erforderlich, 15–48 €). Das moderne *Restaurant* im großzügigen Wintergarten verwöhnt mit gehobener mediterraner Küche: Pizza, Pasta, Fleisch und Fisch. Die *Cafélounge* lockt mit Kaffee-Spezialitäten und einer Eis-Insel. Schöne Sonnenterrasse. Tägl. 10–18 Uhr. Nougat Allee 1, ☎ 03683-6921600, www.viba-sweets.de.

Brotterode-Trusetal

Wandern, Klettern, Skifahren – in der Gemeinde Brotterode-Trusetal sind vor allem Outdoor-Erlebnisse angesagt. Ein künstlicher Wasserfall und ein Funpark locken kleine und große Gäste.

Der 6500-Einwohner-Ort setzt sich aus sieben Dörfern zusammen. So kommt es, dass die Gemeinde im Tal des Flüsschens Truse sich von 280 m Höhe entlang der historischen Passstraße bis zu ihrer höchsten Erhebung, dem Großen Inselsberg, auf 916 m hinaufzieht. In der früheren Bergbaugemeinde gibt es neben einem Werk für Kunststoffprodukte vor allem kleinere Handwerksbetriebe. Dem Tourismus kommt großer Stellenwert zu. Die Inselsberg-Region lädt zum Wandern, Klettern und Skifahren ein. Sehenswert sind der künstlich angelegte *Trusetaler Wasserfall* und das *Besucherbergwerk Hühn*.

Großer Inselsberg: Die Wanderung von Brotterode zum Großen Inselsberg durch Buchen- und Fichtenwald dauert etwa eine Stunde. Ein Wanderparkplatz befindet sich auf Höhe des Funparks. Wer es bequemer mag, erreicht die Schaukanzel mit dem Auto über die gepflasterte Gipfelstraße (Parkplatz). Der im Landschaftsschutzgebiet gelegene Berg ist mit 916,5 m zwar nicht der höchste, aber der bekannteste und am häufigsten besuchte Berg des Thüringer Waldes. Über seinen Gipfel führt der Rennsteig. Eine großartige Aussicht bis zur Rhön und zum Harz belohnt für die Mühen des Aufstiegs. Wer mag, genießt die 360-Grad-Rundumsicht vom 22 m hohen Aussichtsturm. Eine Ausstellung erklärt die Übertragungstechnik des ehemaligen Fernmeldeturms. An der Außenfassade kann man eine 17 m hohe Kletterwand erklimmen. Im Winter gibt es 2,2 Pistenkilometer für Alpinskifahrer und zahlreiche Loipen, die den Berg umrunden (DSV Nordic Aktiv Zentrum Brotterode). Eine Infotafel erinnert an extreme Wetterereig-nisse: Die maximale Schneehöhe wurde 1970 mit 220 cm gemessen.

Inselsberg-Funpark: Die überschaubare Anlage an der Straße von Brotterode nach Tabarz bietet mit einer 1 km langen Sommerrodelbahn, Abenteuerspielplatz, Bungee-Trampolin, Nautic-Jet und Hochseilgarten Spaß für die ganze Familie. Attraktion ist der Wie-Flyer, bei dem die Gäste die kleinen „Flugzeuge" selbst steuern können.

■ Geöffnet nach Witterung und Nachfrage: April bis Okt. 10–17 Uhr, Nov. bis März Sa und So. Sommerrodelbahn und Wie-Flyer Erw. 3 €, Kind 2,50 €. ☎ 036840-32370, www.sommerrodelbahn-inselsberg.de.

Werner Lesser Skisprung Arena: Als erster Skispringer der Welt sprang der Brotteroder Ehrenbürger Werner Lesser auf Kunstmatten. Die 2009 eingeweihte Sprungschanzen-Arena mit vier Schanzen in Brotterode ist nach ihm benannt und im Winter Austragungsort von Wettkämpfen. Eine Ausstellung zur Skisprunggeschichte ist im Kampfrichterturm zu sehen.

■ Schanzenführungen Mai bis Okt. Mi 10 Uhr ab „Haus des Gastes", 6 €. Wintersport-Verein Brotterode e. V.: www.wsv-brottero.de.

Trusetaler Wasserfall: Hauptattraktion im Trusetal ist der künstlich angelegte Wasserfall, der vor 150 Jahren geschaffen wurde, um den Fremdenverkehr anzukurbeln. Im Sommer stürzt das von der Truse abgeleitete und aufgestaute Wasser aus 58 m in die Tiefe. Über 200 Stufen kann man entlang des Wasserfalls emporsteigen und sich von der Gischt erfrischen lassen. Ein kleiner Rundweg schließt sich an. Von der Teufelskanzel hat man einen schönen Blick ins Werratal. Wer den Eintritt

Der Thüringer Wald → Karte S. 60

Erfrischende Attraktion

sparen möchte, kann den Wasserfall von der gegenüberliegenden Seite der Durchgangsstraße (L 1024) ansehen.

▪ Ostern bis Ende Okt. tägl. 10–18 Uhr, Eintritt 2 €. Kostenfreies Parken am Zwergen-Park Brotteroder Str. 55.

Besucherbergwerk Hühn: In dem Bergwerk am Ortsrand von Trusetal wurde bis 1990 Schwer- und Flussspat abgebaut. Die Kristalle und das Arbeitsgerät sind heute noch zu sehen. Einen Teil der unterirdischen Abschnitte legt man mit dem „Hühn-Express" zurück. In der Ausstellung kann man über 500 Mineralien bestaunen.

▪ Führungen 1. April bis Ende Okt. tägl. 10–16.15 Uhr, Eintritt 6,50 €. Bergmannstag am ersten Sonntag im Juli. Mineralienverkauf und Goldwaschen für jedermann. L 1126, Eisensteinstr. 91, Trusetal, ☎ 036840-81578 u. 81087.

Wallenburger Turm: Der Bergfried einer romanischen Burg am Ortsrand von Trusetal wurde zum Schutz der Gruben, Schmelzöfen und Hammerwerke errichtet. Von hier oben reicht die herrliche Sicht bis ins Werratal und in die Rhön.

Information   Gästeinformation Brotterode im Haus des Gastes, Bad Vilbeler Platz 4, Brotterode-Trusetal, ☎ 036840-3333.

Touristinformation Trusetal, Rathausstraße 9, Brotterode-Trusetal, ☎ 036840-81578, www.tourismus.brotterode-trusetal.de.

Verbindungen Regelmäßig **Busse** von/nach Breitungen und Schmalkalden sowie zu den Wanderrevieren im Thüringer Wald mit den Meininger Busbetrieben, www.mbb-mgn.de.

Baden   Inselsbergbad in Brotterode. Vom Panoramabad aus schaut man hinüber zum Großen Inselsberg. Badespaß bringt die 70-m-Röhrenrutsche im Hallenbad. Es gibt Sportschwimmbecken, Warmbecken (32 °C), Planschbecken und eine Sauna. Im Außenbereich (geöffnet Frühjahr bis Herbst) ein Erlebnisbecken, Wildwasserkanal, Wasserspeier und Massageliegen. Tägl. 10–21 Uhr. Am Bad 1, Brotterode, www.inselbergbad.de.

Wandern Auf Schusters Rappen kann man jeden Tag eine neue Route ausprobieren, u. a. locken der Inselsberg, der Mommelstein und der Dreiherrenstein. Von Brotterode aus ist der **Rennsteig** schnell erreicht. Der **Lutherweg** führt von Schmalkalden über Brotterode nach Bad Liebenstein. Tourenvorschläge unter www.tourismus.brotterode-trusetal.de.

Zwergenpark Über 2000 Gartenzwerge tummeln sich im Zwergenpark unweit des Trusetaler Wasserfalls. Zwergenfans finden in der liebevoll gestalteten Anlage Bimmelbahn, Zwergen-Museum, Zwergen-Schänke und Gnomeria. Ostern bis Ende Okt. tägl. 10–17 Uhr (bei Besucherandrang auch länger). Nov. bis Ostern Sa und So, in den Thüringer Ferien täglich. Erw. 6 €, Kind 2–14 J. 5 €. Brotteroder Str. 55, ☎ 036840-40153, www.zwergen-park.de.

Übernachten/Essen   *** Hotel Zur guten Quelle, in Brotterode. Ruhige, moderne Zimmer und ein reichhaltiges Frühstücksbuffet. Im hoteleigenen *Restaurant* werden Brotteroder Spezialitäten und Thüringer Küche serviert. Sauna, Wellness und Kneipp-Anwendungen. EZ 45–58 €, DZ 35–54 € inkl. Frühstück. Schmalkalder Str. 27, Brotterode, ☎ 036840-340, www.hotel-quelle.de.

Hotel Berggarten, rustikales Hotel mit einfachen, modernen Zimmern, Sauna und Garten. Im *Restaurant* gibt es Thüringer Küche. EZ 48–55 €, DZ 75–90 € inkl. Frühstück. Inselbergstr. 59, Brotterode, ☎ 036840-3720, www. rennsteigwanderung.de.

**** Landhaus Talblick, die behaglichen Zimmer bieten allen Komfort. Wellness-Fans freuen sich über die schöne Sauna und den Spa-Bereich. Das *Restaurant Gourmetstüberl* verwöhnt mit gehobener Küche. DZ 125–205 € inkl. Frühstück. Bergweg 6, Trusetal, OT Elmenthal, ☎ 036840-81684, www.wellnesshotel-talblick.de.

Ferienhäuser „Rennsteighütten" und „Finnhäuser", viel Holz gibt den in der Natur stehenden 80–100 m² großen Hütten mit drei Etagen einen urigen Touch. Bis zu 6 Pers. können narin übernachten. Die Hütten bieten Küche, Aufenthaltsraum, Du/WC, Mehrbettschlafraum, Heizung, TV und Radio. 45–100 € pro Tag. Buchungen über Gästeinformation, Bad Vilbeler Platz 4, Brotterode-Trusetal, ☎ 036840-3333, www.tourismus.brotterode-trusetal.de.

Herberge Großer Inselsberg, preiswerte Unterkunft auf dem Inselsberg für Schulklassen, Rennsteigwanderer, Mountainbiker und Familien. Übernachtung pro Pers. 22 €, Jugendliche 17,50 €, Frühstück 6 €, Halb- und Vollpension erhältlich. Petra und Jens-Uwe Schaal, Inselsbergstr. 126, ☎ 036259-159870, ☎ 0152-31706519, www.herberge-inselsberg.de.

Berggasthof Stöhr, auf dem großen Inselsberg. In der gemütlichen Gaststube und auf der großen Panoramaterrasse kann man bei gepflegter Thüringer Küche und einem reichen Kuchen- und Eisangebot die Aussicht genießen. Di–So 10–18 Uhr, Mo Ruhetag. ☎ 036840-32 425, www.berggasthof-stoehr.de.

Bad Liebenstein

Das Heilbad am nordwestlichen Rand des Thüringer Waldes setzt auf Kur und Kultur. Einen Besuch wert ist das Residenzschloss Altenstein.

Die Ortsgeschichte reicht weit zurück. Die *Burg Liebenstein,* deren Ruine hoch über der Stadt thront, wird im 14. Jh. erstmals urkundlich erwähnt. Und der *Glasbachgrund bei Steinach* wurde am 4. Mai 1521 zum Schauplatz einer spektakulären „Entführung". Der Überfall auf eine Reisegruppe galt dem geächteten Wittenberger Professor Martin Luther, der hier auf seiner Rückreise vom Wormser Reichstag im Auftrag seines Gönners Kurfürst Friedrich dem Weisen in Schutzhaft genommen und auf die Wartburg gebracht wurde. An der historischen Stelle steht heute ein Lutherdenkmal.

Eine Quelle in der einstigen Siedlung, der „Sauerbrunnen", entpuppte sich bald als sehr gesundheitsfördernd. Unter den Meininger Herzögen, an die das Land 1677 fiel, wurde Liebenstein zum schicken Badeort ausgebaut. Auf Georg II. geht der Umbau von *Schloss Altenstein* sowie die Errichtung der *Villa Georg* in der Art eines englischen Landhauses und der *Villa Feodora* im Schweizerhausstil zurück.

Thüringens ältestes Heilbad war der größte Herzkurort der DDR. Heute zählt die mit diversen Ortsteilen 8000 Einwohner zählende Kommune die meisten Übernachtungen aller Thüringischen Heilbäder. Neben Wandelhalle, Kurtheater und Kurpark gibt es viel Natur und schöne Sehenswürdigkeiten zu genießen. Das spätbarocke *Schloss Glücksbrunn* und sein Park im Ortsteil Schweina sind heute im Privatbesitz. Im Ortsteil *Steinbach* kann man eine außergewöhnlich prächtige Barockkirche sowie den steilsten Bergfriedhof Deutschlands bewundern.

Sehenswertes

Schloss und Park Altenstein: Als Sommerresidenz im Stil der englischen Spätrenaissance ließen sich die Meininger Herzöge das Schloss Altenstein

Der Thüringer Wald → Karte S. 60

bauen. Nicht nur das wunderschöne Schlösschen, auch der 160 Hektar große Landschaftspark sind eine beliebte Touristenattraktion. Das Schloss geht zurück auf die Burg „Der Stein" aus dem 6. Jh., die ab Mitte des 14. Jh. den Thüringer Landgrafen, später den Wettinern gehörte. 1733 wurde die Burg bei einem Brand zerstört. Der Meininger Herzog Anton Ulrich ließ drei Jahre später ein Barockgebäude errichten. Sein Sohn, der „Theaterherzog" Georg II., ließ das Schloss schließlich im Neorenaissancestil mit geschwungenen Giebeln, Obelisk-Aufsätzen, halbrunden Erkern und aufstrebenden Fenster-Rahmungen umgestalten. Die historische Innenausstattung des Baus fiel 1982 einem Band zum Opfer und wird nun Stück für Stück saniert. Ratschläge für die Anlage des Parks gab der in Bad Liebenstein zur Kur weilende *Fürst Hermann von Pückler-Muskau*, die der Weimarer Hofgärtner Eduard Petzold in die Tat umsetzte. Auch der Generaldirektor der königlichen Gärten Preußens, *Peter Joseph Lenné*, hinterließ hier seine Handschrift. Heute sieht man ornamental angelegte Blumenbeete, aber auch die mit Denkmälern und Wegen strukturierte englische Landschafts-

gärtnerei. Zur Parkarchitektur gehören die Ritterkapelle, der „Blumenkorb" aus Sandstein, die Teufelsbrücke, das Chinesische Häuschen und ein künstlicher Wasserfall mit Sennhütte.

▪ Park frei zugänglich, Führung 4 € (nach Anmeldung: ☎ 036961-33401). Die Brahms-Gedenkstätte im Schloss ist im Rahmen einer Führung (7 €) zu sehen. ☎ 036961-734118, www.thueringerschloesser.de.

Altensteiner Höhle: Einblick in ein 258 Millionen Jahre altes tropisches Riff erhält man in der Altensteiner Höhle, die man von Schweina aus an der Straße zu Schloss Altenstein erreicht. Die 1799 entdeckte Höhle ist mit fast 2 km Länge die längste Höhle Thüringens. Zu den Funden gehören wirbellose Riff-Fossilien des Perm und Knochen des Höhlenbären Ursus spelaeus. Etwa 330 m sind für Besucher erschlossen. Im so genannten Dom finden regelmäßig Konzerte statt. Beim Rundgang durch schmale Gänge und hohe Hallen sieht man auch einen unterirdischen See und zahlreiche Tropfsteine.

▪ Führungen: April bis Okt. Do + So 10 und 14 Uhr, Nov. bis März Do + So 14 Uhr. 5 €. Altensteiner Str. 5, Schweina, ☎ 036961-69320, www.bad-liebenstein.de.

Schloss Altenstein ist von einem herrlichen Park umgeben

Praktische Infos

Information **Touristinformation,** Mo–Sa 10–18 Uhr, So 13–18 Uhr. Herzog-Georg-Str. 16, 36448 Bad Liebenstein, ☎ 036961-69 320, www.bad-liebenstein.de.

Verbindungen Guter Anschluss mit Bussen von/nach Eisenach und Bad Salzungen sowie in die umliegenden Orte des Thüringer Waldes, www.vgwak.de.

Auto-Rennsport Wer sich fragt, warum am Glasbach die Leitplanken verdoppelt sind, der wird im Juli schlauer: Zum **Glasbach-Rennen** zieht es alljährlich die europäische Elite des Bergrennsports und der beschauliche Thüringer Wald erbebt unter dem Dröhnen der Boliden. 5,5 km, 35 Kurven, 260 Höhenmeter sind zu bewältigen. Bis zu 30.000 Zuschauer verfolgen das Rennen an der Strecke, www.glasbachrennen.de.

Baden Im kürzlich sanierten **Biobad Schweina** schwimmt man in pflanzengefiltertem Wasser ohne Chlor. Kisseler Str. 68.

Bibliothek Die **Stadt- und Kurbibliothek** im „Palais Weimar" verfügt über rund 30.000 Medien. Mo 10–12, Di 10–12 und 14–17, Do 14–17, Fr 10–12 und 15–18 Uhr. Herzog-Georg-Str. 64, www.bad-liebenstein.de.

Heilquelle Die Bad Liebensteiner Quelle ist kohlensäurereich (Calcium-Chlorid-Hydrogencarbonat-Säuerling) und wird als Trinkkur bei Calcium- und Eisenmangel angewendet. Das aus 165 m Tiefe sprudelnde Wasser wird zur Behandlung von Herzerkrankungen und bei Bluthochdruck angewendet.

Theater Auch in Bad Liebenstein wollten die Meininger Herzöge nicht auf Theater verzichten. So ließ Georg I. im Jahr 1800 ein „Komödienhaus" errichten, in dem wechselnde Schauspieltruppen für die adeligen und gut betuchten bürgerlichen Kurgäste spielten. Heute sorgt ein Förderverein für ein buntes Programm mit namhaften Ensembles und Solokünstlern. Herzog-Georg-Str. 66, Karten gibt es bei der Touristinformation: ☎ 036961-69320, Spielplan: www.bad-liebenstein.de/comoedienhaus.

Tierpark 200 Tiere vom Affen bis zum Zwergflamingo, von der Echse bis zum Känguru beherbergt der kleine Tierpark im Elisabethpark. Sommer 9–18 Uhr, Winter 9–17 Uhr. Erw. 6 €, Kind 3 €. ☎ 036961-33865, www.tierpark-bad-liebenstein.de.

Veranstaltungen Im August steigt im Kurpark der **„Sommer auf Bali"** mit abwechslungsreichem Programm. Die **Steinbacher Kirmes** lockt im Oktober viele Gäste aus nah und fern nach Steinbach. Ein einzigartiger Brauch in Deutschland ist der **„Fackelbrand auf dem Antoniusberg"** am Heiligen Abend. Mit dem **„Winterfeuer auf dem Bock"** feiert man in Steinach am 30. Dezember den Jahresabschluss.

Wandern Auf dem aussichtsreichen **Fröbel-Rundwanderweg** (8,5 km, Start und Ziel Hotel Fröbelhof) rund um Bad Liebenstein kann man in Erinnerung an das Wirken des Pädagogen **Friedrich Fröbel** verschiedene Gedenkorte (Fröbelgrab, Fröbel-Zimmer, Fröbelsruh) sowie Schloss Altenstein und Park (weitere 3 km) erkunden. Über die „Rennsteig-Leiter" erreicht man von Schweina aus nach 7,1 km mit ansteigender Wegstrecke den Fernwanderweg **Rennsteig.**

Der **Lutherweg** verläuft durch den Glasbachgrund nach Steinbach, führt über Schloss Altenstein nach Schweina und setzt sich dann in Richtung Hohe Sonne–Eisenach fort.

Wellness und Kur Schwimmbad, Sauna, Fitness, Salzgrotte, Trinkkur, Physiotherapie, Wellness – all das steht im Kurhaus Bad Liebenstein jedermann und jederfrau mit und ohne Rezept zur Verfügung. Mo–Fr 8–20.30, Sa/So 14–20.30 Uhr. Esplanade 7a, www.kurhaus-badliebenstein.de.

Übernachten ****** Kulturhotel Kaiserhof,** klassizistisches Haus im historischen Kurviertel mit großen, komfortablen Zimmern. Großzügiger Wellnessbereich vom Cleopatrabad bis zur Sauna. Im *Restaurant* genießt man feine, kreative Gerichte zu gehobenen Preisen. EZ ab 70 €, DZ ab 80 € inkl. Frühstück. Esplanade 9, ☎ 036961-73370, www.kulturhotel-kaiserhof.de.

**** Hotel Herzog Georg, direkt im historischen Stadtkern des altehrwürdigen Badeortes. Die Zimmer sind großzügig und gediegen, für Allergiker liegt spezielle Bettwäsche bereit. Im *Restaurant* sitzt man mit Blick auf die Kurpromenade. EZ ab 66,50 €, DZ ab 89 € inkl. Frühstück und Sauna. Parken in der Tiefgarage 12 €. Herzog-Georg-Str. 36, ☎ 036991-550, www.hotel-herzog-georg.de.

Hotel Kapelle, das einstige Kurhaus für Bischöfe und katholische Schwestern ist seit 2007 in privater Hand und wurde umfangreich renoviert. Heute ist es ein gemütliches kleines Hotel mit freundlichem Service für Kurgäste, Pilger und Familien. EZ 59 €, DZ 90 € inkl. Frühstück. Wiserweg 3, ☎ 036961-69060, www.hotel-kapelle.de.

Der Thüringer Wald → Karte S. 60

mein Tipp **Hotel Villa Rossek,** die 1906 im Jugendstil erbaute Villa dient seit jeher als Pension. Die heutigen Besitzer machten nach umfangreicher Sanierung aus dem Haus ein Schmuckkästchen, die liebevoll eingerichteten Zimmer sind nach Brahms, Bach, Bechstein, Fröbel und Herzog Georg benannt. Im Frühstückshaus im Garten beginnt der Tag mit Eiern vom Bauernhof, selbst gemachter Marmelade, Kräutern aus dem Garten und vielem Gutem mehr. EZ ab 50 €, DZ ab 80 € inkl. Frühstück. Parkstr. 19, ☏ 036991-69592, www.villa-rossek.de.

Wohnmobile Zehn Stellplätze mit Wasser und Strom an der Villa Georg, Friedensallee 12, ☏ 036961-33400, www.villa-georg.de.

Essen & Trinken Brasserie in der alten Kirche, 20 verschiedene Elsässer Flammkuchen von herzhaft bis fruchtig-süß kommen in mediterranem Ambiente auf den Teller. Auf der Karte stehen aber auch „Thüringer Bruzzelfleisch", „Pariser Frühstück", Elsässer Wurst-Käse-Salat und Vegetarisches. Mo–Sa 15–19 Uhr. Wiserweg 3, www.brasserie-bad-liebenstein.de.

Wirtshaus Mausefalle, in dem urigen Wirtshaus isst man preiswert und gut vom Rostbrätel bis zu mediterranen Speisen. Das „Räuberessen" mit Federvieh, Schweinshaxe, Kaninchen, Klößen und süffigem Bier versetzt mit Musik und Gaudium in die Zeit des Mittelalters (auf Vorbestellung). Mi–So ab 17 Uhr. Unterm Sandberg 25, ☏ 036961-72358, www.wirtshaus-mausefalle.de.

Chausseehaus Zur Einnahme, aus frischen Produkten der Region zaubert die Küche Thüringer Gerichte und internationale Spezialitäten von Pizza über Steak bis Burger, die in der gemütlichen Gaststube und auf der großzügigen Terrasse serviert werden. Mo–Fr 11–23, Sa/So 11–24 Uhr. Herzog-Georg-Str. 10, ☏ 036 91-72408, www.chausseehaus-zur-einnahme.de.

Restaurant Villa 39, hier kommen Fischliebhaber auf ihre Kosten. In der offenen Küche werden aus regionalen Produkten Köstlichkeiten aus aller Welt auf asiatische, mediterrane oder deftige Art zubereitet und als Drei-Gänge-Menü kredenzt, auch vegetarisch. Do–Sa 18–22 Uhr. Herzog-Georg-Str. 39, ☏ 036961-69560, www.villa39.de.

Café Olga, frisch gebackene Waffeln gibt es hier in einer Vielfalt, dass die Wahl schwerfällt: süß mit Eis, Sahne oder Waldbeeren, herzhaft mit Quark, Käse oder Schinken. Esplanade 3, ☏ 036961-72542, www.pension-cafe-olga.de.

Café Villa Georg, die Villa in der Nähe des Elisabethparks ließ Herzog Georg II. 1872 bauen. Heute verwöhnt das Café mit Wiener Kaffee- und Kuchenspezialitäten sowie deftiger Küche. Do–So ab 14 Uhr. Friedensallee 12, ☏ 036961-33400, www.villa-georg.de.

Eiscafé Polarstern, die Vielfalt leckerer Eissorten und wunderbarer Eisbecher lockt Gäste aus der ganzen Region. Am Wochenende ist viel los. Tägl. 11–19 Uhr. Herzog-Georg-Str. 8, ☏ 036961-33247, www.zumpolarstern.de.

Ruhla

Fährt man von Bad Liebenstein in nördlicher Richtung auf die Höhen des Thüringer Waldes, erreicht man nach 12 km das kleine Ruhla. Hier bauten die so genannten „Waldschmiede", die Bergleute, Köhler und Schmelzer zugleich waren, schon im 12. und 13. Jh. Eisenerz ab und schmiedeten Blankwaffen. Ab 1530 blühte in der Siedlung das Messerschmiedehandwerk. 1772 wurde in Ruhla der Massemeerschaum, auch „Rühler Meerschaum" genannt, erfunden, der für die Herstellung von Tabakspfeifen verwendet wurde. Mitte des 18. Jh. sorgten die Entdeckung von Mineralquellen und der Bau eines Badehauses für regen Badebetrieb. Im 19. Jh. erlebte die Pfeifenindustrie ihren Aufschwung, die im 20. Jh. von der Kleinmetallindustrie und dem Uhrmacherhandwerk abgelöst wurde. Die wunderschön geschnitzten Meerschaumpfeifen sind im Heimatmuseum zu bewundern.

Orts- und Tabakspfeifenmuseum: In dem historischen Fachwerkhaus von 1613 in der Ortsmitte gibt es Einblick in die handwerkliche und industrielle Entwicklung Ruhlas vom Mittelalter bis in die Neuzeit. Das Waffenschmiedehandwerk und das Tabakspfeifengewerbe stehen im Mittelpunkt. Sehenswert ist die Sammlung von über hundert Pfeifen aus Holz, Ton, Porzellan und Meerschaum.

■ April bis Nov. Di–So 14–17 Uhr, Eintritt 3 €. Obere Lindenstr. 29/31, ☏ 036929-89014, www.ruhla.de.

Thüringen im Miniaturformat

Freizeitpark Mini-a-thür: Wer sich einen Überblick über Thüringen verschaffen möchte, findet in Ruhla eine große kleine Attraktion. Die Wartburg, das Gothaer Schloss Friedenstein, das Meininger Theater, Goethes Gartenhaus, die Dornburger Schlösser und alle anderen wichtigen Sehenswürdigkeiten Thüringens sind hier in einem 18.000 m² großen Waldgarten versammelt – als getreue Nachbauten im Maßstab 1:25. Einer enthusiastischen Idee folgte viel Detailarbeit, um die bislang rund hundert Modelle nachzubauen – vom Dachziegel bis zur Rocaille-Verzierung, von der Inschrift bis zur passenden Ausstattung mit Figuren. 1999 wurde der Park eröffnet, jedes Jahr kommen weitere Modelle hinzu. „Mini-a-thür" lädt zum Staunen und Flanieren ein, und die Kinder haben Spaß auf dem Spielplatz, auf der Kindereisenbahn und an der Modellbootanlage.

▪ Ende März bis 4. Okt. tägl. 10–18 Uhr, 5. Okt. bis 1. Nov. tägl. 10–17 Uhr. Erw. 9 €, Kind 6 €, Familientarife. Karolinenstr. 46, Ruhla, ☎ 036929-60904, www.mini-a-thuer.de.

Sommerrodelbahn: Gleich neben dem Freizeitpark Mini-a-thür können Klein und Groß auf der Sommerrodelbahn Ruhla ihren Mut zeigen. Erst wird man mit seinem Schlitten gemütlich bergan gezogen, dann geht es in Kurven fast 1 km lang rasant talwärts. Die schienengeführten Schlitten erlauben Spitzengeschwindigkeiten bis zu 40 Stundenkilometer, je nach Bremsverhalten.

▪ 9. April bis 5. Okt. tägl. 10–18 Uhr, 6. Okt. bis 2. Nov. tägl. 10–17 Uhr (witterungsabhängig). Erw. 4 €, Kind 3 €. ☎ 036929-60904, Geschwister-Scholl-Str. 32, www.sommerrodelbahn-ruhla.de.

Information Naturpark- und Touristinformation, Mo/Fr 10–16, Di–Do 9–16 Uhr. Neuer Markt 1, Ruhla, ☎ 036929-89013, www.ruhla.de.

Verbindungen Ruhla ist stündlich mit dem Bus von Eisenach aus sowie ein- bis zweistündig ab Bad Liebenstein erreichbar. Fahrplan: www.vgwak.de.

Wandern Rund um Ruhla bieten sich in der Natur des Thüringer Waldes viele Wanderungen von 2 km bis 30 km Länge an. Informationen in der Touristinfo und unter www.ruhla.de.

Der Thüringer Wald → Karte S. 60

Übernachten/Essen   Waldgasthaus & Rennsteighotel Hubertushaus, 2 km außerhalb von Ruhla. Hier genießt man den Thüringer Wald, und in den gemütlichen Zimmern mit viel Holz betten sich nicht nur Rennsteigwanderer zur Ruhe. Im rustikalen *Restaurant* oder im schönen *Biergarten* wird Thüringer Küche aus frischen, regionalen Zutaten und täglich frisch gebackener Kuchen serviert (Mo ab 15, Di–So 11–22 Uhr). EZ 50 €, DZ ab 70 € inkl. Frühstück, Ascherbrück 1, Ruhla, ✆ 036 929-746580, www.hubertushaus-ruhla.de.

*Mein*Tipp **Zur schönen Aussicht,** das beliebte Ausflugslokal hoch über Ruhla macht seinem Namen mit einem herrlichen Biergarten Ehre. Serviert werden deftige Küche und hausgemachte Kuchen zu günstigen Preisen. Spezialität ist das knusprige Kutscherbrot, gefüllt mit Sahnegeschnetzeltem. Kinder lieben den kleinen Tierpark mit Tieren von Pfau bis Lama. Sa–Mi 14-20 Uhr. Am Reuter 25, Ruhla, ✆ 036929-63483, www.schoene-aussicht-ruhla.de.

Am Nordrand des Thüringer Waldes

An der Bundesstraße B 88 und in den Tälern des nordwestlichen Thüringer Waldes findet man mehrere kleinere Orte, die sich mit ihrer touristischen Infrastruktur als Ausgangspunkt für Aktivitäten im Thüringer Wald empfehlen.

Der Inselsberg lockt Aussichtshungrige und bietet abwechslungsreiche Möglichkeiten für Outdoor-Erlebnisse von Wandern über Downhill bis Skifahren (✆ 036 259-51278, www.tabarz.de). Im Sommer sind von allen Orten aus zahlreiche Wanderrouten und Nordic-Walking-Strecken im Thüringer Wald zu erreichen. Rund um Friedrichroda gibt es zwölf klassifizierte Terrainwanderwege mit unterschiedlichem Schwierigkeitsgrad. Der **Benediktinerpfad** (15 km) ist ein Rundwanderweg, der die Orte Friedrichroda, Reinhardtsbrunn, Waltershausen und Bad Tabarz verbindet (www.friedrich roda.info/tourismus). Der **Lutherweg** führt von Gotha über Friedrichroda nach Georgenthal (www.lutherweg.de).

Pedalritter können sich auf zahlreichen Touren mit unterschiedlichen Schwierigkeitsgraden vergnügen. Anspruchsvoll ist die 22 km lange Cross-Triathlon-Strecke für Mountainbiker zwischen Friedrichroda und Finsterbergen, mit einer Höhendifferenz von 287 m (www.friedrichroda.info/tourismus). Auch wer interessante Wellnessangebote sucht und sich mit Kneipp-Anwendungen fit halten möchte, ist hier richtig.

Kletterer können sich nicht nur im Kletterwald Tabarz austoben. Der **Falkenstein** in der Nähe von Tambach-Dietharz ist mit imposanten 96 m der höchste freistehende Kletterfelsen Thüringens (Bergwacht Tambach-Dietharz, ✆ 0178-5240671).

Verbindungen   Bahn: Die Thüringerwaldbahn verkehrt regelmäßig zwischen Gotha und der Endhaltestelle Tabarz mit Haltestellen u. a. in Waltershausen, Reinhardsbrunn und Friedrichroda, www.waldbahn-gotha.de. Waltershausen und Friedrichroda ist mit der Südthüringenbahn erreichbar, www.sued-thueringen-bahn.de.

Bus: Alle Orte sind auch mit regionalen Bussen regelmäßig erreichbar, www.vmt-thueringen.de. Übernachtungsgäste mit Kurkarte reisen in der Region kostenlos.

Bad Tabarz

Die 4000-Einwohner-Gemeinde zwischen Großem Inselsberg und Gotha, seit 2001 anerkannter Kneipp-Kurort, war schon im 19. Jh. für ihre gute Luft berühmt und so verbrachte unter anderen der Psychiater und Schriftsteller *Heinrich Hoffmann*, der Vater des „Struwwelpeter", zwischen 1884 und

1894 seine Sommerfrische in Tabarz. In Erinnerung an den berühmten Gast richtete die Gemeinde den *Struwwel-peter-Park* im Lauchagrund ein, in dem die Figuren aus Hoffmanns Geschichten als bunte Figurengruppen zu sehen sind. In Schauvorführungen kann man das heute fast ganz verschwundene Tabarzer Pfeifenmacherhandwerk kennenlernen.

Information **Touristinformation Bad Tabarz**, Mo–Fr 10–12.30 und 13–17, Sa 10–14 Uhr. Lauchagrundstr. 12a, ☎ 036259-5600, www.tabarz.de/touristinfo.

Baden Das **Erlebnisbad Tabbs** bietet Badespaß auf 1400 m² Wasserfläche mit 25-m-Sportbecken, Erlebnis- und Kinderbecken sowie Freibadbereich. Diverse Attraktionen wie Turbo-Rutsche, Strömungskanal und Whirlpools sind ebenso vorhanden wie eine großzügige Saunalandschaft. Es gibt ein großes Fitnessstudio, ein Therapie- und Reha-Zentrum sowie einen Wellnessbereich. Schwimmbad So–Mi 9–21, Do–Sa 9–22 Uhr. Schwimmbadweg 10, ☎ 036259-67340, www.tabbs.de.

Klettern Im **Kletterwald Tabarz** schwingen sich Schwindelfreie von Baum zu Baum. Wer mag, darf auch mit Bobbycar oder BMX-Rad durch die Baumkronen düsen. Geöffnet März bis Nov. je nach Witterung, in der Hauptsaison tägl. 9.30–19.30 Uhr. Am Datenberg, ☎ 036259-189834, www.kletterwald-tabarz.de.

Kneipp Wasser, Bewegung, Ernährung, Heilpflanzen, Lebensgestaltung – auf diesen fünf Säulen ruht die Kneipp'sche Lehre. Als Kneipp-Kurort bietet Bad Tabarz ambulante und stationäre Rehabilitationsverfahren. In der Kuranlage Arenarisquelle findet man Tret- und Armbadebecken sowie einen Barfußpfad.

Pfeifenmacherei An den historischen Maschinen der **Pfeifenmacherei am Inselsberg** wird die Herstellung von Pfeifen demonstriert. Auestr. 9, Bad Tabarz, ☎ 01512-8070118, www.pfeifenmacherei-am-inselsberg.de.

Übernachten ****** Hotel zur Post**, zentral gelegenes Haus mit modernen Komfortzimmern. Das stilvolle *Restaurant* serviert Thüringer Spezialitäten. In der *Kellerbar Zur Postmarie* gibt es jeden Samstag Livemusik oder Diskothek. Das Hotel bietet Wellness- und Beauty-Behandlungen an. EZ ab 69 €, DZ ab 96 € inkl. Frühstück. Lauchagrundstr. 16, Bad Tabarz, ☎ 036259-6660, www.hotel-tabarz.de.

**** Hotel Frauenberger, privat geführtes Haus direkt am Waldrand, hier übernachteten schon das schwedische Königspaar und andere Prominenz. Die gemütlichen Zimmer im Landhausstil bieten allen Komfort. Schönes Schwimmbad mit Sauna sowie Wellnessanwendungen. EZ 65–82 €, DZ 99–135 € inkl. Frühstück. Max-Alvary-Str. 11, Bad Tabarz, ☎ 036259-5220, www.hotel-frauenberger.de.

Essen & Trinken **Schwanenrestaurant**, das mehrfach ausgezeichnete Restaurant des Hotels Frauenberger sorgt für feine Geschmackserlebnisse, die vorwiegend mediterran orientierte Küche zaubert Köstlichkeiten wie Kalbstafelspitz auf Pfifferlingsrisotto oder vegetarische Bärlauch-Ziegenfrischkäse-Ravioli auf die Teller. Gehobene Preise. Tägl. 18–22 Uhr. Max-Alvary-Str. 11, Bad Tabarz, ☎ 036259-5220, www.hotel-frauenberger.de.

Restaurant Felsenthal, in der rustikalen Gaststube und auf der schönen Außenterrasse wird leckere Thüringer Küche wie Brätel oder Rouladen mit Klößen serviert. Di ab 17, Mi–So ab 11.30 Uhr. Reinhardsbrunner Str. 12, Bad Tabarz, ☎ 036259-30951, www.felsenthal.de.

Friedrichroda

Zwirnspinnereien und Karpfenzucht machten Friedrichroda einst bekannt. An einer wichtigen Passstraße durch den Thüringer Wald gelegen, leisteten hier Fuhrmannsunternehmen die wichtigen Vorspanndienste für die steile Auffahrt auf die Berge. Das 1085 von Ludwig dem Springer gegründete Reinhardsbrunner Kloster diente lange Zeit als Grablege der Landgrafen von Thüringen, war aber im 15. Jh. weitgehend verfallen. Auf den Ruinen erbauten die Herzöge von Sachsen-Coburg und Gotha im 19. Jh. das *Schloss Reinhardsbrunn* im neugotischen Stil und umgaben es mit einem großen Park. Park und Schloss sind leider zurzeit nicht zu besichtigen. In DDR-Zeiten wurde Friedrichroda – neben dem Ostseebad Kühlungsborn das zweitgrößte Erholungszentrum des Landes – vom Tourismus überrollt. Die großen Bettenburgen mit ihrem „ostalgischen" Charme sind geblieben und werden heute modern

Der Thüringer Wald → Karte S. 60

geführt, der Besuch in dem staatlich anerkannten Luftkurort mit seinen 7600 Einwohnern hat sich auf ein verträgliches Maß eingependelt. Aktivitäten von Wandern bis Wellness stehen im Vordergrund.

Marienglashöhle: Der Besuch gibt einen Einblick in die Bergbaugeschichte rund um Friedrichroda. Von 1778 bis 1903 wurde hier Gips abgebaut. In den Grotten der Stollen bildeten sich bis zu 90 cm lange Gipskristalle, die zum Schmuck von Marienbildern verwendet wurden. So entstand der Name „Marienglas". Die 45-minütige Führung führt über gut gehbare Wege und 100 Treppenstufen. Die Temperatur in der Höhle beträgt ganzjährig etwa acht bis zehn Grad Celsius.

▪ April bis Okt. 10–17 Uhr, Nov. bis März 10–16 Uhr, Eintritt 7,50 €. Parkplatz an der B 88 Friedrichroda–Tabarz. Haltestelle „Marienglashöhle" der Thüringerwaldbahn. ☎ 03623-311667, www. marienglashoehle-friedrichroda.de.

Information **Touristinformation Friedrichroda,** Mo–Do 9–17, Fr 9–18, Sa 9–12 Uhr. Hauptstr. 55, ☎ 03623-33200, www.friedrichroda.de.

Baden Das schöne **beheizte Freibad** in Finsterbergen begeistert mit seiner Riesenrutsche vor allem Kinder. Juni bis Aug. Tägl. 10–19 Uhr. Friedrichrodaer Weg. ☎ 03623-306217, www.stadtbetriebe-friedrichroda.de.

Heilwasser Der **Ludowingerquelle Friedrichroda** entspringt ein fluoridhaltiges Calcium-Natrium-Magnesium-Sulfat-Chlorid-Wasser, das dem Körper wichtige Mineralien zuführt. Je ein Trinkbrunnen befindet sich im Kurpark, im Friedenspark und auf dem Kirchplatz Friedrichroda. Jeweils geöffnet 10–18 Uhr.

Theater und Kultur Bei Schwänken und Kloßgerichten wird man im **Thüringer Kloß-Theater** Friedrichroda umfassend unterhalten. Regelmäßige Gastspiele zum Beispiel des Kabaretts „Leipziger Pfeffermühle" ergänzen das Programm. Hauptstr. 4, Friedrichroda, ☎ 03623-307306, www.klosstheater.de.

Übernachten **★★★★ H+ Hotel & Spa Friedrichroda,** beliebtes Wellnesshotel mit großzügigem Schwimm- und Saunabereich sowie umfangreichem Sportprogramm. Die hel-

len, freundlichen Zimmer gibt es in verschiedenen Größen und meist mit Blick auf den Thüringer Wald. EZ ab 75 €, DZ ab 90 € inkl. Frühstück. Burchardtsweg 1, Friedrichroda, ☎ 03623-3520, www.hplus-friedrichroda.de.

★★★ Ferien Hotel Rennsteigblick, in ruhiger Lage im beschaulichen Finsterbergen mit herrlichem Blick über den Thüringer Wald. Modern eingerichtete Zimmer, Sauna, Wellnessbereich und Fitnessraum. EZ 45–60 €, DZ 80–105 € inkl. Frühstück. Kurhausstr. 12, Friedrichroda, Ortsteil Finsterbergen, ☎ 03623-31950, www. rennsteig.travdo-hotels.de.

Hotel Gasthaus Zur Linde, privat geführtes Haus im Zentrum von Finsterbergen. Vermietet werden zwölf Zimmer im modernen Landhausstil. DZ als EZ ab 45 €, DZ 65 € inkl. Frühstück. Rennsteigstr. 30, Friedrichroda, Ortsteil Finsterbergen, ☎ 03623-306592, www.zur-linde-hotel.de.

Essen & Trinken **Restaurant & Café Waldschlösschen,** weit gereist ist Konditor Matthias Kühmel, um den Geheimnissen internationaler Kuchen- und Torten-Kunst auf die Spur zu kommen. Sein Topfenkuchen mit Himbeeren ist in Wien beheimatet, der Stachelbeerkokoskuchen hat karibischen Einschlag und der ofenfrische Mohnkuchen kommt – natürlich – aus Thüringen. Aus Rimini stammt das Rezept für das hausgemachte Eis. Im Restaurant gibt es leckere regionale Frischeküche nach Saison. Café 14–18 Uhr, Restaurant 11–14 und 18–20 Uhr (Mo + Do Ruhetag). Grund 4, Friedrichroda, ☎ 03623-304355, www.waldschloesschen.de.

Waltershausen

Auf einem Hügel über der 11.000-Einwohner-Stadt thront *Schloss Tenneberg.* Es schützte einst die Stadt an der Kreuzung der Salzstraße zwischen Salzungen und Erfurt sowie zwischen Eisenach und Saalfeld. Das Schloss diente den Herzögen von Sachsen, Coburg und Gotha als Residenz und wurde im Lauf der Jahrhunderte zu einem Schmuckstück ausgebaut. Sehenswert ist der Festsaal mit einem wunderbaren Deckengemälde des Hofmalers Johann Heinrich Ritter. Das *Heimatmuseum* mit seiner großen Puppenausstellung erinnert an den wichtigsten Industriezweig der Stadt. 1816 wurde mit der Herstellung von Puppenköpfen aus Papiermaché begonnen, im Jahr 1904 wurden Waltershäuser Puppen auf der Weltausstellung in St. Louis mit dem „Großen Preis" ausgezeichnet. In der Stadt lohnt ein Blick auf das *Marktplatzensemble* mit der *Stadtkirche Zur Gotteshilfe*. Der 1719 nach Plänen des sächsisch-gotischen Baudirektors von Plobsheim begonnene barocke Zentralkirchenbau gilt in Grundriss und Bauausführung als Vorläufer der Dresdener Frauenkirche. Die von Tobias Heinrich Trost geschaffene gewaltige *Orgel* ist eines der größten und bedeutendsten Instrumente der Bach-Zeit.

Im *Ortsteil Schnepfenthal* gründete der Reformpädagoge Christian Gotthilf Salzmann eine Schule zur Erziehung nach den Grundsätzen des Philanthropismus. Auf dem von dem Begründer einer bürgerlichen Leibes- und Sporterziehung Johann Christoph Friedrich GutsMuths angelegten historischen Turnplatz im Wald üben sich die Salzmann-Schüler bis heute im „Traditionsturnen".

■ **Schloss Tenneberg:** April bis Okt. Mi–So 10–17 Uhr, Nov./Dez. und Febr./März Mi–So 10–16 Uhr, Eintritt 5 €. **Stadtkirche:** Tägl. 10.30–12.30 und 14.30–16.30 Uhr. www.waltershausen.de.

Information **Stadtinformation Waltershausen,** Mo–Do 9–12, Mo/Mi 13–15, Di 13–18, Do 13–17, Fr 9–13 Uhr. Brauhausgasse 2, ℘ 03622-630113, www.waltershausen.de.

Theater und Kultur Auf der idyllischen **Bergbühne Fischbach** gibt es von Mai bis September Open-Air-Veranstaltungen mit Musik-Shows und Theater. www.waltershausen.de/bergbuehne-fischbach/veranstaltungen.html.

Mein Tipp **Essen & Trinken** **Landgasthof Zur Tanne,** in der zünftigen Gaststube und im schönen Biergarten kommt Deftiges aus meist regionalen Zutaten auf den Tisch. Die Schweine stammen aus eigener Zucht, die Fleisch- und Wurstwaren werden in eigener Metzgerei hergestellt. Gasthof Mi–So 11–23 Uhr. Zudem kann man komfortabel in gemütlichen *Zimmern* übernachten. EZ 45 €, DZ 80 € inkl. Früh-

Die Stadtkirche in Waltershausen

stück. Cumbacher Str. 1, Waltershausen, Ortsteil Schnepfenthal, ℘ 03622-69005, www.zurtanne.de.

Ohrdruf

Die größte Sehenswürdigkeit von Ohrdruf, das *Renaissanceschloss Ehrenstein,* wurde 2013 bei einem Großbrand stark beschädigt. Nach umfangreicher Sanierung soll das auf Resten einer fränkischen Wasserburg von 531 und einem Kloster aus dem 11. Jh. von den Grafen von Gleichen errichtete Schloss wieder als Kleinod erstrahlen. Ab 2020, so der Plan, soll das Schloss mit vier Ausstellungsthemen von Geologie bis J. S. Bach wieder öffnen. Denn in dem 5000-Einwohner-Städtchen wandelt man auf den Spuren von *Johann Sebastian Bach.* Nach Ohrdruf zog Bach nach dem Tod seiner Eltern als Zehnjähriger. Sein Bruder Johann Christoph war Organist an der St. Michaelis-Kirche und unterrichtete Johann Sebastian in den Tasteninstrumenten und im Orgelspiel. Kaum war Bachs Leidenschaft für die Musik geweckt, schuf er schon erste Kompositionen, von denen einige in der Abschrift des „Ohrdrufer Choralbuchs" erhalten geblieben sind.

Der Thüringer Wald → Karte S. 60

Technisches Denkmal Tobiashammer:
Eine vor mehr als 500 Jahren erbaute,
wasserradbetriebene Schmiedeanlage an
der Straße Richtung Oberhof ist das
Ziel von Technikbegeisterten. Im Tobiashammer wurden Eisen- und Kupfer-
produkte geschmiedet, von der Sense
bis zum Schwert, vom Topf bis zur Kes-
selpauke. In der Schauanlage sind fünf
funktionstüchtige Fallhämmer, ein
Walzwerk, Poch- und Schleifwerke sowie Glutöfen zu sehen. Vier Wasserrä-
der, die von der Ohra angetrieben werden, lassen die Hämmer niedersausen.
Zudem ist hier eine der größten Dampf-
maschinen Europas zu bestaunen: die
1920 gebaute Zwillings-Tandem-
Reversier-Großdampfmaschine mit
einer Leistung von 12.000 PS aus der
Maxhütte Unterwellenborn. Sie wird
bei Führungen in Aktion gezeigt.

▪ Mi–So 10–16 Uhr, Eintritt 8 €. Suhler Str. 34,
📞 03624-402792, www.tobiashammer.de.

Information Touristinformation Ohr-
druf, Suhler Str. 5c, 📞 03624-317949, www.
ohrdruf.de.

Wanderung 4: Zum Röllchen und Falkenstein bei Tambach-Dietharz
→ S. 397
Lange, meist einfache Rundwanderung zu Natursehenswürdigkei-
ten wie der Röllchen-Klamm und dem Falkenstein

Ilmenau

Goethe, Technologie, Natur – mit diesen drei Facetten wirbt die
Stadt. Am Nordrand des Thüringer Waldes auf 500 m Höhe gelegen, profitiert Ilmenau von einem föhnartigen Phänomen: Weil sich
die Wolken hier gern auflösen, erweist sich der Kinderreim „In Ilmenau ist der Himmel blau" an vielen Tagen als wahr.

Bergstadt, Kurort, Industriestadt – Ilmenau trug in seiner Geschichte schon
viele Beinamen. Inzwischen steht auf
dem Ortsschild ganz offiziell „Universitätsstadt": An der Technischen Universität studieren gut 6200 junge Leute.
Hochtechnologie wie Nano-Enginee-
ring und „biomedizinische Assistenz-
systeme" werden an der zweitgrößten
Universität Thüringens ausgetüftelt,
also Serviceroboter zur Unterstützung
des Menschen. Gemeinhin gilt Ilmenau
aber weiterhin auch als Goethestadt –
immerhin kam der Weimarer Geheimrat 28 Mal und lobte die Stadt und ihre
Umgebung voll Überschwang. 1273
wird Ilmenau erstmals urkundlich erwähnt, es war Hennebergischer Besitz
bis ins 16. Jh., gehörte dann Sachsen
bzw. ab 1661 zu Sachsen-Weimar.

Im Süden Ilmenaus türmen sich die
Berge des Thüringer Waldes auf. Nach
Norden und Osten neigt sich die Landschaft und geht in ein sanftes Hügelland über. Durch Ilmenau fließt die Ilm,
deren Tal sich bis hinter Weimar
erstreckt. Im Südosten führt die Ilmtal-
brücke vorbei, eine Eisenbahnüberfüh-
rung der ICE-Strecke Ebensfeld–Erfurt
und mit 1681 m Thüringens längste
Brücke. Nördlich der Stadt führt die
Autobahn A 71 vorbei. Das historische
Zentrum der 26.000-Einwohner-Stadt
(mit Eingemeindungen 37.000) liegt
tatsächlich zentral, während sich im
Norden und Süden Plattenbauten breit-

gemacht haben. Im Südwesten erinnert das so genannte *Kurviertel* mit schönen Jugendstilhäusern an die kurze Zeit Ilmenaus als Kurstadt. Zur Naherholung dienen die *Ilmenauer Teiche* östlich des Bahnhofs.

Sehenswertes

GoetheStadtMuseum: Vor dem ehemaligen Amtshaus sitzt Goethe auf einer Bank – als Bronze-Skulptur, geschaffen 1996 von Klaus Glutting. Goethe ist der Themenschwerpunkt des regionalgeschichtlichen Museums im Amtshaus. Während seiner 28 Ilmenauer Aufenthalte wohnte er in der ersten Etage in einer Wohnung, in der auch sein Dienstherr Carl August gelegentlich abstieg. Im ehemaligen herzoglichen Wohnraum macht originales Mobiliar aus der Goethezeit die Wohnatmosphäre eines Salons lebendig. Der Naturlyrik, zu der Ilmenau Goethe inspirierte, ist ein eigener Raum gewidmet. Aber auch seine Amtstätigkeit und seine naturwissenschaftlichen Erkenntnisse (Farbenlehre, Lichtbrechung) werden thematisiert. Die Ausstellung informiert auch über den Kupfer- und Silberbergbau, die Porzellanherstellung und die technische Glasindustrie der Stadt. Zudem gibt es regelmäßig Sonderausstellungen.

■ Di–So 10–17 Uhr, Eintritt 3 €. Am Markt 7, ☎ 03677-600321, www.ilmenau.de.

Altstadt: Das barocke Amtshaus und das Rathaus bilden den historischen Rahmen des *Marktplatzes*. Das Renaissance-Portal des Rathauses hat mehrere Brände überlebt. An einer Mauerecke am Rathaus ist ein „Pranger" dargestellt, um an die frühere Gerichtsbarkeit zu erinnern. Die Herrschaft der Henneberger ist im Hennebrunnen von 1732 thematisiert. Nordöstlich des Marktplatzes findet man Reste einer Wasserburg aus dem 14. Jh. Geht man die Marktstraße hinunter, trifft man bald auf *St. Jakobus*, die Ilmenauer Stadtkirche. Auf Resten aus dem 12./13. Jh. wurde hier um 1500 eine spätgotische Hallenkirche errichtet, die von 1603 bis 1624 einige Renaissanceanbauten erhielt. Nach dem Stadtbrand von 1752 wurde die Kirche im Stil des Spätbarock wiederaufgebaut. Um die Stadt vor weiteren Feuersbrünsten zu

Der Thüringer Wald → Karte S. 60

Im Amtshaus in Ilmenau lebte Goethe bei seinen dienstlichen Besuchen

„Über allen Gipfeln ist Ruh" – Goethe in Ilmenau

„Ilmenau hat mir viel Zeit, Mühe und Geld gekostet, dafür habe ich aber auch etwas gelernt und mir eine Anschauung der Natur erworben, die ich um keinen Preis umtauschen möchte." So lautet das Resümee des 75-jährigen Johann Wolfgang von Goethe. Erstmals kam der junge Goethe am 3. Mai 1776 als persönlicher Referent von Weimars Herzog Carl August nach Ilmenau. Er sollte die Umtriebe von Straußenräubern und ein schweres Brandunglück aufklären. Meist in offizieller Mission, gerne aber auch, um sich zu erholen, weilte Goethe hier insgesamt 28-mal, 220 Tage, so haben Heimathistoriker ausgerechnet. Bei diesen Besuchen standen immer lange Wanderungen auf dem Programm. Von seinen beglückenden Naturerlebnissen schrieb Goethe an seine Freundin Freifrau Charlotte von Stein, und an seinen Herzog gerichtet schwärmt er davon in dem 191 Verse langen Gedicht „Ilmenau" (1783): „Anmutig Tal! du immergrüner Hain! / Mein Herz begrüßt euch wieder auf das beste; / entfaltet mir die schwerbehangnen Äste, / nehmt freundlich mich in eure Schatten ein, / erquickt von euren Höhn, am Tag der Lieb und Lust, / mit frischer Luft und Balsam meine Brust! ..."

Inspiriert schrieb Goethe hier auch den vierten Akt seiner „Iphigenie", verfasste Briefe – und er zeichnete: unter anderem die „dampfenden Thäler" und den Hermannstein. In der dortigen Höhle überkam ihn die Sehnsucht an seine Charlotte. Mit Hammer und Meißel wollte er – einem Brief zufolge – ein Gedicht im Felsen hinterlassen (was er dann doch nicht tat). Erst um 1901 brachten Goethe-Verehrer die überlieferten Worte auf einer Eisengusstafel an der Höhle an: „Felsen sollten nicht Felsen und Wüsten Wüsten nicht bleiben; Drum stieg Amor herab, sieh und es lebte die Welt ...".

Zu Goethes Lieblingsort aber wurde das Holzhäuschen auf dem 861 m hohen Kickelhahn. Hier kamen ihm die Worte in den Sinn, die als „Wandrers Nachtlied" berühmt wurden. Mit dem Bleistift schrieb er sie am 7. September 1780 auf die blanken Holzbretter: „Über allen Gipfeln ist Ruh, / in allen Wipfeln spürest du / kaum einen Hauch. / Es schweigen die Vöglein im Walde; / Warte nur, balde / ruhest du auch." Im Jahr 1870 sorgten zwei durchnässte Wanderer, die in der Hütte Feuer machten, dafür, dass das Holzhäuschen mitsamt dem Originalmanuskript in Rauch aufging. Die heutige Hütte ist ein Nachbau von 1874. Goethes Gedicht ist darin in 15 Sprachen zu lesen.

schützen, taten bis ins 20. Jh. auf dem Turm der Jakobuskirche Türmer ihren Wachdienst. Die Walcker-Orgel von 1911 ist Thüringens zweitgrößte Orgel. Am *Kirchplatz* erinnert ein Luther-Kandelaber an den Reformator.

Wo an einem kleinen Platz vor der Apotheke die Fußgängerzone (Straße des Friedens) beginnt, trifft man mit der *Alten Posthalterei* auf ein Gebäude aus der Zeit des Historismus. Hier war die Poststation der Grafen von Thurn und Taxis untergebracht. Im *Sächsischen Hof* lebte und starb 1801/02 die von Goethe verehrte Sängerin und Schauspielerin Corona Schröter. *Am Eckhaus gegenüber* fallen die weißen Figuren einer Allegorie in den Blick: Merkuria hält schützend die Hand über die Geschäfte, während sie als Sinnbild der Hoffnung einen Anker hält.

Wendet man sich bei der Alten Posthalterei nach Osten, findet man am Ende der Friedrich-Hofmann-Straße eine *historische Thermometersäule* als Wahrzeichen der Glasindustrie. Ein paar Schritte weiter fand ein modernes Liquid-Chronometer seinen Platz, das mit dem wechselnden Wasserstand in drei Glasrohren die Zeit anzeigt. Am *Wetzlarer Platz* befindet sich die „Alte Försterei", ein Jägerhaus der einstigen Rokokoschlossanlage des Weimarer Herzogs Carl August. Geht man ab der Alten Posthalterei in westlicher Richtung durch die Fußgängerzone, findet man am Ende der Straße des Friedens links den Nachbau des einstigen *Gasthofs Zum Löwen*. Hier feierte der 82-jährige Goethe am 28. August 1831 seinen letzten Geburtstag. Die Ilmenauer huldigten ihm mit Bläsermusik, Ilmenauer Jungfrauen überreichten ihm einen Lorbeerkranz und Bergleute zogen mit Fackeln auf. In der Mitte des kleinen Platzes findet sich ein weiteres Ilmenauer Wahrzeichen: der *Ziegenbrunnen*. Der Bildhauer Volkmar Kühn schuf die Bronzeplastik mit dem umlaufenden Spruch „In Ilmenau da ist der Himmel blau, da tanzt der Ziegenbock mit seiner Frau". Die sich anschließende *Lindenstraße* wurde als Boulevard angelegt, um die Altstadt und das Kurviertel miteinander zu verbinden.

Kunst im öffentlichen Raum: Im Stadtbild fallen immer wieder moderne Kunstwerke ins Auge. Zur Förderung zeitgenössischer Kunst fand in den Jahren 2000, 2003 und 2005 der „Ilmenauer Kunstweg" statt. Von diesen jeweils einem Künstler gewidmeten Freilichtausstellungen wurden einige Skulpturen angekauft und dauerhaft in der Stadt aufgestellt. Am *Apothekerbrunnen* findet man zwei Bronzen von Volkmar Kühn eine sitzende Figur („Am Weg") und eine stehende Figur („Aufschauender"), die mit den Passanten in Dialog zu treten scheinen.

Wahrzeichen: der Ziegenbrunnen

Franziska Uhls „Metamorphose der Ilmenauer Linden" in der Lindenstraße war eine umstrittene Auseinandersetzung mit der Fällung einiger Bäume. Der Ring aus schwarz bemalten Baumstümpfen widerstand allerdings den Witterungseinflüssen nicht und musste entfernt werden. Dauerhaft ins Stadtbild integriert ist die „Innana", eine Sandsteinstele von Barbara Magdalena Neuhäuser. Kunst und Architektur verschmelzen am „Technologieterminal" am *Bahnhof Ilmenau*. An das historische Backsteingebäude wurden rechts und links farbig verglaste Bürogebäude angebaut, die heute von IT-Unternehmen genutzt werden. Auf dem Vorplatz wurde als Gewinner eines Gestaltungswettbewerbs die „Ilmenauer Transversale" von Gloria Mans aufgestellt, eine Doppelspirale aus Edelstahl.

■ Weitere Informationen zu den Kunstwerken: www.ilmenau.de.

Kickelhahn: Auf vielen Wegen erreicht man zu Fuß den 861 m hohen Ilmenauer Hausberg Kickelhahn. Die größte Sehenswürdigkeit ist das *Goethe-Häuschen* (→ Kastentext: „Über allen Gipfeln ist Ruh'"). Mit dem einsetzenden Kurbetrieb in der Stadt wuchs die Zahl der Besucher stetig. Auf Anregung der

Weimarer Großherzogin Maria Pawlowna wurde 1854 der 24 m hohe *Aussichtsturm* erbaut, den man über 107 Stufen erklimmen kann. Von oben hat man einen großartigen Blick über den Thüringer Wald, zum Inselsberg und zu den Drei Gleichen. Unweit des Gipfels ist das *Jagdhaus Gabelbach* zu besichtigen. Steinernes Relikt der prächtigen Hofjagden ist die *historische Jagdanlage* (am Goethewanderweg), von wo aus die Jagdgesellschaft einst im Pirschgang unter Holzabdeckungen das angelockte Wild anvisierte und schoss.

■ **Essen & Trinken** Berggasthaus Kickelhahn mit gutbürgerlicher Küche, ☎ 03677-202034, tägl. 10–18 Uhr.

Museum Jagdhaus Gabelbach: Das Jagdhaus wurde 1783 erbaut, es diente Herzog Carl August und seiner Jagdgesellschaft als Gästehaus. Goethe war hier oft zu Gast. Das Museum informiert über die Jagdgewohnheiten und das gesellige Leben des Weimarer Hofes. Unter dem Titel „Der Kickelhahn – Goethes Wald im Wandel" wird die Bedeutung und Funktion des Waldes von der Goethezeit bis heute dargestellt. Die Ausstellung „Goethe, die Natur und seine Ilmenauer Weggefährten" berichtet über Goethes Wirken in Il-

Im Jagdhaus Gabelbach traf sich der Weimarer Hof

menau. Im Mittelpunkt stehen „Wandrers Nachtlied" und andere in Ilmenau entstandene Gedichte und Zeichnungen.

■ April bis Okt. Di–So 10–17 Uhr, Nov. bis März 10–16 Uhr, Eintritt 3 €. Waldstr. 24, ☏ 03677-202626, www.ilmenau.de.

 Wanderung 5: Auf Goethes Spuren zum Kickelhahn bei Ilmenau → S. 400
An Auf- und Abstiegen reiche Waldwanderung mit Ausblicken über den Thüringer Wald und einigen Sehenswürdigkeiten

Praktische Infos → Karte S. 109

Information Ilmenau-Information, Di–Fr 10–18, Sa/So 10–17 Uhr. Im Amtshaus, Am Markt 1, 98693 Ilmenau, ☏ 03677-600300, www.ilmenau.de.

Verbindungen Bahn: Mit der Erfurter Bahn in stündlichem bis zweistündlichem Takt von Erfurt über Arnstadt nach Ilmenau und weiter nach Saalfeld, www.erfurter-bahn.de.

Bus: Mit den Regionalbussen von Omnibusverkehr Ilmenau erreicht man u. a. regelmäßig Arnstadt, Erfurt, den Rennsteig, Frauenwald, Suhl, Manebach, Stützerbach, Großbreitenbach, Gräfenroda, Gehren und Stadtilm. In Ilmenau selbst verkehren mehrere Buslinien: www.iov-ilmenau.de, www.bus-bahn-thueringen.de.

Baden Das **Freibad Hammergrund** lockt mit beheiztem 50-m-Becken, Erlebnisbecken, Sprungturm und Planschbecken. Die Attraktion ist eine 73 m lange Wasserrutsche. Es gibt Volleyball, Tischtennis und einen Kinderspielplatz. Mai/September 10–19 Uhr, Juni bis August 9–20 Uhr. Schleusinger Allee 13a, ☏ 036 77-894227. In der kalten Jahreszeit ist die **Schwimmhalle am Stollen** (Am Stollen 48, ☏ 03677-882030, www.ilmenau.de) geöffnet.

Downhill Am Abfahrtshang vom Lindenberg hinunter in das Gabelbachtal finden seit 1996 Downhillwettkämpfe statt.

Fahrradfahren Ilmenau liegt am **Ilmtal-Radweg** (123 km), der vom Rennsteig bis zur Saale führt (www.ilmtal-radweg.de). Im westlich gelegenen Elgersburg kann man in den **Gera-Radweg** (75 km) einsteigen, der über Erfurt bis Gebesee führt (www.gera-radweg.de). Überwiegend auf einer asphaltierten Strecke der früheren Bahntrasse fährt man auf dem stetig ansteigenden **Ilm-Rennsteig-Radweg** (21 km, ab Hauptbahnhof) von Ilmenau über die Hohe Tanne bis nach Großbreitenbach

oder Neustadt am Rennsteig. Dort findet man den Einstieg zum **Rennsteig-Radwanderweg** (200 km), www.ilmenau.de.

Fahrradservice Abe's Fahrradcenter, Unterpörlitzer Str. 33; **Siegfried Gigerenzer**, Karl-Liebknecht-Str. 2; **Rad Art**, Bahnhof.

Kino Mainstreamfilme in den **Linden Lichtspielen** Ilmenau, Tickets ☏ 03677-899177, Lindenstr. 20, www.kino-ilmenau.de.

Schaubergwerk Volle Rose Mit dem Grubenzug geht es in den historischen Talstollen „Volle Rose", wo man Einblick in den Flussspatbergbau der DDR-Zeit erhält. Ausstellung zur historischen Bergbautechnik und Feldbahnlokomotiven. April bis Nov. Di–Fr 9–16, Sa/So 10–18 Uhr, Eintritt 9 €. Schortestr. 57, ☏ 03677-899065, www.schaubergwerk-langewiesen.de.

Veranstaltungen Beim **Ilmenauer Töpfermarkt** Anfang Mai zeigen Kunsthandwerker und Künstler in der Lindenstraße ihre Produkte. Beim **Altstadtfest** Anfang Juni verwandelt sich die Innenstadt zu einer Festmeile mit Musik auf mehreren Bühnen. Das **Kickelhahnfest** in der letzen Augustwoche bietet Livemusik, Unterhaltung für Kinder und leckere Schmankerln (Tipp: Auf den Kickelhahn hinaufwandern oder Shuttlebus ab Homburger Platz benutzen).

Wandern Zahlreiche Wanderungen unterschiedlicher Länge bieten sich rund um Ilmenau an (www.ilmenau.de). Zu mehreren Sehenswürdigkeiten führt der **Kleine Goetheweg** (4,5 km, Markierung „2" in gelbem Ring); er verläuft vom Wanderparkplatz Kickelhahn zum Museum Jagdhaus Gabelbach über Kickelhahn, Goethehäuschen, großer Hermannstein und wieder zum Ausgangspunkt zurück. Der Thüringer **Goethe-Wanderweg** (19 km, Markierung „g" in Sütterlinschrift, Start am Amtshaus in Ilmenau) verbindet die Goethe-Wirkungsstätten Ilmenau, Manebach und Stützerbach. Unter dem Motto **„Von Bach zu Goethe"** (25 km,

Der Thüringer Wald → Karte S. 60

Markierung blauer Querstrich, Start am Amtshaus) wandert man von Ilmenau nach Arnstadt und genießt die Aussichten ins Tal der wilden Gera und ins Wipfratal. Zurück kommt man mit der Bahn.

Wintersport Bei guter Schneelage werden **Skiwanderwege** bis zur Schmücke gespurt. Alpine Abfahrtsmöglichkeiten gibt es am kleinen **Schlepplift am Lindenberg** im Gabelbachtal. Von Okt. bis April hat die **Eishalle Ilmenau** (Karl-Liebknecht-Str. 34) geöffnet. Die 460 m lange **Freizeit- und Rennschlittenbahn** mit acht Kurven dient nicht nur nationalen und internationalen Wettkämpfen, auch Urlauber können ihren Mut in der Eisrinne beweisen. Rennschlitten, Sturzhelm und Kleidung werden gestellt. Eine Fahrt 1 €. Steinstr. 61, ℡ 03677-202726, www.ilmenau.de.

Übernachten ** Berg- und Spa-Hotel Gabelbach 10**, im Gabelbachtal, in der Nähe des Museums Jagdhaus Gabelbach. Das mit Thüringer Schiefer verkleidete Hotel mit saniertem Altbau und harmonisch angefügten Neubau bietet komfortable, moderne Zimmer und Suiten. Großzügiger Saunabereich. EZ ab 84 €, DZ ab 122 € inkl. Frühstück, Sauna/Wellness für externe Gäste ab 16 €. Am Gabelbach 1, ℡ 03677-8600, www.hotel-gabelbach.de.

Hotel Tanne 6, gepflegtes Haus im Zentrum mit 115 modernen, komfortablen Zimmern. Platz fürs Auto ist in der Tiefgarage. EZ 65–80 €, DZ 88–105 € inkl. Frühstück. Lindenstr. 38, ℡ 03677-6590, www.hotel-tanne-thueringen.de.

Hotel Ilmenauer Hof 2, freundlich geführtes Haus mit über 50 modern eingerichteten komfortablen Zimmern. Garage und Stellplätze vorhanden. EZ 57 €, DZ 73 € inkl. Frühstück. Erfurter Str. 38, ℡ 03677-6892753, www.ilmenauer-hof.de.

Hotel garni am Kirchplatz 4, am Kirchplatz. Schick gestaltetes Haus mit modernen, ansprechenden Zimmern. Kostenlose Parkplätze, Shuttleservice und Lunchpakete ergänzen das Angebot. EZ ab 52 €, DZ ab 83 € inkl. Frühstück. Fachgarten 6, ℡ 03677-2081666, www.pension-am-kirchplatz.de.

Pension Teichmühle 7, im Ilmtal im Ortsteil Manebach. Die ruhig gelegene Pension ist ein idealer Ausgangspunkt für Wanderungen. Gemütliche Zimmer mit hellen Holzmöbeln und ein schöner Garten erwarten die Gäste. EZ 34–38 €, DZ 58–65 € inkl. Frühstück, Ferienwohnung 48 €. Schleusinger Str. 40, Manebach, ℡ 03677-894141, www.pension-teichmuehle.de.

Camping Campingplatz Meyersgrund 9, schöne Lage in einem Wiesengrund, es gibt Stellplätze für Caravans und Zelte. Viele Freizeiteinrichtungen von Lagerfeuerplatz bis Angelteich. Neue Sanitäranlagen, zum Duschen braucht man 50-Cent-Münzen. Stellplatz + 2 Pers. 22 €. Auch *Bungalows und Ferienhäuser*. Ganzjährig geöffnet. Schmücker Str. 91, Manebach, ℡ 036784-50636, www.meyersgrund.de.

Wohnmobile Vier Stellplätze mit Wasseranschluss und Abwasserstation auf dem Parkplatz an der Festhalle (Naumannstraße).

Essen & Trinken Restaurant im Berg- und Spa-Hotel Gabelbach 10, die Küche des Gourmetrestaurants zaubert internationale und Thüringische Leckereien je nach Saison; neben heimischem Wild, Lamm und Schafskäse kommen Wildkräuter und Pilze frisch aus den Wäldern auf den Tisch. Ebenfalls von höchster Güte: Steaks aus Oberweißbacher Rind und feine vegetarische Gerichte. Am Gabelbach 1, ℡ 03677-8600, www.hotel-gabelbach.de.

Gaststätte Zur Post 5, auch unter dem Namen „Nasse Post" bekannt. In der bodenständigen Gaststätte gibt es zu günstigen Preisen Thüringer Gerichte von Hausmacher-Sülze bis Grillhaxe, saisonale Spezialitäten und Kuchen. Am Wochenende ist es brechend voll, reservieren ist also ratsam. Mo–Fr ab 9 Uhr, Sa/So ab 11 Uhr. Mühltor 6, ℡ 03677-671027, www.nasse-post.de.

Restaurant Belcanto 6, das Restaurant im Hotel Tanne empfängt mit moderner Eleganz und kredenzt feine Thüringer und internationale Speisen zu gehobenen Preisen. Die vielen vegetarischen Gerichte können es mit den feinen Steaks und Pulled-Pork-Cheeseburgern locker aufnehmen. Tägl. 11.30–21.30 Uhr. Lindenstr. 38, ℡ 03677-6590, www.hotel-tanne-thueringen.de.

Restaurant Irodion 1, bei dem angesagten Griechen kann man sich durch die mediterrane Speiseauswahl schlemmen. Lecker sind die Lammhaxen aus dem Ofen oder Spezialitäten vom Lavasteingrill. Reservierung empfehlenswert. Mo–Do 17–23, Fr/Sa 11–14.30 und 17–24, So 11–23 Uhr. Erfurter Str. 38, ℡ 03677-461971, www.irodion-ilmenau.de.

Gasthaus Rodelklause 11, der Biergarten mit dem einzigartigen Ausblick wird gerne als „Balkon Ilmenaus" bezeichnet. In der urigen Gaststube geht es gemütlich zu. Die Thüringer Tradition, dass nur am Sonntag frische Klöße gekocht werden, pflegt das Haus bis heute. Sie schmecken dann zu Gänsebraten, Rouladen und Wildgerichten. So 12–15 Uhr. Steinstr. 61, ℡ 03677-884057, www.rodelklause.de.

Nachtleben
3 Café Bohne

Übernachten
2 Hotel Ilmenauer Hof
4 Hotel garni am Kirchplatz
6 Hotel Tanne
7 Pension Teichmühle
9 Campingplatz Meyersgrund
10 Berg- und Spahotel Gabelbach

Essen & Trinken
1 Restaurant Irodion
5 Gaststätte Zur Post
6 Restaurant Belcanto
8 Café Himmelblau
10 Berg- und Spahotel Gabelbach
11 Gasthaus Rodelklause

Café Himmelblau 8, am Ehrenberg in der Nähe des Uni-Campus. Die Gäste speisen im modernen Gastraum oder auf der Terrasse mit schöner Aussicht. Es gibt Kaffee, Kuchen und kleine warme Speisen. Von der Hand in den Mund schmeckt der Flammkuchen am besten. Ausgelöffelt werden Köstlichkeiten wie Rote Grütze und Eisbecher. Di–Fr 11.30–19.30, Sa 12–18, So 14–18 Uhr. Werner-v.-Siemens-Str. 1, ☎ 03677-204430, www.cafe-himmelblau.de.

Nachtleben Café Bohne 3, in dem Studentencafé gibt es am Donnerstag und Freitag Party und an Samstagen regelmäßig Live-Events. Di–Sa 20–3 Uhr. Weimarer Str. 9, ☎ 0179-9788290, www.cafe-bohne-ilmenau.de.

Stützerbach

Goethe, Kneipp und Glasproduktion – dafür ist der Luftkurort bekannt. Das raue, feuchte Klima bestimmte seit jeher das Leben im Tal der Lengwitz, dem Oberlauf der Ilm. Die 1400-Einwohner-Gemeinde ist nur 3 km vom Rennsteig entfernt, der die Grenze markierte zwischen den Ämtern Schleusin-

gen und Ilmenau. Auf diese Teilung des Ortes verweisen die Existenz zweier Kirchen und Friedhöfe.

Seit 1506 existiert „Stoczerbach", um 1570 wurde in einem herzoglichen Hof „in Stutzerbach" Pferdezucht betrieben, woran noch heute Flurnamen wie „Stutenhaus" und „Hengstwiese" erinnern. Um die Bergwerke von Ilmenau mit Wasser zu versorgen, wurden hier oben auf dem Hang des Thüringer Waldes so genannte „Wasserkünste" angelegt – Wassergräben, Teiche und mühlenartige Pumpwerke, die das Wasser vorantrieben. Durch Dammbrüche kam es immer wieder zu Schäden in Stützerbach, Manebach und Ilmenau. Glasmacher aus dem nahen Lauscha siedelten sich im 17. Jh. in Stützerbach an.

Entscheidend für die örtliche Wirtschaft war die Gründung einer Glashütte durch den Glasmacher Johann Holland und seinen Teilhaber Hans Greiner. Widerstandsfähige Rezepturen wurden hier ausprobiert und Glas entwickelt, aus denen Apparate wie Thermometer, Glühlampen und die erste Röntgenröhre (1896) hergestellt wurden. Auch Otto Schott, der Gründer der Jenaer Glaswerke, arbeitete 1879 mit der Stützerbacher Firma Greiner & Friedrichs an der Entwicklung des „feuerfesten" Glases. Kulturell bedeutsam für den Ort waren die Besuche Johann Wolfgang von Goethes. Und seit den 1950er-Jahren machte sich Stützerbach auch als Kneipp-Kurort einen Namen.

Goethemuseum: Zwischen 1776 und 1779 besuchte der junge Johann Wolfgang von Goethe Stützerbach an 15 Tagen. Nicht nur in amtlicher Mission war er unterwegs, vor allem genoss er die Jagdgesellschaften von Herzog Carl August. Gemeinsam tanzten sie im Gasthaus „Zum weißen Ross" mit den Bauernmädchen, deren Zauber Goethe 1776 so beschrieb: „Was weiß ich, was mir hier gefällt, / in dieser engen kleinen Welt, / mit leisem Zauberband mich hält!". Während seiner Besuche wohnte Goethe im „Gundelachschen Haus", in dem heute das Museum untergebracht ist. Zu besichtigen sind sein Wohn- und Arbeitszimmer, Schriften zu seinen geologischen Studien, Briefe und Zeichnungen sowie das so genannte „Goethezimmer". In Medienstationen ist nicht nur das erwähnte Gedicht, sondern auch die Dichtung „Ilmenau" zu hören – eine Liebeserklärung an Landschaft und Natur.

▪ Mi–So 10.30–15.30 Uhr (3 €). Sebastian-Kneipp-Str. 18, ☎ 036784-50277, www.stuetzerbach.de.

Heimat- und Glasmuseum: Das Heimatmuseum zeigt, wie sich Stützerbach vom Ort der Waldgewerbetreibenden zum Standort der Glasindustrie entwickelte. Anhand der Schaustücke wird erläutert, wie in Glashütte, Glasbläserei und Glasschleiferei gearbeitet wurde und wie epochale Innovationen wie die Glühbirne, die Thermoskanne und die Röntgenröhre entwickelt wurden.

▪ Mo–Fr 10–12 und 14–17 Uhr, Eintritt frei. Papiermühlenstr. 1, ☎ 036784-50211, www.stuetzerbach.de.

Information   Kurverwaltung & Gästeninformation, Mo–Fr 10–12 und 14–17 Uhr, Sa 10–12 Uhr. Papiermühlenstr. 1, 98694 Ilmenau, Ortsteil Stützerbach, ☎ 036784-50211, www.stuetzerbach.de.

Verbindungen Bahn: Mit dem Rennsteig-Shuttle der Erfurter Bahn gelangt man Sa und So von Erfurt über Ilmenau nach Stützerbach (und bis zur Endstation Bahnhof Rennsteig). Regelmäßige Verbindungen ab/bis Ilmenau.

Bus: Regelmäßige Fahrten mit dem IOV Omnibusverkehr nach Ilmenau, Suhl, Frauenwald und Vesser, www.iov-ilmenau.de.

Baden Wer kein Chlor mag, freut sich im **Naturbad Stützerbach** über das von Wiesen und Wald gesäumte Naturbecken mit reinem Quellwasser. Minigolf, Kinderspielplatz und Tischtennis vorhanden. Geöffnet Mai bis Sept. 10–19 Uhr. Taubachstraße, Stützerbach.

Fahrradfahren Von Stützerbach aus ist der **Rennsteig-Radwanderweg** (200 km) leicht erreichbar. Den Rennsteig mit der Saale verbindet der **Ilmtal-Radweg** (123 km, www.ilmtal-radweg.de).

Kneipp-Kur In Stützerbach sind ambulante **Kuren und Privatkuren** mit Kneipp-Anwendungen möglich. Eine Kneipp-Anlage mit Wassertretbecken und Armbädern befindet sich im Kurpark. Für Abwechslung sorgen Kräuterwanderungen, Kneippgesundheitstage, Kurkonzerte und Vorträge, www.stuetzerbach.de.

Kurbeitrag Pro Übernachtung wird ein Beitrag von 1,50 € erhoben. Die Gästekarte gewährt dann zahlreiche Vergünstigungen.

Wandern Das Terrainkurwegenetz in Stützerbach bietet Strecken mit unterschiedlichen Leistungsanforderungen. Der **Goethe-Wanderweg** (19 km, Markierung „g" in Sütterlinschrift) verbindet die Goethe-Stätten Stützerbach, Manebach und Ilmenau. Von Stützerbach aus ist der **Rennsteig-Weitwanderweg** (169,3 km) über eine „Rennsteig-Leiter" schnell erreicht.

Übernachten/Essen   Hotel & Gasthof am Park, das Hotel in dem historischen Haus des Glasindustriellen Franz Ferdinand Greiner liegt ruhig direkt am Kurpark mit Kneipp-Anlage. Hier findet man freundliche und geräumige Zimmer sowie Unterstellmöglichkeiten für Bikes.

Künftig sollen in einem Anbau auch Ferienwohnungen entstehen. EZ 38 €, DZ 66 € inkl. Frühstück. In der rustikalen *Gaststube* gibt es Thüringer Küche. Di–So 17–22 Uhr. F.-F.-Greiner-Str. 16, Stützerbach, ☏ 036784-529429, www.hotel-gasthof-thueringen.de.

Ferienwohnungen am Rennsteig, in den Ferienwohnungen der Familie Goldberg kann man es sich abends am knisternden Feuer gemütlich machen. Schöne Küchen, moderne Bäder und hübsch gestaltete Wohnräume laden zu längerem Aufenthalt ein. Wohnung 30–50 €/Nacht je nach Saison und Personenzahl. Oberstr. 19, Stützerbach, ☏ 036784-50661, www.ferien-goldberg.de.

Gasthof Zum Reifberg, in der typischen Dorfwirtschaft genießt man Thüringer Gastlichkeit. Grillhaxe, Perlhuhn und Roulade gibt es natürlich mit Thüringer Klößen. Spezialität des Hauses sind die „Kloßfrites". Tägl. 12–14 und 17-21, Do 17–20 Uhr. Dr.-G.-Barthels-Str. 23, Stützerbach, ☏ 036784-50390, www.gasthof-zumreifberg.de.

Restaurant Waldfrieden, die Gourmetküche bringt exquisite Gerichte aus frischen Zutaten auf den Teller. Eine Empfehlung ist das Filetsteak vom Charolais-Rind – oder das Lammkarree und frisch geräucherte Forellen. Feine Terrinen schmeicheln dem Gaumen, kreative Patisserie beschließt das Menü. Di–So ab 17 Uhr, So auch 11–14 Uhr. Goethweg 13, Stützerbach, ☏ 036784-50294, www.waldfrieden.jimdo.com.

Waldgasthaus Auerhahn, das beliebte Ausflugsrestaurant von 1819 wird seit 1837 von der Familie Eydam geführt. Bewirten ließ sich hier schon Goethe. Die gutbürgerliche, frisch zubereitete Küche bietet wechselnde Wochenangebote, die Klöße sind hausgemacht, das Wild stammt aus den umliegenden Wäldern. Mi–Fr 10–17, Sa/So 10–18 Uhr. Auerhahnstr. 50, Stützerbach, ☏ 036784-50214, www.waldgasthaus-auerhahn.de.

Paulinzella

Zwischen Ilmenau und Bad Blankenburg steht im engen, waldreichen Tal des Rottenbachs die Klosterruine Paulinzella. Der Ort verströmt zu jeder Jahreszeit ein besonderes Flair, egal, ob man bei einem Spaziergang die Reste des gewaltigen romanischen Kirchenbaus erkundet oder sie bei einem der

Sommerkonzerte oder Freiluftgottesdienste als Kulisse erlebt.

Die sächsische Adelige Paulina gründete das Kloster zwischen 1102 und 1105. Zwei Jahre später schloss sich die „Marienzelle" der Reformbewegung des Klosters Hirsau im Schwarzwald an, 1124 wurde die Klosterkirche geweiht. Bereits in der Reformationszeit verfiel der Bau und wurde zum Steinbruch für andere Gebäude. Im 18. und 19. Jh. wurde der verbliebene Bestand gesichert und in der Ruine ein Denkmal der romanischen Baukunst erkannt. Die einst dreischiffige, in Kreuzform angelegte Säulenbasilika entstand nach den Grundsätzen des Hirsauer Reformgedankens, wonach Liturgie und Bauform im Einklang stehen sollten.

Von der einstigen Pracht zeugen das prächtige romanische Portal der Vorhalle und das auf zwei Säulenreihen gestützte Langhaus. An der Stelle des früheren Altars steht heute der „Kreuzmensch", eine Skulptur des Künstlers Volkmar Kühn. Über die Kloster-, Forst- und Jagdgeschichte informiert eine Ausstellung im ehemaligen *Jagdschloss* der Grafen von Schwarzburg, das im Stil der Renaissance auf den Mauern des vormaligen Abtshauses errichtet wurde.

▪ Klosterruine eingeschränkt frei zugänglich. Kostenpflichtiger Parkplatz im Ort. Paulinzella 3, Rottenbach. Jagdschloss: April bis Okt. Mi–So 10–17 Uhr, Eintritt 4 €, www.thueringerschloesser.de.

Museumsbrauerei Schmitt, im Dörfchen Singen zwischen Ilmenau und Paulinzella existiert mit der Museumsbrauerei Schmitt die vermutlich kleinste Brauerei Thüringens. Hier wird das Bier wie eh und je gebraut. Eine Dampfmaschine treibt die Rührwerke und Würzepumpe an, die mit Quellwasser angesetzte Maische vergärt im Holzbottich. Seit 1976 steht die Brauerei unter Denkmalschutz. Der *Biergarten* zwischen zwei Teichen lädt zur Verkostung ein. Am Wochenende gibt es Bratwürste und Rostbrätl vom Grill. Di–So 10–19 Uhr. Brauereiweg 1, Ilmtal, Ortsteil Singen, ☏ 03629-802556, www.brauerei-schmitt.de.

Der Thüringer Wald → Karte S. 60

Thüringer Schiefer-gebirge und Saaletal

Das „Blaue Gold", also der hier geförderte Schiefer, prägt das Thüringer Schiefergebirge. Das Saaletal ist von herrlichen Burgen gesäumt. Das „Thüringer Meer" lockt mit Wassersport-Aktivitäten.

■ Wünsche fliegen lassen: in den Porzellanwelten → S. 144

■ In Moor baden: in der Therme Bad Lobenstein → S. 156

■ Orgelklang genießen: auf Schloss Burgk → S. 154

Trotz einheitlichem Fichtendickicht im Thüringer Mittelgebirge unterscheidet die Geografie zwischen Thüringer Wald und Thüringer Schiefergebirge. Wo die Fassaden der Häuser hinter einer grauen Schieferschicht verschwinden, also östlich einer Linie von Masserberg bis Großbreitenbach, ist man im Schiefergebirge angekommen. Charakterisiert ist die Landschaft von breiten Hochplateaus und tiefen Kerbtälern. Der Große Farmdenkopf (868 m) bei Goldisthal ist die höchste Erhebung. Zwischen Bad Lobenstein und Saalfeld beschreibt das Obere Saaletal mit seinen Talsperren einen großen Bogen, der den Naturraum sanft begrenzt. „Thüringer Meer" wird die 80 km lange Kette der Saalestauseen genannt, wo man baden, paddeln, segeln und surfen kann. In der Orla-Senke, die sich östlich der Saale ausbreitet, ragen charakteristische Zechsteinriffe aus der landwirtschaftlich geprägten Landschaft hervor. Südlich der Orla-Senke liegt in einem welligen Hügelland zwischen Plothen, Linda und Knau das „Land der tausend Teiche", ein Naturschutzgebiet und Vogelparadies.

Auf den Höhen des Thüringer Schiefergebirges liegt nicht selten bis ins Frühjahr hinein der Schnee und auch im Sommer ist das Wetter oft ungemütlich. Mildes Klima findet man in den geschützten Tallagen, vor allem im Saaletal. Beeindruckende Burgen und Schlösser wie Schloss Burgk, Schloss Heidecksburg und die Leuchtenburg ragen hier auf, eine so sehenswert wie die andere. Kultur und Natur sind in dieser Region eng miteinander verwoben. Schiefer, Glas, Porzellan, Wasserkraft – wie der Mensch die Schätze der Natur seit alters her nutzt, ist in Bergwerken, Werkstätten und technischen Denkmälern zu erleben.

Was anschauen?

Deutsches Spielzeugmuseum: Käthe-Kruse-Puppen, Teddybären und das riesige Panorama „Thüringer Kirmes" – im Spielzeugmuseum Sonneberg ist Spielen und Staunen angesagt. → S. 115

Glasbläserstadt Lauscha: Filigrane Pretiosen aus Glas vom Christbaumschmuck bis zur modernen Skulptur zeigen das Museum für Glaskunst sowie viele Kunsthandwerker in Lauscha. → S. 121

Saalfelder Feengrotten: Die schönste Höhle Thüringens verzaubert mit ihren farbigen Tropfsteinen und bietet ein besonderes Kinderprogramm. → S. 136

Schillerhaus Rudolstadt: Hier verliebte sich der Dichter in seine spätere Frau Charlotte und begegnete erstmals seinem Kollegen Goethe. → S. 141

Schloss Schwarzburg: Die im 16. Jh. begonnene fürstliche Sammlung historischer Waffen ist das Glanzlicht des geschichtsträchtigen Schlosses im Schwarzatal. → S. 129

Cranach-Altar: In der Stadtkirche St. Johannis in Neustadt an der Orla ist ein prachtvoller Altar des berühmten Wittenberger Malers Lucas Cranach d. Ä. zu sehen. → S. 149

Technisches Denkmal Schieferbergbau: In den Werksanlagen des einstigen Schieferbruchs in Lehesten wird gezeigt, wie die aus 70 Metern Tiefe geförderten Schieferplatten von Hand gespalten wurden. → S. 132

Was unternehmen?

Skisprung für jedermann: Wer sich traut, erlebt im Skiflyer in Steinach ganzjährig einen Skiflug von 150 m Länge. → S. 119

Fahrt mit der Oberweißbacher Bergbahn: Die 1919 gebaute Bergbahn überwindet alle 4 m einen Höhenmeter und bietet auf der atemberaubenden Gefällestrecke nicht nur Eisenbahnnostalgikern einen aussichtsreichen Spaß. → S. 127

Gold schürfen: Am Flüsschen Schwarza lassen sich mit etwas Glück Goldflitter aus dem Sediment waschen. → S. 130

Und was sonst?

Wintersport: Kilometerlange Loipen führen im Winter durch das Thüringer Schiefergebirge. Spaß für Alpinfahrer bringt die Skiarena Silbersattel in Steinach. → S. 118

Gestüt Meura: Pferdefans bekommen leuchtende Augen, denn auf den Weiden rund um den kleinen Ort Meura grasen über 300 Haflinger, die hier gezüchtet werden. Man kann reiten lernen oder bei Turnieren und Fohlenschauen Zaungast sein. → S. 126

Was schmeckt?

Karpfen mit Klößen: In den Plothener Teichen werden schmackhafte Karpfen gezüchtet, die auf Thüringer Art zubereitet und gerne auch mit Klößen verspeist werden. → S. 157

Thüringer Schiefergebirge
und Saaletal

6 km

Das Thüringer Schiefergebirge

Die raue Witterung oben am Kamm und an den regenreichen Hängen hat das Leben im Schiefergebirge geprägt. Vor Kälte und Nässe geschützt, hüllen sich die Häuser in ihre Schiefermäntel ein.

Unter harten Bedingungen trotzten die Wäldler als Holzbauern oder Köhler der Natur ihr Brot ab – bis sie entdeckten, mit welchen Reichtümern der Boden gesegnet war. Der *Abbau von Schiefer* erwies sich als einträglich. Das „blaue Gold", das hier seit über 400 Jahren gefördert wurde, war bald europaweit gefragt. Zu ebensolchen Exportschlagern entwickelten sich die *Puppenindustrie* und das Glas der *Lauschaer*

Glashütten. Heute kämpfen alle drei Industriezweige gegen die globale Konkurrenz. Doch als touristische Highlights der Region sind das Puppenmuseum Sonneberg, die Schauglasbläsereien in Lauscha und der Schieferpark in Lehesten ein Muss!

Wer im Thüringer Schiefergebirge unterwegs ist, darf sich auf landschaftliche Reize im Übermaß freuen. Der Rennsteig (→ S. 60) bietet Naturerlebnisse pur für Wanderer und Skifahrer. Das wildromantische Schwarzatal ist ein Eldorado für Angler und Goldwäscher. Sportliche Adrenalinjunkies finden ihren Kick bei Outdoor-Aktivitäten rund um Steinach. Gemütliche Gipfelstürmerei hingegen genießen Eisenbahnfans mit der legendären *Oberweißbacher Bergbahn*.

Sonneberg

Die 24.000-Einwohner-Stadt ist dem Frankenland zugewandt. Hinter ihr wirkt das steil ansteigende Thüringer Schiefergebirge wie eine Barriere. Nach Süden zu liegt Neustadt bei Coburg, mit dem die Sonneberger nicht nur die Mundart teilen.

Seit 1990 sind Sonneberg und Neustadt Partnerstädte und spielen auch bei lokalpolitischen und wirtschaftlichen Weichenstellungen harmonisch zusammen. So knüpft man an die historisch begründeten Gemeinsamkeiten und engen Familienbande an.

Sonneberg entwickelte sich im 19. Jh. zur *„Weltspielwarenstadt"*. Papiermaché war der Grundstoff der Puppen, deren Herstellung zumeist Familien in sozial und gesundheitlich prekärer Heimarbeit erledigten. Anfang des 20. Jh. wurde fast ein Drittel des internationalen Spielwarenhandels über Sonneberg abgewickelt. Auch der *Handel mit Glas* spielte in Sonneberg eine wichtige Rolle. Die Sonneberger Spielzeugverleger sorgten seit 1860 dafür, dass die in der nahen Glasmacherstadt Lauscha gefertigten Spielzeuge aus Glas und vor allem der Christbaumschmuck zu einträglichen Exportschlagern wurden. Nicht geringen Anteil daran hatte der US-amerikanische Handelsriese Woolworth, der den Absatz in den USA vorantrieb. Unter Astronomen war Sonneberg durch die von Cuno Hoffmeister gegründete *Sternwarte* bis in die 1960er-Jahre eine führende wissenschaftliche Einrichtung.

Altstadt: Das Bild ist geprägt von repräsentativen Stadtvillen aus der Gründerzeit, die nach und nach saniert werden, sowie den dazugehörigen Fabrikhallen. Zu den schönsten Häusern gehören die neugotische *Villa Amalie* neben dem Deutschen Spielzeugmuseum und die *Lindner-Villen im Stadtpark*. Nach dem Vorbild der Nürnberger Lorenzkirche entwarf Karl Alexander von Heideloff die 1845 erbaute neugotische *Stadtkirche St. Peter* (Kirchstraße). Von regionalgeschichtlicher Bedeutung ist das *Lutherhaus* (Lutherhausweg 19), in dem Luther zwar nie übernachtet hat, das aber an seine zahlreichen Aufenthalte in der Region erinnert.

Deutsches Spielzeugmuseum: Als Ausdruck der Bedeutung ihrer Stadt als weltweit führende Spielwarenstadt

Stadtkirche St. Peter in Sonneberg

Die berühmte „Thüringer Kirmes" im Deutschen Spielzeugmuseum

bauten die Sonneberger 1901 das Deutsche Spielzeugmuseum in neobarockem Stil. Es zeigt eine der wichtigen kulturhistorischen Spielwarensammlungen Deutschlands. Käthe-Kruse-Puppen und Zinnfiguren, Eisenbahn und Tretauto, Pittiplatsch und Teddybär – was Kindern früher und heute Freude bereitete, ist hier zu sehen. Zu den Besonderheiten gehören Sonneberger Holzspielwaren des 18. und 19. Jh., Figuren aus Brotteig und Papiermaché sowie Puppen aus Sonneberg und Thüringen. Wie Sonneberg bei den Weltausstellungen des 19. und beginnenden 20. Jh. für sich Werbung machte, kann man in den Schaustücken „Gulliver in Liliput" (1843/44) und der berühmten „Thüringer Kirmes" (1910) mit 76 lebensecht wirkenden Figuren nachvollziehen. Um alle Schätze vom altägyptischen und antiken Spielzeug bis heute gebührend zeigen zu können, wurde das Museum mit einem Neubau erweitert. Viele Spielmöglichkeiten für Kinder machen das Museum attraktiv.

■ Di–So 10–17 Uhr, Eintritt 6 €, Familie 12 €. Beethovenstr. 10, ☎ 03675-42263427, www.deutschesspielzeugmuseum.de.

Meeresaquarium Nautiland: Die Vielfalt exotischer Tiere zeigt die Unterwasser- und Exotenwelt dieses Meeresaquariums. Hundert Arten tropischer Fische, Seepferdchen, Raubmuränen, Reptilien und exotische Säugetiere sind in Aquarien und Terrarien zu sehen. Im 100.000-Liter-Haibecken ziehen sieben verschiedene Haiarten ihre Bahnen. Ein Zoo mit Streifenhörnchen und Riesenschildkröten gehört ebenso dazu wie ein Piratenspielzimmer und ein Urwald-Spielbereich.

■ Di–So 10–17 Uhr, Haifütterung Mi und So 15–15.30 Uhr, Eintritt 6,50 €. Marktplatz 2, ☎ 03675-427888, www.meeresaquarium-nautiland.de.

Information Touristinformation und Naturparkcenter, Mo–Do 9–17, Fr 9–15, Sa 9–12 Uhr. Bahnhofsplatz 3 (im Hauptbahnhof), 96515 Sonneberg, ☎ 03675-702711, www.sonneberg-tourismus.de.

Verbindungen Bahn: Regelmäßig Regionalzüge nach Coburg und Lichtenfels. Sonneberg ist auch mit dem Bayern-Ticket erreichbar. Im Regionalverkehr auch regelmäßig Züge der Südthüringen-Bahn nach Neuhaus am Rennweg, Eisfeld, Meiningen, Eisenach, Erfurt. www.bahn.de, www.sued-thueringen-bahn.de.

Bus: Die Omnibus Verkehrs Gesellschaft Sonneberg bietet Stadtbusverkehr mit mehreren Linien. Angebunden an Sonneberg ist auch Neustadt bei Coburg. Regionalbusse fahren regelmäßig u. a. nach Coburg, Kronach, Neuhaus am Rennweg, Schleusingen und Masserberg, www.ovg-son.de.

Baden Das **SonneBad Sonneberg** bietet Schwimmbad, Sauna und Eishalle. Das Bad verfügt über eine 25-m-Bahn, 54-m-Wasserrutsche, Strömungskanal und weitere Attraktionen. Geöffnet 15. Mai bis 15. Sept. 9–21 Uhr,

16. Sept. bis 14. Mai 9–22 Uhr; geschlossen Mitte bis Ende August, Sept. bis 14. Mai 9–22 Uhr. Wiesenstr. 18, ☎ 03675-4066660, www.sonnebad-sonneberg.de.

Das idyllisch gelegene **Freibad Baxenteich** bietet 50-m-Becken, Planschbecken, Volleyball, Tischtennis, Spielplatz und eine schöne Liegewiese. Anfang Juni bis Ende Aug. tägl. 9–19 Uhr, bei schlechtem Wetter geschlossen. Zollbrückenstr. 89, Sonneberg, OT Mürschnitz.

Fahrradfahren Nach Süden hin ist über die **Neustadt-Route** und weitere Radwege eine flache Anbindung an den **Main-Coburg-Radweg** und den **Iron-Curtain-Trail** gegeben. Ambitionierte Touren führen in den Thüringer Wald und zum Rennsteig. Die **Röthen-Route** (26,5 km) bietet eine landschaftlich reizvolle Verbindung ins Steinacher Fellberggebiet, www.sonneberg-tourismus.de.

Jazz Die legendären **Sonneberger Jazztage** finden seit über 30 Jahren im November statt. Zu Gast waren so renommierte Bigbands und berühmte Solokünstler wie Migthy „Flea" Conners, Chris Barber und Paul Kuhn. Eine ganze Woche lang gibt es Jazz von Dixie über Latin bis Gospel, www.son-jazz.de.

Tiergarten Erdmännchen, Polarfuchs, Uhu und hundert weitere Tiere kann man im **Tiergarten Sonneberg** im Ortsteil Neufang sehen. Vor allem Kinder werden von dem Tierpark mit Streichelzoo und Spielplatz begeistert sein. Eintritt 4,50 €, Kinder 2,50 €. März bis Dez. 9–17 Uhr, Jan./Feb. Wochenende 12–16 Uhr. Waldstraße, Sonneberg-Neufang, ☎ 0176-20308701, www.tiergarten-sonneberg.de.

Veranstaltungen Im **Gesellschaftshaus** gibt es Kulturangebote von klassischen Konzerten über Partys bis zu Theater und Kabarett. Charlottenstr. 5, ☎ 03675-702978, www.gesellschaftshaus-sonneberg.de.

Wandern Lange Wanderwege erschließen die Region um Sonneberg. Schöne Panoramablicke auf Sonneberg ermöglicht der **Rundwanderweg Sonneberg** (15 km, Markierung Teddy und Puppe). Eine Wanderung entlang des „Grünen Bandes", der ehemaligen innerdeutschen Grenze, ermöglicht die **Grenzlandtour** (8 km, Markierung gelber Punkt und Grenzpfahl) in der thüringisch-fränkischen Landschaft. Der **Weitwanderweg Grünes Band** führt auf 82 km durch den Landkreis Sonneberg (www.lkson.de). Die Streckenwanderung **Auf den Spuren des Schieferbergbaus** (20 km, Markierung gelber Punkt und ge-

kreuzte Hämmer) von Sonneberg nach Steinach führt vorbei an ehemaligen Wetzsteinbrüchen und Griffelschieferbrüchen, www.sonneberg-tourismus.de. Der **Lutherweg** (Markierung grünes L) führt von Coburg über Sonneberg nach Tettau (www.luherweg.de).

Übernachten/Essen **Spielzeug-Hotel garni Sonneberg,** zentral gelegen. Schon im Eingangsbereich begrüßen Puppen und Teddys den Gast, Wandgemälde sorgen für Ästhetik. Die 14 Doppelzimmer verteilen sich auf drei Etagen. Modernes Mobiliar und jeweils ein Motto – von Eisenbahn über Teddybär bis Puppe – charakterisieren die komfortablen Räume. EZ ab 69 €, DZ ab 89 € inkl. Frühstück. Wiesenstr. 4, ☎ 03675-4204999, www.spielzeughotel-sonneberg.de.

Hotel Schöne Aussicht, familiengeführtes Haus, die modernen Zimmer lassen es an nichts fehlen. Es gibt Serviceleistungen wie Gepäcktransport oder Transfer, Einstellmöglichkeit für Fahrräder sowie Werkzeug. Im *Restaurant* mit schöner Terrasse wird gutbürgerliche Küche serviert. Parkplätze vorhanden. EZ ab 55 €, DZ ab 80 € inkl. Frühstück. Schöne Aussicht 24, ☎ 03675-804040, www.hotelschoeneaussicht.de.

Gasthaus & Pension zur Hohen Sonne, schöne Pension im grünen Ortsteil Neufang, gemütliche Zimmer im Landhausstil. Die Thüringer Küche kann man in der rustikalen *Gaststube* mit Kamin oder im Biergarten genießen. EZ ab 35 €, DZ ab 55 € inkl. Frühstück. Waldstr. 6, Sonneberg, OT Neufang, ☎ 03675-703084, www.thueringen.info.

meinTipp **Berggasthof & Pension Block hütte,** Ausflugsgaststätte in herrlicher Lage oberhalb von Sonneberg, hier können sich Wanderer mit Thüringer Spezialitäten stärken. Aus der Region kommen Bratwurst, Brätel, Bier und andere Schmankerl. Sein Haupt kann man in gemütlichen *Zimmern* im Landhausstil zur Ruhe betten. EZ ab 53 €, DZ ab 73 €. Parkplätze vorhanden. Gaststätte: Mi/Do 11.30–20, Fr/Sa 11.30–24, So 10–17 Uhr. Waldstr. 60, Sonneberg, OT Neufang, ☎ 03675-702840, www.berggasthof-blockhuette.de.

Café Isis, das nette Café punktet mit wöchentlich wechselnden warmen Gerichten, es gibt Brunch und leckere Kuchenspezialitäten. Schönes Ambiente! So–Fr 8–18 Uhr. Bahnhofstr. 58, ☎ 03675-4274620.

Alter Fritz, urige Traditionsgaststätte mit farbigen Fenstern, Klavier, Jagdtrophäen und allerlei

Thüringer Schiefergebirge und Saaletal → Karte S. 114

Sammlerstücken. Deftige Bratengerichte gibt es mit Thüringer Klößen oder Serviettenkloß, aber auch Steaks kommen auf den Teller. Di–So 11–23 Uhr. Erholungsstr. 2, ✆ 03675-743264, www.alterfritzsonneberg.de.

Krug zum grünen Kranz, gemütliches Lokal in der Nähe des Spielwarenmuseums. Hier machen Schnitzel in diversen Variationen den Thüringer Spezialitäten Konkurrenz. Mi–Sa 17–24, So 10–14, 17–21 Uhr. Schöne Aussicht 1, ✆ 03675-702979, www.krug-zum-gruenen-kranz-sonneberg.de.

Café Metropol, schick, farbig und irgendwie amerikanisch. Mit seinem Lounge-Style ist das Metropol die Location, um bei Cocktails und Kuba-Sound den Abend ausklingen zu lassen. Di–Do 14–24, Fr/Sa 14–2, So 14–23 Uhr. Gustav-König-Str. 42, ✆ 03675-741512, www.cafe metropol.de.

Steinach

Schiefergriffel und Schiefertafeln im Wappen von Steinach erinnern an den Schieferabbau, der dem kleinen Ort im 19. Jh. das Überleben sicherte. Das Flüsschen Steinach, das dem Ort und dem engen Tal ihre Namen gab, zieht sich von Sonneberg bis Neuhaus am Rennweg. Die Steinacher Griffelschiefer wurden einst in die ganze Welt verkauft. Das **Deutsche Schiefermuseum** mit einer nachgebauten Griffelmacherhütte informiert anschaulich über die 400 Jahre alte Tradition der Griffelherstellung (Di–Sa 13–17, So 14–17 Uhr. Dr.-Max-Volk-Str. 21, ✆ 036762-33212).

Seit dem Mittelalter trieb das Wasser der Steinach die Hammerwerke an, mit deren Hilfe das hier geförderte Eisen geschmiedet wurde. Daneben sind namhafte Firmen der Spielwarenindustrie ansässig. Heute ist Steinach unter Sportlern und Adrenalinjunkies ein Geheimtipp. Die *Skiarena Silbersattel* auf dem 842 m hohen *Fellberg* ist in Thüringen die beste Adresse für alpinen Skisport. Im Skiflyer kann jedermann mit genügend Mumm die Faszination des Skispringens erleben.

Skiarena Silbersattel: Das Skigebiet auf dem schneesicheren Fellberg (842 m) bietet 4,5 km Pisten aller Schwierig-

Die Berge bei Steinach laden zum Skifahren und Wandern ein

keitsstufen. Eine Doppelsesselbahn, zwei Schlepplifte und ein Babylift befördern Ski- und Snowboardfahrer von 590 auf 840 m Höhe, von wo aus man gemächlich die Familienabfahrt fährt oder sportlich den Steilhang angeht. Schneekanonen und Flutlichtanlage optimieren die Bedingungen. Für Pistengaudi sorgen Schneebar und Kinderwelt. Loipen und Skiwanderwege ergänzen das Angebot. Im Sommer tummeln sich auf dem Terrain der Skiarena die Downhillfahrer. Der Sessellift befördert Bikes und Fahrer zum Gipfel, von wo diese dann talwärts rasen. Das „111-Meilen-Rennen" ist ein beliebtes Event. Neu ist der Verleih von Mountaincarts.

▪ Dez. bis März tägl. 9.30 bis 16.30 Uhr, bei Flutlicht bis 20 Uhr. Info-Telefon 036762-288 822. Parken an der Skiarena 3 €, am Marktplatz 5 €; ab Marktplatz kostenloser Pendelbus. Bikepark: April bis Okt. Sa/So 10–17 Uhr. Dr.-Max-Volk-Str. 21, www.thueringen-alpin.de.

Skiflyer: Das einzigartige Erlebnis Skispringen wird jedermann ganzjährig im Skiflyer des Outdoor-Parks ermöglicht. Mit Sprungskiern an den Füßen, gesichert durch modernste Ausrüstung, düst man die 10 m lange Sprungschanze hinunter, drückt sich ab und erlebt einen Flug von 150 m Länge. Nach dem Flug wird der endorphinbeflügelte Springer mithilfe des Sicherungsseils sanft auf den Boden der Tatsachen zurückgeholt.

▪ Skiflug ab 48 €. Einzeltermine unter ✆ 0700-77007711, www.rennsteig-outdoor-center.com.

Hochseilgarten: Spaß und Nervenkitzel bietet der Hochseilgarten oberhalb des Fellbergstadions. In 11 m Höhe können Kletterbegeisterte einen Parcours mit 18 verschiedenen Herausforderungen einzeln oder als Partnerübungen meistern. Der Niedrigseilparcours eignet sich für Familien.

▪ Halber Tag 49 €, ganzer Tag 79 €, www.rennsteig-outdoor-center.com (✆ 0700-77007711).

Information Touristinformation, Mo 9–12 und 13–16.30, Di–Fr 9–12 und 13–17, Sa (im Schiefermuseum) 13–17 Uhr. Dr.-Max-Volk-Str. 21, 96523 Steinach, ✆ 036762-34813, www.steinach-thueringen.de.

Verbindungen Bahn: Regelmäßig Regionalzüge nach Sonneberg und Neuhaus/R. mit der Südthüringen-Bahn, www.sued-thueringen-bahn.de.

Bus: Regelmäßig Fahrten ab Sonneberg und Neuhaus am Rennweg mit der OVG Sonneberg, www.ovg-son.de.

Einkaufen Seit 110 Jahren werden in der Firma **Marolin** Figuren aus Papiermaché gefertigt. Osterhasen, Krippenfiguren, Weihnachtsmänner, Gartenzwerge und andere Figuren sind im Werksverkauf erhältlich. Mo–Fr 9–18 Uhr. Räumstr. 35, ✆ 036762-32310, www.marolin.de.

Übernachten/Essen **Sporthotel Outdoor-Inn,** zentral in Steinach, in einer früheren Spielzeugfabrik. Das Hotel hat sich auf die Bedürfnisse von Sportlern eingestellt; die entsprechend gestylten Zimmer gibt es in verschiedenen Größen, vom Einzel- und Doppelzimmer bis zum Familien- und Gruppenzimmer. Das Haus bietet u. a. Sauna und Tischtennis. Outdoor-Aktivitäten in Steinach und Thüringen werden vermittelt. EZ 55–78 €, DZ 80–127 € inkl. Frühstück. Am Bahnhof 6, ✆ 036762-299970, www.outdoor-inn.de.

Bergvilla, in ruhiger Lage am Silbersattel. Übernachten kann man in neu gestalteten, komfortablen Zimmern. Im schönen Spa gibt es Sauna, Kneipp- und Wellnessangebote. Loipen, Alpinskihang und Wanderwege sind schnell erreichbar. Das *Restaurant* (18–20 Uhr) serviert regionale und internationale Gerichte, auch vegetarisch. EZ ab 53 €, DZ ab 106 € inkl. Frühstück. Straße zum Silbersattel 5, ✆ 036762-294134, www.berghotel-silbersattel.de.

Brauerei Ankerbräu, seit 1736 wird das Steinacher „Ankerla" gebraut, heute stellt die kleine Brauerei auch verschiedene Craft-Biere her. Wer nach dem Genuss sagt: „Da könnte ich mich glatt reinlegen ...", bitte sehr: Seit neustem darf man mitten im Sudhaus im Sprudelbad aus naturtrübem Ankerla Dunkel relaxen. Das Bad, stilecht im alten Holzfass, regt die Durchblutung an. Die Brauerei vermietet zudem vier rustikale, komfortable Ferienwohnungen (ab 84 €). Steinbächlein 6a, ✆ 036762-31251, www.ankerla.de.

Thüringer Schiefergebirge und Saaletal → Karte S. 114

Grauer Schiefer prägt die Häuser in Lauscha

Lauscha

Das Städtchen im oberen Steinachtal, dessen schiefergraue Häuser sich bis zum Rennsteig hinaufziehen, hat ein feuriges Herz. Denn Holz und Sand gibt es hier reichlich, und diese Rohstoffe machten den Ort interessant für die Herstellung von Glas.

Der Besuch einer Schauvorführung gehört zu den Highlights eines Thüringen-Urlaubs. Und mit einer Glasprinzessin macht die Glasbläserstadt (3400 Einwohner) für sich Werbung. Die Ortsgründung geht auf das Jahr 1597 zurück. Damals gewährte Herzog Johann Casimir von Sachsen-Coburg den Glasmachern Hans Greiner und Christoph Müller die Erlaubnis für den Bau einer Glashütte. Aus dem hier erschmolzenen grünlichen „Waldglas" fertigen sie dann Gebrauchsglas wie Butzenscheiben, Trinkgläser und Apothekerglas.

Rund um die „Dorfglashütte" und ihre Nachfolger entwickelte sich das Glasmacherdorf Lauscha, in dem nahezu jeder Einwohner vom Schachtelmacher bis zum Glasbläser in irgendeiner Weise mit Glas sein Brot verdiente. Bereits um 1685 entwickelten die Lauschaer ein blasenfreies Kristallglas sowie Farbgläser, die nördlich der Alpen die Konkurrenz mit dem venezianischen Glas aufnehmen konnten. Um 1800 machten wirtschaftliche Schwierigkeiten der Glashütten und steigende Einwohnerzahlen ein Umdenken nötig.

Die Glasbearbeitung „an der Lampe" – also an der durch Luftzufuhr zugespitzten Flamme einer Öllampe, an der das Glas geschmolzen wurde – bot neue Möglichkeiten: Die Glashütten konnten jetzt Glasstäbe und -röhren herstellen, die von Familien in Heimarbeit zu Glasspielzeug, Perlen, Glasaugen und anderen Produkten weiterverarbeitet wurden. Vor allem der *Lauschaer Christbaumschmuck* war begehrt. Seit 1860 gehörten die Glaskugeln zum Sortiment der Sonneberger Spielzeugverleger. Um 1880 entdeckte der US-Amerikaner F. W. Woolworth die glitzernden Kostbarkeiten und machte sie zum Verkaufsschlager.

Ab dem frühen 20. Jh. emanzipierte sich die *Lampenglasarbeit* auch als Kunstform. Lauschaer Künstler wie Ernst Precht, Albin Schaedel, Albrecht Greiner-Mai und Hubert Koch und auch die jungen Kollegen von heute wie John Zinner und André Gutgesell prägen die Stil- und Formensprache der Lauschaer Glaskunst, die in der internationalen Glasszene schon immer erfolgreich war. Typisch sind großformatige Figuren mit Motiven wie Tiere und Teufel. Mit raffiniertem Farb- und Musterspiel beeindrucken Gefäße und Skulpturen, die in der hier „erfundenen" Montagetechnik auch heute noch einzigartig sind. Wie die Glasbläser an modernen Gasbrennern aus dem glühendheißen Schmelz zauberhafte Wesen erschaffen, das kann man bei Vorführungen live mitverfolgen.

Die Globalisierung der Märkte und das veränderte Konsumverhalten lässt die Anzahl der Betriebe schrumpfen. Neben wenigen industriell arbeitenden Firmen gibt es rings um Lauscha aber immer noch kleine Glasbläserateliers, die sich auf besondere Angebote spezialisiert haben. Und die *Berufsfachschule Glas* kümmert sich darum, dass das edle Handwerk in die nächsten Generationen getragen wird.

Museum für Glaskunst Lauscha: Als ältestes deutsches Spezialmuseum für Glas zeigt das Museum für Glaskunst eine sehenswerte Sammlung historischer und moderner Gläser. In modernen Ausstellungsräumen wird Thüringer Glas präsentiert – vom späten Mittelalter bis in die Gegenwart, frühes Waldglas, höfische und bürgerliche Prunkgefäße, dazu Glasperlen, Glasaugen, Christbaumschmuck und Kunsthandwerk. Anhand der Exponate werden die traditionellen Herstellungstechniken von Hüttenglas und Lampenglas erklärt, aber auch Veredelungs- und Dekorationsmöglichkeiten wie Fadenglas, Emailmalerei und Glasschnitt werden gezeigt. Eine wichtige Facette der Ausstellung ist das so genannte *Studioglas*. Anfang des 20. Jh. nahmen Lauschaer Künstler die Anregungen aus Jugendstil, Expressionismus und Bauhaus auf und setzten sie in einer neuen Formensprache um. Sie entwickelten neue Techniken, die an die Grenzen des mit Glas Machbaren gehen. So entstehen Skulpturen, die über die faszinierenden Materialeigenschaften wie Transparenz und Farbigkeit und über tradierte Formen und Themen weit hinausweisen.

■ Di–Sa 12–17, So 11–17 Uhr. 2,50 €, Führungen nach Voranmeldung. Museum im 2. Stock der Farbglashütte Lauscha, Straße des Friedens 46, ✆ 036702-20724, www.glasmuseum-lauscha.de.

Information Touristinformation in der 2. Etage der Farbglashütte, Di–Sa 12–17, So 11–17 Uhr. Straße des Friedens 46, 98724 Lauscha, ✆ 036702-22944, www.lauscha.de.

Verbindungen Bahn: Regelmäßig Züge nach Sonneberg und Neuhaus/Rennweg, www.sued-thueringen-bahn.de.

Bus: Regelmäßig Busse ab Sonneberg und Neuhaus am Rennweg, www.ovg-son.de.

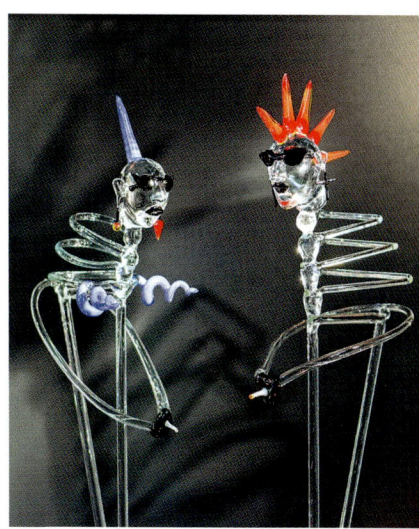

„Punker" von John Zinner im Glasmuseum Lauscha

Baden Idyllisch im Steinachgrund gelegen ist das **Erlebnisbad Lauscha.** Das beheizbare Bad bietet ein großes Schwimmbecken, Erlebnisbecken mit 65-m-Rutsche, Wasserfall, Massagedüsen und Strömungskanal. Zudem gibt es Volleyball, Kinderspielplatz und Imbiss. Mitte Juni bis Anfang Sept. tägl. 11–19.30 Uhr (witterungsabhängig). Steinachgrund, ☎ 036702-22944, www.erlebnisbad-lauscha.de.

Einkaufen **Elias Farbglashütte Lauscha,** in der Farbglashütte wird heute noch die Glasschmelze aus Sand, Soda, Pottasche und Geheimzutaten bei 1500 °C im großen Hafenofen hergestellt. Bei einer Führung kann man den Glasmachern bei der Arbeit zusehen. Besonders aufregend ist das Ziehen von Glasröhren und -stäben. Mit Künstlern können die Besucher bei Glassymposien oder den Glasperlentagen in Kontakt kommen. In der Einkaufswelt gibt es eine breite Palette handgefertigter Produkte vom filigranen Figürchen über Schmuck bis zu Gebrauchsglas und Christbaumkugeln. Mo–Sa 10–17, So 11–17 Uhr. Str. des Friedens 46, ☎ 036702-179970, www.farbglashuette-lauscha.de.

Glaszentrum Lauscha, in der Studioglashütte zeigen Glasmacher an modernen Glasöfen, aber mit den alten Techniken, wie Trinkgläser oder Figuren aus glühendflüssigem Glas seit Jahrhunderten hergestellt werden. Beim Besuch kann man auch Glasgestaltern zusehen, wie sie am Gasbrenner aus farbigen Stäben und Röhren filigrane Meisterwerke erschaffen. In den Verkaufsräumen gibt es Glaswaren aller Art vom Trinkglas über Dekorationsartikel bis hin zu Christbaumschmuck zu kaufen. Mo–Fr 10–18, Sa/So 10–17 Uhr. Straße des Friedens 22, ☎ 036702-20808, www.glaszentrum-lauscha.de.

Krebs Glas Lauscha, hier gibt es Christbaumschmuck in Hülle und Fülle. Für Kunden im In- und Ausland stellt die Firma über 5000 verschiedene Kugeln und Formen nach 150 Jahre alten handwerklichen Techniken her. Werksverkauf: Jan. bis Aug. Mo–Fr 11–16, Sa 13–16 Uhr, Sept. bis Nov. Mo–Fr 10–17, Sa/So 11–17 Uhr, Dez. Mo–So 10–18 Uhr. Am Park 1, Lauscha, OT Ernstthal, gegenüber vom Bahnhof Ernstthal, ☎ 036702-2880, www.krebslauscha.de.

Skifahren Am **Pappenheimer Berg** im Ortsteil Ernstthal gibt es bei ausreichender Schneelage auf drei Pisten alpinen Skispaß für Klein und Groß. Hinauf geht es mit dem Doppelschlepplift. Tägl. ab 11 Uhr, Mi + Fr bis 21 Uhr Flutlichtbetrieb. Lauscher Str. 41, Lauscha, OT Ernstthal, ☎ 036702-20831, www.erlebniswelt-ernstthal.de.

Rund um Ernstthal am Rennsteig werden bis zu 60 km **Skiwanderwege** gespurt.

Sommerrodelbahn Die Kufenflitzer der Sommerrodelbahn Ernstthal sausen auf der 800 m langen Strecke 114 Höhenmeter hinab. Der Bremshebel zwischen den Knien im Einsitzer oder Doppelsitzer lässt die rasanten Kurven meistern. Mitte April bis Aug. tägl. 10–18 Uhr, Sept. bis Okt. Di–So 10–17 Uhr. Lauscher Str. 41, Lauscha, OT Ernstthal, ☎ 036702-20831, www.erlebniswelt-ernstthal.de.

Veranstaltungen Anfang Mai wird der Lauschner **Mellichstöckdooch** gefeiert, bei dem in Haushalten und Gaststätten leckere Gerichte mit Löwenzahn (Mellichstöck) auf den Teller kommen. Am ersten und zweiten Adventswochenende findet der traditionelle **Lauschaer Kugelmarkt** statt, bei dem man Christbaumschmuck kaufen kann. Auch die Glasprinzessin wird dann gekrönt.

Wandern Der **Rennsteig** führt direkt durch den Ortsteil Ernstthal. Auf zahlreichen Wanderwegen lässt sich der Thüringer Wald rings um Lauscha erkunden. Auf den Spuren der Geschichte der Glashütten wandert man auf dem **Glashütten-Rundweg** (6 km). Die **Brunnenroute** (22 km) führt zu historischen Quellen und Brunnen. Anspruchsvoll ist der Wanderweg **6-Kuppen-Steig** (37 km, Markierung Raute weißer Grund mit grüner Schrift „K 6"), der die umliegenden sechs Berge und die dazugehörigen Orte Neuhaus, Lauscha, Steinach und Steinheid verbindet, www.lauscha.de.

Übernachten/Essen **Hotel Beck,** hinter der historischen Fassade des Hotels verstecken sich moderne und komfortable Zimmer. Das familiengeführte Haus bietet Sauna, Grillplatz und Spielplatz. Parkplätze vorhanden. EZ ab 50 €, DZ ab 70 € inkl. Frühstück. Bahnhofstr. 30, ☎ 036702-20800, www.hotel-beck.com.

*mein*Tipp **Gasthof & Pension Gollo,** die gemütliche Dorfwirtschaft ist eine Institution in Lauscha. Hier treffen sich die Glasbläser nach getaner Arbeit zum Feiern, Singen und Fachsimpeln. Gäste werden freundschaftlich einbezogen. Zu Essen gibt es „Lauschner" Hausmannskost wie Pilzsuppe oder Bauernfrühstück, Brätel oder Forelle, und auch der Blick über den heimischen Tellerrand, der bis Mexiko reicht, bekommt vorzüglich. Geöffnet tägl. ab 16 Uhr. Modern eingerichtete *Zimmer*, in denen auch auswärtige Glaskünstler gern absteigen. DZ als EZ 37 €, DZ 60 € inkl. Frühstück. Mittelstr. 2, ☎ 036702-21614, www.gasthof-gollo.de.

Restaurant Bürgerstuben, die auch bei Busunternehmen beliebten Bürgerstuben in der Farbglashütte bieten ein breites Angebot an Thüringer Speisen, Kaffee, Kuchen und Eis. Das Wild stammt aus eigener Jagd und Klöße gibt es jeden Tag. So–Di 11–17 Uhr, Mi–Sa 11–22 Uhr. Straße des Friedens 46, ☎ 036702-22292, www.buergerstuben-lauscha.de.

Glasbläserrestaurant im Glaszentrum, in dem modernen Restaurant kann man beim Essen den Vorführungen eines Glasbläsers zuschauen. Während vor dem Brenner gläserne Figuren entstehen, genießen die Gäste saisonale Thüringer Küche, hausgebackenen Blechkuchen und Windbeutel, Tee- und Kaffeespezialitäten. Tägl. 11–17 Uhr. Straße des Friedens 22, ☎ 036702-20806, www.glaszentrum-lauscha.de.

Neuhaus am Rennweg

Mit 846 Höhenmetern ist Neuhaus die höchstgelegene Stadt am Rennsteig. Direkt auf dem Kamm des Thüringer Schiefergebirges und umgeben von schier endlosem Wald ist Neuhaus ein idealer Ausgangspunkt für „Luftschnapper", Wanderer und Skilangläufer.

Mit rauem Wetter ist allerdings zu rechnen: Der Ort hält seit 1996 den deutschen Rekord der mit zehn Tagen längsten durchgängigen Nebelperiode. Nach Süden fällt das Gebirge ins Steinachtal hin ab, nördlich liegt das Schwarzatal. Die 6800 Einwohner verteilen sich auf Neuhaus und die Ortsteile Steinheid, Limbach, Neumannsgrund, Scheibe-Alsbach und Sigmundsburg. Die Wirtschaft ist traditionell geprägt von der Glasherstellung – vom Parfümflakon bis zur Elektroröhre. Der Erfindung des Glasbläsers und Forschers Heinrich Geißler ist das *Museum Geißlerhaus* gewidmet. Wahrzeichen der Stadt ist die neugotische *Holzkirche* aus dem Jahr 1891. Im *Stadtmuseum Neuhaus am Rennweg* erfährt man, wie die „Wäldler" hier oben einst lebten.

■ **Holzkirche:** Für die Besichtigung ist der Schlüssel in der Touristinfo erhältlich. Kirchweg 45. **Stadtmuseum:** Eintritt 2,50 €, Kombikarte mit Geißlerhaus 4 €. Marktstr. 3, ☎ 03679-7269702, www.neuhaus-am-rennweg.de.

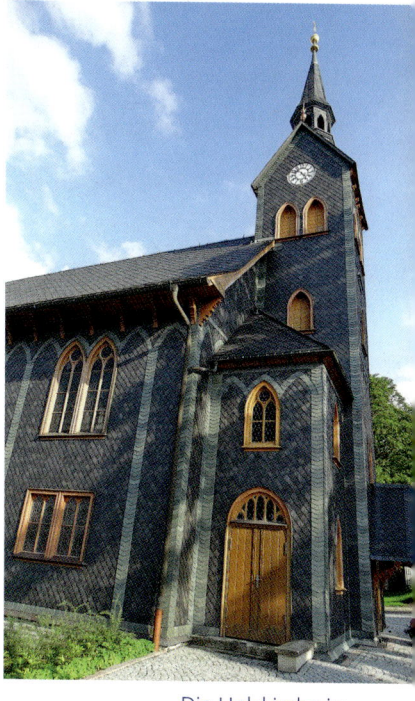

Die Holzkirche in
Neuhaus am Rennweg

Museum Geißlerhaus: Dr. Heinrich Geißler (1814–1879) war der Begründer der modernen wissenschaftlichen Glasinstrumententechnik. Mit der Erfindung der so genannten „Geißlerschen Röhre", einer Niederdruck-Gasentladungsröhre, gilt Geißler als Pionier der Elektrizitätslehre und der Vakuumtechnik. Auf ihn gehen die modernen Leuchtstoffröhren zurück. Im Museum Geißlerhaus erfährt man Interessantes zu Leben und Werk des forschenden Glasbläsers. Die Ausstellungsstücke zeigen die Anfänge des Glasapparatebaus und seine Bedeutung bis heute. Zudem zeigt das Museum Kunstwerke von aus Neuhaus stammenden Glaskünstlern.

■ Mi–So 9–13 Uhr, Eintritt 2,50 €, Kombikarte mit Stadtmuseum 4 €. Sonneberger Str. 106, ☎ 036 79-723143, www.foerderverein-geisslerhaus.de.

Information **Touristinformation** im Haus des Gastes, Mo–Do 10–17, Fr 10–14 Uhr. Marktstr. 3, ☎ 03679-722061, www.neuhaus-am-rennweg.de.

Verbindungen **Bahn:** Mit der Südthüringen-Bahn stündlich Züge zwischen Sonneberg und Neuhaus am Rennweg.

Bus: Die OVG Sonneberg betreibt den Stadtbusverkehr mit zwei Linien, www.ovg-son.de. Regionalbusse fahren in die Ortsteile sowie u. a. nach Sonneberg, Tettau und Saalfeld, www.bus-bahn-thueringen.de.

Baden Die **Schwimmhalle Am Rennsteig** (Marktstr. 4) verfügt über 25-m-Becken, Sprunganlage, Kinderbecken und eine Sauna. Öffnungszeiten unter ☎ 03679-720001 und www.waerme-neuhaus.de. Im Sommer bleibt die Schwimmhalle bei schönem Wetter geschlossen. Dann lockt das **Waldbad Bernhardsthal**, ein natürliches Wasserbecken mit schönen Liegewiesen am Waldrand, Beachvolleyball und Kinderspielplatz. Mo–So 9–19 Uhr. An der B 281 Richtung Eisfeld, Nähe Rennsteigbaude.

Einkaufen In der **Greiner Glasmanufaktur** kann man in einer „virtuellen Glasfabrik" die Herstellung von Glas erleben. In der Schauwerkstadt zeigen Künstler, wie gläserne Kunstwerke am Gasbrenner entstehen. Im Werksverkauf gibt es schöne Mitbringsel. Mo–Fr 10–17, Sa/So 10–16 Uhr. Sonneberger Str. 150, ☎ 03679-722003, www.greiner-glasmanufaktur.de.

Fahrradfahren Durch Neuhaus führt der **Rennsteig-Radwanderweg** (200 km). Auf dem **Schwarzatal-Radweg** (45 km) fährt man von Neuhaus das Tal der Schwarza entlang bis Rudolstadt. Die anspruchsvolle Mountainbiketour **„Trails und Wasserkraft"** (31 km, 739 Höhenmeter) umrundet die Stauseen zwischen Scheibe-Alsbach und Goldisthal, www.thueringer-wald.com.

Klettern In der **Freisportanlage am Schulcampus Apelsberg** finden Boulderer einen 10 m hohen Kletterturm. Mai bis Sept. Mo–Fr 16–20, Sa/So 10–12 und 14–20 Uhr. Apelsbergstraße. Anmeldung unter ☎ 0160-978 53549, www.neuhaus-am-rennweg.de.

Rennsteighaus Auf dem Sportplatz nahe dem *Bahnhaltepunkt Igelshieb* finden Wanderer und Skifahrer im Rennsteighaus täglich von 10–17 Uhr Rast- und Umkleidemöglichkeiten sowie Gepäckspinde. Toilettennutzung 50 Cent, Duschen 1 €.

Snow- und Sommertubing An den Liftanlagen in Sigmundsburg kann man sommers und winters in Gummireifen den Hang hinabsausen. Auf der Sommer-Tubing-Bahn geht es rasant durch vier Steilkurven und mit einem Sprung über die Schanze. Tägl. 10–17 Uhr. Sigmundsburger Oberland 7, ☎ 0171-3221537, www.snow-und-sommer-tubing-siegmundsburg.de.

Veranstaltungen Beim Marathon des **GutsMuths-Rennsteiglaufs** im Mai ist Neuhaus traditionell der Startpunkt. Am letzten August-Wochenende wird das **Neuhäuser Kirchweihfest** gefeiert. Zur **Bergweihnacht** am zweiten und dritten Adventswochenende laden der festlich geschmückte Marktplatz und die Fußgängerzone ein.

Wandern Für eine Wanderung auf dem **Rennsteig** von Neuhaus bis nach Franken bietet die Touristinformation Neuhaus eine „Sorglos-Wanderpauschale" mit vorgebuchten Zimmern am Ende der Tagesetappen, Gepäcktransfer, Sightseeing und touristischer Betreuung an. Zu beliebten Wanderzielen rund um Neuhaus gehören u. a. der Aussichtspunkt „Weidmannsheil" mit Ausblick auf den Stausee bei Scheibe-Alsbach, der Dreistromstein und die Werraquelle bei Siegmundsburg. Der Wanderweg **„6-Kuppen-Steig"** (37 km, Markierung Raute auf weißem Grund mit grüner Schrift „K 6") verbindet die Orte Neuhaus, Lauscha, Steinach und Steinheid.

Übernachten/Essen ***** Rennsteighotel Herrnberger Hof,** direkt am Rennsteig. Das Haus ist von Schuhtrockenraum bis Skikeller auf aktive Gäste eingestellt, die Zimmer sind geräumig und modern. EZ ab 65 €, DZ ab 105 € inkl. Frühstück. Das *Restaurant Pfeffermühle* bietet Thüringer Küche aus regionalen Produkten sowie ausgesuchte Weine. Mo–Fr 15–22 Uhr. Eisfelder Str. 44, ☎ 03679-79200, www.rennsteighotel.de.

mein Tipp **Hotel Schieferhof,** individuell gestaltete Themenzimmer von „Lesen" bis „Märchen" empfangen den Gast. Zum netten Service gehören Welcome Drink, Obst und Tee sowie Babyfon und Spielkiste für die Kinder. EZ ab 82 €, DZ ab 100 € inkl. Frühstück. Im *Restaurant* setzt sich das schöne Ambiente des Hotels fort. Die Küche kreiert aus regionalen Zutaten Feines wie Zanderfilet mit Berglinsen oder Dry Aged Beef aus Oberweißbach, Veganes wie lauwarmer Quinoa mit Gemüse und Verführerisches wie das Schokoladenfondue. Mo–Sa 17.30–23 Uhr, Reservierung erwünscht. Eisfelder Str. 26, ☏ 03679-7740, www.schieferhof.de.

Hotel Restaurant Haus Oberland, ordentliches Hotel mit ländlich-gediegenen Zimmern in solider Ausstattung. EZ ab 42 €, DZ ab 70 € inkl. Frühstück. Schwarzburger Str. 11, ☏ 03679-722228, www.hotel-oberland-neuhaus.de.

Gasthof & Pension Thomas Müntzer, gutbürgerliche Gerichte stehen hier auf der Karte. Die „Goldgräberpfanne" erinnert an ein Hobby, dem hier so mancher fröne. Di–Fr 17–22, Sa 11–22, So 11–20 Uhr. Ob Wanderer oder Glücksritter, in den gemütlichen *Gästezimmern* findet man ein günstiges Nachtquartier. Das Haus bietet Sauna, Personen- und Gepäcktransfer. EZ ab 38 €, DZ ab 63 € inkl. Frühstück. Neumannsgrund 4, Neuhaus, OT Steinheid, ☏ 036704-80366, www.rennsteigwanderungen.de.

Ferienhof Zur alten Wildmeisterei, drei schöne Ferienwohnungen im Landhausstil mit Bad und Küche werden vermietet. Im großen Garten mit Teich und Grillmöglichkeit lassen sich die Sommerabende angenehm verbringen. Loipen, Skilift und Snowtubinganlage in unmittelbarer Nähe. FeWo ab 35 € pro Nacht. Froschgrund 9, Siegmundsburg, ☏ 036704-80827, www.alte-wildmeisterei.de.

Schmiedefeld (bei Neuhaus)

Die einstige Bergarbeitersiedlung Schmiedefeld im Lichtetal (nicht zu verwechseln mit Schmiedefeld am Rennsteig!) ist heute ein Ziel für Wanderer und Kurgäste. Im Eisenerzbergwerk baute die Maximilianhütte Sulzbach-Rosenberg seit 1888 Eisenerz ab. Von 1948 bis 1972 wurde das Bergwerk als Volkseigener Betrieb geführt.

Auch wenn man auf der Bundesstraße B 284 schnell durchgerauscht ist Richtung Saalfeld, lohnt doch ein Stopp im *Schaubergwerk Morassina* (s. u.). Wer sich für Heilpflanzen und Kräuter interessiert, erfährt im *Olitätenmuseum „Beim Giftmischer"* alles Wichtige zur Wirkweise der Pflanzen und zum historischen Olitätenhandel, den so genannte „Buckelapotheker" hier auf den Höhen des Gebirges betrieben. Vom *Leipziger Turm* (Mi–So 10–17 Uhr) aus hat man eine herrliche Aussicht.

Morassina Schaubergwerk: In dem ehemaligen Alaunschiefer-Bergwerk hat die Natur eine Vielzahl farbiger und vielgestaltiger Tropfsteine hervorgebracht, die im Rahmen einer Führung zu besichtigen sind. Relikte wie die „einwachsenden Leitern" erinnern an den einstigen Bergbau. Freiherr *Alexander von Humboldt* befuhr im Jahr 1792 das Vitriolwerk im Schwefelloch und führte dann einige Reformen im Hinblick auf die Sicherheit der Bergleute durch. Sonderführungen auf seinen Spuren und abenteuerliche Dunkelführungen werden ebenso angeboten wie Musikveranstaltungen. Im *Heilstollen Sankt Barbara*, der sich abseits der Besucherführungen befindet, verspricht das Einatmen der Aerosole Linderung und Heilung bei Asthma, chronischer Bronchitis und Neurodermitis. Kurgästen stehen im Morassina-Gesundheitszentrum ein schöner Sauna-Bereich und Kneipp-Anlagen zur Verfügung. Im Radon-Heilstollen rückt man mit Ergometertraining überflüssigen Pfunden zuleibe.

▪ April bis Okt. 10–16 Uhr, Nov. bis März 11–15 Uhr, Eintritt Höhlenführung 9,50 €. Schwefelloch 1, ☏ 036701-61577, www.morassina.de.

Olitätenmuseum: Das Haus, in dem der vermutlich letzte Olitätenhändler, Oswald Unger, Elixiere, Spirituosen, Salben, Stärkungsmittel und Limonaden herstellte, ist heute ein Museum. Die alte Ladeneinrichtung, Gerätschaften, Essenzen, Mixturen und ein Fotolabor sind zu besichtigen. Der Volksmund nannte Unger spaßeshalber den „Giftmischer". Auf dem Kräutertrockenboden gibt es viele Informationen über Heilkräuter und deren Verarbeitung. Auch Kräuterseminare werden angeboten.

▪ Mi–So 13–17 Uhr, Eintritt 3 €. Saalfelder Str. 75, ☏ 036701-20258, www.beim-giftmischer.de.

Thüringer Schiefergebirge und Saaletal → Karte S. 114

Haflinger prägen den Ort Meura

Information **Tourismusbüro Lichtetal** am Rennsteig, Schmiedefelder Str. 35, 07318 Saalfeld, OT Schmiedefeld, ☎ 036701-643174, www.lichtetal.de.

Verbindungen Mit dem **Bus** erreicht man regelmäßig Saalfeld und Neuhaus am Rennweg, www.kombus-online.eu. Dort gibt es Anschluss ans Bahnnetz.

Übernachten/Essen **Waldhotel Feldbachtal**, in Lichte. Schön gelegenes Haus mit komfortablen und günstigen Übernachtungsmöglichkeiten. Bar, Sauna und Bowlingbahn. EZ 49–59 €, DZ 59–72 € inkl. Frühstück. Das *Restaurant* wartet mit gutbürgerlicher Thüringer Küche auf. Schulweg 3, Lichte, ☎ 036701-20080, www.waldhotel-feldbachtal.de.

Hotel Am Kleeberg, an der B 281. Nicht nur Rennsteig-Wanderer finden hier gemütliche, günstige Zimmer. EZ ab 38 €, DZ ab 55 € inkl. Frühstück. Auf der Karte des *Restaurants* stehen Thüringer Spezialitäten, Steaks und Vegetarisches. Tägl. 10–23 Uhr. Saalfelder Str. 115/121, Lichte, ☎ 036701-2610, www.hotel-kleeberg.de.

Meura

Weil auf den Höhen von Thüringer Wald und Schiefergebirge kaum Feldfrüchte gedeihen, wurden hier seit alters her Tiere gehalten. Auf den Wiesen am Gebirgskamm zwischen Neuhaus und Saalfeld weiden auch heute noch glückliche Kühe.

Biegt man bei Reichmannsdorf von der B 281 Richtung Norden ab, erreicht man auf einer schmalen, kurvenreichen Straße Meura im Sorbitztal. Der kleine Ort hat sich als größtes Gestüt Europas für Haflinger und Edelbluthaflinger einen Namen gemacht. Seit über 50 Jahren werden die sympathischen blonden Pferde hier auf 760 m Höhe gezüchtet. Im Sommer tummeln sich über 300 Tiere auf großen, naturbelassenen Weiden. Regelmäßige Turniere, Fohlenschauen und Auktionen ziehen zahlreiche Besucher auf das Gestüt. Urlaub auf dem Reiterhof wird ebenso angeboten wie Reitferien für Kinder, Kutschenfahrten und Gestütsführungen. Die auf dem Hof gewonnene Stutenmilch ist im *Hofladen* erhältlich.

▪ Haflingergestüt, Ortsstr. 116, Meura, ☎ 036701-31151, www.haflinger-in-meura.de.

Verbindungen Meura ist erreichbar mit verschiedenen Buslinien ab Sitzendorf und Schmiedefeld, www.kombus-online.eu.

Wandern Auf dem **Skulpturenpfad** (19 km) lässt sich die nahe Talsperre Leibis-Lichte umrunden. Die Holzskulpturen laden zum Verweilen ein. Einstiegsmöglichkeit in Meura, Unterweißbach, Deesbach und Lichte, www.thueringer-wald.com.

Übernachten/Essen & Trinken Haflinger-Gestüt Meura, im Gestüt gibt es gemütliche Gästezimmer. EZ 52 €, DZ 84 € inkl. Frühstück. Ortsstraße 116, Meura ✆ 036701-31151, www.haflinger-in-meura.de.

Gasthof & Pension Meurastein, hier gibt es abwechslungsreiche Thüringer Küche und eine Handvoll gemütliche *Gästezimmer.* EZ 30 €, DZ 60 €. Ortsstr. 9, Meura, ✆ 036701-30433, www.gasthof-meurastein.de.

Gasthof Zum Haflinger, gemütlich-rustikale Gaststätte, Meura, ✆ 036701-31153, www.gasthof-meura.de.

Oberweißbach

Die Region um Oberweißbach wird umgangssprachlich „Raanz" genannt. Der Name verweist auf den von einem Oberweißbacher Sattler erdachten Ranzen aus Leder, gegen die die „Buckelapotheker" ihre sperrigen Kraxen tauschten, um damit ihre Olitäten und Kräutermischungen leichter zu den Kunden tragen zu können.

Der Erholungsort im Weißbachtal ist aber vor allem bekannt als Geburtsort von *Friedrich Fröbel,* dem Begründer des „Kindergartens" (mehr zu Fröbel siehe Bad Blankenburg/Fröbel-Museum S. 131) Der Pestalozzi-Schüler erkannte die Bedeutung der frühen Kindheit und entwickelte ein System aus Liedern, Beschäftigungen und Spielgaben zur frühen Förderung von Kindern. Sein Geburtshaus, ein herrliches Fachwerkhaus am Markt, beherbergt heute das **Fröbelmuseum** sowie das **Olitätenstübchen.**

▪ Fröbelmuseum & Olitätenstübchen: Mai bis Okt. Mo–Fr 10–12 und 13–17, Sa/So 13–17 Uhr, Nov. bis April Mo–Fr 10–12 und 13–17, So 13–16 Uhr, Eintritt 3 €. Markt 10, ✆ 036705-62123, www.oberweissbach.de.

Den Namen des Lehrers trägt auch der Fröbelturm auf dem Gipfel des Kirchbergs (785 m). „Dom von Südthüringen" nennen die Oberweißbacher ihre Kirche: Die Barockkirche von 1767, die seit 2004 **Hoffnungskirche** heißt, ist mit 2000 Sitzplätzen die größte Dorfkirche Thüringens – alle 1700 Einwohner des Ortes passen somit bequem hinein. Eine Besonderheit ist der monumentale, von Säulen und einem Giebel eingerahmte Kanzelaltar.

Oberweißbacher Bergbahn: Auf Eisenbahnfans wartet in Oberweißbach eine Attraktion – die ab 1919 vor allem zum Gütertransport gebaute Strecke der Oberweißbacher Bergbahn verbindet mit einer 1,4 km langen breitspurigen Standseilbahn die Haltepunkte *Obstfelderschmiede* und *Lichtenhain.* Dabei werden 323 Höhenmeter überwunden, die Bahn klettert also alle 4 m einen Höhenmeter. Bei schönem Wetter kann man die Fahrt und die herrliche Aussicht über das Schwarza-Tal „oben ohne" im offenen Waggon genießen. Auf ebener Strecke geht es weiter vom Bahnhof Lichtenhain bis Oberweißbach und *Cursdorf.* Rund um den an sich schon sehenswerten Bahnhof Lichtenhain sorgen historische Lokomotiven der Lichtenhainer Waldbahn für nostalgische Gefühle.

▪ ✆ 036705-20134, www.oberweissbacher-bergbahn.com.

Information Touristinformation, Mai bis Okt. Mo–Fr 10–12 und 13–17, Sa/So 13–17 Uhr. Nov. bis April Mo–Fr 10–12 und 13–17, So 13–16 Uhr, Markt 10, 98744 Oberweißbach, ✆ 036705-62123, www.oberweissbach.de.

Verbindungen Bahn: Die Oberweißbacher Bergbahn verkehrt halbstündlich zwischen Oberweißbach sowie zwischen Lichtenhain und Obstfelderschmiede. Von hier erreicht man mit der Schwarzatalbahn Rottenbach und Katzhütte und hat dort Anschluss nach Saalfeld und Erfurt, www.oberweissbacher-bergbahn.com, www.bahn.de.

Bus: Verbindungen von Oberweißbach nach Neuhaus am Rennweg, Katzhütte und Bad Blankenburg, www.kombus-online.eu.

Thüringer Schiefergebirge und Saaletal ↓ Karte S. 114

Schafft die steilsten Berge: die Oberweißbacher Bergbahn

Übernachten/Essen & Trinken   **Hotel Durghof**, hier findet man gemütliche Zimmer und eine schöne Gartenanlage mit Grillplatz und Kinderspielplatz. EZ 50 €, DZ 95 €. inkl. Frühstück. Das *Restaurant* bietet abwechslungsreiche saisonale Angebote, die Speisen werden aus regionalen Zutaten frisch zubereitet. Tägl. ab 11.30 Uhr. Sonneberger Str. 67, ☎ 036705-6870, Oberweißbach.

Steakhaus Zum Ochsen, die Oberweißbacher Rinder, die hier auf den Weiden gemütlich grasen, sind nicht nur ein Augen-, sondern auch ein Gaumenschmaus. Im Steakhaus „Zum Ochsen" kommen die besten Stücke der Tiere auf den Grill und werden mit Kräuterbutter, Waldpilzen oder Whisky-Pfeffersoße verfeinert. Im rustikalen Ambiente mit Holz und Natursteinkamin munden auch Fisch, vegetarische Pasta, Salat und Süßspeisen. Sa–Mo 11.30–22, Do/Fr 17–22 Uhr. Lichtenhainer Str. 8/9, ☎ 036 705-209866, www.steakhaus-zum-ochsen.de.

Berggasthaus Fröbelturm, die Ausflugsgaststätte ist bei Wanderern beliebt: Hier kann man sich an Knödelvariationen, Schnitzel, Steaks und Vegetarischem laben. Empfehlenswert sind auch die hausgebackenen Kuchen und Torten. Mi–So 10–20 Uhr. An den Ruhetagen des Restaurants kleine Speisen am Kiosk Mo/Di 10–16 Uhr. Auf dem Kirchberg 7, ☎ 036705-62074, www.fröbelturm.de.

Schwarzburg

Das romantische Schwarzatal, das sich von Scheibe-Alsbach am Rennsteig bis nach Bad Blankenburg an der Saale erstreckt, ist ein landschaftliches Highlight im Thüringer Schiefergebirge – und einer der schönsten Orte ist das im Jahr 1071 erstmals erwähnte Schwarzburg.

Die Schwarza trieb bis ins 19. Jh. Mahlmühlen, Schneidemühlen und Eisenhämmer an und war vor allem im Hochmittelalter für die Goldwäscherei bedeutsam. Auf einem Felsen in einer engen Flussschleife überragt *Schloss Schwarzburg* den 500-Einwohner-Ort. Bis zu seiner Zerstörung durch Baumaßnahmen der Nationalsozialisten (1940–42) zählte der einstige Sitz der Grafen von Schwarzburg zu den schönsten Barockschlössern Deutschlands.

Schon Goethe erwähnte das „thiefe Thal zwischen Fels und Wald Wänden" in einem Brief 1781 an Charlotte von Stein, und die Maler der Romantik fanden hier viele Motive. Deutsche Geschichte schrieb der kleine Ort, als Reichspräsident Friedrich Ebert am 11. August 1919 in seinem Urlaub die Weimarer Verfassung in Schwarzburg unterzeichnete. Ein Schmuckstück ist der historische *Bahnhof der Schwarzatalbahn* mit seiner farbig glasierten Dacheindeckung.

Schloss Schwarzburg: Höfischer Glanz und Zerstörung charakterisieren die wechselvolle Geschichte von Schloss Schwarzburg. Nach der vor dem Jahr 1123 auf dem uneinnehmbaren Schieferfelsen errichteten Festung nannte sich das alte Adelsgeschlecht von Schwarzburg. Die ältesten Inventare der Burg datieren aus dem 14. und 15. Jh. Im 18. Jh. wurde die Schlossanlage zum repräsentativen Barockschloss ausgebaut. Der Hauptbau erhielt einen Portalvorbau mit mächtigen Säulen. Mit der Idee Adolf Hitlers, das Schloss als Reichsgästehaus auszubauen, wurde gleichsam der Untergang des Gebäudes vorbereitet. Teilweiser Abriss und Veränderungen schädigten ab 1940 die historische Substanz des Schlosses schwer. Aus Geldmangel und durch die Kriegsereignisse wurden die Arbeiten 1942 eingestellt und das Gebäude sich selbst überlassen.

Mit dem einsetzenden Fremdenverkehr in Schwarzburg wurde zur DDR-Zeit das Kaisersaalgebäude renoviert und die einzigartige Ausmalung des Kaisersaals restauriert. Seit der Wende wird Schloss Schwarzburg Schritt für Schritt wieder hergerichtet. Im Zeughaus ist die 4000 Objekte und mehrere Jahrhunderte umfassende Waffensammlung wieder an ihrem authentischen Ort zu sehen. Von einstiger Pracht zeugen das zweigeschossige Gartenhaus mit dem Kaisersaal und das Gartenparterre. Durch ein Oberlicht beleuchtet, sind im Kaisersaal lebensgroße Darstellungen mittelalterlicher Kaiser und Könige sowie in Stuck gefasste Kaisermedaillons zu sehen.

▪ April bis Okt. Di–So 10–18 Uhr, Nov. bis März Di–So 10–17 Uhr, stündlich Führungen. Eintritt 8 €, Kombikarten u. a. mit Schloss Heidecksburg oder Bergbahn 15–22 €. Schlossstr. 5, ☎ 036730-22263, www.schloss-schwarzburg.de und www.schloss-schwarzburg.com.

Schloss Schwarzburg erlebte eine wechselvolle Geschichte

Thüringer Schiefergebirge und Saaletal ↪ Karte S. 114

Goldrausch in Thüringen

Waldwildnis, ein rauschender Fluss, Vogelgeschrei. Kanada? Nein: Thüringen. Im kleinen Flüsschen Schwarza stehen gummigestiefelte Leute und schöpfen Kies und Wasser mit flachen Pfannen. Da werden Steine geklopft und Sediment in die Pfanne geschaufelt. Mit kreisenden Schwenkbewegungen versuchen sie dem Fluss eine glänzende Substanz abzuringen, die manchen schon um den Verstand gebracht hat: Gold. Die Schwarza gilt als einer der goldreichsten Flüsse Deutschlands. Das edle Metall wurde hier seit dem 15. Jh. in Goldwäschereien (Goldseifen) gefördert. Heute versuchen sich moderne Glücksritter im Goldwaschen. Nuggetfunde mit bis zu zehn Gramm beflügelten den regionalen Goldrausch. Unter Anleitung erfahrener Scouts können auch Touristen ihr Glück versuchen. Der schönste Lohn für die mühevolle Arbeit ist es, wenn es am Boden der Goldwäscherpfanne irgendwann goldgelb glänzt und man die kleinen Goldflitter mit nach Hause nehmen kann.

■ Auch das *Deutsche Goldmuseum* in Theuern (bei Schalkau) gibt Auskünfte zum Thema Gold in Thüringen. April bis Mitte Sept. tägl. 9–17 Uhr, Sept. bis April nur nach Anmeldung. 3 €. Theuern, Im Grund 4, ✆ 036766-87814, www.goldmuseum.de.

Information Die ehrenamtlichen Mitarbeiter des **Fremdenverkehrsvereins** sind per Telefon und Internet für Auskünfte und Zimmervermittlung erreichbar. Hauptstr. 19, 07427 Schwarzburg, ✆ 036730-30314, www.schwarzburg-tourismus.de.

Verbindungen Bahn: Anreise ab Erfurt und Saalfeld über Rottenbach mit der Erfurter Bahn und Zügen der DB, www.bahn.de.

Bus: Regelmäßig Regionalbusse nach Bad Blankenburg, Saalfeld, Königsee und Sitzendorf, www.kombus-online.eu.

Angeln In der Schwarza tummeln sich Bach- und Regenbogenforellen, Äschen, Bachneunaugen, Groppen, Aale u. a. Angeln mit Tageskarte. Ansprechpartner Mario Schütz, ✆ 036730-30220.

Baden Das **Freibad** unterhalb des Schlossbergs an der Schwarza lädt mit Quellwasser-Schwimmbecken, Kleinkinderbecken, Spielplatz, Liegewiesen und Volleyball zur sommerlichen Erholung ein. 15. Mai bis 15. Sept. 10–18 Uhr. ✆ 036730/22256, www.schwimmbad schwarzburg.de.

Fahrradfahren Der **Schwarzatal-Radweg** (45 km) verläuft von Neuhaus am Rennweg über Bad Blankenburg bis Rudolstadt-Schwarza.

Wandern Auf dem **Panoramaweg Schwarzatal** (137 km) kann man in acht Etappen die gesamte Region zwischen Schwarza und Goldisthal erkunden. Eine schöne **Rundwanderung** von/nach Schwarzburg führt über Hirschtränke und Schweizerhaus bis zum **Trippstein** (11 km). Der Trippsteinblick fehlt auf keiner Postkarte! www.schwarzburg-tourismus.de.

Übernachten/Essen   Hotel Zum Wildpark, in dem hübschen historischen Fachwerkhaus an der Schwarza gibt es gediegene, komfortable Zimmer. EZ ab 42 €, DZ ab 72 € inkl. Frühstück. Im *Restaurant* wird Thüringer Küche serviert, die man an schönen Tagen auf der Terrasse direkt am Fluss genießt. Straße der Jugend 22, ✆ 036730-314777, www.hotel zumwildpark.de.

Hotel Schwarzaburg, das burgähnliche, 1876 erbaute Gebäude mit grandiosem Blick über Schwarza atmet Geschichte: Hier unterschrieb Friedrich Ebert die Weimarer Verfassung. Gepflegter Landhausstil in komfortablen Zimmern. EZ ab 43 €, DZ ab 74 € inkl. Frühstück. Im *Restaurant* werden Thüringer Spezialitäten nur für Hausgäste serviert. Friedrich-Ebert-Platz 16, ✆ 036730-318118, www.hotel schwarzaburg.de.

Bad Blankenburg

Im Juli und August duftet es rund um Bad Blankenburg nach Lavendel, der hier am Ende des Schwarzatals seit 200 Jahren angebaut wird. Im Juli wählen die 6400 Einwohner anlässlich des Lavendelfests ihre Lavendelkönigin und tauchen Prominente auf dem Markt ins Lavendelbad.

Die Kurstadt mit einer Heilquelle bietet Trinkkuren und profitiert von einem ganzjährig angenehmen Klima. Ein Spaziergang im Kurpark oder auf die *Burgruine Greifenstein* ist zu jeder Jahreszeit schön. Berühmt wurde Bad Blankenburg 1840 durch die Gründung des ersten Kindergartens der Welt, der „Spiel- und Beschäftigungsanstalt", durch den in Oberweißbach geborenen Pädagogen *Friedrich Fröbel*. In Bad Blankenburg entwickelte Fröbel auch pädagogisches Spielzeug wie Kugel, Walze und Würfel, die seither in der frühkindlichen Erziehung nicht fehlen. 1982 wurde in Fröbels Wohnhaus das **Friedrich-Fröbel-Museum** eingerichtet, das einen großen Teil des Nachlasses des Pädagogen verwaltet. Das Museumsangebot umfasst altersspezifische Führungen sowie Spielen und Basteln.

■ Friedrich-Fröbel-Museum: Di–Sa 10–17 Uhr, Eintritt 4 €. Johannisgasse 4, ✆ 036741-2565, www.froebel-museum.de.

Information **Tourist- und Servicecenter**, Mo–Fr 9–18, Sa 10–12 Uhr. Bahnhofstr. 23 (Stadthalle), 07422 Bad Blankenburg, ✆ 036741-2667, www.bad-blankenburg.info, www.bad-blankenburg.de.

Verbindungen **Bahn:** Regelmäßig Züge nach Saalfeld und Erfurt, www.bahn.de.

Bus: Regelmäßig Regionalbusse u. a. nach Saalfeld, Rudolstadt, Ilmenau und Neuhaus, www.kombus-online.eu.

Baden Das kleine **Freibad** mit Schwimmer- und Nichtschwimmerbecken, schönen Liegewiesen und Volleyball gefällt durch seine tolle Lage und günstige Preise. Mai bis Sept. 10–18/20 Uhr je nach Wetterlage. Wirbacher Str. 8, ✆ 0162-4396588, www.bad-blankenburg.de.

Fahrradfahren Bad Blankenburg liegt am romantischen **Schwarzatalradweg** (35 km). Von der Kurstadt aus ist nach 4 km der **Saale-Radwanderweg** erreicht. Der **Rinnetal-Radweg** (30 km) verbindet Bad Blankenburg mit dem Ilmradweg.

Wandern Auf dem **Friedrich-Fröbel-Wanderweg** (14,5 km) informieren Schautafeln zwischen Bad Blankenburg und dem „Fröbelblick" über Leben und Werk des Pädagogen, www.bad-blankenburg.info.

Übernachten/Essen **Hotel Zum Steinhof**, familiär geführtes Haus mit freundlichen, komfortablen Zimmern. EZ 55–60 €, DZ 80–88 € inkl. Frühstück; auch Halbpension möglich. Im ländlich-stilvollen *Restaurant* speist man Thüringer Spezialitäten und internationale Gerichte. Wirbacher Str. 6, ✆ 036741-3470, www.hotel-zumsteinhof.de.

Hotel & Restaurant Weinhaus Eberitzsch, saniertes, familiengeführtes Jugendstilhaus mit individuell gestalteten Zimmern und Annehmlichkeiten wie Sauna und Whirlpool. EZ 56,50 €, DZ ab 78 € inkl. Frühstück. Im ausgezeichneten *Restaurant* kommt regionale und internationale Küche auf den Teller, von Steak über Gemüseburger bis zu diversen Thüringer Spezialitäten. Reiche Weinauswahl, herrlicher Biergarten. Schwarzburger Str. 19, ✆ 036741-2353, www.weinhaus-eberitzsch.de.

Camping **Caravanpark Schwarzatal**, ein Platz für Ruhesuchende am Ufer der Schwarza. 23 ebene Stellplätze auf Schotterrasen, Stromanschluss, moderne Sanitäranlagen, Feuerstelle, Saunawohnwagen und Angelmöglichkeit. Wohnmobil/Wohnwagen und Auto 7 €, Pkw und Zelt 6 €, Erw. 4,50 €. Dittersdorfer Weg 236a, ✆ 036741-2695, www.caravanpark-schwarzatal.de.

Lehesten

Das Berg- und Schieferstädtchen (1700 Einwohner) liegt in 600 bis 700 m Höhe auf einem Hochplateau mit dem *Wetzstein* (792 m) als herausragender Erhebung. In den umliegenden Schieferbrüchen wurde das „blaue Gold" gefördert, der Schiefer, mit dem die Dächer und Hausfassaden in der Region traditionell gedeckt sind.

Der Lehestener Schiefer war begehrt. Er deckte das Dach der Wiener Hofburg

Thüringer Schiefergebirge und Saaletal ↓ Karte S. 114

Historischer Schieferbruch Lehesten

und wurde bis in den Orient exportiert. Von hoher Kunstfertigkeit zeugen die Fassadengestaltungen der hier an der ältesten Dachdeckerschule Deutschlands ausgebildeten Schieferdecker. Im *Naturschutzgebiet Staatsbruch* leben 170 vom Aussterben bedrohte Pflanzen- und Tierarten, darunter der Uhu. In der Biedermeier-*Stadtkirche* befindet sich eine 3 x 2,50 m große Schiefertafel aus dem Jahr 1872, die vermutlich größte jemals in einem Stück gehauene Tafel. Auch Altar und Kruzifix sind aus Schiefer gefertigt.

Technisches Denkmal „Historischer Schieferbergbau": Der Schieferbruch gibt Einblick in die jahrhundertealte Geschichte des Schieferbergbaus und das traditionelle Schieferhandwerk. Einmalig sind die 70 m in die Tiefe reichende *Göpelschachtanlage* und die *Doppelspalthütte.* Hier erfährt der Besucher bei Vorführungen, wie das Gestein mit Bergmannsloren und der Förderanlage ans Tageslicht gefördert, dann zu Tafeln gespalten und schließlich in beliebige Formen weiterverarbeitet wurde. Bis 1999 wurde hier im Tagebau Schiefer gefördert. Entlang des türkis-

farben schimmernden Schiefersees lädt der geologische Lehrpfad zum Spaziergang ein. Über Flora und Fauna informiert die Ausstellung „Lebensraum Schieferpark bei Tag und Nacht".

■ Museumsführungen April bis Okt. Di–Do 10 und 13, Fr 10, Sa 10.30 und 14, So 14 Uhr, Eintritt 7 €. Staatsbruch 17, ✆036653-26270, www.schiefer-denkmal-lehesten.de.

Mahn- und Gedenkstätte Laura: Im „Fröhlichen Tal" oberhalb des heutigen Stadtteils Schmiedebach erinnert die Gedenkstätte an das 1943 eingerichtete Außenlager des Konzentrationslagers Buchenwald. Mehr als 2000 Häftlinge mussten die Hohlräume des Oertelsbruches unter unmenschlichen Bedingungen erweitern, mindestens 560 von ihnen fanden dabei den Tod. Von 1943 bis 1945 wurden hier Triebwerkstests für die V2-Rakete durchgeführt.

■ April bis Okt. Mi–Fr 14–17.30 Uhr, Sa/So 10–17.30 Uhr, Eintritt frei. Fröhliches Tal, ✆036653-264675, www.kz-gedenkstaette-laura.de.

Altvaterturm: Auf dem Wetzstein (792 m) wurde als Mahnmal gegen die Vertreibung von Menschen und als Erinnerungsstätte an die verlorengegangene Heimat u. a. der Sudetendeutschen der Altvaterturm errichtet. Aus 36 m Höhe hat man eine beeindruckende Aussicht.

▪ April bis Okt. Mi–So 11–17 Uhr. Ab Wanderparkplatz (an der L 2374 Lehesten-Brennersgrün) ca. 900 m, www.altvaterturm.de.

Information Touristinformation, Obere Marktstr. 2, 07349 Lehesten, ☎ 036653-2600, www.lehesten.de.

Verbindungen Bus: Regelmäßig Regionalbusse nach Wurzbach, Bad Lobenstein, Brennersgrün, Leutenberg und Probstzella, www.kombus-online.eu.

Wandern Die Rundwanderung **Auf den Spuren des Blauen Goldes** (16 km) erschließt dem Wanderer die Steinerne Heide, das Zentrum der Schiefergewinnung im fränkisch-thüringischen Mittelgebirgsraum zwischen Lehesten und Ludwigstadt, www.thueringer-wald.com.

Rund um den Wetzstein (13 km zwischen Brennersgrün, Lehesten und Ziegelhütte) nimmt man ein Stück Rennsteig und den interessanten Schönwappenweg mit, wo historische Grenzsteine an die frühere territoriale Zersplitterung der heutigen Freistaaten Thüringen und Bayern erinnern, www.erlebnisgruenesband.de.

Übernachten/Essen Gasthof Glückauf, gemütliche Zimmer in zentraler Lage, EZ 40 €, DZ 60 € inkl. Frühstück. In der Traditionsgaststätte gibt es gutbürgerliche Küche. Zu den Spezialitäten gehören selbst gemachter Bauernschinken, Hausmacherwurst und Hefekuchen. Markt 1, Lehesten, ☎ 036653-22216, www.gasthof-glueck-auf-lehesten.de.

Hotel im Schieferpark Lehesten, die denkmalgeschützten, umfassend renovierten Gebäude „Kaue" und „Remise" bieten komfortable Gästezimmer mit Ausblick auf das Naturschutzgebiet. Aufenthaltsraum und Spielzimmer vorhanden. EZ 41–63 €, DZ 68–89 € inkl. Frühstück. Gästeküchen zur Selbstverpflegung. Am Staatsbruch 1, ☎ 036653-26050, www.schieferpark.de.

„Blaues Gold": Schiefer prägt die Region

Bläulichschwarz schimmernder Schiefer prägt die Region des „Thüringer Schiefergebirges". Vor über 300 Millionen Jahren lagerten sich Ton und Sand am Grund des urzeitlichen Meeres ab. Bei der so genannten variszischen Gebirgsbildung im Erdaltertum wurden die Sedimente gefaltet und versteinerten unter hohem Druck. Charakteristisch für den dabei entstandenen Schiefer ist, dass er entlang der Schieferungsflächen spaltbar ist. In zahlreichen Brüchen von Steinach bis Lehesten wurde das „blaue Gold" seit etwa 400 Jahren abgebaut und zu Schreibtafeln, Schreibgriffeln oder Dach- und Hauseindeckungen verarbeitet. Die Schieferhäuser prägen bis heute das Bild der Städte und Dörfer. Zahlreiche Abbaustätten sind inzwischen geschlossen. Tagebaugruben wie in Lehesten haben sich mit Wasser gefüllt und sind zu Biotopen geworden.

Sehenswert sind der Schieferpark Lehesten, der Altvaterturm, der Aussichtsturm „Thüringer Warte" bei Ludwigstadt und das Schloss Wespenstein in Gräfenthal.

Wandern: Die „Thüringisch-fränkische Schieferstraße" (96 km) erschließt die Schieferstätten in Thüringer Wald, Schiefergebirge und Frankenwald.

▪ **Information:** Über die Geschichte des Schieferabbaus informiert das *Deutsche Schiefermuseum* in Steinach. Wie der Abbau und die handwerkliche Weiterverarbeitung funktionierte, erfährt man im *Schieferpark Lehesten.*

Thüringer Schiefergebirge und Saaletal ↳ Karte S. 114

Hoch über der engen Saaleschleife thront Schloss Burgk

Das Burgenland zwischen Saale und Orla

Tief schneidet die Saale in die Felsen des Schiefergebirges ein, und so ist zwischen ihrem Tal und den umliegenden Höhen stets eine ordentliche Höhendifferenz zu überwinden. Von oben grüßen stolze und trutzige Burgen, die „An der Saale hellem Strande" alle paar Kilometer zu finden sind.

Wie in dem Volkslied (1826) von Franz Kugler erzählen die Burgen von Rittern, schönen Fräulein und viel Romantik. Tatsächlich bietet das Burgenland zwischen Saale und Orla nicht nur großartige Fotomotive, sondern auch vielfältige Kulturangebote. Im großen Saalebogen verdichtet sich das Siedlungsgebiet der drei Städte *Saalfeld*, *Bad Blankenburg* und *Rudolstadt*. Die einzigartigen *Saalfelder Feengrotten* und die mächtige *Heidecksburg in Rudolstadt* sind Highlights, die man nicht verpassen sollte. Die *Leuchtenburg bei Kahla* dient als historische Kulisse für

die mitreißend-modern inszenierten Thüringer Porzellanwelten.

Vom Saaletal zweigt bei Saalfeld östlich die Orla-Senke ab, die bis nach Triptis reicht. Charakteristisch sind die *Zechsteinriffberge*, in deren Höhlen bedeutende altsteinzeitliche Relikte gefunden wurden. Nördlich der Orla schließen sich die Wälder des *Holzlandes* an, im Süden und Südosten liegen die *Saale-Stauseen* und das *„Land der tausend Teiche"*. Wer in der Orla-Senke unterwegs ist, reist durch ein breites, landwirtschaftlich geprägtes Tal. Viele naturgeschützte Nischen mit den typischen Felsen sowie Gewässerbereiche sind Rückzugsorte für seltene Orchideen wie den Fliegenragwurz, die bedrohte Schmetterlingsart „Spanische Flagge" oder den geschützten Eisvogel. Auf verschlungenen Wegen erreicht man kulturelle Kleinode wie die *Burg Ranis*, die auf Entdeckung warten. Städte wie *Pößneck* und *Neustadt an der Orla* sind es wert, ein wenig zu verweilen.

Saalfeld

Die berühmten Saalfelder Feengrotten sind ein beliebtes Ziel für Familien. Doch auch die Altstadt mit ihren trutzigen Stadttoren, hübschen Bauwerken aus der Renaissance und der Ruine Hoher Schwarm lohnt den Besuch.

Die Kreisstadt Saalfeld zählt heute 25.000 Einwohner und kooperiert mit Bad Blankenburg und Rudolstadt im „Städtedreieck Saalebogen". Gemütlich geht es zu in der historischen Altstadt, drum herum finden sich schöne alte Wohnviertel, aber auch moderne Industriebereiche, wo Werkzeugmaschinen und medizinische Geräte gefertigt werden. Seit 1901 ist Saalfeld bei Nasch-

katzen durch seine Schokoladenfabrik bekannt. Unter dem Namen „Mauxion" erlebte die Schokoladenherstellung ihre Blütezeit. Heute produziert hier die Firma Stollwerck Süßes von der Tafelschokolade bis zum Osterei.

Das warme Klima begünstigt die Landwirtschaft, und so breiten sich abseits der besiedelten Flächen Wiesen und Felder bis an die steilen Talhänge aus. Hochwasser ist keine Bedrohung mehr, denn die Talsperren im Oberlauf der Saale regulieren den Wasserstand. Erstmals urkundlich erwähnt wird Saalfeld im Jahr 899, rund 150 Jahre später wird es Besitz des Erzbistums Köln. Nach der Gründung des Benediktinerklosters St. Peter und Paul wurde Saalfeld zum kirchlichen Zentrum Ostthüringens. Das Kloster bestand bis nach der Reformation.

Unter der Herrschaft der Schwarzburger erhielt Saalfeld 1208 die Stadtrechte. Nach dem Stadtbrand von 1517 entwickelte sich das durch Renaissancebauten geprägte Stadtbild. Weithin bekannt ist Saalfeld durch die *„Feengrotten"*.

Das stattliche Renaissance-Rathaus in Saalfeld

Thüringer Schiefergebirge und Saaletal → Karte S. 114

Altstadt: Vier von einst fünf Stadttoren gewähren Einlass in die Altstadt. Einst war die Stadt komplett von einer 8 m hohen Stadtmauer umschlossen, heute ist ein sehenswerter Halbkreis davon übrig geblieben. Vom *Turm des Darrtores* aus (tägl. 10–17 Uhr) erhält man einen guten Überblick über die Anlage der Stadt; von dort oben sieht man auch die nördlich gelegenen Häuser am „Alten Markt" (12. Jh.), wo rings um den dreieckigen Platz die Stadt ursprünglich gegründet wurde. Durch die Blankenburger Straße erreicht man nach wenigen Schritten die *Johanneskirche.* Auf den Trümmern eines Vorgängerbaus wurde die Kirche im gotischen Stil zwischen 1380 und 1514 erbaut. Sie ist die größte Hallenkirche Thüringens, wie man in dem mit roten Pfeilern und Maßwerk gestalteten Innenraum ermessen kann. Die gemalte „Himmelswiese" an der Decke des Chors zeigt mindestens 80 Pflanzenarten.

Das Zentrum markiert der enorme, rechtwinklige **Marktplatz,** dessen Anlage auf Kaiser Friedrich Barbarossa zurückgeht. Den Platz dominiert das *Renaissance-Rathaus* (1529–37), an dem links neben dem Kielbogenportal die „Saalfelder Elle" das Maß von 56,6 cm für die Tuchmacher vorgab. Die Wappentafel am reich geschmückten Erker ist die von Kurfürst Johann Friedrich dem Großmütigen und seiner Gemahlin Sibylle von Cleve. Hinter dem Rathaus steht ein merkwürdiger Rundbau, den der Volksmund „Hutschachtel" nennt. Er diente bis Mitte des 20. Jh. als *Amtsgefängnis* und verwahrt heute das Stadtarchiv. An der Nordseite des Marktplatzes hielten schon im Mittelalter die Händler auf ausgeklappten Fensterläden ihre Waren feil – daher der Name „Lieden".

Die heutige *Marktapotheke,* ein romanischer Bau, ist eines der ältesten Gebäude der Stadt. Die steinernen Löwen künden davon, dass es um 1180 als Sitz des Vogts von Kaiser Barbaros-

sa gebaut wurde. Rechts daneben steht die *Alte Münze.* In der *Saalstraße* fallen zwei Patrizierhäuser aus der Renaissance mit reichem Fassadenschmuck ins Auge: das Haus Nr. 11 sowie das „Höhnsche Haus" (Nr. 17). Dieses wurde um 1610 im Stil der Spätrenaissance gebaut und beherbergte im 18. Jh. das kursächsische Postamt.

Das Wahrzeichen Saalfelds ist die **Burgruine Hoher Schwarm** im Südosten der Altstadt. Gebaut wurde sie als Wohnturmburg der Grafen von Schwarzburg. Seit Mitte des 16. Jh. ist sie eine Ruine. Sehenswert ist gleich nebenan das **Schlösschen Kitzerstein** mit seiner reich gegliederten Fassade im Stil der Frührenaissance. Das nördlich der Altstadt gelegene dreiflügelige **Schloss Saalfeld** wurde von 1677–1726 errichtet. Es war Residenzschloss des Herzogs Johann Ernst von Sachsen-Saalfeld und ist heute Sitz der Verwaltung des Landkreises Saalfeld-Rudolstadt.

Stadtmuseum: im ehemaligen Franziskanerkloster im Westen der Altstadt. 1250 wurde das Kloster von den Grafen von Schwarzburg gegründet. Nach der Reformation wurde es 1534 aufgelöst und umgebaut. Die leer stehende Klosterkirche erhielt eine Barockdecke, geschmückt mit Stuckaturen und Fresken des Gothaer Hofmalers Johann Heinrich Ritter. In den herrlichen Kreuzgängen, den Klosterräumen und dem Kapitelsaal wird die Klostergeschichte dargestellt. Unter anderem ist eine Sammlung spätmittelalterlicher Holzplastiken aus Saalfelder Werkstätten zu sehen. Das Stadtmuseum zeigt eine Ausstellung zur Stadt- und Regionalgeschichte, eine Kunstgalerie mit Werken Saalfelder Künstler sowie vielfältige Thüringer Trachten.

▪ Di–So 10–17 Uhr, Eintritt 5 €. Münzplatz 5, ☏ 03671-598471, www.museumimkloster.de.

Saalfelder Feengrotten: Im Guinnessbuch der Rekorde stehen die Feengrotten wegen ihres einzigartigen Farben-

Faszinierendes Farbenspiel im Märchendom der Saalfelder Feengrotten

reichtums. Beim Abbau von Alaunschiefer hatten Bergleute ab dem Jahr 1530 Höhlen in den Berg getrieben. Nach Einstellung der bergmännischen Arbeit um 1850 verwandelten sich die Hohlräume zu farbenprächtigen Tropfsteinhöhlen, die 1914 als Schaubergwerk erschlossen wurden. Gelb, rotbraun, violett, grün und blau schimmern die mineralischen Einlagerungen in den Tropfsteinen und spiegeln sich in den künstlich aufgestauten Seen. Zu den schönsten Grotten gehört der *Märchendom*.

Bei der 60-minütigen Führung unter Tage erfährt man alles Wissenswerte über die Geschichte der einstigen Grube „Jeremias Glück", über die Arbeit der Bergleute und die Entstehung der Tropfsteine und Minerale. Die Grubentemperatur beträgt ganzjährig zwischen 8 und 10 °C, warme Kleidung ist deshalb zu empfehlen. Wegen des Tropfwassers unter Tage erhalten die Besucher Schutzmäntel. Für Kinder empfiehlt sich die sagenhafte „Zwergentour" (nach Voranmeldung).

Rund um die Saalfelder Feengrotten ist ein wahres Kinderparadies entstanden. Nach dem Besuch der Grotten können die kleinen Höhlenentdecker im „Abenteuerwald Feenweltchen" in die Welt der Feen und Naturgeister eintauchen. Ziel der Reise ist das Feenwipfelschloss mit seiner Zauberrutsche. Die „Erlebnisausstellung Grottoneum" vermittelt spielerisch, wie die Feengrotten entstanden sind, und lädt zum Entdecken ein.

■ Feengrotten, Grottoneum, Feenweltchen: Mai bis Okt. 10–17, Nov. bis 6. Jan. 11–15.30 Feb. bis April 11–15.30 Uhr. Kombi-Ticket Feengrotten, Grottoneum und Feenweltchen Erw. 14,90 €, Kind 9,90 €; auch Einzeltickets erhältlich. Feengrottenweg 2, ✆ 03671-55040, www.feengrotten.de.

Information Touristinformation, Mo–Fr 9–18 Uhr, Sa 9–13 Uhr. Markt 6, 07318 Saalfeld, ✆ 03671-522181, www.saalfeld-tourismus.de.

Verbindungen Bahn: Regelmäßige Verbindungen nach Jena, Erfurt und Leipzig, www.bahn.de.

Bus: Am Bahnhofsvorplatz halten die Fernbusse von FlixBus. Innerhalb der Stadt verkehren drei Linien, die wie der Regionalverkehr von KomBus bedient werden. Zu den *Feengrotten* verkehrt täglich halbstündlich die Buslinie A ab Bahnhof. Unter dem Stichwort

„Städtedreieck mobil" verkehren drei Linien zwischen Saalfeld, Rudolstadt und Bad Blankenburg, www.kombus-online.de.

Parken Rund um die Altstadt zahlreiche gebührenpflichtige Parkplätze. Kostenlos parkt man auf den Parkplätzen Am Schlachthof und Promenadenweg. An den Feengrotten sind ebenfalls ausreichend Parkplätze vorhanden.

Ausflug Beliebtes Naherholungsziel im Süden Saalfelds ist das denkmalgeschützte Bauensemble **Park und Villa Bergfried,** die der Schokoladenfabrikant Ernst Hüther 1922–1924 bauen ließ. Die Parkanlage mit einem ausgedehnten japanischen Garten bietet einen schönen Blick auf die Stadt und das Saaletal. Im Glockenturm befindet sich ein Carillon mit 25 Glocken, das zu den ältesten Deutschlands zählt. Bergfried 1.

Baden Das **Saalfelder Freibad** bietet ein Erlebnisbecken mit Rutsche, 10-m-Sprungturm, Beachvolleyball, Tischtennis, Boule und Schachbrett. Mai–Sept. tägl. 9–19 bzw. 21 Uhr. Tiefer Weg 5.

Schwimmhalle und Sauna sind ganzjährig geöffnet: Sommer Mo und Mi 16–20 Uhr, Di 7–11 Uhr, Do 7–10.30 Uhr, Fr 7–12 und 16–20 Uhr, Sa/So 8–17 Uhr. Kelzstr. 27, ☎ 03671-2017, www.saalfeld.de.

Einkaufen **Schokoscheune,** das klingt für Fans von Süßigkeiten wie eine Verheißung. Der

Werksverkauf von Stollwerck hat Di–Fr 10–18, Sa 8.30–13 Uhr geöffnet, der „Sarotti-Shop" Mo–Fr 8.30–18, Sa 8.30–13 Uhr. Neumühle 1, ☎ 03671-8210, www.saalfeldschokolade.de.

Im **Handwerkerhof der Feengrotten** findet man schöne Mitbringsel wie Glas, Mineralien, Öle und Essenzen. Mai bis Okt. 9–17 Uhr, Nov. bis April 10.30–15.30 Uhr. Feengrottenweg 2, www.feengrotten.de.

Fahrradfahren Saalfeld ist eine schöne Etappe des **Saale-Radwegs** (403 km), der in Zell im Fichtelgebirge beginnt und bis zur Saalemündung nach Barby an der Elbe reicht. Eine schöne Rundtour ist der **Saale-Orla-Weg** (35 km) von Saalfeld über Krölpa nach Pößneck. Die Verbindung vom Saaleradweg zum Rennsteigradweg ermöglicht der sportliche **Loquitz-Radwanderweg** (30 km) ab Kaulsdorf.

Stadtführungen Führungen durch die Altstadt Mai bis Okt. Sa 11 Uhr ab Touristinformation, 5 €. Zudem werden Themenführungen angeboten. ☎ 03671-522181, www.saalfeld-tourismus.de.

Veranstaltungen Anfang Juni lockt das **Saalfelder Marktfest** mit Livemusik und abwechslungsreicher Gastronomie. Beim **Saalfelder Zunftmarkt** gibt es Gelegenheit, vom Korbflechter bis zur Klöpplerin traditionelles und modernes Handwerk zu erleben. Ende August gibt es beim **Detscher-Fest** in der

Wahrzeichen Saalfelds: die Burgruine Hoher Schwarm

Altstadt das traditionell auf offenem Ofen gebackene Kartoffel-Gebäck, das mit viel Butter, Zucker und Zimt serviert wird. Anfang Sept. wird das **Saalfelder Bierfest** mit Saalfelder Bier und zünftiger Musik im Bierzelt auf dem Marktplatz gefeiert.

Ende Okt./Anfang Nov. freuen sich Jazzfans bei den **Saalfelder Jazztagen** auf ein abwechslungsreiches Programm.

Wandern Auf einer Vielzahl von Wegen lässt sich die Gegend rund um Saalfeld erkunden. **„In die Erdgeschichte Saalfelds"** (9 km) führt eine Wanderung entlang der Saale zum Flächendenkmal Bohlenwand (im Südosten gegenüber Stollwerck), durch das Mühltal und über Obernitz zurück nach Saalfeld. **„Auf Luthers Spuren"** (8 km) begibt man sich vom ehemaligen Franziskanerkloster zu den Feengrotten, um von dort aus ein Teilstück des Lutherwegs über die Mittelweghütte zu gehen, www.saalfeld-tourismus.de. Der **Lutherweg** führt von Probstzella über Saalfeld nach Rudolstadt, www.lutherweg.de.

Übernachten/Essen **Hotel Anker,** in der Altstadt. Gediegener Stil und komfortable Zimmer, die es an nichts fehlen lassen. EZ 57 €, DZ 85–91 € inkl. Frühstück. Markt 25/26, ☎ 03671-5990, www.hotel-anker-saalfeld.de.

Hotel Müller, im Grünen außerhalb des Zentrums. Familiäres Hotel mit ordentlichen Zimmern und gutem Komfort. Ausreichend Parkplätze vorhanden. EZ 53 €, DZ 76 € inkl. Frühstück. Thüringer Hausmannskost und heimisches Bier erwartet die Gäste des *Restaurants*. Lachenstr. 52, ☎ 03671-512632, www.thueringen-info.de.

Hotel Tanne, zentral, in der Nähe der Innenstadt. Hier findet man gemütliche, komfortable Zimmer in verschiedenen Kategorien. Tiefgarage, Sauna und Fitness gegen Gebühr. EZ 63 €, DZ 84 € inkl. Frühstück. Im gepflegten *Restaurant Lutherstube* werden die Gäste mit Thüringer Spezialitäten verwöhnt. Saalstr. 35–39, ☎ 03671-8260, www.tanne-saalfeld.de.

Pension Töpferstübl, in einer verkehrsberuhigten Zone in der Altstadt. Freundliche Zimmer und Parkmöglichkeiten. EZ 45–48 €, DZ 59–79 € inkl. Frühstück. Obere Str. 14, ☎ 03671-672505, www.pension-saalfeld.de.

Hotel Bohlenblick, gegenüber der eindrucksvollen Felssteilwand „Bohlen". Das Haus empfängt die Gäste mit liebevoll gestalteten Themenzimmern von „Andalucia" bis „Romantik", aber auch in Zimmern mit „normaler" Einrichtung fühlt man sich wohl. Sauna vorhanden, Fahrradverleih gegen Gebühr. EZ 45–53 €, DZ 59–79 € inkl. Frühstück. Das *Hotelrestaurant* tischt Thüringer Küche auf. Geschwister-Scholl-Str. 7, Saalfeld-Obernitz, ☎ 03671-672505, www.bohlenblick.de.

Güldene Gans, Saalfelds Adresse für Feinschmecker ist auch Restaurantführern wie Guide Michelin und Gault Millau eine Empfehlung wert. Die kreativen Köche kombinieren Thüringer Traditionen mit einem Hauch von Mittelmeer und Orient. Da mundet Lammhaxe mit Wickelklößen ebenso wie Waller-Tartar mit Wasabi-Pannacotta oder vegetarisches Perlgraupenrisotto mit Karfiol. Mo, Fr, Sa 17–22 Uhr, Di–Do 11.30–14 und 18–22 Uhr. Markt 25, ☎ 03671-599103, www.gueldene-gans.de.

meinTipp **Restaurant Schlutius,** das „Hochhaus" einer ehemaligen Saalfelder Kartonagenfabrik wurde inzwischen zu „Saalfelds grüner Mitte" umfunktioniert. Firmengründer Schlutius ist der Namensgeber für das Restaurant, in dem über den Dächern der Stadt frische mediterrane Küche und feine Weine aufgetischt werden. Den Kaffee mit frischem Kuchen nehmen die Gäste gern auf der Aussichtsterrasse, und am Abend schmeckt der eine oder andere Cocktail an der Bar. Di–Sa 11.30–22, So 11.30–17 Uhr. Grüne Mitte 6, ☎ 03671-4553330, www.das-schlutius.de.

Restaurant Alte Post, in dem historischen Gasthof sitzt man gemütlich unter altem Gewölbe. Die Küche schafft den Spagat von Thüringer Küche zu kroatischen Spezialitäten und wartet mit saisonalen Angeboten auf. Im beliebten Biergarten schmeckt das Saalfelder Bier noch mal so gut. Tägl. 11–23 Uhr. Blankenburger Str. 9, ☎ 03671-516661, www.alte-post-saalfeld.de.

Kaffeehaus Wenzel, sehr angenehmes Kaffeehaus über zwei Etagen, das von Frühstück über wechselnde Tagesgerichte bis zur wunderbaren Auswahl an Kuchen und Eis verwöhnt. Mo–Fr 6–19, Sa 6–18, So 7–18 Uhr. Markt 10, ☎ 03671-457650.

K-Star, die junge Bar mit hippem Style lockt zur Cocktailstunde, bietet aber auch leckeres Essen vom Steak über Pasta bis zu Vegetarischem. Di–Do 16–1 Uhr, Fr/Sa 16–2 Uhr, Restaurantzeiten 17.30–22.30 Uhr. Brudergasse 10, ☎ 03671-457668, www.kstar.de.

Thüringer Schiefergebirge und Saaletal ↓ Karte S. 114

Gasthaus Feengrotten, hier kann man sich vor oder nach dem Besuch der Feengrotten mit deftigen Thüringer Gerichte stärken. Eine Spezialität ist der Saalfelder Schwarzbierbraten. Die hungrigen Kleinen werden mit „Drachen-Geröll" oder „Feen-Mahl" satt. Im *Café Grottenschenke* gibt es Bergmannsessen, Kloßgerichte und vegane Speisen sowie Kaffee, Eis und Kuchen. Mai bis Okt. 12–18, Nov. bis April 12–16 Uhr. Feengrottenweg 2, ✆ 03671-550445, www.feengrotten.de.

Wohnmobile Elf kostenlose Stellplätze für Wohnmobile/Caravans auf dem Parkplatz gegenüber dem Freibad an der Reschwitzer Straße. Stellplätze auch an den Feengrotten. Strom sowie Ver- und Entsorgung gegen Gebühr.

Rudolstadt

Die Heidecksburg hoch über Rudolstadt zählt zu den prunkvollsten Thüringer Barockschlössern. Bekannt ist die 22.000-Einwohner-Stadt im Saalebogen

Schloss Heidecksburg
birgt große Kunst

auch durch ihre Porzellantradition, Friedrich Schiller und das „Tanz-&-Folk-Fest", Deutschlands größtes Folk-Roots-Festival mit alljährlich bis zu 90.000 Besuchern.

Im Jahr 776 wird Rudolstadt erstmals erwähnt, Stadtrechte erhält es 1326. Durch den Hof der Schwarzburger erlebt die Stadt im 18. und 19. Jh. eine kulturelle Blüte. In ihrem „Klein Weimar" scharten die Fürsten Größen wie Alexander von Humboldt, Schopenhauer, Paganini, Liszt und Wagner um sich. Auch eine große Liebesgeschichte nahm in Rudolstadt ihren Anfang: *Friedrich Schiller* lernte hier 1787 seine spätere Frau Charlotte von Lengefeld kennen. Im Haus der Familie Lengefeld-Beulwitz, dem heutigen *Schillerhaus*, begegneten sich auch Schiller und Goethe erstmals im Jahre 1788.

Schloss Heidecksburg: Der Blick auf den langgestreckten Südflügel der Burg, 60 m über der Stadt, flößt Respekt ein, vor allem dann, wenn man sich von der Altstadt zu Fuß an den Aufstieg macht und schließlich das triumphbogenartige Portal durchschreitet. Vielleicht hat mancher Thüringer dabei die Marschmelodie „Hoch Heidecksburg" (1912) von Rudolf Herzer im Ohr, die als Titelmusik der TV-Sendung „Feste der Volksmusik" bekannt wurde.

Erbaut wurde die Heidecksburg als schlichtes Renaissanceschloss auf Resten einer Burganlage aus dem 13. Jh. Ein verheerender Brand 1735 ermöglichte dem regierenden Fürsten Friedrich Anton die Umgestaltung zum barocken Prachtbau mit drei Flügeln und 40 m hohem Turm. Auf Filzpantoffeln schlurfen die Besucher durch die mit Rocailleverzierungen, Deckenlüstern, Gemälden, Seidentapeten, Marmor und Stuckaturen überreich dekorierten Räume.

Der ovale **Festsaal** ist 12 m hoch und die Götter des Olymps auf dem Deckengemälde tragen nicht von ungefähr die Züge der fürstlichen Familie. Nicht nur hier herrscht eine beeindruckende Akustik. Im *Musikzimmer* wurde durch den sich nach innen um 7 cm neigenden Fußboden ein effektvoller Hall erschaffen. Die Inneneinrichtungen dokumentieren den Wandel des Zeitgeschmacks vom Barock über Rokoko und Klassizismus bis zum Biedermeier.

Reiche Kunstschätze häuften die Fürsten an. Die **Gemäldegalerie**, in der Maler wie Ferdinand Kobell, Carl Hummel und Caspar David Friedrich vertreten sind, umfasst 1500 Bilder. Sehenswert sind auch das **Naturhistorische Museum** und die **Porzellangalerie**. In der früheren Hofküche des Schlosses ist die Ausstellung *„Rococo en miniature"* zu sehen, eine von Gerhard Bätz und Manfred Kiedorf geschaffene Wunderwelt. In 50 Jahre langer Arbeit schufen die Künstler die Fantasieschlösser von Pelarien und Dyonien und bevölkerten sie mit Hunderten von winzigen Figürchen.

▪ April bis Okt. Di–So 10–18 Uhr, Nov. bis März Di–So 10–17 Uhr, Gesamtkarte 8 €, Führung stündlich ab 10.30 Uhr. „Rococo en miniature" 4 €, mit Gesamtkarte 2 €. Schlossstraße, ☎ 03672-42900, www.heidecksburg.de.

Altstadt: In der Innenstadt laden verwinkelte Gassen und von Renaissance-Bürgerhäusern gesäumte Straßen zum Spaziergang ein. Als Parkplatz und belebter Mittelpunkt dient der **Marktplatz**. Das ehemals schmucklose neue Rathaus aus dem 17. Jh. erhielt 1912 einen markanten Turm und einen Erker im Renaissancestil. Am *Alten Rathaus* (Stiftsgasse 2) aus dem 16. Jh. mit einem Turm aus dem 18. Jh. sieht man die 56,4 cm lange Rudolstädter Elle und Reste eines Halseisens. Die dreischiffige, spätgotische **Hallenkirche St. Andreas** (Mo–Fr 11–16 Uhr, Kirchhof 1) erhielt 1634/36 eine frühbarocke Innenausstattung. Eine Besonderheit ist der epitaphartig gestaltete, bis zur Decke reichende „Stammbaum" von Albrecht VII. Die Fürstengruft, in der u. a. der Sarkophag von Gräfin Katharina

von Schwarzburg ruht, besuchte schon Friedrich Schiller. Katharinas Ausspruch „Fürstenblut für Ochsenblut", mit dem sie im Schmalkaldischen Krieg Herzog Alba entgegentrat, verarbeitete er in einem seiner Werke.

Das *Rudolstädter Theater* wurde im 18. Jh. als Hoftheater auf dem Anger erbaut und von der Weimarischen Schauspieltruppe bespielt. Goethe selbst unterzeichnete den Vertrag. Gespielt wurden u. a. Werke von Mozart, Goethe und Schiller. Das *Museum im Schillerhaus* erklärt, was den Dichter persönlich mit Rudolstadt so eng verband. Ein Besuch wert ist der idyllische Handwerkerhof mit seinen Werkstätten, Geschäften und Gastronomie.

Schillerhaus: „Ich lebe hier ziemlich zufrieden, genieße mich auch zuweilen selbst und habe oft süße Augenblicke durch Gesellschaft. Die Gegend ist überaus schön …" Als Friedrich von Schiller 1787 die Schwestern Charlotte von Lengefeld und Caroline von Beulwitz in Rudolstadt kennenlernte, hatte dies Folgen: Inspiriert von den hübschen und klugen Schwestern wurde nicht nur seine Kreativität beflügelt, er fand in Charlotte auch die Liebe seines Lebens. Die Ausstellung im Schillerhaus lässt in Bildern, Briefen und Geschichte(n) Schillers Rudolstadter Sommer 1788 lebendig werden, zunächst seine Beziehung zu den jungen Frauen, aber auch die erste Begegnung mit Goethe, zu der es ebenfalls im Lengefeldschen Haus, dem heutigen Schillerhaus, im September 1788 kam. Nicht nur das vorbildlich renovierte Haus ist einen Besuch wert, auch der idyllische Garten. Welche historischen Orte in Rudolstadt Schiller einst besuchte, darüber informiert die Webseite des Museums ausführlich. Die ehemalige Glockengießerei Mayer soll ihm Motive für „Das Lied von der Glocke" geliefert haben.

▪ April bis Okt. 10–18 Uhr, Nov. bis März Di–So 10–17 Uhr, Eintritt 5 €. Schillerstr. 25, ☎ 03672-486470, www.schillerhaus-rudolstadt.de.

Thüringer Schiefergebirge und Saaletal ↓ Karte S. 114

Im Schillerhaus bahnte sich eine große Liebe an

Thüringer Bauernhäuser: Mehrere malerische Fachwerkhäuser aus dem 17. und 18. Jh. wurden in der Nähe des Heinrich-Heine-Parks auf der südlichen Saaleseite zu einem *Freilichtmuseum* aufgebaut. Das Museum im Grünen präsentiert Möbel und Gebrauchsgegenstände, die den bäuerlichen Alltag lebendig machen. Sehenswert ist die Einrichtung einer alten Dorf-Apotheke aus dem Ort Rohrbach, in der Öle und Kräuteressenzen hergestellt wurden.

▪ April bis Okt. 11–18 Uhr, Eintritt 2,50 €. Kleiner Damm 12, ✆ 03672-422465, www.rudolstadt.de. Zu Fuß ist das Freilichtmuseum über die Elisabethbrücke oder die Stadtbrücke schnell erreicht. Anfahrt mit Pkw über die Ausschilderung Cumbach bis Großparkplatz Bleichwiese.

Information   Touristinformation, Mo–Fr 9–18, Sa 9–13 Uhr. Markt 5, 07407 Rudolstadt, ✆ 03672-486440, www.rudolstadt.de.

Verbindungen   Bahn: Ab Rudolstadt regelmäßige Verbindungen u. a. nach Saalfeld, Lichtenfels, Leipzig, Jena, www.bahn.de.

Bus: Im Städtedreieck Rudolstadt, Bad Blankenburg und Saalfeld ist man unter dem Motto „Städtedreieck mobil" mit den Bussen von KomBus unterwegs. Auch der Regionalverkehr wird von KomBus mit zahlreichen Linien bedient, u. a. nach Kahla/Jena, Weimar, Ilmenau und Neuhaus, www.kombus-online.de.

Am Busbahnhof halten die Fernbusse von Flixbus nach Berlin.

Parken   Im Stadtzentrum sind kostenpflichtige Parkplätze und Parkhäuser ausgeschildert. Auf dem zentral zur Altstadt gelegenen „Parkdeck Galeria" ist die erste Stunde kostenfrei. Am *Schloss Heidecksburg* steht ein kostenloser Parkplatz (Parkscheibe) zur Verfügung.

Baden   Das **Erlebnisbad Saalemaxx** (an der B 88 ausgeschildert) bringt mit diversen Rutschen (u. a. „Free Fall" mit 45 Prozent Gefälle), Wellenbecken, tropischem Palmengarten, Beach-Volleyball, Dampfbad und Whirlpool vergnüglichen Badespaß. Im Sommer laden die Liegewiesen zum Sonnen ein. Eine schöne *Saunawelt* bietet Entspannung. Mo–Sa 10–22, So 10–20 Uhr. Hugo-Trinckler-Str. 6.

Das **Rudolstadter Freibad** mit zwei Becken, 3-m-Sprungbrett, schönen Liegewiesen und Volleyball grenzt an den Heinrich-Heine-Park an. Öffnungszeiten unter ✆ 03672-31450, www.saalemaxx.de.

Eintritt   Für die Hauptsehenswürdigkeiten Rudolstadts gibt es ein kostengünstiges Kombi-Ticket. Für 9 bzw. 11 € ermöglicht es Eintritt in die Heidecksburg mit „Rococo en miniature", ins Schillerhaus und in die Bauernhäuser, www.rudolstadt.de.

Fahrrad-Bus Die Regionalbusse sind von Gründonnerstag bis Okt. mit Fahrradgepäckträgern zur Beförderung von bis zu fünf Fahrrädern ausgestattet. Fahrrad 1 €. Ganzjährig werden je nach Platz ein bis zwei Räder befördert, www.kombus-online.de.

Fahrradfahren Durch Rudolstadt führen drei überregionale Radwanderwege: der **Saale-Radwanderweg**, der **Mühlenradweg Saale-Ilm** und der **Schwarzatal-Radwanderweg**.

Floßfahrt Bis in die 1940er-Jahre wurde auf der Saale die Flößerei betrieben. Heute sind von Mai bis Okt. zwischen Unterhasel und Uhlstädt täglich Touristenflöße unterwegs. Anmeldung im Touristbüro Uhlstädt-Kirchhasel, ☎ 036742-63534, www.uhlstaedt-kirchhasel.de.

Kino Im **Cineplex** laufen die aktuellen Kinoproduktionen. Albert-Lindner-Str. 6, ☎ 03672-464855, www.cineplex.de.

Paddeln **Wasserwandern** auf der Saale liegt im Trend. Beliebt ist die Tour von Rudolstadt nach Uhlstädt. Start mit dem Leih-Kanu ist an der Bootsanlegestelle Bleichwiese. Zurück geht's mit Bahn oder Shuttleservice. ☎ 0152-59433087, www.kanuverleih-rudolstadt.de.

Porzellan Die 1760 gegründete **Aelteste Porzellanmanufaktur Volkstedt** ist heute eine „Gläserne Porzellanmanufaktur". Bei Werksführungen können die Besucher die Herstellung der Kunstwerke in Handarbeit mit-

erleben. Das *Werksmuseum* zeigt Mustervorlagen, Modelle und Formen. Werksführung Mo–Sa nach Vereinbarung, ☎ 03672-48020, Breitscheidstr. 7, www.die-porzellanmanufakturen.de.

Die **Porzellanmanufaktur Kämmer** bietet ebenfalls Führungen an (3 €). Werksverkauf Mo–Fr 9–17 Uhr. Breitscheidstr. 98, ☎ 03672-352920, www.porzellankaemmer.de.

Theater Das **Theater Rudolstadt** und die **Thüringer Symphoniker Saalfeld-Rudolstadt** bieten einen breit gefächerten Spielplan mit Musiktheater, Schauspiel und Konzert. Im Juni und Juli wird das Schlosshof der Heidecksburg zur Kulisse des Sommertheaters. Theaterkasse in der „KulTourDiele", Marktstr. 57, ☎ 03672-422766, www.theater-rudolstadt.de.

Stadtführungen „Rundgang durch die historische Altstadt" von Mai bis Okt. jeweils Sa 11 Uhr ab Touristinformation (4 €). Zudem sind diverse thematische Führungen im Angebot, www.rudolstadt.de.

Wandern Der **Drei-Städte-Weg** (45 km, Markierung roter Kreis auf weißem Grund) verbindet als schöne Etappentour die drei Städte des Saalebogens Rudolstadt, Saalfeld und Bad Blankenburg. Durch Rudolstadt führt der **Thüringen-Weg** (403 km, Markierung blauer Kreis auf weißem Grund), der von Altenburg bis nach Creutzburg/Werra einmal quer durch Thüringen reicht.

Malerisch: die Thüringer Bauernhäuser

Thüringer Schiefergebirge und Saaletal → Karte S. 114

Der Rundwanderweg **„Wo Schiller seine Frau fand"** (11,9 km) startet am Festplatz Bleichwiese und führt entlang der Wege, die der verliebte Schiller bei seinem Rudolstadter Sommer gelaufen ist. Dabei werden alle wichtigen Orte wie Glockengießerei, Schillerhaus, Heidecksburg, Schillerhöhe und andere angelaufen, www.rudolstadt.de.

Auf dem **Lutherweg** kann man von Rudolstadt aus Richtung Saalfeld oder Jena gehen. www.lutherweg.de.

Übernachten/Essen   Hotel Adler, am Marktplatz. Hinter der Renaissancefassade verbirgt sich ein Haus mit Stil, schon Goethe hat hier genächtigt. Die geschmackvoll und individuell eingerichteten Zimmer bieten jeden Komfort. EZ 57 €, DZ 87–97 € inkl. Frühstück. Im eleganten *Ristorante Da Meli* schmücken moderne Interpretationen alter Meister die Wände. Die leckeren Speisen beschränken sich nicht nur auf vielfältige Pasta und Pizza, es gibt auch delikate Fleisch- und Fischgerichte zu gehobenen Preisen sowie feines italienisches Eis. Tägl. 11–23.30 Uhr. Markt 17, ☎ 03672-4403, www.hotel-adler-rudolstadt.de.

Hotel Thüringer Hof, nette Zimmer mit hohen Decken und gediegener Einrichtung im Altbau, im Neubau geräumige Komfortzimmer mit schallisolierten Fenstern. EZ 50 €, DZ 78 € inkl. Frühstück. Das *Restaurant* offeriert Thüringer Speisen und variiert Kloßgerichte auch für Vegetarier. Eine Rudolstädter Spezialität ist der „Rolschter Sauerbraten". Mo–Sa 11–22, So 11–15 Uhr. Bahnhofsgasse 3, ☎ 03672-412422, www.thueringerhof-rudolstadt.de.

Gasthaus & Pension Hodes, im Ortsteil Mörla, etwa 2 km außerhalb. Der Weg in diese nette Pension lohnt. Die Zimmer sind freundlich im Landhausstil eingerichtet. EZ 54 €, DZ 79 € inkl. Frühstück. Im gemütlichen *Gasthaus* gibt es Thüringer Küche. Der Clou des Hauses: Diverse Speisen kann man am Holzkohle-Tischgrill selbst zubereiten. Herrlicher *Biergarten*. Mörla 1, ☎ 03672-410101, www.hotel-hodes.de.

Gasthaus Zum Anker, rustikales Gasthaus, seit fünf Generationen wird hier Gastlichkeit gepflegt. Sauerbraten und andere Klassiker werden nach altem Rezept zubereitet, für Fleischliebhaber und Vegetarier gibt es auch moderne Variationen. Mi–Sa 11–14 und ab 17.30 Uhr, So ab 11 Uhr. Breitscheidstr. 88, ☎ 03672-352851, www.anker-rudolstadt.de.

*mein*Tipp **Das Schiller!** Schöner kann man in Rudolstadt nicht einkehren. Im Schillerhaus und seinem idyllischen Garten bietet „Das Schiller!" eine frische, leichte Küche, hier räkelt sich Lammrücken in Porree-Haselnuss-Couscous, während Skrei-Filet mit schwarzem Reis, Zwiebelmarmelade und Pistazienschaum eine ungewöhnliche Geschmacksbeziehung pflegt. Di–Sa 15–22 Uhr, So 11–18 Uhr. Schillerstr. 25, ☎ 036 72-486475, www.schillerhaus-rudolstadt.de.

Schlosscafé Heidecksburg, mancher mag über den „Glaskasten" spötteln, der Panoramablick ins Saaletal ist grandios! An Feiertagen geht es hoch her, doch im Normalbetrieb kann man hier mett essen. Für Kaffee und Kuchen am Nachmittag ein echter Logenplatz. Gelegentlich ist für Events geschlossen. Mi–So 11–15 und 17–22 Uhr. Schlossaufgang VI Nr. 6, ☎ 03672-477981.

Wohnmobile   Neun Stellplätze am **Saalemaxx-Schwimmbad.** Strom, Wasser und Entsorgung sind am Automaten zu bezahlen. Stellplatz pro Tag 7 € inkl. Rabatt für den Eintritt ins Schwimmbad. Hugo-Trinckler-Str. 6, www.rudolstadt.de.

Einen **privaten Stellplatz** am „Saale Strand" gibt es im Grünen, 100 m von der Saale entfernt. Die Vermieter sind nett und selbst Wohnmobilisten. 10 € inkl. Strom und Wasser/Abwasser. Gute Lage zu Festplatz und Heinrich-Heine-Park, Fahrradentfernung zur Innenstadt. An den Katzenlöchern 4, ☎ 03672-414755, www. saalestrand-rudolstadt.de.

Kahla

Der kleine Porzelliner-Ort (6900 Einwohner) im Saaletal liegt ziemlich genau in der Mitte zwischen Rudolstadt und Jena. In der Altstadt finden sich innerhalb des mittelalterlichen Mauerrings einige schöne, aber eher wenig spektakuläre Häuser. Eine Hauptsehenswürdigkeit, die schon lange vor Erreichen Kahlas im Blick ist, zieht die Besucher magisch an: die Leuchtenburg.

Leuchtenburg: Überragt von einem 30 m hohen Bergfried, thront der einstige Sitz der Lobdeburger Herren auf einem Felsen, dessen leuchtend muschelkalkweißer Felsen der Burg ihren Namen gab. Im Jahr 1221 wird die Leuchtenburg erstmals erwähnt, von hier aus kontrollieren mehrere Adelsgeschlechter das Tal und das sich von hier nach Osten erstreckende Holzland. Im 18. und 19. Jh. war die Leuchtenburg als Zuchthaus, Armenhaus und Irrenhaus ein gefürchteter Ort.

Heute dient die Bilderbuchburg einem heiteren Zweck. Ergänzt durch moderne Architektur, bildet die Burg den Rahmen für die „Porzellanwelten". Die zeitgemäße und unterhaltsame Ausstellung erzählt die Geschichte des Porzellans auf überraschende Weise. Verschiedene „Szenen-Bilder" tauchen auf: altes chinesisches Porzellan, die Alchimistenküche des Porzellan-Erfinders Johann Friedrich Böttger, das kostbare „weiße Gold" in der barocken, höfischen Welt. Integriert in die Inszenierungen sind exquisite Objekte wie das Ming-Porzellan eines 1558 gesunkenen Handelsschiffs oder die „Vier Elemente", die 1770/75 in der „Aeltesten Porzellanmanufaktur Volkstedt" gefertigt wurden. Das Spektrum des Machbaren reicht von der wenige Millimeter kleinen Teekanne bis hin zur 8 m hohen Porzellanskulptur „Arura" des Künstlers Alim Pasht-Han. Am Ende des Museums-Rundgangs können die Besucher vom „Steg der Wünsche" einen sehnlichen Wunsch mit Hilfe eines Porzellantellers fliegen lassen. Zerschellt der Teller am Burgberg in tausend Scherben, bringt das ja bekanntlich Glück!

■ April–Okt. tägl. 9–19 Uhr, Nov. bis März tägl. 10–17 Uhr, Eintritt 13,50 €. Parkplatz am Fuß der Burg, Aufstieg zu Fuß 8 Min. ℘ 036424-713300, www.leuchtenburg.de.

Jagdanlage Rieseneck: Zu den Vergnügungen des Adels gehörte seit jeher die Jagd. Damit die Herrschaften viel Wild vor die Flinte bekamen, wurden Bauten wie diese Jagdanlage im Wald in der Nähe von Kahla angelegt. Die aus Jagdschirmen und Pirschgängen bestehende Anlage ist ein hervorragend erhaltener Schauplatz der herzoglichen Jagd in Thüringen. Ein sehenswertes Wan

Acht Meter hohe Porzellanskulptur „Arura" in den Porzellanwelten

derziel im Wald des Riesenecks ist auch der *Herzogstuhl*, ein turmartiges Gebäude mit steinernem Sockel und Fachwerkaufbau, den Herzog Ernst II. von Sachsen-Altenburg errichten ließ.

■ Die Jagdanlage liegt 3 km westlich des Dorfes Hummelshain, Wanderparkplatz an der Straße Kahla–Neustadt/Orla, von dort noch ca. 1,5 km, www.herzogstuhl-rieseneck.de, www.saaleland.de.

Information   Touristinformation, Mo 8.30–12 und 13–17, Di 10–12 und 13–16, Mi 8.30–12, Do 8.30–12 und 13–19, Fr 8.30–11 Uhr. Roßstr. 38, 07768 Kahla, ℘ 036424-52971, www.kahla.de.

Verbindungen Bahn: Regelmäßig Züge u. a. nach Jena und Saalfeld. www.bahn.de.

Bus: Regelmäßig Busse von KomBus nach Pößneck und Jena. www.kombus-online.de.

Porzellan Bei einer Führung (ab 8 Pers. nach Voranmeldung, 5 € p.P.) durch die Produktion der traditionsreichen **Firma Kahla Porzellan** sieht man, wie Handarbeit und hochmoderne

Technologie ineinandergreifen. Eine Ausstellung informiert über die Geschichte des „Weißen Goldes" in Kahla. Im *Werksverkauf* gibt es günstige Stücke mit kleinen Fehlern. Mo–Sa 10–18 Uhr. Christian-Eckardt-Str. 38, Kahla, ☎ 036424-79279, www.kahlaporzellan.com.

Übernachten/Essen   Hotel Zum Stadttor, historisches Fachwerkhaus mit gemütlichen, modernen Zimmern im Landhausstil. DZ als EZ ab 58 €, DZ ab 70 €, Frühstück 8 €/Pers. Jenaische Str. 24, Kahla, ☎ 036424-8380, www.hotel-stadttor.de.

Mein Tipp **Burgschänke Leuchtenburg,** Museumsbesucher mit Eintrittskarte speisen in der urigen Schänke wie im Mittelalter. Auf den Teller kommen Hahn mit Brot und Tunke, Rippen vom Borstentier oder Bauernkuchen aus dem holzbeheizten Steinbackofen sowie leichte regionale Speisen. April bis Okt. 11–16, Nov.

bis März Sa/So 11–14.30 Uhr. ☎ 036424-713333, www.leuchtenburg.de.

Pößneck

Tuch, Buch und Schokolade – auf diesen Nenner lässt sich die 13.000-Einwohner-Stadt bringen. Urkundlich bekannt ist Pößneck seit 1251, Stadtrechte hat es seit 1324. Seit dem Mittelalter waren das Gerberhandwerk und die Tuchfabrikation die Grundlage von Pößnecks Wirtschaft. Im 19. Jh. boomten die Textilfabriken und Pößnecker Textilwaren wurden in die Schweiz, nach Österreich-Ungarn und nach Skandinavien exportiert.

1891 wurde im Ort die Deutsche Textilarbeitergewerkschaft gegründet. Eine Porzellanmanufaktur sorgte für weitere Arbeitsplätze in der rasch wachsenden Stadt, deren industrielle Ausprägung sich in den Backsteinbauten und Häusern der Gründerzeit spiegelt. Zur DDR-Zeit sorgte eine spektakuläre Flucht für Schlagzeilen: 1979 starteten in Pößneck zwei Familien mit einem selbst genähten Heißluftballon und landeten wohlbehalten jenseits der Grenze bei Naila. In aller Munde ist Pößneck durch die Berggold-Schokoladen, die schon das Herzoghaus Sachsen-Meiningen goutierte. Heute ist mit *GGP Media* einer der größten Buchhersteller Europas in Pößneck ansässig.

Altstadt: Zentrum des rechtwinklig angelegten Straßengefüges ist der *Marktplatz* mit einer ungewöhnlichen Neigung von zehn Prozent. Den Renaissancebrunnen ziert das „Marktbornmännchen", ein Sinnbild für den wehrhaften Bürger. Das spätgotische *Rathaus* wurde ab 1478 gebaut und 1531 mit der reich geschmückten Freitreppe vollendet. Am Prächtigsten ist die Nordseite mit einem Staffelgiebel in zierlichem Blendmaßwerk. Bergaufwärts findet man in der Nachbarschaft die so genannte *Bilke*, die um 1400 erbaute frühere Kirche des Karmeliter-

Prachtgiebel am Rathaus Pößneck

klosters. Heute ist in dem Gebäude die Stadtbibliothek untergebracht.

In dem sanierten Fachwerkwerkhaus gegenüber ist mit dem **Museum642** eines der gelungensten Stadtmuseen Thüringens zu entdecken. Vorbildlich konzipiert und stimmig ausgewählt, sorgen Exponate u. a. zu Themen wie Pest, Goethe, Wasserversorgung und Porzellanherstellung dafür, dass Stadtgeschichte als wirklich spannend erlebt wird. Die gotische Stadtkirche *St. Bartholomäus* war ursprünglich ein romanischer Bau. Um 1280 wurde an der Südseite der noch heute stehende Turm angebaut. Im 15. Jh. erhielt die Kirche ihr gotisches Kirchenschiff und einen neuen Chor mit Sterngewölbe. Reste der seit 1300 erbauten *Stadtmauer* sind in der Straße des Friedens erhalten. Zur Stadtbefestigung gehörte der *Weiße Turm*, den Aussichtsuchende erklimmen können (Schlüssel in der Stadtinfo, 1 €). Der Turm ist 30 m hoch und diente einst als Verlies.

■ **Museum642:** Mo/Di und Fr/Sa 11–16 Uhr, Mi geschlossen, Do 11–18, So 13–17 Uhr, Eintritt 4 €. Klosterplatz 2, ✆ 03647-504769, www.museum642.de. **Bartholomäuskirche:** Ostern bis Sept. Mo–Do 10–16, Fr 9–12 Uhr. Kirchplatz, www.poessneck.de.

Burg Ranis: Über einen lang gezogenen Hügel hinweg erreicht man nach 5 km von Pößneck aus den Ort Ranis. Auf dem Felsen über dem Landstädtchen leuchtet die imposante Burg Ranis weiß aus dem Grün der Landschaft hervor. Ihre Ursprünge reichen ins 11. Jh. zurück.

Als Reichsgut war Burg Ranis zur Zeit von Kaiser Friedrich I. Barbarossa Grenzfeste gegen die Slawen. Zu ihren Besitzern gehörten die Grafen von Schwarzburg, die Wettiner und die Familie von Breitenbuch. Die 250 m lange Burg betritt man durch die Wehranlage der äußeren Vorburg, um dann zur inneren Vorburg mit dem Hungerturm zu gelangen. Die Hauptburg besteht aus dem Palas und einem

Süd- und Querflügel. Überragt wird Burg Ranis von dem vermutlich aus dem 13. Jh. stammenden Bergfried, auch „Luginsland" genannt.

Von der Schlossterrasse aus hat man einen herrlichen Blick bis hinüber ins Saaletal und zum Schiefergebirge. In der *Ilsenhöhle* unterhalb der Burg wurden Artefakte aus dem Paläolithikum gefunden. Das *Burgmuseum* informiert über die Burggeschichte, die Ur- und Frühgeschichte des Orla-Tales, über Geologie und Seismologie und präsentiert Porzellan und Kunstwerke von heimischen Künstlern. Es werden auch regelmäßig Lesungen mit renommierten Schriftstellern veranstaltet.

■ April bis Okt. Di–So 10–17 Uhr, Nov. bis März Sa/So 13–17 Uhr, Eintritt Burganlage 1 €, Museum 4,50 €. Parkplätze am Burgaufgang. ✆ 03647-505491, www.museum-ranis.de, www.thueringerschloesser.de.

Information   Stadtinformation, Mo/Di und Fr/Sa 11–16 Uhr, Mi geschlossen, Do 11–18, So 13–17 Uhr. Klosterplatz 2–6, 07381 Pößneck, ✆ 03647-412295, www.poessneck.de.

Verbindungen Bahn: Erfurter Bahn und DB fahren regelmäßig u. a. nach Gera, Jena und Saalfeld, www.bahn.de.

Bus: Innerorts verkehren drei Stadtbuslinien, im Regionalverkehr fahren regelmäßig Busse u. a. nach Neustadt/Orla, Saalfeld, Jena, Schleiz, Ranis und Ziegenrück, www.kombus-online.de.

Baden Das **Stadtbad** am Bernhard-Siegel-Platz 1 ist mit seiner 25-m-Bahn zweckmäßig für Bahnenschwimmer, zudem Nichtschwimmerbecken und Saunabereich. Das **Bad am Wald** (An den Kuhteichen) soll nach Sanierung ab 2020 wieder geöffnet werden. ✆ 03647-505510, www.poessnecker-baeder.de.

Schokolade Die Ausstellung im **Schokoladenwerk Berggold** zeigt Interessantes zur 140-jährigen Firmengeschichte und der Schokoladenherstellung (Anmeldung ✆ 03647-5321). Im Werksverkauf warten nicht nur die berühmten Geleebananen auf Liebhaber. Juli/August Mo–Fr 9–13, jeden 1. Sa im Monat 9–12 Uhr. Sept. bis Juni Mo und Fr 9–17, Di und Do 9–18, Mi 9–15 Uhr, jeden 1. Sa im Monat 9–12 Uhr. Raniser Str. 11, ✆ 03647-5386, www.heinerle-berggold.de.

Thüringer Schiefergebirge und Saaletal ↓ Karte S. 114

Übernachten/Essen Villa Altenburg, das Haus inmitten eines Parks verströmt charmanten Stil und steckt voller heimeliger Ecken. Die mit schönen Antiquitäten eingerichteten Zimmer bieten jeden Komfort. EZ ab 73 €, DZ ab 100 € inkl. Frühstück. Im holzgetäfelten Gastraum des *Restaurant Ludwig* labt man sich an gehobenen Gaumenfreuden mit frischen, saisonalen Speisen. Mo–Sa 14–23, So 11.30–21 Uhr. Straße des Friedens 49, ℡03647-5042888, www.villa-altenburg.de.

Gaststätte & Pension Zur Erholung, Pension am Stadtrand mit schlichten, aber schönen und komfortablen Zimmern. EZ 37 €, DZ 52 €, Frühstück 7,50 €/Pers. Die gemütliche *Gaststätte* mit Kaminfeuer bietet Thüringer Küche und saisonale Spezialitäten. Fleisch und Fisch stammen aus der Region, das Wild kommt aus den heimischen Wäldern. Mo, Do, Fr 16–22, Sa/So 10–22 Uhr. Jenaer Str. 21, Pößneck, ℡03647-505628, www.erholung-poessneck.de.

Ratskeller, in dem gemütlichen Gewölbekeller am Marktplatz gibt es deftige regionale Küche und saisonale Gerichte. Viele Gäste kommen wegen der hausgemachten Klöße, die so lecker sind, dass man darüber fast die Fleischbeilage vergisst. Tägl. 10.30–15 Uhr. Markt 1, ℡03647-412023, www.folk-ratskeller-poessneck.de.

Rittergut Positz, zwischen Pößneck und Neustadt/Orla in freier Natur. Bis ins 12. Jh. reicht die Geschichte des Gutshofs zurück. In dem bestens sanierten Anwesen macht man es sich in wunderschönen Gästezimmern mit „Himmelbett" bequem oder in gemütlichen, komfortablen Ferienwohnungen. EZ ab 59 €, DZ ab 69 €, Frühstück 20 €/Pers., Fewo ab 80 €. Die rustikale *Gaststätte* macht auf Mittelalter. Doch hinter altertümlichen Namen verbirgt sich lecker Modernes wie Rindersteak mit Kartoffelgratin oder Lachsfilet auf Wildreis. Mo–Fr 17–22, Sa/So 10–22 Uhr. Rittergut Positz, 07381 Oppurg, ℡03647-504535, www.rittergut-positz.de.

Neustadt an der Orla

Das beschauliche Städtchen, im 12. Jh. von den Herren von Lobdeburg gegründet, wartet mit einer Reihe von Kunstschätzen aus dem Mittelalter auf. Vor allem als Lucas-Cranach-Stadt machte sich die 8000-Einwohner-Gemeinde einen Namen: In der *Johanniskirche* ist ein prachtvoller Altar von *Lucas Cranach dem Älteren* zu sehen.

Auch als Lutherstätte ist Neustadt bekannt. Martin Luther stand als Visitator dem Augustiner-Eremitenkloster vor und predigte mehrmals in der Stadt. Von 1807 bis 1915 erlebte in Neustadt die *Karussellindustrie* ihre Blüte. Karusselltiere und andere Bauteile wurden hier von Künstlerhand für Schausteller in aller Welt gefertigt. Der „Dohlenpfad" führt zu allen Sehenswürdigkeiten der Stadt. Die früher hier weit verbreiteten Raubvögel gaben auch den Namen für den beliebten *Duhlendorfer Karneval,* der an den vier tollen Faschingstagen die Menschen aus der Region nach Neustadt zieht.

Altstadt: An der Handelsstraße des Orla-Tals entwickelte sich Neustadt zum bedeutenden Handelsplatz, wovon der große *Marktplatz* zeugt. Das mächtige, spätgotische *Rathaus* besteht aus zwei Gebäudeteilen. Besonders der östliche Teil mit dem reich verzierten zweigeschossigen Erker und dem Schmuckgiebel zeugt von einer wohlsituierten Stadt. Rechts neben der Freitreppe ist über der Spitzbogentür ein ganz besonderes historisches Accessoire zu sehen: Der Stein mit der Kröte, die auf einem Brotlaib sitzt, war einst ein Schandmal, das Dieben am Pranger um den Hals gehängt wurde. Ein Bürgerhaus in der östlichen Marktplatzzeile ist das *Lutherhaus,* in dem Martin Luther bei seinen Aufenthalten 1516 und 1524 gewohnt haben soll. Auf der Westseite findet sich in einem Durchgang vom Markt zum Kirchplatz ein einzigartiges Stück Geschichte: In den *historischen Fleischbänken* mit ihren Verkaufslauben boten die Fleischer seit 1475 unter strenger Kontrolle durch den Rat ihre Waren feil. In dem idyllischen Hof bieten sich heute Bänke und Tische für eine Mittagspause an.

Am Kirchplatz ist das **Museum für Stadtgeschichte** ein Anlaufpunkt für Kulturinteressierte. Ein eigener Schauraum ist dem Neustadter Cranach-Altar gewidmet, der über Lucas Cranach, den Altar-Auftrag und die Ikonographie informiert. Hier erhält man auch Einlass in die gegenüberliegende Stadtkirche mit dem Cranach-Original. Das Museum bietet einen Überblick über die Geschichte der Stadt und informiert über die *historische Druckerei*, die ab 1709 zum wichtigen geistigen Zentrum Neustadts wurde. Sehenswert sind nicht zuletzt die hübschen historischen Karusselltiere.

▪ Mi–Fr 12–17, Sa 10–17, So 14–17 Uhr, 6 €. Kirchplatz 7, ✆ 036481-51913, www.neustadtanderorla.de.

Stadtkirche St. Johannis mit Cranach-Altar: Als Nachfolgebau einer Johannes dem Täufer geweihten Kapelle wurde die dreischiffige, spätgotische Stadtkirche von 1470 bis 1540 erbaut. In dem 52 m hohen Turm schwingt seit 1479 die 66 Zentner schwere Glocke „Susanna", die zweitgrößte Glocke Thüringens. In einem Renaissanceaufbau entstand 1537 die Türmerwohnung.

Von der mittelalterlichen Ausstattung sind Kruzifix, Taufbecken, drei Heiligenfiguren sowie Fresken über dem Altar erhalten. Im Rahmen der Sanierungen wurde das Chorgewölbe mit einer Himmelswiese im Stil des historischen Zustands ausgemalt.

Im Zentrum jedoch steht der 1513 geweihte Cranach-Altar, mit dessen Anfertigung der Wittenberger Hofmaler Lucas Cranach d. Ä. einen der ersten Aufträge einer Bürgerschaft ausführte. Die Predella zeigt Christus unter dem Regenbogen als „Weltenrichter". Die linke Holzfigur ist der Drachentöter Georg, rechts steht der heilige Florian mit dem Leben spendenden Wasser. Im geöffneten Zustand steht die Figurengruppe um Kirchenpatron Johannes den Täufer im Mittelpunkt. Auf dem linken Innenflügel ist Johannes bei der Taufe Jesu zu sehen. Auf dem Tafelbild der Enthauptung Johannes des Täufers (rechts) reicht Salome dem Henker eine Schüssel. Im Hintergrund der Hinrichtungsszene sieht man den Kurfürsten Friedrich den Weisen und seinen Bruder Johann den Beständigen. Eine der halb verdeckten Figuren könnte ein

Altar von Lucas Cranach d. Ä. in der Stadtkirche St. Johannis in Neustadt

Thüringer Schiefergebirge und Saaletal → Karte S. 114

Selbstportrait von Lucas Cranach sein. In der Fasten- und Passionszeit ist der Altar geschlossen und zeigt dem Betrachter die Flügelrückseiten mit dem Abschied Jesu von Maria.

▪ Anmeldung zur Besichtigung während der Öffnungszeiten im Museum für Stadtgeschichte, Di 10–12 und 14–16 Uhr im Pfarramt, Mo geschlossen. Kirchplatz 2, ✆ 036481-51913, www.neustadtanderorla.de, www.wegezucranach.de.

Information Touristinformation im Lutherhaus, Di–Sa 10–17, So 14–17 Uhr. Rodaer Str. 112, 07806 Neustadt an der Orla, ✆ 036481-85121, www.neustadtanderorla.de.

Verbindungen **Bahn:** Mit Erfurter Bahn und DB ist man regelmäßig nach Saalfeld, Gera, Leipzig unterwegs, www.bahn.de.

Bus: Die KomBus-Busse fahren regelmäßig u. a. nach Triptis, Schleiz, Jena, Plothen, Pößneck, Saalfeld, www.kombus-online.de.

Veranstaltungen Der **Duhlendorfer Karneval** findet alljährlich an den vier Tagen des Faschings statt. Im Juni wird das seit dem Mittelalter begangene **Bornquas-Fest** gefeiert, ein traditionelles Fest zur Reinigung der städtischen Brunnen. Auch heute noch wird jedes Jahr der Brunnenmeister gekürt. Im Rahmen des **Neustadter Musiksommers** von Juni bis September gibt es Konzerte von Klassik bis Rock. Beliebt ist das Open-Air-Event **Classics unter Sternen** auf dem Marktplatz.

Wandern Eine erlebnisreiche Wanderung führt durch stille Täler und tiefe Wälder von Neustadt an der Orla **zum Wasserschloss „Fröhliche Wiederkunft"** in Trockenborn-Wolfersdorf (19,8 km, Markierung grüner Querstreifen auf weißem Grund). Auf dem Weg liegen das Waldbad im Schüsselgrund und die Bismarckturm, ein beliebter Ausflugspunkt der Neustädter, www.neustadtanderorla.de. Auf dem **Lutherweg** kann man nach Kahla oder Richtung Gera laufen, www.lutherweg.de.

Übernachten/Essen **Ringhotel Schlossberg,** in der Nähe des historischen Zentrums; die gediegen eleganten Zimmer haben hochwertige Bäder. Hier und da wird mit freigelegtem Fachwerk oder Holzbohlenwänden der Charme des sanierten historischen Gebäudes sichtbar. EZ 70–90 €, DZ 95–120 € inkl. Frühstück. Im gepflegten *Restaurant* kommen ausgesuchte Menüs, regionale Spezialitäten und Vegetarisches auf den Teller. Ernst-Thälmann-Str. 62, ✆ 036481-660, www.ringhotel-schlossberg.de.

Logis Hotel Stadt Neustadt, ein komfortables Stadthotel, die Zimmer sind modern und gemütlich. Die Räumlichkeiten vom „Pferdestall" bis zum idyllischen Innenhof bieten verschiedene Möglichkeiten zum Feiern. Eine Sauna lädt zum Entspannen ein. Biker sind willkommen. EZ ab 52 €, DZ ab 65 €, Frühstück 7,50 €/Pers. Ernst-Thälmann-Str. 1, ✆ 036481-22749, www.hotel-stadt-neustadt.de.

Altstadtklause, deftige Hausmannskost und Thüringer Spezialitäten verwöhnen Stammgäste wie Touristen. Etwas aus der Mode gekommene, aber immer noch leckere Küchenklassiker wie Setzei oder auch Bratkartoffeln findet man hier wieder. Di–Sa 10–23, So 10–22 Uhr. Markt 17, ✆ 036481-23060, www.ask-neustadt.com.

Das „Thüringer Meer"

Das Thüringer Mittelgebirge ist ein Regenfänger – und was im Schiefergebirge abregnet, fließt in die Saale. Deren Wasserfluten werden heute in der Saalekaskade von fünf Talsperren kontrolliert und zur Energiegewinnung genutzt. Das „Thüringer Meer" bietet vielfältige Wassersportmöglichkeiten.

Auf fast 80 km spannt sich die großartige Naturlandschaft mit dunkelgrünen Wäldern, spiegelnden Wasserflächen und schiefergrauen Uferböschungen. Die Füße im Wasser baumeln lassen, einen Cocktail in der Hand? Oder ein Ritt auf der Gummibanane? An den Stauseen zwischen Bad Lobenstein und Saalfeld kann man sich solcherart vergnügen. Auch wer gerne schwimmt, paddelt oder surft oder die Bergseen mit Ausflugsdampfer, in Wanderstiefeln oder per Fahrrad erkunden will, ist hier richtig.

Meeresfeeling an den Saale-Stauseen – nicht nur für Freizeitkapitäne

Die Saalekaskade

Vor 100 Jahren verlief die Saale als unberechenbarer, zeitweise reißender Fluss in ihrem tief in die Berghänge eingegrabenen Bett. In den 1930er- und 40er-Jahren wurden am Oberlauf der Saale fünf Talsperren gebaut, um hier das Wasser zurückhalten und bei Niedrigwasser in die Elbe abgeben zu können, damit dort die Schifffahrt funktionieren konnte.

Heute stehen die Energiegewinnung und der Hochwasserschutz im Vordergrund. Die rund 80 km lange Saalekaskade wird durch die *Bleilochtalsperre*, die *Hohenwartetalsperre* und die *Talsperren Walsburg, Burgkhammer* und *Eichicht* aufgestaut. Insgesamt hat die Saalekaskade einen Höhenunterschied von 170 m und staut 410 Mio. m³ Wasser. Für den Bau der Stauseen mussten Hunderte Menschen umgesiedelt werden, mehrere Orte bzw. Ortsteile wurden dabei überflutet. Das „Thüringer Meer" wurde schnell zum beliebten Naherholungs- und Urlaubsgebiet der Region. Wer etwas auf sich hält, hat

hier seine „Datscha", einen kleinen, einfachen Bungalow mit Seeblick. Zahlreiche Bungalowsiedlungen und Campingplätze, Badestrände und Bootsanleger erschließen die Stauseen. Große Hotelburgen findet man dagegen glücklicherweise (noch) nicht.

Bleilochtalsperre: Die Talsperre zwischen Gräfenwarth und Saalburg ist mit einem Fassungsvermögen von 200 Mio. m³ der größte Stausee Deutschlands. Die Staumauer hat mit 65 m Höhe und 205 m Länge gewaltige Ausmaße. Der Name erinnert an die Bleilöcher, in denen man das Metall abbaute, bevor der See aufgestaut wurde. Das Wasserkraftwerk hat eine Leistung von 80 Megawatt und liefert Spitzenlastenergie. Ab Saalburg verkehren Fahrgastschiffe und auch Freizeitkapitäne tummeln sich bei schönem Wetter zuhauf. Der Stausee bietet schöne Strände und viele Freizeiteinrichtungen.

Hohenwartestausee: Nahe des Ortes Hohenwarte steht die 75 m hohe und 412 m lange Staumauer des Hohenwartestausees, die das Wasser bis Ziegenrück zurückstaut. Das Pumpspeicherkraftwerk Hohenwarte verfügt über

Schöner Ausflug: Bootstour auf der Bleilochtalsperre

Turbinen mit 63 Megawatt Leistung. Auf dem Stausee verkehren die Ausflugsdampfer der Saale-Schifffahrt, aber auch Sport- und Freizeitboote. Die „Stauseeordnung" regelt, wie schnell man unterwegs sein darf und welche Bereiche tabu sind. Bei Ziegenrück lohnt das *Wasserkraftmuseum „Fernmühle"* einen Besuch. Seit 1900 wurde hier das älteste Wasserkraftwerk der oberen Saale betrieben, das heute als Museum zu besichtigen ist.

■ Wasserkraftmuseum: Mai bis Okt. Di–So 10–17 Uhr, Nov. bis April Di–Fr 10–16, Sa/So 13–16 Uhr, Eintritt 5 €. Lobensteiner Str. 6, ✆ 036483-7606, www.thueringen.info.

Praktische Infos

Information   Touristinformation Saalburg, Vermittlung von Unterkünften, Verkauf von Angelkarten, Bootszulassungen. Markt 1, 07929 Saalburg-Ebersdorf, ✆ 036647-29080, www.saalburg-ebersdorf.de.

Verbindungen   Bahn: Anreise zum Stausee Bleiloch: Bahnhof in Bad Lobenstein, regelmäßig Regionalverbindungen u. a. nach Saalfeld.

Bus: Mit den Regionalbussen von KomBus ist die Stauseeregion gut erschlossen. Von Saalfeld aus erreicht man u. a. Hohenwarte, von Bad Lobenstein geht es u. a. nach Saalburg, Schleiz und Ziegenrück, von Pößneck erreicht

man Ziegenrück. Zwischen den Linien gibt es Umsteigemöglichkeiten, www.kombus-online.de.

Angeln   Hecht, Zander, Barsch, Forelle oder Karpfen – die Gewässer der Saalekaskade sind reich an Fisch. Angelkarten gibt es u. a. bei Touristbüros oder Campingplätzen. Infos, Karten und Möglichkeit zur Online-Bestellung von Angelkarten beim Landesanglerverband Thüringen. ✆ 0361-6464233, www.lavt.de.

Baden   Die Stauseen Bleiloch und Hohenwarte können starke Strömungen aufweisen. Deshalb nur an ausgewiesenen Badestellen schwimmen! **Badestellen am Bleilochstausee:** Zoppoten, Strandbad Saalburg, Bade- und Surfwiese Saalburg mit Sandstrand, Remptendorfer Bucht, am Campingplatz Kloster. **Badestellen am Hohenwartestausee:** an den Campingplätzen Neumannshof, Portenschmiede, Saalthal-Alter, Droschkau, Hopfenmühle sowie bei Altenroth und Neidenberga. www.rennsteigsaaleland.de.

Bootsverleih   Bleilochtalsperre: ✆ 036647-22250, www.saale-floss-tours.de. ✆ 0170-8651457, www.bootsverleih-saalburg.de. **Hohenwartestausee:** Das Wassersportzentrum Hohenwartestausee in Saalthal-Alter bietet Bootsverleih, Tauchen, Wasserski, Tube, Windsurfen (✆ 0170-7547674, www.hohenwarte stausee.de).

Bootsverleih gibt es auch an den *Campingplätzen Portenschmiede* (✆ 03647-413945, www.camping-portenschmiede.de), *Linkenmühle* (✆ 036483-28151, www.campingplatz-linken

muehle.de) und *Plothental* (☎ 036483-20895, www.naturcamping-plothental.de).

Fahrradfahren Auf dem **Saale-Radweg** geht es in zwei Etappen entlang der Saalekaskade von Blankenstein nach Ziegenrück (44 km) und von Ziegenrück nach Saalfeld (42 km), www.saaleradweg.de. Zwischen Saalburg und Schleiz ist man auf dem **Oberlandradweg** (14,3 km) auf der Trasse der einstigen Schleizer Kleinbahn unterwegs, www.bahntrassenradwege.de. Sportliche Mountainbiker müssen auf der **Rundtour Bleilochtalsperre** (53,4 km, 1134 Höhenmeter) gut in die Pedale treten – und werden mit herrlichen Ausblicken auf den See belohnt, www.thueringer-wald.com.

Kinder Märchenfiguren von Hänsel und Gretel bis Frau Holle sind die Attraktionen im **Saalburger Märchenwald.** Eine Tschutschu-Bahn, Tiere, Klettergeräte und eine Seilbahn sorgen für Spaß. 15. März bis 31. Okt. tägl. 9–18 Uhr, Erw. 6 €, Kind 5 €. Dornbachgrund 1, Saalburg, ☎ 036647-22218, www.saalburg-maerchenwald.de.

Gemächlich bergauf, mit Speed und Stauseeblick bergab geht es auf der **Sommerrodelbahn Saalburg,** Ostern bis Ende Okt. tägl. 10–17 Uhr, Erw. 2,50 €, Kind 2 €. Am Kulmberg 1a, Saalburg, ☎ 036647-299150, www.saalburg.de.

Klettern Auf acht Parcours unterschiedlicher Schwierigkeitsgrade bewegen sich im **Kletterwald Saalburg** „fliegende Menschen" über Seile, Leitern, Brücken und Seilbahnen von Baum zu Baum. April bis Okt. tägl. 10–19 Uhr, Eintritt 17 €. Pöritzsch 33, Saalburg-Ebersdorf, ☎ 0173-3554477, www.kletterwald-saalburg.de.

Schifffahrt Die **Fahrgastschifffahrt Saalburg** veranstaltet Rundfahrten auf der Bleilochtalsperre, 1 Stunde 13 €, April bis Okt. mehrmals täglich. Am Torbogen 1, Saalburg-Ebersdorf, ☎ 036647-22250, www.marina-saalburg.de. Die **Fahrgastschifffahrt Hohenwarte** verkehrt von März bis Okt. zu regelmäßigen Rundfahrten auf dem Stausee Hohenwarte. Wanderer nutzen gern die Anlegestelle Portenschmiede. 1 Std. 14 €. An der Sperrmauer, Hohenwarte, ☎ 036733-21528, www.fahrgastschifffahrt-hohenwarte.de.

Stauseeordnung Infos zum Befahren der Stauseen, Karten zu Bleiloch- und Hohenwartestausee, Wasserstände, Stauseeordnung und Gebühren gibt es auf der Webseite des Landratsamts Saale-Orla-Kreis, www.saale-orla-kreis.de.

Veranstaltungen Das **Saalburger Lichterfest** mit Bootskorso und Höhenfeuerwerk zieht im Juli die Besucher an die Bleilochtalsperre. Auf dem Stausee Hohenwarte findet ebenfalls im Juli das Feuerwerksspektakel **„Stausee in Flammen"** statt, das vom Schiff aus am schönsten ist. Am zweiten Augustwochenende feiern Zehntausende beim **Sonne MondSterne-Festival** in Saalburg ihre Stars der elektronischen Musik.

Wandern Der **Hohenwarte Stausee-Weg** (75,8 km, Hohenwarte – Wilhelmsdorf – Ziegenrück – Neidenberga – Hohenwarte) kann in vier Etappen begangen werden. Der Weg ist anspruchsvoll mit vielen Auf- und Abstiegen und gibt immer wieder faszinierende Panoramablicke über das Wasser frei, www.thueringer-wald.com. An den Stauseen Hohenwarte und Bleiloch führt auch ein Teilabschnitt des **Saale-Orla-Wegs** (326 km, rotes Dreieck auf weißem Grund) entlang. Eine schöne Rundwanderung mit dem Aussichtspunkt an der **Felsenkanzel Heinrichstein** (9 km) und herrlichem Blick auf den Bleilochstausee ist ab/bis Ebersdorf zu gehen, www.saalburg-ebersdorf.de.

Übernachten/Essen   **** Hotel Kranich, direkt an den Schiffsanlegestellen in Saalburg. Gediegene Zimmer empfangen den Gast, EZ 68 €, DZ 115 € inkl. Frühstück. Thüringer Spezialitäten, Fischgerichte und internationale Speisen werden im *Restaurant* und auf der Seeterrasse aufgetischt, tägl. ab 11 Uhr. Markt 59, Saalburg, ☎ 036647-22448, www.kranich-saalburg.de.

Hotel am Schlossberg, direkt an der Saale bei Ziegenrück. Gediegene Zimmer mit neuen Bädern und Blick auf die Saale. Sauna und Massagen sorgen für Entspannung. EZ 45-55 €, DZ 84-110 €, Frühstück 8 €/Pers. Das *Hotelrestaurant* serviert regionale Küche, Fisch und Wild, aber auch Vegetarisches. Tägl. 11.30-14 und 17.30-20 Uhr. Paskaer Str. 1, Ziegenrück, ☎ 036483-750, www.hotel-am-schlossberg-ziegenrueck.de.

*mein*Tipp **Zur Fernmühle,** schönes Hotel und Restaurant in der sanierten Öl-Mühle von 1868, direkt am Wasserkraftmuseum Ziegenrück. Schöne, elegant eingerichtete Zimmer im Haupthaus und im Gästehaus. EZ 67 €, DZ 83-90 € inkl. Frühstück. Das mit viel Liebe zum Detail gestaltete *Restaurant* unter einer Backsteingewölbedecke setzt andalusische Akzente. Die Liebe der Gastgeber zum Mediterranen zeigt sich in Gerichten wie den kanarischen

Thüringer Schiefergebirge und Saaletal → Karte S. 114

Runzelkartoffeln. Neben Raffiniertem wie Rumpsteak mit Erdbeeren und Blauschimmelkäse sowie Veganem und Fisch dürfen Thüringer Gerichte nicht fehlen. Tägl. 11–22 Uhr. Lobensteiner Str. 6, Ziegenrück, ℘ 036483-70190, www.fernmuehle.de.

Ferienwohnungen Saaleland, kleine Anlage in schönem Waldgebiet mit modernen Appartements. Blick auf die Bleilochtalsperre, eigener Seezugang und Bootsanleger. 2 Pers. ab 59 €. Sperrmauer 6, Schleiz, ℘ 09288-7899, www.frankenwald-urlaub.de.

Hotel & Restaurant Saalestrand, direkt am See in der Bucht Saalthal-Alter am Hohenwartestausee. Es gibt gemütliche Zimmer und auch Ferienhäuser. EZ 60 €, DZ 90 € inkl. Frühstück. In der traditionellen *Gastwirtschaft* mit Biergarten warten Thüringer Küche mit Klößen, Fleisch aus Hausschlachtung und fangfrische Forellen sowie hausgebackene Kuchen auf Hungrige. Mai bis Okt. Mo ab 17, Di–So 11–22 Uhr, Nov. Bis April Mi–So 11–22 Uhr. Saalthal 6, Unterwellenborn, OT Bucha, ℘ 036732-3480, www.hotel-saalestrand.de.

Treibhouse, schwimmende Ferienwohnung auf der Bleilochtalsperre. Nur vom Wasser umgeben ist dieses luxuriöse Hausboot. Mit einem eigenen kleinen Motorboot (führerscheinfrei) erreicht man das schwimmende Ponton, das mit Schlafzimmern, Lounge, Küche, Sonnendeck und sogar Kaminofen ein besonderes Flair bietet. Schwimmen können sollten alle, die hier übernachten wollen. Bis 5 Per., je nach Reisezeit und Dauer 400–1400 €, www.treibhouse.eu.

Camping Campingplatz Kloster, vor dem Platz und seinem schönen Strand weitet sich der Bleilochstausee, hier kommt Meeresfeeling auf. 350 sonnige Stellplätze auf Wiesengelände, moderne Sanitäranlagen und *Gaststätte*. Stellplatz inkl. 2 Pers. 20 €, Duschen extra. Unbedingt reservieren. Geöffnet Ostern bis Ende Okt. Saalburg, am östlichen Seeufer an der L 1095 Richtung Schleiz. ℘ 036647-22441, www.saalburg-ebersdorf.de.

Campingplatz am Strandbad, kleiner Platz mit ebenem Wiesengelände zwischen Straße und Seeufer am Bleilochstausee, mit Ausblick auf den Wald. Saalburg ist über die Brücke schnell erreicht. Stellplatz inkl. 2 Pers. 20 €, Duschen extra. Unbedingt reservieren. Ganzjährig geöffnet. Am Strandbad 2, Saalburg, ℘ 036647-22457, www.saalburg-ebersdorf.de.

Campingplatz Portenschmiede, schön gelegener Platz direkt am Ufer des Hohenwarte-Stausees, mit großer Wiese für Zelte und Caravans. Feuerstelle und Abwaschmöglichkeiten direkt an der Wiese; gut ausgestattete Sanitäranlagen. Bootsverleih. Person 3,50 €, Zelt 4–10 €, Caravan 5-9 €, Pkw, 1 €, Wohnmobil 10 € Strom und Duschen extra. Unbedingt reservieren. Auch *Bungalows* werden vermietet. Geöffnet 15. April bis 15. Okt. Ortsstr. 21a, Wilhelmsdorf, ℘ 03647-413945, www.camping-portenschmiede.de.

 Wanderung 6: Um die Saaleschleife zu Kobersfelsen und Schloss Burgk   → S. 406

Schöne, meist einfache Wanderung zwischen Wasser, Fels und Wald

Schloss Burgk

Auf einem schmalen Sträßchen nähert man sich von Schleiz aus dem malerisch hoch über der Saale gelegenen Schloss. Am besten stellt man das Fahrzeug direkt am kostenlosen Großparkplatz ab und erklimmt zunächst die 192 Stufen des Saaleturms. Aus 43 m Höhe bietet sich eine spektakuläre Aussicht über die Saaleschleife und das weiße Schloss Burgk.

Die frühere Reußische Residenz zeigt noch viele mittelalterliche Details wie den Palas, den Bergfried und die beiden Brücken, über die man in den inneren Ring gelangt. Den roten Turm, der über einen gedeckten Wehrgang zugänglich ist, krönt eine Fachwerkhaube aus der Spätrenaissance. Mit Beginn des 17. Jh. wurde das Schloss im barocken Stil modernisiert. Graf Heinrich III. ließ den südlichen Bergsporn planieren und einen Park mit Lustschloss anlegen, den *Sophienpavillon*.

Schloss Burgk vereint Stilelemente von Gotik, Barock, Rokoko und Historismus, seine Innenausstattung wirkt geradezu verschwenderisch. Monumentale Wandgemälde des preußischen Hofmalers Antoine Pesne und kunstvoller Deckenstuck schmücken den kleinen Salon, kostbare Seidentapeten kleiden die „Weißen Zimmer" aus. Ein Prunkstück ist in der Schlosskapelle zu finden: Die 1743 eingeweihte *Orgel* von Gottfried Silbermann erklingt heute noch bei Konzerten mit internationalen Organisten. Regelmäßige Ausstellungen mit Gegenwartskunst, Exlibris und Buchkunst sind in den Museumsräumen zu sehen. Zudem machen Veranstaltungen von der Lesung bis hin zum Puppentheater das Schloss zum Ort lebendigen kulturellen Austausches. In die Zeit des Mittelalters dürfen sich die Besucher des alljährlichen *„Burg(k)-Spektakels"* im August mit Händlern, Musikern und anderen Akteuren versetzen lassen. Am ersten Adventswochenende findet ein beliebter *Kunsthandwerkermarkt* statt.

■ April bis Okt. Di–So 10–18 Uhr, Nov. bis März Di–So 11–16 Uhr, Eintritt 6 €. Ortsstr. 17, Burgk, ✆ 03663-400119, www.schloss-burgk.de.

Essen & Trinken Schlossterrasse Burgk, in der rustikalen Gaststätte erinnern Jagdtrophäen an den beliebten Zeitvertreib der Fürsten. Dem Gemeinen von heute munden der Wildbraten mit Klößen und andere Thüringer Spezialitäten, derweil er den sagenhaften Blick auf die Saaleschleife genießt. Parkplätze am Saaleturm. Di–So 11–17 Uhr. Ortsstr. 11, Burgk, ✆ 03663-402341.

Bad Lobenstein

Zwischen den Ausläufern des Thüringer Schiefergebirges, dem Frankenwald und dem Bleilochstausee liegt das Moorheilbad Bad Lobenstein. Auf einem Bergkegel mitten in dem 7500-Einwohner-Städtchen erhebt sich das Lobensteiner Wahrzeichen: der *Alte Turm*, ein Überbleibsel der hochmittelalterlichen Burg Lobenstein.

Herrlich gelegen: Schloss Burgk

Zu seinen Füßen haben sich rund um den *Marktplatz* barocke Bürgerhäuser herausgeputzt. Am Rathausturm pinkelt der „Fässleseecher" mehrmals täglich auf den Marktplatz hinunter und erinnert an die Weber des 19. Jh., die zur Herstellung der Appretur der Tuche Ammoniak aus menschlichem Urin gewonnen haben. Über das Tuchmacherhandwerk und andere stadtgeschichtliche Themen informiert das *Regionalmuseum*.

In den Untergrund geht es im *Markt-Höhler*, einem früheren Bierfelsenkeller direkt am Markt. Bergleute trieben den 55 m langen Stollen ab 1780 in den Schlossberg, heute kann man ihn besichtigen. Von 1647 bis 1824 war Lobenstein Residenzsitz des Fürstentums Reuß-Lobenstein. Das „Neue Schloss", die „Alte Wache" und der Parkpavillon im Kurpark sind Zeugen dieser Ära.

Regionalmuseum und Alter Turm: April bis Sept. Di und Do 10–16, Sa/So 14–17.30 Uhr, Okt. bis Jan. Di 10–13, Do 13–16, So 13–16 Uhr. Eintritt 4 €, www.bad-lobenstein.de.

Markt-Höhler: Führungen Di–So 14,30, 15.30 und 17.10 Uhr, 10,50 €. Schulweg 7, ✆ 036651-30792, www.markthoehler.de.

Information Stadtinformation: Mo, Mi, Fr 9.30–12.30 und 13.30–16 Uhr, Di und Do 9.30–12.30 und 13.30–17 Uhr; Mai bis Sept. Sa 9–12 Uhr. Graben 18, 07356 Bad Lobenstein, ✆ 036651-2543, www.bad-lobenstein.de.

Verbindungen   Bahn: Regelmäßig Züge nach Saalfeld, diverse Umsteigemöglichkeiten in Kaulsdorf (Saale), www.bahn.de.

Bus: Regelmäßig mit KomBus nach Blankenstein, Remptendorf, Naila, Ziegenrück, Schleiz, Lehesten, www.kombus-online.de.

Baden Die moderne **Ardesia-Therme,** in zentraler Lage neben dem Kurpark, vereint Thermalbad, Saunalandschaft, Wellnessabteilung und Kurbereich. In verschiedenen Anwendungen kann man die Wirkung des Naturmoors z. B. bei rheumatischen Beschwerden ausprobieren. Mo–So 9–22 Uhr. Parkstr. 8, ☏ 036651-3939200, www.ardesia-therme.de.

Übernachten/Essen   Hotel Marktbrauerei, freundliche Komfortzimmer erwarten die Gäste. EZ 50 €, DZ 65-80 €, Frühstück 10 €/

Pers. Im Hoflädchen sind hausgebraute Biere und Schnäpse erhältlich. Das Restaurant serviert Brauhausspezialitäten wie Biergulasch mit Böhmischen Knödeln, Burger und vegetarische Gerichte sowie sonntags hausgemachte Thüringer Klöße. Mo 17–21, Fr/Sa 17–22, So 11.30-14 Uhr. Markt 24, ☏ 036651-2114, www.hotel-marktbrauerei.com.

MeinTipp **Pension Antik Nr. 1,** kuscheliges, stilvoll saniertes Haus mit historischen Möbeln und nettem Krimskrams aus alten Tagen. Toll ist das Zimmer mit einem originalen Bauernbett aus dem 19. Jh. Vieles ist „antik", trotzdem genießt man alle Vorzüge modernen Komforts. EZ ab 45 €, DZ ab 55 €, zuzüglich Frühstück. Bayerische Str. 1 und Mühlgasse 28, ☏ 036651-31301, www.pension-antik.de.

Land der tausend Teiche

Ein bisschen finnisch sieht die Teichlandschaft aus, die sich bei Plothen auf einer Hochfläche des östlichen Thüringer Schiefergebirges auf 75 km^2 erstreckt. Im 11. und 12. Jh. legten Mönche die ursprünglich 2000 Teiche zur Fischzucht an, heute werden noch 600 bewirtschaftet.

Im größten Teich, dem 32 Hektar großen *Hausteich*, steht auf Pfählen ein 350 Jahre altes, denkmalgeschütztes Holzhaus mit einem kleinen Museum: Das *Hausteichhaus* auf den Ländereien des Fürstentums Reuß war vermutlich eine Jagdhütte.

Bis zum Zweiten Weltkrieg blühte der Tourismus im „Land der tausend Teiche". Heute ist die Besucherzahl in dem großflächig unter Naturschutz gestellten Gebiet rückläufig. Hier braucht man keine „Action", um sich zu erholen. Die Wege zwischen den Teichen laden zur Naturbeobachtung, zum Wandern und Radfahren ein. Die „Himmelsteiche" werden nur durch Niederschlagswasser gespeist.

Die Wasserlandschaft ist ein beliebtes Brutgebiet heimischer Vögel und wichtiges Rastgebiet für Zugvögel. Zum besonderen Ereignis wird das alljährliche „*Starenwunder*", bei dem im

August und September zigtausende Stare allabendlich im Schilf ein Plätzchen für die Nacht suchen. Auch geschützte Amphibienarten wie Laubfrosch und Kammmolch fühlen sich wohl.

Eine gute touristische Infrastruktur findet man am *Hausteich* vor, die idyllischen Dörfer ringsum ruhen in verschlafenem Charme. Um den Erhalt des *Ritterguts Knau* aus der Renaissance, an dem der Zahn der Zeit seine Spuren hinterlassen hat, kümmert sich ein Förderverein. Die *Windmühle Linda* ist nicht nur einen Fotostopp wert: Im Inneren können Technikbegeisterte die Vermahlungs- und Antriebstechnik (1867) bewundern. Auf dem ehemaligen Sackboden der 1981 restaurierten Mühle sorgen heute regelmäßig Kleinkunstveranstaltungen für Kurzweil.

Information   Touristinfo Plothener Teichgebiet, April bis Okt. Di, Do, Fr 10–16 Uhr, Mo, Sa, So 13–16 Uhr. 07907 Plothen,

📞 036648-23922, www.plothen.de. Infos über das Land der Tausend Teiche unter www.land-der-tausend-teiche.de.

Verbindungen Die **Busse** von KomBus steuern Plothen und Knau ab Schleiz an. Von Neustadt/Orla aus erreicht man Knau, www.kombus-online.de.

Baden Einen Badestrand gibt es beim **Campingplatz am Hausteich.** Am benachbarten **Rommelteich** gibt es einen FKK-Bereich.

Wandern Auf dem **Naturlehrpfad im Teichgebiet Dreba-Plothen** (7,8 km) informieren Tafeln über die hier beheimateten Tiere und Pflanzen. Unterwegs kommt der Wanderer am historischen „Hausteichhaus" vorbei. Ein Turm dient bei der Beobachtung des „Starenwunders". Ausgangspunkte für die Rundwanderung sind der Parkplatz Hausteich/Semmlergruppenteich, Parkplatz Luftschiffweg, Jugendherberge Am Hausteich Plothen und die Informationsstelle für Naturschutz und Umwelt am Hausteich. Beschreibung mit Karte unter www.saale-orla-kreis.de.

Übernachten/Essen **Gasthaus & Pension Zum Plothenteich,** traditionsreicher Familienbetrieb in Plothen. Wer in dem rustikalen Gasthaus einkehrt, sollte sich den heimischen Karpfen probieren. Der schmackhafte Friedfisch wird in Monaten mit „r" angeboten. Auch bei den Thüringer Spezialitäten setzt die Küche auf regionale Produkte. Die Pensionszimmer sind gemütlich und komfortabel. EZ 45 €, DZ 68 € inkl. Frühstück. Gasthaus: Mo ab 17.30, Di–Do ab 11 Uhr, Sa/So ab 10 Uhr. Ortsstraße 50, Plothen, 📞 036648-22243, www.zum-plothenteich.de.

Knapp-Mühle, in Linda. Wer Mühlenromantik liebt, findet in der Schlafkammer der Mühle eine urige Übernachtungsmöglichkeit. In der Mühle duftet es noch ein bisschen nach Getreide. 2 Pers. 90 € inkl. Frühstück. Für *Wohnmobiltouristen* gibt es vor der Mühle einen Stellplatz mit Stromanschluss. Linda liegt an der L 1077 zwischen Dittersdorf und Neustadt a. d. Orla. Ortsstr. 20b, Linda, 📞 036481-84153, www.knapp-muehle.de.

Agrofarm Knau, in Knau. Hier wird Fleisch aus eigener Zucht verarbeitet und im Hofladen verkauft. Zur Mittagseinkehr empfiehlt sich die gemütliche *Gaststube*, wo Thüringer Gerichte auf den Teller kommen. In der historischen *Wassermühle Knau* werden mit Naturholzmöbeln schön eingerichtete *Gästezimmer* und Appartements vermietet. DZ 55 €, Frühstück

Das denkmalgeschützte Hausteichhaus

8 €/Pers., FeWo mit 2 Pers. 58–65 €. Hofladen: Mo–Fr 8-17.30, Sa 8–11 Uhr. Gaststätte: Mo–Fr 8-14, So 11–14.30 Uhr. An der Bahn 4, Knau, 📞 036484 67017. Zimmer unter 📞 036484-67015, www.agrofarm-knau.de.

Landgasthof & Pension Dreba, in Dreba. Die Feinschmeckerküche des Gasthofs bringt Fisch aus heimischen Gewässern auf den Tisch, z. B. Karpfen, Forelle, Hecht und Zander, zubereitet auf regionaltypische Art. Das Wild stammt aus den umliegenden Wäldern. Auf der Wiese vor dem Gasthof können die Gäste bei Festen im Tipi Indianerromantik erleben. Vermietet werden schöne, moderne *Gästezimmer* mit geräumigen Bädern. EZ 40 €, DZ 70 €, Frühstück 8 €/Pers. Gasthof: Di–Fr 18–23, Sa 11–23, So 11–15 Uhr. Ortsstr. 43, Dreba, 📞 036484-20330, www.landgasthof-dreba.de.

Jugendherberge Plothen, in Plothen. Das moderne Haus am großen Hausteich bietet Übernachtungen in sachlichen 1- bis 4-Bettzimmern mit Dusche und WC. Das Haus ist als Bett und Bike-Unterkunft zertifiziert und bietet Radlern beste Bedingungen. DJH-Mitgliedschaft erforderlich. Erwachsene 28,30 €, Jugendliche 25,90 € inkl. Frühstück. Hausteichstr. 1, Plothen, 📞 036648-22329, www.plothen.jugendherberge.de.

Campingplatz Plothener Teiche, am Ufer des Plothener Hausteichs. Auf dem Wiesengelände finden Naturliebhaber ein wunderschönes Fleckchen Erde. Es gibt Stellplätze für Zelte und Caravans, einen schönen Badestrand und einen Extra-Bereich für FKK-Anhänger, dazu Kinderspielplatz, „Waldschänke" und Angelmöglichkeiten. Stellplatz mit 2 Pers. ab 17 €. Geöffnet April bis Okt. Am Campingplatz 1, Dreba, 📞 036484-62860, www.camping-plothener-teiche.de.

Thüringer Städte an der Via Regia

Aufgereiht wie auf einer Perlenkette ziehen sich Thüringens schönste Städte in der Landesmitte von West nach Ost. Sie locken mit Top-Attraktionen wie Wartburg oder Goethe-Haus, mit toller Kultur und Shoppingvielfalt.

- „Keksrolle": beste Aussicht vom Jentower über Jena
- „Drei(n)schlag": Pyro-Event an den „Drei Gleichen"
- „Bubble Chairs": Musik hören im Bachhaus Eisenach

Die „Thüringer Städtekette" mit Eisenach, Gotha, der Landeshauptstadt Erfurt, Weimar und Jena verdankt ihre Anordnung der uralten Handelsstraße „Via Regia", der „Königlichen Straße". In der Zeit des Heiligen Römischen Reichs Deutscher Nation war sie Handelsstraße, Pilgerweg und Militärstraße.

Am Verlauf der Via Regia in Thüringen orientieren sich auch die heutigen Verkehrswege, die schnellen Verbindungen laden ein zum „Städtehopping", denn ein Kulturglanzlicht folgt dem nächsten. Das Gebiet am Nordrand des Thüringer Waldes, zwischen der Werra im Westen und der Saale im Osten, ist wie geschaffen für große Städte, die von der guten Lage profitieren. Seit der Wiedervereinigung sind die Städte im Aufwind und die Aussicht auf Jobs und urbane Lebendigkeit lockt die Menschen an. Trotz Windrädern, ICE-Trassen und Gewerbeparks sind die Städte grün und naturnah geblieben. Sie lassen sich zu Fuß oder mit dem Fahrrad genießen. Rund um Eisenach dominiert der Wald, aber schon östlich der Hörselberge breiten sich im flachen Thüringer Becken Wiesen und Felder aus. Von kleineren Bergkuppen grüßen Burgen, die in alter Zeit zum Schutz der Via Regia errichtet wurden. Das Klima der „Thüringer Toskana" bei Jena verwöhnt Sonnenhungrige – und nicht zuletzt den schmackhaften Saale-Wein.

Die Geschichte dieser Städte ist eng mit den Namen großer Persönlichkeiten verbunden. Spuren von Luther, Goethe und Bach sind überall zu finden. Aber auch Cranach, Schiller, Herder, Wieland, Zeiss und Abbe prägten die Städte durch ihr Werk. Ihre Wirkungsstätten sind heute als moderne Museen oder herrliche Baudenkmäler einen Besuch wert.

Was anschauen?

Wartburg: Die im 11. Jh. erbaute Landgrafenburg ist der Inbegriff für Thüringen. Hier übersetzte Martin Luther das Neue Testament. → S. 174

Automobile Welt Eisenach: Wartburg-Oldtimer, BMW-Rennwagen, Trabis und andere Träume aus Blech, Chrom und Lack zeigt das sehenswerte Automobilmuseum. → S. 167

Schloss Friedenstein: Das größte Schloss Thüringens steht in Gotha und beherbergt mit dem Ekhof-Theater das älteste Barocktheater Europas, dessen Bühnenmaschinen heute noch bei regelmäßigen Aufführungen die Kulissen bewegen. → S. 180

Domberg und Krämerbrücke: Kirche und Handel prägten das Gesicht Erfurts. Der Dom St. Marien ist das Wahrzeichen der Stadt. Auf der mittelalterlichen Krämerbrücke findet man hübsche Künstlerateliers und Läden. → S. 202

Goethe-Haus: Das Wohnhaus des Dichterfürsten war geistiges Zentrum der Weimarer Klassik. Sein schlichtes Arbeitszimmer steht im Kontrast zum mondänen Wohn-Ambiente. → S. 229

Bauhaus-Museum: Der neue Besuchermagnet in Weimar erinnert an die bedeutende Design- und Kunstschule des 20. Jh. und zeigt Werke der Bauhaus-Größen wie Lyonel Feininger und Paul Klee. → S. 234

Was unternehmen?

Sterne gucken im Zeiss-Planetarium Jena: Lassen Sie sich in ferne Galaxien entführen und staunen Sie im ältesten Planetarium der Welt über das Wunder des Universums. → S. 262

Weinprobe: An den Hängen des Saale-Tals bei Jena reift köstlicher Wein. In den Weingütern bei Bad Sulza darf man den edlen Rebensaft kosten oder ihn bei kulturellen Veranstaltungen genießen. → S. 272

Wandern in der Drachenschlucht: Die meterhohen Felsen der wildromantischen Klamm bei Eisenach sind ein sehenswertes Naturschauspiel. → S. 409

Deutsches Nationaltheater: Hier wirkten Theatergrößen wie Goethe, Wagner und Strauss. Auch heute noch kann man im Theater in Weimar Oper, Konzert, Ballett und Schauspiel auf allerhöchstem Niveau erleben. → S. 232

Und sonst noch?

Vom „wilden" Bach inspiriert: Das kleine Arnstadt bietet ein Kulturprogramm von Format: Bachfestival, Jazz-Weekend oder Kleinkunst in historischen Häusern und Höfen sind ein Geheimtipp. → S. 199

Weihnachtsmärkte: In der Adventszeit lohnen die Weihnachtsmärkte der Städte-Kette einen Kurztrip. Der schönste ist der Weihnachtsmarkt in Erfurt mit Kunsthandwerkerbuden, Riesenrad und Weihnachtspyramide, auch wenn sich dort meistens die Menschenmassen drängen. → S. 213

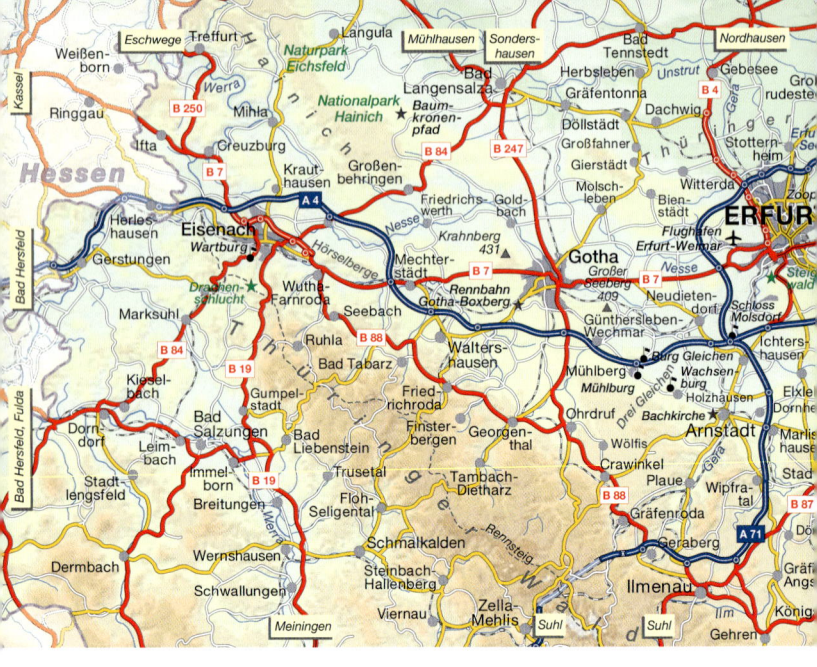

Eisenach

Die Wartburg und der Wartburg – berühmt wurde Eisenach durch beide. Als UNESCO-Welterbe ist die Wartburg heute der stärkste Magnet. Doch auch der Wartburg, ein erst wohlgerundeter, später eckiger Kleinwagen aus dem Eisenacher Autowerk, war mit über 1,6 Mio. Fahrzeugen ein Renner in der DDR – und brachte Wohlstand.

Die Autobahn A 4 macht um Eisenach und den Hörselberg, der die Stadt nach Norden begrenzt, einen großen Bogen. Die Wartburg auf einem exponierten Felsen an den Ausläufern des Thüringer Waldes bleibt jedoch stets im Blick (→ S. 174). Über die Anschlussstellen West und Ost ist die 43.000 Einwohner-Stadt schnell erreicht und die Wegweiser – *Wartburg* und *Bachhaus* – leiten die Touristenströme durch die industriell geprägte Peripherie zielsicher in die richtige Richtung.

Dem Süden von Eisenach mit seinem großen charmanten *Jugendstil-Viertel* und der *historischen Altstadt* steht der moderne Norden gegenüber, der vor allem von Industrie und Plattenbausiedlungen geprägt ist. Die *Automobilindustrie* mit dem Opel-Werk und zahlreichen Zulieferfirmen ist der Motor der Wirtschaft. Und auch sonst zeigt sich die Stadt automobilgeprägt: mit einem Automobilmuseum, Rallyes und Automobilistentreffen. Das entschleunigte Kontrastprogramm liefern Wanderstiefelträger und Ultramarathonis, die von Eisenach aus den berühmten Rennsteig per pedes in Angriff nehmen.

Stadtgeschichte

Die Geschichte der Stadt ist von drei Persönlichkeiten geprägt: der heiligen Elisabeth von Thüringen, dem Refor-

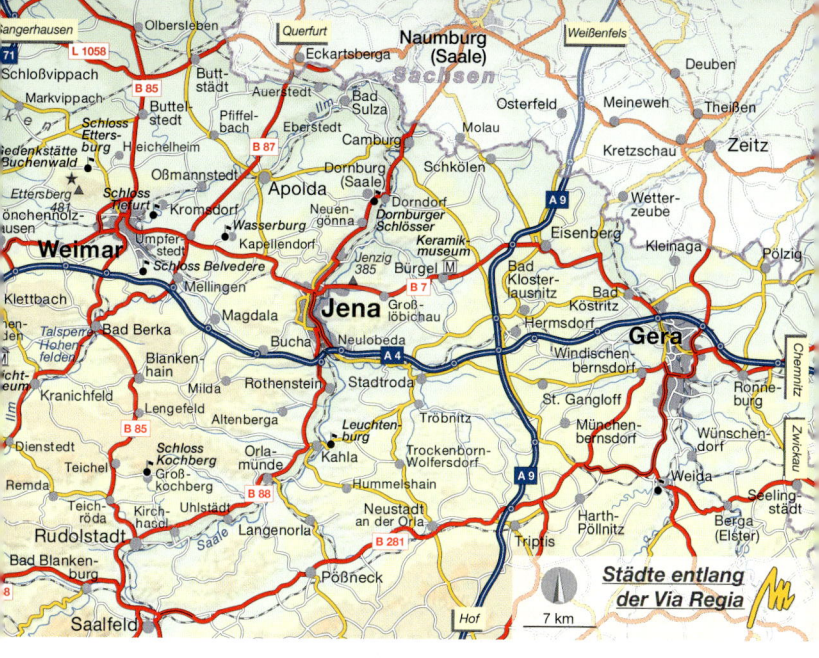

Städte entlang
der Via Regia

mator Martin Luther und dem Komponisten Johann Sebastian Bach, der hier geboren wurde.

Eine fränkische Siedlung am Petersberg soll der Ursprung von Eisenach gewesen sein. Mit dem Bau der Wartburg schuf Ludwig der Springer 1067 die Voraussetzungen zur Gründung einer Stadt und die 200-jährige Regentschaft der Landgrafen von Thüringen. Im Jahr 1180 wird Eisenach erstmals erwähnt.

Die Lage zwischen Thüringer Wald, Werra und Hainich sowie an der Kreuzung von Via Regia und der Thüringer-Wald-Route begünstigte die Entwicklung als Handelsort. Drei zollrechtlich getrennte Marktsiedlungen waren der Ursprung: der *Sonnabendmarkt* (heute Karlsplatz), der *Mittwochsmarkt* (am Frauenplan) und der *Montagsmarkt* (heute Marktplatz). In der zweiten Hälfte des 12. Jh. wurde eine Stadtmauer errichtet, von der heute nur noch Reste erhalten sind. Die wichtigste Eisenacher Persönlichkeit dieser Zeit war *Landgräfin Elisabeth von Thüringen*,

die bis 1228 auf der Wartburg lebte und wegen ihres karitativen Wirkens später heiliggesprochen wurde (→ S. 366). Nach einem Stadtbrand 1342 und einer gewaltigen Pestepidemie (1393) mit 3000 Toten lag die Stadt darnieder. Markantestes Ereignis im 16. Jh. war *Martin Luthers* (→ S. 367) Aufenthalt auf der Wartburg. Bereits 1528 wurde Eisenach evangelisch.

Am 21. März 1685 erblickte *Johann Sebastian Bach* in Eisenach das Licht der Welt, hier lebte er bis zu seinem zehnten Lebensjahr (→ S. 368). Als Residenzstadt des Hauses Sachsen-Weimar wurde Eisenach Treffpunkt der kulturellen Elite der Zeit mit Goethe und Wieland an der Spitze. Seit 1817 trafen sich Studenten und Professoren bei den Wartburgfesten und forderten ein geeintes Deutschland. Im 19. Jh. erlebte die industrielle Produktion auch in Eisenach einen steilen Aufschwung. *August Bebel* und *Wilhelm Liebknecht* gründeten 1869 im Gasthaus Goldener Löwe die Sozialdemokratische Arbeiterpartei und verabschiedeten das

Via Regia – Europas Kulturachse

Seit 2006 gilt die Via Regia als Sinnbild der Einigung Europas, denn sie verbindet auf 4500 km Länge von Santiago de Compostela bis Kiew acht europäische Länder. Der Name Via Regia, „Königliche Straße", leitet sich von ihrer rechtlichen Bedeutung in der Zeit des Heiligen Römischen Reichs Deutscher Nation her, als die starke Königsmacht den Schutz der Straßen sicherstellte. Als Handelsstraße, Pilgerweg und Militärstraße war die Route eine zentrale Lebensader Europas und sorgte seit dem Altertum auch für kulturellen Austausch.

Schon der römische Feldherr Drusus zog mit seinem Heer im 1. Jh. v. Chr. von Mainz über die Rhön und Thüringen an die Elbe. In der Folge bildeten sich auf der relativ einfach zu bewältigenden Route nördlich der Mittelgebirge wichtige Handelswege aus. Frankfurt am Main, Erfurt, Naumburg oder Leipzig wuchsen im Mittelalter zu großen Warenumschlagplätzen heran. Mit dem florierenden Handel erlangten auch die kleineren Städte Reichtum und Macht.

An manch geschichtsträchtigem Ort wie dem Eisenacher Nikolaitor oder der Erfurter Krämerbrücke befindet man sich direkt auf der Via Regia.

„Eisenacher Programm". Mit der Gründung der Fahrzeugfabrik Eisenach 1896 war der Grundstein für die *Eisenacher Automobilindustrie* gelegt. Im Zweiten Weltkrieg mussten Kriegsgefangene im BMW-Stadtwerk und BMW-Flugmotorenwerk Zwangsarbeit leisten. Die Bombardements der alliierten Streitkräfte trafen das Automobilwerk und das historische Zentrum. Ab 1967 wurde Eisenach durch die DDR-Führung als sozialistische Musterstadt aufpoliert und touristisch vermarktet.

Sehenswertes

Nikolaitor und Karlsplatz: Durch das Nikolaitor (1170), das einzige erhaltene von ehemals fünf Stadttoren, betritt man Eisenach auf historischen Pfaden. An dem Tor wurden die Geleitzüge der Handelsreisenden im Mittelalter abgefertigt, die auf der Via Regia von Frankfurt/Main nach Krakau zogen. Im Ensemble mit der **Nikolaikirche** (1180) findet man hier die zuletzt entstandenen romanischen Bauwerke Thüringens. Bis 1525 war die dreischiffige Basilika Gotteshaus für das ehemalige Benediktinerinnenkloster. Der gotische Schnitzaltar (1520) zeigt die Grablegung Christi. Die feinen Steinmetzarbeiten an den Kapitellen des Langhauses gehören zu den bedeutendsten der Thüringer Kunstgeschichte. Martin Luther betrat 1498 am Nikolaitor die Stadt und bat bei dem mit ihm verwandten Küsterehepaar der Nikolaikirche um Quartier.

Am belebten *Karlsplatz* erinnert das Lutherdenkmal von Adolf von Donndorf an den Reformator: An der Westseite ist er als junger Chorsänger im Dialog mit seiner Gastmutter Frau Cotta zu sehen, die östliche Tafel zeigt ihn als „Junker Jörg", sein Pseudonym in den Jahren 1521/22, als er sich auf der Wartburg versteckt hielt. Geht man die Johannisstraße entlang, ist am *Johannisplatz* eine Besonderheit einen kurzen Blick wert: das zirka 250 Jahre alte **Schmale Haus,** das mit seinen 2,05 m Breite zwischen den Nachbarhäusern wie eingeklemmt erscheint.

Rund um den Marktplatz: Durch eine der parallelen Straßen – Karlstraße, Goldschmiedenstraße oder Schmelzerstraße – gelangt man schnell zum Markt. Über dem achteckigen *Marktbrunnen* von 1549 ist der vergoldete Drachentöter St. Georg zu sehen, der als Schutzpatron Eisenachs auch das Stadtwappen schmückt. Das ursprüngliche Rathaus aus dem 15. Jh. stand mitten auf dem Marktplatz. Es diente ab 1596 Herzog Johann Ernst als Kanzleigebäude und wurde im 18. Jh. abgebrochen. Der Rat der Stadt verlegte nach der Ausquartierung seine Amtsgeschäfte in den städtischen Weinkeller und so wurde das Renaissance-Gebäude am östlichen Rand des Marktes zum *neuen Rathaus.* 1993 wurde das teilweise einsturzgefährdete Gebäude generalsaniert. Die Nordseite des Marktes wird vom prächtigen *Stadtschloss* dominiert, das Herzog Ernst August, der Herrscher von Sachsen-Weimar-Eisenach, ab 1742 erbauen ließ. In dem barocken Schloss ist das **Thüringer Museum Eisenach** untergebracht. In den repräsentativen Räumen kann man bei einem Rundgang eine üppig bestückte Porzellansammlung des Rokoko, volkskundliche Exponate und Malerei sehen. Ein echtes Highlight ist die Einrichtung der alten „Schwanen-Apotheke" aus Berka an der Werra mit Labor-Gerätschaften und Gefäßen seit dem 17. Jh.

■ **Thüringer Museum:** Mi–So 11–17 Uhr, Eintritt 4 €. Am Markt 24, ✆ 03691-670450, www.eisenach.de.

Georgenkirche: Im südlichen Bereich des Marktplatzes ragt die gotische Kirche auf, die ab 1515 auf einem Vorgängerbau aus dem Jahr 1196 errichtet wurde und durch Umbauten bis ins 18. Jh. einen regelrechten Stilmix zeigt. Martin Luther sang hier 1498–1501 als Chorist und er predigte auf der Hinreise und bei der Rückkehr vom Wormser

Nikolaitor ▲
Georgenkirche ▼
Lutherhaus ▼▼

Reichstag in dem Gotteshaus. 1685 wurde Johann Sebastian Bach an dem spätgotischen Taufstein der Kirche getauft. Über 130 Jahre lang waren Mitglieder der Familie Bach hier als Organisten tätig. Lutherrose und Bachsiegel am Gittertor der neobarocken Eingangshalle sowie eine Bachstatue von Paul Birr im Vorraum erinnern an die bedeutenden Männer. Der Chor der Kirche ist geschmückt mit reichlich barockem Inventar sowie den 1951 aus der Reinhardsbrunner Schlosskapelle hierher verbrachten Grabplatten der Thüringer Landgrafen (12./13. Jh.). In der Turmgruft stehen die Prunksärge der Eisenacher Herzöge. Hingewiesen sei noch auf ein weißes Kreuz im Straßenpflaster, ca. 30 m südwestlich der Georgenkirche. Das Kreuz erinnert an die Enthauptung von fünf Anführern des so genannten „Werrahaufens", mit denen während des Bauernkriegs in Eisenach kurzer Prozess gemacht wurde.

■ April bis Okt. 10–12.30 und 14–17 Uhr, Nov. bis März 10–12 und 14–16 Uhr. Eisenacher Sonntagskonzerte: Ostern bis Reformationstag jeweils So 16 Uhr. Marktkonzerte: Juli bis Sept. Mo–Sa 11 Uhr. www.ekmd.de

Lutherhaus: Vorbei am Creutznacher Haus, einem eindrucksvollen Fachwerkgebäude aus dem Jahr 1539, gelangt man durch die Lutherstraße zum Lutherhaus. Seit seiner Sanierung strahlt es als eines der ältesten und schönsten Fachwerkhäuser Thüringens in neuem Glanz. Martin Luther kam 1498 als 14-Jähriger nach Eisenach, wo er die Lateinschule der Georgenkirche besuchte und seinen Unterhalt als Kurrendesänger verdiente, in einem damals üblichen „Laufchor", der von Haus zu Haus zog. Er wohnte erst bei Verwandten, dann bis 1501 bei der wohlhabenden Familie Cotta im heutigen Lutherhaus. Die Lutherstuben von 1356 geben eine Vorstellung davon, wie schlicht der damalige Lebensstandard war. Die Dauerausstellung im Lutherhaus informiert über Luthers Eisenacher Zeit, setzt sich mit seiner Auslegung und Übersetzung der Bibel

Im Bachhaus gibt es Live-Konzerte auf historischen Instrumenten

auseinander und berichtet über den Fortgang der Reformation nach seinem Tod. Präsentiert werden kunsthistorische Schätze wie Gemälde aus der Cranach-Schule, Prunkstücke aus dem Römhilder Textilschatz oder auch das Kirchenbuch mit dem Taufeintrag von Johann Sebastian Bach. Medienstationen ermöglichen dem Besucher, interaktiv einen eigenen Zugang zum Ausstellungsthema zu finden. Wechselausstellungen, Veranstaltungen und das Museumsfest an Luthers Geburtstag (10. November) ergänzen das Angebot.

■ April bis Okt. tägl. 10–17 Uhr, Nov. bis März Di–So 10–17 Uhr, Eintritt 6 €. Lutherplatz 8. ℡ 03691-29830, www.lutherhaus-eisenach.de.

Bachhaus: Am Frauenplan weist ein Denkmal von Adolf von Donndorf auf den zweiten großen Protagonisten der Eisenacher Stadtgeschichte hin: Johann Sebastian Bach. In dem Haus, wo Bach am 21. März 1685 geboren wurde und zehn Jahre seines Lebens verbrachte, sowie in einem modernen Anbau erlebt man eines der größten Musikmuseen Deutschlands. Das Bachhaus (gebaut 1456) zeigt auf 600 m² Ausstellungsfläche über 250 Exponate zum Leben und zur Musik Bachs, darunter großartige historische Instrumente, Noten-Autographen und Gemälde. Mehrere Wohnräume mit Originaleinrichtung im Wohnhaus der Familie geben einen Eindruck vom Leben im 17. Jh. Das Besondere an dem Museum ist, dass die Musik des genialen Komponisten in vielfacher Weise zu hören ist. Jede Stunde gibt es ein 20-minütiges Live-Konzert an historischen Instrumenten: zwei Orgeln aus den Jahren 1650 und 1750 erklingen ebenso wie ein Clavichord (1770), ein Silbermann-Spinett (1760) und ein Cembalo (1705). Ausgewählte Werke Bachs kann man während des Rundgangs entspannt in so genannten „Bubble-Chairs" anhören.

Der Clou aber ist das „begehbare Musikstück": Dank Videoprojektion auf eine 180-Grad-Leinwand und Klangkulisse steht man plötzlich mittendrin in einer Aufführung z. B. der Kantate „Tönet, ihr Pauken", einem Orgelkonzert oder einer getanzten Version der „Kunst der Fuge". Ein Spaziergang durch den Garten des Bachhauses oder ein Besuch des „Cafés Kantate" runden den Besuch ab.

■ Tägl. 10–18 Uhr, Eintritt 10 € inkl. Konzert. Besucher können das Ticket am Abend abstempeln lassen und damit am nächsten Tag ein zweites Mal kommen. Frauenplan 21, ℡ 03691-79340, www.bachhaus.de.

Norden und Westen der Altstadt: Ein Spaziergang durch die nördliche Altstadt könnte am *Theaterplatz* beginnen. Das 1879 eröffnete klassizistische Theater wurde den Eisenachern vom Bankier Julius von Eichel-Streiber geschenkt. Seit 1952 heißt das Drei-Sparten-Haus **Landestheater Eisenach.** Der Spielplan bietet Oper, Operette, Ballett, Musical, Schauspiel und Konzert in Kooperation mit dem Staatstheater Meiningen und dem Theater Rudolstadt.

In der *Sophienstraße* befindet sich mit der **Elisabethkirche** eine Stätte der Elisabethverehrung. Die 1886–1888 im neugotischen Stil erbaute katholische Pfarrkirche wird von einem 42 m hohen Turm überragt. An das karitative Wirken der später heiliggesprochenen Landgräfin erinnert eine von Markus Gläser geschaffene Bronzeskulptur (2013) rechts am Eingang. Im schlichten Inneren sieht man eine Elisabeth-Statue (1965) in Rhöner Schnitzkunst, einen kleinen Flügelaltar sowie die modernen Kirchenfenster von Christiane Schwarze-Kalkoff.

Das klassizistische **Palais Bechtolsheim** weiter westlich in der Sophienstraße war Wohnsitz des Vizekanzlers des Herzogtums Sachsen-Weimar. Auf romanischen Funden gebaut ist die Kemenate des *Hellgrevenhofs* am ehemaligen Georgentor. Hier soll der Sage

Städte entlang der Via Regia ↓ Karte S. 160/161

nach der ungarische Magier Klingsor die Geburt der heiligen Elisabeth vorhergesagt haben. Heute ist hier die **Stadtbibliothek** (Georgenstraße 45) zu finden. Vor deren Haupteingang steht das „Sommergewinndenkmal", das mit Hahn, Ei und Brezel an das vorösterliche Eisenacher Fest erinnert. Zum Denkmalensemble des Hellgrevenhofs gehört auch der *Storchenturm*, der Teil der Stadtbefestigung war und als Wach- und Gefangenenturm diente.

Seinen Abschluss findet unser Spaziergang westlich des Marktplatzes an der **Predigerkirche,** die im 13. Jh. zu Ehren der heiligen Elisabeth als Teil eines Dominikanerklosters gebaut wurde. Zum Thüringer Museum Eisenach gehörig, zeigt die Ausstellung Thüringens größten Bestand an mittelalterlicher Schnitzkunst: farbenfrohe Heiligenfiguren, Altare, Grabmäler und Skulpturen.

■ Predigerkirche: Mi–So 10–13 Uhr, Eintritt 4 €, Kombikarte Stadtschloss, Reuter-Wagner-Museum (s. u.) und Predigerkirche 9 €. Predigerplatz, www.eisenach.de.

Südviertel: Im Süden der Altstadt breitet sich das denkmalgeschützte Südviertel aus, ein Flächendenkmal mit Villen aus Spätklassizismus, Jugendstil, Historismus und Bauhaus. Zu den bekanntesten Villen gehört die 1900 im Jugendstil erbaute *Rhododendronvilla* (Marienthal Nr. 42). Das heute als Pension genutzte Haus ist von einem Waldgarten mit Rhododendren und Azaleen umgeben.

Das Abbild einer römischen Villa stellt die 1866 erbaute *Neorenaissance-villa* des Dichters Fritz Reuter dar (Reuterweg 2). Im darin befindlichen **Reuter-Wagner-Museum** ist die bürgerliche Wohnkultur des 19. Jh. mit weitgehend erhaltener Ausstattung der Wohnräume Fritz Reuters erlebbar. Seit 1897 ist hier die größte Wagner-Sammlung außerhalb Bayreuths untergebracht. Der Wagnerianer Nicolaus Oesterlein hat 200.000 Objekte zusammengetragen, von Briefen über Plakate, Zeitungsartikel und Fotos bis hin zu

Villen aus Jugendstil und Historismus prägen Eisenachs Südviertel

Originalpartituren sowie eine mehr als 5000 Bände umfassende Bibliothek.

■ Reuter-Wagner-Museum: Fr–So 11–17 Uhr, Eintritt 4 €, Kombikarte 9 €. Reuterweg 2, ✆ 03691-743293.

Östlich der Wartburgallee erreicht man den **Kunstpavillon,** ein Ausstellungsgebäude des Zentrums für Gegenwartskunst, sowie die Dauerausstellung *metallumvivum* mit Metallskulpturen. Regelmäßig finden Blues- und Jazzkonzerte sowie Kabarett statt.

■ Kunstpavillon: Wartburgallee 47, www.kunstpavillon.info.

Den Eingang zum wenige Schritte entfernten **Kartausgarten** markiert die „Wandelhalle". Das Gebäude mit Arkaden und Musikpavillon wurde 1908 eröffnet, als Eisenach sich anschickte, zum Kurort zu werden – eine Unternehmung, der kein Erfolg beschieden war. Ort der Erholung ist aber immer noch der 3,8 Hektar große Landschaftsgarten mit exotischen Gehölzen und Pflanzen. Im Zentrum des Kartausgartens steht das Gärtnerhaus mit einem klassizistischen Teezimmer, in dem kostbare französische Tapetenbilder mit Motiven des Märchens Amor und Psyche zu sehen sind.

■ Teezimmer im Kartausgarten: Besichtigung für Gruppen ab 10 Pers. (1 €). Anmeldung im Reuter-Wagner-Museum: ✆ 03691-743293, www.eisenach.de.

Auf der Göpelskuppe im Südosten der Stadt (erreichbar über Waisenstraße und Stöhrstraße) steht das 33 m hohe, monumentale **Burschenschaftsdenkmal,** von dem aus sich ein großartiger Blick auf die Wartburg und die Stadt öffnet. Es wurde 1902 errichtet und erinnert an die im Deutsch-Französischen Krieg 1870/71 gefallenen Burschenschafter. Den Innenraum schmückt ein Deckengemälde des Jugendstilmalers Otto Gussmann mit mythologischen Szenen.

Automobile Welt: Autostadt ist Eisenach seit 1896. Von den epochemachenden Motorwagen der Fahrzeugfabrik Ehrhardt über die Eisenacher BMW-Werke und die volkseigene Wartburg-Produktion zur DDR-Zeit bis hin zum Opel-Werk unserer Tage wurden in Eisenach Träume aus Blech, Chrom und Lack wahr. Das Museum der Stiftung Automobile Welt Eisenach zeigt in einer früheren BMW-Fabrikationshalle aus dem Jahr 1935 flotte Flitzer, historische Motorräder und Kuriosa aus 115 Jahren Eisenacher Automobilbaugeschichte. Zu den Highlights gehören der Wartburg-Motorwagen Modell 2 (1899), der noch an eine Kutsche erinnert, der weltweit einzige existierende Dixi R 8 Doppelphaeton, der BMW 328 Roadster (1938) und der AWE R 3 Rennkollektiv-Wagen (1956). Mit den Exponaten, die das Herz jedes Autofans höher schlagen lassen, wird auch ein Stück Kultur- und Gesellschaftsgeschichte erzählt. So war die Wartburg 311-5 Camping-Limousine (1959) mit einem Preis von 16.700 Mark (Ost) für DDR-Bürger beinahe unerschwinglich. Die „Stiftung Automobile Welt Eisenach" arbeitet daran, die Ausstellungsfläche weiter zu vergrößern, um Platz für alle ihre Schätze zu bieten.

■ April bis Okt. Di–So 10–18 Uhr, Nov. bis März Di–So 11–17 Uhr, Eintritt 6 €. Friedrich-Naumann-Str. 10, ✆ 03691-77212, www.awe-stiftung.de.

Städte entlang der Via Regia ↓ Karte S. 160/161

🚶 **Wanderung 7: Durch die Drachenschlucht zur Hohen Sonne, zurück durch die Landgrafenschlucht** → S. 409
Wanderung im Wald bei Eisenach mit zwei sehenswerten Felsschluchten und herrlichen Ausblicken zur Wartburg

Information   Touristinformation im Stadtschloss, Mo–Fr 10–18, Sa/So 10–17 Uhr, Markt 24, 99817 Eisenach, ☎ 03691-79230, www.eisenach.info.de.

Verbindungen   Bahn: Am Hauptbahnhof Eisenach halten stündlich bzw. zweistündlich ICE und IC. Regionalzüge verkehren in regelmäßigem Takt. Am Bahnhof gibt es eine **Autovermietung**.

Bus: Eisenach wird von diversen Fernbuslinien angefahren. Innerstädtisch verkehren 15 Stadtbuslinien. Busbahnhof gegenüber vom Hauptbahnhof. Die **Wartburg** ist ab Hauptbahnhof mit Linie 3 erreichbar. Die Linie 23 verkehrt zwischen P & R-Parkplätzen im Marienthal und Wartburg, www.kvg-eisenach.de.

Mit **Regionalbussen** ist der Wartburgkreis erschlossen, Busse u. a. nach Mühlhausen, Treffurt, Bad Langensalza, Bad Liebenstein, Bad Salzungen (Verkehrsgesellschaft Wartburgkreis, www.vgwak.de).

Parken   In der Innenstadt zwei Parkhäuser und zahlreiche kostenpflichtige Parkplätze.

Baden   Das **Eisenacher Aquaplex** am Sportpark vereint Hallenbad, Sauna und Freibad. 25-m-Becken, Nichtschwimmer- und Planschbecken. Die schöne **Saunalandschaft** in einem Haus aus Keloholz und mit großem Freiluftbereich bietet finnische Sauna und auch die nicht so heißen Varianten des Laconium und Tepidarium. Im **Freibad** schwimmt man im beheizbaren 50-m-Becken oder entspannt in Whirlliegen. Wasserrutsche, Volleyball, Trampolin und Minigolf sorgen für Abwechslung. Hallenbad Di–Do 13–22, Fr 13–21 sowie 21–23 Uhr FKK, Sa 10–23, So 10–20 Uhr. Sportpark 4, ☎ 03691-682300, www.sportbad-eisenach.de.

Bibliothek   Die Stadtbibliothek hält über 60.000 Medien bereit. Georgenstr. 45–47, ☎ 03691-7349768, http://eisenach.bibliotheca-open.de.

Einkaufen   Antiquariat am Bachhaus **14**, gut sortiertes Antiquariat mit Schwerpunkten auf Literatur, Kultur und Geschichte. Mo–Fr 9–12 Uhr, Di und Do 15–18, Mi und Fr 14–17 Uhr, Sa 10–14 Uhr. Frauenplan 20, ☎ 03691-809500, www.liberantiquus.de.

Fahrradfahren   In Eisenach beginnt der **Radfernweg Thüringer Städtekette** (230 km), der über Gotha, Erfurt, Weimar, Jena und Gera bis nach Altenburg führt. Der

Herkules-Wartburg-Radweg (130 km) verbindet Kassels Wahrzeichen, den „Herkules", mit der Wartburg.

Sportliche Radler und Mountainbiker können auf dem **Rennsteig-Radweg** (201 km, mittel bis schwer) von Hörschel nach Blankenstein die Natur des Thüringer Waldes erfahren. Sportlich ist man auch dem **Tannhäuser-Radweg** (27 km) unterwegs, der von den Hörselbergen über Ruhla und den Rennsteig bis nach Barchfeld führt.

Golf   Nur 9 km von Eisenach entfernt finden Golfsportler im **Wartburg Golfpark** eine 18-Loch-Anlage mit herrlichem Blick auf die Wartburg. Am Röderweg 3, Hörselberg-Hainich, ☎ 036920-71871, www.golf-eisenach.de.

Jazz   Der **Jazzclub Eisenach** veranstaltet in der Alten Mälzerei, einer ehemaligen Rösterei für Braumalz und Malzkaffee, regelmäßig Konzerte. Zudem ist in dem Gebäude das **Lippmann+Rau-Musikarchiv** beheimatet, wo man in einem Bestand von mehr als 80.000 Tonträgern, Büchern, Fotografien und anderen Dokumenten zum Thema Jazz stöbern kann. Palmental 1, ☎ 036920-8410, www.jazzclub-eisenach.de, www.lippmann-rau-stiftung.de.

Markt   Mi und Fr 8–17 Uhr, Sa 8–13 Uhr auf dem Marktplatz.

Spezialitäten   Der **Schwarze Esel** ist ein malziges Thüringer Schwarzbier mit 4,5 % Alkohol und tiefschwarzer Farbe. Namensgeber sind natürlich die Wartburgesel.

Stadtführungen   Ca. 90-minütige Führung durch die Altstadt; Start an der Touristinformation am Markt. April bis Okt. tägl. 10.30 und 14 Uhr, Nov. bis März tägl. Mo–Do 10.30, Fr 14, Sa/So 10.30 und 14 Uhr, 8,50 €. Erlebnisführungen, ebenfalls ca. 90 Min., gibt es Fr um 19 Uhr, von Mitte Okt. bis Febr. mit Laterne und Glühwein, von März bis Mitte Okt. mit historischen Figuren im Kostüm (10 €). Tickets in der Touristinfo, ☎ 03691-79230.

Theater   Das **Theater Eisenach** bringt Oper, Operette, Musical, Ballett, Schauspiel, Kinder- und Jugendtheater, Puppentheater und Sinfoniekonzerte auf die Bühne. Theaterkasse Di, Do, Fr 10–18 Uhr, Mi 10–14 Uhr, Sa 10–12 Uhr. Theaterplatz 4–7, ☎ 03691-256219, www.landestheater-eisenach.de.

Das **Theater am Markt** ist eine engagierte Mischung aus Profi- und Amateurtheater. Das

Ensemble zeigt witziges Improtheater, Krimis, zeitgenössische Dramatiker und Eigenproduktionen. Goldschmiedstr. 12, ☎ 03691-7409470, www.theaterammarkt.de.

Tourismusabgabe   Die Stadt erhebt eine Tourismusabgabe in Höhe von 1–2 € pro Pers. und Tag je nach Kategorie des Übernachtungsbetriebs. Die „Bettensteuer" unterstützt die Finanzierung des kulturellen Angebots der Stadt.

Veranstaltungen   Der Streit zwischen Herrn Winter und Frau Sunna ist der Kern des **„Eisenacher Sommergewinn"**, am Wochenende vor dem vierten Fastensonntag. Zu Deutschlands größtem Frühlingsfest sind die Häuser bunt geschmückt, es gibt einen Festumzug und Rummel auf dem Festplatz „Spicke" (www.sommergewinn-eisenach.de).

Die **Thüringer Bachwochen** rund um den Geburtstag von Johann Sebastian Bach (21. März) werden mit Konzerten gefeiert.

Beim **GutsMuths-Rennsteiglauf** alljährlich im Mai messen sich Tausende Sportler im größten Crosslauf Europas. Der 72,7 km lange Supermarathon startet in Eisenach. Weitere Wettbewerbe beginnen in Oberhof und Neuhaus am Rennweg. Gemeinsamer Zielort ist Schmiedefeld.

„Luther – das Fest", das dreitägige Mittelalterspektakel im Mai mit Markttreiben und Open-Air-Theater verwandelt Eisenach zur historischen Meile.

Bei der **Kinderkulturnacht** am Samstag vor den Thüringer Sommerferien (Juli) an verschiedenen Orten der Innenstadt finden sich Tausende Kinder und ihre Eltern ein.

Die **Eisenacher Telemanntage** werden im zweijährigen Turnus (zuletzt 2019) mit Konzerten von Barock bis Moderne begangen.

Unter dem Titel **„Heimweh … Das internationale Wartburg-Treffen"** treffen sich im August Tausende Besitzer der quietschbunten Nostalgieautos in der Stadt, wo sie einst zusammengeschraubt wurden.

Weihnachtsmarkt auf dem Marktplatz ab Ende November. Der **Historische Weihnachtsmarkt auf der Wartburg** versetzt an

Wartburg-Motorwagen (1899) in der Automobilen Welt

den Adventswochenenden die Besucher in die Zeit des Mittelalters (jeweils Sa/So 10–19 Uhr, Eintritt 5 €).

Wandern   Der berühmteste Thüringer Wanderweg, der 168 km lange **Rennsteig** (Markierung weißes R), beginnt im Eisenacher Stadtteil Hörschel. Zur ersten Etappe, die sich von Eisenach aus auch als Tagestour angehen lässt, fährt man am besten mit Bahn oder Bus von Eisenach nach Hörschel. Nach 14,6 km erreicht man die „Hohe Sonne", von wo man durch die Drachenschlucht oder mit dem Bus nach Eisenach zurückkehren kann (weitere 2,5 km).

Auf dem **Lutherweg** (grünes L auf weißem Grund) kann man von der Wartburg aus über Möhra (18 km) nach Schmalkalden wandern – oder die Werra entlang über Creuzburg (15 km) bis Mühlhausen. Auf dem **Pummpälzweg,** der nach einem sagenhaften Thüringer Kobold benannt ist, gelangt man von Eisenach nach Bad Salzungen (27 km, grün-weißer Wegweiser „Pummpälzweg").

Übernachten   → Karte S. 170/171

***** Romantik Hotel auf der Wartburg **20**, einst war der Wartburggasthof eine bescheidene Pilgerherberge. Nach dem Abriss wurde unter Leitung des bekannten Burgen-

baumeisters Bodo Ebhardt 1913/14 der „Gasthof für fröhliche Leut" errichtet. Seit 2001 betreibt die Arcona-Gruppe das luxuriöse Hotel, das sich mit dem Label „Romantik Hotel"

Städte entlang der Via Regia → Karte S. 160/161

schmückt. In 37 individuell gestalteten Zimmern residiert man höchst komfortabel mit herrlichem Ausblick und genießt in Gastronomie und Vitalbereich allen Luxus. Romantische Stunden am Kamin und Kulturprogramme runden den Aufenthalt ab. EZ 129–199 €, DZ 185–335 € inkl. Frühstück. Auf der Wartburg 2, ℡ 03691-7970, www.wartburghotel.de.

**** Steigenberger Hotel Thüringer Hof **7**, das Traditionshaus mit historischen Deckenmalereien am Karlsplatz ist nur wenige Schritte von den Sehenswürdigkeiten entfernt. 126 gediegen ausgestattete Zimmer bieten jeden Komfort, der Fitness- und Wellnessbereich verschafft entspannende Momente. EZ 89–149 €, DZ 139–199 € inkl. Frühstück. Karlsplatz 11, ℡ 03691-280, www.eisenach.steigenberger.de.

**** Göbel's Sophien Hotel 2, modernes Haus gegenüber der Elisabethkirche. Die Zimmer sind elegant-komfortabel, das Serviceangebot ist umfangreich. Träumen darf man im Spa bei einer Schokoladenmassage, „abhängen" auf dem Schwebeliegen im Sauna-Bereich. EZ ab 85 €, DZ ab 130 € inkl. Frühstück. Sophienstr. 41, ℡ 03691-2510, www.sophienhotel.de.

**** Hotel Glockenhof 15, nahe beim Bachhaus und auch mit dem Auto leicht zu erreichen. 44 Komfortzimmer in Alt- und Neubau empfangen den Gast mit schlichter Eleganz. Parkplätze vorhanden. EZ ab 69 €, DZ ab 99 €. Grimmelgasse 4, ℡ 03691-2340, www.glockenhof.de.

**** Hotel am Markt 11, neben dem Lutherhaus, in trotz Zentrumslage ruhiger Seitenstraße. Das Hotel befindet sich in einem umgebauten Franziskanerkloster aus dem 1280 erbauten Franziskanerkloster. Die 43 Zimmer sind komfortabel ausgestattet. EZ ab 51 €, DZ ab 89 € inkl. Frühstück. Markt 10, ℡ 03691-702000, www.hotel-eisenach.de.

**** Berghotel Eisenach 21, inmitten der Natur am Fuß des Burschenschaftsdenkmals, mit traumhaftem Blick auf Wartburg und Stadt. Das Haus verströmt Behaglichkeit und Ruhe. Restaurant, Bar und Sauna. Komfortable EZ ab 66 €, DZ ab 109 € inkl. Frühstück und Minibar. An der Göpelskuppe 1, ℡ 03691-22660, www.berghotel-eisenach.de.

*** Hotel Haus Hainstein 19, malerisch am Fuß der Wartburg im denkmalgeschützten Villenviertel gelegen, mit wunderschönem Blick auf Burg und Stadt. Sympathisches Familien- und Tagungshotel, 67 mit Stilmöbeln eingerichtete komfortable Zimmer. EZ 75 €, DZ 99 €

Übernachten

2	Göbel's Sophien Hotel
7	Steigenberger Hotel Thüringer Hof
8	Pension Hellgrevenhof
11	Hotel am Markt
12	Ferienwohnungen Tannhäuser, Lutherstube und Bach
15	Hotel Glockenhof
16	Stadthotel am Bachhaus
18	Pension Altes Bachhaus
19	Hotel Haus Hainstein
20	Romantik Hotel auf der Wartburg
21	Berghotel Eisenach
22	Boutiquehotel Villa Anna
23	Jugendherberge Eisenach
24	Campingpark Eisenach
25	Pension im Park

Cafés

| 10 | Die Schokoladen- und Eismanufaktur |

Einkaufen

| 14 | Antiquariat am Bachhaus |

Eisenach

E ssen & Trinken

1 Das total verrückte
   Kartoffelhaus
2 Restaurant Fräulein
   Sophie
3 Augustiner Bräu
   Eisenach
4 Lutherstuben im Hotel
   Eisenacher Hof
5 Gasthof am
   Storchenturm
6 Weinrestaurant
   Turmschänke

7 Weinwirtschaft Leander
9 Zucker und Zimt
13 La Grappa
15 Restaurant Rinascita
17 Steak-Haus Zum Ritter
19 Lutherstube Hotel Haus
   Hainstein

150 m

Bad Salzungen, B 19,
Wanderung Drachenschlucht

inkl. Frühstück. Am Hainstein 16, ☏ 03691-2420, www.haushainstein.de.

Stadthotel Am Bachhaus 16, ansprechend modernisiertes Hotel direkt am Bachhaus. Von hier sind alle wichtigen Sehenswürdigkeiten zu Fuß schnell erreicht. Die Zimmer sind großzügig und modern. Das *Restaurant* bietet Thüringer und deutsche Küche. EZ 56–61 €, DZ 87–92 € inkl. Frühstück. Marienstr. 7, ☏ 03691-20470, www.hotel-am-bachhaus.de.

**** Boutiquehotel Villa Anna 22, charmante Jugendstilvilla mit 15 individuell eingerichteten Zimmern. Architektur und Einrichtung bilden ein harmonisches Ganzes, die Ausstattung lässt es an nichts fehlen. EZ 90–110 €, DZ 140–160 € inkl. Frühstück. Fritz-Koch-Str. 12, ☏ 03691-23950, www.hotel-villa-anna.de.

Pension Altes Bachhaus 18, privat geführte Pension in der Altstadt. In dem Fachwerkhaus wohnte der Vater von Johann Sebastian Bach. Heute genießt man in dem renovierten Haus den Blick auf den Garten. Moderne Doppel- und Mehrbettzimmer oder Appartements. DZ ab 50 €, App. (2 Pers.) ab 50 €, jede weitere Person 15 €. Frühstück möglich. Rittergasse 11, ☏ 036928-90455, www.pension-am-rennsteig.de.

Pension Hellgrevenhof 8, der einstige Lehnshof der Familie Hellgreve liegt am ehemaligen Georgentor. Das sanierte, ruhig gelegene Anwesen wird heute privat geführt. Die modern möblierten Zimmer und Ferienwohnungen bieten idyllische Altstadtausblicke. DZ ab 50 €, Frühstück im benachbarten Gasthof möglich. Fewo (2 Pers.) ab 50 €, weitere Person 15 €. Katharinenstr. 9a, ☏ 036928-90455, www.ferienwohnung-eisenach.de.

Ferienwohnungen 12, drei wunderschön ausgestattete Wohnungen in einem ruhig gelegenen Anwesen neben dem Lutherhaus. In der „Lutherstube" (EG), im „Tannhäuser" (1. OG) und im „J. S. Bach" (2. OG) fühlen sich 2 bis max. 6 Pers. wohl. Der Partykeller mit Küche kann für Feiern genutzt werden. Fewo für

2 Pers. ab 56 €, weitere Person 16 €. Kleine Wiegardt 1a, ☏ 0171-3666051.

Pension im Park 25, die von einem riesigen Park mit herrlichen Rhododendren und Azaleen umgebene „Rhododendronvilla" ist eines der schönsten denkmalgeschützten Häuser im Eisenacher Südviertel. Die Pension bietet großzügige, im Stil um 1900 eingerichtete Gästezimmer mit schönem Blick über die Stadt. EZ ab 40 €, DZ ab 60 € inkl. Frühstück. Marienthal 42, ☏ 03691-8193269, www.pension-im-park.de.

Jugendherberge Eisenach 23, die günstige Übernachtungs-Alternative für Familien, Wanderer und Radtouristen. 108 Betten in 26 Zimmern, mit Einzel- oder Stockbetten und Schränken. Übernachtung inkl. Frühstück 23,60 €/Pers., inkl. Halbpension 38 €, Aufpreis bei Einzelbelegung. Marienthal 24, ☏ 03691-743259, www.eisenach.jugendherberge.de.

Camping　Campingpark Eisenach 24, 10 km außerhalb, mit 80 Stellplätzen idyllisch am Altenberger See gelegen. Der Platz bietet Gaststätte und Minimarkt (Mai bis Okt.). Zelt, Pkw und 2 Pers. 14,50 €, Wohnmobil/Caravan und 2 Pers. 19,50 €. *Wanderhütten* werden von Mai bis Okt. vermietet, ab 40 €. Ganzjährig geöffnet. Am Altenberger See, Wilhelmsthal, ☏ 03691-215637, www.campingpark-eisenach.de.

Wohnmobilstellplätze　Stellplätze in Eisenach ohne Ver- und Entsorgung gibt es auf dem Parkplatz Karl-Marx-Straße, im Marienthal gegenüber Prinzenteich, an der „Automobilen Welt Eisenach" und am Festplatz Spicke in der Adam-Opel-Straße. Auf dem kostenpflichtigen Parkplatz an der Wartburg dürfen Wohnmobile 24 Stunden stehen bleiben.

Im Ortsteil Stregda 20 private Stellplätze für Wohnmobile und Gespanne mit Blick auf die Wartburg. Die Stellplätze sind Tag und Nacht befahrbar und haben Stromanschluss. Pro Tag 10 €, Strom extra, Duschmarke 0,50 €, Brötchenservice. Ringstr. 27, Eisenach-Stregda, ☏ 03691-610651, www.wohnmobile-waldheim.de.

Essen & Trinken　→ Karte S. 170/171

Restaurant Fräulein Sophie 2, im urigmodernen Restaurant in Göbel's Sophien Hotel werden feine Thüringer und internationale Spezialitäten vorwiegend mit Zutaten aus der Region aufgetischt. Gute Auswahl auch für Vegetarier. Mo–So 18–21.30 Uhr. Sophienstr. 41, ☏ 03691-2510, www.goebel-hotel.com.

mein Tipp **Restaurant Rinascita im Hotel Glockenhof 15**, mediterrane Köstlichkeiten aus frischen Zutaten per Hand zubereitet lässt uns der aus Süditalien stammende Küchenchef genießen. Das Restaurant Rinascita ist im Hotel Glockenhof zu finden. Di–So 17.30–22 Uhr, S 11.30–14.30 und 17.30–22 Uhr. Grimmelgasse 4, ☏ 03691-2340, www.glockenhof.de.

Lutherstuben 4, Restaurant des Hotels Eisenacher Hof. Hier tafelt man wie zu Luthers Zeiten. Im historischen Ambiente mit Stroh auf dem Boden, höfischem Tanz und historischen Tischreden offeriert die Küche meterlange Fleischspieße, die von Schankmägden in mittelalterlichem Gewand kredenzt werden. Met aus dem Horn, Kartoffelsuppe, gebratene Hähnchen und Bratäpfel – so mag man sich das Mittelalter vorstellen. Mo–Fr und So ab 18, Sa ab 17 Uhr, Sonntagsbrunch 11–15 Uhr. Katharinenstr. 13, ☎ 03691-73400, www.eisenacher hof.de.

Lutherstube Hotel Haus Hainstein 19, im holzgetäfelten Ambiente mit Blick auf die Wartburg bringen saisonal abgestimmte Gerichte Gaumenfreuden. An den Wochenenden gibt es Thüringische Spezialitäten, frisch vom Holzkohlegrill. Am Hainstein 16, ☎ 03691-2420, www.haushainstein.de.

Das total verrückte Kartoffelhaus 1, hier gibt es die Knolle in allerlei Variationen zu günstigen Preisen: als Suppe, Püree, Salat, Bratkartoffeln, Fritten, Rösti, Klöße, aber auch Kartoffelpizza und Desserts mit Kartoffeln. Kreatives kommt mit und ohne Fleisch oder Fisch auf den Teller. Tägl. 11–14.30 und 17–23 Uhr. Sophienstr. 44, ☎ 03691-721568, www.kartoffel haus-eisenach.de.

Augustiner Bräu Eisenach 3, bayerisches Bier rinnt in der Stube und im Biergarten zu Weißwürscht und Hax'n durch die Kehlen, Thüringer Klöße im Dialog mit bayerischem Schweinsbraten ... Mo–Fr 11–24 Uhr, Sa/So 11–1 Uhr. Georgenstr. 30, ☎ 03691-215250, www.augustiner-eisenach.de.

🌿 **Zucker und Zimt 9**, vegan-vegetarisches Bio-Restaurant, das sich Nachhaltigkeit und Genuss auf die Fahne geschrieben hat. Das Ergebnis sind köstliche und herrlich dekorierte Speisen, die nach Saison und Angebot wechseln. Das Restaurant liegt an der Ostseite des Markts und die Köche nutzen den kurzen Weg zu den Marktständen, um sich dort mit frischen regionalen Produkten zu versorgen. Neben Hauptgerichten gibt es Frühstück mit Bio-Kaffee und Tee, Eis und Smoothies – auf der Terrasse am Markt ein Vergnügen. Mo–Fr ab 9 Uhr, Sa/So ab 10 Uhr. Markt 2, ☎ 03691-741141, www.zucker-zimt-eisenach.de.

MeinTipp **Schokoladen- und Eismanufaktur 10**, am Marktplatz. Das handgemachte Eis ist unwiderstehlich, ob in der Tüte oder im Becher zum Genuss auf der Terrasse. Goldschmiedenstr. 1/Ecke Markt, ☎ 03691-8614298.

Gasthof am Storchenturm 5, uriger Gasthof in der umgebauten Scheune des einstigen Rittersitzes Hellgrafen. Vom Gemüseeintopf über Wild aus Jagdgebieten rund um die Wartburg bis zum Rumpsteak vom Thüringer Jungbullen bietet die Küche saisonale frische Hausmannskost. Ein großer *Biergarten* wartet auf die Gäste. Mai bis Sept. Mo, Di, Do, Fr 16–23 Uhr, Sa/So 11–23 Uhr, Okt. bis April Mo–Fr 16–23 Uhr, Sa/So 11–23 Uhr. In der **Wanderherberge** mit kleinen Zwei- bis Sechsbettzimmern gibt es einfache Übernachtungsmöglichkeiten ab 31 €/Pers. inkl. Frühstück. Georgenstr. 43a, ☎ 03691-733263, www.gasthof-am-storchen turm.de.

Weinwirtschaft Leander 7, modern gestylt, am Steigenberger Hotel, mit reicher Auswahl an Wein und Tapas, Regionalem, Pasta und Vegetarischem. So–Do 11.30–24 Uhr, Fr/Sa 11.30–1 Uhr. Karlsplatz 11, ☎ 03691-280, www.eisenach.steigenberger.de.

MeinTipp **La Grappa 13**, das italienische Restaurant im Herzen der Altstadt ist nicht nur bei Eisenachern angesagt. Im rustikal-mediterranen Ambiente der Gaststube oder auf der Terrasse sind oft auch Promis zu Gast. Neben guter Pizza kommen hausgemachte Nudeln und Gnocchi mit feinen Zutaten wie Steinpilzen, Wolfsbarsch oder Filet auf den Tisch. Di–So 11.30–14.30 und 17.30–23.30 Uhr. Frauenberg 8, ☎ 03691-733860.

Steak-Haus Zum Ritter 17, hier beginnt das Mahl mit feinen Suppen. Das Fleisch aus kontrollierter Zucht wird auf dem heißen Lavastein gegrillt, Pfannengerichte und Vegetarisches werden im Wok zubereitet. Dazu gibt es schöne Weine von Thüringen bis Argentinien oder gehaltvolle Cocktails. Mo, Do–So 11.30–14 und 17.30–22 Uhr, Di 17.30–22 Uhr. Rittergasse 3, ☎ 03691-743388, www.steakhaus-zum-ritter.de.

Weinrestaurant Turmschänke 6, mehrfach ausgezeichnetes Feinschmeckerlokal neben dem Nikolaiturm, hier wird moderne Cuisine aufgetischt, die dem Gault Millau 14 Punkte für sehr gute Küche wert war. Aus regionalen, frischen Produkten zaubert Küchenchef Ulrich Rösch feine Leckereien. Menü mit drei Gängen 37 €, 4 Gänge 45 €. Mo–Sa ab 18 Uhr. Karlsplatz 28, ☎ 03691-213533, www.turm schaenke-eisenach.de.

Städte entlang der Via Regia → Karte S. 160/161

Auf der Wartburg wurde Geschichte geschrieben

Die Wartburg

Sie ist mehr als eine der Top-Destinationen Thüringens – die Wartburg ist ein Mythos! Aus dem Grün des Thüringer Waldes ragen ihre Mauern, Türme, Wehrgänge und ihr fürstlicher Palas schon von weitem sichtbar hervor.

Als eine der berühmtesten deutschen Burgen ranken sich um die Wartburg Sagen und Legenden. „Wart, Berg, Du sollst mir eine Burg werden!", soll Ludwig der Springer 1067 geschworen haben, bevor er auf dem 411 m hohen Bergplateau den Stammsitz der Thüringer Landgrafen begründete. Mehr noch als die eindrucksvolle Architektur sind es solche Geschichten, die Zigtausende aus aller Welt wie magisch hierher ziehen. Smartphone und Selfiestange im Anschlag belagern sie die Burg und suchen mit ihren Mitteilungen in den sozialen Netzwerken das Geheimnis um das Rosenwunder der heiligen Elisabeth zu lüften. Oder das des Tintenflecks, der im Lutherzimmer vom legendären Tintenfasswurf des Reformators auf den Teufel übrig geblieben sein

soll. „Dich teure Halle grüß' ich wieder, froh grüß' ich dich, geliebter Raum!" – mit der Wagner-Arie der Opern-Elisabeth im Ohr streift man durch den Sängersaal und stellt sich vor, wie Tannhäuser, Wolfram von Eschenbach und Walther von der Vogelweide in der Sängerlaube auf ihren Auftritt beim „Sängerkrieg" warteten. Was für eine Kulisse!

Nicht nur den Bayreuther Komponisten Richard Wagner inspirierte die Wartburg. Auch Johann Wolfgang von Goethe lobte den Ort und die „überherrliche" Landschaft: „Ich wohne auf Luthers Pathmos und finde mich da so wohl als er", schrieb er während seines Aufenthalts 1777 an Frau von Stein und fand in der Burg ein lohnendes Motiv für zahlreiche Zeichnungen. Das Know-how von Starpianist Franz Liszt machte den Festsaal im Palas zu einem der berühmtesten Konzertsäle Thüringens, der heute Bühne des hochkarätigen Wartburgfestivals ist. Nicht zuletzt ist die Wartburg ein Symbol für die deutsche Einheit, die bei den Wartburgfesten der Burschenschaften ab 1817 beschworen wurde. Die hier aufbewahrte Fahne der Jenaer Urburschenschaft nimmt die späteren Nationalfarben „schwarz-rot-gold" vorweg.

Geschichte und Architektur

Mit der Burggründung 1067 durch Graf Ludwig den Springer beginnt die 200-jährige Regentschaft des Geschlechts der „Ludowinger". 1080 wird die Wartburg erstmals urkundlich erwähnt. Der Palas der Burg, begonnen um 1155, gehört zu den besterhaltenen romanischen Profanbauten nördlich der Alpen. Am Hof des Kunstförderers Landgraf Hermann I. erlebte die höfisch-ritterliche Dichtkunst ihre Blüte. Bis 1228 lebte Landgräfin Elisabeth auf der Wartburg. Nachdem ihr Mann Ludwig IV. beim Kreuzzug ums Leben gekommen war, widmete sie sich dem Dienst an Armen und Kranken. Unter den Wettinern wurden im 14. und 15. Jh. zahlreiche Um- und Neubauten auf der Burg realisiert: der Südturm, ein heizbares Gebäude in der Kernburg, die Kirche, das Torhaus, das Ritterhaus, die Vogtei und die Vorburg.

Von kirchenerschütternder Bedeutung war der Aufenthalt Martin Luthers vom 4. Mai 1521 bis 1. März 1522. Als „Junker Jörg" wurde der mit der Reichsacht belegte Reformator nach einer vorgetäuschten Entführung hier versteckt. In unglaublichen zehn Wochen übersetzte er das Neue Testament aus dem Griechischen ins Deutsche. Unter dem Sachsen-Weimar-Eisenach'schen Großherzog Carl Alexander begann ab 1838 die Restaurierung der zunehmend verfallenen Burg durch den Architekten Hugo von Ritgen ganz im romantisierenden Stil des 19. Jh. Es entstanden das heutige Aussehen prägende Bauten, wie die Neue Kemenate, das Gästehaus Gadem, das Ritterbad und der Bergfried mit dem Kreuz. Die Restaurierungsmaßnahmen in jüngerer Zeit sorgten für die teilweise Wiederherstellung der romanischen Bausubstanz. Seit 1999 zählt die Wartburg zum UNESCO-Weltkulturerbe.

Wartburg-Rundgang

Über die Zugbrücke und die dreitorige Halle gelangt man in die *Vorburg*, wo rechts die schönen Fachwerkbauten aus dem 14./15. Jh. mit Margarethengang, Vogtei und Ritterhaus und der linker Hand gelegene Elisabethgang zu sehen sind. Durch die Torhalle der mittleren Bebauung mit Dirnitz (ein Gebäude auf den Fundamenten der ehemaligen Hofstube) und Neuer Kemenate ist der *zweite Burghof* mit der Zisterne zu erreichen. Auf der Ostseite sieht man das Ritterbad.

Im spätromanischen *Palas* startet der geführte Rundgang im Erdgeschoss mit dem Rittersaal, dem Speisesaal und der Elisabeth-Kemenate, deren Kreuzgewölbe farbenprächtige Mosaiken mit Szenen aus dem Leben der Elisabeth von Thüringen schmücken. Im *ersten Obergeschoss* des Palas wurde eine Kapelle eingebaut, was vermutlich durch die Zerstörung der ursprünglichen Kapelle durch einen Brand veranlasst worden war. Hier finden sich auch Reste einer Wandmalerei von 1300. In der Elisabethgalerie sind sechs 1855 entstandene Fresken von Moritz von Schwind zu sehen, der in den Szenen aus Elisabeths Leben u. a. das Rosenwunder, die Verabschiedung von ihrem zum Kreuzzug aufbrechenden Ehemann und die Heiligsprechung 1235 thematisiert. Auch im berühmten Sängersaal im zweiten Obergeschoss hat sich Schwind mit einem monumentalen Gemälde vom so genannten Sängerstreit verewigt. Im *zweiten Obergeschoss* reicht der prächtige Festsaal über

Städte entlang der Via Regia ↓ Karte S. 160/161

die gesamte Länge und Breite des Palas. Am Nordgiebel erkennt man Karl den Großen als Vorfahren der Ludowinger.

Wartburg-Museum: Das Museum in der Neuen Kemenate und der Dirnitz birgt Kunstschätze aus acht Jahrhunderten. Auf Anregung Goethes begründeten Großfürstin Maria Pawlowna und ihr Sohn Carl Alexander von Sachsen-Weimar-Eisenach die Sammlung. Aus dem Mittelalter stammen ein gotisches Aquamanile (Gefäß zur liturgischen Handwaschung), ein reich verziertes Reliquienkästchen, der einzigartige, nach grafischen Vorlagen geschnitzte Dürerschrank und berühmte Gemälde von Lucas Cranach d. Ä., z. B. das Hochzeitsbildnis von Martin Luther und Katharina von Bora oder Luthers Eltern.

Zum krönenden Abschluss des Rundgangs geht es vom Museum aus über einen mittelalterlichen Wehrgang in die **Vogtei mit der Lutherstube.** Schreibtisch, Stuhl und Kachelofen markieren die karge Stube mit Steinboden und Holzwänden. Abgeschieden im „Reich der Vögel", an vielen Gebrechen und geistigen Anfechtungen leidend, pflegte Luther sein Inkognito als Junker Jörg durch wucherndes Haupthaar und Bart, wie auf dem Gemälde von Lucas Cranach d. Ä. zu sehen ist. Auf dem „Tugendpfad" außerhalb der Burgmauern informieren Schautafeln über den historischen Burgenbau.

Auffahrt zur Wartburg Zur Wartburg fährt man von der Stadt aus etwa 2,5 km über die kurvenreiche, zum Teil steile und schmale Wartburgallee. An der Wartburg gibt es einen gebührenpflichtigen Parkplatz (5 €). Von dort können Gehbehinderte die Burg mit Shuttlebussen erreichen, alle anderen Besucher wandern gemütlich über einen befestigten Weg oder steigen eine etwas kürzere, aber steile Treppe hinauf. Kinder können mit einem der Wartburgesel hinaufreiten (5 €, 1. April bis 31. Okt.). Ist der Parkplatz voll, wird man schon im Tal auf die P & R-Plätze Marienthal, Lilienthal und Prinzenteich geleitet. Von hier aus verkehrt die Stadtbuslinie 23.

Zu Fuß auf die Wartburg Steil, aber schön ist der Aufstieg zu Fuß vom Stadtzentrum aus. Der „Luther-Erlebnispfad" (knapp 1 km) führt vom Predigerkloster zur Eselsstation und liefert auf Schautafeln Informationen über Luther und die Wartburg.

Besichtigung Die Wartburg ist täglich geöffnet, die Außenanlagen kann man bei freiem Eintritt selbst erkunden. Die Innenräume sind nur im Rahmen einer einstündigen Führung zu besichtigen: April bis Okt. tägl. 8.30–17 Uhr (Burgtor schließt um 20 Uhr), Nov. bis März 9–

In dieser Stube übersetzte Martin Luther das Neue Testament

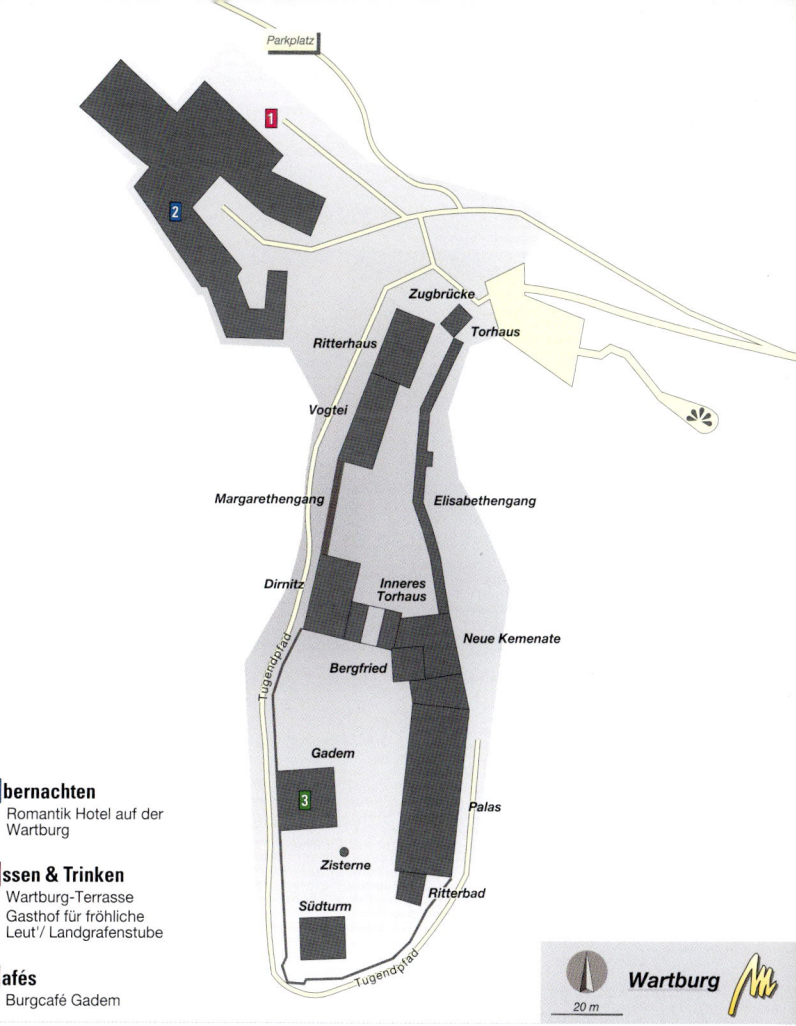

Parkplatz

1

2

Zugbrücke

Ritterhaus

Torhaus

Vogtei

Margarethengang

Elisabethengang

Dirnitz

Inneres
Torhaus

Neue Kemenate

Bergfried

Gadem

3

Palas

Zisterne

Ritterbad

Südturm

Tugendpfad

Tugendpfad

20 m

Wartburg

Übernachten
2 Romantik Hotel auf der
Wartburg

Essen & Trinken
1 Wartburg-Terrasse
2 Gasthof für fröhliche
Leut'/ Landgrafenstube

Cafés
3 Burgcafé Gadem

15.30 Uhr (Burgtor schließt um 17 Uhr). Führung und Museumsrundgang 10 €, Fotoerlaubnis 2 €. ☎ 03691-2500, www.wartburg.de.

Essen & Trinken Das **Romantik Hotel auf der Wartburg 2** bietet ganztägig diverse gastronomische Angebote. Am Parkplatz gibt es Thüringer Bratwurst. Von April bis Okt. hat die **Wartburg-Terrasse 1** geöffnet (tägl. 11.30–17 Uhr), wo Thüringer Klöße, Bratwürste und andere regionale Gerichte serviert werden (Hauptgerichte ab 7 €). Mittags (12–17 Uhr) lädt der „Gasthof für fröhliche Leut" zu Thüringer und internationalen Speisen ein.

Im **Burgcafé Gadem 3** im Hof der Wartburg kann man die hausgemachte Wartburg-Torte probieren, die neben anderen Kuchen zu diversen Kaffeespezialitäten gereicht wird (tägl. 10–16.30 Uhr). Das Highlight ist der abendliche Besuch der **Landgrafenstube 2**. Mit einem spektakulären Sonnenuntergangsblick kann man in der Tradition der Festbankette auf der Wartburg ein mehrgängiges Menü genießen (z. B. zwei Gänge, Suppe und Dessert 69,90 €) oder Exquisites wie Rinderfilet Wellington und die reichhaltige Wartburgvesper. Tischreservierung ist ratsam. Landgrafenstube: tägl. 18–21.30 Uhr. ☎ 03691-7970, www.wartburghotel.de.

Auf Schloss Friedenstein liegen die Wurzeln europäischer Königshäuser

Gotha

In Gotha taucht der Besucher in ein „barockes Universum" ein. Auf sein fürstliches Erbe konzentriert sich Gotha mit Recht, immerhin liegen hier die verwandtschaftlichen Wurzeln vieler europäischer Königshäuser. Höhepunkt eines Besuchs der einstigen Residenzstadt ist Schloss Friedenstein.

Beim Einsammeln von Thüringer Highlights zwischen Eisenach und Erfurt ist man schnell vorbeigerauscht an der 46.000-Einwohner-Kommune. Doch die Kreisstadt zwischen Thüringer Becken und dem hügeligen Vorland des Thüringer Waldes ist den Abstecher wert. Von weitem sichtbar beherrscht *Schloss Friedenstein* das Stadtbild. Dahinter duckt sich im Norden der mittelalterliche Kern, der von einem Straßenring umgeben ist. Sowohl die *historische Altstadt* als auch die umliegenden Viertel, die zur Zeit der Industrialisierung entstanden, sind von planvoll-rechtwinkligem Zuschnitt. Das grüne Erscheinungsbild Gothas prägt der *Schlosspark* im Stil eines englischen Landschaftsgartens, der das Barockschloss weitläufig umgibt.

Nach der Wende frischte Gotha mit einem „integrierten Stadtentwicklungskonzept" den zu DDR-Zeiten vernachlässigten Altbestand wieder auf. Inzwischen kann sich die Altstadt wieder sehen lassen, auch für die Gothaer ist sie wieder ein beliebter Lebensraum. Doch Straßenzüge mit Handlungsbedarf für die Stadtplaner finden sich noch genug.

Sachsen-Gotha. Mit dem Bau von *Schloss Friedenstein* (1643–1654), der größten frühbarocken Schlossanlage Deutschlands, demonstrierte Ernst I. seinen Machtanspruch.

Als erste Stadt des Landes führte Gotha 1642 die Schulpflicht ein. Als Vertreter der Aufklärung, der eine fortschrittliche Verfassung ermöglichte, sorgt *Herzog Ernst II.* (1818–1893) von Sachsen-Coburg und Gotha (Bruder von Prinz Albert, dem späteren Gemahl der britischen Königin Victoria) in der zweiten Hälfte des 18. Jh. für ein Aufblühen von Wissenschaft und Kunst. Ernst II. etablierte das erste deutsche Hoftheater mit einem festen Schauspielensemble und legte es in die erfahrenen Hände des „Vaters der deutschen Schauspielkunst" *Conrad Ekhof*. Im 18. Jh. gründete der Verleger *Justus Perthes* die berühmte Geographische Anstalt, im 19. Jh. legte der Kaufmann *Ernst Wilhelm Arnoldi* mit seiner *Gothaer Feuerversicherungsbank* und der Lebensversicherungsbank die Grundlage für das moderne Versicherungswesen. Über sein Lebenswerk und das deutsche Versicherungswesen informiert heute das Deutsche Versicherungsmuseum Arnoldi (Bahnhofstr. 3a, Mo 10–16 Uhr, 2 €).

Im ehemaligen „Kaltwasserschen Saal", dem späteren Tivoli, hielt *August Bebel* 1865 eine Rede in einer Arbeiterversammlung. 1875 wurden hier die *Sozialistische Arbeiterpartei* (ab 1890 SPD) gegründet und das *Gothaer Programm* verabschiedet. Anfang des 20. Jh. wurde Gotha als Fliegerstadt berühmt durch seinen Luftschiffhafen und die zweimotorigen Bomber, die unter dem Namen „The Gothas" im Ersten Weltkrieg Angst und Schrecken in England verbreiteten. Am Ende des Zweiten Weltkriegs fielen Bomben auf Gotha: Unter anderem getroffen wurde das klassizistische Landestheater von Friedrich Schinkel, das ausbrannte und abgerissen werden musste. Ein spektakuläres

Stadtgeschichte

Die Gründung der Stadt und der Name Gotha gehen wohl auf die Ostgoten zurück, die hier ab 510 siedelten. „Villa Gotaha" ist in einer 775 ausgestellten Urkunde von Karl dem Großen zu lesen. In thüringisch-ludowingischer Zeit wurde Burg Grimmenstein errichtet, unter deren Schutz Gotha als Handelsstadt an der Königlichen Straße, der *Via Regia*, erblühte. Der Warenverkehr und besonders der Handel mit *Färberwaid* (→ Kastentext „Thüringer Blau", S. 204) brachten der Stadt Wohlstand ein. Nach der Niederlage im *Schmalkaldischen Krieg* wurden die Festungsanlagen geschleift, und nach einem großen Stadtbrand und dem Dreißigjährigen Krieg lag Gotha darnieder. Um den Wiederaufbau machte sich *Herzog Ernst I.* (1601–1675), genannt der Fromme, verdient; Ernst I. war der Regent des nach der ernestinischen Landesteilung entstandenen Herzogtums

Ereignis aus der DDR-Geschichte war der „Kunstraub von Gotha", ein bis heute nicht aufgeklärter Einbruchsdiebstahl, bei dem 1979 fünf kostbare Werke alter Meister aus Schloss Friedenstein gestohlen wurden.

„Barockes Universum Gotha"

Schloss Friedenstein: Ganz unter dem Eindruck des Dreißigjährigen Krieges ließ Herzog Ernst I. von 1618 bis 1648 seine Stadtresidenz auf einem Plateau über der Stadt erbauen. „Friede ernehret, Unfriede verzehret", mahnt die Inschrift unter dem Friedenskuss am Hauptportal des Schlosses, dem Ernst den Namen Friedenstein gab. Die riesige barocke Anlage vereinte Wohn- und Repräsentationsräume, Verwaltung, Wirtschaftsräume, Zeughaus und Münze unter einem Dach und ist bis heute das größte Schloss Thüringens.

Schloss Friedenstein umfasst verschiedene Museen und Sammlungen als „Barockes Universum Gotha". Im viergeschossigen **Nordflügel** liegen die herzoglichen Appartements sowie Fest- und Audienzsäle, deren überbordende Inneneinrichtung aus Barock, Rokoko und Klassizismus die Besucher beim Rundgang durch das Schlossmuseum in Atem hält. In der **Kunstkammer** sind Pretiosen aus Elfenbein, Bernstein, Gold, Silber und Email zu sehen, aber auch ein Hut aus dem Besitz von Kaiser Napoleon. Das **Neue Münzkabinett** beherbergt eine der größten numismatischen Sammlungen Deutschlands. Nur eingeschränkt geöffnet ist die *Schlosskirche* mit prachtvollen, in Stuck gefassten Deckengemälden und der Gruft, in der die Herzöge in Prunksärgen bestattet wurden. Die beiden *Seitenflügel* des Schlosses werden im Süden durch zwei vierstöckige Türme begrenzt. Dazwischen erstreckte sich einst die herzogliche Reithalle, die abgetragen wurde. Heute wird der Innenhof durch eine Mauer begrenzt. In den innen liegenden Arkadengängen kann man den Hof trockenen Fußes umrunden.

Eine historische Besonderheit ist das **Ekhof-Theater,** das älteste Barocktheater der Welt mit noch funktionierender Bühnenmaschinerie. Alljährlich während des *Ekhof-Festivals* erwacht die

Das barocke Ekhof-Theater wird heute noch bespielt

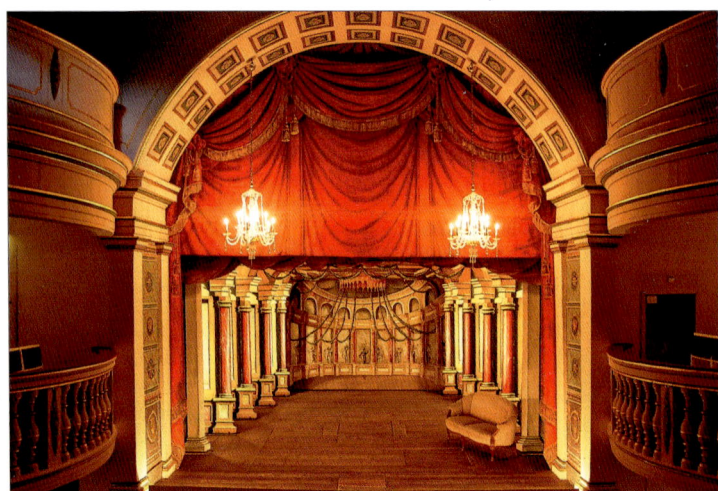

Ein Herzogtum und viele Kronen

Gothas Herzöge entstammen einem der ältesten deutschen Adelsgeschlechter, dem Haus Wettin. Die Herausbildung des relativ kleinen Herzogshauses Sachsen-Coburg und Gotha verdankt sich einer Vielzahl von Erbteilungen. Seit Beginn des 19. Jh. gelang es den Herrschern von Coburg und Gotha durch geschickte Heiratspolitik, ihre Abkömmlinge auf die Throne Europas zu bringen. Die wichtigste Verbindung und zudem die größte royale Love-Story ist die Ehe der englischen Queen Victoria – selbst Tochter einer Coburg-Saalfelder Prinzessin – mit ihrem Coburg-Gothaer Vetter Prinz Albert. Weitere Mitglieder des Hauses waren gekrönte Häupter von Belgien, Bulgarien, Dänemark, Griechenland, Italien und Luxemburg, von Norwegen, Portugal, Rumänien, Russland, Schweden und Spanien. Sogar nach der Kaiserkrone konnten die Sachsen-Coburg-Gothaer greifen: der deutsche Kaiser Wilhelm II. war ein Enkel von Prinz Albert und Queen Victoria. Wenn heute in den noch regierenden Königshäusern geheiratet wird, dann sind die Gothaer vermutlich ein bisschen mehr als andere Royal-Fans mit dem Herzen dabei. „Gotha adelt", heißt es vollmundig in der Stadtwerbung.

von Kulissenwagen und Kulissenschiebern belebte Illusionsbühne wieder zum Leben. Effektmaschinen wie Flugwerke, Versenkung, Donnerschacht und Windmaschine ergänzen das Barockspektakel. Seinen Namen verdankt das Theater dem berühmten Schauspieler *Conrad Ekhof*, unter dessen Leitung Herzog Ernst II. das erste deutsche Hoftheater mit festem Schauspielensemble gründete. Ekhof entwickelte nicht nur erstmals einen realistischen Darstellungsstil im deutschen Theater, er war auch Vorreiter einer Pensions- und Sterbekasse für Schauspieler.

Eine neu konzipierte Ausstellung wird die Sammlung des **Historischen Museums** in modernem Zuschnitt präsentieren. Von prähistorischer Zeit bis zur Deutschen Einheit wird sich der Bogen spannen. Das *Museum der Natur* wird in den nächsten Jahren vollständig in das Schloss einziehen. Der interaktiven Dauerausstellung „Tiere im Turm" werden weitere naturkundliche

Präsentationen folgen. Bis zum Jahr 2032 wird Schloss Friedenstein für 60 Mio. Euro rundum saniert, der museale Bereich soll noch attraktiver werden. Mit Teil-Schließungen der Räume ist zu rechnen.

▪ **Museen und Ekhof-Theater:** Di–So 10–17 Uhr (Nov. bis März 10–16 Uhr). **Schlosskirche:** April bis Sept. Mi 12–17 Uhr. Kombi-Ticket 10 €, Einzelkarte 5 €. Audioguide 2,50 €. Führung nach Vereinbarung: ☎ 03621-8234200, www.stiftungfriedenstein.de.

Herzogliches Museum: Der Sammelleidenschaft der Gothaer Herzöge verdankt die Stadt eine Anhäufung von Kunstschätzen. Im Herzoglichen Museum, ein im Stil des Historismus von 1864 bis 1879 errichteter Bau im Süden von Schloss Friedenstein, darf sich der Besucher auf einen spannenden Rundgang durch die Welt der Kunst machen. Gemälde großer Meister wie Lucas Cranach d. Ä., Peter Paul Rubens, Jan van Goyen und Caspar David Friedrich sind hier ebenso zu sehen wie Werke der

Bildhauer Conrad Meit, Adriaen de Vries und Jean-Antoine Houdon. Staunend betrachtet man das berühmte „Gothaer Liebespaar" aus der Vor-Dürer-Zeit und eine ägyptische Mumien-Sammlung. Vielfältig ist die keramische Sammlung mit Majolika des 16. Jh., Böttgersteinzeug und Meissener Porzellan des 18. Jh. Außerdem sind antike Vasen, Skulpturen und Goldschmuck, Korkmodelle antiker römischer Bauten, exotische Kunstschätze aus China und Japan und sowie die schönsten Objekte einer riesigen Fächersammlung zu sehen.

■ Tägl. 10–17 Uhr (Nov. bis März 10–16 Uhr), Einzelkarte 5 €, Kombi-Ticket 10 €, Audioguide 2,50 €. Parkallee 15, ✆ 03621-82340, www. stiftungfriedenstein.de.

Kasematten: Bis zum 18. Jh. war Schloss Friedenstein von Wehr- und Befestigungsbauten umgeben, die dann zugunsten der Gartenanlage abgetragen wurden. Von dem einst 2,5 km langen unterirdischen Kasemattensystem sind heute im Rahmen von einstündigen Führungen 300 m zu besichtigen. Die Gänge sind stellenweise eng: Das so genannte „Mannloch" ist nur 50 cm breit und 115 cm hoch. Bei dem Rundgang entdeckt man Schartenkammern, Büchsengalerien, Aufzugsschächte, Verbindungstreppen, aber auch Spuren jüngerer Nutzung z. B. als herzoglicher Bierkeller und Luftschutzkeller.

■ Besichtigung der Kasematten ab Treffpunkt nordöstlich des Schlosses, Elsa-Brändström-Weg: April bis Okt. tägl. 13 und 17 Uhr, Nov. bis März tägl. 13 Uhr. Karten (6 €) vorab in der Touristinfo erwerben, ✆ 03621-510450.

Schlossgarten: Zu den schönsten Schlossgärten Thüringens gehört der Gothaer Park mit großzügigen Blickachsen auf Schloss Friedenstein, romantischen Teichen, Tempeln und verschlungenen Parkwegen unter Bäumen. Vom Osten des Schlosses zieht sich eine barocke Parkanlage mit Rasenbeeten, Blumen und Spring-

brunnen bis hin zum Schloss Friedrichsthal (erbaut 1708–1711 als Sommerpalais für Herzog Friedrich II.). Flankiert ist der Barockgarten von zwei Orangeriebauten, die zur Überwinterung von Pflanzen und als Festsäle bei Gartenfesten genutzt wurden. Die Einrichtung eines deutschen Orangeriemuseums ist im Gespräch. Der größte Teil des Parks ist als Englischer Garten angelegt. Als Ergänzung zur naturkundlichen Sammlung wurden im 19. Jh. südlich des Herzoglichen Museums 170 Exemplare von 40 verschiedenen Nadelgehölzen angepflanzt, darunter Raritäten wie die nordamerikanische Nootka-Scheinzypresse.

■ Jederzeit frei zugänglich. Veranstaltungen in der Orangerie www.orangerie-gotha.de.

Stadtrundgang

Da Schloss Friedenstein zentraler Punkt eines Gotha-Besuchs ist, beginnt unser Rundgang am Denkmal von Herzog Ernst I. an der Parkanlage nördlich des Schlosses.

Ernst-I.-Denkmal und „Wasserkunst": Die Bronzestatue des Regenten, wegen seiner Frömmigkeit auch „Bet-Ernst" genannt, wurde 1904 an der Parkanlage nördlich des Schlosses errichtet. Wendet man sich der Altstadt zu, findet man oberhalb des Hauptmarkts die so genannte „Wasserkunst" mit Springbrunnen und begrünten Wasserkaskaden. Bedeutsam für die mittelalterliche Stadt, der es wegen des fehlenden Flusses stets an Wasser mangelte, war eine technische Meisterleistung: Unter Landgraf Balthasar von Thüringen wurde in den Jahren 1366 bis 1369 der *Leina-Kanal* angelegt, der über ein Aquädukt bis heute Wasser aus dem Thüringer Wald in die Stadt leitet. Das Wasser wurde von Haushalten, Landwirtschaft, Handwerk und Gewerbe genutzt und trieb die Mühlen an. Heute füllt es die Parkteiche und betreibt die 1895 zur Verschönerung des Hanges erbaute

Blick über die „Wasserkunst" zum Gothaer Rathaus

Wasserkunst. Neben dem Brunnen ist die von Bernd Göbel geschaffene Bronzefigur der Herzogin Luise Dorothea zu sehen, die eine dynamische Vertreterin der Epoche der Aufklärung war.

Hauptmarkt: Wer vom oberen Hauptmarkt zum Rathaus spaziert, sollte das Eckhaus mit der Nummer 17 nicht übersehen: das *Cranach-Haus*, das an der geflügelten Schlange über dem Eingang zu erkennen ist. Nur die Kellergewölbe stammen vom ursprünglichen Anwesen; das heutige Cranach-Haus wurde nach dem Stadtbrand von 1632 gebaut. Um 1511 heiratete der Renaissance-Maler *Lucas Cranach d. Ä.* Barbara Brengebier, die Tochter eines Gothaer Ratsherrn. In dem Haus, das Cranach in Gotha erwarb, lebte Cranachs Tochter Ursula und ab 1555 ihre Schwester Barbara. Sie war verheiratet mit dem sächsischen Kanzler Christian Brück, der wegen seiner Verstrickung in die „Grumbachschen Händel" gemeinsam mit Wilhelm von Grumbach am 18. April 1567 auf dem Gothaer Marktplatz geviertelt wurde. Eine Tafel im Straßenpflaster südlich des Rathauses erinnert an die Hinrichtung.

Das **Rathaus** steht, anders als in vielen anderen Städten, in der Mitte des Hauptmarkts und teilt ihn in einen oberen und unteren Teil. Die Via Regia traf sich hier mit einer Handelsstraße aus dem Thüringer Wald. Erbaut wurde das Renaissancegebäude 1567 als „Kauff-Haus", von 1641 bis zum Umzug ins neue Schloss lebte Herzog Ernst darin. Besonders die Nordseite des Rathauses ist reich geschmückt. Der vergoldete Kopf über der Uhr soll dem Volksglauben nach den hingerichteten Ritter von Grumbach darstellen. Kurios ist der bewegliche Unterkiefer der Kopfskulptur, der beim Schlagen der Uhr zur vollen Stunde nach unten klappt. Gekrönt wird der Figurenfries vom heiligen Gothardus. Seit Mitte des 17. Jh. dient das Gebäude als Rathaus. Vom Rathausturm aus kann man sich einen Überblick über die Altstadt verschaffen (April bis Nov. tägl. 11–18 Uhr). Rund um den Markt stehen reich gestaltete Bürgerhäuser. Im so genannten „Luther-Haus" (Hauptmarkt 42), dem einstigen Gasthof „Zur Löwenburg", machte Martin Luther am 27. Februar 1537 auf dem Rückweg vom Schmalkalder Fürstentag halt. Eine schwere Nierenkolik zwang ihn ins Bett und ließ ihn das Äußerste befürchten. Er verfasste sein Testament und diktierte seinem Freund Johannes Bugenhagen: „Ich will in Gotha begraben sein." Glücklicherweise wurde Luther wieder gesund.

Augustinerkloster: Westlich des Hauptmarkts steht in der Augustinerstraße das 1258 gegründete Kloster. Die Klosterkirche wurde 1366 gebaut und mit einem barocken Innenraum samt Fürstenloge eingerichtet. Der mittelalterliche Kreuzgang war Andachtsbereich der Mönche und wurde als Begräbnisstätte genutzt, wovon zahlreiche Epitaphien zeugen. 1515 wurde Martin Luther vom Ordenskapitel der deutschen Augustinerkongregation zum Distriktsvikar gewählt. Deshalb besuchte Luther Gotha mehrfach und predigte hier. Der ehemalige Kapitelsaal dient heute als Eingangspforte und Café.

▪ **Klosterkirche:** Im Sommer Mo–Fr 10–12 und 14–16, Sa 14–16 Uhr, So nach dem Gottesdienst sowie 14–16 Uhr. Führungen durch das Kloster nach Anmeldung im Klostercafé: ☎ 03621-302901, www.augustinerkloster-gotha.de.

Vom Hauptmarkt zum Neumarkt: Die Marktstraße, die vom Hauptmarkt östlich zum Neumarkt führt, ist eine belebte Fußgängerzone mit zahlreichen Geschäften. Kleine Läden und Cafés findet man am idyllischen *Buttermarkt* (Richtung Hünersdorfstraße). Den Neumarkt dominiert die 1064 erstmals erwähnte **Margarethenkirche;** die spätgotische Hallenkirche wurde ab 1494 auf dem Fundament einer romanischen Basilika erbaut. 1522 setzte mit den Predigten von Johann Langenhan die Reformation in Gotha ein. Nach dem „Gothaer Pfaffensturm" schickte Martin Luther seinen Freund Friedrich Myconius nach Gotha, der als erster evangelischer Superintendent die Reformation durchsetzte und den Turmbau an der Kirche zu Ende führte. Herzog Ernst I. wurde unter dem Altarraum beigesetzt. Am gotischen Brautportal grüßen seit 1904 die von Christian Behrens geschaffenen Statuen der Reformatoren Martin Luther und Philipp Melanchthon.

▪ Mo–Fr 10–16 Uhr. Das Turmcafé ist beim Gothardusfest und am Tag des offenen Denkmals geöffnet.

Sehenswertes in der Umgebung

Tierpark Gotha: In dem kleinen Tierpark im Naturschutzgebiet „Kleiner Seeberg" kommt man beim Spaziergang über den 1,7 km langen Rundweg rund 140 Tierarten mit insgesamt 650 Tieren nahe. Die meisten Zoobewohner sind Tiere aus dem europäischen Raum und vom Aussterben bedrohte Haustiere. Zu sehen sind aber auch Exoten wie der syrische Braunbär, der Amur-Tiger und der Chinaleopard. Ein Naturlehrpfad informiert über Natur- und Umweltschutz. Die Kinder sind begeistert vom Abenteuerspielplatz und dem Streichelgehege.

▪ Sommer 9–18 Uhr, Winter 9–16 Uhr, Eintritt 6 €. Töpfleber Weg 2, ☎ 03621-510460, www.kultourstadt.de/tierpark-gotha.

Rennbahn Gotha-Boxberg: Nicht nur Freunde des Reitsports seien zu einem Ausflug zur Galopprennbahn Gotha-Boxberg ermuntert. Die 1878 eingeweihte historische Rennbahn des Herzogtums Sachsen-Coburg und Gotha mit einer Tribüne im viktorianischen Stil zählt zu den längsten Flachrennbahnen Deutschlands. Bis zu 40.000 Besucher hatten bis in unsere Tage Freude an den anspruchsvollen Flach- und Hindernisrennen. Wegen der hohen Unterhaltskosten des Geläufs fin-

Viktorianische Besuchertribüne an der einstigen Galopprennbahn

den heute keine Pferderennen mehr statt. Dafür werden im Sommer regelmäßig andere Pferdesportveranstaltungen organisiert, z. B. die Deutschen Meisterschaften der Kavallerie, Turniere des Reit- und Fahrvereins Gotha, das Bauernrennen, Fohlenchampionate sowie Open-Air-Konzerte. Wenn nichts los ist, dient die Rennbahn mit ihrer wunderbaren Aussicht als Naherholungsziel und nette Einkehrmöglichkeit.

▪ Mo–So 11–22 Uhr. Rennbahn-Gaststätte, Am Boxberg 1a, Leinatal, ✆ 03622-208364. Veranstaltungstermine unter www.eventpark-boxberg.de.

Basis-Infos

Information **Touristinformation,** Mo–Fr 10–18, Sa 10–15 Uhr, So (Mai–Sept.) 10–14 Uhr. Hauptmarkt 33, 99867 Gotha, ✆ 03621-510450, www.gotha-adelt.de.

Verbindungen **Bahn:** Von Gotha Verbindungen mit ICE nach Frankfurt/M., Halle/Leipzig, Berlin. Mit Regionalexpress nach Göttingen und Chemnitz. Regelmäßige Verbindungen im Regionalverkehr.

Bus und Straßenbahn: Ein enges Netz mit Stadtbus und Straßenbahn erschließt alle Gothaer Stadtteile. Die *Thüringerwaldbahn*, eine Überlandstraßenbahn, die zu herzoglicher Zeit gegründet wurde, fährt vom Hauptbahnhof auf einer knapp 22 km langen, kurvenreichen Strecke nach Tabarz im Thüringer Wald. Unterwegs gibt es Haltestellen an Sehenswürdigkeiten wie Galopprennbahn Boxberg, Waltershausen und Marienglashöhle. Am ZOB Gotha halten mehrere große Fernbusanbieter.

Parken Rund um die Innenstadt kostenfreie und kostenpflichtige Parkplätze und Parkhäuser. Gebührenfrei parken z. B. auf dem Parkplatz Mohrenstraße, Philosophenweg, Justus-Perthes-Straße, Kastanienallee, Helenenstraße, Lindenauallee, Parkplatz am Herzoglichen Museum (Parkallee).

Baden Das großzügige **Stadt-Bad** kombiniert ein historisches Jugendstilbad mit einem modernen Anbau. Es gibt Sportschwimmbecken, Sprudelliegen, Sprungturm, Planschbecken und Saunabereich. Mo 15–22 Uhr nur

Jugendstilbecken, Di–Sa 10–22, So 10–20 Uhr. Bohnstedtstr. 6, ☎ 03621-229530.

Das **Freibad Südbad** ist von Mai bis Sept. tägl. 10–18 Uhr geöffnet. Am Riedweg, ☎ 03621-705246, www.stadt-bad-gotha.de.

Bibliothek Die zur Universität Erfurt gehörende **Forschungsbibliothek Gotha** verfügt über bedeutende Buchbestände mit abendländischen und orientalischen Handschriften, Druckschriften des 15. bis 19. Jh. und die „Sammlung Perthes". Schloss Friedenstein, Mo–Fr 9–20, Sa 9–13 Uhr. ☎ 03621-7375540, www.uni-erfurt.de/bibliothek.

Stadtbibliothek im Winterpalais, Di, Mi, Fr 10–18, Do 10–19, Sa 10–13 Uhr. ☎ 03621-222670, Friedrichstr. 2–4, www.gotha.de.

Fahrradfahren Über den Fernradweg **Thüringer Städtekette** (230 km) ist Gotha mit Eisenach und Erfurt verbunden. Auf dem **Radrundwanderweg Gotha** (36 km) kann man die Stadt in kleinen oder großen Etappen umrunden. Immer wieder neue Aussichten auf die **„Drei Gleichen"** bieten die Radausflüge zwischen Gotha, Mühlberg und Wandersleben.

Die **Galopprennbahn Gotha-Boxberg** erreicht man über leicht welliges Terrain etwa 7 km südlich von Gotha, wo die *Rennbahn-Gaststätte mit schönem Biergarten* zur Einkehr einlädt: Di–Do 11.30–21 Uhr, Fr–So 11.30–24 Uhr. Am Boxberg 1a, Leinatal, ☎ 03622-208364.

Kino Blockbuster und aktuelle Kinofilme zeigt das **Cineplex Gotha,** Gartenstr. 31, ☎ 03621-229090, www.cineplex.de/gotha.

Kultur Theater, Konzerte, Ballett, Musicals und Unterhaltungsprogramme sind im **Gothaer Kulturhaus** zu sehen, Ekhofplatz 3, www.kulturhaus-gotha.de. Tickets ☎ 03621-2275227.

Kunst In einem historischen Gebäude des Gebäudekomplexes „Westthüringen-Center" in der Altstadt zeigt das **Kunstforum Gotha** wechselnde Ausstellungen zeitgenössischer Kunst. Querstr. 13, Di–So 10–17 Uhr. ☎ 03621-7387030, www.kultourstadt.de.

Markt Frische Lebensmittel und Gemüse gibt es am Hauptmarkt und auf dem Coburger Platz: Mo–Fr 7–18, Sa 7–12 Uhr.

Stadtführungen Ganzjährig Sa 14 Uhr, April bis Okt. Mi 11, Fr 14, Sa 14, So 11 Uhr, Treffpunkt historisches Rathaus, Ticket 6 € in der Touristinformation. Zudem auch zahlreiche Erlebnisrundgänge, Ticket 8 € in der Touristinfo.

Turmbesichtigung Rathausturm tägl. Mai bis Okt. 11–18 Uhr, Nov. bis April 11–16 Uhr, Eintritt 0,50 €. Turm der Margarethenkirche am Neumarkt Mo–Fr 10–14 Uhr (Voranmeldung ☎ 03621-852466).

Veranstaltungen Mit dem **Gothardusfest** am ersten Maiwochenende wird der Schutzheilige Gothas St. Gothardus geehrt. Der Heilige im Bischofsornat eröffnet in einer Zeremonie die Saison der Wasserkunst. Das Fest wird auch mit einem Handwerkermarkt auf dem Buttermarkt, einem Kulturprogramm auf mehreren Bühnen und einem klassischen Musikfeuerwerk an der Wasserkunst gefeiert.

Beim berühmten **Ekhof-Festival** von Juni bis August wird das historische Ekhof-Theater auf Schloss Friedenstein mit sehenswerten Opern- und Schauspielaufführungen belebt (www.ekhof-festival.de).

Beim **Trödelmarkt im April und August** wird die Innenstadt zu einem Eldorado für private Flohmarkthändler und glückliche Stöberer.

Beim **Barockfest Gotha** alljährlich Ende August verwandelt sich Schloss Friedenstein in die Residenz des Herzogs Friedrich III. von Sachsen-Gotha-Altenburg. Das Schaulaufen in prächtigen Gewändern, die historischen Vorführungen und das Feuerwerk des größten Barockfests Mitteldeutschlands zieht Tausende an.

„Gotha glüht" heißt es am letzten Wochenende im September in der Altstadt. Bei dem Schmiedetreffen in Verbindung mit einem Handwerker- und Spezialitätenmarkt sorgen „Nachtglühen", Feuershow und Musikevents für ein großes Spektakel, www.gotha-glüht.de.

Der stimmungsvolle Gothaer **Weihnachtsmarkt** findet im Advent in der Altstadt statt.

Wandern Ein lohnendes Wanderziel ist der **Bürgerturm auf dem Krahnberg** im Nordosten Gothas (3 km ab Hauptmarkt, www.buergerturm-gotha.de). Über die 158 Stufen der Wendeltreppe steigt man auf 30 m Höhe und genießt einen herrlichen Ausblick bis zum Inselsberg und zum Brocken. Einkehr im lauschigen *Biergarten des Gasthauses Berggarten* (Mo–Do 11–22 Uhr, Fr/Sa 11–23 Uhr, So 11–20 Uhr, Okt. bis März Mo–Do und So bis 19 Uhr), www.berggarten-gotha.de).

Die Wanderung auf den **großen und kleinen Seeberg** inmitten eines südöstlich der Stadt gelegenen Naturschutzgebiets startet man am besten über den Fußweg am Eisenbahnviadukt.

Vom Gothaer Tierpark aus führt ein kurzer, aber steiler **Aufstieg zum Gasthaus Alte Sternwarte**, wo 1789 die älteste deutsche Sternwarte erbaut wurde (Mo–Sa 11.30–22 Uhr, So 11.30–18 Uhr, www.alte-sternwarte.de).

Der **Seebergkammweg** führt nach 3 km zum Großen Seeberg (406 m), an dem der Sandstein für die Wartburg und auch für den Berliner Reichstag gebrochen wurde. Wer weitere 3 km bis Seebergen weiterwandern möchte, findet eine gute Einkehr im *Gasthof Düppel* (Do–So 11–22 Uhr), ☎ 036256-33972, www.derdueppel.de.

Der **Lutherweg** führt von Waltershausen durch das Stadtgebiet von Gotha und über Wandersleben nach Arnstadt.

Die **Fahner Höhe** nördlich von Gotha lädt zu ausgedehnten Wanderungen ein. Im Frühjahr taucht das Land zur Obstbaumblüte in ein Blütenmeer. Ein schöner Rundwanderweg führt von Gierstädt über Fahner-Höhe-Weg, Großfahner, Dachwig und Kleinfahner zurück nach Gierstädt (10 km).

Übernachten

→ Karte S. 189

**** Hotel am Schlosspark 16, feines Hotel am Schloss Friedenstein, zentrale und ruhige Lage. 94 geschmackvolle, komfortabel ausgestattete Zimmer in drei Kategorien. Schöner Sauna- und Spa-Bereich. EZ ab 88 €, DZ ab 115 € inkl. Frühstücksbuffet. Halbpension 20 €. Lindenauallee 20, ☎ 03621-4420, www.hotel-am-Schlosspark.de.

*** Landhaus und **** Burg-Hotel Romantik 17, zwei Häuser am östlichen Stadtrand Gothas zwischen Landstraße und Mönchpark. Das 2012 im maurischen Stil erbaute Burg-Hotel bietet 4-Sterne-Service in luxuriösen Zimmern und einen schönen Wellnessbereich. Romantiker finden im 3-Sterne-Landhaus üppige Interieurs mit Himmelbett. Landhaus: EZ ab 78 €, DZ ab 99 €, Burg-Hotel DZ als EZ 103 €, DZ ab 160 € inkl. Frühstück, Halbpension 20 €, Sauna 20 €. Salzgitterstr. 76, ☎ 03621-36490, www.landhaus-hotel-romantik.de.

**** Hotel Der Lindenhof 21, etwa 2,5 km zum Zentrum. Der Umbau der ehemaligen Kaserne zum feinen 58-Zimmer-Hotel ist gelungen, man wohnt komfortabel in gediegenen und jüngst komplett renovierten Zimmern. Sauna und Spa sorgen für Entspannung. Es gibt regelmäßig Veranstaltungen wie Dinnershows und Comedy. EZ ab 82 €, DZ ab 103 € inkl. Frühstück. Schöne Aussicht 5, ☎ 03621-7720, www.der-lindenhof-gotha.de.

Hotel Schützenberg 1, das Haus nahe des historischen Zentrums mit 20 modern und komfortabel ausgestatten Zimmern, Suiten und Appartements punktet mit freundlicher Atmosphäre. Wo findet man sonst einen „Schnarcherservice", das heißt eine zweite Schlafgelegenheit ohne Aufpreis? DZ als EZ ab 60 €, DZ ab 75 €, Komfortzimmer ab 80 €, Frühstück

9,50 €/Pers., Ferienwohnung ab 85 €. Schützenberg 6, ☎ 03621-27506, www.hotel-schuetzenberg.de.

Morada Hotel Gothaer Hof 18, am östlichen Stadtrand, ca. 3,5 km zur Altstadt. Das Haus bietet 102 modern ausgestattete, komfortable Zimmer sowie Sauna und Schwimmbad. Um das leibliche Wohl kümmern sich *Restaurant* und Bar. Parkplätze vorhanden. EZ 82 €, DZ 108 € inkl. Frühstück. Abendessen 15 €/Pers. Weimarer Str. 18, ☎ 03621-2240, www.thueringen.morada.de.

Quality Hotel am Tierpark 23, im Süden der Stadt, von der Autobahn her leicht zu erreichen. Die 118 modernen Zimmer sind nicht allzu groß, aber komfortabel. Im *Restaurant* mit „Schauküche" kann man dem Küchenchef bei der Arbeit zuschauen. Parkplätze vorhanden. EZ 69–82 €, DZ 90–103 € inkl. Frühstück. Ohrdrufer Str. 2b, ☎ 03621-7170, www.quality-hotel-gotha.de.

Pension Regina 9, in der Altstadt. Günstige Pension mit freundlichen Zimmern, leckerem Frühstücksbuffet und kostenfreien Parkplätzen. EZ 39 €, DZ 65 € inkl. Frühstück. Schwabhäuser Str. 4, ☎ 03621-408020, www.pension-regina.de.

Augustinerkloster Gotha 12, im Zentrum. In der Herberge des 750 Jahre alten Klosters findet der Gast klösterliche Ruhe. Geräumige, schlicht und freundlich eingerichtete Zimmer mit Dusche und WC. Im *Klostercafé* wird Mittagessen, Kaffee und Kuchen serviert. EZ 58 €, DZ 84 € inkl. Frühstück. Jüdenstr. 27/Klosterplatz 6, ☎ 03621-302901, www.augustiner-kloster-gotha.de.

Ferienwohnung am Schlosspark 15, im früheren Haus des Schlossgärtners warten zwei großzügige Ferienwohnungen (für bis zu 4 Pers.) mit Balkon und herrlichem Blick in den Park von Schloss Friedenstein. Die Wohnungen sind geschmackvoll und mit schönen Küchen ausgestattet. Wohnung im 1. OG sowie Wohnung im 2. OG jeweils für 1–2 Pers. 55 €, ohne Verpflegung. Parkplatz. Parkallee 13, ☎ 03621-855219, www.gotha-ferienwohnung.de.

Pension am Schloss 🔳, ruhige und zentrumsnahe, stilvolle Villa eines Gothaer Architekten aus dem Jahr 1928 mit sechs gemütlichen Zimmern und Garten. EZ 30 €, DZ 45–55 € inkl. Frühstück. Bergallee 3a, ☎ 03621-853206, www.pas-gotha.de.

Wohnmobile Kostenlose Stellplätze am Busparkplatz Marstall (ohne Ver- und Entsorgung).

Essen & Trinken/Nachtleben

Hotel am Schlosspark 🔳, in der *Lucas-Cranach-Stube* zaubert das Team um Küchenchef Kai Fischer feine, frische Küche mit Pfiff. Der Vorzug liegt auf regionalen Produkten, die frisch zubereitet werden. Die leckeren Fisch- und Fleischgerichte zeigen feine Aromen, ebenso die veganen Speisen, aber auch Thüringer Schmankerl muss man nicht missen. Tägl. 12–22 Uhr. Lindenauallee 20, ☎ 03261-442461, www.hotel-am-schlosspark.de.

Restaurant Weinschänke 🔳, in der dunkel getäfelten Traditionsgaststätte sitzt man in gemütlichen Nischen. Schwarzbier-Bratwurst und heimischer Hirsch munden ebenso wie Spare Ribs aus dem Smoker mit Cole Slaw. Mi–Sa 11.30–14.30 und ab 18 Uhr, So 11.30–14.30 Uhr. Gartenstr. 28, ☎ 03621-301009, www.weinschaenke-gotha.de.

Mein Tipp **Restaurant Pagenhaus** 🔳, auf Schloss Friedenstein. Frisch zubereitete Spezialitäten, handgemachte Klöße, Gemüse aus der Region und Produkte aus nachhaltigen Betrieben, lautet hier die Philosophie. In gemütlicher Atmosphäre gibt es saisonal abwechslungsreiche Thüringer Küche zu stimmigen Preisen. Bei schönem Wetter lockt die Parkterrasse. Di–Sa 12–22, So 12–17 Uhr. Schloss Friedenstein, ☎ 03621-403612, www.restaurant-pagenhaus.de.

Bellini im Ratskeller 🔳, Braten mit Kloß beim Italiener? Das Team des Bellini im elegant aufgefrischten Ambiente des historischen Ratskellers ist auf beiden Terrains zu Hause. Der Schwerpunkt liegt allerdings auf Pasta und Pizza, Scampi und Saltimbocca. 9–24 Uhr. Hauptmarkt 3, ☎ 03621-512594, www.restaurant-bellini.de.

Restaurant Valentino 🔳, im Brauhaus sitzt man auf zwei Ebenen mit Blick auf die glänzenden Kupferkessel. Das selbst gebraute Bier schmeckt zu den italienischen Spezialitäten ebenso wie zur deutschen Küche. Im Sommer sitzt man angenehm im schönen Außenbereich mit Blick zum Marktplatz. So–Do 10–23 Uhr, Fr/Sa 10–24 Uhr. Brühl 7, ☎ 03621-226441, www.valentino-gotha.de.

Lantica Trattoria 🔳, in dem kleinen Lokal gibt es italienische Spezialitäten vom Oktopus-Carpaccio über diverse Fleisch- und Fischgerichte bis zum hausgemachten Tiramisu. Auch die Tagesempfehlungen sind einen Blick wert. Di–Sa 11–23.30, So 12–23.30 Uhr. Buttermarkt 5, ☎ 03621-238893.

La Malvasia 🔳, kleines italienisches Restaurant etwas abseits in der Südstadt. Neben Pizza und Pasta werden hier auch Fischsuppen und Meeresfrüchtespezialitäten aufgetischt. Di und Fr–So 11–14 Uhr, Di–So 17–22. Fabrikstr. 2/ Ecke Südstraße, ☎ 03621-7372633.

Café Kanne 🔳, ein Schrank voller Kaffeekannen ist Blickfang im Café am Buttermarkt. Feine Eissorten werden hier in Handarbeit hergestellt und im Café oder auf der Terrasse verzehrt. Lecker sind auch der Schmandkuchen, der Thüringer Mohnkuchen und die Torten. Mo–Fr 9–18 Uhr (im Sommer bis 18.30 Uhr), Sa 9–18, So 14–18 Uhr. Hünersdorfer Str. 14, ☎ 03621-404451, www.cafe-kanne-gotha.de.

Café Suzette 🔳, schon in den 1930er-Jahren gab es hier, unweit des Bahnhofs, eine Caféstube. Seit 1981 kümmert sich das Suzette mit gehobener Konditorei, Eis und Kaffeespezialitäten um die süßen Gelüste der Kunden. Di 12–17 Uhr, Mi–So 11–17 Uhr. Bebelstr. 8, ☎ 03621-7386607, www.konditorei.cafe-suzette.de.

Café Konditorei Junghans 🔳, in dem gemütlichen Café am Hauptmarkt locken hausgemachte Torten, Kuchen, Eis, Pralinen und Schokoladen. Konditormeister Thomas Junghans nimmt erfolgreich an internationalen Wettbewerben teil. Mo–Sa 9–17.30, So 13.30–17.30 Uhr. Hauptmarkt 42, ☎ 03621-852076, www.cafe-junghans.de.

Gotha

200 m

Nachtleben **Irish-Pub S'Limerick 6**, der gemütliche Pub ist der Treffpunkt für Fans von Bier und Whisky von der grünen Insel. Burger und Steak sorgen für die erdende Grundlage. Gelegentlich auch Livekonzerte. Di–So 17–1 Uhr. Buttermarkt 4, ☎ 03621-3528014, www.limerick-gotha.de.

Upper Club 10, drinnen und draußen auf der Terrasse sorgen 100 verschiedene Cocktails, Longdrinks, Bier und andere Flüssigkeiten für entspannte Abende. Dazu gibt's Livesport von Fußball bis Formel 1. Di–Do 20–1, Fr/Sa 20–3 Uhr. Hauptmarkt 20, ☎ 03621-737573, www.upper-club.de.

RnB-Bar 11, heiße Musik, frische Cocktails und regelmäßige Events sorgen hier für Stimmung. Mi, Do, So 20–1 Uhr, Fr/Sa 20–2 Uhr. Friedrich-Jacobs-Str. 3, ☎ 03621-5076334.

The Londoner 19, English-Pub im Alten Schlachthof mit Livemusik, Kabarett, Lesungen und mehr auf der „Schlachthofbühne". Die Bar hat acht Fassbiere sowie Cocktails und Whiskys im Angebot. Kleine Speisen von Chili con carne bis Burger helfen, länger durchzuhalten. Di–Sa ab 18 Uhr. Parkstr. 15, ☎ 03621-3518030, www.thelondoner.de.

Landschaftsprägend: Burg Gleichen, …

Drei-Gleichen-Region

Südöstlich von Gotha führt die A 4 durch die Bilderbuchlandschaft der „Drei Gleichen", drei Landgrafenburgen aus dem 8. und 11. Jh., die auf drei Bergkegeln thronen.

Der Sage nach sollen die Drei Gleichen am 31. Mai 1231 entstanden sein, nachdem die Burgen beim Einschlag eines Kugelblitzes wie drei gleiche Fackeln gebrannt haben sollen. Es lohnt sich, das Ensemble der drei Burgen und die von schmucken Dörfern und unberührter Natur geprägte Landschaft zwischen Gotha und Arnstadt näher anzuschauen. Also, einen Gang runterschalten oder das Gebiet mit dem Fahrrad oder zu Fuß erkunden.

Wechmar, der Bach-Stammort

Von Gotha aus zuckelt man gemütlich auf der L 1045 Richtung Günthersleben und Wechmar mit immer wieder wechselnden Ausblicken auf die Drei Gleichen. Im alten Oberbackhaus in Wechmar kann man ein kleines *Bach-Museum* besuchen. In der ältesten Wohn- und Wirkungsstätte der Urväter der Familie Bach lebten von 1590 bis 1626 Veit und sein Sohn Hans Bach.

Beide waren Bäcker und nebenbei Musikanten. Die Bachgedenkstätte präsentiert Exponate zu Leben und Wirken der Wechmarer Bachs, im „Museum der Thüringer Spielleute" sind historische Musikinstrumente und eine Geigenbauwerkstatt zu sehen. Die alte Obermühle, in der Johann Sebastians Ur-Ur-Großvater Veit zum Takt des Mühlrades die Zither gespielt haben soll, wurde wunderschön renoviert, denn hier fand man eine historische Thüringer Bohlenstube mit Seltenheitswert.

▪ ℘ 036256-22680, www.bach-in-wechmar.de, www.bach-stammhaus-wechmar.de.

Mühlburg

Oberhalb von Mühlberg thront die Mühlburg, die älteste der Drei Gleichen. Sie wird 704 erstmals urkundlich erwähnt. Mit dem gewaltigen Bergfried war sie im 13. Jh. eine wehrtechnisch hochgerüstete Anlage, die dennoch ab dem 17. Jh. verfiel. Die Mühlburg spiel-

... Wachsenburg und Mühlburg (von links)

te in der Geschichte Thüringens nie eine besondere Rolle, wohl aber in dem Roman „Das Nest der Zaunkönige" von Gustav Freytag. Der Turm beschert eine wunderschöne Aussicht, der Besuch des *Museums* Kenntnisse über die Töpferei im Mittelalter.

■ März bis Okt. Mo–Fr 10–16, Sa/So 10–18 Uhr, Eintritt 2 €. Außerhalb der Öffnungszeiten kann man das Gelände kostenfrei besichtigen. ☏ 0176–69721232, www.drei-gleichen.de.

Burg Gleichen

Die größte der drei Burganlagen ist die Burg Gleichen. Sie wird erstmals 1034 urkundlich erwähnt und war bis ins 16. Jh. bewohnt. Danach wurde sie dem Verfall preisgegeben, heute ist sie eine Ruine. Das Museum im Aussichtsturm informiert über „Karge Schönheit – Steppenrasen in Thüringen". Nördlich der Burg wurden am Hasenwinkel Fossilien von Sauriern gefunden. Repliken der Urzeitwesen sieht man auf dem Saurierpfad in Georgenthal/Thüringer Wald. Unterhalb der Burg Gleichen formte die Verwitterung aus dem nährstoffarmen Tonstein ein „Badlands"-Gebiet mit unbewachsenem Gestein und Erosionsrinnen. Hintergrundinfos dazu gibt es im Geoinformationszentrum Kulturscheune Mühlberg.

■ April bis Okt. Mo–So 10–18 Uhr, Nov. bis März geschlossen. Parken am Fuß des Burgbergs, **Museum:** ☏ 036202-82440, www.thueringerschloesser.de. **Kulturscheune:** ☏ 036256-22846, www.thueringer-geopark.de.

Wachsenburg

Über den Gustav-Freytag-Wanderweg gelangt man entlang der Schlossleite und vorbei an einem Alabasterbruch zur *Veste Wachsenburg.* Auch über die L 1045 Richtung Holzhausen kann man das eindrucksvolle Burgpanorama genießen. Die Wachsenburg wurde 936 als Klosteranlage errichtet, war Sitz der Thüringer Landgrafen und kam 1640 in den Besitz Herzog Ernst des Frommen. Sie war Gefängnis und Militärmuseum. Heute ist die Wachsenburg in privater Hand und wird als feines Hotel und Restaurant betrieben.

■ **Besichtigung:** April bis August Di–So 11–16 Uhr, Sept. bis März Mi–So 11–16 Uhr, Eintritt 2 €, Parkplatz am Fuß des Burgbergs benutzen, Parken innerhalb der Burg 5 €! **Hotel Veste Wachsenburg:** EZ ab 85 €, DZ ab 125 € inkl. Frühstück und Parkplatz, ☏ 03628-74240, www.veste-wachsenburg.de.

Erstes Deutsches Bratwurstmuseum:

Das kleine Dorf Holzhausen unterhalb der Wachsenburg hat sich der Thüringer Bratwurst verschrieben, hier erfährt man alles Wissenswerte zur Geschichte und Herstellung der Spezialität. Zum Museumsbesuch gehört immer auch der Biss in die frische Wurst vom Holzkohlerost. Wer es genau wissen will, macht ein Bratwurstseminar oder verkostet Thüringer und Nürnberger Bratwürste im Vergleich. Mit Bratwursttheater oder Wurschtskat ist für gute Unterhaltung gesorgt. Auf dem Freigelände gibt es einen Bratwurstkräutergarten, die größte begehbare Bratwurst der Welt, ein Bratwurstpostamt für wurschtige Grüße nach Hause und die „Bratwurstwörld" mit Tiergehege, Spielplatz und mehr.

■ April bis Okt. Di–So 11–18 Uhr, Eintritt 3 €. Bratwurstweg 1, Holzhausen, ✆ 03628-604412, www.bratwurstmuseum.de.

Praktische Infos

Event Das Open-Air-Spektakel „Drei(n)schlag" mit großer pyrotechnischer Show erinnert alle drei Jahre an die Blitz-Legende der Entstehung der Drei Gleichen. Nächste Veranstaltung 22. August 2020, weitere Termine unter: ✆ 03621-313111, www.dreinschlag-drei-gleichen.de.

Fahrradfahren Das malerische Gebiet der Drei Gleichen und das Tal der Apfelstädt verbindet die 35 km lange **Apfelstädt-Jacobsweg-Route.** Am Weg liegen verschiedene Sehenswürdigkeiten und schöne Ausblicke. Detaillierte Karte im Geoinformationszentrum Kulturscheune Mühlberg, ✆ 036256-22846, www.drei-gleichen.de.

Reiten Im **Reiterhof Gut Ringhofen** kann man das Reiten erlernen und das eigene Können vervollkommnen. Boxen zum Einstellen eigener Pferde stehen zur Verfügung. In den Ferien gibt es Kinderbetreuung. Reiterhof Gut Ringhofen, Ringhofen 1, Mühlberg, ✆ 036256-20530, www.reiterhof.gut-ringhofen.de.

Wandern Das **Burgenland Drei Gleichen** lässt sich auf einem 31 km langen Wanderweg erkunden. Das westliche Teilstück rund um Mühlburg und Burg Gleichen ist 12 km lang, das mittlere Teilstück rund um die Wachsenburg 7 km und das östliche Teilstück bis an die Stadtgrenze von Arnstadt 12 km. Auf der Strecke gibt es kulturelle und geologische Sehenswürdigkeiten sowie zahlreiche Möglichkeiten zur Einkehr. Detaillierte Wanderkarte im Geoin-

formationszentrum Kulturscheune Mühlburg, Thomas-Müntzer-Str. 4. www.drei-gleichen.de.

Übernachten/Essen & Trinken **Restaurant Hotel Taubennest,** westlich von Mühlberg. Zur Versorgung der Burg Gleichen wurde im Jahr 1000 das Gut Ringhofen angelegt. Seit 1995 wird das Gut sukzessive zu einem Freizeit- und Erholungszentrum ausgebaut. Ein Reiterhof und eine 18-Loch-Golfanlage ermöglichen Freizeitaktivitäten in der schönen Natur. Übernachten kann man im gemütlichen Hotel mit 15 komfortablen Zimmern. EZ ab 41 €, DZ ab 56 € inkl. Frühstück. Das *Restaurant* verwöhnt mit Spezialitäten aus der italienischen und deutschen Küche zu angemessenen Preisen. Gut Ringhofen, Mühlberg, ✆ 036256-33378, www.hotel-taubennest.de.

Camping **Campingplatz Drei Gleichen Mühlberg,** großzügige Anlage in schöner Natur mit 120 ebenen Stellplätzen für Zelte und Caravans mit Strom- und Wasseranschluss. Die modernen Sanitäranlagen sind behindertengerecht. Stellplatz und 2 Pers. ab 25 €/Tag, Hütten 39 €. Ganzjährig geöffnet, Nov. bis März nach Voranmeldung. Campingplatz 1, Mühlberg, ✆ 036256-22715, www.campingplatz-muehlberg.de.

Restaurant Pension Schützenhof, in Mühlberg. Ob im Restaurant oder im schönen Biergarten – im Schützenhof wird man mit reichlich gefüllten Tellern voller Thüringer Spezialitäten satt. Ein ländlicher Genuss sind die Schlachtfestbüffets mit Rot- und Leberwurst in Fleischbrühe, Wellfleisch, frischem Gehacktem und mehr (Vorbestellung). Die freundliche Pension bietet geräumige, moderne Komfortzimmer. EZ ab 44 €, DZ ab 70 € inkl. Frühstück. Restaurant: Di 17–22, Mi–Fr 11–14 und 17–23, Sa 11–24, So 11–17 Uhr. Burgstr. 5, Mühlberg, ✆ 036256-85000, www.pension-schuetzenhof.de.

Gästehaus Freudenthal, zwischen Mühlberg und Wandersleben. Ursprünge des Hofes im Freudenthal liegen im 12. Jh. Von hier aus wurde die Burg mit Wasser und Lebensmitteln versorgt. Seit 2018 wird der Hof von einer Pächterfamilie Stück für Stück hergerichtet. Wanderer und Radler finden im Gästehaus sechs gemütliche Gästezimmer. DZ ab 70 € inkl. Frühstück. Freudenthal 1, Drei Gleichen, ✆ 036202-77650, www.freudenthal-thueringen.de.

Ratskeller Mühlberg, in Mühlberg. Rustikales Lokal mit schmackhafter Thüringer Küche zu günstigen Preisen, bei schönem Wetter sitzt man nett auf der Terrasse. Do–Di 11–22 Uhr. Markt 16, Mühlberg, ✆ 036256-86313.

Arnstadt

Auf dem Weg entlang der Thüringer Städtekette lohnt der Abstecher in die 27.000-Einwohner-Stadt, die vor allem mit ihrem Pfund Johann Sebastian Bach wuchert und sich dank ihrer Lage in der Nähe eines Autobahnkreuzes zum Wirtschaftsstandort vor den Toren Erfurts mausert.

Die verwinkelte *Altstadt* lockt mit einer Mischung aus Romanik, Renaissance und Barock. Und das beschauliche Kreisstädtchen leistet sich ein kulturelles Programm, das man oft nicht einmal in größeren Städten findet. Wie die Chronik erzählt, hatte Arnstadt die Nase schon immer ein wenig vorn: Die erste urkundliche Erwähnung im Jahr 704 macht Arnstadt zu einer der ältesten Städte Deutschlands. 1220 erhielt es die Stadtrechte. 1404 notierte der Probst des Jungfrauenklosters in einer Rechnung die Ausgabe „1 Groschen für Bratwurstdärme". Die Bratwürste traten also in Arnstadt erstmals geschichtlich in Erscheinung – und auch das Arnstädter Bier: Im Jahr 1617 wurde hier erstmals Weizenbier gebraut, die Stadtbrauerei gilt als Thüringens älteste Weizenbierbrauerei. Der Ruhm als Bachstadt geht auf die erste Anstellung *Johann Sebastian Bachs* als Organist zurück, der in der Neuen Kirche ab 1703 wirkte. Und noch ein Vorreiterplatz: Die in Arnstadt geborene *Eugenie (John) Marlitt* gilt mit ihren Romanen wie z. B. „Goldelse" als erste Bestsellerautorin der Welt; weithin bekannt und beliebt wurde sie mit ihren Erzählungen in der Familienzeitschrift „Die Gartenlaube", die Literaturkritik dagegen schalt sie als Trivialautorin. Im Mittelpunkt ihrer Geschichten stehen Heldinnen, die den Leserinnen ein „ideales Frauenbild" vermitteln wollen.

Städte entlang der Via Regia → Karte S. 160/161

In dieser Kirche war Johann Sebastian Bach als Organist tätig

Sehenswertes

Johann-Sebastian-Bach-Kirche: Im Zentrum des touristischen Interesses wie auch im Zentrum der Stadtanlage steht die *Bachkirche*, die östlich des Rathauses an einem eigenen Platz zu finden ist. Als barocker Saalbau wurde die „Neue Kirche" von 1676 bis 1683 auf den Fundamenten der 1581 beim Stadtbrand zerstörten Bonifatius-Kirche erbaut. Die Neue Kirche war die Wirkungsstätte des jungen Johann Sebastian, der 1703 als Fürstlich Sächsischer Hoforganist von Weimar nach Arnstadt gerufen wurde, um als Sachverständiger die neu eingerichtete Orgel abzunehmen. Der 18-Jährige begeisterte die Arnstadter nicht nur durch seinen Perfektionismus bei der Orgelabnahme, ihnen gefiel auch sein Orgelspiel. Sofort boten die Ratsherren dem jungen Musiker das Organistenamt an. Von 1703 bis 1707 versieht Bach den Kirchendienst und unterrichtet Schüler. Und der junge Wilde sorgt für manchen Skandal: Mit einem Chorschüler prügelt er sich auf dem Marktplatz, mit einer „fremdden Jungfer" wird er beim Musizieren auf der Kirchenempore erwischt. Bach schreibt in Arnstadt auch seine ersten bedeutenden Orgelkompositionen. 1705 reist er nach Lübeck, wo er vom großen Orgelmeister Dietrich Buxtehude unterrichtet wird. Nach Auseinandersetzungen mit seinen Arbeitgebern verlässt er 1707 Arnstadt und geht als Organist nach Mühlhausen. Sein Nachfolger auf der Organistenstelle in Arnstadt ist bis 1728 sein Cousin Johann Ernst Bach. Heute gibt es in der Bachkirche zwei Orgeln: Die romantische Steinmeyer-Orgel von 1913 und die historische Wender-Orgel von 1703. Das prachtvolle Instrument, auf dem Bach spielte, ist die wichtigste Sehenswürdigkeit der ansonsten schlichten Kirche. Es wurde von 1997 bis 1999 restauriert und erklingt regelmäßig im Konzert.

▪ Mo–Sa 10–16, So 11–16 Uhr und nach Absprache. Orgelführungen ☏ 03628-740960. An der neuen Kirche, www.kirche-arnstadt.de.

Renaissance-Rathaus am Marktplatz in Arnstadt

Rund um den Marktplatz: Die Nordseite des Marktplatzes wird beherrscht vom prachtvollen *Renaissance-Rathaus* mit Ziergiebeln und Schmuckelementen. Mitten auf dem dreieckigen Platz hat sich der junge Johann Sebastian lässig niedergelassen. Die Bronzestatue schuf der Künstler Bernd Göbel 1985 aus Anlass des 300. Geburtstags Bachs. Obgleich beim Stadtbrand 1581 zahlreiche Häuser ein Raub der Flammen wurden, finden wir am Markt noch einige *alte Bürgerhäuser* wie das Haus zum grimmen Löwen (Markt Nr. 6) und das Haus zum güldenen Greif (Markt Nr. 11). Im Haus zum Palmenbaum (Markt Nr. 3) ist das *Museum für Stadtgeschichte* untergebracht. Die Galerie mit 18 Sandsteinsäulen an der Ostseite des Platzes wurde einst als Tuchmachergaden genutzt. Im südlichen Eckhaus wurde am 5. Dezember 1825 Eugenie John geboren, die unter dem Pseudonym Marlitt zur Bestsellerautorin wurde. Am westlichen Ende des Marktes steht in der Kohlgasse 7 das *Bachhaus,* in dem Johann Sebastian vermutlich wohnte.

Vom Markt zur Liebfrauenkirche: Entlang der Straße „Unterm Markt" und vorbei am so genannten Prinzenhof, einem dreiflügeligen Hof aus dem Jahr 1583 (heute Stadtbibliothek), erreicht man die romanische *Liebfrauenkirche* im westlichen Teil der Altstadt. Der Sakralbau aus dem frühen 13. Jh. ist neben dem Dom zu Naumburg die bedeutendste romanische Kirche, die stilistisch den Übergang von der spätromanischen zur frühgotischen Zeit zeigt. Der große Flügelaltar (1498) stammt wohl vom Meister des Erfurter Regleraltars. Zur sehenswerten Ausstattung gehören die „Schöne Madonna" (1420), prächtige Glasmalereien und die Grabkapelle der Grafen von Schwarzburg (Mai–Okt. Mo–Sa 11–15 Uhr, So 14–16 Uhr). Neben der Liebfrauenkirche steht ein prächtiger Fachwerkbau, die 1325 erbaute ehemalige

Die romanische Liebfrauenkirche

Klostermühle der Benediktinerinnen. Von 1585 bis 1859 diente der Bau als Papiermühle.

Vom Markt zu Oberkirche und Riedtor: Vom Markt gelangt man durch die Kirchgasse zur Oberkirche (Sa/So 11–15 Uhr). Die gotische Hallenkirche entstand im 13. Jh. als Franziskanerkloster. Auf den Emporen der Kirche sieht man eine Bilderfolge mit alttestamentarischen Szenen. 1506 übernachtete Martin Luther in dem Franziskanerkloster. Damals soll er gesagt haben „Arnstadt sieht aus wie eine Schüssel gesottener Krebse, garniert mit Petersilie", was man sich beim Blick auf die roten Dächer und grünen Baumkronen der Stadt gut vorstellen kann. Von 1641 bis 1692 wirkte Heinrich Bach, Großonkel von Johann Sebastian, in der

Oberkirche als Organist. Der mittelalterliche Stadtkern wird im Süden vom *Neutorturm* begrenzt. Erhalten geblieben sind Reste der historischen Stadtmauer, die so genannte „Hohe Mauer" (1418). Beim Spaziergang entlang der *Marlittstraße* entdeckt man im Haus Nr. 9 die Villa, die sich Eugenie Marlitt in Arnstadt erbauen ließ. Weiter östlich trifft man auf das *Riedtor* (1369) mit seiner barocken Haube. Es begrenzt den denkmalgeschützten *Riedplatz*, wo einst Färberwaid und Wein gehandelt wurden. Das Riedtor und der spitze *Jacobsturm* sind die Wahrzeichen Arnstadts.

Rund um den Schlossplatz: Das fürstliche Arnstadt findet sich nordöstlich der Altstadt. Von dem herrschaftlichen vierflügeligen *Schloss Neideck*, das zwi-

Turm der Schlossruine Neideck

schen 1553 und 1560 durch Graf Günther XLI. von Schwarzburg errichtet wurde, sind heute nur noch der 65 m hohe, begehbare Schlossturm und ein paar Mauerreste erhalten. Die ganze Pracht des Schlosses und der alten Stadt kann man sich anhand des Modells „Arnstadt um 1740" vergegenwärtigen, das im Gärtnerhaus am Rande des Schlossgartens zu sehen ist.

Das *Neue Palais* wurde von 1729 bis 1735 als Witwensitz für Fürstin Elisabeth Albertine von Schwarzburg-Sondershausen errichtet. Neben den herrschaftlichen Repräsentations- und Wohnräumen, den flämischen Tapisserien, der Bildersammlung und dem Porzellankabinett ist im **Schlossmuseum** die barocke *Figurensammlung „Mon plaisir"* hervorzuheben. Die kinderlose Fürstin Augusta Dorothea von Schwarzburg-Arnstadt begann mit der einzigartigen Sammlung ihrer Puppenstuben nach dem Tod ihres Mannes. Für ihr Vergnügen gab sie ein Vermögen aus. In zahlreichen Schaukästen stellen die detailverliebten Miniaturen Szenen aus dem höfischen Leben nach: die Fürstin mit Zofen bei der Morgentoilette, die Abendgesellschaft bei Hofe, Kammermusik, Hofküche, Kunstkammer, Handwerker, Marktszenen und vieles mehr. Die rund 400 Wachsfiguren wurden vermutlich vom Hofstaat der Fürstin in Handarbeit angefertigt und eingekleidet. Ebenfalls im Schlossmuseum zeigt die *Ausstellung „Bach in Arnstadt"*, wie eng die Geschichte der Familie Bach mit Arnstadt verknüpft ist. Neben historischen Dokumenten und einer Multimedia-Station ist der historische Orgelspieltisch von 1703 aus der „Neuen Kirche" zu sehen, an dem Johann Sebastian Bach einst spielte.

▪ **Schlossmuseum:** Di–So 9.30–16.30 Uhr. Schlossplatz 1, ☏03628-602932, www.kulturbetrieb-arnstadt.de. **Gärtnerhaus:** Mo–Do 10–14, Fr 10–12, Sa 14–16 Uhr. www.stadtmodell.arnstadt.de. **Ruine Neideck:** Mo–Do 10–15.30, Fr 10–12 Uhr, Sa, So 14–16 Uhr.

Eisenbahnmuseum: Fans schnaufender Lokomotiven finden im Arnstadter Eisenbahnmuseum eine Sammlung, die sich sehen lassen kann. Acht Dampf- und acht Dieselloks verschiedener Epochen dürfen im Lokschuppen bewundert werden. Außerdem beherbergt das Museum, das aus dem 1996 geschlossenen Bahnbetriebswerk hervorgegangen ist, eine historische Werkstatt.

■ April bis Okt. Sa/So 10–17 Uhr. Eintritt 5 €. Rehestädter Weg 4, ℘ 03682-584849, www.ebm-arnstadt.de.

Basis-Infos
→ Karte S. 198/199

Information **Touristinformation,** Mo–Fr 10–18 Uhr, Sa 10–15.30 Uhr. Markt 1, 99310 Arnstadt, ℘ 03628-602049, www.arnstadt.de.

Verbindungen **Bahn:** Ab Hauptbahnhof Arnstadt sehr gute Verbindungen mit Regionalbahnen nach Erfurt (Umstieg in den Fern- und Regionalverkehr), Suhl, Meiningen, Würzburg und Saalfeld. Mit dem Rennsteig-Shuttle erreicht man Sa, So und feiertags über mehrere Haltepunkte den Rennsteig-Bahnhof. Verkehrsverbund Mittelthüringen, ℘ 0361-19449, www.vmt-thueringen.de.

Bus: Im Stadtverkehr verkehren vier Linien, Umsteigemöglichkeiten am Bustreff und Busbahnhof. Mit dem Verbund der Regionalbusunternehmen erreicht man mit Umsteigen die Orte am Rennsteig, www.iov-ilmenau.de, www.bus-bahn-thueringen.de.

Parken Ein Leitsystem führt zu den Parkplätzen in der Innenstadt, wo meist nur bis zu zwei Stunden geparkt werden kann. Wer länger bleiben will, parkt am besten am Zentrumsparkplatz *Wollmarkt* (2 €/Tag). Gebührenpflicht an den Parkscheinautomaten Mo–Fr 8–17 Uhr; Mo–Fr ab 17 Uhr sowie Sa/So kostenfrei. Kostenfreie Parkplätze in der Johannisgasse (Parkscheibe/2 Std.) und der Schönbrunnstraße.

Baden Das **Sport- und Freizeitbad** ist ein modernes Hallenbad mit 25-m-Becken, Lehrschwimmbecken und Saunabereich. Über Strömungsanlage, Wasserrutsche, Whirlpool und andere Attraktionen freuen sich Groß und Klein. Im Außenbereich gibt es Liegewiesen, Beachvolleyball, Tischtennis. Mo–Fr 8–22, Sa 9–20, So 9–18 Uhr. Wollmarkt 19, ℘ 03628-603379, www.bad-arnstadt.de.

Einkaufen **Arnstadt Kristall** ∎1, im Werksverkauf des traditionsreichen Firma für handgeschliffenes Kristallglas gibt es eine große Auswahl funkelnder Trinkgläser, Glasteller, Geschenkartikel und Einzelstücke. Mo–Fr 10–17, Sa 10–14 Uhr. Bierweg 27, ℘ 03628-660036, www.arnstadt-kristall.de.

Fahrradfahren Der **Arnstadt-Radweg** (50 km) führt durch das Land der Drei Gleichen nach Mühlberg und den Bach-Stammort Wechmar und über Ohrdruf und Crawinkel zurück nach Arnstadt. Arnstadt ist Etappenort des **Gera-Radwegs** (67 km), der von der Quelle auf der Schmücke über Erfurt bis zur Mündung der Gera in die Unstrut führt. Die landschaftlich reizvolle **Bach-Rad-Erlebnisroute** (69 km) verbindet die Bach-Städte Arnstadt, Dornheim, Wechmar und Ohrdruf. Faltblätter dazu in der Touristinformation Arnstadt.

Kunst Wechselnde Ausstellungen zeitgenössischer Künstler und eine Dauerausstellung mit Werken heimischer Künstler sind in der **Kunsthalle Arnstadt** zu sehen. Mi–Fr 14–18, So 14–18 Uhr, Eintritt 3 €. Angelhäuser Str. 1, ℘ 03628-5888000, www.kunsthalle-arnstadt.de.

Spezialitäten Das 1617 hier erfundene Arnstädter Weizenbier ist ein Genuss.

Stadtbibliothek Die Stadt- und Kreisbibliothek im Prinzenhof hält fast 60.000 Medien zur Ausleihe bereit. Hier findet man auch drei Internet-Arbeitsplätze. An der Liebfrauenkirche 2, ℘ 03628-640718, www.kulturbetieb.arnstadt.de.

Stadtführungen April bis Okt. Sa 11 Uhr (5 €). Start an der Touristinformation am Marktplatz; zudem verschiedene Themen- und Kostümführungen, www.arnstadt.de.

Theater Das Theater im Schlossgarten war einst eine fürstliche Reitbahn. Ab 1839 wurde sie erstmals bespielt, doch drei Jahre später schon zum offiziellen Theater umgebaut. Heute sind im **Arnstädter Theater** von Sept. bis Juni Operetten, Opern, Musicals, Konzerte, Schauspiel-, Kabarett- und Ballettaufführungen zu sehen. Die Abendkasse öffnet eine Stunde vor Vorstellungsbeginn. Tickets: ℘ 03628-618633, www.theater-arnstadt.de.

Tierpark Für Besucher mit Kindern ist der Tierpark „Fasanerie" eine Abwechslung zum Sightseeing. Auf 2,5 Hektar tummeln sich 48 Tierarten, darunter Damwild, Mufflons, Uhus, Lamas

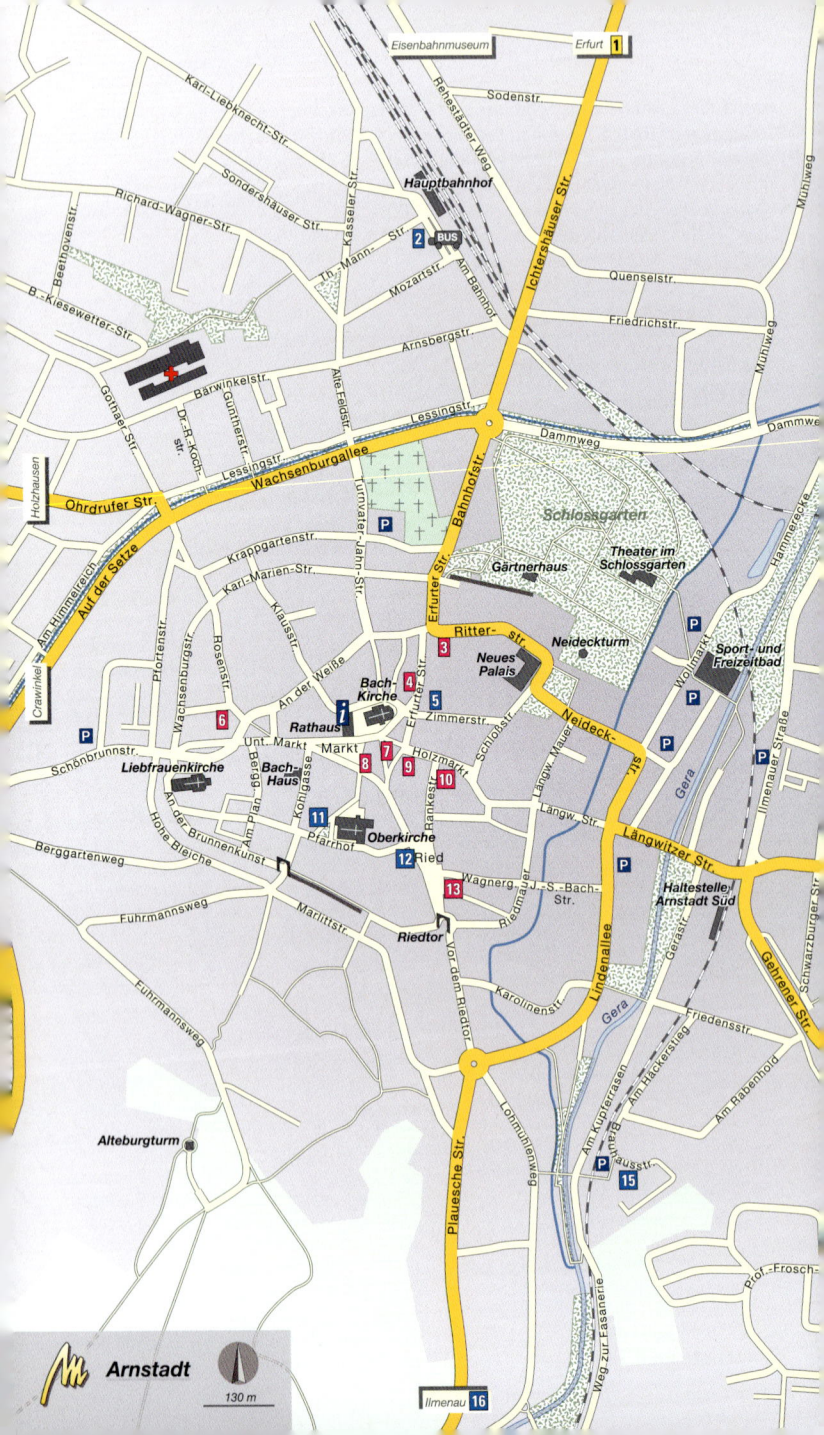

und Madagaskar-Lemuren. Dazu gibt es einen Streichelzoo, einen Reitplatz und einen Spielplatz zum Toben. Sommer tägl. 9–18 Uhr, im Winter tägl. 9–16 Uhr. An der Eremitage 5, www.kulturbetrieb.arnstadt.de.

Veranstaltungen/Kultur Rund um den Geburtstag von J. S. Bach am 21. März wird alljährlich das **Bach-Festival** mit Konzerten, Lesungen und Orgelführungen gefeiert, www.bachfestival.arnstadt.de.

Das **Arnstädter Jazzweekend** findet jedes Jahr Anfang Juni statt, dann werden die Innenstadt und viele Kneipen zur Jazzbühne.

Schlossfest am zweiten Sonntag im Juni. Ein Künstlermarkt im Schlosshof, Musik, Märchenerzähler, Puppenspieler und kostümierte Damen und Herren des Hofstaats sorgen dann für besonderes Flair.

Der **Wollmarkt** Ende Juni geht das auf einen Markt der Wollverkäufer und Handwerker ab 1850 zurück, heute ist er ein bunter Jahrmarkt mit Fahrgeschäften, Budenbetrieb und einem großen Feuerwerk als Höhepunkt.

Für das Festival **Künste in Haus und Hof** Mitte Juli öffnen sich historische Häuser und Höfe, die sonst nicht zugänglich sind. Es gibt Konzerte, Kabarett, Puppenspiel, Lesungen, Tanz (www.kulturbetrieb.arnstadt.de).

Das **Arnstädter Stadtfest** mit Livemusik, Show, Tanz, Akrobatik und Nachtmarkt lädt am ersten Wochenende im Sept. in der gesamten Innenstadt zum Feiern ein.

Beim **Bach-Advent** am letzten Wochenende im November gibt es Musik von Barock bis Rock (www.bach-advent.de). Beim kleinen **Weihnachtsmarkt** am ersten Dezemberwochenende gibt es Gelegenheit zum Schauen und Bummeln.

Wandern Durch die Berg- und Hügellandschaft zwischen Arnstadt und Ilmenau führt der Wanderweg **„Von Bach zu Goethe"** (25 km, Markierung blauer Querstrich auf weißem Grund, ca. 6 Std., teilweise steile An- und Abstiege). Die Wanderung wartet mit herrlichen Ausblicken auf.

Ein behindertenfreundlicher Rundwanderweg (2 km oder 4 km, Start am Parkplatz Fuhrmannsweg) führt zum **Alteburgturm**, von dem man eine wunderbare Aussicht zu den Drei Gleichen genießt. Die „Alteburg", ein nordöstlich von Arnstadt gelegener Bergsporn, war schon in der Jungsteinzeit besiedelt. Ruinen aus dem 15. Jh. belegen die Existenz einer

Warte oberhalb der Stadt. Der heutige Turm wurde 1870/71 in Erinnerung an den Deutsch-Französischen Krieg gebaut und Bismarckturm genannt.

Das *Berggasthaus Alteburg* bietet sich zur Einkehr an.

Auf dem 55 km langen Abschnitt des **Jakobswegs** zwischen Arnstadt und Erfurt trifft man auf Spuren der heiligen Elisabeth von Thüringen und der seligen Paulina, Gründerin des Klosters Paulinzella. („Auf den Spuren starker Frauen", Pilgerweg gelbe Strahlenmuschel auf blauem Grund, 55 km, ca. 2 bis 3 Tage).

Übernachten   → Karte S. 198/199

**** Hotelpark Stadtbrauerei Arnstadt 15, in Laufnähe zur Altstadt. In einer historischen Brauerei ist durch Kombination und von Alt und Neu dieses Hotel entstanden. 66 Zimmer vom komfortabel ausgestatteten Superior Plus bis zum günstigen Brauhauszimmer mit rustikaler Einrichtung sorgen für angenehme Unterbringung. Ein Sole-Schwimmbad, vier Saunen und eine Bowlinganlage laden zum Entspannen ein. Kostenlose Parkplätze. EZ 83–103 €, DZ 103–123 € inkl. Frühstück. Brauhausstr. 1–3, ✆ 03628-607400, www.hotelpark-arnstadt.de.

*** Hotel Prox 14, privat geführtes Haus am Stadtrand im Grünen, in 10 Fußminuten ist man bei den Sehenswürdigkeiten. Die Kategorien der Komfortzimmer unterscheiden sich nach Größe und Einrichtung von rustikal bis modern. Das Prox bietet Sauna, Liegewiese, Biergarten, Radgarage und kostenfreie Parkplätze. EZ 52–72 €, DZ 55–99 € inkl. Frühstück. Stadtilmerstr. 45, ✆ 03628-61220, www.prox.de.

Hotel Krone 2, das Flair des Bahnhofshotels steckt noch ein bisschen drin in dem Haus am Bahnhof. Doch das Haus punktet mit freundlichem Service und 40 modernen Zimmern zu günstigen Preisen. EZ 55–65 €, DZ 70–75 € inkl. Frühstück. Am Bahnhof 8, ✆ 03628-77060, www.krone-2000.de.

mein Tipp **Hotel Stadthaus Arnstadt 11**, mit Liebe zum Detail wurden ein wunderschönes Fachwerkhaus von 1582 und das Fabrikgebäude der Möller'schen Handschuhfabrik von 1903 saniert. Großzügig wohnt man in dem mehrfach ausgezeichneten Hotel mit Blick auf die Oberkirche. Die Zimmer in edlem Stilmix von Barock und Moderne bieten jeglichen Komfort. Zum Frühstück gibt es Produkte regionaler Erzeuger und tagsüber nach Absprache auch ein Drei-Gang-Menü. EZ ab 89 €, DZ 109–129 €, Suite 149 € inkl. Frühstück. Parkmöglichkeit 5 €. Pfarrhof 1, ✆ 03628-586999, www.stadthaus-arnstadt.de.

Hotel Goldene Sonne 12, hier nahmen schon Persönlichkeiten wie Theodor Fontane Quartier, die Musikerfamilie Bach traf sich hier bei Familientagen. Heute findet man modern eingerichtete Gästezimmer und familiären Service. EZ 38–69 €, DZ 58–86 € inkl. Frühstück. Kostenpflichtige Parkplätze. Ried 3, ✆ 03628-602776, www.goldene-sonne.arnstadt.de.

Classic Appartements Bugenhagen 5, in einem renovierten Altbau in der Fußgängerzone. Die modern eingerichteten Appartements überzeugen mit schöner Küche, hellem Bad und gemütlicher Terrasse. App. bei 2 Pers. 69 und 79 €. Kostenlose Parkplätze. Zimmerstr. 2, ✆ 03628-584420, www.classic-appartements.de.

Hotel Triglismühle 16, die Mühle 5 km südlich von Arnstadt wurde seit dem 11. Jh. als Getreidemühle genutzt. Der schöne *Biergarten* ist ein beliebtes Ausflugsziel. Mehrere gemütliche, mit schönen Weichholzmöbeln eingerichtete Zimmer stehen zur Verfügung. EZ 38 €, DZ 60 € inkl. Frühstück. Gastronomie Mi–So ab 11 Uhr. Siegelbach 51, ✆ 03682-78153, www.triglis muehle.de.

Wohnmobilstellplätze   Das Arnstädter Sport- und Freizeitbad am Wollmarkt bietet Caravan-Touristen vier idyllische Stellplätze. Stellplatz 15 € inkl. Strom und einstündiger Familienkarte für das Bad. ✆ 03628-603379.

Essen & Trinken   → Karte S. 198/199

Brauhaus Restaurant 15, im Hotelpark der Stadtbrauerei Arnstadt. Hier gibt es feine Thüringer Küche und hausgebrautes Bier mit Blick auf die Sudkessel. Alle Thüringer Spezialitäten auf einen Streich genießt man mit den „Brauhausminiaturen", bestehend aus Roulade, Mini-Bratwurst und Blutwurst. Brauhausstr. 1–3, ✆ 03628-607590, www.hotelpark-arnstadt.de.

Gasthaus Goldene Henne 13, im Zentrum, macht als Thüringer Kloßhotel auf sich aufmerksam. Kloßhungrige Gäste dürfen sich auf diverse Braten mit je zwei Klößen freuen und Nachschub gibt es natürlich immer. Wer dem „Kloßrekord" des Hauses von zwölf Knödeln den Kampf ansagt, zahlt ab dem dritten Kloß nichts mehr ... Klöße gibt es natürlich nicht nur zum Braten, sondern auch als Gröstel à la Henne oder gebacken. Di–Do 17–22 Uhr, Fr 17–23 Uhr, Sa 11.30–14.30 und 17–23 Uhr, So 11.30–14.30 Uhr. Ried 14, ☎ 03628-589560, www.henne-arnstadt.de.

Gasthaus Zum Burgkeller 4, schon 1568 wurde hier ein Brauhof betrieben. In gemütlicher Atmosphäre und mit Blick auf historische Wandgemälde, die den Weizenbiergenuss feiern, speist man Frisches von Flammkuchen über Pasta bis zu Fisch- und Fleischgerichten. Tägl. ab 11.30 Uhr. Erfurter Str. 12, ☎ 03628-929711, www.burgkeller-arnstadt.de.

Restaurant Goldene Sonne 12, im Restaurant des gleichnamigen Hotels hat man die Wahl zwischen Thüringer und moderner deutscher Küche. Wer der Zeit von J. S. Bach nachschmecken möchte, dem serviert das Haus ein Bach-Menü mit Sauerkrautsuppe, Bierfleisch und Griespudding mit glasierten Kirschen. Mo–Fr 10–15 und 17.30–23, So 11–15 Uhr, Sa nach Vereinbarung. Ried 3, ☎ 03628-602776, www.goldene-sonne.arnstadt.de.

Schnitzelhaus Zum Schwan 10, wie der Name verrät: Hier gibt es Schnitzel in allen Variationen, vom Schwein, vom Hähnchen, vom Kalb – und bis XXL-Größe. Zudem auf der Karte Thüringer Spezialitäten, Salate und Vegetarisches. Mo–So 11–23 Uhr. Rankestr. 2, ☎ 03628-581251, www.schnitzelhaus-arnstadt.de.

Bachkeller Alt Arnscht 7, „Speisen wie Bach in Thüringen" ist hier das Motto, und so kommt in der gemütlichen Kneipe bodenständige Hausmannskost wie Würzfleisch oder Rostbrätel auf den Tisch. Mo und Mi–Sa ab 17 Uhr. Ledermarktgasse 2, ☎ 03628-605289.

Südtiroler Stubn 3, randvolle Teller, zufriedene Gäste: die „Stubn" wurde zum beliebtesten Restaurant der Region gekürt. Von Frittatensuppe bis Käsespätzle, von der Brettljause bis zum Germknödel – hier gibt es alle Gerichte, die man von der Skihütte kennt. Tägl. 11–21.30 Uhr. Außerdem gute Auswahl an veganer Bio-Kost. Ritterstr. 1, ☎ 03628-663811, www.restauranttiroler.de.

12 Apostel 6, stilvoller Italiener, der neben günstigen Pasta- und Pizza-Gerichten auch

Haus zum Palmenbaum

feines Risotto, Fisch und Rinderfilet-Variationen in höherem Preisniveau auf den Teller bringt. Tagesempfehlungen beachten! Mo und Mi–Sa 11–15 und 17.30–23, So 11–15 und 17–22 Uhr. Rosenstr. 2, ☎ 03628-917178, www.12apostel-arnstadt.de.

Mein Tipp **Arnstädter Waffelstübchen 9**, hier bekommt man am Morgen süße und pikante Frühstücke. Der Hit des Hauses jedoch sind die frischen Waffeln mit leckerem Drumherum von Puderzucker bis Eis und Sahne. Die Tageskarte bietet Hausmannskost zu günstigen Preisen. Mo/Di und Do–Sa 9–18, So 10–18 Uhr. Holzmarkt 1, ☎ 03628-602747.

Café Marlitt 8, im Geburtshaus von Eugenie John, die unter dem Pseudonym Marlitt mit Schmachtromanen bekannt wurde, verwöhnt das kleine, feine Café mit Frühstück, leckeren Hauptgerichten und selbst gebackenen Kuchen. Mo 13–18 Uhr, Di–Fr 9–18, Sa, So 13–18 Uhr. Markt 12, ☎ 03682-519780.

Der Dom und die St.-Severi-Kirche (rechts) sind Erfurts Wahrzeichen

Erfurt

Zum „Rendezvous in der Mitte Deutschlands" lädt die mit 214.000 Einwohnern größte Stadt Thüringens ein. Dom und Krämerbrücke sind nur die bekanntesten der vielen einzigartigen Schönheiten der Altstadt. Und neben schmucken Gebäuden und Plätzen gibt es viel zu erleben: Kultur, Parks, Shopping – die Landeshauptstadt ist so vielseitig wie kontrastreich.

Der mächtige **Dom** und die benachbarte *Severikirche* sind Erfurts Wahrzeichen, doch es gibt zahlreiche weitere Kirchen und Klöster, sodass man von Erfurt auch als „thüringisches Rom" spricht. Der *Gera-Fluss* teilt sich in der Stadt in mehrere Wasserläufe, die von 158 Brücken und Stegen überquert werden und Erfurt den Namen „Klein Venedig" einbrachten. Eine Prise „dolce Vita" vermittelt das quirlige Leben im Zentrum auf jeden Fall. Für die Bundesgartenschau 2021 werden die Erfurter Parks und Grünflächen neu gestaltet und sollen dauerhaft neue Erholungs- und Freizeiträume bieten.

Der **Altstadtkern** mit der Krämerbrücke als Touristenmagnet, mit romantischen Gassen und herrlichen Plätzen ist von einem Ring aus Gründerzeitvorstädten umgeben, die um 1900 entstanden. Durch gelungene Sanierungspolitik ist Erfurts Innenstadt heute ein wahres Schmuckstück. 2014 erhielt die Stadt den Deutschen Städtebaupreis für die Neugestaltung des historischen *Fischmarktes*.

Im Norden und Südosten stampfte man in den 70er-Jahren *Plattenbausiedlungen* für zehntausende Menschen aus dem Boden. Doch die Tage der Großblocks sind wohl gezählt, denn zunehmend wird die Innenstadt als Wohnraum attraktiv oder man baut sein Eigenheim in einem der eingemeindeten Dörfer.

Um *Wirtschaft* und Handel ist es in Erfurt gut bestellt. Schon im Mittelalter kreuzten sich hier große Handelswege. Heute manifestiert sich im Südwesten der Stadt der Mobilitätsaspekt landschaftsprägend durch ineinander verflochtene Autobahnen am Kreuz Erfurt sowie durch die neue ICE-Trasse, die Erfurt in Stundendistanz zu Nürnberg rückt und Berlin in zwei Stunden erreichbar macht.

Die meisten Arbeitsplätze gibt es in Verwaltung, Maschinenbau und Mikroelektronik. Wichtige Innovationen beschert die Solarindustrie. Die *Messe Erfurt* ist der zweitgrößte Messeplatz in den neuen Bundesländern. Hier und im angegliederten Congress Center finden Messen, Konzerte und Ausstellungen statt. Auch als *Medienstandort* mit dem Mitteldeutschen Rundfunk und dem Kinderkanal ist die Stadt bekannt. Und an der *Universität Erfurt* mit ihren Schwerpunkten Erziehungswissenschaften, Philosophie und Staatswissenschaften sind knapp 6000 Studierende eingeschrieben.

Stadtgeschichte

Früheste Siedlungsspuren stammen aus der Altsteinzeit. Eine große germanische Siedlung wurde beim Bau der A 71 bei Erfurt-Frienstedt ausgegraben. Erstmals taucht der Name Erfurt 742 in einem Brief des Missionsbischofs Bonifatius an Papst Zacharias II. auf, der als Gründungsschrift des Bistums Erfurt gilt. 755 wird Erfurt vom Erzbistum Mainz übernommen. An die fast 1000 Jahre lange Mainzische Herrschaft erinnert das Stadtwappen mit dem sechsspeichigen Rad auf rotem Grund, das Erfurt seit dem 17. Jh. führt.

Am Kreuzungspunkt deutscher und europäischer Handelsstraßen entwickelte sich im Mittelalter ein florierender Handel, beschützt von einer Königspfalz auf dem heutigen Petersberg. Auf das rege jüdische Leben verweist die *Alte Synagoge*, deren Bau im Jahr 1094 begonnen wurde. Im 14. Jh. wurden die Juden vertrieben, erst im 19. Jh. siedelten sie sich wieder in Erfurt an.

Mit bis zu 20.000 Einwohnern war Erfurt im 14. und 15. Jh. neben Köln, Nürnberg und Magdeburg eine Großstadt. Das Messeprivileg von 1331 und die Gründung der *Universität* 1379 machten Erfurt zum wirtschaftlichen und geistigen Zentrum. Prominentester Absolvent der Universität ist *Martin Luther*, der von 1501 bis 1505 hier studierte. Sein legendäres Gewittererlebnis sollte sein Leben und das der Kirche radikal verändern: Als ihn ein Blitz auf dem Land in der Nähe von Erfurt nur knapp verfehlte, gelobte er, Mönch zu werden. 1507 wurde Luther im Dom zum Priester geweiht (→ S. 367). Als sich die durch ihn begründete evangelische Kirche durchsetzte, nahm die Stadt mehrheitlich den neuen Glauben an.

Im *Dreißigjährigen Krieg* wurde Erfurt zum Stützpunkt der Schweden. 1664 wurde mit der Eroberung der Stadt durch Truppen des Mainzer Erzbischofs die kurmainzische Herrschaft begründet und auf dem Petersberg eine Zitadelle errichtet. Viele Geistesgrößen wirkten in Erfurt, darunter Rechenmeister *Adam Ries*, die *Musikerfamilie Bach*, *Goethe*, *Wieland*, *Schiller* und *Humboldt*. Beim so genannten Fürstentreffen 1808 erhielt Erfurt weltpolitische Bedeutung: In der nach der Schlacht bei Jena-Auerstedt besetzten Stadt begegneten sich *Napoleon* und *Zar Alexander I.* in Anwesenheit aller Fürsten der Rheinbundstaaten. 1815 wird Erfurt wieder dem Königreich Preußen zugesprochen.

Ende des 19. Jh. entwickelte sich Erfurt zum Standort der *Maschinen-*

bauindustrie, auch die *Gartenbautradition* geht auf diese Zeit zurück. Bei der Gründung des Landes Thüringen 1920 erhielt Weimar vor Erfurt den Vorzug als Landeshauptstadt. Nach der „Machtübernahme" der NSDAP 1933 wurde Erfurt zu einer der größten *Garnisonsstädte* des Deutschen Reichs. Die große Synagoge wurde in der Reichspogromnacht niedergebrannt. Zwischen 1939 und 1945 leisteten etwa 15.000 Kriegsgefangene und Internierte Zwangsarbeit in den *Rüstungsbetrieben*. Die Bombardements im Zweiten Weltkrieg beschädigten oder zerstörten historische Gebäude ebenso wie Industrieanlagen.

1948 wird Erfurt zur *thüringischen Landeshauptstadt*. 1952 wird Thüringen als Land aufgelöst und in drei Bezirke aufgeteilt, Erfurt ist nur noch Bezirkshauptstadt. Das geschichtsträchtige Erfurter Gipfeltreffen am 19. März 1970 zwischen Bundeskanzler *Willy Brandt* und DDR-Ministerpräsident *Willi Stoph* läutet die Annäherung der beiden deutschen Staaten ein. Nach der Wiedervereinigung erhält Erfurt wieder den Status der Landeshauptstadt.

Rund um den Domplatz

Den schönsten Blick auf den **Domplatz**, der von hübschen Bürgerhäusern gerahmt und mit dem Minervabrunnen (1784) und dem Erthal-Obelisken (1777) geschmückt ist, hat man von der *Zitadelle* auf dem Petersberg. Der Erfurter Dom und die Severikirche bestimmen, auf einem Felsen thronend, die Kulisse. Seine heutige Größe erhielt der Domplatz, als bei einem Artilleriebeschuss 1813 das Stadtviertel Severi in Schutt und Asche fiel. Während der friedlichen Revolution 1989 demonstrierten Zehntausende auf dem Domplatz für die Öffnung der Grenzen. Couragierte Erfurter besetzten damals die Untersuchungshaftanstalt der Staatssicherheit der DDR, die im Norden des Platzes heute als Gedenk- und Bildungsstätte an die Unterdrückung der SED-Diktatur erinnert. 2002 trauerten vor dem Dom hunderttausend Bürger um die 16 Opfer des Amoklaufs am Gutenberg-Gymnasium. Doch auch die Freude kehrt auf dem Domplatz ein: Märkte, Feste und die Domstufenfestspiele ziehen Einheimische und Besucher an.

Thüringer Blau

Durch den Anbau und Handel mit Färberwaid erlangte Erfurt Macht und Reichtum. Auf großen Flächen wurde das Kreuzblütlergewächs *Waid* angebaut, dessen gelbe Blütenstände dem Raps ähnlich sehen. Die Blüten wurden mehrmals im Jahr geerntet. Das Kraut wurde gewaschen und in den Waidmühlen zermahlen. Aus dem Pflanzenbrei wurden faustgroße, runde Ballen geformt. Die getrockneten Ballen wurden schließlich auf dem Markt – in Erfurt auf dem Anger – gehandelt. Aus dem Halbprodukt konnte man nun durch Anfeuchten und Versetzen mit Urin eine Gärung in Gang setzen, bei der das blau färbende Indican herausgelöst wurde. Mit diesem so genannten Thüringer Blau wurden nicht nur Stoffe gefärbt und bedruckt, der Farbstoff eignete sich auch für Holz- und Wandanstriche.

Dom St. Marien: 70 Stufen führen hinauf zum Erfurter Dom, dem Wahrzeichen der Stadt. Bevor man diese erklimmt, stolpert man förmlich über Gedenksteine für prominente und unbekannte AIDS-Opfer am Fuß der Treppe. An der Stelle des Doms ließ Bischof Bonifatius 742 die erste Kirche errichten. Eine romanische Basilika (1154) wurde bis zum 15. Jh. zur prachtvollen gotischen Kathedrale erweitert und mehrfach umgebaut. Durch einen triangelartigen Anbau am nördlichen Seitenschiff, der mit Figuren der zwölf Apostel und der „klugen und der törichten Jungfrauen" geschmückt ist, betritt man das Gotteshaus. Bemerkenswert sind die spätgotischen Glasgemälde, das original erhaltene Chorgestühl und der 16,5 m hohe und 13 m breite barocke Hochaltar.

Ein *Domschatz* mit Bildwerken aus Mittelalter und Barock, Reliquiaren und Gewändern gehören ebenso zum prachtvollen Inventar wie eine romanische Stuck-Madonna (1160) und die romanische Leuchterfigur des heiligen Wolfram. Zeugnis für die Kontroversen der Reformationszeit sind die konvexen Pfeilerbilder des Doms, die die römisch-katholische Perspektive in der zunehmend bikonfessionellen Stadt manifestieren. Die bedeutendste der 13 Glocken des Doms ist die „Gloriosa", die größte frei schwingende mittelalterliche Glocke der Welt. Die 1497 gegossene Glocke ist 2,62 m hoch und wiegt 11,5 t. Sie wird nur achtmal im Jahr an besonderen Feiertagen geläutet.

◼ Nov. bis April Mo–Sa 9.30–17, So 13–17 Uhr, Mai bis Okt. Mo–Sa 9.30–18, So 13–18 Uhr. Domführungen tägl. 14 Uhr (4,50 €). Führung Domschatzkammer Mi und Sa 15 Uhr (4,50 €). Führungen zur Gloriosa-Glocke Mai bis Okt. stündlich Do 9–13 Uhr, Fr und So 13–16 Uhr, Sa 11–16 Uhr (4,50 €), Anmeldung erwünscht: ☏ 0361-6461265, www.dom-erfurt.de.

St. Severi: Die katholische Pfarrkirche neben dem Dom geht vermutlich eben-

Jungfrauenportal am Erfurter Dom

falls auf einen romanischen Bau zurück. Hierher wurden 836 die Reliquien des heiligen Severus aus Ravenna überbracht. Die Kirche wurde 1350 als fünfschiffige gotische Hallenkirche fertiggestellt. Reliefs mit Szenen aus Severus' Leben schmücken den Sarkophag des Heiligen, das bedeutendste Ausstattungsstück der Kirche.

◼ Nov. bis April Mo–Sa 9.30–17, So 13–17 Uhr, Mai bis Okt. Mo–Sa 9.30–18, So 13–18 Uhr, www.dom-erfurt.de.

Zitadelle Petersberg: Die Festung auf dem Petersberg mit ihren sternförmigen Wehrmauern gilt als besterhaltene und größte ihrer Art in Europa. Als Zwingburg gegen die Stadt ließ sie der kurmainzische Kurfürst und Erzbischof Johann Philipp von Schönborn ab 1664 im neuitalienischen Stil errichten. Zwischen 1814 und 1868 wurde die Zitadelle zur Stadtfestung der Preußen umgebaut. Auch in den beiden Weltkriegen war sie ein zentraler militärischer Standort. Durch das barocke Peterstor gelangt man auf das weitläufige Gelände, von dessen Bastionen aus man einen weiten Blick über Erfurt genießt. Auf dem Areal steht die alte Peterskirche, eine ursprünglich dreischiffige Pfeilerbasilika aus dem 12. Jh. mit romanischen Wandmalereien. Nach den napoleonischen Kriegen wurde die Kirche seit dem 19. Jh. als Speicher genutzt. Im Zuge der Bundesgartenschau 2021 wird der Petersberg völlig umgestaltet. Ein gläserner Aufzug erleichtert den Zugang, ein Bastionskronenpfad erschließt die gewaltige Anlage. Die Klosterkirche wird renoviert und soll als Ausstellungsraum dienen.

Vom Dom in die Altstadt

Vom Dom in östlicher Richtung erstreckt sich die historische *Altstadt*. Auf direktem Weg dorthin gelangt man über die *Marktstraße*, vorbei an der **Allerheiligenkirche** (12. Jh.), in der sich ein modernes Kolumbarium, eine Urnen-Bestattungsstätte, befindet. Den Charme der Altstadt erlebt man in den verwinkelten Gassen der *Großen Arche* und der *Kleinen Arche*. Vom Domplatz aus schlüpft man zwischen Haus Nr. 17 und Nr. 18 durch die schmale Mettengasse hindurch und stößt an einem kleinen Platz auf das **Theater Waidspeicher** (Mettengasse/Domplatz 18). Die erhaltenen Waidspeicher werden heute kulturell genutzt; seit dem 13. Jh. wurden hier die getrockneten Blätter der Waidpflanze aufbewahrt und der berühmte blaue Textil-Färbestoff gewonnen (→ Kasten „Thüringer Blau", S. 204). Auf die Nutzung des Renaissancehauses „Zum Sonnenborn" (Große Arche Nr. 6) als Hochzeitshaus verweisen am Eingang zahlreiche Vorhängeschlösser mit den Namen der Brautpaare.

Der Erfurter Fischmarkt mit Rathaus

Auch das **Naturkundemuseum,** das sich der heimischen Tier- und Pflanzenwelt widmet, residiert in einem historischen Waidspeicher. In der Predigerstraße stehen die **Predigerkirche** und der Ostflügel des ehemaligen Dominikanerklosters (13. Jh.). Die Eckardt-Tür erinnert an den berühmten Mystiker des Mittelalters, *Meister Eckhardt*, der hier im Kloster wirkte.

■ **Naturkundemuseum:** Di–So 10–18 Uhr, Große Arche 14, www.naturkundemuseum-erfurt.de. **Predigerkirche:** Sommerhalbjahr Di–Sa 11–16, So 12–16 Uhr, Predigerstr. 4.

Vom Fischmarkt zur Krämerbrücke

Fischmarkt: Einer der schönsten Plätze Erfurts ist der Fischmarkt, an dem etliche Restaurants zum Verweilen einladen. Das umfangreich sanierte *Haus zum roten Ochsen* (Erfurter Kunsthalle) sowie das *Haus Breiter Herd* mit ihren prächtigen Renaissancefassaden sind ein Augenschmaus. Im Mittelalter war der Fischmarkt das gesellschaftliche Zentrum der Stadt. Das ursprüngliche *Rathaus* aus jener Zeit wurde 1875 durch einen Nachfolgebau im neugotischen Stil abgelöst. Im Treppenhaus und im sehenswerten Rathaussaal sieht man Gemälde zur Geschichte Erfurts, aus dem Leben Luthers sowie Szenen aus der Faust- und Tannhäuser-Sage (Mo, Di, Do 8–18 Uhr, Mi 8–16 Uhr, Fr 8–14 Uhr, Sa/So 10–17 Uhr). Die Statue des bewaffneten Römers (1591) auf dem Fischmarkt steht als Symbol für die Widerstandsbereitschaft der Bürger gegen die kurmainzische Obrigkeit.

Krämerbrücke: Zwischen Benediktsplatz und Wenigemarkt liegt die touristische Hauptattraktion der Altstadt, die mittelalterliche Krämerbrücke. Die 120 m lange Brücke über den Breitstrom, einen Seitenarm der Gera, war Teil der Via Regia. Sie ist durchgehend mit 32 Häusern bebaut und gilt als die längste bewohnte Brücke Europas.

Beliebt: ein Bummel über die bebaute Krämerbrücke

Hübsche kleine Läden bieten Kunsthandwerk und Spezialitäten. Eine Dauerausstellung im *Haus der Stiftung Krämerbrücke* informiert über die Geschichte des Baudenkmals (tägl. 10–18 Uhr). Durch den Torbogen der *Ägidienkirche* (Ersterwähnung 1110), am Ostrand der Brücke gelegen, gelangt man auf den Wenigemarkt, der mit seinem quirligen Treiben den Eindruck eines italienischen Platzes vermittelt. Einen schönen Blick auf die Krämerbrücke hat man von der Ufer-Terrasse vor dem Augustiner-Gasthaus.

Alte Synagoge und mittelalterliche Mikwe:

In dem Viertel zwischen Fischmarkt und Michaelisstraße hatten sich – bis zum Pogrom von 1349 – Juden angesiedelt. Am Ufer der Gera hinter der Krämerbrücke fand sich 2007 bei Grabungsarbeiten eine mittelalterliche Mikwe, ein rituelles Tauchbad. Das Tauchbecken ist durch ein Fenster des Schutzbaus einsehbar, die Mikwe kann im Rahmen von Führungen besichtigt werden. Wichtigstes Zeugnis der jüdischen Gemeinde ist die *Alte Synagoge* in der Waagegasse, deren älteste Teile aus dem 11. Jh. stammen. Neben Dokumenten zum jüdischen Leben und zur Baugeschichte ist in der Synagoge der so genannte *Erfurter Schatz* zu sehen; der wertvolle Grabungsfund enthält

tausende Silbermünzen, 14 Silberbarren, Silbergeschirr sowie 700 Einzelstücke gotischer Goldschmiedekunst. Als besondere Pretiose ist ein goldener jüdischer Hochzeitsring aus dem frühen 14. Jh. zu sehen.

▪ Alte Synagoge Di–So 10–18 Uhr, Eintritt 8 €. Waagegasse 8, 📞 0361-6551520, www.juedisches-leben.erfurt.de.

Vom Lateinischen Viertel zum Anger

Lateinisches Viertel: Handel, Handwerk und Universität bestimmten im Mittelalter das Leben im „Lateinischen Viertel". Der Name geht darauf zurück, dass die Studenten hier Lateinisch sprechen mussten. In der verwinkelten *Waagegasse* sind die „Kleine und Große Waage" zu finden, wo einst die Kaufleute ihre Waren wiegen lassen mussten. An den Hofeinfahrten fallen die Ecksteine ins Auge. Sie halfen den Fuhrleuten beim Rangieren und überlieferten uns die Redensart „die Kurve kratzen". Zahlreiche Kneipen säumen die *Michaelisstraße*; hier inmitten der „Steinernen Chronik der Stadt" steht eines der ältesten Erfurter Bürgerhäuser mit Ursprüngen aus dem 12. Jh.: das *Haus Zum goldenen Schwan* (Nr. 9). Das *Haus Zum Güldenen Krönbacken* (Nr. 10) war ein ehemaliger Handelshof, in dessen Waidspeichern heute der *Kulturhof Krönbacken* zu finden ist.

Gegenüber der *Michaeliskirche*, der die Straße ihren Namen verdankt und die als Universitätskirche diente, liegt das *Collegium maius*, das einstige Hauptgebäude der Alten Universität, die hier 1392 als „Hierana" gegründet wurde. 1945 wurde das Gebäude zerstört, der originale Wiederaufbau ist heute Sitz des Landeskirchenamts der Evangelischen Kirche (Michaelisstr. 39). Rund um die Universität gingen Drucker ihrem Handwerk nach. Im *Haus Zum Schwarzen Horn* (Nr. 48) wurde 1518 das erste Rechenbuch von Adam Ries gedruckt. Im *Haus Zur gro-*

Die Synagoge birgt den „Erfurter Schatz"

Im Kapitelsaal des Augustinerklosters wirkte schon Luther

ßen *Arche Noä und Engelsburg* (Nr. 38) kamen Schriften von Martin Luther, Nachdrucke der Straßburger Eulenspiegelausgabe und die „Dunkelmännerbriefe" von Ulrich Hutten heraus.

Evangelisches Augustinerkloster: Geht man die *Augustinerstraße* entlang, wandelt man auf den Spuren Luthers. Von 1501 bis 1505 studierte Martin Luther an der Artistenfakultät der Universität und setzte sein Studium nach dem Magister-Abschluss mit dem Jurastudium fort. Als 17-jähriger Student, so vermutet man, bezog er in der *Georgenburse* Quartier, die in der Augustinerstraße heute Pilger aufnimmt. Eine Ausstellung informiert über das Studentenleben im Mittelalter. Auf der anderen Seite der Gera ragt der *Nikolaiturm* auf, in dem sich ein frühes Zeugnis der Elisabeth-Verehrung befindet. Im Erdgeschoss der Elisabethkapelle sind Secco-Malereien aus dem 14. Jh. mit Bildern aus dem Leben der heiligen Elisabeth von Thüringen erhalten.

Ein paar Schritte weiter erreichen wir die wichtigste Lutherstätte Erfurts: das evangelische Augustinerkloster.

Nach seinem legendären Gewittererlebnis leistete Martin Luther den Schwur, Mönch zu werden. Er brach sein Universitätsstudium ab und lebte von 1505 bis 1511 als Mönch im Augustinerkloster. Herzstück ist die Augustinerkirche, deren Bau von den Augustinereremiten 1276 begonnen wurde. Als vielgestaltige Bilderzählung mit Szenen aus der Bibel und aus dem Leben des heiligen Augustinus sind die Farbglasfenster aus den Jahren 1310 und 1330 angelegt. Die Mönche errichteten bis 1518 Katharinenkapelle, Kapitelsaal, Kreuzgang, Langhaus, Kirchturm, Priorat und Waidhäuser. Für die bedeutende Klosterbibliothek wurde im 16. Jh. ein eigenes Gebäude gebaut. Im Laufe der Geschichte fielen die Gebäude dem Verfall bzw. den Bomben des Zweiten Weltkriegs zum Opfer. Wiederaufbau und umfangreiche Sanierungen bis heute formten den Gebäudekomplex aus Alt und Neu.

Das Augustinerkloster ist heute eine Tagungs- und Begegnungsstätte. Die Bibliothek fand in den neuen Räumen ihren Platz. Hier kann man in einem Bestand von etwa 60.000 Bänden recherchieren, darunter bedeutende Wiegendrucke, Reformationsschriften und Lutherausgaben. Die historischen Räume sind bei Führungen zu besichtigen. Vom Kreuzgang aus gelangt man in den eindrucksvollsten Raum des Klosters, den Kapitelsaal. Im ehemaligen Schlafsaal der Mönche ist die Dauerausstellung „Bibel – Kloster – Luther" zu sehen. Teil der Präsentation ist die rekonstruierte Lutherzelle.

■ **Klosterführungen:** Mo–Sa 11, 13, 15 Uhr, April bis Okt. So 11 und 13 Uhr (7,50 €). **Georgenburse:** geöffnet nach Vereinbarung, Eintritt 3,50 €. **Elisabethkapelle:** Führungen Mai bis Okt. Mo–Mi 15.30 Uhr und nach Vereinbarung, 3,50 €. ✆ 0361-576600, www.augustinerkloster.de.

Kaisersaal: Durch die Kirchgasse und Gotthardtstraße kommen wir auf unserem Stadtspaziergang wieder zurück zum Wenigemarkt. In der stadtauswärts führenden *Futterstraße* war der Kaisersaal schon seit seiner Eröffnung 1715 als Universitätsballhaus ein Ort glanzvoller Feste. Der Saal mit stuckverzierten Balkonen und Bühne gab den Rahmen für die Begegnung von Napoleon I. und dem russischen Zaren Alexander I. anlässlich des Fürstenkongresses 1803. Niccolo Paganini und Franz Liszt wurden hier umjubelt. Heute dient der Kaisersaal als Veranstaltungsort für Bälle, literarisch-kulinarische Events, Tagungen und Kongresse.

■ Geöffnet bei Veranstaltungen, Führungen nach Vereinbarung. Futterstr. 15/16, ✆ 0361-5688202, www.kaisersaal.de.

Der Anger: Im Südosten der Altstadt wurde hier vom 14. bis 17. Jh. der Handel mit Färberwaid abgewickelt. Heute ist der Anger eine belebte Fußgängerzone mit Geschäften. Vom Einkaufszentrum hinter der Jugendstilfassade bis zum Angerbrunnen erstreckt sich der Platz über eine Länge von 500 m und verjüngt sich dabei bis auf Straßenbreite. In der nordöstlich gelegenen gotischen *Kaufmannskirche* predigte Martin Luther 1522. Sein Denkmal auf

dem Anger stammt aus dem Jahr 1883. Das gotische **Ursulinenkloster** wird bis heute von dem Orden genutzt.

Ein markanter Hingucker ist das **Hauptpostamt** (1882) mit seiner gotisierten Fassade aus Sandstein, Klinkern und Terrakotta. Im weiteren Verlauf des Angers fällt der **Bartholomäusturm** ins Auge, der von einer ehemaligen Kirche übrig blieb. Seit 1979 schlägt in dem Turm ein Glockenspiel mit 60 Bronzeglocken. Das Carillon ist eines der größten Deutschlands; es wird täglich um 10, 12 und 18 Uhr sowie bei Konzerten angeschlagen. Am südwestlichen Ende begrenzt der *Angerbrunnen* (1889/90) den Platz, der mit seinen Figuren Erfurts Gartenbau und Industrie symbolisiert. Im gegenüberliegenden *Haus Dacheröden*, einem stattlichen Renaissancebau, heirateten Caroline von Dacheröden und Wilhelm von Humboldt, hier verlobte sich Friedrich Schiller mit Charlotte von Lengefeld. Auf dem Turm der spätgotischen *Wigbertikirche* hielten bis 1878 die Türmer Brandwache über Erfurt.

■ Bartholomäusturm: Führung auf Anfrage (3 €). Anger 52, ✆ 0177–7975493, www.geschichtsmuseen.erfurt.de.

Kurmainzische Statthalterei: Ein Stück weiter, die Regierungsstraße entlang, residiert die Thüringer Staatskanzlei im barocken Prachtbau der ehemaligen kurmainzischen Statthalterei. Das barocke Palais wurde von 1711 bis 1720 erbaut. Hier kam es am 2. Oktober 1808 am Rande des Erfurter Fürstenkongresses zu der legendären Begegnung Goethes mit Napoleon, in dem der Dichterfürst mit dem Kaiser unter anderem über die Schicksalsdramen sprach. „Was will man jetzt mit dem Schicksal? Die Politik ist das Schicksal", soll Napoleon Goethes Aufzeichnungen zufolge gesagt haben. Auch heute ist die Statthalterei ein Ort des Dialogs, hier finden Autorenlesungen, Konzerte, Ausstellungen und Vorträge statt.

Museen

Angermuseum: Der 1705–1711 errichtete Barockbau des kurmainzischen Pack- und Waagehofs an der Ecke Anger/Bahnhofstraße beherbergt heute dieses Kunstmuseum. Zu seinen herausragenden Exponaten gehören Werke von Lucas Cranach, Carl Spitzweg, Caspar David Friedrich und Lovis Corinth. Zu sehen sind auch eine Mittelaltersammlung, eine Gemäldegalerie mit Landschaftsmalerei, Stillleben und Portraits vom 17. Jh. bis heute sowie Kunsthandwerk und historische Zimmer seit dem 16. Jh. Das Erdgeschoss schmückt ein bedeutendes Wandgemälde des Expressionisten Erich Heckel. Wechselnde Ausstellungen ergänzen das Programm.

■ Di–So 10–18 Uhr, Eintritt 6 €. Anger 18, ✆ 0361-6551651, www.kunstmuseen.erfurt.de.

Stadtmuseum Haus zum Stockfisch: Mit einer Fassadengestaltung aus schachbrettartig hervorspringenden, vielfältig ornamentierten Steinquadern tritt das Renaissancegebäude *Haus Zum Stockfisch* in Erscheinung. Hier gibt das Stadtmuseum einen Überblick von der Frühgeschichte bis zur Gegenwart. Anhand abwechslungsreicher Exponate erfährt man, wie Martin Luther das Erfurt des 16. Jh. vorgefunden hat. Kirchenschätze repräsentieren das „thüringische Rom". Exponate aus der Zeit der Industrialisierung vermitteln einen Eindruck vom Wandel Erfurts im 19. und 20. Jh. Besonderes Angebot: Nach Voranmeldung kann man einen originalen Luftschutzkeller in der Altstadt besichtigen.

■ Di–So 10–18 Uhr, Eintritt 3 €, am 1. Di im Monat Eintritt frei. Johannesstr. 169, ✆ 0361-6555644, www.geschichtsmuseen.erfurt.de.

Museum für Thüringer Volkskunde: Im Herrenhaus des „Großen Hospitals" zeigt das volkskundliche Museum, das zu den größten seiner Art in Deutschland gehört, vielfältige Exponate zur ländlichen Kultur. Möbel, Hausrat, Arbeitsgerät, Textilien, Schmuck und Volkskunst vermitteln einen Eindruck davon, wie sich das Landleben gestern und heute gestaltete. Eine große Sammlung Thüringer Trachtenpuppen bringt historische Kleidungsformen nahe. Nur nach Anmeldung zugänglich ist das interessante *Schaudepot Südseesammlung* in Benary-Speicher. Im Mittelpunkt der ethnografischen Sammlung des Kolonialbeamten Wilfried Knappe steht ein vollständig erhaltenes „Walap", ein Auslegerboot von den Marshallinseln.

■ Di–So 10–18 Uhr, Eintritt 6 €. Juri-Gagarin-Ring 140a, ✆ 0361–6555601. Benary-Speicher, Brühler Str. 37, ✆ 0361-6555621, www.volkskundemuseum-erfurt.de.

Erinnerungsort Topf & Söhne: Die Mittäterschaft der Industrie am Holocaust wird am ehemaligen Firmensitz von Topf & Söhne thematisiert. Zunächst Hersteller von Mälzereinrichtungen, wird die Firma ab 1914 zum Marktführer für Einäscherungsöfen. Ab 1939 beliefern Ludwig und Ernst Wolfgang Topf die SS mit speziell für Konzentrationslager entwickelten Verbrennungsöfen. Mit patentierten „Leichenverbrennungsöfen für Massenbetrieb" wird das Vernichtungslager Auschwitz-Birkenau 1943 zur „Todesfabrik". In der Ausstellung „Techniker der ‚Endlösung'. Topf & Söhne – Die Ofenbauer von Auschwitz" der Stiftung Gedenkstätten Buchenwald und Mittelbau-Dora werden Schlüsseldokumente zum Holocaust präsentiert und die Leugnung der Taten nach dem Ende der NS-Herrschaft dokumentiert. Stumme Zeugen des Leides sind Aschekapseln der Opfer von Buchenwald und die auf Todesmärschen nach Auschwitz zurückgelassene Habe von Häftlingen. Auch dem Gedenken an die Toten wird Raum gegeben.

■ Di–So 10–18 Uhr, Eintritt frei, Führungen jeden letzten Sonntag im Monat um 15 Uhr. Sorbenweg 7, ✆ 0361-6551681, www.topfundsoehne.de.

Basis-Infos

Information Touristinformation, April bis Dez. Mo–Sa 10–18, So 10–15 Uhr, Jan. bis März Mo–Fr 10–18, Sa 10–16, So 10–14 Uhr. Benediktsplatz 1, ☎ 0361-66400, www.erfurt-tourismus.de.

Verbindungen Bahn: Der Hauptbahnhof Erfurt (Willy-Brandt-Platz) ist zum ICE-Knoten ausgebaut worden. Hier halten ICEs der Linien Frankfurt/Main – Erfurt – Leipzig – Dresden und München – Nürnberg – Erfurt – Halle (Saale) – Berlin. So werden die großen Metropolen in etwa 2 Stunden erreicht. Die Region ist mit stündlich bis zweistündig getakteten IC-, Regionalexpress- und Regionalbahnen erreichbar.

Bus: Zentrale Haltestelle für Fernbusse (FlixBus) ist in der *Kurt-Schumacher-Straße* vor dem Hauptbahnhof. Vom ZOB aus verkehren Stadtbahn und Stadtbus (Mo–Fr 6–18 Uhr im 10-Min.-Takt). Zentraler Umsteigeort ist der Anger.

Flugzeug: Der Flughafen Erfurt-Weimar (Bindersleben Landstraße) liegt im Westen der Stadt, in der Nähe der Autobahn-Anschlussstelle Bindersleben an der A 71. Von hier aus werden internationale Ferienziele angeflogen. Mehrere **Autovermietungen** bieten hier Pkws an. Am Abfertigungsgebäude stehen Stellplätze für Kurzzeit- und Langzeitparker sowie ein Parkhaus zur Verfügung. Zentrum und Hauptbahnhof erreicht man vom Flughafen mit der Stadtbahnlinie 4.

Parken Das Leitsystem führt zu den Parkhäusern und informiert über den aktuellen Belegungsstand. Am nächsten bei den touristischen Highlights ist man in den Parkhäusern „Domplatz", „Anger 1" und „Hauptbahnhof". *Kostenfrei* parkt man mit Anschluss an die Stadtbahn auf den P & R-Parkplätzen Europaplatz und Grubenstraße (Norden), Ringelberg (Osten), Urbicher Kreuz (Süden), Hauptfriedhof und Messe (Westen). Gebührenfreie Stellplätze für **Wohnmobile** gibt es am P & R Thüringenhalle und P & R Messe.

Bibliothek Die Stadt- und Regionalbibliothek am Domplatz hält 150.000 Medien bereit. Domplatz 1, ☎ 0361-6551590, www.erfurt.de.

ErfurtCard Die 48 Stunden gültige Karte (13,90 €) bietet kostenfreien Eintritt in die städtischen Museen und Ausstellungen und bei der Stadtführung. Zudem gibt es Ermäßigung für viele Sehenswürdigkeiten, Themenführungen, Theater, Erfurter Bäder und die Avenida-Therme. Die ErfurtTravelCard (19,90 €) bietet zusätzlich zu diesen Leistungen freie Fahrt in Stadtbahn und Bus. Erhältlich ist die ErfurtCard in der Touristinformation, www.erfurt-tourismus.de.

Fahrrad Das **Radhaus am Hauptbahnhof** bietet 320 überdachte Stellplätze, die rund um die Uhr kostenfrei genutzt werden können. Zu mieten gibt es verschließbare Abstellboxen (☎ 0176-81655811). Die **Werkstatt Radscheune** vermietet Fahrräder und repariert auch. Mo–Fr 9–18 Uhr, Juli/Aug. auch Sa 9–13 Uhr, ☎ 0361-6441506, Bahnhofstr. 22, www.radstation-erfurt.de.

Gartenbautradition Seit dem 18. Jh. ist Erfurt ein Zentrum des Gartenbaus. Heute gibt es mehrere große Gärtnereibetriebe: Besichtigungen sind möglich in der *Staudengärtnerei Siegmar Poltermann*, Weimarische Str. 27f, www.stauden-poltermann.de, und bei *Kakteen Haage*, Blumenstr. 68, www.kakteen-haage.de.

Kino Blockbuster zeigt der **Filmpalast Cinestar**, Hirschlachufer 7, ☎ 0361-5505555, www.cinestar.de. Der **Kinoclub** bringt seit 1975 Dokumentarfilme, Portraits, länderspezifische Filme und besondere Filme auf die Leinwand. Hirschlachufer 1, ☎ 0361-64221094, www.kinoclub-erfurt.de.

Märkte Grüner Markt: Auf dem Domplatz werden Mo–Sa von 6.30–14 Uhr vorwiegend regionale Produkte wie Obst, Gemüse, Pflanzen, Fleisch- und Wurstwaren, Eier, Käse usw. verkauft. **Erfurter Blumen- und Gartenmarkt:** Mehrere Tage Anfang Mai verwandeln über 80 Gärtner den Domplatz in ein Blütenmeer. **Cerealienmarkt:** Mitte September gibt es bei dem Stauden- und Gartenmarkt auf dem Domplatz alles, was zur Herbst- und Winterbepflanzung nötig ist, sowie einheimische Obst- und Gemüseerzeugnisse.

News Das Neueste aus Erfurt gibt es in der Web-Zeitung www.puffbohne.de.

Spezialitäten Senf: Im Thüringer Becken wurde seit alters her Senfsaat angebaut. 1820 gründeten die Brüder Wilhelm und Louis Born in einem kleinen Vorort Erfurts ihre Senffabrik. *Born Senf* ist bis heute eine der Erfurter Spezialitäten.

Ein traditionelles Gericht ist die Erfurter **Puffbohnensuppe,** doch gibt es die dicken Bohnen auch in leckereren Varianten von Salat bis

Strudel. Rezepte im „Erfurter Puffbohnen Kochbuch" von Helmfried Wilhelm und René Burkhardt.

In Erinnerung an den Stadtpatron Martin von Tours, aber auch in Erinnerung an Martin Luther, der mehrere Jahre in Erfurt lebte, ist das **Martinsgansessen** am 11. November alter Brauch. Der knusprige Gänsebraten wird natürlich begleitet von Thüringer Klößen und Apfelrotkohl. In der Weihnachtszeit gehört das **Erfurter Schittchen**, so heißt der Weihnachtsstollen, der erstmals 1329 urkundlich erwähnt wird und somit Deutschlands ältester Weihnachtsstollen ist.

Sportstätten   Die **Radrennbahn Andreasried** ist die älteste bis heute genutzte Radrennbahn der Welt. Bei zahlreichen Veranstaltungen in Erfurt sind Weltstars des Radsports zu erleben. Riethstr. 29a, www.radrennbahn-andreasried.de.

Im **Sportpark Erfurt** kann man sich vielfältig sportlich betätigen, u. a. Fitness, Bowling, Tennis, Squash, Badminton, Hallenfußball. Apoldaer Str. 20, www.sportpark-erfurt.de.

Das **Eissportzentrum Erfurt** mit 400-m-Eisschnelllaufbahn und Inneneisfeld trägt den Namen der Olympiasiegerin Gunda Niemann-Stirnemann. Das Stadion ist Schauplatz hochkarätiger Eissport-Wettbewerbe. Von Mitte Sept. bis Mitte März gibt es hier Jedermanneislaufen und Eisdisco. Öffnungszeiten ☏ 0361-6554695, Arnstädter Str. 53, www.gunda-niemann-stirnemann-halle.de.

Im zur Multifunktionsarena umgebauten **Steigerwaldstadion** finden Tagungen, Messen, Kultur- und Sportveranstaltungen statt.

Stadtführungen   Durch die Altstadt ab der Touristinformation (8 €). April bis Okt. tägl. um 11 und 14 Uhr, Mai bis Sept. zudem Fr/Sa 16.30 Uhr, Kurzführung Mai bis Okt. Mo–Sa 15.30 Uhr, Nov. tägl. 14 Uhr, Sa/So 11 Uhr, im Dez. 11 und 14 Uhr. Zudem eine Vielzahl von Themenführungen und Rundfahrten (Voranmeldung). ☏ 0361-6640120, www.erfurt-tourismus.de.

Taxi ☏ 0361-666666

Ticket-Service ☏ 0361-6640100

Veranstaltungen   Am letzten Faschings-Sonntag findet ein **närrisches Altstadt-Fest** mit Karnevalsumzug in der Altstadt statt. Ende März/Anfang April sorgt der **Erfurter Altstadtfrühling** auf dem Domplatz mit Fahrgeschäften und Buden für Spaß bei Klein und

Erfurter Weihnachtsmarkt

Groß. Ende April zeigen beim **Erfurter Töpfermarkt** zwischen Wenigemarkt und Rathausarkaden Töpfer aus der Region und dem Bundesgebiet die ganze Bandbreite moderner Töpferkunst.

Das **Kinderfilmfestival Goldener Spatz** im Juni bietet einen Überblick über deutschsprachige Kinderfilme und Fernsehbeiträge. Es ist das größte Festival seiner Art in Deutschland.

Beim **Krämerbrückenfest** am dritten Wochenende im Juni wird die Altstadt zu einem einzigen Mittelalterspektakel. Viel los, aber sehenswert!

Die **Fête de la Musique** findet alljährlich am 21. Juni auf den Straßen und Plätzen der Altstadt statt. Das Livemusikfestival bietet die unterschiedlichsten Stilrichtungen von Jazz über Klassik bis Techno und Punk.

Das **Erfurter Oktoberfest** auf dem Domplatz lädt zu rasanten Karussellfahrten und leckeren Schmankerln ein.

Im Advent ist der **Weihnachtsmarkt** auf dem Domplatz mit Buden, Glühwein und Riesenrad ein Touristenmagnet.

Wellness   In der **Avenida-Therme** am Stausee Hohenfelden freuen sich Klein und Groß über die attraktive Thermenlandschaft mit Palmen, Leuchtturm und Schiff, einen Rutschenpark und Whirlpools innen und außen. Die **große Saunawelt** im mallorquinischen Stil und Dutzende von Wellnessanwendungen (u. a. Hamam und Rhassoul-Bad) laden zum Entspannen ein. Tägl. 10–23 Uhr. Am Stausee 1, 99448 Hohenfelden, ☏ 036450-4490, www.avenida-therme.de.

Essen & Trinken
1 Il Cortile
4 Clara Restaurant im Kaisersaal
10 Restaurant Café Bar Übersee
11 Glashütte Petersberg
14 Trattoria La Grappa
15 Kromer's Restaurant
16 Wirtshaus am Dom
17 Restaurant Mathilda
19 Restaurant Zumnorde
21 Henner Sandwiches
24 Pier 37

Nachtleben
8 Studentenzentrum Engelsburg
13 Cosmopolar
26 Musikpark
27 Presseklub

Übernachten
2 Herberge im Historischen Augustinerkloster
3 Gästehaus Nikolai
5 Hotel garni am Dom
6 Hotel am Kaisersaal
9 Altstadtpension am Dom
20 Dorint Hotel Am Dom
22 Hotel Ibis Erfurt Altstadt
23 Hotel Zumnorde
25 Hotel Best Western Excelsior
28 Opera Hostel
29 Pension Villa am Park
30 Caravanstellplatz Am Saunabad Trautmann

Einkaufen
7 Organics Naturkost
12 Einkaufsgalerie Anger 1
18 Madame Pfleger's Seifenlädchen

Aktivitäten

Baden Roland Matthes Schwimmhalle mit 50 m-Sportbecken, 62 m-Wasserrutsche und Saunalandschaft. Di/Mi und Fr/Sa 6–22, Do 14–19, So 8–22 Uhr. Johann-Sebastian-Bach-Str. 6, ☎ 0361-5643530.

Das **Freibad Nordbad** inmitten der Grünanlagen des Nordparks bietet 50 m-Sportbecken, Rutschen, Sprungbecken, Kinderbecken, Volleyball. Geöffnet Anfang Mai bis Sept. Am Nordpark 1, ☎ 0361-5643570.

Das **Strandbad Stotternheim** bietet Sandstrand, Textil- und FKK-Bereich, Rutschen, Beachvolleyball. Geöffnet Mitte Mai bis Mitte Sept. Zum Stotternheimer See 19, ☎ 036204-719955, www.stadtwerke-erfurt.de.

Fahrradfahren Der **Fernradweg Thüringer Städtekette** (240 km) verbindet Eisenach, Erfurt, Weimar, Jena und Altenburg. Der **Gera-Radweg** (75 km) führt von den Höhen des Thüringer Waldes bis zur Mündung der Gera in die Unstrut. 24 Streckenkilometer führen durch die Landeshauptstadt Erfurt.

Klettern In der **Kletterhalle im Blockpark** kann man Klettern und Bouldern. Kurse für Anfänger und Fortgeschrittene. Tägl. 10–23 Uhr, Tageskarte 9 €. Motzstr. 8, ☎ 0361-5503692, www.blockpark.de.

Wandern Auf Luthers Spuren führt der **Lutherweg** aus allen Himmelsrichtungen nach Erfurt (www.lutherweg.de). Das **Naherholungsgebiet Steigerwald** bietet Wege für alle Ansprüche und ermöglicht auch Behinderten auf einem gesicherten Weg Naturerlebnisse (Wanderkarte in der Touristinfo). Der **Fernwanderweg Jena–Eisenach** verläuft im Südwesten Erfurts entlang der Gera nach Möbisburg und weiter durch den Steigerwald zum Willrodaer Forst.

Einkaufen
→ Karten S. 214/215 und S. 217

Erfurter Blau 43, durch den Naturfarbstoff Waid wurde Erfurt berühmt. In dem kleinen Laden „Apis Colori" auf der Krämerbrücke bekommt man den blauen Farbstoff sowie andere natürliche Farbpigmente, Papiere, Kalligrafie-Werkzeuge und modische Accessoires. Mo–Fr 11–18 Uhr, Sa 11–15 Uhr. Krämerbrücke 2, ☎ 0361-24039129, www.erfurterblau.de.

Glas-Kunst Gutgesell 42, die Künstler André und Rebekka Gutgesell bieten in dem hübschen Laden auf der Krämerbrücke kunsthandwerkliche Pretiosen aus Lauschaer Glas wie Figuren, Glaskugeln und Gefäße sowie künstlerische Unikate. Mo–Fr 10–18, Sa 10–16 Uhr. Krämerbrücke 3, ☎ 0361-6434880, https://www.facebook.com/andregutg/.

Schmuck & Objekt Ute Wolff-Brinckmann 41, in der Werkstattgalerie kann man den Goldschmieden bei der Arbeit zusehen. Große Auswahl handgefertigter Unikate von Thüringer Gestaltern. Mo–Fr 10–18, Sa 11–16 Uhr. Krämerbrücke 5, ☎ 0361-5610995, www.wolff-brinckmann.de.

Thüringer Spezialitätenmarkt 47, hier gibt es Erfurter Spezialitäten wie Senf, Wurst oder Kräuterlikör, aber auch ein vielfältiges Angebot anderer Thüringer Waren von Wein bis zum Teetopf. Mo–Sa 10–18, So 11–17 Uhr. Krämerbrücke 19, ☎ 0361-3463495, www.thueringer-spezialitaeten.de.

Atelier Kleinformat 49, die Künstlerin Beate Kister fängt die Welt in ihren fröhlichen, kleinformatigen Bildern ein. In ihrem Atelier und Laden gibt es Bilder, Drucke, Kalender, Spiele, Bücher und mehr. Mo–Sa 11–18 Uhr. Krämerbrücke 25, ☎ 0361-5627126, www.kleinformat.info.

Weinhandlung L'Escargot 51, sehr gut sortierte Weinhandlung mit Schwerpunkt auf Saale-Unstrut-Weinen. Mo 13–19, Di–Fr 11–19, Sa 11–16 Uhr. Krämerbrücke 32, ☎ 0361-6430772.

Der Linkshänder-Laden 48, hier gibt es Produkte, die für den Gebrauch mit der linken Hand optimiert sind, u. a. Schreibwaren, Uhren und Werkzeuge. Mo–Fr 11–18, Sa 11–16 Uhr. Krämerbrücke 24, ☎ 0361-55048440, www.linkshaenderladen-erfurt.de.

*mein*Tipp **Goldhelm Schokolade 39**, an diesem Schokoladenladen auf der Krämerbrücke kommt man nicht vorbei! Dass sich Chocolatier Alexander Kühne von der Bohne bis zur fertigen Schokolade um beste Qualität kümmert, schmeckt man. Im Sommer unbedingt bei Goldhelm ein Eis essen! Mo–Sa 10–19, So 11–18 Uhr, Eiskrämer Mo–Do 12–19 Uhr, Fr/Sa 12–21 Uhr, So 12–18 Uhr. Krämerbrücke 12–14, www.goldhelm-schokolade.de.

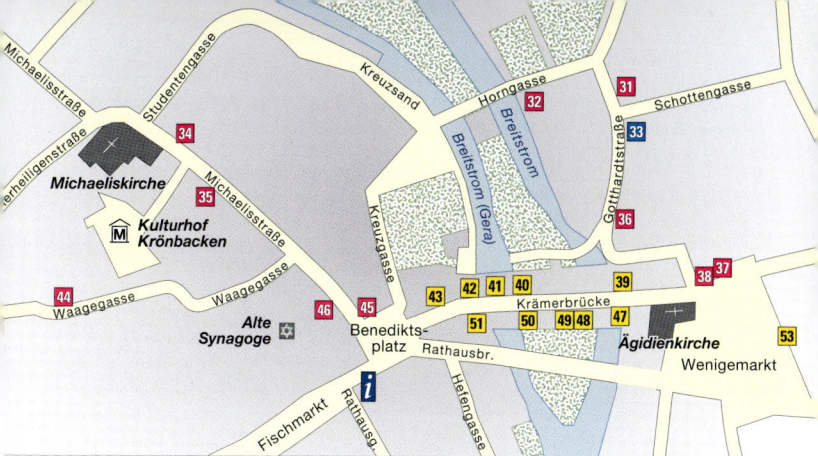

inkaufen

Goldhelm Schokolade
Buchhandlung
Tintenherz
Schmuck & Objekt
Glas-Kunst Gutgesell
Erfurter Blau
Thüringer
Spezialitätenmarkt
Der Linkshänder-Laden
Atelier Kleinformat

50 Mundlandung
51 Weinhandlung
   L'Escargot
53 Born-Senf-Laden

Nachtleben

52 Speicher

Essen & Trinken

31 Café Ballenberger
32 Augustiner-Gasthaus
34 Wirtshaus Christoffel
35 Zum goldenen Schwan
36 Zum Alten Schwan
37 Restaurant Faustus
38 Café und Restaurant
   Nüsslein
44 Faustfood

45 Haus zum
   Naumburgischen Keller
46 Gasthaus Feuerkugel

Übernachten

33 Hotel Krämerbrücke

Erfurt Detail

50 m

Mundlandung 50, der kleine Feinkostladen mit Bistro auf der Krämerbrücke ist immer einen Stopp wert. Große Auswahl an Marmeladen, Chutneys, Likören, Salz oder tollem Gebäck nach toskanischen Rezepten. So–Do 9–18 Uhr, Fr/Sa 9–20 Uhr. Krämerbrücke 28, ☎ 0361-6443844, www.mundlandung.de.

Buchhandlung Tintenherz 40, die Buchhandlung wurde mehrfach als beste Kinderbuchhandlung Thüringens ausgezeichnet. Die Auswahl an Kinderbüchern und Spielen ist überwältigend. Mo–Fr 10–18, Sa 10–16 Uhr. Krämerbrücke 29, ☎ 0361-3467753, www.buchhandlungtintenherz.de.

Born-Senf-Laden 53, am Wenigemarkt gibt es den beliebten Born-Senf frisch gezapft. Seit 1820 stellt die Firma Born in Erfurt das würzige Bratwurst-Topping her. Heute wird Senf in vielen Geschmacksrichtungen angeboten und gibt sogar Schokolade ganz neue Noten. Mo–Fr 10–

18 Uhr, Sa 10–16 Uhr. Wenigemarkt 11, ☎ 0361-740340, www.born-feinkost.de.

Madame Pfleger's Seifenlädchen 18, handgemachte Seifen und Badzusätze gibt es hier ebenso wie andere Dekoaccessoires. Di–Fr 11–18, Sa 10–16 Uhr. Lange Brücke 1, ☎ 0361-6634258, www.seifenladen-erfurt.de.

Einkaufsgalerie Anger 1 12, über 50 internationale Shops sowie Gastronomie sind in diesem Center mit historischer Fassade und modernem Parkhaus zu finden. Mo–Sa 10–20 Uhr. Anger 1–3, ☎ 0361-601320, www.anger1 erfurt.de.

🍃 Organics Naturkost 7, der Bioladen am Dom verkauft frische Lebensmittel aus ökologischer Erzeugung. Im Bistro gibt es kalte und warme Bio-Imbisse sowie Kaffee und Tee. Mo–Fr 7–20, Sa 7–18 Uhr. Andreasstr. 35, ☎ 0361-66349210, www.organics-erfurt.de.

Kultur

Ausstellungen Im sanierten Haus zum Roten Ochsen am Fischmarkt zeigt die **Kunsthalle Erfurt** wechselnde Ausstellungen zu internationaler zeitgenössischer Kunst, Design und

Kunsthandwerk. Di–So 11–18 Uhr, 6 €. Fischmarkt 7, ☎ 0361-6555660, www.kunstmuseen. erfurt.de.

Die **Galerie Waidspeicher** in der historischen Altstadt bietet den Rahmen für monatlich wechselnde Ausstellungen zur aktuellen Kunst. Der *Kulturhof zum Güldenen Kronbacken* präsentiert Installationen, großformatige Malerei und Videokunst. Di–So 11–18 Uhr, 4 €. Michaelisstr. 10, ☎ 0361-6551960, www.kunst museenerfurt.de.

Kabarett Im historischen Fachwerk-Dachgeschoss erlebt man an gemütlichen Tischen wechselnde Programme des **Kabaretts Das Lachgeschoss.** Futterstr. 13, ☎ 0361-6635886, www.lachgeschoss.de.

Theater Waidspeicher

Das seit 1979 bestehende **Kabarett Die Arche** unterhält im Waidspeicher mit hintergründigem Witz und satirischem Biss. Domplatz 18, ☎ 0361-5982924, www.kabarett-diearche.de.

Kleinkunst Ein buntes Programm aus Comedy, Varieté und Musik bieten die **Alte Oper** (Gorkistr. 1), **DASDIE Brettl** (Lange Brücke 29) und **DASDIE live** (Marstallstr. 12). Auf der Bühne **DASDIE Stage** (Erdgeschoss Lange Brücke 29) tritt das Kabarett *Erfurter Puffbohne* auf. Tickets unter ☎ 0361-551166, www. dasdie.de.

Puppentheater Das **Theater Waidspeicher** bringt pro Spielzeit fünf Inszenierungen mit Stücken für Kinder und Erwachsene heraus. Das professionelle Ensemble reist zu internationalen Festspielen und richtet selbst das *Festival „Synergura"* aus. Mettengasse/Domplatz 18, ☎ 0361-5982924, www.waidspeicher.de.

Theater An rund 250 Tagen im Jahr bringt das **Theater Erfurt** in dem 2003 eröffneten modernen Theaterbau im Stadtviertel Brühl nahe des Doms Oper, Operette, Konzerte, Tanztheater und Schauspiel auf die Bühne. Das Große Haus hat 800 Plätze, die Studiobühne 200. Im August bespielt das Theater den Domplatz bei den beliebten **Domstufen-Festspielen.** Theaterplatz 1, Theaterkasse Eingang Martinsgasse ☎ 0361-2233155, www.theatererfurt.de.

Das freie **Theater im Palais** zeigt Schauspiel für Kinder und Erwachsene. Michaelisstr. 30, ☎ 0361-55049901, www.theaterimpalais.de.

Das Ensemble **Erfurter Theatersommer** bespielt ganzjährig unterschiedliche Orte in der Altstadt. Bei den „Theaterspaziergängen" gelangt man in Türme, auf Dachböden oder in Säle, die sonst nicht geöffnet sind. Tickets über Touristinformation ☎ 0361-6640100 oder online: www.erfurter-theatersommer.de.

Übernachten   → Karten S. 214/215 und S. 217

Erfurt erhebt eine **Kulturförderabgabe** von 5 % des Übernachtungspreises, die nicht im Zimmerpreis enthalten ist.

★★★★★ Dorint Hotel Am Dom 20, mit seiner verglasten Lobby macht das Arcadia schon von außen auf sich aufmerksam. Zwischen Theater und Dom gelegen, ist es ein perfekter Ausgangspunkt für Stadterkundungen. Die 160 klimatisierten Zimmer sind gediegen-modern eingerichtet, der Wellnessbereich lädt zur

Entspannung ein. Die Bar bietet eine tolle Aussicht und eine Auswahl von 120 Cocktails. EZ 99–219 €, DZ 218–238 €, Frühstück 21 €. Theaterplatz 2, ☎ 0361-64450, www.hotelerfurt.dorint.com.

★★★★ Hotel Zumnorde 23, in dem privat geführten Haus am Anger lässt sich nicht nur der Blick über die Erfurter Altstadt genießen. Das *Restaurant* mit gehobener Küche, die *Weinstube* mit schönem Innenhof, das „Ta bakskolleg" und die finnische Sauna offerieren den Gästen vielfältige Möglichkeiten zum Entspannen. Die 54 stilvoll-modernen Zimmer und Suiten bieten angenehmen Komfort und Menschen, die sich gern ausstrecken, dürfen sich freuen: Die Betten sind 2,20 m lang! Hauseigene Tiefgarage. EZ ab 99 €, DZ ab 129 € inkl. Frühstücksbuffet. Anger 50–51, ✆ 0361-56800, www.hotel-zumnorde.de.

★★★★ Hotel Krämerbrücke 33, im 14. Jh. stiegen Kaufleute im Gasthaus „Zum Alten Schwan" neben der Krämerbrücke ab. Im Verlauf der Jahrhunderte gehörten Berühmtheiten wie Hans Sachs und Christoph Martin Wieland zu den Gästen. 1995 wurde das historische Gebäude saniert und durch einen modernen Anbau ergänzt. Das kürzlich frisch renovierte Hotel bietet 91 Komfort-Zimmer, entweder in historischem oder in modernem Ambiente. EZ 86–126 €, DZ 116–156 € inkl. Frühstück. Gotthardtstr. 27, ✆ 0361-67400, www.hotel-kraemerbruecke.de.

★★★★ Hotel Best Western Excelsior 25, in einem Jugendstilhaus in Bahnhofsnähe, zu den Sehenswürdigkeiten sind es nur ein paar Gehminuten. 74 gediegene Komfortzimmer verschiedener Kategorien. EZ 104–134 €, DZ 104–144 € inkl. Frühstück. Bahnhofstr. 35, ✆ 0361-56700, western.de.

Hotel am Kaisersaal 6, zentral in der Altstadt, unweit der Krämerbrücke. Neben 90 modern und mit frohen Farben ausgestatteten Zimmern bietet das familienfreundliche Haus sechs Familienzimmer und vier Appartements mit Kitchenette. Drei DZ mit allen Annehmlichkeiten für Gäste mit körperlicher Behinderung. EZ ab 84 €, DZ ab 104 € inkl. Frühstück. Parken in der eigenen Tiefgarage 12 €. Futterstr. 8, ✆ 0361-658560, www.bachmann-hotels.de.

Hotel garni am Dom 5, günstig und direkt neben dem Dom mit wunderbarem Blick über die Altstadt. Die Zimmer sind schlicht, aber komfortabel. EZ ab 45 €, DZ ab 85 €, Appartement ab 90 €. Frühstück in Büffetform 10 €. Tiefgaragenstellplatz 8 €. Andreasstr. 29, ✆ 0361-2115257, www.hotel-garni-erfurt.de.

Hotel Ibis Erfurt Altstadt 22, mit witziger und moderner Einrichtung überrascht dieses Haus nahe der Altstadt. Zur Wahl stehen 105 Zimmer unterschiedlicher Größe, Frühstück gibt es für Frühaufsteher und Ausgeschlafene – und auch für Veganer! Parken in der eigenen Tiefgarage 10 €. EZ 79–109 €, DZ 89–119 €. Barfüßerstr. 9, ✆ 0361-66410, www.accorhotels.com.

Herberge im Augustinerkloster 2, an historischer Stätte, wo Martin Luther von 1505 bis 1511 lebte, können heute Gäste übernachten. Die 51 Zimmer mit Dusche, WC und bequemen

Die gotisierte Fassade des Hauptpostamts am Anger ist ein Hingucker

Boxspringbetten sind frisch renoviert. Auf TV und Radio wurde verzichtet, dafür genießt man klösterliche Ruhe. EZ 69 €, DZ 99 € inkl. Frühstück. Auf Anfrage auch Mittag- und Abendessen. Augustinerstr. 10, ☏ 0361-576600, www.augustinerkloster.de.

Gästehaus Nikolai 3, im historischen Gebäude einer 1212 gegründeten Niederlassung des Zisterzienserklosters Pforta. Das vom Augustinerkloster betreute Haus wartet nach umfangreicher Renovierung mit geräumigen, geschmackvoll eingerichteten Zimmern mit Du/WC, TV und Telefon auf. EZ 89 €, DZ 99 €, Frühstück 10 €/Pers. Augustinerstr. 30, ☏ 0361-576600, www.augustinerkloster.de.

Altstadtpension am Dom 9, freundlich eingerichtete Zimmer zu günstigen Preisen und die zentrale Lage machen diese Pension empfehlenswert. Im gemütlichen Frühstücksraum gibt es leckeres Frühstück. EZ ab 69 €, DZ ab 89 €, Appartement ab 99 € inkl. Frühstück. Parken im Parkhaus am Dom 10 €. Pergamentergasse 42, ☏ 0361-6020197, www.altstadtpension-erfurt.de.

Pension Villa am Park 29, komfortable Pension mit Zimmern in fröhlichen Farben und liebevolle Ausstattung. Die umfassend sanierte Jugendstilvilla liegt nahe zum Luisenpark und ca. 15 Fußminuten zur Innenstadt. EZ 47–54 €, DZ 59–69 €, Appartement 54–69 €, Frühstücksbüffet 9 €/Pers. Tettaustr. 5, ☏ 0361-7894860, www.villa-am-park-erfurt.de.

Opera Hostel 28, ein trendiges, quirliges Haus für Junge und Junggebliebene, nur noch die Bettgestelle sehen aus wie in einer Jugendherberge. Ansonsten wird in stylischem Interieur genächtigt. Zwar gibt es kein TV, dafür findet man Bücher zum Tauschen, Brettspiele und Musikinstrumente zur Benutzung. Komplett ausgestattete Küche, Waschmaschine und Trockner vorhanden. WLAN gegen Gebühr. EZ mit Du/WC 49 €, DZ mit Du/WC 60 €, im Mehrbettzimmer ab 15 €/Pers., Du/WC im Gemeinschaftsbereich. All-you-can-eat-Frühstücksbüffet 7,90 €/Pers. Walkmühlstr. 13, ☏ 0361-60131360, www.opera-hostel.de.

Wohnmobilstellplatz   Am   Saunabad Trautmann 30, kleiner Platz für Wohnmobile und -wagen im Südosten Erfurts in einem grünen Wohngebiet. 15 Stellplätze im umzäunten, videoüberwachten Gelände mit Strom sowie Ver- und Entsorgungsleistungen. Gebühr pro Nacht 11,50 €. Die Toiletten (kostenlos) und Duschen (1,50 €/Pers.) im Saunabad können benutzt werden. Anfahrt ganzjährig tägl. 11–22 Uhr. Straßenbahnanbindung alle 5–10 Min. in die City. Rottenbacherweg 11, ☏ 0361-413980, www.caravan-erfurt.de.

Essen & Trinken/Nachtleben   → Karten S. 214/215 und S. 217

Clara Restaurant im Kaisersaal 4, in moderner Atmosphäre erlebt man eine geschmackvolle kulinarische Reise von thüringischen zu internationalen Leckerbissen. Kürzlich übernahm der junge Gourmetkoch Arne Linke das Regiment über Töpfe und Pfannen. Für seine „unverkennbare Finesse" bekam er 2019 gleich einen Michelin-Stern. In die hohe Kochkunst führt Linke in seiner Kochschule ein. 4-Gänge-Menü 72 €. Futterstr. 15/16, Di–Sa ab 18.30 Uhr. ☏ 0361-5688207, www.restaurant-clara.de.

Zum Alten Schwan 36, das Restaurant des Hotels Krämerbrücke wartet mit gehobener Küche und gehobenen Preisen auf. Innen sitzt man gepflegt, außen mit prominentem Brückenblick. Genießer dürfen sich auf Thüringer und internationale Spezialitäten freuen und auch Vegetarier finden eine ansprechende Auswahl. Tägl. 11–22 Uhr, Reservierung erwünscht. Gotthardtstr. 27, ☏ 0361-6740407, www.hotel-kraemerbruecke.de.

Restaurant Zumnorde 19, in der Weinstube und im überdachten Biergarten sind gepflegte Gastlichkeit Trumpf. Auf der Karte und in den saisonalen Empfehlungen finden sich Thüringer Spezialitäten und exquisite internationale Gerichte, die ihren Preis wert sind und Fleischliebhaber wie Vegetarier gleichermaßen zufriedenstellen. Neu entdeckt werden Speisen der nordischen Küche wie Smørrebrød, immer wieder lecker die Elsässer Flammkuchen. Die große Weinkarte hält Regionales und Internationales bereit. Mo–Sa 12–23 Uhr. Grafengasse 2–6, ☏ 0361-5680426, www.hotel-zumnorde.de.

*mein*Tipp **Café Ballenberger 31**, mit Blick auf die Krämerbrücke gibt es Frühstück für Gourmets, tagsüber auch feine Speisen, Kaffee und Kuchen. Bei Gerichten wie Rinderfilet mit Süßkartoffel und Pistazien oder Seesaibling mit Gartenerbsen und Minze finden leckere, hochwertige Zutaten auf kreative Weise zueinander. Mo–Sa 9–22 Uhr. Gotthardtstr. 25/26, ☏ 0361-64456088, www.das-ballenberger.de.

Restaurant Faustus 37, vom Frühstück bis zum späten „Absacker" ist das „Faustus" am Eingang zur Krämerbrücke für die Gäste da. Es gibt thüringische und internationale Speisen, leichte Gerichte und mächtige Steaks, Salat-Vielfalt und leckere Kuchen. So–Do 9–1, Fr/Sa 9–3 Uhr. Wenigemarkt 5, ✆ 0361-5400954, www.restaurant-faustus.de.

Café und Restaurant Nüsslein 38, hier starten Zeitungsleser den Tag, denn zum leckeren (nicht billigen) Frühstück gibt es die aktuelle Tagespresse. Mit Salaten, Burgern, hausgemachten Nudeln und Thüringer Spezialitäten schlemmt man sich dann durch den Tag. Dazu ein reichhaltiges Kuchensortiment und ein breites Getränkeangebot. Sehenswert im Inneren ist die mittelalterliche Bohlenstube, angesagt ist die Außenterrasse am Wenigemarkt, auf dem sich die Passanten tummeln. Tägl. 9–23 Uhr. Krämerbrücke 17, ✆ 0361-21698281, www.cafe-nuesslein.de.

Faustfood 44, das Grillrestaurant bietet für kleines Geld alles, was frisch vom Holzkohlengrill schmeckt: Bratwurst, Brätel, Spareribs, Grillkäse, gebackene Kartoffeln … Di–Sa 11–22.30. Waagegasse 1, ✆ 0361-64436300, www.faustfood.de.

🍃 **Kromer's Restaurant 15**, was in dem gediegenen Restaurant oder im urigen Gewölbekeller auf den Teller kommt, stammt von heimischen Produzenten und Lieferanten, ist saisonal und frisch zubereitet. Zu den Fleischgerichten gibt es natürlich Klöße oder aber Kromer's Bratkartoffeln, die schon der Namensgeber des Lokals liebte. Auch Vegetarier finden hier feine Leckereien. All dies ist dem Genussführer der Vereinigung „Slow Food" Deutschland seit 2013 eine Empfehlung wert. Di–Fr ab 17 Uhr, Sa/So 11.30–14.30 und ab 17 Uhr. Kleine Arche 4, ✆ 0361-64477211, www.kromers-restaurant.de.

Haus zum Naumburgischen Keller 45, schon im 14. Jh. befand sich im Keller des Hauses eine Trinkstube. Heute kehrt man in das Gasthaus mit seinem urigen Gewölbe gern ein, um sich gute Thüringer Hausmannskost oder Vegetarisches zu günstigen Preisen schmecken zu lassen. Tägl. 11–24 Uhr. Michaelisstr. 49, ✆ 0361-5402450, www.haus-zum-naumburgischen-keller.de.

Gasthaus Feuerkugel 46, schon vor gut 100 Jahren war das Wirtshaus für seine Thüringer Klöße berühmt. Mit Gastronomie im Stil der Jahrhundertwende knüpft man heute da-

Bistro „Mundlandung"
auf der Krämerbrücke

ran an und kredenzt Tag für Tag Klöße nach dem Rezept von Oma Käthe. Dazu gibt es Rindsroulade, Schweinebraten oder Schwarzbierfleisch zu fairen Preisen. Auch die Kartoffelpuffer und Salate mit feinen Dressings sind zu empfehlen. Tägl. 11–24 Uhr. Michaelisstr. 3–4, ✆ 0361-7891256, www.feuerkugel-erfurt.de.

Augustiner-Gasthaus 32, mit schönstem Blick auf die Krämerbrücke wird im Augustiner bavarische Bierkultur großgeschrieben. Man sitzt auf mehreren Etagen des einstigen Universitätshospitals aus dem 15. Jh., stößt an auf Martin Luther und lässt sich Leckeres vom Buchenholzgrill, Steckerlfisch, Weißwürscht oder Obatzd'n schmecken. Im Gasthaus wie im Biergarten rinnen bayerischer Hopfensaft oder Thüringer Wein durch die Kehle. Alles fast wie in München, nur schöner. Tägl. 10–24 Uhr. Horngasse 3–4, ✆ 0361-6019070, www.augustiner-erfurt.de.

Zum goldenen Schwan 35, ein rustikales Wirtshaus für Bierliebhaber: Hier wird selbst gebraut und mit dem Hausbräu wird auch das

Bierkutscherfleisch gedünstet. Jan. bis März Mo–Fr 12–23 Uhr, Sa/So 11–24 Uhr. April bis Dez. Mo–Fr 11–23 Uhr. Michaelisstr. 9, ☎ 0361-2623742, www.zum-goldenen-schwan.de.

Wirtshaus Christoffel 34, Mittelalterfans schmausen hier wie zur Zeit der Kreuzritter und schönen Frauenzimmer. Knechte und Mägde in mittelalterlichem Gewande versorgen das hungrige Volk wie in einer historischen Schänke. „Suppe wie es den Küchenknechten beliebt", Hirtenpfanne, Wilderers Hirschbraten und halber Hahn mit Brot und Tunke sind für ein paar Taler zu haben. Tägl. ab 11 Uhr. Michaelisstr. 41, ☎ 0361-2626943, www.wirtshaus-christoffel-erfurt.de.

Wirtshaus am Dom 16, regionale Küche mit wunderbarem Blick auf den Dom genießt man hier auf der Straßenterrasse. Im gemütlichen Gastraum klingt der Tag bei einem Bierchen aus. Tägl. 11–24 Uhr. Domplatz 12, ☎ 0361-6463073.

Pier 37 24, „Genuss am Fluss" ist das Motto dieses Restaurants mit mehreren Etagen und zwei großen Terrassen am Ufer der Gera. Die einstige

Italienisches Flair am Wenigemarkt

Rabenmühle am Walkstrom wurde im Mittelalter gegründet. Die inspirierte Küche mit frischen, regionalen Zutaten lockt mit kreativen Titeln wie „Auf die Schippe genommen" oder Flammkuchen „Sommerkick". Di–So 11–22 Uhr. Lange Brücke 37a, ☎ 0361-6027600, www.pier37.de.

Trattoria La Grappa 14, bei diesem Nobelitaliener steigen VIPs wie Thomas Gottschalk oder Otto Waalkes ab. Die Pastagerichte sind ein Traum und werden ebenso liebevoll präsentiert wie die wunderbaren Fleisch- und Fischgerichte. Tägl. 11–23 Uhr. Schuhgasse 8–10, ☎ 0361-5623315, www.la-grappa-erfurt.de.

Il Cortile 1, der Gault Millau lässt 14 Punkte springen und lobt das Il Cortile als „Erfurts besten Italiener". Im mediterranen Ambiente drinnen oder im schönen Hof draußen speist man fein und hochpreisig, dafür werden z. B. Pfifferlingsrisotto oder Lammrücken mit schwarzem Trüffel verfeinert. Di–Sa 12–14 und 18–23 Uhr. Johannesstr. 150, ☎ 0361-5664411, www.ilcortile.de.

Restaurant Café Bar Übersee 10, das Trendlokal mit toller Terrasse am Ufer der Gera ermöglicht vom Frühstück bis zur Cocktail-Time kulinarische Reisen von Thüringen in den Rest der Welt. Sonntags trifft man sich zum großen Brunch. Reservierung empfehlenswert. Mo–Sa 9–1 Uhr, So 10.30–1 Uhr. Kürschnergasse 7–8, ☎ 0361-6447607, www.uebersee-erfurt.de.

Restaurant Mathilda 17, Dorade aus Kroatien, Maispoularde aus Frankreich, Olivenöl aus einem Familienbetrieb in Ligurien – nur beste Zutaten werden in der kreativen Küche des Mathilda für erstklassige mediterrane Gerichte verwendet. Die Karte variiert nach Saison und verspricht immer neue Geschmackserlebnisse, auch für Vegetarier. Hauptgerichte ab 12,80 €, Reservierung empfehlenswert. Mo–Do 17–22 Uhr, Fr/Sa 11–22 Uhr. Barfüßerstraße 1–2, 99084 Erfurt, ☎ 0361-2169096, www.mathilda-restaurant.de.

mein Tipp **Glashütte Petersberg 11**, den tollsten Ausblick auf Erfurt hat man vom gläsernen Restaurant-Kubus auf dem Gelände der Zitadelle Petersberg. Hier kann man mit leckeren Frühstücksvariationen den Tag begrüßen. Vom feinen Steak über schöne vegetarische Gerichte bis zu Kuchen und Snacks reicht die Palette. Mo–Fr 10–24, Sa/So 9–24 Uhr. Petersberg 11, ☎ 0361-6015094, www.glashuette-restaurant.de.

Henner Sandwiches 21, wenn es schnell gehen und trotzdem frisch gekocht sein soll, gibt es bei Henner toll gefüllte und (voll-)wertige Wraps und Sandwichs sowie Suppen, Salat und Süßes zum Mitnehmen. Mo–Fr 9–15 Uhr. Weitergasse 8, ☎ 0361-6546691, www.henner sandwiches.de.

Nachtleben Musikpark 26, in der Diskothek am Hauptbahnhof gibt es in vier unterschiedlich gestalteten Areas Fr und Sa 22.30–5 Uhr Musik verschiedener Genres. Willy-Brandt-Platz 1, www.musikparkerfurt.de.

Cosmopolar 13, im neugotischen Gemäuer der Anger Post hat sich der exklusiv designte Club etabliert. Abwechslungsreiches Musikprogramm, farbige Licht- und durchdachte Klangsphären, hippe Lounges. Do–Sa 23–5 Uhr. Anger 66, www.cosmopolar.de.

mein Tipp **Studentenzentrum Engelsburg 8**, in dem Gebäudeensemble im alten Universitätsviertel hat sich ein lebendiges Studentenzentrum entwickelt. Vielfältige Veranstaltungen finden hier statt wie Kino, Vorträge, Livemusik,

Theater, Party usw. Gastronomisch wird man in der kleinen, rustikalen **Ecke Kornack** sowie im tollen Innenhof mit feiner Frischeküche von Thüringer Knackwurst bis zu vegetarischen Gerichten zu Studentenpreisen versorgt. Allerheiligenstr. 20/21, ☎ 0361-30259910, www.engelsburg.club.de.

Presseklub 27, ruhige Lounges und heißer Dancefloor, hier findet jeder seinen Bereich. Und wer es lateinamerikanisch mag, tanzt hier Salsa. Mi 19–1 Uhr, Fr 21–4 Uhr, Sa 20–4.30 Uhr. Dalbergsweg 1, ☎ 0361-7894565, www.presseklub.net.

Speicher 52, in der Kult-Kneipe unterm rustikalen Holzgebälk eines ehemaligen Speichers und im gemütlichen Biergarten kommt man beim Bierholen schnell ins Gespräch mit anderen Gästen. Neben Kunstausstellungen gibt es regelmäßige Live-Konzerte. Mo–Fr 15–2 Uhr, Sa/So 14–2 Uhr. Waagegasse 2, 99084 Erfurt, ☎ 0361–30258283, www.speicher-erfurt.de.

Umgebung von Erfurt

Nicht nur im inneren Stadtbereich kann man in Erfurt viel erleben. In der grünen Umgebung der Landeshauptstadt sorgen Parks, Seen und ein hübsches Schloss für schöne Erlebnisse an der frischen Luft und bieten sich besonders für Familien mit Kindern für Ausflüge an.

Egapark und Gartenbaumuseum

Für Garten- und Pflanzenfans ist der *Egapark* ein Muss. Der abwechslungsreiche Park bietet Themengärten u. a. für Rosen, Stauden, Lilien und Gräser, einen japanischen Garten und das MDR-Garten-Reich. Heiße Tage übersteht man an der Wasserachse in der Nähe des Sternwarteturms. Das „Gärtnerreich" lädt die Kleinen zum Spielen, Klettern und Entdecken ein. Der Egapark wird 2021 zentraler Bestandteil der Bundesgartenschau in Erfurt sein (www.buga2021.de). Bis dahin ist mit Bau- und Umgestaltungsmaßnahmen zu rechnen. Im Zentrum des Egaparks entsteht das neue Wüsten- und Ur-

waldhaus Danakil. Es wird die gegensätzlichen Elemente von lebensfeindlicher Wüste mit seiner fragilen Tier- und Pflanzenwelt und den üppigen, formenreichen Regenwald in einem Haus begehbar machen. Das Danakil soll moderne Architektur, Natur, Kultur, nachhaltiges Wirtschaften und Ökologie zu einem deutschlandweit einzigartigen Vorzeigeprojekt verbinden. Wer sich über die Geschichte des Gartenbaus und naturkundliche Aspekte informieren möchte, findet im **Deutschen Gartenbaumuseum** in der historischen Cyriaksburg, einer ehemaligen Befestigungsanlage der Stadt, eine umfassende Aufbereitung des Themas. Die Außenanlagen des Museums werden für die BuGa 2021 umgestaltet, die Ausstellung wird aktualisiert.

▪ **Egapark:** März bis Okt. 9–18 Uhr, Tageskarte 8 €. Nov. bis Febr. 10–16 Uhr. Gothaer Str. 38, ☎ 0361-5643737, www.egapark-erfurt.de. Gartenbaumuseum: März bis Juni/Okt. Di–So 10–18 Uhr, Juli–Sept. Mo–So 10–18 Uhr, Eintritt 1,50 €, Kombi-Ticket mit Egapark 9 €. ☎ 0361-223990, www.gartenbaumuseum.de.

Thüringer Zoopark Erfurt

Elefanten, Giraffen, Nashörner, Berberlöwen, Bisons – im Zoopark im Norden der Stadt kann man große Tiere live erleben. Auf fast 63 Hektar beherbergt der drittgrößte Zoo Deutschlands zusammen mit dem Aquarium über 1000 Tiere aus aller Welt und rund 130 Arten. Die Gestaltung der Gehege ist dem natürlichen Lebensraum der Tiere nachempfunden. Für die Besucher begehbar sind der Lemurenwald, das Känguruland, der Berberberg und der Hirschwald. Spiel, Spaß und Abenteuer für Kinder bieten der Wasserspielplatz, der Safarispielplatz und der Streichelzoo. Der Zoopark nimmt am Europäischen Erhaltungszuchtprogramm teil und so können die Besucher immer wieder die ersten Schritte der Tierkinder miterleben.

■ März bis Okt. 9–18 Uhr, Nov. bis Febr. 9–16 Uhr, Eintritt 15 €. Am Zoopark 1, www.zoopark-erfurt.de.

Naherholungsgebiet Erfurter Seen

Der Kiesabbau im Norden Erfurts hat einen Seenbogen mit einer Gesamtlänge von 9 km geschaffen, der nach und nach zum großen Naherholungsgebiet ausgebaut wird. Bereits jetzt sind die Seen durch Rad- und Wanderwege gut erreichbar. Baden, Tauchen, Surfen, Segeln und Angeln sind am Alperstedter und Stotternheimer See möglich. Der *Alperstedter See* ist Austragungsort von Wassersportveranstaltungen. Schöne Badeplätze sind das Strandbad am Westufer des *Stotternheimer Sees* sowie der „Nordstrand", wo auch Aktivitäten wie Wasserski/Wakeboard und Tauchen möglich sind.

■ Eine Rad- und Freizeitkarte ist bei der Kommunalen Arbeitsgemeinschaft Erfurter Seen erhältlich: ☎ 0361-6552333, www.erfurter-seen.de. Weitere Infos: www.anglerverein-stotternheim.de und www.nordstrand-erfurt.de.

Lutherstein bei Stotternheim

Östlich von Stotternheim steht in einer zur Rast einladenden Grünanlage der so genannte Lutherstein. Der schlichte Gedenkstein, den eine Erfurter Bürgerin 1917 stiftete, erinnert an das vielzitierte Gewittererlebnis Martin Luthers. Auf dem Rückweg von einem Besuch bei seinen Eltern in Mansfeld geriet der Student am 2. Juli 1505 in ein heftiges Gewitter. Er rief die heilige Anna an und schwor, wenn er den Sturm überleben würde, Mönch zu werden. 15 Tage danach, am 17. Juli 1505, löste Martin Luther sein Gelübde ein und trat – unter Missbilligung seines Vaters – in das Erfurter Augustinerkloster ein.

■ Beim Strandbad Stotternheim in östlicher Richtung über den Luthersteinweg zwischen Luthersee und Klingesee hindurch bis zum Parkplatz fahren.

Schloss Molsdorf

Etwa 10 km südöstlich von Erfurt ließ sich Reichsgraf Gustav Adolf von Gotter im 18. Jh eine Wasserburg aus dem 16. Jh. zu einem Lustschloss umbauen. Er engagierte den Weimarer Landbaumeister Gottfried Heinrich, den Stukkateur Johann Baptist Pedrozzi und den Gärtner Johann Jacob Hartmann, um Schloss und Garten unter dem Motto „Vive la joie" (Es lebe die Freude) im harmonischen Miteinander von Drinnen und Draußen zu gestalten. Und Graf Gotter ließ es, wie man heute sagen würde, „krachen". Seine Festtafeln waren für die exotischsten Speisen berühmt. Eine versteckte Wendeltreppe verband sein Schlafgemach mit dem Weinkeller. Beim Rundgang durch die barocke Anlage entdeckt man auch Einbauten von weiteren Schlossbesitzern, etwa das um 1910 entstandene Marmorbad mit Jugendstilelementen. Den acht Hektar großen Landschaftspark zieren Skulpturen aus der Barockzeit.

■ Di–So 10–18 Uhr, Eintritt 6 €. Schlossplatz 6, ☎ 036202-22085, www.thueringerschloesser.de.

Weimar

Weimar ist unbestritten der Nabel der klassischen Welt, und nicht erst seit der Wahl zur „Kulturhauptstadt Europas" 1999 kommen Weltkulturbürger und viele, viele andere in die Stadt der Dichter und Denker, um hier die Klassikerstätten zu bestaunen und den genius loci zu atmen. Wo man auch hinschaut: Alles dreht sich um Goethe und Schiller.

Weimar ist mit hervorragend sanierten historischen Gebäuden und modern aufbereiteten Museen ein Top-Reiseziel Thüringens, und nicht nur an Sonntagen schieben sich Besuchermassen durch Goethes Wohnhaus, verharren Menschentrauben andächtig vor Schillers Schreibtisch. Für einen Besuch der 2004 spektakulär abgebrannten und nun glanzvoll wieder aufgebauten *Anna Amalia Bibliothek* muss man sich sogar voranmelden. Beliebt sind auch die vielen anderen Sehenswürdigkeiten, die vom Stadtschloss bis zu den *Stätten des Bauhauses* die ganze deutsche Kulturgeschichte seit dem Mittelalter umfassen.

Bevor man noch ein Auge auf die Originale werfen kann, drängen sich an jeder Ecke die berühmt gewordenen Bilder ins Blickfeld: Goethe in Italienreise-Pose als Kühlschrankmagnet, Schiller als Salzstreuer, der Farbkreis auf Kaffeetassen und das berühmte „Salve" auf Fußmatten. Keine Angst, „willkommen" ist man in Weimar trotz Nippes und Kitsch. Mit seinem Eintrittsentgelt und der „Bettensteuer" hilft jeder, das teure Erbe zu erhalten, seien es „Faust"-Handschrift und kolorierte Luther-Bibel, Feininger-Gemälde und Franz Liszts Tintenfass.

Der Kosmos Weimar wird von der Stadt und der *Klassik Stiftung* geschickt vermarktet. Das „Ensemble Klassisches Weimar" steht seit 1998 auf der UNESCO-Welterbe-Liste, das ist Ansporn genug. Und von jeher scheidet Weimar die Geister: „Deutschlands schöngeistige Hauptstadt" (Staël-Holstein), der „Berg Ararat" (Wieland) oder ein „Naturschutzpark der Geistigkeit" (Egon Erwin Kisch) – für die Thüringer Kultur-Metropole wurden schon viele Namen geprägt. Goethe selbst hat gespürt, wie seine Stadt polarisiert – da lebte er gerade mal sieben Jahre hier:

Goethe-Schiller-Denkmal

„O Weimar! dir fiel ein besonder Los!
Wie Bethlehem in Juda, klein und groß.
Bald wegen Geist und Witz beruft dich weit
Europens Mund, bald wegen Albernheit."

Die 65.000-Einwohner-Stadt im weiten Kessel des Ilmtals breitet sich zwischen sanften Hügeln aus. Als Goethe in Weimar als Wegebaudirektor fungierte, lag die Stadt abseits der historischen Via Regia. Goethe erkannte den Standortnachteil. Er ließ die Straßen von Weimar nach Erfurt bzw. Jena befestigen und leitete die Via Regia damit in seine Stadt um. Heute hat man schon von der Autobahn A 4 im Süden aus einen prächtigen Blick auf das vielgerühmte „Ilm-Athen" (Karl von Holtei).

Im Nordwesten schwingt sich der *Ettersberg* auf immerhin 481 m Höhe. Er ist damit höchster Berg des Thüringer Beckens und als einzige große Waldfläche Weimars Naherholungsgebiet. Schon von Ferne fällt dort ein monumentaler Turm ins Auge: das Mahnmal des *Konzentrationslagers Buchenwald*, das an die Zehntausenden erinnert, die im Dritten Reich hier starben. Die erschütternde Nähe von Glanz und Grauen hat Weimar nachhaltig geprägt.

Weimars wichtigster Wirtschaftsfaktor ist der Tourismus. Die meisten Jobs gibt es im Dienstleistungssektor. Für frischen Wind sorgen neben Photovoltaik vor allem kommunale Windprojekte, was Weimar 2014 den Titel „Energiekommune" einbrachte. Zum quicklebendigen Flair tragen auch die 5000 Studierenden der beiden Hochschulen bei: der *Bauhaus-Universität Weimar* und der *Hochschule für Musik Franz Liszt*. Für Weimar genügend Zeit einzuplanen lohnt also.

Stadtgeschichte

Der Fund eines Urmenschen belegt, dass der Ort an der Ilm schon in der Steinzeit besiedelt war. Erstmals erwähnt wird Weimar 975 in einer Urkunde von Kaiser Otto II., 1410 erhält es die Stadtrechte. Die Ludowinger, die Grafen von Weimar-Orlamünde und die Wettiner herrschen hier. Johann Friedrich der Großmütige macht Weimar 1552 zur Hauptstadt seines Herzogtums Sachsen-Weimar (später Sachsen-Weimar-Eisenach) – und Weimar bleibt Haupt- und Residenzstadt bis 1918. Als „Goldenes Zeitalter" bezeichnet man die Zeit der „Weimarer Klassik" unter der Regentschaft von *Herzogin Anna Amalia* und ihrem Sohn *Herzog Carl August* Ende des 18., Anfang des 19. Jh. Die kunstsinnige Herzogin scharte an ihrem Hof Geistesgrößen wie Wieland, Goethe, Herder und Schiller um sich, die ihrerseits weltberühmte Werke der Literatur schufen. Das „Silberne Zeitalter" unter *Großherzogin Zarentochter Maria Pawlowna*, die Frau des Erbprinzen Carl Friedrich von Sachsen-Weimar, ist geprägt durch die Förderung der Musik und der Kunst.

1919 gab sich Deutschland bei der Nationalversammlung im Deutschen Nationaltheater eine Verfassung, die kurze Ära, die folgt, wird deshalb *Weimarer Republik* genannt. Im gleichen Jahr wurde das *Staatliche Bauhaus* gegründet. Auseinandersetzungen zwischen freigeistigen und nationalistischen Strömungen führten 1925 zum Umzug des Bauhauses nach Dessau. 1926 veranstaltete die NSDAP in Weimar ihren zweiten Reichsparteitag und gründete hier die Hitlerjugend. Adolf Hitler selbst besuchte die Stadt über vierzig Mal. Er ließ zahlreiche Gebäude der „Gauhauptstadt" umbauen, darunter das Hotel Elephant oder das Gauforum mit seinem gewaltigen Aufmarschplatz.

Zum schwärzesten Kapitel der Geschichte Weimars wird der Bau des

Städte entlang der Via Regia ↓ Karte S. 160/161

Konzentrationslagers Buchenwald, mit dem die SS 1937 auf dem Ettersberg begann. Über 56.000 Menschen fanden in dem größten KZ im Deutschen Reich den Tod. Am Ende des Zweiten Weltkriegs wurde die Innenstadt Weimars bei Bombenangriffen der Alliierten Streitkräfte stark beschädigt. Bis 1948 war Weimar Thüringens Landeshauptstadt; nach der Auflösung des Staates Preußen musste Weimar dieses Privileg an Erfurt abgeben. Während der DDR-Zeit wurde das historische Weimar als Aushängeschild gepflegt.

Rundgang durch die Altstadt

Vom Theaterplatz zum Herderplatz: Ein Weimar-Rundgang lässt sich gut am Theaterplatz beginnen. Hier steht das Wahrzeichen Weimars, das *Goethe-Schiller-Denkmal* (geschaffen von Ernst Rietschel 1857). Von hier aus lässt sich die Stadt in ihren Facetten von Mittelalter über die Klassik bis hin zur Moderne am besten begreifen. Die beiden Dichter stehen vor dem *Deutschen Nationaltheater*, das sie prägten, und schauen auf das ehemalige Kulissenhaus, wo nach Sanierung und Erweiterung im *Haus der Weimarer Republik* mithilfe von Dokumenten und Medienstationen die Geschichte der ersten deutschen Demokratie dargestellt wird. Rechts daneben befindet sich das *Wittumspalais*, wo Herzogin Anna Amalia residierte. Zwischen beiden Gebäuden hindurch, am ehemaligen Franziskanerkloster vorbei, wo einst Martin Luther Quartier nahm, spaziert man zum Herderplatz mit dem Herder-Denkmal vor der Stadtkirche.

Stadtkirche St. Peter und Paul: Die spätgotische Stadtkirche wurde auf den Resten der Vorgängerkirche (13. Jh.) von 1498–1500 erbaut. Mehrfach predigte hier Martin Luther. Der Reformator ist im so genannten „Lutherschrein" (1572) von Veit Thim als „Junker Jörg" dargestellt. Hauptattraktion der Kirche ist der *Flügelaltar* (1555), der nach neueren Forschungen von Lucas Cranach dem Jüngeren geschaffen wurde. Die Beteiligung seines Vaters an dem Werk ist wahrscheinlich. Neben dem Mittelbild von Christus, der über Tod und Teufel triumphiert, sind rechts Johannes der Täufer, Martin Luther und Lucas Cranach der Ältere versammelt. Cranach wird vom Blutstrahl aus Christi Wunde getroffen – ein Sinnbild

Der Cranach-Altar in der Stadtkirche ist es wert, kurz zu verweilen

für die Erlösung durch Jesu Tod. Die Flügel des Altars zeigen Mitglieder der sächsischen Fürstenhauses, darunter Johann Friedrich I. den Großmütigen und seine Gemahlin Sibylle von Cleve, die hier auch bestattet wurden. Neben zahlreichen Epitaphien ist auch das Original der Grabplatte Cranachs d. Ä. hier zu sehen. Im Volksmund wird die Stadtkirche „Herderkirche" genannt. Dies geht auf den Theologen und Philosophen Johann Gottfried Herder zurück, der von 1776 bis zu seinem Tode 1803 Generalsuperintendent der Kirche war. Der berühmteste Musiker, der hier wirkte, war Johann Sebastian Bach. Die Stadtkirche wurde 1945 bei Luftangriffen stark beschädigt, bis 1953 dauerte der Wiederaufbau, für den der Schriftsteller Thomas Mann das Preisgeld des Goethepreises stiftete, den er 1949 in Weimar erhielt. Die Stadtkirche wurde jüngst umfassend saniert.

▪ April bis Okt. Mo–Fr 10–18, Sa 10–12 und 14–18 Uhr, So 11–12 und 14–16 Uhr, Nov. bis März Mo–Fr 10–12 und 14–16, So 11–12 und 14–16 Uhr. Führungen Mo und Fr 17 Uhr, Sa 16 Uhr, 3 €. Herderplatz 8, www.ek-weimar.de/kirchen/stadtkirche.

Zwischen Marktplatz und Ilmpark: Von St. Peter und Paul aus ist es durch die verwinkelten Altstadtstraßen nur ein Katzensprung zum Marktplatz. Hier schieben sich vor Rathaus, Stadthaus und Cranach-Haus immer wieder Pferdekutschen ins Bild, von denen aus die Passagiere die Zeugnisse des mittelalterlichen Weimar bestaunen. Das **Rathaus**, wie man es heute sieht, stammt aus dem Jahr 1841, zwei Vorgängerbauten von 1396 und 1583 wurden jeweils bei Bränden zerstört. Seit 1987 spielt am Rathausturm mehrmals täglich ein Glockenspiel aus Meissener Porzellan. Das **Stadthaus** gegenüber mit seinem grün-weißen Maßwerk wurde im 15. Jh. erbaut. Hier hielten Bäcker, Fleischer und Schuhmacher ihre Waren feil und die Bürger kehrten in der Schankstube ein. Maskenbälle und Konzerte

unterhielten Goethe und seine Zeitgenossen. Beim Bombenangriff 1945 wurde das Haus zerstört; die historische Fassade wurde bis 1971 originalgetreu vor einen modernen Hinterbau gestellt.

Rechts schließt sich das reich geschmückte **Cranach-Haus** an. Hier verbrachte der Wittenberger Maler Lucas Cranach der Ältere seine letzten Lebensjahre. Sein Wappen, die geflügelte Schlange, sieht man rechts neben der Eingangstür. Im „Theater im Gewölbe" im Cranach-Haus sind heute Studiostücke rund um Goethe, Schiller und andere Klassiker zu sehen. Hält man sich am Hotel Elephant links, gelangt man zum *Platz der Demokratie* mit dem Reiterstandbild Carl Augusts. Im dahinter liegenden **Fürstenhaus** hat die renommierte *Hochschule für Musik Franz Liszt* ihren Sitz. Ein Besuchermagnet ist Weimars ältester Ginkgobaum auf der Südseite des Fürstenhauses. Die östliche Seite des Platzes säumt die **Anna Amalia Bibliothek**, an seiner Nordseite steht das **Stadtschloss**.

Marschiert man vom Marktplatz aus schnurstracks über die Frauentorstraße, dann ist das Ziel das **Goethehaus** am Frauenplan. Wer hier Lottes Locke sieht und wissen will, wo Goethes Geliebte lebte, der findet das **Wohnhaus der Frau von Stein**, wenn er die Seifengasse Richtung Park geht. Ebenfalls vom Marktplatz aus ist über die Schillerstraße das **Schillerhaus** schnell erreicht und vielleicht bleibt noch Zeit für das Ginkgo-Museum, um den von Goethe im „West-östlichen Diwan" verewigten exotischen Baum kennenzulernen.

Das klassische Weimar

Goethe-Haus und Goethe Nationalmuseum: „Salve" steht in steinernen Lettern auf der Türschwelle zu Goethes Wohnhaus. Willkommen waren hier Literaten, Künstler und Politiker, mit denen der Hausherr gern diskutierte und wohl so manchen Schoppen Wein genoss. Das Goethe-Haus am Frauenplan, in dem Johann Wolfgang von Goethe fast 50 Jahre lang lebte, ist Weimars Hauptanziehungspunkt. Goethe ließ das barocke Gebäude im klassizistischen Ideal umgestalten. In den 18 Wohn-, Gesellschafts- und Arbeitszimmern geben originale Möbel, persönliche Erinnerungsstücke, Goethes Sammlungen mit Gemälden, Plastiken, Münzen, Tierpräparaten, Pflanzen und Mineralien sowie seine Privatbibliothek einen Eindruck davon, wie der Dichterfürst lebte und arbeitete. Im idyllischen Garten hinter dem Haus baute Goethes Frau Christiane Obst und Gemüse für den eigenen Haushalt an.

Das *Goethe-Nationalmuseum* im angegliederten Neubau widmet sich Leben und Werk Goethes. Die Ausstellung „Lebensfluten –Tatensturm" vermittelt dem Laien wie auch dem Kenner spannende Einblicke. Die Hofuniform und Visitenkarten, Zeichnungen und Naturpräparate, Zitate und Werke, Liebesbriefe und Erotica, Goethe-Bildnisse, eine Installation zum „Faust" – die Spannweite der Exponate zeigt, wo es menschelt hinter dem Denker-Image. Goethes literarischer Nachlass und mehr als 130 Nachlässe weiterer Schriftsteller, Philosophen und Komponisten werden im **Goethe- und Schiller-Archiv** aufbewahrt. Im Ausstellungssaal des Archiv-Gebäudes werden im Wechsel Handschriftenoriginale gezeigt.

▪ **Nationalmuseum:** Sommer Di–So 9.30–18 Uhr, Winter Di–So 9.30–16 Uhr, Eintritt 12,50 €. Frauenplan 1, ☏ 03643-545317. **Goethe- und Schiller-Archiv:** Ausstellungen Mo–Fr 8.30–18, Sa/So 11–16 Uhr. Jenaer Str. 1, ☏ 03643-545266, www.klassik-stiftung.de.

▲ Goethe-Haus
▼ Schillers Wohnhaus

Schillers Wohnhaus: Ein Bürgerhaus an der damaligen Esplanade, das Friedrich Schiller 1802 bezog, wurde in seinen letzten drei Lebensjahren Rückzugsort für den Dichter. Oben in den Mansardenzimmern umgab er sich, seinen zunehmenden Krankheiten zum Trotz, mit Büchern und arbeitete. Der Schreibtisch, an dem er „Die Braut von Messina" und „Wilhelm Tell" vollendete, scheint mit Kerzenleuchtern und Feder so, als wäre er gerade aufgestanden, um ein Stockwerk tiefer mit Frau Charlotte und den Töchtern zu speisen oder in den repräsentativen Räumen Gäste zu empfangen. Authentische Nachlassstücke und zeitgemäßes Interieur lassen den Besucher Zeit und Atmosphäre nachempfinden. Im Erdgeschoss erläutern Schautafeln die Stationen und Fakten aus Schillers Leben. Das *Schiller-Museum* nebenan hat nur noch dem Namen nach mit dem Dichter zu tun; die Räume werden für aktuelle Ausstellungen genutzt.

▪ Sommer Di–So 9.30–18 Uhr, Winter Di–So 9.30–16 Uhr, Eintritt 8 €, Führungen Sa 13 Uhr. Schillerstr. 12, ☏ 03643-545400, www.klassik-stiftung.de.

Das Stadtschloss am Ilmpark birgt eine hochkarätige Kunstsammlung

Anna Amalia Bibliothek: Gefördert von den Fürsten Wilhelm Ernst, Anna Amalia und Carl August wurde die Anna Amalia Bibliothek im 18. Jh. zu einer der bekanntesten Bibliotheken Deutschlands – und Goethe war ihr bedeutendster Bibliothekar. Für Schlagzeilen sorgte die zum UNESCO-Welterbe zählende Kulturstätte mit dem berühmten Rokokosaal im Jahr 2004. Ein verheerender Brand verwüstete nicht nur das Gebäude, die Flammen zerstörten auch 50.000 wertvolle Bücher und beschädigten 62.000 weitere. Mithilfe von Spendengeldern wurde die Bibliothek wieder aufgebaut und 2007 in neuem Glanz wiedereröffnet.

Der dreigeschossige ovale *Rokokosaal* ist das Herzstück der Bibliothek. Die limitierten Eintrittskarten für den eleganten Saal sind heiß begehrt. Wer sich nicht früh an der Kasse anstellen will, sollte vorbestellen. Der Besuch ist die Mühen wert. Weiße Wandvertäfelungen und Bücherregale sind mit vergoldeten Rokoko-Ornamenten, die Decken mit Stuck und Malerei verziert. In den Seitennischen stehen Büsten und Statuen von Dichtern und Künstlern, Gemälde zeigen die fürstlichen Mäzene. Zum Bestand der Bibliothek gehören über eine Million Bücher, darunter Kostbarkeiten wie ein karolingisches Evangeliar aus dem 9. Jh. oder die weltweit größte Faust-Sammlung. In der *Forschungsbibliothek* sind mehr als 700 aktuelle Zeitschriften und 100.000 Bände neuerer Fachliteratur verfügbar.

▪ **Rokokosaal:** Di–So 9.30–14.30 Uhr, Eintritt 8 €. Tagesverkauf tägl. ab 9 Uhr. Kartenbestellung ☎ 03643-545400 und online. Platz der Demokratie 1. **Renaissancesaal:** Di–So 9–17 Uhr, Eintritt frei, www.klassik-stiftung.de.

Stadtschloss: Eine wechselvolle Geschichte prägte die Gestalt des Stadtschlosses, das aus einer mittelalterlichen Wasserburg hervorging. Nach drei Bränden 1424, 1618 und 1774 wurde die Residenz der Herzöge von Sachsen-Weimar und Eisenach jeweils umgebaut. 1789 begann eine Baukommission unter Goethes Leitung mit der Neugestaltung der dreiflügeligen Anlage. 1912 bis 1914 wurde der vierte Flügel auf der Parkseite angebaut. An der Südseite fallen mit Turm und

„Bastille" die ältesten Bauteile des „castrum wymar" auf. Bis 2023 wird das Stadtschloss komplett saniert und ist nicht zugänglich. Ab Neueröffnung betritt man das Schloss über das neue Besucherportal. Große Bereiche werden kostenfrei zugänglich sein. In der Beletage wird die Museums-Sammlung mit hochkarätigen Werken von Lucas Cranach, Caspar David Friedrich, Auguste Rodin und Max Beckmann sowie Arbeiten der Weimarer Malerschule neu präsentiert.

▪ Burgplatz 4, ☎ 03643-545400, www.klassik-stiftung.de.

Wittumspalais: Die Weimarer Regentin Anna Amalia übersiedelte 1774 in das am Theaterplatz gelegene barocke Stadtpalais, als das Schloss nach einem Brand unbewohnbar geworden war. Sie ließ Deckenmalereien im Festsaal und in den Privaträumen anfertigen und das Haus mit Gemälden und Büsten von Mitgliedern der herzoglichen Familie sowie Wieland, Herder, Goethe und Schiller ausgestalten. Im Speisesaal fanden die berühmten Tafelrunden der Herzogin mit Schriftstellern, Schauspielern und Musikern statt. Im frühklassizistischen Stil aus dem Jahr 1785 ist der Grüne Salon eingerichtet.

▪ Sommer Di–So 10–18 Uhr, Winter Di–So 10–16 Uhr, Eintritt 6,50 €. Regelmäßige Führung mit Musik April bis Okt. erster Sa im Monat um 11 Uhr. Am Palais 3, ☎ 03643-545400, www.klassik-stiftung.de.

Park an der Ilm mit Goethes Gartenhaus: Den 48 Hektar großen, von 1778 bis 1828 entwickelten Landschaftspark am Ufer der Ilm hat Weimar einmal mehr Goethe zu verdanken. Auch heute noch lädt der Park mit seinen Bauten zum Flanieren und Entdecken ein. Herzog Carl August schenkte dem Dichter 1776 ein früheres Weinberghaus in der Ilm-Aue, das heute als Goethes Gartenhaus bekannt ist. Hier lebte er bis zu seinem Umzug ins Haus am Frauenplan. Zu besichtigen sind der von Goethe in drei Bereiche gegliederte Garten sowie die Wohnräume des Hauses mit ihrem ursprünglichen Inventar. Wege, Denkmäler, Brücken und Architekturen des Ilmparks tragen klassische und nachklassisch-romantische Züge.

Das **Römische Haus** ließ der Herzog von 1791 bis 1797 im Süden des Parks errichten. Der tempelartige Bau mit einer viersäuligen ionischen Vorhalle gilt als klassizistisches Musterhaus in Goethes architekturtheoretischen Überlegungen. Besichtigt werden können die Salons und Räume mit klassizistischer Innendekoration. Die **Parkhöhle** wurde ursprünglich zur Gewinnung von Wasser für eine Brauerei angelegt, diente dann aber nur dem Sand- und Kiesabbau. Im Zweiten Weltkrieg wurde ein Teil der Anlage als Bunker ausgebaut, dessen Geschichte mit Bilddokumenten erläutert wird. Bei einer Besichtigung sind zudem versteinerte Tiere und Pflanzen eines vorzeitlichen Sees zu sehen.

▪ **Gartenhaus:** Sommer Di–So 10–18 Uhr, Winter Di–So 10–16 Uhr, Eintritt 6,50 €. **Römisches Haus:** Mi–Mo 10–18 Uhr, Eintritt 4,50 €. **Parkhöhle** (Eingang beim Liszt-Haus): Sommer Mi–Mo 10–18 Uhr, Winter Mi–Mo 10–16 Uhr, Eintritt 4,50 €.

Deutsches Nationaltheater: 1791 ließ Herzog Carl August in dem 1779 erbauten Komödienhaus an der Stelle des heutigen Nationaltheaters ein Hoftheater gründen, dessen erster Intendant Goethe wurde. Dieser formte nach seinen „Regeln für Schauspieler" (1803) ein Ensemble und engagierte sich zusammen mit Schiller mit klassischen Musterstücken für die ästhetische Bildung der Zuschauer. 1798 wurde das Hoftheater in ein repräsentatives Haus mit tausend Sitzplätzen umgewandelt. Im März 1825 brannte das Theater ab, doch schon im September wurde ein neues Theaterhaus an derselben Stelle eröffnet.

Unter Großherzogin Maria Pawlowna lebte das Musiktheater auf. Mit den Hofkapellmeistern *Johann Nepomuk*

Hummel bzw. *Franz Liszt* erlangte Weimar als Musikstadt Weltruhm. Viele von Liszts Kompositionen entstanden in Weimar und er dirigierte Werke zeitgenössischer Komponisten, darunter die Opern seines Freundes Richard Wagner. Die Uraufführungen „Lohengrin" (Wagner), „Macbeth" (R. Strauss) oder „Hänsel und Gretel" (Humperdinck) verschafften Weimar Aufmerksamkeit, ebenso prominente Künstler wie *Richard Strauss* als Kapellmeister.

1906 wurde mit dem Neubau eines Theatergebäudes nach Plänen von Architekt Max Littmann begonnen, der 1908 in Anwesenheit von Kaiser Wilhelm II. eingeweiht wurde. Am 31. Juli 1919 lieferte das Theater die Kulisse für die verfassungsgebende Deutsche Nationalversammlung. Kurze Zeit später, im Jahr 1926, fand hier der Reichsparteitag der NSDAP statt. Ab 1930 wurde das Nationaltheater künstlerisch auf Linie gebracht. Hitler ließ das Theater für die gewaltige Summe von 800.000 Reichsmark modernisieren, 1945 wurde es bis auf die Fassade zerbombt.

Das Deutsche Nationaltheater wurde als erstes deutsches Theater wieder aufgebaut und 1948 mit Goethes „Faust" eröffnet. Sowjetische Revolutionsdramen und Werke von DDR-Autoren und -Komponisten waren Schwerpunkte in der DDR-Zeit. Bei einer großen Sanierung von 1973–75 wurde der neoklassizistische Bau außen rekonstruiert, eine weitere Renovierung fand 1997–99 statt. Der Zuschauerraum im großen Haus ist heute mit viel Holz und roten Theatersesseln sehr sachlich gestaltet. Das Staatstheater Thüringen und die Staatskapelle Weimar bieten einen abwechslungsreichen Spielplan in Oper, Schauspiel und Konzert mit klassischen bis zeitgenössischen Werken.

■ Parkmöglichkeiten Hermann-Brill-Platz und Tiefgarage „Am Goethekaufhaus", Eintrittskarten 14–75 €. Theaterplatz 2, ☎ 03643-755334, www.nationaltheater-weimar.de.

Am Römischen Haus im Ilmpark

Historischer Friedhof und Fürstengruft: Der 1818 angelegte historische Friedhof ist eine der meistbesuchten Erinnerungsstätten Deutschlands. Parkähnlich mit Rasen und Bäumen ist er gestaltet, schlichte Metallkreuze oder Steindenkmäler erinnern an die Verstorbenen. Im Mittelpunkt des Areals erhebt sich auf einem kleinen Hügel die von Clemens Wenzeslaus Coudray gestaltete Fürstengruft, in der die Sarkophage der herzoglichen Familie des Hauses Sachsen-Weimar und Eisenach und die Särge von Goethe und Schiller bewahrt werden. Forscher konnten 2008 nachweisen, dass die in Schillers Sarg gefundenen sterblichen Überreste nicht von dem Dichter stammten, weshalb der Sarg heute leer ist. Ein Gang verbindet die Fürstengruft mit der dahinter befindlichen Russisch-Orthodoxen Kapelle, in der Großherzogin Maria Pawlowna bestattet wurde. Hier liegt sie in russischer Erde und doch an der Seite ihres Gemahls Carl Friedrich. Auf

Die Fürstengruft auf dem historischen Friedhof in Weimar

dem Friedhof befinden sich auch das Grabmal der Frau von Stein und die Replik des (1933 von den Nationalsozialisten zerstörten) Märzgefallenen-Denkmals von Walter Gropius.

▪ Fürstengruft: Sommer Mi–Mo 10–18 Uhr, Winter Mi–Mo 10–16 Uhr, Eintritt 4,50 €. Am Poseckschen Garten, www.klassik-stiftung.de.

Das Bauhaus Weimar

Bauhaus-Museum: Ein minimalistischer Kubus am Weimarhallenpark beherbergt seit 2019 das neue Bauhaus-Museum, das zum 100-jährigen Jubiläum der weltberühmten Designschule eröffnet wurde. Die Neupräsentation der insgesamt über 10.000 Objekte umfassenden Sammlung thematisiert die Designgeschichte vom 18. bis ins 20. Jh. Die Ausstellungsstücke illustrieren das avantgardistische Kunstverständnis der Bauhäusler sowie ihre Forderung nach Einheit von Form und Funktion im Design. Zu den herausragenden Exponaten gehören der „Turm des Feuers" von *Johannes Itten*, Gemälde von *Lyonel Feininger* und *Paul Klee* sowie die Wiege von *Peter Keler* und die Tischlampe von *Wilhelm Wagenfeld*.

▪ Sommer Mo 9–14.30 Uhr, Di–So 9–18 Uhr, Winter Mo 10–14.30 Uhr, Di–So 10–18 Uhr, Eintritt 11 €. Führungen Sa/So 11 Uhr (inkl. Neues Museum) Stéphane-Hessel-Platz 1, ☎ 03643-545400, www.klassik-stiftung.de.

Bauhaus-Stätten: Das Wirken des Bauhauses lässt sich in verschiedenen weiteren Bauhaus-Stätten in Weimar nachvollziehen, die in die Liste des UNESCO Weltkulturerbe aufgenommen wurden: das *Hauptgebäude der Bauhaus-Universität*, der *Henry-van-de-Velde-Bau* (Geschwister Scholl Str. 7) und die ebenfalls von van de Velde umgestaltete ehemalige *Kunstgewerbeschule* (Geschwister Scholl Str. 8), in deren Treppenhaus Repliken von Oskar Schlemmers Wandmalereien zu sehen sind. Das 1923 erbaute *Haus am Horn* (Am Horn 61, Sommer Mi–Mo 10–18 Uhr, Winter Mi–Mo 10–16 Uhr, Eintritt 4,50 €) von Georg Muche ist die einzige in Weimar realisierte Architektur nach den Prinzipien des Bauhauses.

Kunstrevolution à la Gropius: das „Staatliche Bauhaus"

Im Jahre 1919 gründete der Industriedesigner und Architekt Walter Gropius in Weimar das „Staatliche Bauhaus", eine Kunstschule, in der die Großherzogliche Kunstschule und die Kunstgewerbeschule aufgingen. Bisher traditionell getrennte Bereiche – Bildende, Angewandte und Darstellende Kunst – wurden miteinander verbunden. Betont wurde die handwerkliche Tätigkeit, aus der erst künstlerische Ergebnisse erwachsen könnten. Neben der Einheit von Theorie und Praxis mit der ständigen Überprüfung der Theorie durch praktische Umsetzung strebte die Schule eine Gemeinschaft der Lehrenden und Lernenden an.

Wiege von Peter Keler

„Das Endziel aller bildnerischen Tätigkeit ist der Bau!", lautete die Kernthese des Bauhaus-Manifests. Architektur sollte sich mit allen anderen Künsten zu einem Gesamtkunstwerk verbinden. Gemeinsam mit dem belgischen Architekten Henry van de Velde entwarf Gropius im Bauhaus einen Gegenentwurf zur Ästhetik des Historismus.

Große Meister der Avantgarde lehrten in Weimar: Wassily Kandinsky, Paul Klee, Lásló Moholy-Nagy, Lyonel Feininger, Johannes Itten, Oskar Schlemmer, Gerhard Marcks, Josef Albers. Sie setzten sich kritisch mit den alten Kunststilen auseinander und erprobten neue Ideen in allen Lebensbereichen. Gropius vertrat als Mitglied des Deutschen Werkbunds das Ziel einer eigenen Warenästhetik der kunstgewerblichen Industrieproduktion. Getreu dem Grundsatz „Form folgt Funktion" entstanden Möbelklassiker wie die Tischleuchte von Wilhelm Wagenfeld oder der „Wassily-Stuhl" von Marcel Breuer. Das Zusammenwirken aller Gewerke wurde in dem *Musterhaus am Horn* (Am Horn 61) anlässlich der ersten großen Bauhausausstellung 1923 vorgestellt.

Viele Weimarer reagierten mit Unverständnis, der Bauhaus-Stil der neuen Sachlichkeit war als kalt und karg verschrien. Nach dem Rechtsruck bei den Landtagswahlen 1924 und der Etatkürzung für das Bauhaus um 50 Prozent siedelte die Schule nach Dessau (Sachsen-Anhalt) um. 1932 wurde das Bauhaus nach Berlin verlegt und 1933 von den Nationalsozialisten zur Selbstauflösung gezwungen. Nach ihrer Emigration belebten einige Bauhaus-Meister die Bauhaus-Lehre in den USA. Nach dem Zweiten Weltkrieg wurde die *Hochschule für Gestaltung in Ulm* nach dem Vorbild des Bauhauses konzipiert. Besonders das heutige Industrie- und Grafikdesign knüpft an die Bauhaus-Einflüsse an.

■ www.klassik-stiftung.de.

Als Gesamtkunstwerk mit Einbauten, Mobiliar und Dekorationen gilt das *Nietzsche Archiv* (Humboldtstr. 36, Sommer Mi–Mo 11–17 Uhr, 3,50 €), in dem der Nachlass des Philosophen präsentiert wird. Die *Villa Silberblick*, in der Elisabeth Förster-Nietzsche ihren kranken Bruder Friedrich bis zu seinem Tod 1900 pflegte, wurde 1902 von Henry van de Velde umgestaltet. Als Wohnhaus für sich und seine Familie errichtete van de Velde 1907/08 das *Haus Hohe Pappeln* (Belvederer Allee 58, im Sommer Di–So 11–17 Uhr, Eintritt 3,50 €), ein Gesamtkunstwerk mit dem Fokus auf Zweckmäßigkeit, das von den Möbeln bis zum Garten seine gestalterische Handschrift zeigt.

■ Bauhaus-Spaziergänge: April bis Okt. Di, Fr, Sa 14 Uhr, Nov. bis März Fr/Sa 14 Uhr, Buchung über Tourist-Info, ☏ 03643-7450.

Strenge Linien: das neue Bauhaus-Museum

Museen

Stadtmuseum Weimar: Im so genannten *Bertuchhaus*, dem zwischen 1780 und 1803 erbauten klassizistischen Wohn- und Geschäftshaus des Schriftstellers und Verlegers Friedrich Justin Bertuch, ist das Stadtmuseum Weimar zu finden. Die ständige Ausstellung zur Geschichte der Stadt hat einen Schwerpunkt zur Nationalversammlung 1919. Wie man früher lebte, veranschaulichen Möbel verschiedener Epochen, Kleider aus Empire und Biedermeier, Geschirr, Skulpturen oder ein Hochrad. Außerdem gibt es wechselnde Sonderausstellungen. Das Stadtmuseum betreibt auch die *Kunsthalle Harry Graf Kessler*, in der Ausstellungen zur zeitgenössischen Kunst zu sehen sind. Der Schriftsteller und Verleger Harry Graf Kessler war von 1903 bis 1906 Direktor des Großherzoglichen Museums für Kunst und Gewerbe. Er war ein avantgardistischer Kulturreformer, der mit seinen Ideen an den völkisch-konservativen Widerständen in Weimar scheiterte.

■ **Stadtmuseum:** Di–So 10–17 Uhr, Eintritt 3 €; Karl-Liebknecht-Str. 5–9. **Kunsthalle:** Di–So 10–17 Uhr, Eintritt 3 €; Goetheplatz 9a. Für Übernachtungsgäste, die die Kulturförderabgabe entrichtet haben, ist der Eintritt in beide Häuser frei; Kombi-Ticket 4 €. ☏ 03643-826035, www.stadtmuseum-weimar.de.

Museum für Ur- und Frühgeschichte:

Zu den Spuren der menschlichen Kultur in Thüringen führt das in einem klassizistischen Palais untergebrachte Museum für Ur- und Frühgeschichte. Die faszinierende Ausstellung des Archäologischen Landesmuseums Thüringen zeigt Highlights wie die Fundstücke eines Lagers der Waldnashorn- und Waldelefantenjäger, des Bilzingslebener Homo erectus oder die bedeutenden Menschenreste aus Weimar-Ehringsdorf, eine frühe Form des Neandertalers. Auf dem aktuellen Stand der Archäologie und Forschung vermittelt das

Museum anschaulich und informativ 400.000 Jahre Menschheitsgeschichte.

■ Di 9–18, Mi–Fr 9–17, Sa/So 10–17 Uhr, Eintritt 3,50 €. Humboldtstr. 11, ☏ 0361-5732233 31, www.alt-thueringen.de.

Neues Museum Weimar: Das Großherzogliche Museum wurde 1869 im Stil der Neorenaissance gestaltet. Wegen der starken Beschädigungen im Zweiten Weltkrieg wurde das Museum 1952 geschlossen, war lange eine Ruine und wurde erst zum Kulturstadt-jahr 1999 wiedereröffnet. Die kürzlich neu eingerichtete Dauerausstellung ist der Kunst der frühen Moderne von der Weimarer Malerschule bis zum Jugendstilmeister Henry van de Velde gewidmet. Gezeigt wird, wie im Ambiente des Historismus die neuen Ideen reiften, die schließlich im Stil des Bauhauses ihren Ausdruck fanden.

■ **Neues Museum:** Mi–Mo 10–18 Uhr, Eintritt 8 €. Jorge-Semprún-Platz 5, ☏ 03643-545 400, www.klassik-stiftung.de.

Basis-Infos

Information Touristinformation, April bis Dez. Mo–Sa 9.30–18, So 9.30–14 Uhr, Jan. Bis Marz Mo–Fr 9.30–17, Sa/So 9.30 14 Uhr. Markt 10, ☏ 03643-7450, www.weimar.de/tourismus.

Verbindungen Bahn: Am Hauptbahnhof (Schopenhauerstr. 2) stündlich Verbindungen im Regional- und Fernverkehr, Anschluss an das ICE-Netz über Erfurt.

Bus: In Weimar halten die Fernbusse von Flixbus. Weimar verfügt über ein gut ausgebautes Nahverkehrsnetz. Alle Linien laufen über den zentralen Knotenpunkt Goetheplatz, www.sw-weimar.de. Das Weimarer Land ist mit Regionalbussen erreichbar. Verkehrsverbund Mittelthüringen: www.vmt-thueringen.de.

Parken Über freie Plätze informiert ein Leitsystem. Rund um die Innenstadt kostenpflichtige Parkhäuser und Tiefgaragen, z. B. Tiefgarage am Goethehaus, Parkhaus Hauptpost, Tiefgarage Atrium sowie kostenpflichtige Zeitparkplätze. Pkw-Parkplätze gibt es in der Bertuchstraße gegenüber Congress Centrum und am Friedhof Berkaer Straße. Kostenfrei parken Pkw am Hermann-Brill-Platz (ca. 20 Min. Fußweg ins Zentrum). P & R-Parkplätze: Marcel-Paul-Str. (B 85) aus nördlicher Richtung (kostenfrei); Hospitalgraben für Pkw aus südlicher Richtung (B 85).

Archive Goethe- und Schiller-Archiv, Ausstellungen Mo–Fr 8.30–18, Sa, So 11–16 Uhr, wissenschaftliche Nutzung Mo–Do 8.30–18, Fr 8.30–16 Uhr. Regelmäßige Führungen im Sommer jeden 1. Sa im Monat 14 Uhr. Jenaer Str. 1.

Studienzentrum Forschungsbibliothek Anna Amalia Bibliothek, Mo–Fr 9–20, Sa 9–17 Uhr. Platz der Demokratie 4.

Nietzsche-Archiv, Sommer Di–So 11–17 Uhr. Humboldtstr. 36.

Fahrradverleih Der Verein **Grüne Liga Region Weimar e. V.** verleiht Fahrräder für 9 €/Tag, Mo–Fr 9–15 Uhr, Sa 9–12 Uhr. ☏ 03643-492796, Goetheplatz 9b, www.grueneliga-thueringen.de.

Fahrradreparatur Rad-Doktor, Heinrich-Heine-Str. 18, ☏ 03643-4898192, www.rad-doktor.de. Fahrradhaus Weidensee, Eisfeld 5, ☏ 03643-202078, www.fahrradhaus-weidensee.de.

Historischer Stadtplan Einen Plan und viele Fakten über die Zeit des Nationalsozialismus in Weimar gibt es unter www.weimar-im-ns.de.

Kino Blockbuster laufen im **Cine Star** (Schützengasse 14). Das Programmkino **Lichthaus im e-Werk** (Am Kirschberg 4) zeigt ausgewählte Filme. Im **Cinemagnum** (Katharinengasse 24) sind 3D-Dokus und Live-Opern zu sehen. Das **Kommunale Kino** im *Kulturzentrum mon ami* zeigt anspruchsvolle und unterhaltende Filmkunst (Goetheplatz 11).

Kleinkunst Clubtheater Weimar: Das ambitionierte Amateurtheater bietet unterhaltsame Theaterabende in diversen Spielstätten. www.clubtheater-weimar.de.

Galli-Theater: Das Theater im Herzen Weimars zeigt ein heiter-freches, liebevoll-unterhaltsames Programm für Kinder und Erwachsene. Windischenstraße 4–6, ☏ 03643-778251, www.galli-weimar.de.

Jugend- und Kulturzentrum mon ami: In dem Zentrum am Goetheplatz gibt es Kleinkunst, Konzerte, Partys, Bälle und jährlich ein Spielkulturfest. Goetheplatz 11, ☏ 03643-847711, www.monami-weimar.de.

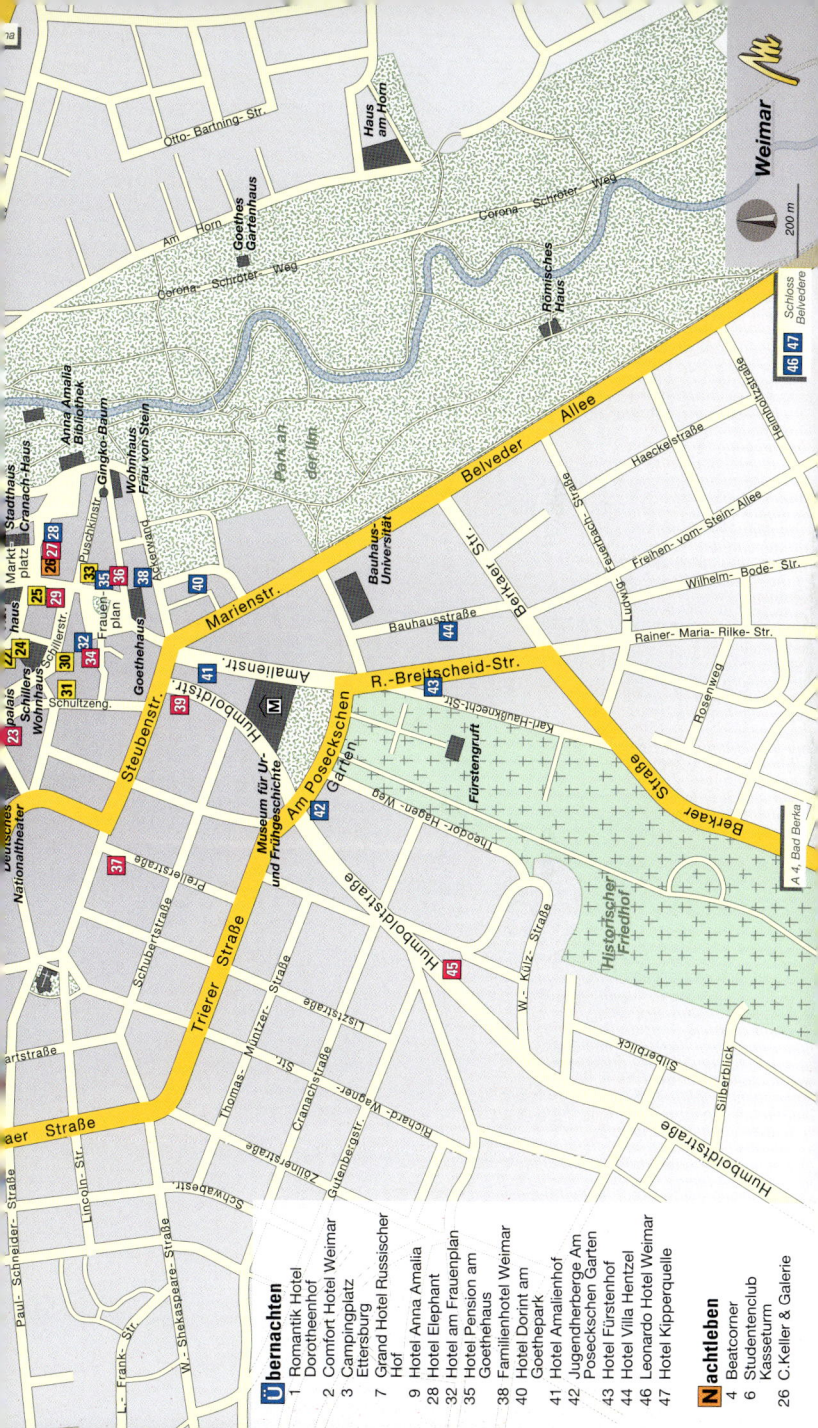

Weimar

200 m

46 47 *Schloss Belvedere*

A 4, Bad Berka

Markt Mo–Sa auf dem Marktplatz, Mo–Fr auf dem Markt am Frankeschen Hof.

Reservierungen In alle Museen der Klassik-Stiftung wird aus konservatorischen Gründen täglich nur eine bestimmte Anzahl Besucher eingelassen. In der Regel ist für Individualbesucher keine Voranmeldung erforderlich. An besonders frequentierten Tagen (z. B. um Himmelfahrt) kann es zu Engpässen kommen. Für die **Anna Amalia Bibliothek** gilt: Man sollte Tickets frühzeitig über den Online-Ticketshop bestellen. Für den **Rokokosaal** werden ab 9 Uhr Karten im Tagesverkauf an der Kasse im historischen Bibliotheksgebäude angeboten, pro Pers. max. vier Karten. Gruppen ab 10 Pers. sollten für alle Museen der Klassik-Stiftung generell ihre Tickets vorab bestellen (Buchungsformular auf der Webseite www.klassik-stiftung.de).

Stadtführungen 2-stündige Führungen von April bis Okt. tägl. 10 (großer Stadtrundgang) und 14 Uhr (Weimarer Moderne); Nov. bis Febr. tägl. 11 und 14 Uhr, Jan. bis März tägl. 11 Uhr. Ab Touristinformation am Markt (ohne Voranmeldung, 8 €). Zudem nach Anmeldung Themen-Führungen, Kostümführungen, barrierefreie Stadtrundgänge, Segway-Touren, Kutschfahrten, Führungen mit dem iGuide etc. Ein Erlebnis ist die Stadtrundfahrt mit historischen Bussen des **Belvedere-Express**, bei der alle wichtigen Sehenswürdigkeiten in der Innenstadt bis zum Schloss Belvedere angefahren und erläutert werden. ℘ 03643-745745, www.weimar.de/tourismus.

Theater/Konzert Musiktheater, Schauspiel und Konzerte mit klassischen bis zeitgenössischen Werken bieten das **Deutsche Nationaltheater** und die **Staatskapelle Weimar**. Das große Haus fasst 857 Zuschauer. Weitere Spielstätten: **Studiobühne** und **E-Werk**. Die Sinfoniekonzerte der Staatskapelle Weimar sind in der Weimarhalle zu hören, www.nationaltheater-weimar.de.

UNESCO-Welterbe 1998 hat die UNESCO das Ensemble „Klassisches Weimar" in ihre Welterbe-Liste aufgenommen. Dazu gehören: Goethes Wohnhaus, Schillers Wohnhaus, Wittumspalais, Herzogin Anna Amalia Bibliothek, Stadtschloss, Stadtkirche mit Herderhaus und altem Gymnasium, Fürstengruft, Park an der Ilm mit Römischem Haus, Goethes Gartenhaus, Schlosspark Belvedere mit Schloss und Orangerie, Schloss und Park Tiefurt, Schloss und Park Ettersburg. Ebenfalls zum Welterbe gehören seit 1996 die Weimarer Bauhaus-Stätten Henry-van-de-Velde-Bau (Universitäts-Haupt-gebäude), Ehemalige Kunstgewerbeschule und Haus am Horn.

Veranstaltungen März: Beim *Ostermarkt* in der Innenstadt kann man bei Kunsthandwerkern und Designern schöne Ostergeschenke erstehen und sich lukullisch auf das Osterfest einstimmen.

Mai/Juni: Musikalische Vielfalt, hochkarätiges Kabarett und ein Sommernachtsball locken ins *Köstritzer Spiegelzelt* auf dem Beethovenplatz, www.koestritzer-spiegelzelt.de.

Juni–Sept.: Der *Weimarer Sommer* bietet ein breites Angebot mit Sommertheater, Open-Air-Konzerten, Meisterkursen, Fassadenprojektionen und vielem mehr.

August/Sept.: Das *Kunstfest Weimar* ist Thüringens größtes Festival für zeitgenössisches Theater, Musik, Performance und Tanz, www.kunstfest-weimar.de.

August: Rund um Goethes Geburtstag am 28. August wird das *Weinfest* gefeiert. Am Frauenplan, dem Platz am Goethehaus, gibt es Musik, Wein und Imbissbuden.

September: Die Thüringer Töpferinnung organisiert den *Weimarer Töpfermarkt*, der Anfang des Monats ein großes Sortiment an Töpferwaren bietet. Beim *Tag des offenen Denkmals* kann man Bauwerke besuchen, die sonst nicht geöffnet sind. Einblick in ihre Arbeit geben Weimarer Künstler verschiedenster Disziplinen jedes Jahr beim *Tag des offenen Ateliers*.

Oktober: Typisch für den *Weimarer Zwiebelmarkt* Mitte des Monats sind die dekorativen Zwiebelrispen. U. a. die Bauern aus Heldrungen im Kyffhäuserkreis bieten die Zwiebelrispen seit alters her an. Ganz Weimar wird bei diesem beliebten Fest zur Eventmeile. Die Auftritte regionaler und international bekannter Künstler auf mehreren Bühnen im Stadtgebiet ziehen Tausende Besucher an.

November/Dezember: Markt, Theater- und Herderplatz tauchen zur *Weimarer Weihnacht* in Lichterkettenglanz, während der Duft von Glühwein, gebrannten Mandeln und Stollen durch die Budenreihen zieht. Auf der Eisbahn am Theaterplatz kann man auf Kufen seine Runden drehen.

Weimar Card Mit der Karte für 32,50 € kann man 48 Stunden lang kostenlos die meisten Sehenswürdigkeiten besichtigen, wie Goethe-Haus, Schiller-Haus, Bauhaus-Museum, Stadtmuseum und viele mehr, an der Stadtführung teilnehmen, den iGuide ausleihen und Stadtbus fahren. 10 % Ermäßigung gibt es auf Stadtrundfahrten mit dem „Belvedere Express" und Vorstellungen des Deutschen Nationaltheaters. Verkauf u. a. in der Touristinformation, www.weimar.de/tourismus.

Wohnmobil Auf dem Parkplatz Herrmann-Brill-Platz dürfen WoMo für 10 € 24 Stunden stehen. Ver- und Entsorgung sowie Stromanschluss vorhanden.

Aktivitäten

Baden Das zentral und doch im Grünen gelegene **Schwanseebad** lädt im Sommer mit großem, jüngst umfangreich saniertem Freibadbereich zum Schwimmen, Sonnen, Volleyball und Tischtennis ein (15. Mai bis 15. Sept., Mo–Fr 8–20, Sa/So 9–18 Uhr). Die **Schwimmhalle** verfügt über 25-m-Becken, Nichtschwimmer- und Planschbecken sowie einen Saunabereich. Hermann-Brill-Platz 2, 03643-510, www.sw-weimar.de.

Fahrradfahren Weimar liegt am **Ilmtal-Radweg** (120 km), der vom Thüringer Wald bis zur Mündung in die Saale reicht. Der **Fernradweg Thüringer Städtekette** (240 km) verbindet Eisenach, Erfurt, Weimar, Jena und Altenburg. Auf 30 km führt der **Feininger-Radweg** von Bahnhof und Bauhaus-Universität in die Vororte Niedergrunstedt, Gelmeroda, Possendorf, Vollersroda, Oettern, Mellingen, Taubach und Oberweimar. Der **Laura-Radweg** (45 km) folgt dem einstigen Bahndamm der Laura-Schmalspurbahn von Weimar nach Schallenburg am Unstrutradweg.

Golf Über jedes Handicap erhaben ist die landschaftlich herrlich gelegene **36-Loch-Anlage** des Golf-Club Weimarer Land in Blankenhain. Office tägl. 9–18 Uhr. 036459-6164 1000, www.golfresort-weimarerland.de.

Kreativ Die **Weimarer Mal- und Zeichenschule** bietet verschiedene Mal- und Zeichenkurse, darunter Workshops in Freiluftmalerei im malerischen Goethepark, www.malschule-weimar.de.

Wandern Der **Goethe-Wanderweg** (28 km, weißes „G" auf grünem Grund) führt auf den Spuren des verliebten Goethe in 6–8 Std. von Weimar über Vollersroda, Buchfart, Schwarza, das Thüringer Färbedorf Neckeroda bis Schloss Kochberg, wo Goethe seine Vertraute, die Freifrau von Stein, zwischen 1775 und 1788 häufig besuchte.

Der **Lutherweg** (Teilstück Weimarer Land 40 km, grünes L auf weißem Grund) führt von Erfurt kommend auf einer Schleife von Niederzimmern über Weimar und Apolda Richtung Jena.

Die Rundwanderung mit schönen Aussichten auf dem **Thüringer Drei-Türme-Weg** (26 km, drei grüne Türme auf weißem Grund) verbindet den Paulinenturm Blankenhain, den Hainturm Weimar und den Carolinenturm auf dem Kötschberg bei Blankenhain.

Auf dem **Kneipp-Rundweg** (9 km, blaues K auf weißem Grund) in Bad Berka verbinden sich Wasser und Bewegung, Natur- und Landschaftserlebnis. Die Durchblutung von Armen und Beinen wird unterwegs in drei Kneipp-Anlagen sowie auf Barfußpfaden angeregt. Start und Ziel ist die Kneipp-Anlage des Goethebrunnens Bad Berka. Besonders schön ist der Weg im Mai/Juni, dann stößt man mitten im Wald auf einen blühenden Garten mit Rhododendren und anderen Moorbeetpflanzen, www.weimarer-land-tourismus.de, www.drei-tuerme-weg.de, www.bad-berka.de.

Einkaufen
→ Karte S. 238/239

Bio-Laden Rosmarin 12, frisches Obst, Gemüse und andere Bioprodukte aus ganz Thüringen. Angeschlossen ist die *Suppenbar Estragon*. Herderplatz 3, Mo–Fr 9–19 Uhr, Sa. 9–16 Uhr. 03643-804477, www.bioweimar.de.

Buchhandlungen gibt es in Weimar wie Sand am Meer. Buchhandlungen mit individueller Note sind Knabes Verlagsbuchhandlung **Die Eule** 33 (Mo–Sa 9–18, So 11–17 Uhr, Frauentorstr. 9–11, 03643-850388, www.buch-weimar.de), die **Eckermann Buchhandlung** 18 im alten Löschhaus zwischen Markt und Herderkirche (Mo–Fr 10–19, Sa 10–18, So 12–18, 03643-41590, www.eckermann buchhandlung.de), **Hoffmann's Buchhandlung** 30 ist mit 300 Jahren Bestehen eine der ältesten Deutschlands und seit jeher geistiger Mittelpunkt Weimars (Mo–Fr 9–18, Sa 9.30–18, So 11–17 Uhr, Schillerstr. 9, 03643-903921), und im **Antiquariat Zwiebelfisch** **8** kann man in einem Bestand von 18.000 Büchern stöbern und weitere suchen lassen (Mo–Fr 10–13 und 14–18 Uhr, Sa 12–16 Uhr, Teichgasse 12a, ☏ 03643-7799278).

Galerie Ring Weimar **24**, zeitgenössische Schmuckkunst und ausgeflippte Ringe von 50 deutschen Künstlern und Goldschmieden. Mo–Fr 10–18, Sa 10–16 Uhr. Windischenstr. 19, ☏ 03643-858611, www.ring-weimar.de.

Ginkgo Museum & Ginkgo-Shop **25**, hier finden und erfahren Sie alles über das lebende Fossil Ginkgo, den Baum, der schon Goethe faszinierte. Zu kaufen gibt es neben Ginkgo-Pflanzen auch Kunst, Schmuck, Kosmetik und Mitbringsel rund um den Ginkgo. März bis Okt. Mo–Fr 10–17.30 Uhr, Sa, So 10–15.30 Uhr; Nov.–Feb. Mo–Fr 10–15 Uhr, Sa, So 12–14 Uhr. Windischenstr. 1, ☏ 03643-805452. www. ginkgomuseum.de.

Kaufhäuser, in diversen modernen Ladenpassagen gibt es internationale Mode, Fachhändler und Dienstleister: **Schillerkaufhaus** **31**, gegenüber von Schillers Wohnhaus (Mo–Sa 10–20 Uhr, Schillerstr. 11, ☏ 03643-473710, www.schillerkaufhaus-weimar.de), **Goethekaufhaus** **15**, neben dem Goethe-Schiller-Denkmal (Mo–Fr 10–20 Uhr, Sa 10–18 Uhr, Theaterplatz 2a, ☏ 03643-869630, www.oethekufhaus-weimar.de), **Modepassage am Markt** **20**, drei Eingänge öffnen sich zu „Weimars neuem Laufsteg" (Mo–Fr 10–19, Sa 10–17 Uhr, Markt 5, ☏ 03643-80830, www.modepasage-weimar.de), **Weimarer Atrium** **5**, Einkaufscenter mit 50 Geschäften, Eventetage mit 3-D-Kino, Bowling, Fitnessstudio und Indoorspielplatz (Mo–Sa 8–20 Uhr, Eventetage auch nachts und sonntags, Friedensstr. 1, ☏ 03643-775690, www.weiar-atrium.de).

Seife & Sinne **13**, natürliche Öle, reine Milch, Blüten und Pflanzenextrakte sind die Zutaten für eine Seifenvielfalt, die den ganzen Laden in sinnliche Düfte taucht. Mo–Fr 11–17, Sa 11–16 Uhr. Rittergasse 1, ☏ 03643-496992, www.seife-sinne.de.

Thüringer Spezialitäten Markt **16**, Wein, Wurst, Käse und Süßes aus Thüringer Produktion, einzeln oder in der Geschenkkiste. Hier findet man Kultur zum Aufessen: die Goethe-Salami, den Goethe-Senf mit Kräutern seiner „Grünen Soße" oder Käse in Form eines Ginkgoblatts. Mo–Sa 10–18 Uhr, So 11–17 Uhr. Kaufstr. 9, ☏ 03643-204670, www.thueringer-spezialitaeten.de.

Die Zwillingsnadeln **22**, pfiffige Hat Couture, also Hut-Mode, wird hier in Handarbeit gefertigt. Inspiration für den individuellen Kopfschmuck holt sich Claudia Köcher im Stil der frühen Jahrzehnte des 20. Jh. Di–Do 12–18 Uhr. Windischenstr. 29, ☏ 03643-458020, www.diezwillingsnadeln.de.

Übernachten
→ Karte S. 238/239

Weimar verfügt über eine Vielzahl von Übernachtungsmöglichkeiten. Die Übernachtungszahlen liegen bei rund 650.000 pro Jahr. Besonders bei Großveranstaltungen sollte man rechtzeitig reservieren oder man weicht auf Hotels in der Region aus. Seit 2005 erhebt Weimar eine Kulturförderabgabe, um die hohen Aufwendungen für Kultur zu finanzieren. Die Abgabe ist abhängig von der Größe des Übernachtungsbetriebs wird vom Vermieter erhoben: pro Pers. und Nacht 0,75 € bis 2 €.

***** **Hotel Elephant** **28**, das legendäre, 1696 gegründete Hotel am Marktplatz beherbergte manch berühmten Gast von Felix Mendelssohn-Bartholdy bis zu Jennifer Lopez. Thomas Mann verewigte das Hotel Elephant in seinem Roman „Lotte in Weimar". Das Luxushotel mit zwei Suiten und 99 Zimmern vereint nach jüngster, umfangreicher Renovierung Art-déco-Stil mit zeitgenössischer Kunst. Eleganz prägt das Interieur der Wohnbereiche. Ob Classic-, Balkon- oder Design-Zimmer – Wünsche werden hier auf höchstem Niveau erfüllt. Neu gestaltet empfängt auch der Saunabereich. EZ/DZ 115–225 €, Frühstück 23 €/Pers. Hoteleigener Parkplatz 15 €/Tag. Markt 19, ☏ 03643-8020, www.hotelelephantweimar.de.

**** **Grand-Hotel Russischer Hof** **7**, in diesem Traditionshaus logierten Berühmtheiten wie Franz Liszt und Leo Tolstoi. Das Grand Hotel empfängt mit Kristalllüstern, flämischen Gobelins und Blattgoldintarsien. Bei den Zimmern kann man zwischen modernem, klassisch französischem oder Tiroler Stil wählen. Finnische Sauna, Fitnessraum und Massagen sorgen für Entspannung. Es gibt ausreichend Parkplätze sowie einen Parkservice. EZ 120–150 €, DZ 140–240 € inkl. Frühstück. Goetheplatz 2, ☏ 03643-7740, www.russischerhof-weimar.de.

**** **Hotel Dorint am Goethepark** **40**, in der Nähe der Sehenswürdigkeiten. Zwei klassizistische Villen und ein moderner Bau wurden hier harmonisch verbunden. 143 gediegen-elegante Zimmer mit Gestaltungselementen aus Bauhaus und Jugendstil. Die Executive- und Deluxe-Zimmer bieten Ausblicke auf den Ilm-Park oder Goethes Wohnhaus. Zwei Restaurants, eine Bar, ein kostenfreier Spa-Bereich sorgen für alle Annehmlichkeiten. Parken in der Tiefgarage. EZ 84–110 €, DZ 120–170 € inkl. Frühstück. Beethovenplatz 1–2, ℡ 03643-8720, www.hotel-weimar.dorint.com.

**** Romantik Hotel Dorotheenhof ❶, ca. 4 km vom Stadtzentrum entfernt, in ruhiger Lage in einem idyllischen Park. Das Wellnesshotel in einem Plantagenhof aus dem 18. Jh. bietet 56 behagliche Zimmer mit Blick ins Grüne und zum Schlosspark Tiefurt. Der großzügige Spa-Bereich mit vier Saunen und Behandlungsräumen hält vielfältige Wellnessangebote bereit. Das Restaurant und die Hotelbar sorgen fürs leibliche Wohl. EZ ab 89 €, DZ ab 112 €, Frühstück 22 €/Pers. Dorotheenhof 1, ℡ 03643-4590, www.wellnesshotel-weimar.de.

*** Hotel Anna Amalia ❾, in der historischen Altstadt. Das familiengeführte Hotel garni, das sich über drei Altstadthäuser erstreckt, ist ein idealer Ausgangspunkt für die Erkundung Weimars. Die 53 Zimmer von Standard bis zur Suite sind in freundlichen mediterranen Farben gehalten. Parken in der Tiefgarage. EZ 62–77 €, DZ 87–97 € inkl. Frühstück. Geleitstr. 8–12, ℡ 03643-49560, www.hotel-anna-amalia.de.

*** Hotel Am Frauenplan ❸❷, in ruhiger, zentraler Lage zwischen Goethe- und Schillerhaus am Frauenplan. Das Hotel garni im „von Bernstorff'schen Palais" und einem Neubau verfügt über 48 modern eingerichtete Zimmer. Das Auto parkt man für 6 € in der eigenen Tiefgarage. EZ 53–59 €, DZ 75–92 € inkl. Frühstück. Brauhausgasse 10, ℡ 03643-49440, www.hotel-am-frauenplan.de.

Mein Tipp **Hotel-Pension am Goethehaus** ❸❺, Papa Goethe wäre begeistert, könnte er hier wie die Gäste über den Dächern der Altstadt sitzen und das Flair Weimars genießen. In dem perfekt sanierten Haus in Nachbarschaft zum Goethehaus gibt es 18 geräumige Zimmer und zwei Ferienwohnungen in sanft getönter Ausstattung. EZ ab 69 €, DZ ab 85 € inkl. Frühstück, Fewo ab 130 €, Frühstück 9,50 €/Pers. Fahrrad- und Motorradstellplätze vorhanden. Parkplatz 7,50 €. Frauentorstr. 13, ℡ 03643-516879, www.pension-am-goethehaus.de.

Hotel Amalienhof ❹❶, gleich neben dem Goethehaus, Haus im klassizistischen Stil. Die

Das legendäre Hotel Elephant

Lilie, das Symbol des Biedermeiers, findet sich in der Innengestaltung wieder. Das Haus bietet diverse Arrangements, um Weimar auf besondere Weise zu erleben. EZ 70–85 €, DZ 95–135 € inkl. Frühstück. Kostenfreier Parkplatz. Amalienstr. 2, ℡ 03643-5490, www.amalienhof-weimar.de.

Hotel Fürstenhof ❹❸, familiengeführtes Stadthotel zwischen Bauhaus-Universität und historischem Friedhof. Von hier aus lassen sich alle Sehenswürdigkeiten schnell zu Fuß erreichen. Die mit Holz und hübschen Farbakzenten eingerichteten Zimmer haben zum Teil Blick auf den Park des Friedhofs. EZ 59–79 €, DZ 79–94 €, Apartment 89–154 € inkl. Frühstück. Rudolf-Breitscheid-Str. 2, ℡ 03643-833231, www.hotel-fuerstenhof-weimar.de.

Hotel Villa Hentzel ❹❹, in ruhiger Lage in der Nähe des Ilmparks, nur 1 km in die Innenstadt. 13 individuell eingerichtete, geschmackvolle Zimmer. Parkplätze vorhanden. EZ ab 70 €, DZ 85 € inkl. Frühstück. Bauhausstr. 12, ℡ 03643-86580, www.hotel-villa-hentzel.de.

Familienhotel Weimar ❸❽, das Haus mitten im historischen Zentrum wurde für seine ökologische Holzbauweise und sein Konzept ausgezeichnet. In elf Ferienwohnungen mit einem, zwei und drei Zimmern bekommt man Mama, Papa, Großeltern und Kids unter einen Hut. *Gretchens Restaurant & Café* serviert günstige Kindergerichte und gehobene internationale Küche für die Erwachsenen. Wohnung mit Küche und Balkon je nach Größe und Saison 75–260 €. Frühstück 13,80 €. Seifengasse 8, ☏ 03643-4579888, www.familienhotel-weimar.de.

Leonardo Hotel Weimar **46**, elegantes Haus mit einer lichtdurchfluteten Lobby und 294 Zimmern direkt am Ilmpark, in die Altstadt sind es 1,6 km. Ein großzügiger Wellnessbereich mit Pool und Sauna sorgt für Entspannung. EZ 63–121 €, DZ 83–141 € inkl. Frühstück. Belvederer Allee 25, ☏ 03643-7220, www.leonardo-hotels.com.

Comfort Hotel Weimar **2**, das Hotel garni am nördlichen Stadtrand bietet komfortable Zimmer zum günstigen Preis. Zur Innenstadt sind es 4 km. Zur Wahl stehen Classic-, Business- und Themen-Zimmer sowie eine Goethe-Suite. EZ 45–65 €, DZ 60–85 € inkl. Frühstück. Ernst-Busse-Str. 4, ☏ 03643-4550, www.weimar-hotel-comfort.de.

Hotel Kipperquelle **47**, in der Natur der Ilmaue, in der Nähe von Schloss Belvedere, ins Zentrum 3 km. Besonders Radtouristen schätzen den Service des Hauses: Abstellmöglich-keiten, Tankstelle für E-Bikes, Selbsthilfewerk-statt und ein Trockenraum für Kleidung und Ausrüstung stehen bereit. Die Zimmer sind in warmen Naturtönen eingerichtet. Es gibt zwei schöne Ferienwohnungen, Fahrradverleih und Yoga-Angebote. EZ 59 €, DZ 89 € inkl. Bio-Frühstück, Fewo mit 2 Pers. ab 260 € für zwei Nächte. Kippergasse 20, ☏ 03643-808888, www.kipperquelle-weimar.de.

Jugendherberge Am Poseckschen Garten **42**, in zentraler Lage. Das Haus hat 101 Betten in 2- bis 8-Bett-Zimmern, Du/WC auf den Etagen. Zertifizierte Bett & Bike-Unterkunft. Übernachtung 27,90–30,50 €/Pers. inkl. Frühstück, 36,90 € mit Vollpension. Humboldtstr. 17, ☏ 03643-850792, www.thueringen.jugendherberge.de.

Camping Campingplatz Ettersburg **3**, in die Natur eingebetteter Platz am Weimarer Ettersberg. Zum Schloss Ettersburg sind es nur wenige Fußminuten, zur Gedenkstätte Buchenwald 3 km, ins Zentrum Weimars 8 km. Ebenes Wiesengelände mit Büschen und Bäumen, Stellplätze für 30 Caravans und 30 Zelte. Shuttle-Service nach Weimar. Stellplatz + 2 Pers. 21,50 €. Geöffnet April bis Okt. Badteichweg 1, ☏ 03643-493494, www.camping-weimar.de.

Essen & Trinken → Karte S. 238/239

Gourmetrestaurant AnnA **28**, seit dem Wechsel des Sternekochs Johannes Wallner von Erfurt ins Hotel Elephant heißt das Restaurant AnnA. Die Küche interpretiert Anspruchsvolles auf Thüringer Art. Heimischer Wels, Schwarzfederhuhn oder Reh werden nun mit Liebstöckel, Kakao oder Blaubeeren zu raffinierten Gerichten mit dem Ziel, den Michelin-Stern für das AnnA zu verteidigen. Hauptgerichte ab 30 €. Reservierung empfohlen. Tägl. 12–22 Uhr. Markt 19, ☏ 03643-802639, www.restaurant-anna-amalia.com.

Weißer Schwan **36**, das gepflegt-rustikale Gasthaus, in dem schon Cranach und Goethe einkehrten, bietet Thüringer Speisen wie Rinderroulade mit Thüringer Klößen und feine vegetarische Gerichte. Auch Goethes Lieblingsgericht kann man hier kosten: gekochter Tafelspitz mit Frankfurter grüner Sauce. Tägl. 11–23 Uhr. Frauentorstr. 23, ☏ 03643-908751, www.weisserschwan.de.

Gasthaus Scharfe Ecke **11**, die „Kloßmarie" steht vor der Tür und lädt ein, die hausgemachten Klöße zu probieren, die – entweder pur mit Soße oder mit zartem Braten – lecker auf die Teller wandern. Das Lokal ist sehr beliebt, deshalb ist Reservierung ratsam. Di–So 11–14 und 17–23 Uhr. Eisfeld 2, ☏ 03643-202430.

Restaurant Alt Weimar **37**, die 1909 eröffnete Weinstube mit Jugendstilfenstern und holzgetäfelten Wänden war einst Szenetreff Weimarer Künstler, heute ist das Restaurant bei Liebhabern der gehobenen Küche eine beliebte Adresse. Gourmetkoch Andreas Scholz zaubert gehobene internationale Küche und fleischlose Genüsse. Reservierung empfohlen. Mi–So 18 bis 22 Uhr. Prellerstr. 2, ☏ 03643-86190, www.alt-weimar.de.

Zum schwarzen Bären **27**, Weimars ältestes Gasthaus befindet sich natürlich am Markt. 1540 wurde der Bär als Schänke und Herberge erbaut. Im rustikalen Inneren mit einem alten, grünen Kachelofen in der Stube sitzt man an Holztischen und genießt Thüringer Spezialitäten wie „Hüllerchen" (in Speck gebratene Klöße) und Rostbrätel. Abwechslung gibt es mit Fisch und Vegetarischem. Di–

So 11–22 Uhr. Markt 20, ☎ 03643-853847, www.schwarzer-baer.de.

MeinTipp **Jagemanns** ⑩, unter dem gemütlichen Gewölbe, auf der Terrasse am Herderplatz oder im schattigen Garten sitzt man bei jedem Wetter angenehm. Mit dem Angebot von Schwarzbiergulasch mit Kloß über Steinpilz-Safran-Risotto bis zur Gauchopfanne reisen die Geschmacksnerven einmal um die Welt, um zum Schluss mit einem Thüringer Tropfen auf Caroline Jagemann anzustoßen, der das Anwesen ab 1806 gehörte. Als Primadonna des Weimarer Hoftheaters und Mätresse von Herzog Carl August lebte sie ein aufregendes Leben. Tägl. 11–24 Uhr. Herderplatz 16, ☎ 03643-901200, www.jagemanns.de.

Gasthausbrauerei Felsenkeller ㊺, im Sudhaus, direkt neben den Braukesseln, sitzt man an der Quelle des süffigen Felsenkeller-Bieres. Pilsener, Schwarzbier, Weizen und diverse Saisonbiere werden hier gebraut und getrunken – oder im Biersiphon mit nach Hause genommen. In den deftigen Speisen spielt Bier ebenso eine Rolle wie im Eis mit Schwarzbiersirup. Die abwechslungsreiche Karte reicht von der Quinoa-Cranberry-Pfanne bis zum Bierkutscherschnitzel. Brauereiführung nach Anmeldung. Di–Do 17–22 Uhr, Fr 17–23 Uhr, Sa 11–24 Uhr, So 11–16 Uhr. Humboldtstr. 37, ☎ 03643-414741, www.felsenkeller-weimar.de.

MeinTipp **Weinbar Weimar** ㊴, in der modern, aber dennoch gemütlich gestalteten Weinbar Weimar und im idyllischen Sommergarten schenkt der Chef Philipp Heine an die 100 internationale Spitzenweine sowie Schaumweine und Spirituosen aus. Dazu mundet „Barfood" wie Tapas, Antipasti und Käse. Seit kurzem ist der Sternekoch Marcello Fabbri mit im Team und beschert mit seinen fantastischen 5-Gänge-Menüs (nur auf Vorbestellung, 68 €) unvergessliche Abende. Di–Sa ab 18 Uhr. Humboldtstr. 2, ☎ 03643-4699533, www.weinbar-weimar.de.

MeinTipp **Restaurant Erbenhof** ㉞, das Restaurant im ehemaligen Bernstorffschen Palais zeigt sich jung und modern, man sitzt in gemütlichen Sesseln, genießt köstliche Spezialitäten und lauscht der Pianomusik. Zu angemessenen Preisen kommt hier viel Regionales auf den Tisch: Wild aus Thüringer Wäldern, Fisch aus Thüringer Gewässern, Lamm aus eigener Zucht, Honig aus eigener Imkerei. Für die Nöte von Lebensmittelallergikern hat die Küche ein offenes Ohr. Reservierung empfehlenswert.

▲ Die Kloßmarie

▼ Restaurant Jagemanns

Mo–So 17–23 Uhr, Sa, So auch 12–15 Uhr. Brauhausgasse 10, ☏ 03643-4576715, www.erbenhof.de.

Residenz-Café 19, im ältesten Kaffeehaus Weimars gibt es mit Blick auf Schloss und Goethepark Frühstück für Morgenmuffel und Frühaktive. Mittags schmecken Pasta, Thüringer Gerichte und Veganes. Auch am Nachmittag ist das Café mit seinen Schlemmereien von Kuchen bis Eis ein beliebter Treffpunkt. Tägl. 8–23 Uhr. Grüner Markt 4, ☏ 03643-59408, www.residenz-cafe.de.

Ristorante Pomodoro 23, direkt neben dem Theater gelegen. Drinnen gediegen, draußen mit italienischem Piazza-Feeling speist man im Pomodoro leckere Pizza und Pasta sowie saisonal wechselnde Spezialitäten mit Trüffel, Spargel oder Wild. Auch auf einen Cappuccino oder ein Eis immer ein guter Platz. Tägl. 10.30–23.30 Uhr. Theaterplatz 1a, ☏ 03643-903209, www.ristorante-pomodoro-weimar.de.

mein Tipp **Café und Restaurant Frauentor 29**, hier kann man schon morgens Energie tanken. Ob französisch oder thüringisch, gelb oder blau, eilig oder genussvoll, die Frühstücksvarianten sind lecker (Frühstück 9–11 Uhr). Frische Kräuter und Gewürze geben den Suppen, Salaten, vegetarischen Speisen sowie Fleisch- und Fischgerichten Pep. Eine breite Palette an Kuchen und Torten aus eigener Konditorei, Kaffee- und Teespezialitäten locken viele Gäste an den gemütlichen Ort. Bei schönem Wetter sitzt man im Außenbereich mit bestem Blick auf Weimars schönste Flaniermeile. Tägl. 9–23 Uhr. Schillerstr. 2, ☏ 03643-511322, www.cafe-frauentor.de.

Crêperie du Palais 21, auf der Suche nach Alternativen zur allgegenwärtigen Thüringer Küche stößt man in der Nähe des Wittumspalais auf französische Lebensart. In der Crêperie gibt es wunderbare Entrées wie Salat mit Ziegenkäse oder Wachtelterrine auf Baguette, zum Sattwerden Elsässer Flammkuchen, leckere Galettes und als Dessert Crêpes in allen Variationen. Man sitzt très charmant an Bistrotischen und vor gut gefüllten Weinregalen. Neben französischem Cidre sind die hausgemachten Limonaden, z. B. Wassermelone-Kiwi, ein Sommerhit. Do–Mo 11.30–22 Uhr, Di, Mi 16–22 Uhr. Am Palais 1, ☏ 03643-401581, www.creperie-weimar.de.

mein Tipp **Café Wünsch Dir was 14**, in einer früheren Drogerie mit wandhohen Apothekerschränken ist nach liebevoller Sanierung ein einzigartiges Café entstanden. Hier kann man den ganzen Tag frühstücken und quatschen und Leute gucken und lesen und … Die Karte lässt keine Wünsche offen und man ist immer neugierig, ob man das versprochene Gold in seinem Essen findet. Erfrischen kann man sich mit hausgemachten Eistees, anregen mit feinen Weinen. Mo–Sa 9–18 Uhr, So 9–17 Uhr. Kaufstr. 20, ☏ 03643-4437417, www.cafe-wuensch-dir-was.de.

🍴 **ACC Galerie und Café-Restaurant 17**, das Autonome Cultur Centrum ist eine Künstlerkneipe mit Galerie – oder umgekehrt. Hier wird saisonale Küche frisch gebrutzelt. So bunt wie das künstlerische Angebot sind auch die Variationen der günstigen Tages- und Wochengerichte, mal ein Hauch Provence, mal eine Prise Orient und dann doch irgendwo auch eine Spur Weimar. Die Weine sind bio, die Lebensmittel stammen aus Öko-Betrieben und die Energie kommt vom eigenen Kollektor auf dem Dach. Tägl. 11–24 Uhr. Burgplatz 1, ☏ 03643-851161, www.acc-cafe.de.

Nachtleben   → Karte S. 238/239

Studentenclub Kasseturm 6, 1960 haben Studenten der Bauhochschule Weimar den Club als Treffpunkt eingerichtet, heute gibt es hier abwechslungsreiche Musik-Events. Das Kellergewölbe dient als Kneipe. Goetheplatz 10, www.kasseturm.de.

C. Keller & Galerie 26, als Ort der Kommunikation dient die Teestube (tägl. 19–23 Uhr). Die Bar im C-Keller öffnet tägl. ab 22 Uhr, hier legen diverse DJs auf, montags gastieren Livebands. *Galerie* mit Kunstausstellungen im monatlichen Wechsel. Galerie Markt 21, www.c-keller.de.

Beatcorner 4, die Musikkneipe und Bar lässt das Flair der 1960er und 70er aufleben. Aufs Ohr gibt es die Musik der Beatlegenden bei Discoabenden. Auch Livekonzerte. Carl-von-Ossietzky-Str. 42, www.beatcorner.de.

Umgebung von Weimar

Die adlige Gesellschaft Weimars vertrieb sich gerne die Zeit auf Landgütern und Landschlössern. So finden sich in der Umgebung Weimars einige Sehenswürdigkeiten, die einen Besuch lohnen. Den historischen Kontrapunkt setzt das Konzentrationslager Buchenwald im Norden der Stadt.

Schloss Tiefurt

Das ehemalige Pächterhaus für ein großherzogliches Kammergut 3 km östlich der Stadt ließ Carl Augusts jüngerer Bruder Prinz Friedrich F. Constantin ab 1776 zu seinem Wohnsitz ausbauen. Das Landschlösschen umgibt ein englischer Landschaftspark, den Anna Amalia ab 1781 u. a. mit einem Mozart-Denkmal, dem Herderstein, einem Musentempel, einem Teehaus und einem Kenotaph für ihren früh verstorbenen Sohn Constantin ausgestalten ließ. Mit ihren Tiefurter Gesellschaften boten die Sommermonate gesellschaftliche Abwechslung. Die Innengestaltung mit Skulpturen und Gemälden nimmt Bezug auf die Italienreise Anna Amalias. Außerdem sieht man wertvolle Porzellane aus China, Meißen, Kopenhagen, Fürstenberg und Wien. Einen täuschend echten Eindruck höfischer Genüsse vermitteln die Schaugerichte aus Wachs und Papiermaché in der „Kalten Küche".

■ März bis Okt. Di–So 11–17 Uhr, Eintritt 6,50 €. Hauptstr. 14, Weimar-Tiefurt, ☎ 03643-545400, www.klassik-stiftung.de.

Schloss Ettersburg

Anfang des 18. Jh. baute Herzog Wilhelm Ernst das Jagdschloss Ettersburg am Nordrand des Ettersberges. Anna Amalia hielt dort ihr sommerliches Hoflager ab und scharte ihren Künstlerkreis mit Goethe, Herder, Wieland und anderen um sich. Goethes „Iphigenie auf Tauris" mit ihm in der Rolle des Orest wurde hier uraufgeführt. Im 19. Jh. unter Großherzog Carl Alexander wurde das Schloss für Liszt, Andersen oder Hebbel wieder ein Ort der künstlerischen Begegnung. Heute ist das Schloss eine Tagungsstätte des Bildungswerks BAU Hessen-Thüringen. Beim Pfingst-Festival und in der regelmäßigen Kulturreihe sind namhafte Künstler bei hochkarätigen Konzerten, Lesungen, Ausstellungen und Diskussionsveranstaltungen zu erleben. Das *Hotel* (EZ 72 €, DZ ab 81 €, Frühstück 15 €, ☎ 03643-7428420) und das *Restaurant* runden die Möglichkeiten ab, das Schloss kennenzulernen.

■ **Schlossführungen**: Termine auf der Webseite, Anmeldung ☎ 03643-7428420. Am Schloss 1, Ettersburg, www.schlossettersburg.de.

Gedenkstätte KZ Buchenwald

Es war eine Maschinerie des Grauens. 10 km nordwestlich von Weimar errichteten die Nationalsozialisten ab 1937 mit dem KZ Buchenwald das größte Konzentrationslager innerhalb des Deutschen Reichs. Insgesamt 250.000 Menschen waren auf dem Ettersberg und in den 136 Außenlagern inhaftiert. Über 56.000 Menschen aus ganz Europa starben hier an Folter, an medizinischen Experimenten, an Auszehrung unter härtesten Bedingungen der Zwangsarbeit, an der Willkür der SS-Männer. Als Ort des Erinnerns und der Mahnung will die Gedenkstätte KZ Buchenwald dazu beitragen, dass die Geschehnisse an diesem Ort nicht vergessen werden.

Auf der riesigen Freifläche können markante Gebäude des Lagers wie Torgebäude, Arrestbunker, Wachtürme, Häftlingskantine und Krematorium besichtigt werden. Die Umrisse der einstigen Baracken sind mit Steinen

Städte entlang der Via Regia → Karte S. 160/161

Tod und Vernichtung – das KZ Buchenwald

„Nichts hat mich je so erschüttert wie dieser Anblick." Mit diesen Worten beschreibt Dwight D. Eisenhower, Oberbefehlshaber der alliierten Streitkräfte, das Grauen, das die Amerikaner erfasst, als sie am 11. April 1945 das KZ Buchenwald erreichen. Die Uhr über dem Lagertor steht auch heute noch auf 15.15 Uhr, dem Zeitpunkt der Befreiung. Für Zehntausende kommt dieser Moment zu spät.

Die Befreiung Buchenwalds erlebt der seit 1944 im so genannten Kleinen Lager internierte jüdische Schriftsteller Fischel Libermann (1908–2001) schwer erkrankt mit. In seiner Reflektion schreibt er: „Freunde sagen mir: Es ist eine Gnade Gottes, dass du dem Tod entgangen bist. Soll ich mich dafür bedanken, dass meine Frau, meine beiden Kinder, meine Eltern und Geschwister vergast wurden und er mich am Leben lässt? Soll ich mich etwa auch noch beim barmherzigen Gott bedanken, dass er die Täter am Leben ließ? Wen soll ich anklagen?"(Biografien und Äußerungen ehemaliger Häftlinge unter www.buchenwald.de)

Im Juli 1937 beginnt die SS mit dem Bau des Konzentrationslagers Buchenwald vor den Toren Weimars. Hier werden u. a. politische Gegner, Juden, Sinti und Roma, Homosexuelle, Wohnungslose, Zeugen Jehovas und Vorbestrafte interniert. Nach Kriegsbeginn werden Menschen aus ganz Europa nach Buchenwald verschleppt. Der Bruch mit politischen und moralischen Grundwerten, wie er in Nazi-Deutschland für viele zur Norm wurde, findet seinen Ausdruck in der blutrot gestrichenen Torinschrift des KZs Buchenwald: „Jedem das Seine". Der auf Gerechtigkeit abzielende römische Rechtsgrundsatz wurde hier zynisch ins Gegenteil verkehrt. Zum System der Entwürdigung gehören die täglichen Appelle. Mit Blick auf diese Inschrift und auf den gefürchteten Arrestzellenbau müssen die Inhaftierten marschieren, Mützen herunterreißen oder stundenlang singen. Sie müssen mit ansehen, wie Mitgefangene ausgepeitscht oder erhängt werden.

1938 lässt man die Häftlinge eine Zufahrtstraße bauen, die „Blutstraße". 1943 wird eine 10 km lange Bahnverbindung zwischen Weimar und Buchenwald errichtet. Sie versorgt die Gustloff-Werke, eine Waffenfabrik direkt neben dem KZ, in der etwa 4500 Häftlinge arbeiten müssen. Über den Bahnhof Buchenwald wird ab 1944 der Transport von etwa hunderttausend Häftlingen abgewickelt, die hier ankommen oder auf Vernichtungstransporten nach Auschwitz deportiert werden. Mit Auflösung der KZs in Polen wird Buchenwald zum Auffanglager. Tausende werden von hier aus auf Todesmärsche in andere Lager wie KZ Mittelbau-Dora (S. 303) oder das KZ Dachau geschickt.

Nach der Befreiung ist das Sterben in Buchenwald nicht vorbei. Ab August 1945 bis Februar 1950 führt der sowjetische Sicherheitsdienst das Lager weiter. Im Sowjetischen Speziallager Nr. 2 Buchenwald werden u. a. lokale Funktionsträger der NSDAP, Jugendliche und Denunzierte interniert. Von 28.000 Insassen sterben über 7000. Bei den Massengräbern entsteht 1958 die Nationale Mahn- und Gedenkstätte der DDR. Die Existenz des Speziallagers Nr. 2 aber wird bis 1989 verschwiegen.

markiert. Eine Dauerausstellung ist im historischen „Kammergebäude" zu sehen, dem Ort, wo die Häftlinge all ihre Habe abgeben mussten und mit Lagerkleidung eingekleidet wurden. Die Ausstellung erläutert mit Dokumenten, Fotos und Interviews die Geschichte des Lagers und zeigt, wie die nationalsozialistische Politik der Ausgrenzung und Entwürdigung in der deutschen Gesellschaft in den Jahren 1937 bis 1945 verankert war. Erstmals werden hier Erinnerungsstücke von früheren Häftlingen und ihren Angehörigen gezeigt, die den Einzelschicksalen Gestalt geben.

In der ehemaligen „Desinfektion" sind rund 200 Kunstwerke von Häftlingen und zeitgenössischen Künstlern zu sehen.

Gegenüber einem Gräberfeld kann man sich in einer Dauerausstellung über das *Sowjetische Speziallager Nr. 2* informieren; unter diesem Namen führte der sowjetische Sicherheitsdienst bis Februar 1950 das Lager Buchenwald weiter. Die Geschichte der Gedenkstätte von 1945 bis zur Neukonzeption in den 1990er-Jahren wird in einem Gebäude nahe der Mahnmalsanlage dargestellt. Das am Hang in Richtung Weimar gelegene gewaltige Mahnmal ist im Stil des Sozialistischen Realismus errichtet. Im „Turm der Freiheit" schlägt eine Glocke von Waldemar Grzimek. Die Figurengruppe zu Ehren des Widerstandskampfs unterhalb des Turms ist ein Werk von Fritz Cremer.

▪ **Außenanlagen:** Ganzjährig täglich bis Einbruch der Dunkelheit. **Museen:** April bis Okt. Di–So 10–18 Uhr, Nov. bis März Di–So 10–16 Uhr. **Dokumentarfilm:** Vorführung des 30-minütigen Films mehrmals täglich im Saal der Besucherinformation. **Führungen** für Einzelbesucher ganzjährig von April bis Okt. Di–So stündlich 10.30–14.30 Uhr. ☎ 03643-430200, www.buchenwald.de.

Wielandgut Oßmannstedt

Der angesehene Schriftsteller Christoph Martin Wieland (1733–1813) wirkte seit 1772 als Lehrer von Carl August am Weimarer Hof Anna Ama-

Das Tor zum KZ Buchenwald

lias. Im Jahr 1797 kaufte er das 10 km nordöstlich von Weimar liegende Gut Oßmannstedt, wohin er sich als „poetischer Landjunker" mit seiner Familie zurückzog. Hier traf er sich mit Goethe, dem Ehepaar Herder, den Geschwistern Brentano, Jean Paul und Heinrich von Kleist. 1803 verkaufte er das Haus wieder und zog zurück nach Weimar, doch wurde er seinem Wunsch gemäß 1813 im Gutspark beigesetzt. Sein Grabmal mit dem Obelisken sowie die Gräber seiner Ehefrau Anna Dorothea und Sophie Brentano sind zu sehen. Im *Wieland-Museum* mit Möbeln und Interieur aus Wielands Besitz erhält man Einblick in Leben und Wirken des Dichters.

▪ März bis Okt. Di–So 11–17 Uhr, im Winter geschlossen. Eintritt 4,50 €. Gutspark ganzjährig frei zugänglich. Wielandstr. 16, Oßmannstedt, ☎ 03643-545400, www.klassik-stiftung.de.

Wasserburg Kapellendorf

Etwa 12 km östlich von Weimar liegt in einer Talniederung das Dorf Kapellenburg, dessen beeindruckende Wasserburg einen Besuch wert ist. Im Jahr 833 wird der kleine Ort erstmals erwähnt und ist damit einer der ältesten Thüringens. Im 12. Jh. wurde die Burg der Grafen von Kirchberg erbaut und mit einem Wassergraben umgeben. Viele Teile der ehemaligen Kernburg sind erhalten geblieben, wie der Wohnturm, der Bergfried und der Küchenbau. Im Jahr 1806 war die Burg während der

Schlachten bei Jena und Auerstedt Hauptlager der preußischen Truppen. Im *Burgmuseum* sind neben einer Ausstellung zur Geschichte der Burg auch Wechselausstellungen zu sehen.

■ Di–So 10–12 und 13–17 Uhr, Eintritt 4 €. Am Burgplatz 1, www.thueringerschloesser.de.

Schloss Belvedere

In der Verlängerung des Parks an der Ilm führt die Belvederer Allee zum gut 4 km südlich von Weimar gelegenen Rokokoschloss Belvedere. Herzog Ernst August ließ diese herrliche Sommerresidenz von 1724–48 erbauen. Das großzügige Ensemble mit Kavaliershäuschen und Orangerie ist von einer 43 Hektar großen Parkanlage umgeben, in der man herrlich spazierengehen kann. Nach 1775 führten Herzog Carl August und Goethe botanische Studien durch, woraus nach und nach ein botanischer Garten mit rund 7900 heimischen und ausländischen Pflanzenarten erwuchs. Sein Sohn Carl Friedrich ließ für seine Gattin, die russische Großfürstin Maria Pawlowna, den so genannten Russischen Garten anlegen. Zwischen 1815 und 1830 wurde der Garten in einen Park nachklassisch-romantischer Prägung mit geschlängelten Wegen, Schmuckplätzen und Parkarchitekturen umgewandelt.

Im Schloss sind als exquisite Ergänzung der reichen Innendekoration Ausstellungsstücke des *Museums für Kunsthandwerk* zu sehen. Schwerpunkt des Museums ist die Sammlung herzoglichen Porzellans und Glases, darunter Meissen, Königliche Porzellanmanufaktur Berlin, Manufaktur Fürstenberg und Kaiserliche Manufaktur St. Petersburg. Im Erdgeschoss sind Ausstellungen zur Gartenkultur und eine Jagdwaffensammlung aus dem 18. Jh. zu sehen.

■ **Schloss:** März bis Okt. Di–So 11–17 Uhr, Eintritt 6,50 €. **Orangerie:** Dez. bis Febr. Fr–So 11–16 Uhr, März/April Fr–So 11–17 Uhr, Eintritt 2,50 €. **Park:** ganzjährig frei zugänglich. ☎ 03643-545400, www.klassik-stiftung.de.

Thüringer Freilichtmuseum Hohenfelden

Am Ostrand der kleinen Gemeinde Hohenfelden südwestlich von Weimar lädt das Freilichtmuseum Hohenfelden zu einer Reise in die Vergangenheit ein. 35 historische Gebäude aus verschiedenen Thüringer Dörfern wurden hierher umgesetzt und originalgetreu eingerichtet. Hier erfährt man, wie im 18. Jh. auf dem Bauernhof Brot gebacken wurde, wie die Bockwindmühle Mehl mahlte, wie der Schuster arbeitete und wie es im Klassenzimmer einer Dorfschule zuging. Zahlreiche Veranstaltungen beleben die historischen Gebäude.

■ April bis Okt. tägl. 10–18 Uhr, Nov. bis Dez. Mi–So 11–17 Uhr, Jan. bis März Sa/So 11–17 Uhr. Eintritt 6 €. Am Eichenberg 1, Hohenfelden, ☎ 036450-30285, www.freilichtmuseumhohenfelden.de.

Freizeitpark Hohenfelden

Rund um den in den 1960er-Jahren angelegten Stausee Hohenfelden hat sich ein Freizeitpark mit vielfältigen Aktivitäten etabliert. Hier verbringen Erfurter und Weimarer gerne ihre Freizeit und Angler hoffen auf guten Fang. Am Sandstrand des Strandbads kann man hüllenlos oder textil schwimmen und relaxen. Eine 30 m lange Wasserrutsche, ein Abenteuerspielplatz, Bootsverleih und Beachvolleyball-Anlage sorgen für Abwechslung. Wellness-Fans finden in der *Avenida-Therme* einen großen Erlebnisbadbereich mit vier Rutschen und eine Saunalandschaft im mallorquinischen Stil. Im *Aktivpark* erfreuen sich Klein und Groß an Bogenschießen, Adventure-Golf oder auf dem Bungee-Trampolin. Der Kletterwald mit 118 Kletterelementen hoch in den Baumkronen sorgt für den Adrenalinkick. Kleine Besucher können im Spaß-Parcours üben.

■ **Allgemeine Infos:** www.erlebnisregionhohenfelden.de. **Therme:** ☎ 036450-4490, www.avenida-therme.de. **Aktivpark:** ☎ 036450-28666, www.aktivpark-hohenfelden.de.

Übernachten/Essen Einkehr zur alten Pfarre, rustikal ist nicht nur die Einrichtung im einstigen Pfarrhof des Freilichtmuseums Hohenfelden. Die Küche wartet mit besonderen Thüringer Schmankerln auf. Für den Schwarzbacher Mutzbraten wird Schweinefleisch in „Raubritterbier" mariniert und auf Birkenholzfeuer geschmort. Dazu gibt es das süffige Museumsbier, das in der alten Brauerei gebraut wird. Di–So 11.30–18 Uhr. Im Dorfe 16, ☎ 036450-43769, www.museumsgaststaette-hohenfelden.de.

Bella Vista Seeterrassen Hohenfelden, im Restaurant hat man von der Außenterrasse wie vom verglasten Innenbereich einen wunderbaren Blick über den See. Italienische und deutsche Leckerbissen kitzeln den Gaumen. Mo–Do 11–22, Fr/Sa 11–23, So 11–22 Uhr. Am Stausee 2, ☎ 03 6450-42397, www.bellavista-hohenfelden.de.

Mein Tipp ****** Campingplatz Hohenfelden,** Komfort-Stellplätze für Caravans und Wohnmobile auf Rasenparzellen zwischen hohen Bäumen, ausreichend Platz auf ebener Wiese für Zelte sowie 35 Ferienhäuser und Bungalows. Modernes Sanitärgebäude mit barrierefreier Dusche/WC, Mutter-Kind-Bad, Küche, Waschmaschinenraum. Stellplatz + 2 Pers. 13,50–22,50 €, Hütten ab 50 €. Duschgebühr 1 €. An Ostern, Himmelfahrt, Pfingsten und in den Ferien Caravanplätze besser reservieren. Ganzjährig geöffnet. Freizeitpark Stausee Hohenfelden, ☎ 036450-42081, www.campingplatz-hohenfelden.de.

Schloss Kochberg

Das Wasserschloss in Großkochberg ist 30 km von Weimar und 12 km von Rudolstadt entfernt. Im 18. Jh. ließ sich die Familie von Stein das Renaissanceschloss als Landsitz ausbauen. Berühmt wurde das Schloss durch mehrere Besuche Johann Wolfgang von Goethes, der sich hier mit seiner Geliebten und engen Vertrauen Freifrau Charlotte von Stein traf. Einige Daten seiner Besuche verewigte Goethe in einem Schreibschrank, der heute noch zu sehen ist. Das originale Interieur mit Möbeln und Kunstwerken lässt diese Zeit wiederaufleben.

Einzigartig ist das *Liebhabertheater*, das Charlottes Sohn Carl um 1800 neben dem Schloss errichten ließ. Das klassizistische Theater mit einem Säulenportikus wird von Mai bis Oktober vom Verein „Liebhabertheater Schloss Kochberg" bespielt. In dem kleinen Saal mit von Hand marmorierten Papiertapeten werden Schauspiele und Opern aus Barock, Klassik und Romantik für Kinder und Erwachsene gespielt und Konzerte gegeben. Einen Besuch wert ist auch der *Landschaftspark* mit prächtigen alten Bäumen, Wasserlauf, Turmruine und Grotte. Hier finden sich bunte Blumenrabatten und romantische Winkel wie das Badehäuschen am Weiher.

▪ **Schloss:** Sommer Mi–Mo 10–18 Uhr, im Winter geschlossen; Eintritt 4,50 €. Parkplatz am Ortsausgang Richtung Engerda. www.klassik-stiftung.de. **Liebhabertheater:** Saison von Mai bis Okt., Kartenbestellung ☎ 03647-22532. Im Schlosshof 3, Großkochberg, www.liebhabertheater.com.

Übernachten/Essen Schlossrestaurant Kochberg, hier werden Spezialitäten mit Zutaten aus der Schlossgärtnerei, vom eigenen Wildhändler und regionalen Anbietern zubereitet. Empfehlenswert sind die Wildspezialitäten und natürlich Goethes Leibgericht: Tafelspitz vom Kalb mit grüner Soße. Reservierung erwünscht. Geöffnet ab dem letzten Sonntag im März Mi–Mo ab 10 Uhr. ☎ 036743-254210, www.schlossrestaurant-kochberg.de.

Spa & Golf Resort Weimarer Land, wer Kultur und Wellness verbinden möchte, ist hier in Blankenhain richtig. In dem zum Nobel-Hotel umgewandelten ehemaligen Gutshof Krakau wohnt man in 94 Zimmern oder in Suiten mit exklusiven Landhausmöbeln sowie Blick auf den historischen Innenhof oder den „Goethe-Course". Entspannen kann man im 2500 m² großen exquisiten Wellnessbereich, wo Weimarer Kräuter ihre Wirkung entfalten. Für Kinder gibt es ein großes Spielhaus zum Toben. Auf Aktive warten die 36 Loch-Golfanlage in herrlicher Natur, Schwimmbecken im Innen- und Außenbereich und ein Sport-Programm von Pilates bis Aqua-Fit. Das *Restaurant Augusta* verwöhnt mit gehobener Cuisine, im *Restaurant Masters* wird mediterrane, frankophile Küche mit regionalen Produkten serviert. EZ 169–259 €, DZ 239-329 € inkl. Frühstück. Weimarer Str. 60, Blankenhain, ☎ 036459-61640, www.golfresort-weimarerland.de.

Beschaulich geht es am Markt in Apolda zu

Apolda

20 km nordöstlich von Weimar erreicht man die in einer Senke gelegene Kreisstadt mit gut 22.000 Einwohnern. Im Stadtkern vereini-
gen sich Ilm und Krebsbach, bis zum höchstgelegenen Stadtteil
überwindet man einen Anstieg von 110 m.

Der Name Apolda leitet sich vermutlich
vom Althochdeutschen „affoltra",
Apfelbaum, ab. Und der Apfelbaum
ziert nicht nur das Stadtwappen, sondern auch die idyllischen Obstwiesen
im Umkreis. 1119 wird „Apollde" urkundlich erwähnt und hat ab 1289
Stadtrechte. Im 16. Jh. erscheint erstmals der Name „David der Strickermann", dem heute ein Brunnen am
Schulplatz gewidmet ist. Strickermann
lehrte die Apoldaer das Strumpf-
stricken mit fünf Nadeln und legte damit den Grundstein für die Strick- und
Wirkwarenindustrie, die der Stadt
Wohlstand und den Beinamen „Thüringisches Manchester" bescherte. Seit
1722 werden in Apolda auch Glocken
gegossen, die für weltweite Bekannt-

heit sorgten. Hundefreunden ist die
Stadt ein Begriff als Herkunftsort des
Dobermanns.

Auch die Namen „Apollo" und „Pic-
colo" sind eng mit der Stadt verknüpft:
Zwischen 1904 und 1928 werden die
Automobile der Firma Ruppe und Sohn
produziert, die besonders im frühen
Autorennsport von sich reden machen.
Daran knüpft das alljährlich am ersten
Juniwochenende stattfindende *Oldtimer-Treffen* an. Temporeich geht es
seit den 1960ern zu bei den *Motocross-
Rennen*, beschaulich bei der *Biermont-
golfiade*, bei der im zweijährigen Turnus Heißluftballons in den Himmel
steigen. Der Zuschnitt einer Industriestadt prägt das Stadtbild: Nur das kleine, mittelalterliche Zentrum ist verwin-

kelt, ansonsten wirken die Straßen wie mit dem Lineal gezogen. Die Eisenbahn führt seit 1846 über ein 95 m langes und 23 m hohes, zweigeschossiges Viadukt. Vom stolzen Wohlstand im 19. Jh. erzählen Villen aus Gründerzeit und Jugendstil. Durch die Gestaltungsmaßnahmen der Landesgartenschau 2017 verbindet ein Grüngürtel die Bahnhofsvorstadt mit der Herressener Promenade.

Stadtrundgang

Den Marktplatz dominiert das *Rathaus* im Stil der Renaissance, das im Lauf seiner Geschichte vielfach umgebaut und erweitert wurde. Gesäumt von hübschen Patrizierhäusern ist der Platz die „gute Stube" Apoldas. Durch die Schleiergasse geht es zum neu gestalteten *Brauhof*. Hier fällt das 18 Glocken umfassende Glockenspiel an der Rückseite des Stadthauses ins Auge. Es wurde 1999 beim „Ersten Weltglockengeläut" eingeweiht und ist täglich um 9.55, 11.55 und 16.55 Uhr mit zwei Melodien zu hören.

Über die Straße „Unterm Schloss" erreicht man auf einer kleinen Anhöhe das **Schloss Apolda**, das seit dem 12. Jh. über die Stadt wacht. Heute dient die Vierflügelanlage als Kulturzentrum, hier gibt es Konzerte, Ausstellungen und Kleinkunstveranstaltungen. Von der Straße „Am Brückenborn" erreicht man nach wenigen Schritten den *Alexander-Puschkin-Platz* mit einem Denkmal zu Ehren des Verlegers Christian Zimmermann, dem die Stadt den Aufschwung der Textilindustrie an der Wende zum 19. Jh. verdankt. In der Teichgasse wird mit zwei spielenden Bronze-Hunden, dem *Dobermanndenkmal*, an Friedrich Louis Dobermann erinnert, der im 19. Jh. in Apolda die Dobermann-Zucht begann. Über den Lindenberg gelangt man zum *Melanchthonplatz* mit der Lutherkirche. Von hier aus ist es nur einen Häuserblock weit zur *Bahnhofstraße*, an der sich die Museen der Stadt reihen.

Die „Frau mit Dobermann" an der Herressener Promenade

Lutherkirche: Der neugotische Backsteinbau mit üppigen Ornamenten und einem fast 80 m hohen Turm ist das Wahrzeichen Apoldas. Mit dem Wachstum der Stadt im Zuge des industriellen Aufschwungs war die romanische Martinskirche in der Ritterstraße zu klein geworden. Am 300. Todestag Martin Luthers 1846 gründet sich der Luther-Verein, der die nötigen Gelder sammelte und den 1890 begonnenen Kirchenbau finanzierte. Die nach Plänen von Kirchenbaumeister Johannes Otzen am Melanchthonplatz erbaute Kirche wurde 1894 als neue Stadtkirche geweiht. Innen finden sich Skulpturen von Hermann Kokolsky und Wilhelm Haverkamp, Ausmalungen von Otto Berg, farbige Glasfenster aus der Werkstatt von Maximilian Auerbach sowie eine Sauer-Orgel mit 48 Registern.

Glocken- und Stadtmuseum: In diesem Haus klingen dem Besucher die Ohren. Das Anschlagen der zahlreichen ausgestellten Glocken aus aller Welt ist ausdrücklich erwünscht, denn der unterschiedliche Klang vermittelt die jahrhundertealte Kunst der Glockenherstellung auf besondere Weise. Die Bedeutung der Glocke von der Antike bis heute wird in der Ausstellung ebenso beleuchtet wie die Apoldaer Glockentradition. 1722 begründete der Glockengießer Johann Christoph Rose hier mit seiner Werkstatt ein blühendes Gewerbe; erst 1988 musste die letzte Glockengießerei schließen.

Die *stadtgeschichtliche Ausstellung* im Erdgeschoss informiert über den Hauptwirtschaftszweig Apoldas, die Wirk- und Strickindustrie. Mehr als 400 Jahre lang arbeitete die Bevölkerung „in der Wolle" oder „für die Wolle" – von der Schafzucht über Spinnerei und Textilherstellung bis hin zum Transport. Bis zur Wiedervereinigung waren Apoldaer Textilien sehr gefragt, heute sind nur noch einige Kleinbetriebe übriggeblieben. Zu sehen sind Spulmaschinen, Webstühle, Textilien und historische Dokumente.

■ Di–So 10–17 Uhr, Eintritt 4 €. Bahnhofstr. 41, ☎ 03644-5152570, www.glockenmuseum-apolda.de.

Kunsthaus Apolda Avantgarde: In einer Fabrikantenvilla im italienischen Landhausstil wurde 1995 das Kunsthaus mit der Ausstellung „Max Liebermann und Lovis Corinth" eröffnet. Seitdem lädt der Kunstverein „Apolda Avantgarde" zu Begegnungen mit Meisterwerken der Moderne und namhaften zeitgenössischen Künstlern Thüringens ein. Berühmte Namen wie Picasso, Matisse oder Lehmbruck waren ebenso dabei wie Künstler des Bauhauses.

■ Di–So 10–17 Uhr, Eintritt 6 €. Bahnhofstr. 42, ☎ 03644-515364, www.kunsthausapolda.de.

Museumsbaracke Olle DDR: In diesem Museum wird die Ostalgie gefeiert. In der Baracke der früheren Kreisverwaltung Apolda wurden Erinnerungsstücke zusammengetragen, die an den Alltag in der DDR erinnern: Sandmännchen und Trabbi, Honecker-Portrait und Wimpel. Detailreich wurden ganze Lebensräume mit über 12.000 Exponaten nachgebaut – vom Kinderzimmer bis zum Behandlungsraum beim Zahnarzt. Eine Stippvisite in der Vergangenheit zum Schmunzeln und Nachdenken.

■ April bis Okt. Di–So 10–18 Uhr, Nov. bis März Di–So 10–17 Uhr, 3 €. Bahnhofstr. 42, ☎ 03644-560021, www.olle-ddr.de.

Praktische Infos

Information Touristinformation, Markt 1, ☎ 03644-650100, www.apolda.de.

Verbindungen Regelmäßig Regionalzüge ab Bahnhof Apolda, regelmäßig Busse innerorts und in die Region ab Busbahnhof bzw. Bahnhof, www.pvg-weimarerland.de.

Parken Viele innenstadtnahe Parkplätze, z. B. auf dem Parkplatz Bahnhofstraße, an der Straße des Friedens, im Parkhaus an der Stadthalle.

Baden Hallenbad mit Sauna (Leutloffstr. 1a), **Freibad** geöffnet von 15. Mai bis 15. Sept. (Am Sportpark 3), ☎ 03644-564245, www.sportpark-apolda.de.

Fahrradfahren In leichtem Gelände geht es auf dem Ilmtal-Radweg nach Weimar oder Bad Sulza, www.ilmtal-radweg.de.

Fahrradreparatur Radshop Thomas Onißeit, Herressener Str. 5, ☎ 03644-564348, www.radshop.net. **Radwelt Apolda**, Könignstr. 19, ☎ 03644-554877, www.radwelt-apolda.de.

Spezialitäten Der „Schwarze Esel" ist ein malzaromatisches, süffiges Schwarzbier der Apoldaer Brauerei.

Veranstaltungen Mitte Mai werden die Brunnen geschmückt und beim Bornfest der Brunnenmeister gekürt. Am ersten Juniwochenende tuckern beim Apoldaer Oldtimer-Treffen junge und alte Schnauferl durch Stadt und Landkreis. 14 Tage nach Pfingsten wird das Parkfest mit Karussell- und Budenbetrieb gefeiert. Ende Juni locken der Apoldaer Biersommer und ein Bodypaintingcontest in die Vereinsbrauerei Apolda.

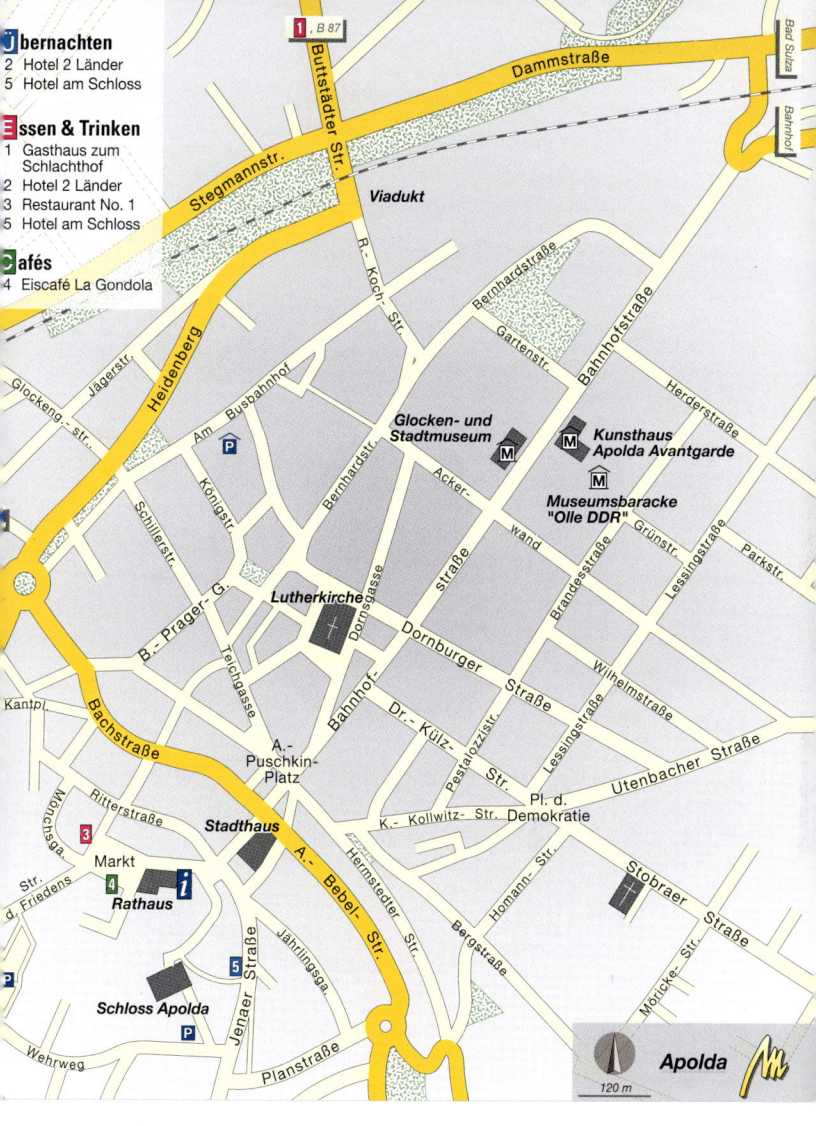

Bei der **Modenacht** am ersten Samstag im Juli wird der Marktplatz zum Laufsteg. In den mehrstündigen Schauen werden Kollektionen von Strickbetrieben aus Apolda und der Region sowie jungen Modedesignern und Studenten aus ganz Europa präsentiert.

Am letzten Septemberwochenende gibt es beim **Apoldaer Zwiebelmarkt** den größten Jahrmarkt der Stadt, dann wird traditionell das Bockbier angezapft. Ende November entfaltet der illuminierte Markt beim **Lichterfest** ein besonderes Flair.

Wandern Auf der **Ringpromenade** (10 km, weiß-rot-weiße Markierung) lässt sich Apolda auf Schusters Rappen erkunden. Besonders schön ist die landschaftlich reizvolle Wanderung, die durch den Apfelbachgrund führt, zur Zeit der Apfelblüte. Start ist an der unter

Landschaftsschutz stehenden Schötener Promenade, www.apolda.de.

Übernachten/Essen   Hotel 2 Länder 🄋, ansprechende Möblierung und viel Platz bieten die teils mit Balkon/Terrasse ausgestatteten Zimmer. Wer mit dem Elektro-Auto anreist, kann sein Fahrzeug kostenlos laden. DZ 83–100 € inkl. Frühstück. Das *Restaurant* tischt frische, saisonale Küche auf. Erfurter Str. 31, ☏ 03644-50220.

**** Hotel am Schloss 🄎, ruhig und zentral am Fuße des Apoldaer Schlosses gelegen. 112 geräumige, gemütlich eingerichtete Zimmer. Kinder freuen sich über das Spiel-Schloss im Garten. Regelmäßig finden Lesungen und Weinabende statt. EZ 74-84 €, DZ 94-104 € inkl. Frühstück. Im *Restaurant* gibt es Thüringer und mediterrane Küche. Mo–Sa 11.30–14, So–Do und 18–21 Uhr. Jenaer Str. 2, ☏ 03644-5800, www.hotel-apolda.de.

Eiscafé La Gondola 🄐, Luca Danieli ist ein „echter Italiener", deshalb gibt es in seiner Manufaktur feines Eis mit tollen Sorten wie Sanddorn oder Bianco & Nero, wunderbare Eisbecher und leckere Kaffeespezialitäten. April bis Okt. Mo–Fr 10–18.30, Sa/So 11–18.30 Uhr, Nov. bis März Di und Do 11.30–18, Mi und Fr 10–18 Uhr, Sa/So 13–18 Uhr. Markt 2, www.esenti.de.

Mein Tipp **Restaurant No. 1** 🄌, in dem historischen Gebäude einer früheren Apotheke, in einer kleinen Gasse am Markt, hat sich ein „loungiges" Lokal etabliert. Hier gibt es moderne Küche mit mediterraner Note, viele Salat-Variationen, frische Bruschetta und hausgemachtes Parfait. Die Getränkekarte setzt auf Heimisches, von Apoldaer Bier bis Saale-Wein. Mo–Sa 17–23 Uhr. Apothekergässchen 1, ☏ 03644-555637, www.no1-apolda.de.

Gasthaus zum Schlachthof 🄋, selbstredend steht hier der Fleischgenuss im Mittelpunkt, zubereitet auf Thüringer oder texanisch-mexikanische Art, vom Lavasteingrill oder aus der Pfanne, aber es gibt auch Gemüsegerichte. Mo–Mi, Fr und So 11.30–14 und ab 17 Uhr, Sa ab 17 Uhr. Buttstädter Str. 28, ☏ 03644-563 575, www.schlachthof-apolda.de.

Jena

Als Hochtechnologiestandort hat Jena einen ausgezeichneten Ruf. Die zweitgrößte Stadt Thüringens zieht sich fast 15 km das Saaletal entlang und erfreut sich eines milden, regenarmen Klimas. Der Volksmund nennt die Region deshalb auch Thüringer Toskana.

An den Merkmalen einer Industrieregion, wie den Werksbauten oder der riesigen Plattenbausiedlung im **Stadtteil Neulobeda,** erkennt man Jena schon von Ferne. Als markantestes Bauwerk überragt der runde **Jentower** mit seinem bläulich schimmernden Glas das Stadtzentrum. Von der Aussichtsplattform auf 125 m Höhe kann man sich einen wunderbaren Überblick verschaffen und unter sich das Treiben der jungen und pulsierenden Stadt beobachten.

Die moderne Stadtanlage mit großzügigen Straßenzügen entfaltet ihr eigenes Flair. Von der historischen Bausubstanz blieb nach den Bombardements im Zweiten Weltkrieg nicht allzu viel übrig, doch der Neuaufbau kann sich sehen lassen. Fein sanierte Altstadthäuser ducken sich unter himmelstrebenden Betonburgen, moderne Fassaden sorgen für zeitgemäße Hingucker. Nur kurz sind die Wege durch Asphalt und Beton: Wer durchatmen möchte, findet viele grüne Fluchten in Parks und Grünanlagen.

Die **Jenaer Universität,** die *Ernst-Abbe-Fachhochschule* und 30 weitere Forschungsinstitute prägen das Stadtbild. Rund 22.000 Studenten zählt Jena inzwischen – bei 108.000 Einwohnern ist das fast jeder Fünfte. Die Firmen **Jenoptik, Carl Zeiss Jena** und **Schott** sind international ein Begriff, aber es gibt auch viele kleine und mittelständische Betriebe im Hochtechnologiebereich, die hier ansässig sind. Die Unternehmen schätzen Jena wegen seiner kurzen Wege, vor allem aber wegen der exzellenten Vernetzung von Forschung und Wirtschaft.

Jenas wichtigste **Sehenswürdigkeiten** wie Stadtmuseum, Stadtkirche, Zeiss-Planetarium, Botanischer Garten und Schillers Gartenhaus konzentrieren sich im Stadtkern. Naturliebhaber finden an den Muschelkalk- und Buntsandsteinhängen des Saaletals geologische Besonderheiten wie die Teufelslöcher oder die „Studentenrutsche", eine markante Erosionsrinne, in der sich vermutlich Studenten einst Mutproben lieferten. Und bei Wanderungen stößt man auf seltene Orchideenarten.

Bei Bewohnern und Gästen ist Jena vor allem für sein kulturelles Angebot, die Einkaufsmöglichkeiten und das Nachtleben beliebt. Direkt hinter dem Campus beginnt die **Wagnergasse,** wo sich Jung und Alt treffen. In den Cafés und Kneipen finden Nachtschwärmer auch zu später Stunde noch leckere Speisen zu günstigen Preisen. Das zwischen Universität und Planetarium gelegene *„Damenviertel"* mit seinen Jugendstilhäusern ist bei Studenten und jungen Familien als Wohngebiet beliebt. Da wird das alte Studentenlied wahr: „In Jene lebt sich's bene ..."

Von Wärme durchpulst sind die „Adern von Jena". Die nicht zu übersehenden Fernwärmerohre zwischen der Stadt und dem Heizkraftwerk Jena-Süd wurden anlässlich der Bundesgartenschau 2007 in Gera und Ronneburg künstlerisch durch Bemalungen aufgewertet. Glanzlicht in der Region sind zweifellos die **Dornburger Schlösser,** denen man unbedingt einen Besuch abstatten sollte. *Wellness* ist in der Toskana Therme in Bad Sulza am schönsten. Und wer abreist, ohne den Saale-Wein probiert zu haben, hat ein Stück Jena verpasst.

▲ Wahrzeichen Jenas: der Jentower

▼ Kunstfassade am Stadtspeicher

Stadtgeschichte

Jenas Geschichte reicht bis in die Jungsteinzeit zurück. Erste Erwähnungen von „Iani" liegen aus dem 9. Jh. vor. Unter den Herren von Lobdeburg wurde Jena 1230 zur Stadt. Sich kreuzende Handelswege, eine Furt durch die Saale und der Weinanbau bescherten der Stadt Reichtum. Das Dominikanerkloster und das Zisterzienserinnen-Kloster machten Jena zu einem geistigen Zentrum der Region. 1524 schaltete sich der Reformator *Martin Luther* in die Konflikte zwischen Klerus und Stadtbevölkerung ein, ohne großen Erfolg, denn 1525 verwüsteten Bauern die Klöster, die in der Folge säkularisiert wurden.

Die wichtigste Weichenstellung in der Geschichte Jenas ist die Gründung der *Universität* durch Johann Friedrich I. den Großmütigen. Nach seiner Niederlage im Schmalkaldischen Krieg etablierte Sachsens Kurfürst 1548 im ehemaligen Dominikanerkloster eine „Hohe Schule", die 1557 durch kaiserliche Urkunde in den Universitätsrang erhoben wurde. Nach dem Ende des Dreißigjährigen Krieges zählte die Universität Jena mit 1800 Studenten zu den größten in Deutschland. Zu einer zweiten Blütezeit kam es im 18. Jh. unter weimarischem Einfluss. *Geheimrat Goethe* förderte die „Alma Mater Jenensis" in allen Bereichen. Durch seine Vermittlung wurde *Friedrich Schiller* 1789 Professor; heute trägt die Universität seinen Namen.

Nachdem 1806 Napoleons Truppen in der *Schlacht bei Auerstedt und in Jena-Cospeda* gegen die Preußen siegten, regte sich in den studentischen Kreisen Widerstand gegen die Besatzer. An den „Auszug der Studenten in den Freiheitskrieg 1813" erinnert ein Gemälde von Ferdinand Hodler in der Aula der Universität. 1815 wurde im Gasthaus „Grüne Tanne" im Geist des nationalen Patriotismus die Urburschenschaft gegründet.

Den entscheidenden Impuls für die Entwicklung Jenas zum großen Industriestandort gab *Carl Zeiss*. Seine 1846 gegründete optische Werkstatt wuchs bis 1875 zu einem der größten Industriebetriebe Deutschlands heran. Die Mitwirkung des Physikers *Ernst Abbe* und die Zusammenarbeit mit dem Glaswerk von *Otto Schott* wiesen den Weg zu dem weltbekannten Technologieunternehmen von heute. Nach dem Dreißigjährigen Krieg und den Plünderungen durch das napoleonische Heer musste Jena auch im 20. Jh. Kriegsverwüstungen erleiden. Große Teile des historischen Stadtbilds fielen den Bombardements im *Zweiten Weltkrieg* zum Opfer. Viele Altstadthäuser waren unwiederbringlich verloren, andere wurden trotz schwerster Beschädigungen wieder aufgebaut.

Auf eine Entscheidung des DDR-Ministerrats ist eine große Lücke im Stadtbild zurückzuführen: der Eichplatz. Um Platz zu schaffen für den Bau des dominanten Rundturms, des *Jentowers*, für das Kombinat Carl Zeiss Jena, wurden 1969 die im Weltkrieg verschonten Wohn- und Geschäftshäuser am Eichplatz abgerissen. Nun soll anstelle des öden Parkplatzes eine „lebendige Mitte" entstehen. Ab 2021/22 ist Baubeginn für mehrere Hochhäuser, die im Zentrum Raum für Wohnungen, Büros und Einzelhandel bieten. Dazwischen sind eine autofreie Zone sowie ein Stadtgarten geplant. Dem industriellen Wohnungsbau setzt die zwischen 1965 und 1986 entstandene Plattenbau-Trabantenstadt *Neulobeda* im Süden Jenas ein Denkmal. Hier leben rund 20.000 Einwohner.

Zwischen Marktplatz und Jentower

Rund um den Marktplatz: Geht man von der *Hinterlauengasse* in Richtung Marktplatz, ist noch etwas von der Enge der mittelalterlichen Altstadt zu ahnen. Die Häuser, die sich im Karree um den Marktplatz reihen, sind nicht alle historisch. Baulücken wurden stilgerecht geschlossen, doch die farbenfrohen Fassaden gefielen nicht allen. Die Zeile neben dem Rathaus wird deshalb despektierlich auch „Papageienhäuser" genannt. Besonders schön sieht der Markt mit seinen Kastanienbäumen zur Blütezeit und in der Herbstfärbung aus. Rings um den Platz und in den angrenzenden Gassen finden sich alteingesessene Gasthäuser, in denen seit dem Mittelalter berühmte Gäste und Generationen von Studenten einkehrten. In der Mitte des Marktplatzes steht das von Friedrich Drake geschaffene *Hanfried-Denkmal*. Es erinnert an den Begründer der Jenaer Universität, Kurfürst Johann Friedrich I. von Sachsen, dargestellt mit Hermelinmantel, Schwert und Bibel.

Rathaus: Am Markt fällt das historische Rathaus durch seinen achtseitigen Barockturm über einem zweigeschossigen Doppelhaus auf. Das auf einem Vorgängerbau errichtete Rathaus wird 1365 erstmals erwähnt, zahlreiche Umbauten führten zu seiner heutigen Form. Im 14. Jh. boten die Bäcker, Fleischer und Händler im Erdgeschoss des vierschiffigen Hallenbaus unter dem Spitzbogen ihre Waren feil. Über beide Gebäude erstreckt sich im Obergeschoss die große *Rathausdiele*, ein Saal, dessen Balkendecke von drei spitzbogigen Arkadenöffnungen gestützt wird. Die aktuelle Bemalung stammt aus dem frühen 20. Jh. Zwischen den steilen Walmdächern wurde im 18. Jh. der Rathausturm errichtet, wo heute noch zu jeder Stunde der „Schnapphans" auf dem Figurenspiel der Kunstuhr nach einer goldenen Kugel schnappt, die ein Pilger dem Narren vorhält.

Stadtspeicher Jena: Auf der östlichen Marktplatzseite macht eine moderne Fassade auf sich aufmerksam. Über das historische Fachwerkhaus des Stadtspeichers aus dem 14. Jh. spannt sich eine Front aus farbigen Glasfenstern. Die von Ruairí O'Brien geschaffene Hologrammfassade – eine Hommage an die Jenaer Wirtschafts-Motoren Optik, Licht und Glas – ermöglicht dem Betrachter je nach Sonnenstand immer neue Ansichten. In dem Gebäude befinden sich die Touristinformation und eine Galerie.

Stadtmuseum Jena und Kunstsammlung: Das historische Haus „Göhre" am Markt diente seit dem 13. Jh. als Wohnhaus, Mühle und Weinrestaurant, heute wird hier die Geschichte der Stadt und die Geologie des mittleren Saaletals präsentiert. In der Dauerausstellung mit ihrem Schwerpunkt zu Universität und Technologiestandort sind neben der erfolgreichen „Jenaer Lutherausgabe" auch „Goldschätze" des Herzogtums Sachsen-Jena zu sehen. Die *Jenaer Kunstsammlung* umfasst knapp 5000 Werke überwiegend aus dem 20. Jh. Wechselnde Ausstellungen machen mit Arbeiten renommierter zeitgenössischer Künstler bekannt.

▪ Di, Mi, Fr 10–17 Uhr, Do 15–22 Uhr, Sa/So 11–18 Uhr, Eintritt 5 €. Markt 7, ✆ 03641-498261, www.stadtmuseum-jena.de.

Stadtkirche St. Michael: Die dreischiffige spätgotische Hallenkirche wurde auf zwei romanischen Vorgängerbauten errichtet. Auf der südlichen Schauseite der Kirche befindet sich das mit rötlichem Sandstein abgesetzte „Brautportal", unter dem im Mittelalter der weltliche Teil einer Eheschließung vollzogen wurde, bevor das Paar in die Kirche einzog. Der 75 m hohe achteckige Kirchturm mit seiner barocken Haube wurde jüngst saniert. Wer die 236 Stufen hinaufsteigt, hat einen schönen Blick auf die Altstadt und den Jentower. Einzigartig ist der Durchgang unter dem Chor der Kirche. Er wurde bis zur Reformation von den Zisterzienserinnen des einst angrenzenden Klosters als Durchgang bei liturgischen Umzügen benutzt.

Städte entlang der Via Regia → Karte S. 160/161

Die „Sieben Wunder" Jenas

Ara, caput, draco, mons, pons, vulpecula turris, weigeliana domus – die Kenntnis dieser „Sieben Wunder" galt seit dem 16. Jh. als Beleg für einen Studienaufenthalt in Jena. Fünf dieser Wunder sind bis heute erhalten geblieben: der Durchgang unter dem Altar der Stadtkirche (ara), der Schnapphans an der Rathausuhr (caput), der Fuchsturm (vulpecula turris), der Berg Jenzig (mons) und die Drachenstatue (draco). Das Monster mit sieben Köpfen und vier Schwänzen war wahrscheinlich ein Studentenscherz; es ist im Stadtmuseum zu sehen. Die alte neunbogige Camsdorfer Brücke (pons) aus dem 15. Jh. wurde 1912 durch eine neue ersetzt. Und das Haus des Mathematikprofessors Erhard Weigel (weigeliana domus) mit einer Weinleitung aus dem Keller und Röhren zur Sternenbeobachtung ist leider ebenfalls Geschichte.

Im Inneren ist das Gewölbe des Langhauses kunstvoll mit Stern- und Linienfiguren verziert. Der Erzengel Michael ist seit dem 13. Jh. der Stadtpatron. Eine Holzskulptur des „Angelus Jenensis" ebenfalls aus dem 13. Jh. ist das bedeutendste Kunstwerk der Kirche. Auf der reich verzierten Kanzel von 1507 predigte Martin Luther. In einer Nische gegenüber ist Luthers bronzene Grabplatte zu sehen, die 1549, drei Jahre nach seinem Tod, nach einer Vorlage von Lucas Cranach d. Ä. gefertigt wurde. Wegen der Wirren des Schmalkaldischen Krieges blieb das Original in Jena; erst im 19. Jh. wurde eine Kopie für die Wittenberger Schlosskirche angefertigt. Die Krypta ist eine Grablege des Hauses Sachsen-Jena.

■ Geöffnet außerhalb der Gottesdienste: So/Mo 12–17, Di–Sa 11–17 Uhr. Führungen: Mai bis Nov. Do 14.30–16 Uhr. Orgelkonzerte: Mai bis Sept. Mi 20 Uhr. Kirchplatz 1.

Stadtmauer mit Johannistor und Pulverturm: Die erhaltenen Reste des begehbaren Stadtmauerensembles markieren die nordwestliche Ecke der ab 1304 erbauten mittelalterlichen Wehranlage Jenas. Diese bestand aus 12 m hohen und 2 km langen Mauern mit Wehrgängen, Gräben, Toren, Ecktürmen und Rondellen. Durch das Johannistor wurde der Handelsverkehr auf Jenas Ost-West-Achse abgewickelt. Im Pulverturm lagerte seit dem 16. Jh. Schießpulver. Auf dem markanten Geschützrondell standen auf drei Feuer-Etagen die Kanonen. Das untere Drittel des Turms diente als Verließ.

■ Am Pulverturm, Eingang Johannisstraße.

Jentower: Der 145 m hohe Turm ist Jenas Wahrzeichen. Misst man die Antennenspitze mit, bringt es der „Intershop Tower" sogar auf 159,60 m und ist damit das höchste Bürogebäude der neuen Bundesländer. Der liebevoll auch „Keksrolle" genannte Rundturm, der seit seiner Renovierung 1999 mit Spiegelglas verkleidet ist, wurde 1970–72 erbaut und war ein DDR-Prestigeobjekt. Bis 1995 nutzte ihn die Friedrich-Schiller-Universität, heute dient er als Bürogebäude. Doch auch touristisch lockt der Jentower. Hat man ein Ticket gelöst, gelangt man mit dem Aufzug auf die Aussichtsplattform in 128 m Höhe. Von hier aus gibt es bei Tag und bei Nacht die beste Übersicht über Jena.

Spektakulär speisen kann man im *Turmrestaurant Scala*. Gut im Blick ist hier der Hauptsitz von Jenoptik. Der

Die Universität prägt das Zentrum Jenas

Volksmund nennt den weißen Hochhausturm „Empire-Späth-Building" in Erinnerung an den früheren Baden-Württembergischen Ministerpräsidenten Lothar Späth, der die Sanierung der Jenoptik entscheidend mitprägte und damit für die ganze Stadt wichtige Impulse gab. Der Umbau des Viertels um die beiden Türme herum mit gläsernen Bürobauten und attraktiven Einkaufspassagen gelang in diesem Zuge. Hier ist sie, die „Neue Mitte" Jenas – wie der Name des Einkaufszentrums am Fuße des Jentowers verkündet.

▪ Aussichtsplattform tägl. 10–22 Uhr, Eintritt 3,50 €. Leutragraben 1, www.jentower.de.

Universität Jena

Seit jeher sorgt die Jenaer Universität für frische Gedanken – und sie prägt das Stadtbild auch in baulicher Hinsicht. Das **Collegium Jenense** im einstigen Dominikanerkloster zwischen Kollegiengasse und Teichgraben hat seit 1557 Universitätsrang. Gleich an der Ecke zur Teichgasse sind Reste der alten Stadtmauer zu sehen sowie der Jenaer **Anatomieturm,** in dem schon Goethe anatomische Studien betrieb. Später wohnten hier die Studenten auf den Rängen des „anatomischen Theaters" den Leichensektionen bei. Bis heute ist in der historischen Stätte das Anatomische Institut untergebracht. Durch einen Torbogen erreicht man den **Kollegienhof,** im Sommer ein Ort für Konzerte.

Das heutige **Universitätshauptgebäude** befindet sich am Fürstengraben. Es wurde auf den Grundmauern des ehemaligen Stadtschlosses errichtet und 1908 eröffnet. Hierher wurde das 1883 am Eichplatz eingeweihte Burschenschaftsdenkmal versetzt, das an die Gründung der Urburschenschaft von 1815 erinnert. Entlang des Fürstengrabens bis hinauf zum Pulverturm sind in einer „via triumphalis" Denkmäler wichtiger Persönlichkeiten aus der Universitätsgeschichte wie Hegel, Schiller und Abbe zu sehen. Die moderne **Thüringer Universitäts- und Landesbibliothek** am Fürstengraben ist die größte Bibliothek Thüringens mit einem Bestand von über vier Millionen Medien. Auf die Verlagerung der kurfürstlichen Bibliothek von Wittenberg nach Jena (1549) geht ein bis heute gehüteter Schatz zurück: Hier werden kostbare Bestände an Handschriften und Inkunabeln aus dem Mittelalter verwahrt, darunter Manuskripte und frühe Luther-Drucke, die 2015 ins UNESCO-Weltdokumentenerbe aufgenommen wurden. Das Herz der Universität schlägt heute am **Campus Ernst-Abbe-Platz** mit dem Audimax und der Mensa. Reges Leben herrscht auf dem Platz, den Metallskulpturen des US-Künstlers Frank Stella schmücken.

▪ www.uni-jena.de.

Ernst-Abbe-Denkmal: Das Denkmal auf dem Carl-Zeiss-Platz würdigt die Leistung des Physikers, Sozialreformers und Unternehmers Ernst Abbe. Bauhaus-Architekt Henry van de Velde entwarf den 1911 errichteten, achtseitigen Gedenkpavillon mit Lichtkuppel und Intarsienboden. Darin steht eine Portraitbüste Abbes, dem einstigen Mitbegründer der Zeiss-Werke. Abbe unterstützte auch den Bau des *Volkshauses* gegenüber, das damals eine der ersten freien Bildungsstätten Deutschlands war. Heute ist es Sitz der Jenaer Philharmonie und Veranstaltungssaal.

Botanischer Garten: Aus dem „Hortus Medicus", einem Kräutergarten der Medizinischen Fakultät Jenas, entwickelte sich der zweitälteste Botanische Garten Deutschlands. Heute sind in der zentral neben der Innenstadt gelegenen Gartenanlage auf Freiflächen und in Gewächshäusern etwa 10.000 Pflanzenarten aus allen Kontinenten und Klimazonen der Welt zu sehen. Im 18. Jh. hatte Johann Wolfgang von Goethe als Weimarer Legationsrat die Oberaufsicht über den Garten. An seine „Clausur auf dem Blumen- und Pflanzenberge" im Inspektorhaus erinnert die Goethe-Gedenkstätte.

▪ April bis Okt. tägl. 10–19 Uhr, Nov. bis März tägl. 10–18 Uhr, Eintritt 4 €. Fürstengraben 26, www.botanischergarten.uni-jena.de.

Zeiss-Planetarium: Den Sternenhimmel künstlich nachbilden können – diese Vision brachte Walter Bauersfeld 1919 auf die Idee, einen Planetariumsprojektor zu konstruieren. Die erste öffentliche Versuchsvorführung in einer Kuppel auf dem Dach der Carl-Zeiss-Werke machte Furore. Nach Wuppertal, Leipzig und Düsseldorf baute auch Jena sein Planetarium. Es wurde 1926 eingeweiht und blieb – nachdem die anderen im Zweiten Weltkrieg zerstört worden waren – als ältestes Planetarium der Welt übrig. Das Innenleben hinter der historischen Säulenfassade ist auf dem neuesten Stand der Technik, und so nehmen die Sternenbilder auf der 800 m² großen Projektionsfläche und der 3D-Sound die Besucher mit in entfernte Galaxien, die nie ein Mensch zuvor gesehen hat.

▪ Vorstellungen Di–So mehrmals täglich. Eintritt 11 €, Music-Show 12 €. Programm-Infos unter ☎ 03641-885488. Am Planetarium 5, www.planetarium-jena.de.

Museen

Deutsches Optisches Museum: Teleskope, Mikroskope, Fotoapparate, Brillen oder Projektionsbilder, die die Augen verführen – die spektakuläre Sammlung von etwa 20.000 optischen Instrumenten aus fünf Jahrhunderten wird im Deutschen Optischen Museum derzeit für eine neue museale Präsentation eingerichtet. Bis 2023 ist für den Umbau geschlossen. Ab der Wiedereröffnung können die Besucher optische Experimente zum Anfassen erleben. Die historischen Schaustücke werden in einem modernen Kontext präsentiert.

▪ www.dom-jena.de.

Schillers Gartenhaus: Über die Schillerstraße, vorbei am Theaterhaus Jena, gelangt man ins Schillergässchen – und durch den idyllischen Garten geht es zum Eingang von Schillers Gartenhaus. Schiller lebte insgesamt zehn Jahre in Jena; im Gartenhaus verbrachte der

Dichter mit seiner Familie die Sommermonate 1797–1799. Im Gartentürmchen schrieb Schiller an „Wallenstein", „Maria Stuart" und der „Jungfrau von Orleans" sowie an zahlreichen Balladen – und am großen Steintisch im Garten diskutierte er mit seinem Freund Goethe.

■ April bis Okt. Di–So 11–17 Uhr, Nov. bis März Di–Sa 11–17 Uhr. Eintritt 3,50 €. Schillergässchen 2, www.uni-jena.de/gartenhaus.

Romantikerhaus: Der Epoche der Frühromantik (etwa 1785–1800) ist das Literaturmuseum im ehemaligen Wohnhaus des Philosophen *Johann Gottlieb Fichte* gewidmet. Der geistesgeschichtliche Hintergrund der Universitätsstadt Jena, die die Philosophen Reinhold, Fichte und Schelling, die Theologen Griesebach und Paulus, den Dichter Friedrich Schiller sowie die Naturwissenschaftler Loder, Lenz, Hufeland und Batsch anlockte, wird in der ständigen Ausstellung sowie in wechselnden Themenausstellungen erklärt.

■ Di–So 10–17 Uhr, Eintritt 4 €. Unterm Markt 12a, www.romantikerhaus-jena.de.

Phyletisches Museum: Das 1907 von dem Zoologen *Ernst Haeckel* gegründete Museum für Abstammungslehre zeigt zoologische Präparate, Fossilien, Modelle und grafische Darstellungen, die die stammesgeschichtliche Entwicklung der Organismen und des Menschen verdeutlichen.

■ Di–Fr 9–13 und 14–17 Uhr, Sa/So 10–16 Uhr, Eintritt 2,50 €. Vor dem Neutor 1, ☎ 03641-94 9180, www.phyletisches-museum.uni-jena.de.

Mineralogische Sammlung: Regionale und internationale Mineralien-Funde können in dem vor 230 Jahren gegründeten Museum bewundert werden. Am Aufbau der Sammlung hatte Goethe wesentlichen Anteil. Meteoriten und Tektiten gehören zu den wertvollsten Exponaten. Farbenfroh geht es im UV-Kabinett zu, wenn nach abwechselnder Beleuchtung mit weißem und UV-Licht die Mineralien zu leuchten beginnen.

Schillers Gartenhaus

■ Mo und Do 13–17 Uhr, So nach Vorankündigung 13–17 Uhr sowie nach Vereinbarung, Eintritt frei. Sellierstr. 6, ☎ 03641-948714, www.minsmlg.uni-jena.de.

Schott Glas-Museum und Schott Villa: Fast in jedem Haushalt findet sich eine der robusten „Jenaer Glasformen". Dort, wo Otto Schott ab 1884 seine epochalen Entwicklungen austüftelte, im ehemaligen „Glastechnischen Laboratorium", wird heute die Geschichte des Schott-Glases dokumentiert. In dem Museum ist auch sein Labor nachgebaut, in dem er beim „Pröbeln", also durch systematisches Ausprobieren, grundlegende wissenschaftliche Erkenntnisse gewann. Schott erfand ein extrem hitze- und temperaturbeständiges und auch chemisch resistentes Glas: das Borosilikatglas. In der Schott Villa, dem ehemaligen Wohnhaus, sind das Leben

Otto Schotts und die bewegte Firmengeschichte in historischen Exponaten sowie in Filmen dargestellt.

■ Di–Do 13–17 Uhr, Eintritt frei. Otto-Schott-Str. 13, ✆ 03641-6815304, www.schott.com/museum.

Basis-Infos

Information Touristinformation, Jan. bis März Mo–Fr 10–18, Sa 10–15 Uhr, April bis Dez. Mo–Fr 10–19, Sa/So 10–15 Uhr. Markt 16, 07743 Jena, ✆ 03641-498050, www.visit-jena.de.

Anfahrt/Verbindungen Bahn: IC, Regionalbahnen und am Samstagmorgen auch ein ICE (Leipzig–Berlin–Ostseebad Binz) halten am Bahnhof Paradies südlich der Innenstadt. Die Ost-West-Verbindung z. B. nach Erfurt und Gera mit Regionalzügen wird über den Bahnhof Jena West im Westen des Zentrums abgewickelt. Beide Bahnhöfe liegen etwa 600 m auseinander und sind durch die Buslinien 41 und 964 verbunden.

Bus: Dichtes Netz von Bus- und Straßenbahnlinien etwa im 10-Min.-Takt. Umsteige-Haltestellen im Zentrum: Teichgraben, Holzmarkt, Löbdergraben, www.nahverkehr-jena.de.

Parken Das Leitsystem führt zu den Parkhäusern und kostenpflichtigen Parkplätzen in der Innenstadt. Kostenlose Plätze auf dem Parkplatz am Stadion (20 Min. Fußweg).

Baden Galaxsea, Freizeitbad, Sauna und Wellness, Mo 11–22 Uhr, Di–Do und So 10–22 Uhr, Fr/Sa 10–23 Uhr. Rudolstädter Str. 37, ✆ 03641-429-210. **Freibäder:** Ostbad, 50-m-Schwimmerbecken, Kinderbecken, Wasserrutsche; Unterm Jenzig, 15. Mai bis 15. Sept.; Südbad (Schleichersee), Badesee mit Sandstrand in der Oberaue, 1. Mai bis 15. Sept., www.jenaer-baeder.de.

Fahrrad Anbieter für Verleih und Reparatur unter www.visit-jena.de, z. B. **Fahrradhaus Kemter,** Löbdergraben 24, ✆ 03641-441533; **Radsport Ritzel,** Saalbahnhofstr. 10, ✆ 036 41-441179.

Fahrradgepäck-Boxen In der Nähe des Bahnhofs Paradies gibt es am Parkplatz Mathilde-Vaerting-Str. Boxen zum Einschließen von Fahrradtaschen (2 €).

Jena Card Die 48 Stunden gültige Karte (11,90 €) ermöglicht u. a. kostenfreie Nutzung

Ü bernachten

Dornburg, Naumburg

Zeiss-Planetarium **2**

Botanischer Garten

Bibliotheksweg

Philosophenweg

Thüringer Universitäts- und Landesbibliothek **4**

Fürstengraben

Lutherpl.

Am Anger

Wiesenstraße

Pulverturm

11   **10**

Johannisstr.

Johannistor

Weigelstr.

Stadtkirche St. Michael **8**

Universitäts- hauptgebäude

Jentower   **15**

20

Stadtmuseum Göhre **19** **18**

Saalstr.

Steinweg

Schillerstraße

Kollegiengasse

M

22

Rathaus

25 Markt- platz

24

Collegium Jenense

Teichgr.

Löbderstr.

27

26

i Stadtspeicher Jena

Löbdergraben

Fischerg.

30

Romantikerhaus

Löbdergraben

31

32

33

Grietgasse

Grietgasse

Saale

Am Eisenbahndamm

14
16
21
23

Bürgel

Theater- haus Jena

Schillers Gartenhaus

Neugasse

34

Knebelstraße

Bahnhof Jena Paradies

Paradiesbrücke

Hügelstraße

Maurerstr.

Burgweg

Phyletisches Museum **M**

Dietrichweg

Hügelstraße

Friedrich- Engels- Straße

Am Kochersgr.

36

Stadtrodaer Straße

Wöllnitzer Str.

Leo-Sachse-Str.

41 Jena-Lobeda, A 4, Kahla

Essen & Trinken

Landgrafen Restaurant
Restaurant, Café & Bar Bauersfeld
Café Wagner
Restaurant Schwarzer Bär
Restauration Stilbruch
Fritz Mitte
Café Immergrün
Turmrestaurant Scala
Café Lenz
Alt Jena
Fuchsturm Jena

24 Kaffeerösterei Markt 11
25 Ratszeise
26 Restaurant Zur Noll
27 Due Angeli
30 Café Ok
33 Roter Hirsch

Einkaufen

8 Buchhandlung Albert Steen
11 Jenaer Bücherstube
14 Keramikatelier Stückwerk
17 Uni-Shop
18 Weinhandel Zur Göhre
20 Neue Mitte
29 Goethe-Galerie
35 Glas in Jena Werksverkauf

Nachtleben

12 Alster
13 F-Haus
19 Jukebox Jena
32 Jensche Gilde
34 Volksbad
36 Der Strand 22

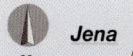

Jena

90 m

des Nahverkehrs, Stadtführung, Besuch von Stadtmuseum und Romantikerhaus; zudem u. a. ermäßigter Eintritt für Museen, Botanischer Garten, Jentower, Jenaer Bäder, Philharmonie, Volksbad, Dornburger Schlösser, www.visit-jena.de.

Kino   Blockbuster: Cinestar, Holzmarkt 1, ☎ 03641-415410; Programmkino: Kino im Schillerhof, Hemboldstr. 1, ☎ 03641-523653.

Klassische Musik Die **Jenaer Philharmonie,** Thüringens größtes Konzertorchester, besteht seit 80 Jahren. Neben den Konzertreihen im Volkshaus Jena gastiert das Orchester in Deutschland und Europa. Spielzeit Sept. bis Juni. Carl-Zeiss-Platz 15. Karten: ☎ 03641-49-8060 (Touristbüro), www.jenaer-philharmonie.de.

Kultur & Tickets   **JenaKultur,** Knebelstr. 10, ☎ 03641-49-8000, www.jenakultur.de. Hotline ☎ 03641-49-8050.

Markt   Di, Do, Fr 7–17 Uhr, Sa 7–13 Uhr. Marktplatz.

Stadtführungen   Öffentliche Stadtführung ganzjährig Mo, Mi, Sa 14 Uhr; April bis Okt. auch Do 14 Uhr, So 10.30 Uhr (7 €). Treffpunkt Touristinformation, Markt 16. Für Nutzer von Jena-Card und Thüringen-Card frei, www.visit-jena.de.

Theater   **Theaterhaus,** Schillergässchen 1, 07745 Jena. Karten unter ☎ 03641-886944, Abendkasse eine Stunde vor Vorstellungsbeginn, www.theaterhaus-jena.de.

Veranstaltungen   **April:** Der **Thüringer Holzmarkt** verbindet einen traditionellen Markt mit Aktivitäten und Informationen rund um das Material Holz, u. a. zeigen Kunsthandwerker ihr Können, aber auch Zimmerleute und Förster stellen sich vor, www.jenakultur.de.

Mai/Juni: Bei der **Langen Nacht der Museen** (alle zwei Jahre) öffnen die Jenaer Museen bis spät in die Nacht. Unter einem gemeinsamen Motto laden sie zu besonderen Aktivitäten ein. Auch Orte, die sonst geschlossen sind, werden einbezogen, www.nachtdermuseen.com.

Beim **Frühlingsmarkt** auf dem Marktplatz gibt es Livemusik mit diversen Bands, Imbissstände bieten Spezialitäten und heimisches Bier. Auf dem Eichplatz direkt unterhalb des Jentowers gibt es einen Rummelplatz mit Fahrgeschäften und Buden, www.jenakultur.de.

Juli: Beim traditionellen **Töpfermarkt** auf dem Marktplatz zeigen rund 70 Töpfer ihr Können, www.jenakultur.de.

Juli/Aug.: Sechs Wochen lang zeigt das Open-Air-Festival **Kulturarena** auf dem Platz vor dem Theaterhaus (Schillergässchen 1) ein reiches Programm: Konzerte, Theater, Zirkus, Kleinkunst und Filme, www.kulturarena.de.

September: Beim **Altstadtfest** auf dem Marktplatz gibt es Livemusik und gastronomische Angebote. Auf dem Eichplatz sorgen Fahrgeschäfte und Buden für Unterhaltung.

Nov./Dezember: Mit dem Anschnitt eines meterlangen Riesenstollens beginnt der **Jenaer Weihnachtsmarkt** auf dem Marktplatz, www.jenakultur.de.

◜ Aktivitäten

Bootstouren Die Saale zwischen Kahla und Camburg lässt sich in Halb- und Ganztagestouren im Boot oder Kanu erkunden. Schön ist auch eine Citytour mit Kanu oder SUP in Jena. Diverse Bootsverleiher bieten Boote und Touren jeweils mit Transfers an, z. B. Saalestrand-Kanu, ☎ 0178-6918244. Weitere Infos: www.visit-jena.de.

Fahrradfahren Durch Jena führen die Fernradwege **Saaletal-Radweg** (403 km) und **Thüringer Städtekette** (230 km). Der **Kirchenradweg Jena–Thalbürgel** (13,3 km) verbindet die Jenaer St. Michael-Kirche und die Klosterkirche Thalbürgel. Am Weg liegen die „Schillerkirche" in Wenigenjena, wo Friedrich Schiller 1790 seine Charlotte heiratete, sowie einige Dorfkirchen.

Der **Thüringer Mühlenradweg** (80 km) führt durch die waldreiche Region des Thüringer Holzlandes über Stadtroda und Hermsdorf nach Eisenberg und über die Keramikerstadt Bürgel wieder zurück. www.saaleradweg.de, www.thueringer-staedtekette.de. Weitere Tourenvorschläge unter www.visit-jena.de.

Golf In Münchenroda, 7 km außerhalb, befindet sich der 40 ha große 9-Loch-Golfplatz des Golfpark Jena mit Driving-Range, Puttinggreen und Übungsbunker. www.golf-jena.de.

Klettern Im **Rocks Kletterzentrum Jena** lockt Thüringens größte Kletterhalle. Innen und außen kann man auf über 1500 m² klettern und bouldern. Mo–Fr 10–23, Sa/So 10–21 Uhr, Fritz-Winkler-Str. 3, www.rocks-jena.de. Boulderfans können ihrem Sport in der **Boulderhalle Plan B** frönen. Mo–So 10–23 Uhr, Carl-Pulfrich-Str. 4, www.planb-jena.de. In freier Natur finden Boulderer ein Betätigungsfeld in der **Rabenschüssel**, einer Gruppe von Kalksandsteinfelsen in der Nähe von Lobeda, www.climb.spider-net.de/thueringen.

Wandern Spektakuläre Aussichten und abwechslungsreiche Naturerlebnisse verspricht die **„Saale-Horizontale";** der 71 km lange Wanderweg lässt sich in vier Etappen gliedern, aber auch kleinere Teilstücke sind lohnenswert, www.saalehorizontale.de.

Durch Jena führt der Thüringer **Lutherweg**. www.lutherweg.de. Wunderschön sind auch die Wanderungen auf den **Jenzig** oder den **Fuchsturm,** wobei die steilen Anstiege mit einer phänomenalen Aussicht belohnt werden. Die Wanderung auf der **Kernberghorizontale** führt zu geologischen Besonderheiten wie den Teufelslöchern, www.visit-jena.de.

Einkaufen   → Karte S. 264/265

Goethe-Galerie 29, sehenswerte Einkaufspassage im Zentrum mit 75 Geschäften und Restaurants. Unter dem Glasdach, das denkmalgeschützte und neue Architektur verbindet, lässt es sich auch bei schlechtem Wetter bummeln. Zugänge von der Schillerstraße und der Carl-Zeiss-Straße. Zufahrt: Parkhaus Ernst-Abbe-Str. 16, www.goethegalerie.de.

Neue Mitte 20, Einkaufszentrum direkt unterhalb des Jentowers mitten in der City. Zahlreiche Geschäfte und Restaurants. Eingang Leutragraben 1, Zufahrt: Parkhaus Kollegiengasse, www.neue-mitte-jena.de.

Keramikatelier Stückwerk 14, in ihrem Atelier zeigen Ragnvald Leonhardt und Petra Liebrenz zeitlos-schönes Geschirr, Objekte mit Rauchbrand und Raku sowie Gefäßobjekte. Di–Fr 10–18 Uhr. Karl-Liebknecht-Str. 11, ☎ 03641-636803, www.stueckwerk-jena.de.

Buchhandlungen, klein, aber fein: Die **Jenaer Bücherstube 11** bietet neben dem Buchhandelssortiment auch Bücher und Buchkunst der „Büchergilde Gutenberg", Mo–Fr 9–18, Sa 9–12.30 Uhr, Johannisplatz 28. Die **Buchhandlung Albert Steen 8** ist eine Sortimentsbuchhandlung mit christlichem Schwerpunkt und guter Auswahl an Regionalia, Mo–Fr 9–18.30, Sa 9–13 Uhr, Fürstengraben 3.

Uni-Shop der Friedrich-Schiller-Universität 17, die „Jena Keksrolle" und andere witzige Souvenirs findet man im Campus-Foyer Ernst-Abbe-Platz. Mo–Do 11–15.30, Fr 9.30–14 Uhr. Carl-Zeiss-Str. 3, www.uni-shop-jena.de.

Glas in Jena Werksverkauf 35, das berühmte hitzebeständige Glas oder auch gläserne Souvenirs von Goethe-Barometer bis Teepot gibt es im *Werksverkauf Trendglas Jena.* Mo–Fr 10–18, Sa 10–13 Uhr. Westbahnhofstr. 8, ☎ 03641-534454, www.glas-in-jena.de.

Weinhandel Zur Göhre 18, zwischen Markt und Stadtkirche. Der Schwerpunkt des Weinhandelslokals liegt im regionalen Weinanbau mit ausgesuchten Saale-Unstrut-Weinen. Zudem gibt es hier Jenaer Mühlenbräu sowie Spirituosen. Mo–Fr 9–18 Uhr. Saalstr. 23, ☎ 03641-441548.

Übernachten   → Karte S. 264/265

**** Hotel Schwarzer Bär 4, Reichskanzler Otto von Bismarck und andere Prominenz logierte in dem über 500 Jahre alten Traditionshotel. Heute vereint der denkmalgeschützte Bau unmittelbar neben der Universität historisches Ambiente mit modernem Komfort. Highlights sind das mit Jugendstilmöbeln eingerichtete Bismarckzimmer und das romantische Hochzeitszimmer mit Landhausmobiliar. EZ ab 57,50 €, DZ ab 100 €, Frühstück 11 €/Pers. Lutherplatz 2, ☎ 03641-4060, www.schwarzer-baer-jena.com.

**** Best Western Hotel Jena 37, ca. 4 km außerhalb. Wer den Charme internationaler Hotelketten schätzt, wird sich in dem ruhig gelegenen Hotel mit 160 Zimmern wohlfühlen. Von Standard bis Business variiert das Platzangebot der sachlich-eleganten Zimmer. Das Haus verfügt über *Restaurant*, Bar und Sauna-/Wellnessbereich. Für Gäste ist die Benutzung des Jenaer Nahverkehrs kostenfrei. EZ ab 80 €, DZ ab 105 € inkl. Frühstück. Rudolstädter Str. 82, ☎ 03641-660, www.bestwestern.jena.de.

Steigenberger Esplanade 28, in unmittelbarer Nähe zur Altstadt und zum Einkaufszentrum „Goethe Galerie". In den schicken Zimmern mit komfortabler Ausstattung fühlt man sich wohl. Im großzügigen Wellness- und Fitnessbereich wird die wunderbare Aussicht (fast) zur Nebensache. Im *Restaurant Kardamom* treffen sich die Geschmäcker von europäischer und arabischer Küche. EZ und DZ inkl. Frühstück 89–149 €. Carl-Zeiss-Platz 4, ☎ 03641-800-0, http://de.steigenberger.com.

Hotel Zur Noll 26, kleines Hotel im historischen Gemäuer in einer alten Gasse in Marktnähe. Die komfortablen Zimmer gefallen durch ihr frisches Design. Historisches Ambiente findet man im Bohlenzimmer mit Butzenscheiben (DZ 115 €). EZ ab 75 €, DZ 90-105 € inkl. Frühstück. Oberlauengasse 19, ☎ 03641-597710, www.zurnoll.de.

Hotel Viel Harmonie 9, familiengeführtes Hotel garni in belebter, zentraler Lage nahe der Sehenswürdigkeiten. Moderne Eleganz bestimmt das Interieur der beiden architekto-

Pulverturm in der Altstadt

nisch interessant gestalteten Gebäude. Parkplatz 8 €. EZ ab 73,50 €, DZ ab 101 € inkl. Frühstück. Bachstr. 14, ☎ 03641-7962171, www.hotel-vielharmonie.de.

*** Hotel ibis 31, modernes, günstiges Ketten-Hotel in der Innenstadt. DZ als EZ 82-91 €, DZ 94-113 €, inkl. Frühstück. Parken gegen Gebühr in der Tiefgarage. Teichgraben 1, ☎ 033641-8130, www.ibis.com.

Hotel Scala 15, Deutschlands zweithöchstes Hotel residiert im Jentower, hier nächtigt man auf 120 Höhenmetern. Gebogen sind die Zimmerwände, stylisch das Einrichtungs- und Lichtkonzept. Das Schönste ist natürlich der Ausblick auf Jena, besonders bei Nacht. EZ 119 €, DZ 139 €, Frühstück 20 €. Kostenpflichtige Parkplätze in der Tiefgarage. Jentower 27. bis 29. Etage, Leutragraben 1, ☎ 03641-3113888, www.scala-jena.de.

MeinTipp **Hotel Rasenmühle 38**, angenehmes Haus im Stadtpark Paradies, mit kurzen Wegen zum Bahnhof Paradies und ins Zentrum. Die modernen Zimmer haben TV und WLAN und bieten einen Blick auf die Saale und die Rasenmühleninsel. Das Haus ist barrierefrei, zwei Zimmer sind für Rollstuhlfahrer eingerichtet. Es gibt einen Gemeinschaftsraum mit Gästeküche (gegen Aufpreis) und kostenfreie Parkplätze. Im sozial engagierten Hotel arbeiten Menschen mit und ohne Handicap. EZ 62 €, DZ 94 € inkl. Frühstück. Burgauer Weg 1a, ☎ 03641-5342130, www.hotel-rasenmühle.de.

Gasthof Zur Schweiz 5, schon Goethe und Herzog Carl August von Weimar nutzten das Wirtshaus als „Ausspanne". Der Name leitet sich von der Vorstadt „Heppenschweiz" her. Das familiengeführte Haus liegt zentral, nur wenige Gehminuten von der Kneipenmeile „Wagnergasse" entfernt. Die Zimmer im Landhausstil sind komfortabel. EZ ab 58 €, DZ ab 86 € inkl. Frühstück. Quergasse 15, ☎ 03641-52050, www.zur-schweiz.de.

Hotel Zur Weintraube 39, im früheren Winzerdorf Alt-Winzerla, ca. 4,5 km vom Zentrum gelegen, erinnert die „Weintraube" an die Zeit, als der Weinbau um Jena in Blüte stand. Im Stil eines Landgasthofs sind auch die Zimmer komfortabel-schlicht gehalten. Das Restaurant serviert Hausmannskost und gehobene Feinschmeckerküche, die Zutaten stammen aus Thüringer Produktion und von regionalen Bauern. EZ 60 €, DZ 70–75 €, Frühstück 10 €. Rudolstädter Str. 76, 07745 Jena, OT Alt-Winzerla, ☎ 03641-605770, www.weintraube-jena.de.

Hotel der Thüringer Sozialakademie 41, ca. 2 km vom Zentrum entfernt. Das Akademiehotel ist nicht nur für Tagungsgäste, sondern auch für Reisende offen. Die Zimmer sind schlicht und modern ausgestattet. Zwei EZ und zwei Familienzimmer sind rollstuhlgerecht. EZ 61 €, DZ 68 € inkl. Frühstück; gratis Abendessen von Mo bis Do. Kostenfreie Benutzung des Nahverkehrs. Parkplätze vorhanden. Am Stadion 1, ☎ 03641-3030, www.akademiehotel. info.

Internationales Jugendgästehaus 40, das Haus in ruhiger Waldrandlage, 3 km vom Zentrum entfernt, empfiehlt sich für Jugendliche, Familien und Junggebliebene. Standardzimmer (Etagendusche) 26 €/Pers., Komfortzimmer (2–4 Pers.) 31 €/Pers., EZ 37 €, jeweils inkl. Frühstück. Kostenlose Parkplätze. Am Herrenberge 3, ☎ 03641-687230, www.gaestehaus-jena.de.

Camping **Campingplatz Jena Unter dem Jenzig 16**, stadtnaher Naturgenuss – so lässt sich der schön gelegene Platz charakterisieren. Hier kann man am Lagerfeuer träumen, im angrenzenden *Ostbad* schwimmen oder an der Saale spazieren gehen. Originell: Die Rezeption residiert in einem alten Straßenbahnwaggon. 50 Plätze für Wohnwagen/-mobile, 20 für Zelte. Stellplatz, Auto + 2 Pers. ab 17 €. Nächtigen kann man übrigens auch in silbrigen, restaurierten US-Caravans der 50er- bis 70er-Jahre (www.airstream-hotel.eu). Geöffnet 1. März bis 15. Nov. Am Erlkönig 3, ☎ 03641-666688, www.jenacamping.de.

Essen & Trinken

→ Karte S. 264/265

meinTipp **Restaurant Zur Noll 26**, Kreuzgewölbe, Burschenzimmer, Bohlenstube oder Wintergarten – in dem verwinkelten Altstadthaus gewinnt man beim Tafeln schon optisch immer neue Eindrücke. Die Küche ist vielfältig, von Stammtischgerichten, Traditionsgerichten und Vegetarischem bis zu internationalen Speisen, das Preisgefüge passt. Auch die „Empfehlungen des Küchenchefs" sind beachtenswert. Mo–Sa 11–1 Uhr, So 11–24 Uhr. Oberlauengasse 19, ☎ 03641-597710, www.zurnoll.de.

Schwarzer Bär 4, hier werden Thüringer Gerichte und internationale Spezialitäten aufgetischt, neben Fleischgenüssen steht auch Veganes auf der Karte. Mo–Sa 6.30–23 Uhr, So 7–15 Uhr. Lutherplatz 2, ☎ 03641-4060, www.schwarzer-baer-jena.com.

Roter Hirsch 33, die historische Traditionsgaststube in der Altstadt ist heute noch beliebt. In dem 1509 erstmals erwähnten Gebäude verströmen alte Holzbalken und schiefe Wände Gemütlichkeit. Gutbürgerliche Küche zu günstigen Preisen, Saison-Spezialitäten und Vegetarisches, dazu ein frisches Pils und regionale Weine. Mo–Sa 9–24 Uhr, So 10–23 Uhr. Holzmarkt 10, ☎ 03641-443221.

Alt Jena 22, das umfassend sanierte Haus am Markt war seit dem 19. Jh. Gastwirtschaft, heute setzt „Alt Jena" auf gehobene regionale Küche. Gebratene Rotwurst findet man auf der Karte ebenso wie Zanderfilet in Weißwein. Auch vegetarische Gerichte fehlen nicht. An schönen Tagen sitzt man mit Blick auf den Hanfried im Restaurantgarten. So–Mi 11–23, Do–Sa 11–24 Uhr. Markt 9, ☎ 03641-443366.

Ratszeise 25, am Marktplatz. Das urige historische Wirtshaus im Erdgeschoss des Rathauses serviert Thüringer und internationale Gerichte, die aus regionalen Zutaten frisch zubereitet werden. Montags gibt es Grillhaxe mit Schwarzbiersauce. Tägl. 11–23, Fr/Sa 11–1 Uhr. Markt 1, ☎ 03641-470600, www.ratszeise.de.

Kaffeerösterei Markt 11 24, der Duft von frisch gerösteten Bohnen hängt in der Luft, wenn man sich hier zum opulenten Frühstück niederlässt. Für das Hüngernen gibt es ganztägig Tagesgerichte, Pasta, Toasts und Salate. Mo–So 11–17 Uhr. Markt 11, ☎ 03641-356703, www.markt11.de.

Ristorante Due Angeli 27, die „Sonne" war schon im 16. Jh. ein Gasthaus. Unter der rustikalen Balkendecke betreiben nun italienische Gastgeber kulinarische Völkerverständigung. Neben Thüringer Spezialitäten wie Rinderroulade „Due Angeli" mit Klößen gibt es günstige Pizza und leckere, hausgemachte Nudeln. Auch die feinen italienischen Fisch- und Fleischgerichte sollte man probieren. Tägl. 10–24 Uhr. Markt 22, ☎ 03641-2316220, www.dueangeli-jena.de.

Turmrestaurant Scala 15, das Gourmet-Restaurant befindet sich auf der Ebene der Aussichtsplattform des Jentowers. Hier ist nicht nur die Aussicht topp, auch die Cuisine bewegt sich geschmacklich, aber auch preislich auf oberem Niveau – der Gault Millau kürte Chef Christian Hempfe sogar zum „besten Koch

Thüringens". Speisen kann man à la carte oder à la Menu. 3-Gänge-Menü 57 €, Lunch-Menü (Mo–Sa 12–14 Uhr) drei Gänge 30 €. Frühstück Mo–Fr 7–10, Sa–So 8–11 Uhr (18 €). Warme Küche tägl. 10–14 und 18–22 Uhr. Mit der Scala-Card für 8 €, die man bei der Touristinfo erhält, ist die Auffahrt und Besichtigung der Aussichtsplattform kostenlos, ein Verzehrgutschein ist inbegriffen. Leutragraben 1, ☏ 03641-356166, www.scala-jena.de.

Café Lenz 21, im modernen Ambiente des barrierefreien Cafés mit Bar und Restaurant fühlen sich Jung und Alt wohl. Die aromenreiche frische Küche mundet Fleischessern wie Vegetariern. Zudem gibt es ein abwechslungsreiches Programm von Brunch bis Motto-Dinner. Mi 11–18 Uhr, Do, Fr/Sa 11–21 Uhr, So 10–18 Uhr. Mo/Di Ruhetag. Schenkstr. 21, ☏ 03641-3102100, www.lecker-lenz.de.

Restaurant, Café & Bar Bauersfeld 2, direkt neben dem Zeiss-Planetarium. Der Name erinnert an den Mitbegründer des Planetariums, Walther Wilhelm Johannes Bauersfeld. Im Art-Déco-Ambiente mit dunklen Möbeln und gemütlichen Ledersesseln genießt man eine abwechslungsreiche internationale Küche. Die umfangreiche Getränkekarte bietet edle Weine von Saale-Unstrut bis Argentinien, Hochprozentiges sowie Kaffee- und Teespezialitäten. Jeden Freitag gibt es Pianomusik live, sonntags darf von 10 bis 15 Uhr gebruncht werden (Reservierung!). Di–Sa 11.30–23 Uhr, So 10–15 Uhr. Am Planetarium 5, ☏ 03641-885450, www.cafe.bauersfeld-jena.de.

MeinTipp **Restauration Stilbruch** 6, wer hier im Sommer unter grünen Markisen an Bistrotischen sitzt, kann sich fühlen wie in Paris. Mit einem feinen Frühstück aus einem atemberaubend großen Angebot beginnt hier ein perfekter Jena-Tag. Das Baguette und die herzhaft belegten Brote schmecken, ebenso die Backkartoffeln oder Bruschetta. Für Bärenhungrige gibt es Steaks, Pasta, Pfannengerichte und natürlich Crêpes. Um den Energiehunger der Küche zu stillen, nutzt das Stilbruch erneuerbare Energien. Mo–Do 8.30–2, Fr 8.30–3, Sa 9–3, So 9–2 Uhr. Wagnergasse 1–3, ☏ 03641-827171, www.stilbruch-jena.de.

Fritz Mitte 7, diese Frittenbude ist Kult: Vor dem achteckigen Kiosk am Johannisplatz steht man nicht selten in der Warteschleife, denn die belgischen Pommes sind begehrt. Obendrauf gibt es Mayonnaisen u. a. mit Trüffel oder Curry-Mango und dazu Currywurst. Auch lecker: frisch zubereitete Burger und Veggie-Burger. Mo–Do 10.30–23 Uhr, Fr/Sa 10.30–1 Uhr, So 12–23 Uhr. Johannisplatz 21, www.fritzmitte.de.

🌿 **Café Wagner** 3, uriges Studentencafé mit gemütlichen Sesseln, Sofas und einer Kleinkunstbühne, die regelmäßig bespielt wird. Die rein vegetarische Kneipe bietet veganes und vegetarisches Essen zu studentischen Preisen. Mo–Fr 11–17 Uhr, abends ab Veranstaltungsbeginn geöffnet. Wagnergasse 23, ☏ 03641-472153, www.wagnerverein-jena.de.

🌿 **Café Ok** 30, das öko-zertifizierte Bio-Bistro im Ricarda-Huch-Haus bietet werktags einen Mittagstisch mit drei Tagesgerichten (ein Fleischgericht, ein vegetarisches Gericht und eine Suppe sowie Salat), die alle frisch aus Bioprodukten hergestellt werden. Verzichtet wird auf Geschmacksverstärker, künstliche Aromen und Convenience-Produkte. Auch frischgebackene Kuchen gibt es täglich. Mo–Fr 11–15 Uhr. Löbdergraben 7, ☏ 03641-628920, www.cafe-ok.de.

Café Immergrün 10, fast wie im eigenen Wohnzimmer kann man hier essen, Spiele spielen und reden. Täglich wechselnde vegetarische/vegane und fleischliche Tagesgerichte, Salate, Pasta, Reisgerichte und viele Baguette-Variationen. Der selbst gebackene Kuchen ist legendär. Mo–Sa 11–1, So ab 10 Uhr. Jenergasse 6, ☏ 03641-447313, www.cafe-immergruen.com.

Fuchsturm Jena 23, der Bergfried einer Königsburg aus dem 11. Jh. auf dem Hausberg, einem der „Sieben Wunder Jenas" (➔ Kasten S. 260), ist ein beliebtes Wander- und Ausflugsziel. Das Aussichtsrestaurant verwöhnt Ausflügler mit Spezialitäten aus Thüringen und der Welt. Fleischliebhaber bekommen Steaks auf den Teller, vegetarische Genießer lassen sich Pasta-Variationen, Salate oder eine Pilzpfanne schmecken. Geöffnet Di–Fr 11.30–21, Sa 11.30–23, So 10–20 Uhr. Turmgasse 26, ☏ 03641-360606, www.fuchsturmgaststätte.de.

🌿 **Landgrafen Restaurant** 1, Slow Food ist die Devise auf dem Landgrafen, einem der Jenaer Hügel. Im verglasten Panoramarestaurant liegt einem die Stadt zu Füßen. Im Sommer locken die Sonnenterrasse und der Rosengarten. Kreative Interpretationen Thüringer und internationaler Spezialitäten lassen einem das Wasser im Mund zusammenlaufen und sind ihren Preis wert. Das Fleisch vom Limousin-Rind, das hier zubereitet wird, stammt aus Oberweißbach. Guter Service: Die Speisekarte informiert über Allergene sowie die vegetarische/vegane Zubereitung. Vermietet werden auch drei liebevoll eingerichtete *Doppel-* *zimmer*, DZ 69–105 €, Frühstück 10 €/Pers. Geöffnet Di–Do 15–23, Fr–Sa 11.30–23, warme Küche bis 21 Uhr; So 11.30–20 Uhr. Landgrafenstieg 25, ✆ 03641-507071, www.landgrafen.com.

Nachtleben & Kultur → Karte S. 264/265

Jensche Gilde 32, mitten in der Altstadt. Die Restauration und Schankstube im Stil der vorletzten Jahrhundertwende ist zwar ganztags geöffnet, doch ist sie auch abends ein beliebter Treff. Es gibt gepflegte Getränke, Cocktails und kleine Gerichte. Mo–Do 7–24, Fr 7–1, Sa 8–1, So 9–24 Uhr. Holzmarkt 11, ✆ 03641-823641.

Jukebox Jena 19, in der bunten Musikkneipe klingt der Sound der 70er-, 80er- und 90er-Jahre. Unterm Steingewölbe und an der Bar genießt das junge Publikum Biervielfalt und Cocktails. Karaoke, Dart und Kicker sorgen für Stimmung. Ab 18 Jahre. Di–Do 22–4 Uhr, Fr/Sa 22–5 Uhr. Markt 8, www.jukebox-jena.de.

Alster 12, beliebte studentische Musikkneipe mit uriger rustikaler Atmosphäre, hier darf man sich selbst als DJ betätigen und den Kneipengästen seine Vinyls vorspielen. Tägl. 19–3 Uhr.

Mo–Fr Mittagessen und Kaffee 11–13 Uhr. Krautgasse 22, www.musikkneipealster.com.

F-Haus 13, Konzerte und Tanz mit Live-Bands und DJs, u. a. Pop, Metal, Deutsch-Rock, Folk, aber auch Comedy, Lesungen etc. Johannisplatz 14, ✆ 03641-55810, www.f-haus.de.

Volksbad 34, abwechslungsreiches Kulturprogramm mit Musik, Theater, Comedy, Lesungen usw. in der ehemaligen Badehalle. Knebelstr. 10, ✆ 03641-498300, www.volksbad-jena.de.

Der Strand 22 36, trendige Strandbar am Saalestrand im Jenaer Paradiespark. Von April bis Herbst gibt es Cocktails, Open-Air-Konzerte und House vom DJ. In den Liegestühlen am Wasser kann man auch tagsüber relaxen. Vor dem Neutor 5, www.derstrand22.de.

Umgebung von Jena

Ein sehenswertes Schlösserensemble ist das Highlight der Umgebung von Jena. Auf der Fahrt entlang der Saale kann man kleine Weinorte entdecken, die zum Verkosten des Saaleweins einladen. Bad Sulza ist ein Tipp für Wellness-Fans.

Dornburger Schlösser

Etwa 12 km saaleabwärts (B 88 Richtung Naumburg) liegt der kleine Ort Dornburg. Auf einem steilen Muschelkalkfelsen hoch über dem Saaletal thronen malerisch die drei Dornburger Schlösser. Die ehemalige Sommerresidenz der Großherzöge von Sachsen-Weimar-Eisenach ist umgeben von Gärten und Weinhängen. Bereits Goethe schwärmte von der „herrlichen und fröhlichen Aussicht" und der Gartenanlage mit den „feenhaften" Rosenlau-

ben. Heute lockt das traditionelle Rosenfest zur Zeit der Rosenblüte, wenn der Garten sein schönstes Kleid trägt.

Das *Renaissanceschloss* und das *Rokokoschloss* (→ Foto S. 272) sind mit ihren Ausstellungen zu Goethe und zur Schlossgeschichte für Besucher geöffnet. Das *Alte Schloss* wird von der Universität Jena für Seminare genutzt. Das Rokokoschloss wurde nach Plänen von Gottfried Heinrich Krohne von 1736 bis 1741 als Lustschloss und Feldherrensitz errichtet. Die Beletage mit überbordenden farbigen Stuckdecken im Festsaal und einem mit Originalmobiliar eingerichteten Wohnzimmer gibt Einblick ins höfische Leben. Luxuriös zeigt sich auch das Speisezimmer mit weißblauen Möbeln, wertvollem chinesischen Porzellan und niederländischen Fayencen.

▪ April bis Okt. tägl. (außer Mi) 10–17 Uhr, Eintritt pro Schloss 3,50 €, Kombiticket für beide Schlösser 6 €, Kombiticket mit Bauhausmuseum Weimar 10 €. Schlossgärten tägl. 9 Uhr bis Sonnenuntergang. Max-Krehan-Str. 2, Dornburg-Camburg, ✆ 036427-22291, www.thueringerschloesser.de.

Weinbaugebiete an Saale und Ilm

Seit dem Mittelalter wird in Jena und in der Saaleregion Wein angebaut. Auch heute nutzen die Winzer das begünstigte Klima an den sonnenbeschienenen steilen Talhängen. Zwischen Jena und Bad Sulza, wo in einem großen Bogen Saale und Ilm zusammenfließen, bringen wenige große und viele kleine Winzerbetriebe Weine hervor, die auch im bundesweiten Vergleich mit Auszeichnung bestehen können. In den Hofläden der Weingüter kann man Weiß- und Rotweine sowie Sekt aus einer Vielfalt an Rebsorten verkosten; ein Erlebnis sind auch die Weinbergführungen (Anmeldung!) und Feste.

Im Thüringer *Weingut Bad Sulza* finden regelmäßig kulturelle Veranstaltungen und Weinproben mit Abendessen statt. Das vom Gault Millau empfohlene Weingut bewirtschaftet auch den steilen Dornburger Schlossberg. Für den aus dem Schwäbischen stammende Chef Andreas Clauß ist die Handarbeit dort nach eigenen Worten „wie Urlaub". Im *Weingut Zahn in Kaatschen* kann man z. B. nach einer „Krimi-Wein-Wanderung" auf der Terrasse der Weinstube am Saale-Ufer sitzen und hervorragende Küche genießen.

▪ **Weingut Bad Sulza:** ✆ 036461-20600, www.thueringer-wein.de. **Weingut Zahn:** ✆ 034466-20356, www.erlebnisweingut.de, www.weinbauverband-saale-unstrut.de.

Bad Sulza

Wein und Sole spielen in dem kleinen Bad Sulza die Hauptrollen. Start- und Zielpunkt der „Weinstraße Saale-Unstrut" ist das Weintor in Bad Sulza. Von hier aus hat man das Alte Gradierwerk im Blick. Der ruhige Kurpark mit der Jugendstil-Trinkhalle, das historische Inhalatorium und das im Rahmen des Weimarer Kulturstadtjahres 1999 entstandene „Goethe Gartenhaus zwei" sind zu besichtigen. Salzhaltiges Wasser verspricht nicht nur den Kurgästen

Auch am Dornburger Schlossberg gedeiht exquisiter Wein

in den großen Reha-Einrichtungen Gesundung, auch Wellnessfans kommen in Bad Sulza auf ihre Kosten.

mein Tipp **Wellness   Toskana Therme,** unter den Kuppeldächern der Therme wird Baden zum Erlebnis, bei Dunkelheit entfaltet sich ihr besonderer Charme. Farbe, Licht und Klang sorgen für sinnlichen Badegenuss. Im runden Pool des „Liquid Sound Tempels" können Sie bei klassischer Musik schweben lernen und erfahren, wie sich Walgesänge unter Wasser anhören. Oder Sie bleiben beim „Liquid-Sound-Festival" die ganze Nacht in der Therme und erleben vom Wasser aus eine Inszenierung aus elektronischer Musik und Feuer ... So–Do 10–22, Fr/Sa 10–23/24 Uhr. Thermalbad, Sauna, „Liquid Sound Tempel" 2 Std. 17 €. Wunderwaldstr. 2, ℡ 036461-92000, www.toskana world.net.

mein Tipp **Übernachten   Historische Mühle Eberstedt,** die alte Ölmühle von 1906 an der Ilm nahe dem Dorf Eberstedt ist nach umfassender Sanierung ein feines, kleines Landhotel geworden, eingebettet in ein wunderbares Naturambiente, das nicht nur Radler und Wanderer schätzen. Das Wasserrad produziert heute keinen Strom, sondern treibt auch die Mühle an, in der hochwertige Speise- und Kosmetiköle hergestellt werden. Übernachten kann man in liebevoll dekorierten Zimmern wie „Müllers Ruh" oder „Zwickmühle" oder in einer der vier gemütlichen Ferienwohnungen. Für Gruppen und Familien gibt es am Mühlenteich etwas Besonderes: das *schwimmende Hüttendorf*. In den sechs mit einem Steg verbundenen Häuschen schläft man in Stockbetten, während das Wasser gluckst und die Hütten sanft schaukeln. Festen Boden unter den Füßen hat man im Sanitärgebäude „an Land", das auch den Gästen der Schäferwagen zur Verfügung steht. Zehn Wohnmobile finden Versorgungsanschlüsse auf einer großen Wiese. Ein uriges *Restaurant* und ein *Biergarten* runden das Angebot ab. DZ 78–108 € inkl. Frühstück; Hüttendorf ab 34 € inkl. Frühstück; umfangreiches Frühstücksbüffet für Hotelgäste und Hüttendorfbewohner. Dorfstraße 28-29, 99518 Eberstedt, ℡ 036461-87463, www.oelmuehle-eberstedt.de.

Bürgel

Blau-weiße Keramiken machten die Töpferstadt an der B 7 (Richtung Eisen-

Blau-weiße Keramik aus Bürgel

berg, 13 km von Jena entfernt) seit dem 17. Jh. bekannt. Bis heute werden die Tonwaren in kleinen Töpfereien hergestellt. Am vorletzten Juniwochenende findet der **Bürgeler Töpfermarkt** statt, bei dem heimische Betriebe und Töpfer aus ganz Europa ihre Produkte zeigen. Im **Keramik-Museum,** dem einzigen Thüringer Spezialmuseum für Keramik, wird die 450-jährige Töpfereigeschichte von Bürgel erzählt. Zu sehen sind Thüringer Keramik aus der zweiten Hälfte des 20. Jh., Gegenwartskeramik und Stücke aus der Dornburger Keramik-Werkstatt vom Bauhaus über Otto Lindig bis zu Körting. Sehenswert ist auch die **Klosterkirche Thalbürgel** im Nachbarort mit ihren aufstrebenden romanischen Pfeilern, eine der drei letzten verbliebenen Benediktiner-Bauten in Thüringen (neben Paulinzella und Petersberg in Erfurt).

■ Keramik-Museum: Di–So 11–17 Uhr, Eintritt 3 €. Am Kirchplatz 2, ℡ 036692-37333, www. keramik-museum-buergel.de.

Der Norden

Ursprüngliche Natur, historisch bedeutsame Städte, große Kunst – der Norden ist ein Landstrich für Genießer. Das Panorama-Gemälde von Bad Frankenhausen muss man ebenso gesehen haben wie den Hainich, einen der letzten Urwälder Deutschlands.

■ Unterirdisch: der tiefste Konzertsaal Deutschlands im Bergwerk bei Sondershausen

■ Schräg: Der schiefe Turm in Bad Frankenhausen ist schiefer als der in Pisa.

■ Mittig: Ein Gedenkstein in Niederdorla markiert die wahre Mitte Deutschlands.

Sanfte Höhenzüge um die 500 m bilden Thüringens nördliche Grenze. Von den bewaldeten Hügeln des Hainichs und des Naturparks Eichsfeld, den Ausläufern des Harzes und dem Kyffhäuser umrahmt, breitet sich nördlich der Thüringer Städteachse ein von Windparks akzentuiertes, landwirtschaftlich geprägtes Stück Flachland vor dem Besucher aus: das „Thüringer Becken". Durch weitläufige Kornfelder schlängelt sich als bekanntester Fluss die Unstrut.

Nach der Wende wurden hier zahlreiche Industriebetriebe geschlossen, der Bergbau wurde zurückgefahren. Dieser Einschnitt wird deutlich sichtbar an Industriebrachen auf dem Land und in der städtischen Peripherie. Mit dem Verlust von Arbeitsplätzen geht eine Zunahme der Pendlerbewegungen einher. Drei Viertel der Berufstätigen arbeiten in den alten Bundesländern, vor allem in Niedersachsen und Hessen. Durch Autobahnen und Bundesstraßen ist Nordthüringen aus jeder Richtung schnell erreichbar. Die historischen Innenstädte dagegen stehen aufgrund des großen Engagements bei der Sanierung alter Bausubstanz heute überwiegend proper da. Zum Bummeln und Schauen laden Bad Langensalza und Mühlhausen ein. In Nordhausen lernt man die Wiege der Kornbrennerei kennen. Und Sondershausen lockt mit einem herrschaftlichen Schloss weitläufigem Park.

Als Wanderer oder Radfahrer kann man die beiden Natur-Highlights am besten genießen: den größten Urwald Deutschlands in der UNESCO-Weltnaturerbestätte Hainich und das Mini-Gebirge des Naturparks Kyffhäuser. Auch in der Mitte Nordthüringens, wo sich touristische Ziele rar machen, warten Pretiosen wie der *Chinesische Gar-*

ten in Weißensee oder die zweitausend Jahre alte germanische *Funkenburg bei Westgreußen* auf Entdeckung – dafür lohnt auch der eine oder andere Umweg.

Was anschauen?

Altstadt Mühlhausen: Die Marienkirche mit der Gedenkstätte für Thomas Müntzer, die Bachkirche, der historische Wehrgang und noch viel mehr lohnt den Besuch. → S. 287

Museum „Flohburg": Das interessante Regionalmuseum präsentiert die bewegte Stadtgeschichte Nordhausens so, dass auch Kinder sie gerne erkunden. Die DDR „verschwand" in Schubladen, die der Besucher nach Lust und Laune öffnen kann. → S. 301

Kyffhäuser-Denkmal: Das 81 m hohe Kaiser-Wilhelm-Denkmal wurde auf den Ruinen der einstigen Reichsburg von Kaiser Friedrich Barbarossa errichtet. → S. 310

Bauernkriegspanorama: Das 14 x 123 m große Monumentalgemälde von Werner Tübke erzählt von der blutigen Schlacht von Bad Frankenhausen in suggestiven Bildern. → S. 313

Parks in Bad Langensalza: Rund 450 Rosenarten, ein Meer von Magnolien, japanische Bonsai-Bäume, vielgestaltige exotische Gewächse – in elf schönen Parks und Themengärten werden Gartenliebhaber aufblühen. → S. 278

Was unternehmen?

Dem Urwald aufs Dach steigen: Auf dem Baumkronenpfad im Nationalpark Hainich spaziert man auf einem bequemen Holzsteg mitten durch die Wipfel uralter Buchen zur Aussichtsplattform in 44 m Höhe. → S. 282

Wildkatzen beobachten: Die normalerweise nachtaktiven Jäger werden während der Schaufütterungen im Wildkatzendorf Hütscheroda putzmunter und man kommt ihnen ganz nahe. → S. 283

Fahrt mit der Harzquerbahn: Die Schmalspurbahn verbindet die Orte Nordhausen und Wernigerode, besonderes Highlight ist die Fahrt mit einem historischen Dampfzug bis auf den Brocken. → S. 303

Schlossfestspiele und Musik: Im Schlosshof in Sondershausen werden alljährlich bei den Thüringer Schlossfestspielen im Juni und Juli Opern und Musicals aufgeführt. Das Loh-Orchester Sondershausen bietet das ganze Jahr über ein abwechslungsreiches Programm mit Sinfonie- und Kammerkonzerten. → S. 308

Und was sonst?

Wellness und Kur: Der Norden ist reich an Heilquellen. In der Therme Bad Langensalza bringt eine Kältekammer die Gesundheit auf Trab (→ S. 280), aber auch Heilbad Heiligenstadt (→ S. 298) und Bad Frankenhausen (→ S. 314) haben Wohltuendes zu bieten.

Spirituelle Auszeit: Der moderne Christus-Pavillon, der für die EXPO 2000 in Hannover geschaffen wurde, ist nun Mittelpunkt der ökumenischen Bildungsstätte Kloster Volkenroda. → S. 295

Bad Langensalza

Der Deutschen Fachwerkstraße folgend, erreicht man den Bäderort mit über 200-jähriger Kurtradition. Das Bild der Stadt bestimmen kunstvolle Fachwerkbauten im hessischen und niedersächsischen Stil, die frühesten entstanden im 14. Jh.

Vor allem aber erfreut Bad Langensalza mit seiner hübschen, von Wasserläufen und Mühlströmen durchzogenen Altstadt und zieht mit elf Parks und Themengärten Gartenliebhaber magisch an. Im fruchtbaren Thüringer Becken gelegen, profitiert die 13.500-Einwohner-Stadt von dem milden, trockenen Klima und so gedeihen hier sogar Kakteen und Yuccas aus Südamerika. Ein grüner Gürtel umzieht den historischen Stadtkern und bindet die Stadtmauer mit ihren Türmen ein. 1811 wurden hier Schwefelquellen entdeckt, den Titel „Bad" trägt die Stadt seit 1956. Seit 1996 wird auch Sole und Mineralwasser gefördert, was dem Kurort weiteren Aufschwung verleiht. Und als Tor zum Hainich, einem der letzten Urwälder Deutschlands, ist Bad Langensalza eine gute Basis für Ausflüge in die pralle Natur.

6,5 km

Der Norden

Erstmals urkundlich erwähnt wird Langensalza im Jahr 932. Der Handel mit dem ringsum angebauten Waid bescherte der Stadt Wohlstand. Seit 1485 gehört die Stadt zum Herzogtum Sachsen, seit 1815 zu Preußen. Zwei große Schlachten verzeichnet die Chronik: 1075 siegt das Heer König Heinrichs IV. in der Schlacht bei Homburg an der Unstrut über das aufständische sächsisch-thüringische Heer. Im preußisch-österreichischen Krieg kommt es im Juni 1866 zwischen der Armee des Königreichs Hannover und den Preußen zur blutigen Schlacht bei Langensalza.

Sehenswertes

Die Altstadt: Baudenkmäler aus Mittelalter und Barock prägen das historische Zentrum, das durch den Wiederaufbau nach dem verheerenden Brand von 1711 zur heutigen Gestalt fand. Durch die Marktstraße führten einst die alten Handelswege und seit dem 18. Jh. auch die Postroute Kassel – Leipzig.

Das heute barocke **Rathaus,** erbaut aus Langensalzaer Travertin, wird 1299 erstmals erwähnt; es fiel mehrfach in Schutt und Asche. Am Rathaus sind in güldener Pracht die Längen der Preußischen Elle (66,69 cm) und des Preußischen Fuß (31,385 cm) eingelassen. Das Glockenspiel mit 32 Glocken erklingt täglich um 12 und 18 Uhr. Dabei erscheinen im Dreieckgiebel fünf Figuren von Salzaer Persönlichkeiten, darunter der Arzt *Christoph Wilhelm Hufeland*, der 1762 im Haus Kornmarkt 8 zur Welt kam und später Goethe, Schiller und den preußischen König behandelte. Auf der Säule des Rathausbrunnens (1561) zeigen die von Löwen getragenen Wappentafeln, dass Langensalza zu dieser Zeit zum Kurfürstentum Sachsen gehörte.

Marktkirche St. Bonifacius (1272): Ihr 73 m hoher Turm mit einem Obergeschoss aus der Renaissance überragt die Altstadt. Eine gewaltige Glocke – 1,88 m im Durchmesser – schlägt die Zeit. Das Kirchenschiff zieren spätmittelalterliche Altäre, ein romanischer Taufstein, eine Holzkassettendecke von 1561 sowie spätgotische Wandmalereien auf der Nonnenempore. Die 1884 eingebaute Orgel stammt von dem ortsansässigen Orgelbaumeister Friedrich E. Petersilie.

Altstadt mit Turm der Kirche St. Bonifacius

Ältestes Zeugnis der Stadtgeschichte ist **Schloss Dryburg,** die von den Herren von Salza im 12. Jh. erbaut wurde. Der Verein „Kunstwestthüringer e. V." zeigt hier zeitgenössische Kunst (Schlosshof 1, www.kunstwestthueringer.com).

Stadtmuseum im Augustinerkloster und Apothekenmuseum: Das Augustinerkloster ist eine Stiftung aus dem Jahr 1280. Als Distriktsvikar besuchte Martin Luther den Konvent im Jahr 1516, das Kloster bestand bis zur Säkularisierung 1539. Um vom Turm mit der Barockhaube (1711) den Blick über die Altstadt genießen zu können, muss man 120 Stufen erklimmen. Die Besteigung ist im Rahmen des Besuchs des Stadtmuseums möglich. Nach langjährigem Umbau soll das Museum im ehemaligen Kloster 2020 mit völlig neu gestalteter Ausstellung wieder eröffnet werden, die einen Bogen spannt von der Klostergeschichte über die Reformationszeit bis zur Schlacht von 1866. Zum Stadtmuseum gehört das *Apothekenmuseum* im nur wenige Schritte entfernten „Haus Rosenthal". Es zeigt eine Sammlung historischer Apothekergefäße aus Glas, Porzellan und Holz. Eindrucksvoll sind die Wandvertäfelungen und die Holzstube in dem alten Fachwerkhaus. Im angrenzenden *Apothekergarten* wachsen mehr als 100 verschiedene Heilkräuter.

▪ **Stadtmuseum:** neue Öffnungszeiten s. Webseite, Augustinerplatz 1–2, ☏ 03603-813002. **Apothekenmuseum:** April bis Okt. Mi–Sa 13–17, So 10–17 Uhr, Nov. bis März Mi u. Sa 13–17 Uhr. Eintritt 3 €. Bergstr. 15 a, ☏ 03603-8945896, www.badlangensalza.de.

Parks und Themengärten: Gartenliebhaber kommen in Bad Langensalza ins Schwärmen. Elf Parks und Themengärten locken mit Blütenpracht und vielfältigen Gestaltungen. Sie werden als Außenstandort Teil der Bundesgartenschau 2021 (→ Erfurt) sein. Den Rundgang beginnt man am besten am barocken *Friederikenschlösschen*, das Herzogin Friederike von Sachsen-

Fernöstliche Harmonie im Japanischen Garten Bad Langensalza

Der Norden → Karte S. 276/277

Weißenfels 1749 als Sommerresidenz erbauen ließ. Dahinter liegt der terrassenartig anlegte **Schlösschenpark,** der in seiner barocken Grundstruktur von 1751 rekonstruiert wurde (Nov. bis April 9–18 Uhr, Mai bis Okt. 9–20 Uhr, Eintritt frei). In der früheren *Kutscherremise* kann man sich in einer Schaudruckerei das historische Druckhandwerk erläutern lassen.

Bad Langensalzas Flaniermeile ist der **Kurpark** an der Stadtmauer mit farbenfrohen Rabatten, alten Bäumen und einem kleinen Bachlauf. Im **Rosengarten** verströmen über 450 Rosenarten, darunter 91 Langensalzaer Züchtungen, betörende Düfte (April bis Okt. 10–19 Uhr). Begleitet werden die Rosen von Stauden, Gehölzen, Teichlandschaften, Brunnen und Pergolen.

Gartenharmonie kann man im **Japanischen Garten** „Kofuku No Niwa", dem Garten der Glückseligkeit, erleben (März 10–16, April bis Okt. 10–19 Uhr). Rund um das japanische Teehaus entfalten die Teichlandschaft mit Brücke und Wasserfall, die Azaleenbeete, der Kirschgarten und der Bambushain ihr exotisches Flair.

Der **Magnoliengarten** erstrahlt von März bis Juli in einem Blütenmeer (ganzjährig geöffnet, Eintritt frei). Der **Botanische Garten** zeigt eine Vielfalt einheimischer und exotischer Pflanzen wie Yuccas, Agaven, Kakteen und Kübelpflanzen (April bis Okt. 10–19 Uhr). Im **Sukkulenten-Haus** kann man sich an einer übermannsgroßen Unterart der hundertjährigen Agave und an „Elefantenfüßen" erfreuen.

Im **Traco Park** wird erläutert, wie man den Travertin für die Gartengestaltung mit Mauern, Treppen und Wegen nutzen kann (ganzjährig Mo–Fr 9–18, So 13–18 Uhr). Bevor Sie im **Arboretum** (März 10–16, April bis Okt. 10–19 Uhr) zwischen weitläufigen Wiesen 130 Baumarten bewundern, sollten Sie eine typische Langensalzaer Perspektive nicht verpassen: Von der *Gottesackerkirche* am Parkeingang erhascht man den „Drei-Türme-Blick" mit den Türmen von Augustinerkirche, Rathaus und Marktkirche.

Ebenfalls zur Gartenmeile gehören der **Apothekergarten** (April bis Okt. Mi–So 13–17 Uhr) und der **Naturgarten des BUND** (ganzjährig Mo–Fr 8–16 Uhr, April bis Okt. auch Sa/So 14–18 Uhr, Eintritt frei) mit den Themen Obst, Gemüse und Kleinbiotope.

▪ Eintritt pro Garten 3 € bzw. 4 €, drei Tage gültiges Kombiticket 10 €, freier Eintritt mit Thüringen Card. Hunde sind in allen Gärten nicht gestattet. ☏ 03603-834424, www.bad langensalza.de.

Praktische Infos

Information   Touristinformation gegenüber der Marktkirche im „Haus zum grünen Schild". April bis Okt. Mo–Fr 9–18, Sa/So 10–16 Uhr, Nov. bis März Mo–Fr 9–17, Sa 10–16 Uhr. Bei der Marktkirche 11, 99947 Bad Langensalza, ☏ 03603-834424, www.badlangensalza.de.

Verbindungen Bahn: Von Bad Langensalza regelmäßig Regionalverbindungen u. a. nach Mühlhausen, Leinefelde, Gotha, Eisenach, Erfurt und Göttingen, www.bahn.de.

Bus: Es gibt mehrere innerstädtische Linien von Salza-Tours; regional sind u. a. Aschara, Herbsleben, Mühlhausen und Erfurt zu erreichen, www.salzatours.de.

Die Verkehrsgesellschaft Wartburgkreis bedient die Strecken von Langensalza nach Thiemsburg (Baumkronenpfad), Hütscheroda (Wildkatzendorf), Craula und Eisenach, www. vgwak.de. Weitere Verbindungen unter www. regionalbus.de.

Parken Zahlreiche kostenpflichtige Parkplätze in der Nähe der Gärten und der Altstadt sind ausgeschildert. Kostenlos parken kann man am Jahn-Platz.

Baden In der **Friederiken-Therme** findet der Badegast innen und außen eine abwechslungsreiche Badelandschaft. Die Thermalsole ermöglicht nahezu schwereloses Baden im 32 °C warmen Wasser. Entspannung finden Saunafans in mehreren Saunen von 60 bis 110 °C sowie in zwei römischen Dampfbädern. Tägl. 9–22 Uhr. Böhmenstr. 5, ☏ 03603-39760, www.friederikentherme.de.

Fahrradfahren Auf dem **Unstrut-Radweg** (190 km) geht es von der Quelle im Eichsfeld über Mühlhausen und Bad Langensalza entlang des Flusslaufs bis zur Mündung in die Saale bei Naumburg, www.unstrutradweg.de.

Kinder Die **Rumpelburg** in der Innenstadt ist eine einzigartige Kinderwelt mit Innen- und Außenspielgelände. Hier können die Kleinen auf Spielelementen aus Holz klettern, hangeln, toben und rutschen. Im Baumhaus, in der riesigen Puppenstube oder in einem Schiff bleiben keine Träume unerfüllt. Di–Fr 14–18, Sa 10–18, So 10–17 Uhr, 2,50 € pro Stunde. Sperlingsgasse 4,   ☏ 03603-3984604,   www. kindererlebniswelt-rumpelburg.de.

Kur Die Kurmittelabteilung der Friederiken-Therme bietet diverse Anwendungen mit Schwefelwasser, Thermalsole und hoch mineralisiertem Trinkwasser. Behandelt werden orthopädische und rheumatische Erkrankungen sowie Hauterkrankungen. Eine Besonderheit ist die *Kältekammer*, in der bei bis zu minus 110 °Celsius Schmerzen, entzündliche Prozesse und Blockaden behandelt werden. ☏ 03603-39760, www.friederikentherme.de.

Stadtführungen durch die Altstadt, in verborgene Keller und durch die Gärten (6,50 €). Tickets in der Touristinformation: ☏ 03603-834424. Termine unter www.badlangensalza.de.

Veranstaltungen Wenn im April die Kirschbäume in Blüte stehen, wird im Japanischen Garten das **Kirschblütenfest** „Hanami" gefeiert. Zu Ehren der Schwefelquellen begeht Bad Langensalza im Juni das **Brunnenfest** mit einem großen Rummel und Umzug. Beim **Mittelalterstadtfest** am letzten Wochenende im August verwandelt sich die Innenstadt in einen mittelalterlichen Markt mit Gauklern, Musikanten, Händlern und Rittern, www. badlangensalza.de.

Wandern Ein neu eröffnetes Teilstück des **Lutherweges** verbindet nun Bad Langensalza mit Mühlhausen. Als großes Wanderrevier liegt der **Nationalpark Hainich** direkt vor der Haustür (→ S. 282 ff.). Der **Fahner-Höhen-Hainich-Weg** (80 km, Markierung rotes Quadrat auf weißem Grund) führt von Erfurt über Bad Langensalza nach Mühlhausen.

Übernachten/Essen Alpha Hotel, in dem Haus an der Kurpromenade nächtigt man in individuell und klassisch eingerichteten Komfortzimmern. Schöner Panoramablick vom Frühstücksrestaurant und den mediterranen Terrassen im fünften Stock. DZ als EZ 59–85 €, DZ 76–89 € inkl. Frühstück. Parkplatz am Haus. Kurpromenade 1,   ☏ 03603-122490,   www. alpha-hotel-thueringen.de.

Pension Zur Lohgerberei, die familiäre Pension nahe der Altstadt bietet einfache und freundliche Zimmer und ein leckeres Frühstück. Radler freuen sich über den Fahrradunterstand. Parkplatz vorhanden. EZ 40 €, DZ 62 € inkl. Frühstück. Löbersgasse 2, ☎ 03603-846131, www.pension-zur-lohgerberei.de.

Ferienwohnungen Am Butterturm, zentral in der Altstadt. In einem sanierten Fachwerkhaus werden sechs moderne Ferienwohnungen vermietet. Der Service der Vermieter reicht von der Bereitstellung von Kinderausstattung bis zur Waschmaschine. Vom Butterturm aus blickt man über die Dächer der Stadt. Unterstellmöglichkeit für Fahrräder. Ab 50 € pro Tag. Mauergasse 1, ☎ 03603-128373, www.butterturm.de.

MeinTipp **Restaurant Ratswaage,** die 1536 als Steinhaus erbaute Ratswaage diente zur Überwachung des Gewichts von Schüttgütern. Heute kommen unter dem Gewölbe feine, frische Speisen wie Wild mit Schupfnudeln oder Rinderbäckchen mit Klößen auf den Teller. Neben sechs Sorten Fassbier kann man ein breites Whisky-Angebot probieren. Mo, Mi–Sa 11–15 und 17–23, So 11–22 Uhr. Mühlhäuser Str. 40, ☎ 03603-8955310, www.ratswaage-badlangensalza.de.

Bonifacius-Stübchen, in dem denkmalgeschützten Altstadthaus kommt frische, regionale Küche mit pfälzischen und elsässischen Akzenten auf den Tisch. Auch Schnitzelfans finden eine große Auswahl. Mi–Mo 11–21 Uhr. Marktstr. 19, ☎ 03603-896970, www.bonifatiusstube.de.

K3 Café & Restaurant, zum gemütlichen Verweilen laden moderne Clubsessel ein, leckere Kuchen und Torten, frische Waffeln und Eis verwöhnen die süßen Genießer. Wer Deftiges mag, hält sich an hausgemachte Eintöpfe, Flammkuchen, Schnitzel oder Thüringer Gerichte wie Rinderroulade mit Klößen. Mo 11–22, Mi 10–20, Do–So 11–21 Uhr. Kornmarkt 3, ☎ 03603-869607, www.k3-cafe-restaurant.de.

Ristorante Villa Italia, im sommerlichen Flair des Schlösschenparks werden mediterrane Spezialitäten serviert, Pizza und Pasta gibt es in leckeren Variationen zu günstigen Preisen. Probieren sollte man auch die Fleisch- und Fischgerichte, z. B. Rinderfilet mit Steinpilzen oder Zander mit Shrimps. Mo–So 11–24 Uhr, Okt. bis März Mo Ruhetag. Im Kavaliershaus, Kurpromenade 5a, ☎ 03603-892861, www.villa-italia.de.

Wohnmobile 16 ganzjährige Stellplätze mit Wasser- und Stromanschlüssen direkt an der Friederiken-Therme. Standgebühr 4 €/Tag plus 1,70 € Kurtaxe. Breitscheidstraße, www.friederikentherme.de.

Der Norden ↓ Karte S. 276/277

Barocke Sommerresidenz: das Friederikenschlösschen

Nationalpark Hainich

Im Dreieck der Städte Eisenach, Bad Langensalza und Mühlhausen darf sich im Nationalpark Hainich ein Stück Urwald ungestört von menschlichen Eingriffen entfalten. Mit 16.000 Hektar ist der Hainich das größte Laubwaldgebiet Deutschlands, als Nationalpark sind 7500 Hektar ausgewiesen.

Vor allem die Rotbuchen sind es, die hier ihr grünes Dach aufspannen. Darunter finden seltene Pflanzen und Tiere ein Rückzugsgebiet. Unter anderem konnte die scheue Wildkatze wieder heimisch werden, aber auch gefährdete Arten wie Feuersalamander, Gelbbauchunke und Fledermäuse finden hier Lebensräume. Die UNESCO verlieh dem Hainich gemeinsam mit den Buchenurwäldern der Karpaten und anderen deutschen Laubwäldern 2011 den Titel „Weltnaturerbestätte".

Der Hainich ist ein Muschelkalk-Höhenzug, der am Westrand des Thüringer Beckens aufragt, die höchste Erhebung ist der *Alte Berg* (494 m). Die Landschaft ist geprägt durch offene Flächen mit Magerrasen, dichtem Laubwald, Bächen und Tümpeln. Hier kann man hunderte verschiedene Moos- und Flechtenarten und Blühpflanzen entdecken, darunter seltene Waldorchideen wie den breitblättrigen Stendelwurz. Im Frühjahr entwickelt der Hainich seine besonderen Reize, dann breiten sich duftende Blütenteppiche von Märzenbechern, Leberblümchen, Bärlauch, Türkenbund und anderen Frühblühern aus. Im Herbst taucht das Laub die Region in einen gelbgoldenen Glanz.

Baumkronenpfad

„Dem Urwald aufs Dach steigen" – unter diesem Motto ermöglicht der Baumkronenpfad den Hainich-Besuchern ein einzigartiges Naturerlebnis. Ein Aussichtsturm und ein barrierefrei zugänglicher, 530 m langer Steg führen die

Ein Erlebnis: auf dem Baumkronenpfad im Nationalpark Hainich

Wanderung 8: Von Kammerforst zur Betteleiche und zum Ihlefelder Kreuz → S. 412

Angenehme Rundwanderung im Nationalpark Hainich mit Sehenswürdigkeiten wie der 800 Jahre alten Betteleiche

Besucher direkt an das Ökosystem der Baumkronen heran. Von der Besucherplattform in 44 m Höhe ergibt sich eine überwältigende Aussicht über den Hainich. Auf Infotafeln und in interaktiven Präsentationen erfährt man zudem Interessantes über die Kreisläufe der Natur. Wer sich traut, kann über zwei Hängebrücken klettern. Stille Genießer wählen eine der lauschigen Sitzbänke, um die blättergefilterte frische Luft zu schnuppern. Im Nationalparkzentrum gibt es eine Ausstellung, ein Besuch der Wurzelhöhle bietet Informationen über die Lebenswelt im Boden.

▪ April bis Okt. 10–19 Uhr, Nov., Dez. und März 10–16 Uhr, Jan./Febr. Sa/So 10–16 Uhr, Eintritt 11 € inkl. Nationalparkzentrum, mit Thüringen Card Eintritt frei. Alterstedt/Thiemsburg, ab Wanderparkplatz Thiemsburg 10 Min. zu Fuß. ☏ 03603-825843, www.baumkronen-pfad.de.

Wildkatzendorf Hütscheroda

Die Wildkatze ist das Wappentier des Hainich. Einige der scheuen Tiere wurden im Nationalpark wieder heimisch. Wildkatzen sind keine verwilderten Hauskatzen, sondern eine Wildrasse, die hier schon in der Steinzeit lebte. Die kräftigen grau-braun gemusterten Tiere mit buschigem Schwanz schlafen meist tagsüber und jagen nachts – deshalb bekommt man sie selten zu Gesicht. In einem naturnah gestalteten Gehege bei Hütscheroda sind jedoch mehrere Tiere zu sehen. Man sollte zu einer der vom Rangern moderierten Schaufütterungen kommen. Sobald es was zu futtern gibt, werden die Tiere putzmunter, schleichen sich an und machen meterhohe Luftsprünge. Eine Ausstellung informiert über das Leben der Wildkatzen

und die Bemühungen des BUND zu ihrem Schutz.

▪ April bis Okt. 10–18 Uhr, Nov. bis März Sa/So 10–16 Uhr, Eintritt 7 €, Tickets in der Wildkatzenscheune. Die Fütterungszeiten variieren, Termine unter www.wildkatzendorf.de. Schlossstr. 4, Hütscheroda, ☏ 036254-865180.

Praktische Infos

Information Nationalparkzentrum Thiemsburg, hier informiert eine Ausstellung über den Lebensraum Wald. Zudem gibt es hier Eintrittskarten für den Baumkronenpfad, Infomaterial und Wanderkarten. April bis Okt. 10–19 Uhr, Nov. bis März 10–16 Uhr. Thiemsburg am Baumkronenpfad, 99947 Schönstedt, OT Alterstedt, ☏ 03603-86790.

Nationalpark Information Kammerforst: 1. April bis 31. Okt. tägl. 10–18 Uhr, Nov. bis März tägl. 10–16 Uhr. Obergut Kammerforst, Straße der Einheit, 99986 Kammerforst, ☏ 036028-36893.

Nationalparkverwaltung: Bei der Marktkirche 9, Bad Langensalza, ☏ 0361-573914000, www.nationalpark-hainich.de.

Verbindungen „Der wunderbare Wanderbus" (Linie 150 der Verkehr Hainich GmbH) pendelt von Ostern bis 31. Okt. zwischen Eisenach, Wildkatzendorf Hütscheroda, Thiemsburg/Baumkronenpfad und Bad Langensalza, www.vgwak.de.

Baden An der Talsperre Seebach gibt es beim Palumpa-Land einen schönen Badestrand, www.palumpa-land.de.

Eintritt Die Sehenswürdigkeiten Wildkatzendorf, Baumkronenpfad, Parks in Bad Langensalza, Friederiken-Therme, Rumpelburg und Stadtmuseum Bad Langensalza gewähren Ermäßigung bei Vorlage von Eintrittskarten der anderen Partner innerhalb von zwei Tagen („Partnerbonus").

Fahrradfahren Die **Gelbe Route Nationalpark Hainich** (37 km) führt von Creuzburg

Der Norden ↓ Karte S. 276/277

nach Bad Langensalza. Die **Rote Route** (22 km) startet in Mühlhausen und führt bis zum Craulaer Kreuz, wo sie auf die Gelbe Route trifft, www.thueringen-entdecken.de.

Klettern im **Kletterwald Hainich** mit 100 Kletterelementen in neun Parcours. Mitte Juni bis August sowie in den Oster- und Herbstferien tägl. 10–18 bzw. 19 Uhr, ansonsten am Wochenende geöffnet. Am Reckenbühl, Kammerforst, ✆ 0160-8088046, www.kletterwald-hainich.de.

Wandern Auf 120 km markierten Wanderwegen und 50 km Radwegen lässt sich der Hainich entdecken. Mit Kindern wandert man auf dem **Schleichpfad** (2 km), der zum Wildkatzengehege Hütscheroda führt und problemlos zu einer 7-km-Wanderung auf dem **Wildkatzenpfad** erweitert werden kann.

Auch im Hainich gibt es einen **Rennsteig** (31 km, Markierung weißes R), der zwischen Eigenrieden und Behringen über den Kamm des Hainich verläuft, www.nationalpark-hainich.de.

Auf dem **Hainichlandweg** (130 km, roter Punkt) kann man den Hainich ab/bis Weberstedt umrunden und passiert dabei Struth, Heyerode, Probstei Zella, Mihla und Hütscheroda, www.eisenach.info.

Der Naturparkweg **Leine – Werra** (98 km, rotes Quadrat) verbindet die Leine bei Heiligenstadt mit der Werra bei Creuzburg, www.naturpark-ehw.de.

Übernachten/Essen Forsthaus Thiemsburg, helles, modernes Restaurant, hier kann man sich auf der Terrasse (Selbstbedienung) mit Thüringer Grill-Spezialitäten, Eintopf, Kuchen und frischen Getränken stärken. März bis Dez. tägl. 11–18 Uhr. In der *Wanderherberge* findet man schöne Einzel- und Doppelzimmer mit Naturholz und frischen Farben. Je zwei Zimmer teilen sich ein Bad. EZ 35 €, DZ 70 €, Frühstück 5 €/Pers. Am Baumkronenpfad, Schönstedt, OT Alterstedt, ✆ 03603-895690, www.forsthaus-thiemsburg.de.

Hotel Zum Herrenhaus, im Wildkatzendorf Hütscheroda, im ehemaligen Haus der Herren von Wangenheim. Rustikal eingerichtete Zimmer, EZ 58 €, DZ 83 € inkl. Frühstück. Im *Restaurant* wird tägl. ab 12 Uhr Thüringer Küche serviert. Schlossstr. 10, Hütscheroda, ✆ 036254-7200, www.hotel-zumherrenhaus.de.

Pension Unsere Talstation, in Craula. Renovierter Fachwerkhof mit schönem Garten und gemütlichen Gästezimmern mit Naturholzmöbeln. Aufenthaltsraum, Sonnenterrasse, Pool und Lagerfeuerstelle stehen zur Verfügung. DZ als EZ 43 €, DZ 70 € inkl. Frühstück. Langgasse 16, Craula, ✆ 0173-3227788, www.unsere-talstation.de.

Mein Tipp **Hainich Baude,** in der zünftigen Schutzhütte am Wanderparkplatz Craulaer Kreuz speist man Thüringisch und auf Tiroler Art, der Schweizer Wurstsalat kommt mit steirischem Kernöl daher und die Kartoffelsuppe schmeckt wie bei Oma. Und weil der Wirt früher mal im Zillertal gearbeitet hat, gibt es Almdudler, Jagertee und auch mal einen Kaiserschmarrn. Geöffnet Mi–So ab 10 Uhr. ✆ 0173-9843806, www.hainichbaude.de.

Landhotel Zum braunen Hirsch, in Kammerforst. Die Landhauszimmer sind individuell eingerichtet, in der Wirtsstube geht es gemütlich zu. Ob Ente mit Klößen, Eisbeinsülze oder Kartoffelpuffer mit Apfelmus, hier findet jeder sein Lieblingsgericht (Mo/Di 17–22, Mi/Do 8–14 und 17–22, Fr 11–24, Sa 8–24, So 8–22 Uhr). EZ 48 €, DZ 70 € inkl. Frühstück. Straße der Einheit 12, Kammerforst, ✆ 036028-30114, www.hainich-hotel.de.

Hotel Graues Schloss, in Mihla. Das umfassend sanierte Renaissanceschloss direkt an der Werra ist heute ein Hotel. In den gediegenen, komfortablen Zimmern darf man sich wie ein Schlossherr fühlen. DZ als EZ ab 42 €, DZ ab 52 €, Frühstück 7 €/Pers. Im urigen *Restaurant* und im schönen Biergarten gibt es deftige Thüringer Küche sowie hausgebackenen Kuchen. Di–So ab 11 Uhr. Thomas-Müntzer-Str. 4, Mihla, ✆ 036924-42272, www.graues-schloss.de.

Camping **** **Camping Am Tor zum Hainich,** in Weberstedt. Schönes, terrassiertes Wiesengelände mit Stellplätzen für Caravans und Zelte. Großzügiger Sanitärbereich, Kiosk, Aufenthaltsraum und Spielplatz vorhanden. Stellplatz für 2 Pers. 22 €. Ganzjährig geöffnet. Hainichstraße, Weberstedt, ✆ 036022-98690, www.camping-hainich.de.

Camping Palumpa-Land, der Platz direkt an einem See mit aufgeschüttetem Sandbereich. Es gibt 50 ebene Stellplätze mit Strom- und teils Abwasseranschluss und einer Zeltwiese. Zudem schöne Einrichtungen zum Baden, Bootfahren, Beachvolleyball und Spielen. Strandbar vorhanden. Stellplatz und 2 Pers. 23 €. Geöffnet April bis Okt. Am Stausee 1, Vogtei, OT Niederdorla, ✆ 03601-888942, www.palumpa-land.de.

Über die Werrabrücke bei Creuzburg führte eine alte Handelsstraße

Creuzburg und Treffurt

Im Westen bricht der Hainich schroff zur Werra hin ab. Hier lohnen die beiden Städtchen Creuzburg und Treffurt einen Besuch. Seit dem Mittelalter schreiben beide Geschichte und haben stattliche Burgen zu bieten.

Über die im Jahr 1225 erbaute *steinerne Werrabrücke* bei **Creuzburg** (2300 Einwohner) führte eine mittelalterliche Heer- und Handelsstraße. Heute können Radfahrer diesen Weg über den Fluss nehmen (die Autostraße führt über eine neue Brücke) und an der *Liborius-Kapelle* (1499) mit Kreuzgewölbe und Wandmalereien rasten.

Der Missionar Bonifatius begründete auf dem Burgberg ein Benediktiner-Kloster. Im 10. und 11. Jh. gehörte die Region zur Reichsabtei Fulda. Ab dem 12. Jh. war die Propstei Creuzburg im Besitz der Ludowinger, mit dem Bau der **Burg Creuzburg** wurde die strategisch wichtige Siedlung gesichert und Creuzburg 1213 zur Stadt erhoben. Für Landgraf Hermann II. und seine Frau Elisabeth wurde Creuzburg nach der Eisenacher Wartburg zur Zweitresi-

denz. Auch erblickten hier die Kinder des Paares das Licht der Welt.

Die Burg, deren heutiges Erscheinungsbild durch Umbauten im 18. Jh. geprägt wurde, ist den Besuch wert: Im Schlosshof lockt ein schöner Biergarten und im **Museum** eine kulturhistorische Sammlung, die sich mit der Burggeschichte, der Anwesenheit der heiligen Elisabeth und dem Wirken des in Creuzburg geborenen Komponisten Michael Praetorius befasst. Alljährlich zu Pfingsten gibt die Burg den passenden Rahmen für ein beliebtes *Mittelalterfest*.

■ Museum: April bis Okt. Di–Sa 12–17, So 10–17 Uhr, Nov. bis März Do–So 12–16 Uhr.

Auch das an der Grenze zu Hessen gelegene Werra-Städtchen **Treffurt** (5100 Einwohner) wird von einer gewaltigen Burganlage überragt. Die romanische

Burg Normannstein wurde wohl im 9. Jh. auf einem Bergsporn errichtet und um 1200 mit Burgfried, Palas und zwei Türmen erweitert; um 1417 kam ein Kapellenbau hinzu. Im ausgehenden Mittelalter wurde die Burg aufgegeben und verkam zum Steinbruch. Erst 1894 wurden die Überreste als Ausflugsziel und Gaststätte neu belebt. Nach der Wiedervereinigung wurde Normannstein umfassend saniert. Die Ausstellung im **Museum** informiert über „Werraburgen über Werrafurten". Von der Aussichtsplattform aus blickt man weit über das Werratal.

In der **Altstadt** von Treffurt trifft man auf zahlreiche Fachwerkhäuser in hessisch-thüringischer Bauart mit Stilelementen wie Sonnenrad und Wilder Mann sowie schönen Balkenschnitzereien. Der **Marktplatz** wird dominiert von dem Fachwerkrathaus aus dem 16. Jh. mit einer herrlich verzierten Loggia. Im Sommer wirkt der Platz mit schöner Außengastronomie fast wie eine italienische Piazza. Aus spätromanischer Zeit stammt die Stadtkirche **St. Bonifatius** mit einem auffälligen Zickzackmotiv im halbkreisförmigen Tympanon des Nordportals.

▪ Das Burggelände ist frei zugänglich. Museum: Auskunft über Öffnungszeiten in der Tourist-Information.

Information Auf der **Burg Creuzburg.** April bis Okt. Di–Sa 12–17, So 10–17 Uhr, Nov. bis März Do–So 12–16 Uhr. Auf der Burg Creuzburg, ✆ 036926-98047, www.creuzburg-online.de.

In Treffurt im **Bürgerhaus.** Mo und Mi–Fr 10–15, Di 10–18 Uhr. Puschkinstr. 3, ✆ 036923-51542, www.treffurt.de.

Fahrradboxen Kostenlose Unterstellmöglichkeiten für Fahrräder gibt es in Treffurt am Info-Punkt gegenüber der Touristinformation in der Puschkinstraße.

Übernachten/Essen **Hotel & Restaurant Auf der Creuzburg,** im historischen Ambiente der Burg nächtigt man in stilvollen, komfortablen Zimmern. EZ 58 €, DZ 90 € inkl. Frühstück. Das *Restaurant* verwöhnt mit gehobener Thüringer Küche und internationalen Spezialitäten aus frischen, regionalen Zutaten. Di–Do und So 11–22 Uhr, Fr/Sa 11–23 Uhr. Burgberg 1, Creuzburg, ✆ 036926-71304, www.burg-creuzburg.de.

Ratskeller Treffurt, im Gewölbekeller des Rathauses und auf der Außenterrasse serviert das Ristorante „La Taverna" Pizza, Pasta und Salate. Do–Di 11–14.30 und 17.30–21 Uhr. Rathausstr. 12, Treffurt, ✆ 036923-838884, www.ratskeller.treffurt.de.

Burg Normannstein in Treffurt thront über dem Werratal

Mühlhausen

Kirchen, Könige, Kriege – die Stadt Mühlhausen war Schauplatz wichtiger historischer Ereignisse. Der Prediger Thomas Müntzer und der Komponist Johann Sebastian Bach haben sich hier verewigt. Die Altstadt ist eine der schönsten in Thüringen, beim Spaziergang auf der Stadtmauer öffnen sich malerische Einblicke in die Türmestadt.

Zwischen Hainich und Eichsfeld im Westen und dem Dün im Norden hat sich die 33.000-Einwohner-Stadt relativ gleichmäßig rund um das historische Zentrum ausgedehnt. Häuser von Mittelalter bis Jugendstil zieren die schmucke Altstadt, die sich nach Bränden und durch Umgestaltungen über die Jahrhunderte entwickelte. Durchs Stadtgebiet fließt die Unstrut, ringsum breiten sich wie überall im flachen Thüringer Becken Felder und Wiesen aus. Die 59 Türme (!) der Kirchen und der Stadtmauer brachten dem Ort den Beinamen „Mulhusia turrita" ein. Auch heute fallen sie gleich ins Auge, wenn man sich Mühlhausen nähert.

Erstmals erwähnt wird Mühlhausen als Königspfalz im Jahr 967. Mehrfach hielten Kaiser Otto II. und Heinrich II. und andere gekrönte Häupter hier Hof. Im Mittelalter war Mühlhausen Freie Reichsstadt und nach Erfurt die bedeutendste Stadt Thüringens. Die Stadt war ein wichtiger Handelsplatz für das Färberwaid und die europaweit beliebten Mühlhäuser Tuche. Mit dem Einrücken preußischer Truppen 1802 war es mit der Reichsfreiheit zu Ende. Seit der Wiedervereinigung 1989 leidet die Stadt unter dem Verlust von Industriebetrieben, das Rückgrat der Wirtschaft bilden heute mittelständische Betriebe, vor allem Automobil- und Schienenfahrzeugzulieferer. Der Strukturwandel und die Schließung des Bundeswehrstandorts beschleunigten den Rückgang der Einwohnerzahl.

Es wäre Mühlhausen zu wünschen, dass es an die Innovationskraft frühe-

Das Frauentor in Mühlhausen

rer Zeiten anknüpfen kann. 1292 vollbrachte ein Mönch die planerische Meisterleistung, eine Wasserversorgung für die Oberstadt einzurichten. Mühlhäuser Erfindergeist bescherte sogar dem fernen New York ein epochales Bauwerk: Die Brooklyn Bridge wurde von dem Mühlhauser Konstrukteur Johann August Röbling geplant. Vom reichen historischen Erbe profitiert Mühlhausen mit Blick auf den Fremdenverkehr und das kulturelle Angebot. Die

Altstadtsanierung ist gelungen, Gäste und Einheimische besuchen gern die mit schönen Läden, Restaurants und Cafés belebte Innenstadt, vor allem die Fußgängerzone im Steinweg.

Sehenswertes

Stadtmauer und Wehrgang: Wer sich einen ersten Überblick verschaffen möchte, genießt vom Rabenturm der Stadtmauer aus die schönste Aussicht auf die Stadtsilhouette mit der alles überragenden *Marienkirche* (1317), der doppeltürmigen *Jakobikirche* im Osten (1280) und der *Pfarrkirche Divi Blasii* (1276). Im Nordwesten fällt außerhalb der Stadtmauer das bunt gedeckte Dach der *Petrikirche* ins Auge, die der Deutsche Orden von 1352 bis 1356 erbauen ließ.

Der *Rabenturm* ist Teil der mittelalterlichen Wehranlage Mühlhausens, deren trutzige Wirkung von der Westseite des Frauentors besonders fotogen ist. Im 19. Jh. wurden von den einst vier Stadttoren alle bis auf das Innere und Äußere Frauentor abgebrochen. Am *Frauentor* befindet sich der Zugang zum Wehrgang. Die Anfang des 13. Jh. erbaute Stadtbefestigung war knapp 2,8 km lang, 2,2 km davon sind bis heute erhalten. Auf einer Länge von 370 m kann man den Wehrgang und die mit Ausstellungen zur Stadtgeschichte bestückten Gartenhäuschen besichtigen.

Beim Spaziergang auf der Stadtmauer öffnen sich reizvolle Einblicke in Hinterhöfe und Gassen. Dabei erfährt man Wissenswertes zur Verteidigung und Brandbekämpfung der Stadt, lernt berühmte Bürger kennen, sieht verschiedene Stadtansichten wie den berühmten Kupferstich von Matthäus Merian aus dem Jahr 1645 und schmunzelt darüber, dass der Besuch der Mühlhäuser Kirmes 1525 einige Bürger sogar von der Teilnahme am Bauernkrieg abgehalten hatte.

◾ Wehrgang geöffnet Ostern bis Ende Nov. Mo–So 10–17 Uhr, Eintritt 5 €. Am Frauentor, www.mhl-museen.de.

Marienkirche: Elf Kirchen prägen den mittelalterlichen Stadtkern. Die fünfschiffige gotische Hallenkirche St. Marien ist schon von weitem zu sehen.

Aus- und Einblicke beim Spaziergang auf der Mühlhäuser Stadtmauer

Kein Wunder, ist sie doch nach dem Erfurter Dom die zweitgrößte Thüringens, und ihr 86,7 m hoher Turm ist der höchste aller Thüringer Kirchen. Der Deutschritterorden begann mit dem Bau 1317, fertiggestellt wurde das Gotteshaus in der zweiten Hälfte des 14. Jh. Das reich gegliederte Südportal zeigt vier Figuren, darunter Kaiser Karl IV. und seine Frau Elisabeth von Pommern. In St. Marien wurden kaiserliche Rechtsentscheidungen verkündet, angesehene Bürger fanden ihre letzte Ruhestätte, hier predigte Thomas Müntzer, es wurde Fürstentag gehalten und Bachs Ratswahlkantate wurde hier uraufgeführt.

Als *Müntzer-Gedenkstätte* informiert die 1975 säkularisierte Kirche über Leben und Wirken des Reformators Thomas Müntzer (1489–1525). Die Radikalität, mit der Müntzer die Reformation der Kirche vertrat und die Abschaffung der ständisch geprägten weltlichen Ordnung propagierte, war sogar Martin Luther zu viel, so dass dieser sich schließlich von dem Theologen abwandte. Im Februar 1525 war Müntzer Pfarrer an der Marienkirche. Er wurde zur Leitfigur im Deutschen Bauernkrieg und gründete am 17. März in der Kirche den „Ewigen Rath", um die Bauernhaufen zu einem Heer zusammenzuführen. In der Schlacht von Frankenhausen verloren sie kläglich gegen die vereinigten Fürstenheere, womit der Bauernkrieg ein blutiges Ende fand. Am 27. Mai 1525 wurde Thomas Müntzer vor den Toren Mühlhausens enthauptet.

■ Di–So 10–17 Uhr, Eintritt 5 €. Turmführung Mo 14 Uhr, Eintritt 7 €, www.mhl-museen.de.

Rathaus: Durch die Ratsstraße gelangt man zum historischen Rathaus. Der einstmals frei stehende Kernbau entstand um 1300. Durch immer neue Anbauten wuchs ein verschachteltes Ensemble mit Bauteilen aus Gotik, Renaissance und Barock. Sehenswert sind die Halle, deren Tonnengewölbe

Die Marienkirche ist Müntzer-Gedenkstätte

im 17. Jh. ausgemalt wurde, die Große Ratsstube mit gotischer Malerei und das Reichsstädtische Archiv (1614). Unter einem Kreuzgewölbe mit Ausmalungen aus dem Barock sind originale Archivschränke und Truhen aus dem 17. Jh. erhalten. In dem 23.000 Bände umfassenden Archiv ist das *Mühlhäuser Rechtsbuch* von 1220 das wichtigste historische Dokument.

■ Besichtigung zu den Öffnungszeiten der Verwaltung möglich, Führungen durch Rathaus und Archiv Mo–Fr 11 Uhr (5 €), Treffpunkt erste Etage, Eingang Ratsstr. 19. ✆ 03601-4520, www. muehlhausen.de.

Kornmarktkirche mit Bauernkriegsmuseum: Auch die am Kornmarkt stehende Bettelordenkirche *St. Crucis* (13. Jh.) beherbergt heute ein Museum. Seit 1802 wurde der Bau als städtische Waage und Kornmagazin genutzt. Die Ausstellung informiert über den Deutschen Bauernkrieg. Sehenswert ist der *Klostergarten*, der nach Ideen des mittelalterlichen Gelehrten Albertus Magnus gestaltet wurde.

■ Di–So 10–17 Uhr, Eintritt 5 €. Kornmarkt, ✆ 03601-85660, www.mhl-museen.de.

Der Norden → Karte S. 276/277

Bachkirche Divi Blasii: Am lang gezogenen Untermarkt steht die dreischiffige, kreuzförmige Kirche. Um 1276 begann der Deutsche Orden mit dem Bau des Gotteshauses, das Schmuckwerk französischer Kathedralen wie eine Maßwerkrosette am Nordquerhaus aufweist. Heute ist sie mit modernen Glasfenstern der Künstlerin Alexandra Lesch gestaltet. Die historischen Chorfenster aus der Zeit um 1310 zeigen Johannes den Täufer und den heiligen Blasius. Das Marienleben und Heiligenbildnisse gehören zu den Darstellungen des Hochaltars. Seit 1556 gehört die Kirche der evangelisch-lutherischen Gemeinde.

Außen an der nordwestlichen Marktecke erinnert eine schlanke Bronzestatue an die wichtigste Persönlichkeit, die in der Blasiuskirche wirkte: *Johann Sebastian Bach* trat hier am 1. Juli 1707 das Organistenamt an. Das gute Gehalt ermöglichte ihm die Eheschließung mit Maria Barbara Bach. Zum Ratswechsel 1708 komponierte Bach die festliche Kantate „Gott ist mein König" (BWV 71), die als einzige aus dieser Zeit im Druck erhalten ist. Im Juni 1708 bat Bach um seine Entlassung und übersiedelte nach Weimar.

▪ Ostern bis Ende Okt. Di–Sa 10–17, So 11–17 Uhr. Zwischen Pfingsten und Erntedank Mi um 12 Uhr Orgelandacht bei freiem Eintritt. Untermarkt, www.muehlhausen.de.

Kulturhistorisches Museum: Vorbei an der *Annenkapelle* (Kristanplatz 1), die 1290 mit einem schönen Kreuzrippengewölbe der ehemaligen Deutschordenskomturei angefügt wurde, erreicht man das Kulturhistorische Museum. Der 1868 bis 1870 errichtete Neorenaissancebau, heute das Haupthaus der Mühlhäuser Museen, zeigt eine Ausstellung zur Ur- und Frühgeschichte des Unstrut-Hainich-Kreises mit Grabungsfunden von der Jungsteinzeit bis zum Mittelalter. Zudem zu sehen sind Thüringer Kunst des 20. Jh. und eine stadtgeschichtliche Ausstellung.

▪ Di–So 10–17 Uhr, Eintritt 5 €. Kristanplatz 7, ☎ 03601-85660, www.mhl-museen.de.

In der Divi-Blasii-Kirche war Bach eine Zeit lang Organist

Moderne Glaskunst ziert die Maßwerkrosette der Divi-Blasii-Kirche

Praktische Infos → Karte S. 293

Information Touristinformation, Mo–Fr 9–17, Sa/So 10–16 Uhr (Nov. bis Ostern Sa 10–14 Uhr). Ratsstr. 20, 99974 Mühlhausen, ℘ 03601-404770, www.muehlhausen.de.

Verbindungen Bahn: Regelmäßige Regionalverbindungen u. a. nach Bad Langensalza, Leinefelde, Gotha, Erfurt, Eisenach, Göttingen, www.bahn.de.

Bus: Mit sechs Buslinien sind alle Stadtteile zu erreichen. Regionalbusse fahren u. a. nach Zella, Weberstedt, Niederdorla und Kammerforst. Der Nationalparkbus (Linie 154) fährt u. a. zum Baumkronenpfad, www.regionalbus.de. Die Busse der Verkehrsgesellschaft Wartburgkreis fahren regelmäßig nach Mihla und Eisenach, www.vgwak.de.

Parken Rings um die historische Altstadt sind Parkhäuser und zahlreiche kostenpflichtige Parkplätze ausgeschildert. Zum Besuch der Wehranlage empfiehlt sich der Parkplatz Blobach, www.muehlhausen.de.

Baden In der **Thüringentherme** finden Wasserratten ein Sport- und Wellenbecken. In den Spaßbecken kann man bei 31 °C Wassertemperatur innen und außen planschen und im Strömungskanal düsen. Zudem 75-m-Riesenrutsche, großzügige Saunalandschaft und diverse Wellnessanwendungen. Mo–Fr 10–22, Sa/So 9–22 Uhr. Lindenbühl 10, ℘ 03601-40123, www.thueringentherme.de.

Fahrradfahren Durch Mühlhausen führt der **Unstrut-Radweg** (190 km), auf dem Langstreckenradler von der Quelle im Eichsfeld bis zur Saalemündung strampeln können. Von Mühlhausen nach Treffurt verbindet der **Unstrut-Werra-Radweg** (32 km) die beiden Langstreckenradwege an Unstrut und Werra.

Spezialität Seit 1908 wird in Mühlhausen das beliebte Thüringer Pflaumenmus hergestellt. Inzwischen wird alljährlich zu Pfingsten die „Mühlhäuser Pflaumenblüte" mit Livemusik, Fahrgeschäften und Markttreiben gefeiert. Spezialitäten mit Pflaumenmus und das Pflaumenbier begleiten das Fest kulinarisch.

Stadtführungen Ohne Voranmeldung Ostern bis Okt. Sa/So 11 Uhr, Nov. bis Ostern Sa 11 Uhr ab Touristinformation (5 €). Auch Themen- und Erlebnisführungen. ℘ 03601-404770, www.muehlhausen.de.

Veranstaltungen Am Ostersamstag wird auf dem Blobach das **Frühlingsfest** mit Buden und Karussells eröffnet. Das 1614 als Lusthaus eingeweihte Brunnenhaus Popperode gibt seit alters her im Juni die Kulisse für das **Brunnenfest,** das blumengeschmückte Schüler mit Tanz und Liedern zelebrieren.

Ebenfalls im Juni in der Zeit um den Johannistag wird die **Mühlhäuser Holzfahrt** begangen, die seit 200 Jahren anlässlich des Holzschlags gefeiert wird.

Ende Aug./Anfang Sept. lockt seit 1877 die **Mühlhäuser Stadtkirmes,** die größte Stadtkirmes Deutschlands, ein großes Publikum an. Rummelplatz, Musik, Umzüge, Handwerkermarkt und Feuerwerk gehören dazu.

Der **Mühlhäuser Weihnachtsmarkt** der Händler und Kunsthandwerker findet am dritten Adventswochenende auf dem Untermarkt und dem Kristanplatz statt.

Wandern Auf dem **Lutherweg** kommt man von Bad Langensalza über Niederdorla nach Mühlhausen und kann die Wanderung Richtung Treffurt fortsetzen. Der Mühlhäuser Stadtwald bietet zahlreiche Möglichkeiten, u. a. die **Rundwanderung zu den Mammutbäumen** (7,7 km, Start am Waldparkplatz Prinzenhaus), www.muehlhausen.de.

Übernachten/Essen Hotel Weidenmühle 8, nahe der Altstadt, mit großzügigen, modernen Zimmern, in denen man sich wohlfühlt. Eine gepflegte Gartenanlage unterstreicht den angenehmen Eindruck. EZ ab 60 €, DZ ab 92 € inkl. Frühstück. Parkplatz vorhanden. Das Restaurant **Puschkinhaus 8** mit schönem Bier-

Im Rathaus wird das Reichsstädtische Archiv verwahrt

garten serviert deftige Thüringer und internationale Spezialitäten, Fischgerichte und Vegetarisches. Mo–Do 11–22, Fr/Sa 11–23, So 11–17 Uhr. Hotel: ☎ 03601-402400, Restaurant: ☎ 03601-402204. Puschkinstr. 3, www.puschkinhaus.com.

Hotel An der Stadtmauer 1, zentral gelegenes Haus mit Altstadtflair. Eine überdachte Galerie im schönen Innenhof lädt zum Verweilen ein. Die Zimmer von „Mini" bis „Komfort" sind modern und komfortabel. Das Hotel gehört einer karitativen Stiftung, der Gewinn kommt in Not geratenen Menschen zugute. EZ 39–55 €, DZ 58–78 €, Frühstück 9,90 €/Pers. Kostenloser Parkplatz. Breitenstr. 15, ☎ 03601-46500, www.muehlhausen-hotel.de.

Hotel Brauhaus Zum Löwen 6, in dem schönen Fachwerkhaus gegenüber der Kornmarktkirche sowie in den angeschlossenen Häusern „Unstrut", „Hainich" und „La Villa" findet der Gast gemütliche, im Landhausstil oder modern eingerichtete Komfortzimmer. Tiefgarage, Fahrrad- und Motorradraum vorhanden. DZ als EZ ab 60 €, DZ ab 86 € inkl. Frühstück. In der *Gastronomie* des Hauses spielt das selbst gebraute Bier eine zentrale Rolle: Reichsstädtisches Pilsener und diverse Spezialbiere wie das Pflaumenbier werden hier gebraut. In der glasüberdachten Malztenne zwischen Sudpfanne und Läuferbottich schmecken Braumeister-Steak, Krüstchen-Pfanne oder eines der mediterranen Gerichte. Tägl. 11–14.30 und 17–21.30 Uhr. Das *Tanzlokal Leo* bietet Fr und Sa Tanz und Musik. Felchtaer Str. 2–4, ☎ 03601-4710, www.goebel-hotels.com.

Pension bei der Marienkirche 4, absolut zentral und dennoch ruhig übernachtet man hier in modernen Komfortzimmern. Der Service ist freundlich, das Frühstücksbuffet üppig. Parkplätze vorhanden. EZ ab 46 €, DZ ab 61 €. Bei der Marienkirche 14, ☎ 03601-888405, www.pm14.de.

mein Tipp **Wirtshaus Antonius-Mühle 2,** in der ehemaligen Senfmühle aus dem 14. Jh. beim Frauentor wird heute auf mehreren Ebenen im rustikalen Ambiente lecker aufgetafelt. Spezialitäten des Hauses sind der mit Sauerkraut, Kassler und Bratwurst gefüllt „Brottopf" und die „Schaufel Fleisch", nach der man nur noch von dannen rollt. Auf der Karte stehen aber auch leichte Gerichte, Fisch und Vegetarisches. Mi–Fr 17.30–24, Sa/So 11.30–14 und 17.30–24 Uhr. Am Frauentor 7, ☎ 03601-403850, www.antoniusmuehle.de.

Übernachten

1 Hotel An der Stadtmauer
4 Pension bei der Marienkirche
6 Hotel Brauhaus Zum Löwen
8 Hotel Weidenmühle
9 Campingplatz am Schwanenteich

Essen & Trinken

2 Wirtshaus Antonius Mühle
3 Restaurant zum Postkeller
5 Restaurant Belle Epoque
6 Brauhaus Zum Löwen
7 Seipel's Restaurant
8 Restaurant Puschkinhaus
10 Luftbad Mühlhausen

Seipel's Restaurant 7, mediterran angehaucht sind die feinen Speisen, die Heiko Seipel in seiner Küche kredenzt. Knoblauch und Safran, Pernod und Chili, Rosmarin und Fenchel – aromatische Zutaten spielen eine zentrale Rolle, um Fleisch, Fisch und Gemüse in Szene zu setzen. Im Gastraum knistert das Kaminfeuer, draußen lockt ein schöner Außenbereich unter Weinranken. Reservierung empfehlenswert. Di–Sa 17–23 Uhr, So 11.30–14 Uhr. Bastmarkt 10, ☏ 03601-428280, www.seipels-restaurant.de.

Restaurant Belle Epoque 5, Sterne-Koch Simon Raabe hat sich mit dem „Belle Epoque" einen Traum erfüllt. Soeben wieder mit 15 Punkten des Gault Millau ausgezeichnet, kreiert er edle Gourmet-Menüs (ab 59 €). Außerdem gibt es feines Gabelfrühstück (Frühjahr und Sommer 10–13 Uhr). Weingenießer freuen sich über eine exquisite Weinkarte. Reservierung empfehlenswert. Mo–Sa 18–22 Uhr. Brückenstr. 9, ☏ 03601-4039418, www.belle-epoque-muehlhausen.de.

Restaurant zum Postkeller 3, in nostalgischem Ambiente kommt Thüringer und internationale Küche aus regionalen Zutaten auf den Tisch, z. B. Geflügel-Cremesuppe mit Waldpilz-Lasagne, Schäufele vom Milchferkel, Schnitzel in Senf-Kräuter-Hülle oder Irish Pasta ... Tägl. 11–23 Uhr. Steinweg 6, ☏ 03601-8882213, www.zumpostkeller.de.

MeinTipp **Restaurant Luftbad Mühlhausen 10**, früher genossen hier hüllenlose Naturliebhaber Licht und Luft, heute ist das „Luftbad" mit seinem lichtdurchfluteten Gastraum und herrlichem Biergarten ein Treffpunkt für Genießer. Auf den Teller kommt eine leichte Küche aus frischen Zutaten, die Kräuter und Blüten kommen aus dem eigenen Garten. Mi–Sa 17–22, So 11–17 Uhr. Goetheweg 90, ☏ 03601-889130, www.luftbad-muehlhausen.de.

Camping Campingplatz am Schwanenteich 9, im Westen der Stadt. Mit Spazierwegen, Spielplatz und Bootsverleih ist der Schwanenteich ein Naherholungsziel. Hier finden Camper ein schönes, ebenes Wiesengelände mit Stellplätzen für Caravans, Wohnmobile und Zelte sowie Spielplatz und Kinderplanschbecken. Es gibt Stromanschlüsse, Ver-/Entsorgungsstation und ein Sanitärgebäude. Stellplatz und 2 Pers. 20 €. Geöffnet April bis Okt. Poppenröder Straße, ☏ 03601-40123, www.campingplatz-am-schwanenteich.de.

Niederdorla

Durch den mit Linde und Gedenkstein markierten angeblichen „Mittelpunkt Deutschlands" (→ Kastentext) ist das kleine Niederdorla 6 km südlich von Mühlhausen seit 1990 ins öffentliche Bewusstsein gerückt. Die gut 1300 Dorfbewohner in der Gemeinde Vogtei werden im Volksmund auch Niederdorlaer Frösche genannt, während rund um den Niederdorlaer Erdfallsee echte Amphibien ihren Lebensraum haben. Für Besucher interessant ist hier das so genannte „Opfermoor".

Opfermoor Vogtei: Im Ried bei Niederdorla wurden beim Abbau von Torf in den 1950er-Jahren Zeugnisse für ein germanisches Opfermoor gefunden. In dem hervorragend erhaltenen Fundkomplex konnten 86 Heiligtümer entdeckt werden. Die frühesten stammen aus der älteren Eisenzeit, der Hallstatt-zeit und der frühen Latènezeit (6.–5. Jh. v. Chr.). Tausend Jahre lang wurde der See als heiliger Ort von den Germanen aufgesucht, die hier ihren Gottheiten huldigten und Tieropfer darbrachten. Die Archäologen fanden im Moor Knochen, Tierschädel, Idole, Werkzeuge und Keramik, die im Museum im Original zu sehen sind. In dem Freigelände wurde ein Germanendorf mit Wohnstallhaus, Speicher und Grubenhäusern aus Weide, Lehm und Schilfrohr rekonstruiert. Bei Aktionstagen wird hier der Alltag der Germanen mit alten Handwerkskünsten und Bogenschießen zu neuem Leben erweckt. Durch die Schilflandschaft führt ein Rundweg zu elf Opferplätzen. Die Heiligtümer wurden mit Flechtwerk eingehegt und zeigen Altäre, Kultstangen, Götterbilder und Tierschädel. Auch Kultschiffe wurden nachgebaut, die mit einem Hengsthaupt auf dem Pfahlidol und einem Rinderkopf Richtung Sonnenaufgang „fuhren".

Wo Deutschlands wahre Mitte ist (?)

Ach, die Welt ist ja so unübersichtlich geworden! Da muss Orientierung her! Also sucht auch Deutschland seine Mitte – und ist sich dabei nur uneins. Denn wie berechnet man die Mitte von etwas, das nicht rund ist? Schnittpunktermittlung, Schwerpunktermittlung, Bestimmung des Gleichgewichts oder Verhältnis Staatsgebiet zu Land, mit Zwölfmeilenzone und Inseln oder ohne? Bei jeder Messung landet man woanders. Immerhin: Thüringen hat die meisten Treffer, liegt ja auch, na klar, in Mitteldeutschland. Die mittlerweile nach verschiedenen Verfahren ermittelten Orte Landstreit (bei Eisenach), Dingelstädt, Flinsberg, Silberhausen (alle im Eichsfeld), Krebeck bei Göttingen oder Besse bei Kassel würde man wohl auch treffen, wenn man mit Dartpfeilen auf die Deutschlandkarte wirft. Doch im Gedächtnis bleibt, wer als Erster „hier!" schreit: 1990 bestimmte ein Dresdener Geodät durch Ermittlung der Extrempunkt-Koordinaten Niederdorla als exakten Mittelpunkt Deutschlands. Die Gemeinde pflanzte sogleich eine Linde und errichtete einen Gedenkstein mit den Koordinaten 51° 08' nördliche Breite, 10° 25' östlich Greenwich. Mitte hin, Mitte her: Immerhin findet man jetzt als Tourist auf dem flachen Land, in The Middle of Nowhere, eine echte Sehenswürdigkeit: das Opfermoor bei Niederdorla.

■ April bis Okt. Mo–Fr 10–16, Sa/So 10–17 Uhr, Nov. bis März tägl. 10–15 Uhr. 5 Min. Fußweg zum Freilichtgelände, Eintritts-Chip öffnet Drehkreuz, Eintritt 3,50 €. Museum und Kasse Schleifweg 11, Niederdorla, ✆ 03601-756040, www.opfermoor.de.

Volkenroda

Auf dem Gebiet der Burg Volkenroda (11. Jh.) wurde 1131 ein *Zisterzienserkloster* gegründet. Das Kloster war eines der reichsten und angesehensten Klöster Nordthüringens. Von hier aus wurden unter anderem die Klöster Loccum (Niedersachsen) und Waldsassen (Oberpfalz) gegründet. Im 14. Jh. geriet das Kloster in Verfall, u. a. durch jahrzehntelange Fehden mit Mühlhausen und durch die Zerstörungswut im Bauernkrieg. Nach der Wiedervereinigung ergriff die Jesus-Bruderschaft Gnadenthal die Initiative für den Wiederaufbau des Baudenkmals.

Christus-Pavillon Volkenroda: Die Verbindung aus restauriertem Altbestand der romanischen Klosterkirche und dem modernen Glas-Kubus des Christus-Pavillons hat ein Ensemble entstehen lassen, dessen Aura auch den gefangen nimmt, der nicht als spirituell Suchender gekommen ist. Als Beitrag der christlichen Kirchen für die EXPO 2000 in Hannover schuf Architekt Meinhard von Gerkan ein Gebäude auf Basis eines Quadrats. Der zentrale Christus-Raum mit hohen Stahlstreben und lichtdurchlässigen Marmorplatten wird umgeben von einem Kreuzgang aus quadratischen Glasfenstern. Die Doppelscheiben sind verfüllt mit Alltagsgegenständen wie Teesieben oder Feuerzeugen und Naturmaterialien wie Zucker oder Distelblüten. So entstehen interessante Bezüge von Innen und Außen und wechselnde Lichtstimmungen. Nach dem Ende der Weltausstellung wurde das Gebäude nach Volkenroda umgesetzt und wird heute als Kirchenraum genutzt. In dem kleinen Café im

Quadrat als Grundform: der Christus-Pavillon

Innenhof kann man die Architektur auf sich wirken lassen.

■ Mai bis Okt. tägl. 10–17 Uhr geöffnet (abweichend bei Veranstaltungen), Klosterkirche 7.30–18 Uhr. Amtshof 3, Volkenroda, ✆ 036025-5590, www.kloster-volkenroda.de.

Wandern Der **Pilgerweg Loccum–Volkenroda** (300 km, schwarzes Pilgerkreuz auf weißem Grund) verbindet das Kloster Loccum in Niedersachsen und das Kloster Volkenroda. Beide Klöster sind Gründungen des Reformordens der Zisterzienser, www.loccum-volkenroda.de.

Übernachten Im **Kloster Volkenroda** sind Übernachtungen in modernen Einzel- bis Mehrbettzimmern möglich. EZ 71–89 €, DZ 61–74 €, jeweils pro Pers. inkl. Vollpension. Amtshof 3, Volkenroda, ✆ 036025-55932, www.kloster-volkenroda.de.

Heilbad Heiligenstadt

Eingebettet in die waldreichen, stillen Hügel des Eichsfelds, im Dreiländereck Hessen-Niedersachsen-Thüringen, profitiert die 16.000-Einwohner-Kreisstadt von der wichtigen Ost-West-Verbindung Thüringens, der A 38.

Seit den 1990er-Jahren spielt der Kurbetrieb in der zum Heilbad avancierten Stadt eine wichtige Rolle. Rund 65.000 Kurgäste genießen alljährlich den „Heiligenstädter Dreiklang": Wasser, Grün, gute Luft. Parks und Grünanlagen prägen das Stadtbild, in dem sich fein sanierte Baudenkmäler vom Mittelalter bis zum Barock harmonisch verbinden. Hier kann man den Werken bedeutender Künstler wie Tilman Riemenschneider, Theodor Storm und Heinrich Heine nachspüren. Die Reformation hat um das Eichsfeld einen Bogen gemacht, und so ist auch Heiligenstadt heute noch eine der wenigen katholisch geprägten Städte Thüringens. Tausende kommen alljährlich am Palmsonntag hierher, um die berühmte, im Jahr 1581 von den Jesuiten begründete Leidensprozession mitzuerleben. Der deutsche Papst Benedikt XVI. besuchte 2011 die Region und zelebrierte eine Messe an der nahe Heiligenstadt gelegenen Wallfahrtskapelle Etzelsbach.

Als „Heilige Stätte" wurde der Ort mit dem um 960 errichteten St. Martinsstift in Verbindung gebracht. Das Gebiet gehörte dem Erzbischof von Mainz. Die Königspfalz wird urkundlich in den Jahren 973 und 990 mit Kaiser Otto II. und Otto III. und 1169 mit Friedrich I. Barbarossa genannt. Stadtrechte erhielt Heiligenstadt 1227. Das Zugeständnis an den Bauernführer Thomas Müntzer, dass in der Stadt nur

Barockgarten am ehemaligen Jesuitenkolleg in Heiligenstadt

protestantische Pfarrer predigen sollten, wurde nach dem Scheitern des
Bauernkriegs rückgängig gemacht. Der
Einfluss des Mainzer Erzbistums und
das Wirken der Jesuiten sorgten dafür,
dass die Bevölkerung den katholischen
Glauben wieder annahm. Im Dreißigjährigen Krieg wurde die Stadt mehrmals verwüstet. 1802 endete die Lan-
desherrschaft der Mainzer Erzbischöfe,
später wurde die Stadt preußisch re-
giert. 1929 richteten die Heiligenstädter
ein Kneipp-Bad ein, 1950 kam das Sole-
heilbad hinzu. Heute ist eine schöne
Therme der Mittelpunkt der Kureinrichtungen.

Sehenswertes

Mitte und östliche Altstadt: Im Zentrum der Altstadt thront die *Kirche
St. Marien* auf dem Stiftshügel. Auf
einem romanischen Vorgängerbau
wurde ab 1300 die zweitürmige gotische Kirche aus Buntsandstein mit
einer beachtlichen Freitreppe gebaut.
Innen sind spätgotische Fresken von
1506 zu sehen. Der Flügelaltar von
Hans Saphon (1512) zeigt die Kreuzi-
gung Christi, umrahmt von Heiligen.
Am Nordportal der Kirche steht die
achteckige, gotische Annenkapelle, die
die Figuren Mariens und der Anna
Selbdritt beherbergt.

Gleich neben St. Marien erstreckt
sich das ehemalige *Jesuitenkolleg* mit
einem schönen Barockgarten. In dem
Barockbau aus dem Jahr 1740 zeigt das
Eichsfelder Heimatmuseum eine stadtgeschichtliche Ausstellung mit sakra-
len Kunstwerken, Möbeln, Glas und
Porzellan, Gebrauchsgegenständen und
Trachten sowie die historische Stre-
ckersche Vogelsammlung. Kopien von
Werken Tilman Riemenschneiders erinnern an den Holzbildhauer, der um
1460 in Heiligenstadt geboren wurde
und bis zum fünften Lebensjahr hier
aufwuchs. Die Hauptachse der Altstadt
ist die *Wilhelmstraße*, eine belebte
Fußgängerzone, an deren östlichem

St. Marien und Annenkapelle

Ende der Heinrich-Heine-Park mit dem
Leine-Flüsschen beginnt.

■ Heimatmuseum: Di–Fr 10–17 Uhr, Sa/So
14.30–17 Uhr, Eintritt 2 €. Kollegiengasse 10,
✆ 03606-677480, www.heilbad-heiligenstadt.de.

Westliche Altstadt: Am westlichen Ende der Wilhelmstraße findet man auf
einem kleinen Hügel ein weiteres historisches Ensemble mit dem *Literaturmuseum Theodor Storm*, der „*Bergkirche*" *St. Martin* und dem *Mainzer
Schloss* (1736–38). Das Portal des
Schlosses, in dem heute das Landrats-
amt untergebracht ist, zeigt das Wappen des Mainzer Kurfürst-Erzbischofs
Philipp Karl von Eltz-Kempenich, der
das Schloss als Residenz für den erz-
bischöflichen Statthalter erbauen ließ.

Zwischen 1856 und 1864 war der Lyriker und Novellist Theodor Storm hier als preußischer Kreisrichter tätig. Die ehemalige Stiftskirche St. Martin wurde 1304 bis 1487 im gotischen Stil erbaut. Seit 1803 ist sie eine evangelische Kirche. Hier ließ sich der jüdische Schriftsteller Heinrich Heine 1825 taufen, kurz nach seiner Promotion zum Doktor der Rechte. Den Taufschein betrachtete er als „Entre Billet zur europäischen Kultur".

Literaturmuseum Theodor Storm: Auf den Treppenstufen zur Stadt hin begegnet man dem Heiligenstädter Kreisrichter Theodor Storm als Skulptur. Im „Mainzer Haus", einem schönen Fachwerkhaus im fränkischen Stil aus dem Jahr 1436, wurde 1988 zum 100. Todestag des Dichters das Literaturmuseum eröffnet. Die Dauerausstellung informiert über die Lebenswelt und das künstlerische Schaffen Storms in seinen Heiligenstädter Jahren (1856–1864). Ein weiterer Raum erinnert an Heinrich Heine und zeigt dessen Heiligenstädter Taufdokumente als Faksimiles.

■ Di–Fr 10–17 Uhr, Sa/So 14.30–16.30 Uhr, Eintritt 2 €. Am Berge 2, ☎ 03606-613794, www.stormmuseum.de.

Praktische Infos

Information Touristinformation, Mo–Fr 8–17 Uhr, Sa 10–12, Mai–Sept. auch So 10–12 Uhr. Marktplatz 15, 37308 Heilbad Heiligenstadt, ☎ 03606-677903, www.heilbad-heiligenstadt.de.

Verbindungen Bahn: Vom Bahnhof regelmäßig Regionalverbindungen u. a. nach Mühlhausen, Erfurt, Göttingen, Nordhausen, www.bahn.de.

Bus: Mit Bussen der Eichsfeld-Werke erreicht man regelmäßig u. a. Leinefelde, Worbis, Dingelstädt. Im Stadtverkehr verkehren mehrere Linien in regelmäßigem Takt, www.eichsfeldwerke.de.

Baden Der **Vitalpark Eichsfeld-Therme** bietet eine Wasserlandschaft mit Whirlpools, Strömungskanal, Solebecken und Außenbecken. Im **Sportbad** gibt es fünf 25-m-Bahnen, im Sommer kann man im **Freibad** schwimmen. Eine großzügige Saunalandschaft bietet Raum zur Entspannung, im Spa erhält man vielfältige Wellness-Behandlungen. Im Therapie- und Sportzentrum gibt es Kneippsche Anwendungen und Fitness-Räume. Therme: Mo–Fr 6.30–22, Sa 7–22, So 7–21 Uhr. ☎ 03606-66390, www.vitalpark-heiligenstadt.de.

Fahrradfahren Der **Leine-Heide-Radweg** (413 km) verbindet das Eichsfeld mit der Lüneburger Heide und Hamburg. www.leineheideradweg.de.

Kur Im Heilbad Heiligenstadt können stationäre und ambulante Kuren absolviert und Kurlaube verbracht werden. Pro Aufenthaltstag werden 2 € Kurbeitrag erhoben; die dafür ausgestellte Gästekarte gewährt freien Eintritt und Ermäßigungen für diverse Aktivitäten, www.heilbad-heiligenstadt.de.

Theodor Storm war hier Kreisrichter

Stadtführung Jeden Mi 10.30, Sa 14 Uhr ab Rathaus (4 €), Anmeldung in der Touristinformation. Nachwächterführung April bis Sept. Do 21 Uhr, Okt. bis März Do 19 Uhr ab Rathaus (4 €), www.heilbad-heiligenstadt.de.

Veranstaltungen Eine der deutschlandweit größten katholischen **Leidensprozessionen** findet am Palmsonntag statt. Im Juni starten beim **Internationalen Ibergrennen** Tourenwagen und Rennsportfahrzeuge zur Bergmeisterschaft. Am zweiten Wochenende im September wird das **Stadtfest der Heiligenstädter Möhrenkönige** gefeiert.

Wandern Südöstlich von Heiligenstadt erhebt sich der bis 522 m hohe Dün. Bei einer **Dünwanderung** (8,5 km, Markierung grüner Balken) erlebt man die „Schöne Aussicht" auf die Stadt. Eine weitere Aussichtswanderung führt auf den südlich gelegenen **Iberg zum Kurfürstenstein** (9 km, Markierung gelber Balken). Der **Naturparkweg Leine-Werra** (98 km, Markierung rotes Quadrat) führt von Heiligenstadt über Lengenfeld nach Creuzburg und erschließt den Naturpark Hainich-Eichsfeld, www.heilbad-heiligenstadt.de.

Übernachten/Essen **Hotel am Vitalpark,** wer den gehobenen Standard einer großen Hotelkette sucht, findet in dem Best-Western-Hotel Zimmer mit modernem Komfort. Vorteil: Für Gäste ist der Besuch der Badelandschaft des benachbarten Vitalparks kostenlos. EZ ab 94 €, DZ 130–160 € inkl. Frühstück. Im *Restaurant Theodor Storm* wird internationale Küche serviert (tägl. 18–22 Uhr, Reservierung erwünscht). Das Bistro *Leineaue* bietet Vitalgerichte sowie Kaffee und Kuchen (Mo–So 11–18 Uhr). In der Leineaue 2, ☎ 03606-66370, www.hotel-am-vitalpark.de.

Hotel Norddeutscher Bund, komfortables Haus mit nettem Service, die kreative Innenausstattung nimmt Bezug auf den Zusammenschluss der Hansestädte und Fürstentümer nördlich des Mains unter der Führung Preußens. Das Konterfei von Fürst Bismarck mit Pickelhaube ziert manches Sofakissen. EZ 53 €, DZ 78 €. Göttinger Str. 25, ☎ 03606-55300, www.hotel-norddeutscher-bund.de.

Ristorante Al Castello, in der historischen „Tannenburg", einem der ältesten Gebäude Heiligenstadts, wird im „Al Castello" feine italienische Küche serviert. Auf zwei Etagen genießt man uriges Ambiente, gebratenen Schwertfisch, diverse Fleischgerichte vom Grill und eine breite Palette an Pasta- und Pizza-

spezialitäten. Di–Fr 12–14.30 und 17.30–23, Sa 17.30–23, So 11.30–14.30 und 17.30–23 Uhr. Knickhagen 18, ☎ 03606-601640.

MeinTipp **Gasthaus St. Martin,** die Leibköchin verarbeitet frische Zutaten und lässt sich für die gehobene Küche von den feinen Aromen der Lebensmittel inspirieren. Im gemütlichen Innenraum oder auf der schönen Terrasse in der Fußgängerzone munden die Nudelgerichte und Traditionelles „Aus Omas Küche". Günstiges auf der Mittagskarte, so lange der Vorrat reicht. Di–Fr 11.30–15 und 17–24, Sa 12–15 und 17–24, So 12–15 Uhr. Wilhelmstr. 22, ☎ 03606-602860, www.gasthaus-sankt-martin.de.

Central Café, im gemütlichen Kaffeehausambiente werden zwei Personen mit dem Kaiser-Wilhelm-Frühstück rundum satt. Es gibt eine kleine Speiseauswahl, und natürlich leckere Kuchen und Kaffeekreationen. Mo–Sa 9–17, So 10–17 Uhr. Wilhelmstr. 37, ☎ 03606-506265.

Wohnmobil Sechs kostenlose Stellplätze auf dem Parkplatz gegenüber dem Stadthaus (Aegidienstr. 20). Entsorgung, Frischwasser und Strom gegen Gebühr. Auskünfte bei der Stadtverwaltung Heiligenstadt, ☎ 03606-6770.

Alternativer Bärenpark Worbis

Auf dem Weg von Heiligenstadt nach Nordhausen können Tierfreunde einen Zwischenstopp im „Alternativen Bärenpark" einlegen. Seit 1996 erhalten hier ehemalige Zirkusbären und andere in Not geratene Bären in großen Freigehegen ein artgerechtes Zuhause. In dem Areal mit Bäumen, Wiesen und Wasserflächen können die Bären nach natürlicher Nahrung suchen, baden und sich bärentypisch beschäftigen. Auch Wölfe haben hier ein Terrain. Ein Drahttunnel führt die Besucher durch das Bärengelände. Die Stiftung, die den Bärenpark betreibt, setzt sich für den Schutz der Tiere und gegen die Zirkushaltung von Bären ein.

■ März bis Okt. 10–18 Uhr, Nov. bis Febr. 10–16 Uhr, Eintritt 8 €. Duderstädter Allee 49, Leinefelde-Worbis, ☎ 036074-20090, www.baer.de.

Der Norden → Karte S. 276/277

Nordhausen

Thüringens nördlichste Stadt ist Nordhausen. Bekannt ist die einstige Freie Reichsstadt durch Nordhäuser Korn, Tabak und die Harzer Schmalspurbahn, die von hier aus bis zum Brocken schnauft.

Zwischen dem Südrand des Harzes und nordwestlich des Kyffhäusers liegt Nordhausen im Zentrum der so genannten „Goldenen Aue", einer von der Helme durchflossenen Kornkammer, der die Stadt seit dem Mittelalter ihren Reichtum verdankt. Schon seit jeher lag die Stadt verkehrsgünstig an wichtigen Handelsrouten. Zur DDR-Zeit war Nordhausen zweitgrößtes industrielles Zentrum, und auch heute ist die 42.000-Einwohner-Stadt der größte Arbeitsplatzstandort der Region. Seit 1997 ist Nordhausen Hochschulstadt mit rund 2200 Studenten.

Die heftigen Kriegszerstörungen hatten einen brachialen Wiederaufbau zur Folge, der die Stadtanlage in den 1950er- und 60er-Jahren durch breite Magistralen und Plattenbauten prägte. Dagegen steht die Neugestaltung von Innenstadt und Petersberg anlässlich der Landesgartenschau 2004 dem Stadtbild gut zu Gesicht.

Bereits im 8. Jh. existierte hier ein fränkischer Reichshof. Erstmals erwähnt wird „Nordhusae" 927. Von 1220 bis zur Angliederung an das Königreich Preußen im Jahr 1802 war Nordhausen wie Mühlhausen eine Freie Reichsstadt. Seit 1507 wird der berühmte Nordhäuser Korn gebrannt. In Spitzenzeiten gab es hier über 100 Brennereien. Die Nationalsozialisten übernahmen 1933 die Kontrolle über die Stadt. Von 1937 bis 1945 betrieben sie nahe der Stadt in alten Bergwerksstollen das *Rüstungszentrum Mittelwerk Dora*, in dem ab 1943 die Produktion der so genannten Vergeltungswaffe V 2 mit 60.000 Häftlingen des Konzentrationslagers Mittelbau-Dora betrieben wurde. Am 3. und 4. April 1945 wurde Nordhausen durch britische Luftangriffe zu fast Dreiviertel zerstört.

Stadtrundgang

Der Roland: Von den in der Renaissance benannten sieben Wundern Nordhausens sind noch das *Rathaus* (als Wiederaufbau des 1608 im Renaissancestil erbauten alten Gebäudes), der Roland, der Theodosius-Stein und der Reichssaar übrig geblieben. Am südwestlichen Rathauseck steht eine Kopie des Wahrzeichens der Stadt, eine Roland-Figur mit Schwert und rotem

Roland-Figur am Rathaus

Mantel. Die hölzerne Originalfigur von 1717 ist im Foyer des Neuen Rathauses gegenüber zu sehen.

Stadtpfarrkirche St. Blasii: Über die Kranichstraße mit ihren modernen Einkaufspassagen erreicht man den Blasiikirchplatz. Nordhausen war durch das Engagement des Bürgermeisters Michael Meyenburg bereits 1524 protestantisch geworden. Das kreuzförmige Kirchenschiff von St. Blasii wurde 1487–1490 an die spätromanisch-frühgotischen Kirchtürme angebaut. Sie überstand mehrere Stadtbrände, wurde aber im Zweiten Weltkrieg erheblich beschädigt. Der damals in Bierkeller ausgelagerte Kirchenschmuck, Epitaphien von Lucas Cranach Vater und Sohn, verbrannte oder ist seitdem verschollen. Als Erinnerung hängt in der Kirche eine Kopie des von Cranach dem Jüngeren gemalten Epitaphs Michael Meyenburg (1558): Zu sehen ist eine Auferweckung des Lazarus. Die Renaissancekanzel (1592) der Kirche zeigt Abraham und die vier Evangelisten.

Feininger-Blick: Ein paar Schritte weiter Richtung Barfüßerstraße sollten Sie sich noch einmal nach der Blasiikirche umdrehen. Den Standort zwischen dem evangelischen Pfarrhaus und dem Brunnen wählte der Maler *Lyonel Feininger* für seine Zeichnungen der Blasiuskirche. Der Maler und Mitglied des Bauhauses weilte 1932 in Nordhausen. Nach den Skizzen entstanden drei Aquarelle.

Nordhausen Museum: Der Neubau an der historischen „Flohburg", in dem das Museum seit 2012 zuhause ist, zeigt ein gelungenes Zusammenspiel von neu und alt. Die restaurierte Bohlenstube von 1503 gibt einen Eindruck von der historischen Bausubstanz des Fachwerkhauses. Der Name „Flohburg" geht auf Anfang des 20. Jh. zurück, als hier in kleinen Wohnungen unzählige Menschen unter hygienisch schlechten Bedingungen lebten. Auf drei Etagen ist die bewegte Stadtgeschichte darge-

Lyonel Feininger hielt die Kirchtürme in Aquarellen fest

stellt, unterstützt von Medienstationen und spielerisch zu erkundenden Elementen für Kinder. Mineralien, archäologische Funde, bedeutende Schriften und Münzen sind zu sehen. Der Reichsaar symbolisiert die Freie Reichsstadt. Die DDR-Zeit „verschwand" in einem Schrank, dessen Fächer der Besucher nun aufklappen und entdecken kann. Fundstücke und Bilder erinnern an Nordhausens dunkelstes Kapitel, den Massenmord durch Zwangsarbeit im KZ Mittelbau-Dora (→ Museen).

■ Di–So 10–17 Uhr, Eintritt 5 €, Freitag 2 €, Kombi-Ticket für alle städtischen Museen 12 €. Barfüßerstr. 6,   ✆ 03631-4725680,   www.nordhausen.de.

Dom zum Heiligen Kreuz: Der Dom erinnert an das Reichsstift St. Crucis, das aus einem von Königin Mathilde 961 gegründeten Frauenstift hervorging und 1220 in ein Domherrenstift umgewandelt wurde. Der Reformation zum Trotz wurde es erst 1810 aufgelöst. Durch das Kapitelhaus betritt man den Dom, der Stilelemente von Romanik und Gotik vereint. Er besitzt ein reich geschnitztes Chorgestühl (Ende 14. Jh.) und zeigt an den Wänden des Chores Statuen der wichtigsten Stifter: König Heinrich I., dessen Frau Mathilde, ihr Sohn Otto I. sowie dessen Sohn Otto II. Der Hochaltar (1726) zeigt ein Bildnis des „Letzten Abendmahls".

■ Tägl. 9–16 Uhr, Domstr. 5, www.heiligeskreuz-nordhausen.de.

Von der Altstadt zur Unterstadt: In der Altstadt sind einige wenige Baudenkmäler des Mittelalters erhalten, z. B. die Finkenburg (Domstraße 23), ein gotisches Fachwerkhaus aus dem 15. Jh. Wer sich für die Nordhäuser Tabaktradition interessiert, kann sich im **Museum Tabakspeicher** (Bäckerstraße 20) in einem ehemaligen Tabaklager aus dem 18. Jh. über die Kautabakherstellung, aber auch über andere traditionelle Handwerke wie Blaudruck, Kürschner, Schneider, Schuhmacher und Bäcker informieren (Di–So 10–17 Uhr). In der Georgengasse 5 ist das *Torhaus* der Hingucker, ein hübsches, kleines Fachwerkhaus (1667), das heute als Wohnhaus dient. Dahinter liegen Reste des Barfüßerklosters.

Durch die Hanglage Nordhausens entwickelte sich neben der mittelalterlichen Altstadt auch eine **Oberstadt** mit vielen Jugendstilvillen sowie die von Backsteinoptik und Jugendstil geprägte Unterstadt. Über die *Elisabethstraße* geht es entlang der einstigen Stadtmauer hinunter. Die größtenteils erhaltene *Stadtmauer*, die die Freie Reichsstadt seit dem Hochmittelalter schützend umgab und mit zwei Dutzend Wachtürmen befestigt war, kann man auf einem Rundweg umwandern. Beliebtes Ziel in der Unterstadt ist die Nordhäuser Traditionsbrennerei.

Nordhäuser Traditionsbrennerei: Aus dem rings um Nordhausen angebauten Korn wird seit alters her Kornschnaps gebrannt. „Echter Nordhäuser" ist eine deutschlandweit bekannte Marke. In der im Jugendstil erbauten Nordhäuser Traditionsbrennerei werden unterschiedliche Spirituosen hergestellt und für den Hofladen zum Teil sogar noch per Hand abgefüllt. Das betriebseigene Museum erläutert, wie aus dem Getreide nach Geheimrezeptur der Hochprozentige destilliert wird. 25.000 Körner braucht man für eine Flasche Schnaps. Historische Dokumente geben Aufschluss über die Geschichte des Alkohols seit dem 15. Jh. und die über 500-jährige Brennertradition in Nordhausen. In der so genannten „Niederlage" der Brennerei, dem einstigen Lagerraum für fertigen, versteuerten Korn, finden heute Theaterveranstaltungen statt. Verkostungen sind im Hofladen möglich.

■ Brennerei und Hofladen: Di–So 10–16 Uhr, Führungen Di–So 14 Uhr, 8 € inkl. Verkostung. Grimmelallee 11, ☎ 03631-636363, www.traditionsbrennerei.de.

Museen

Kunsthaus Meyenburg: Nach dem Bürgermeister und Reformator Michael Meyenburg wurde das Nordhäuser Kunsthaus benannt. Die Villa des Kunsthauses in der Oberstadt wurde 1907 zur Präsentation von Stilmöbeln

Nordhäuser Traditionsbrennerei

erbaut. Heute sind hier Werkschauen bekannter Künstler der Moderne zu sehen. Außerdem werden im Wechsel die Bestände der Ilsetraut-Glock-Stiftung mit Grafiken u. a. von Max Ernst, Joan Miró, Pablo Picasso, Lyonel Feininger und Henry Matisse gezeigt.

▪ Di–So 10–17 Uhr, Eintritt 5 €, Kombiticket 12 €. Alexander-Puschkin-Str. 31, ✆ 03631-881091, www.nordhausen.de.

Petersberg: Das Petersbergviertel war seit dem 11. Jh. besiedelt. Am 3. und 4. April 1945 fiel es bei Bombenangriffen in Schutt und Asche. Übrig blieb eine lange Zeit ungenutzte Brachfläche im Zentrum der Stadt. Im Zuge der Landesgartenschau 2004 wurde der Hang des Petersbergs zu einem Naherholungsgebiet mit Parkcharakter. Der Park ist gestaltet mit jahreszeitlich wechselnder Bepflanzung, Heckengärten, Wasserspielen sowie Sport- und Spielmöglichkeiten. Von der 1220 erbauten *Petri-Kirche* ist nur noch der 62 m hohe Turm übrig, von dem aus man eine schöne Aussicht genießt.

▪ März bis Okt. 9–21 Uhr, Nov. bis Febr. 9–18 Uhr, Eintritt 0,20 €/Pers. (am Automaten zahlen). Eingänge an der Rudolf-Breitscheid-Straße und Rautenstraße.

KZ-Gedenkstätte Mittelbau-Dora: Nahe Nordhausen etablierten die Nationalsozialisten Ende des Zweiten Weltkriegs das Vernichtungslager Mittelbau-Dora. Es steht exemplarisch für die Geschichte der KZ-Zwangsarbeit und der Untertageverlagerung von Rüstungsfertigungen. Gegründet wurde „Dora" als Außenlager des *Konzentrationslagers Buchenwald* im Sommer 1943 mit der Verlagerung der V 1- und V 2-Raketenproduktion von Peenemünde in die vor Luftangriffen geschützten Stollenanlagen bei Nordhausen. Mehr als 60.000 Menschen mussten hier unter Tage arbeiten – jeder dritte von ihnen starb. Die Geschichte von Mittelbau-Dora wird in der Gedenkstätte anhand von Dokumenten und Medienstationen

KZ-Gedenkstätte Mittelbau-Dora

erläutert. Beim Spaziergang über das Außengelände kann man die gewaltigen Ausmaße des Häftlingslagers ermessen. Als Erinnerungsort ist auch das Krematorium zu besichtigen. Im Rahmen von Führungen gelangen die Besucher in die Stollenanlage im Kohnstein. In den ehemaligen Montagekammern sieht man Reste der Produktion sowie bei der Sprengung 1947 zerstörte Werkseinrichtungen und heruntergefallenes Gestein.

▪ **Gedenkstätte:** Di–So März bis Sept. 10–18 Uhr, Okt. bis Febr. 10–16 Uhr. **Außenanlagen:** bis Einbruch der Dunkelheit geöffnet. **Führungen** in die Stollenanlage: Di–Fr 11 und 14 Uhr, Sa/So 11, 13 und 15 Uhr, Eintritt frei, Multimediaguides 5 €. Kohnsteinweg 20, ✆ 03631-495820, www.buchenwald.de.

Praktische Infos   → Karte S. 305

Information Stadtinformation: Mo–Fr 9–18 Uhr, Sa 10–13 Uhr. Markt 1, ✆ 03631-696797, www.nordhausen.de.

Verbindungen Bahn: Regelmäßig Regionalzüge nach Heilbad Heiligenstadt, Göttingen, Mühlhausen, Sangerhausen, Erfurt, Sondershausen, Halle, www.bahn.de.

Harzquerbahn: Die Bahn verbindet als Schmalspurbahn in Meterspur Nordhausen und Wernigerode (Sachsen-Anhalt). Dabei wird der Harz in Nord-Süd-Richtung durchquert. Ein Erlebnis ist die Fahrt mit dem historischen Sonderzug, dessen Dampflok bis auf den Brocken schnauft. Die Züge starten vom 1912 erbauten Bahnhofsgebäude Nordhausen mit

Der Norden → Karte S. 276/277

sehenswerter Jugendstilfassade (neben dem Hauptbahnhof), www.hsb-wr.de.

Bus/Straßenbahn: Innerstädtisch verkehrt die Straßenbahn auf drei Linien sowie Stadtbusse. Die Straßenbahnlinie 10 fährt auf der Trasse der Harzquerbahn vom Bahnhofsplatz bis nach Illfeld. Regionalbusse fahren u. a. nach Straußberg, Netzkater und Rodishain, www.stadtwerke-nordhausen.de.

Baden Das **Jugendstilbad** von 1907 wurde geschickt mit einem modernen Sport- und Erlebnisbad verbunden. Besonders in abendlicher Beleuchtung kann man hier „stilvoll" baden. Wer Tempo und Attraktionen mag, freut sich auf die 58-m-Blackhole-Rutsche. Es gibt Strömungskanal und Massagedüsen, die Kleinen spielen im Planschbecken. Ein schöner Saunabereich mit Dampfbad lädt zum Relaxen ein. (Mo–Fr 8–22, Sa/So 9–22 Uhr, Grimmelallee 40). Von Mitte Mai bis Mitte Sept. sind die **Freibäder** geöffnet: das *Salzaquellbad* am Badeweg in Nordhausen-Salza (11–19 Uhr) und der *Badestrand am Bielener Kiesgewässer* (südöstlicher Stadtrand, 10–19/20 Uhr), www.badehaus-nordhausen.de.

Fahrradfahren Auf der **Drei-Burgen-Tour** (35 km) in den Südharz lernt man die Ruine der Ebersburg, die Heinrichsburg und die Burgruine Hohnstein kennen. Eine mittelschwere bis schwere Tour führt von **Nordhausen bis auf den Brocken** (Hinfahrt 46 km, Rückfahrt 56 km). Wer die 900 m Höhenunterschied scheut, nimmt hinwärts die Harzquerbahn, www.adfc-nordhausen.de.

Stadtführungen Sonntag 14 Uhr ab Roland am Rathaus, 4 €.

Theater Im neoklassizistischen Theater bringen das Theater Nordhausen, das Loh-Orchester Sondershausen sowie das kooperierende Landestheater Rudolstadt Musiktheater, Ballett, Schauspiel und Konzert auf die Bühne. Käthe-Kollwitz-Str. 15, ☎ 03631-983452, www.theater-nordhausen.de.

Veranstaltungen Das Nordhäuser **Rolandsfest** ist das wichtigste Volksfest im Südharz. Es lockt im Juni tausende Besucher mit Open-Air-Musik von Rock bis Klassik, Brauchtum und kulinarischen Angeboten in die Stadt.

Wandern Die **Wanderroute Nordhausen** (27,5 km) mit schönen Aussichten und zahlreichen Einkehrmöglichkeiten führt rings um Nordhausen. Die **Wanderroute Steigerthal** (13 km) führt durch eine Gipsbuckellandschaft vorbei an Sühnekreuzen aus dem Mittelalter

zum Aussichtspunkt Pfaffenköpfe, www.nordhausen.de.

Übernachten/Essen **Nordhäuser Fürstenhof 7**, zentral direkt am Bahnhof. Nach grundlegender Sanierung erstrahlt das Design-Garni-Hotel im Stil der 1920er-Jahre. Charlie Chaplin, Marilyn Monroe und andere Persönlichkeiten stehen Pate für die komfortablen Zimmer. EZ 89 €, DZ 119 € inkl. Frühstück. Bahnhofstr. 12–13, ☎ 03631-6250, www.nordhaeuser-fuerstenhof.com.

Landgasthof Zur Goldenen Aue 5, netter Service und wohnliche Komfortzimmer im Landhausstil empfangen den Gast, auch der Frühstücksraum ist gemütlich: Parkplätze, Sauna und Kegelbahn sind vorhanden. EZ ab 41 € inkl. Frühstück, DZ ab 66 € inkl. Frühstück. Das *Restaurant* bietet traditionelle regionale Küche. Mo 18–23, Di–Fr 12–15 und 18–23, Sa 12–23, So 12–17 Uhr. Nordhäuser Str. 63, Nordhausen, OT Bielen, ☎ 03631-603021, www.hotel-zur-goldenen-aue.de.

Ferienhotel Wolfsmühle 1, für Feriengäste gibt es hier alles zum Wohlfühlen – vom schönen Saunabereich bis zu Ausflugstipps. Die Zimmer sind modern, komfortabel und ruhig. EZ 54 €, DZ ab 65 € inkl. Frühstück. Die *Küche* serviert regionale und internationale Spezialitäten nach der Saison – die Galloway-Rinder aus eigener Freilandaufzucht finden sich als Carpaccio, Kraftbrühe oder in der selbst gemachten Gallowaybockwurst wieder. Die eigene Wildwurstmanufaktur setzt das i-Tüpfelchen. Aber auch an Vegetarier wird gedacht. Tägl. ab 11.30 Uhr. Zur Wolfsmühle 20, Nordhausen, OT Rodishain, ☎ 034653-348, www.wolfsmuehle.de.

MeinTipp **Felix 3**, glücklich, wer in dem Restaurant in einem Altstadthaus einen Fensterplatz erwischt, im Sommer aber zieht es alle auf die Terrasse mit ihrem großartigen Ausblick. Steaks vom Lavastein und Burger sind hier die Spezialitäten, Veganer und Fischfans werden mit feinen Kreationen verwöhnt. Hier kann man nett frühstücken oder den Sonnenuntergang bei einer großen Auswahl preiswerter Cocktails genießen. Di–Do 16–24, Fr/Sa 16–2, So 11–24 Uhr. Barfüßerstr. 12-13, ☎ 03631-602200, www.felix-nordhausen.de.

Gaststätte Brandenburg 4, „Nordhisser Sülze" oder „Harzer Brockengeschnetzeltes" – im gutbürgerlichen Ambiente isst man deftig-regional, aber auch Internationales steht auf dem Speiseplan. Im Sommer lockt der Biergar-

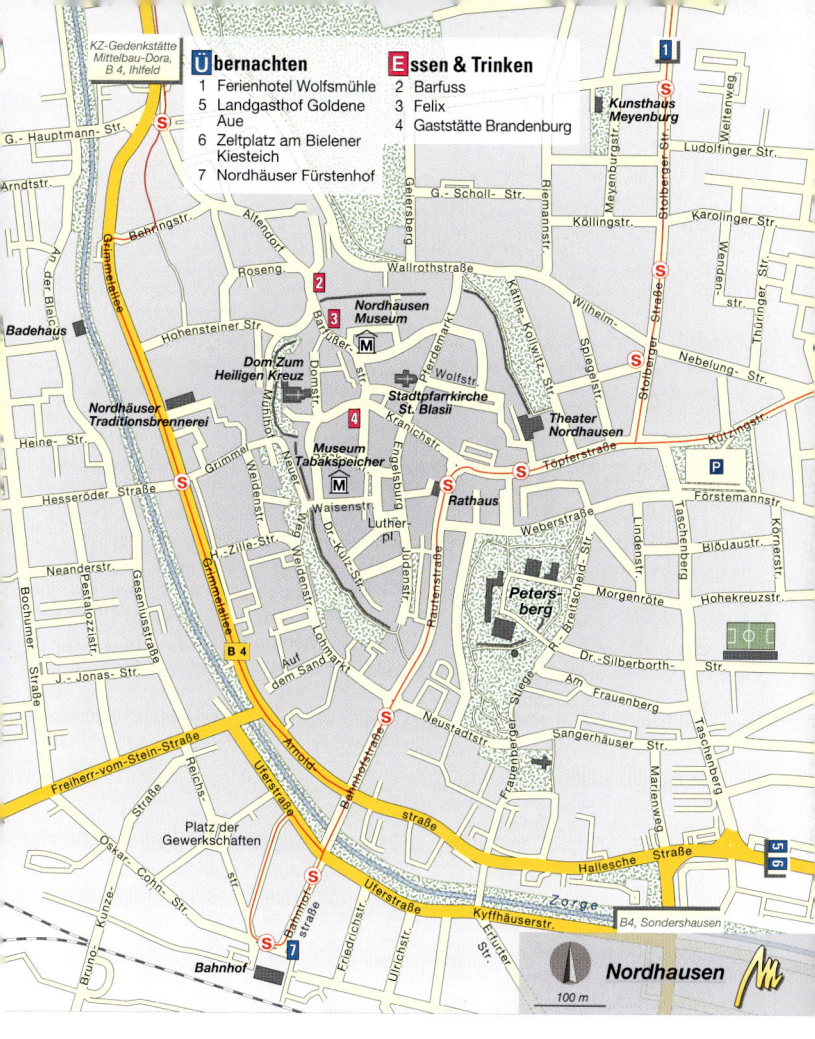

Übernachten

1 Ferienhotel Wolfsmühle
5 Landgasthof Goldene Aue
6 Zeltplatz am Bielener Kiesteich
7 Nordhäuser Fürstenhof

Essen & Trinken

2 Barfuss
3 Felix
4 Gaststätte Brandenburg

Nordhausen

100 m

ten. Mi–Fr ab 17 Uhr, Sa/So ab 12 Uhr. Kranichstr. 19, ☎ 03631-900478, www.gaststaette-brandenburg.de.

Barfuss 2, dieses junge Restaurant mit Bar findet man im ehemaligen „Mecklenburg's Hof". Draußensitzen ist angesagt, aber auch drinnen sieht es cool aus. Diverse Frühstücke stehen zur Wahl, tagsüber lässt das Angebot an Suppen, frischen Salaten, Ofenkartoffeln, Pasta, vegetarischen Gerichten, Steaks und Schnitzeln nichts vermissen. Und am Abend gibt es jede Menge Cocktails. Mo–Fr ab 11 Uhr, Sa ab 15 Uhr. Altendorf 1, ☎ 03631-6515870, www.barfuss-nordhausen.de.

Camping Zeltplatz am Bielener Kiesteich 6, vom 15. Mai bis 15. Sept. ist der Zeltplatz am Kiesteich wetterabhängig für Zelter geöffnet. Der Eintritt für den Strand ist im Preis enthalten, die Sanitäranlagen des Strandbads stehen zur Verfügung. Zelt und 2 Pers. ab 12,50 €. ☎ 03631-47990, www.nordhausen.de.

Wohnmobile Enge Stellplätze am nördlichen Parkplatz des Nordhäuser Badehauses, Ver- und Entsorgungseinrichtungen gegen Gebühr. Übernachtung 5 €, Komplettpreis inkl. Wasser, Strom, Abwasser und Bad-Gutschein 10 €. Anmeldung: ☎ 03631-47990, www.badehaus-nordhausen.de.

Sondershausen

Das im Wippertal zwischen der Windleite im Norden und der Hainleite im Süden eingebettete Städtchen empfiehlt sich als Musikund als Bergstadt. Die Kreisstadt im Kyffhäuserkreis zeigt touristische Kontraste.

Hundert Jahre lang war der Kali-Bergbau wirtschaftlicher Segen und ökologischer Fluch zugleich. 1991 wurde die Kaliförderung eingestellt und bescherte der Region ein Beschäftigungsproblem. Heute leben in Sondershausen knapp 24.000 Menschen. Mit dem Rückbau von Wohnvierteln aus der DDR-Zeit, moderner Infrastruktur und viel Engagement bei der Sanierung der historischen Bausubstanz entwickelt sich die Stadt positiv.

Vermutlich geht Sondershausen auf eine fränkische Siedlung aus dem 8. Jh. zurück. 1125 wird der Ort erstmals erwähnt. Unter den Grafen von Hohnstein erhielt Sondershausen um 1300 die Stadtrechte. Prägend war die Herrschaft der Dynastie Schwarzburg. Graf Günther XL. von Schwarzburg ließ 1534 an Stelle der mittelalterlichen Burg ein Renaissanceschloss errichten. Ab 1571 übernahm die Linie Schwarzburg-Sondershausen die Regentschaft, die bis 1918 andauerte. Das Schloss wurde im 17. und 18. Jh. zur prunkvollen Residenz ausgebaut und ist heute die wichtigste Sehenswürdigkeit. Das fürstliche Hoftheater und das Loh-Orchester unterstrichen die kulturelle Blüte. Im 19. Jh. setzte das Orchester Maßstäbe mit Aufführungen von Richard Wagner und Franz Liszt. Zu den prominentesten Hofkapellmeistern gehört Max Bruch. Er schrieb in Sondershausen sein berühmtes Violinkonzert in g-Moll.

Sehenswertes

Schloss Sondershausen: Vom Markt gesehen ragt über der säulengeschmück-ten Alten Wache das auf einem Bergsporn liegende Schloss auf. Der Wohnturm von 1300 ist der älteste Teil der Anlage, die Stück für Stück mit vier Flügeln ergänzt wurde und viele Epochen herrschaftlichen Bauens vereint. Einzigartig ist die Knorpelwerkstuckarbeit im kleinen Gewölbe am Treppenturm von 1616. Von der Prachtentfaltung des Herrscherhauses zeugt der ab 1695 entstandene Riesensaal mit 16 überlebensgroßen Figuren antiker Gottheiten und mehr als 20 Deckengemälden. Beeindruckend sind auch der „blaue Saal", die Schlosskapelle und das um 1835 entstandene Liebhabertheater, in dem heute noch Theater gespielt wird. Als „thüringisches Bernsteinzimmer" wird das „Steinzimmer" gerne bezeichnet, das mit handgeschliffenen polierten Kalksteinplättchen aus der Region ausgestaltet ist. Das Schlossmuseum zeigt eine Kunstsammlung mit Möbeln, Gemälden, Kunsthandwerk in Schauräumen, die im Geschmack der Zeit vom Renaissancestil bis zum Historismus gestaltet sind, die Schwarzburger Ahnengalerie sowie volkskundliche und naturwissenschaftliche Bestände. Ganzer Stolz des Museums ist die *Goldene Kutsche* (1710), eine *grande carosse* aus dem Barock.

◾ Di–So 10–17 Uhr, Eintritt 5 €. ☏ 03632-622420, www.thueringerschloesser.de.

Schlosspark und Achteckhaus: Schöne Spazierwege führen durch den weitläufigen Park, hier finden sich weitere zum Schloss gehörige Baulichkeiten wie der Marstall, das Wagenhaus, die Rotunde und das Haus der Kunst.

Schloss Sondershausen ist innen reich ausgestaltet

Bemerkenswert ist das Achteckhaus. Der pavillonartige Bau nordwestlich des Lustgartens wurde 1709 von Fürst Christian Wilhelm als Oktogon mit 22 m Durchmesser errichtet und diente zunächst als Karussell mit Holzpferden. Die Decke ziert das Gemälde „Triumph der Venus". Ende der 1950er-Jahre wurde das Haus für Veranstaltungen genutzt und mit den Sommerkonzerten des renommierten Loh-Orchesters belebt. 2004 wurde der Konzertsaal grundlegend saniert. Das Untergeschoss nutzt der Jazz-Club Sondershausen für Veranstaltungen.

Der Possen: Ein beliebtes Ausflugs- und Wanderziel ist der Possen, ein über 100 Jahre alter Fachwerkturm, von dem aus man bei guter Sicht bis zum Brocken schauen kann. Hier oben auf dem Plateau südlich von Sondershausen dient das einstige Jagdschloss der fürstlichen Familie heute als Ausflugsgaststätte. Im Freizeit- und Erholungspark „Zum Possen" gibt es ein Tiergehege mit Dam-, Rot- und Schwarzwild, den Bärenzwinger mit dem beliebten Possibär, Vogelvolieren, einen Hochseilgarten und viele Spielattraktionen für Kinder.

▪ Possenturm tägl. geöffnet, Eintritt 1 €. Freizeit- und Erholungspark Eintritt frei. Parkplatz 4 €, Hochseilgarten 17 €. Possen 1, ✆ 03632-782884, www.possen.de.

Erlebnisbergwerk Glückauf: Ein blauer Förderturm von 1907, der dem Eifelturm nachempfunden ist, macht aufmerksam auf die riesige Schachtanlage, die ab 1893 zum Abbau von Kalisalz angelegt wurde. Mit dem Förderkorb geht es hinunter in 670 m Tiefe, wo ganzjährig zirka 24 °C herrschen. Dort entdecken die Besucher ein Labyrinth aus Abbaukammern. Beeindruckend ist der kuppelförmige „Festsaal" mit riesigem Kronleuchter. Wagemutige können auf der 52 m langen Bergmannsrutsche stilecht durch den Berg

rauschen. Beschaulicher ist die Kahn-
fahrt auf dem Salzsee. An den Wochenenden kann man unter Tage Fahrrad
fahren, zudem finden hier Mountainbike-Rennen, Cross- und Mara-
thonläufe statt. Der tiefste Konzertsaal
Deutschlands begeistert durch seine
Akustik. Eine Ausstellung informiert
über die Munitionsherstellung im
Kalibergwerk während des Zweiten
Weltkriegs.

■ Führungen nach Voranmeldung Di–Fr 11 und
14 Uhr (23 €), Sa 10 und 14 Uhr (28 €), So 11
Uhr (28 €). Schacht 20, ortsauswärts links der
B 4 Richtung Nordhausen. ☏ 03632-655280,
www.erlebnisbergwerk.com.

Praktische Infos

Information   Touristinformation, Mo–Fr
9–17, Juni bis Sept. Sa 10–14, sonst 10–12 Uhr.
Markt 9 (in der Alten Wache am Fuß des
Schlosses), 99706 Sondershausen, ☏ 03632-
788111, www.sondershausen.de.

Verbindungen   Bahn: Regelmäßig Verbindungen u. a. nach Nordhausen und Erfurt,
www.bahn.de.

Bus: Die Busse der Stadtbus-Gesellschaft verbinden auf fünf Linien alle Stadtteile. Regionalbusse fahren u. a. nach Mühlhausen, Straußberg, Greussen und Bad Frankenhausen,
www.regionalbus.de.

Baden Schwimmen mit Aussicht ist das Motto
im schön gelegenen **Bergbad Sonnenblick.**
Es gibt eine 50-m-Sportbahn, Sprunganlage, Rutsche und Volleyballplatz. Mai bis Sept. tägl. 9–19
Uhr. Cannabichstr. 23, www.sondershausen.de.

Fahrradfahren Schöne Blicke auf Sonders-
hausen und einen Besuch des Fachwerkturms
Possen ermöglicht der Radweg **Rund um
Sondershausen** (47 km). Der **Kleine Hain-
leiterundweg** (33,8 km) startet am Markt in
Sondershausen und führt über Jecha, Gut
Bonnrode, Berka und zurück, www.thueringen-
wandern.de.

Kinder Ein Ausflug in den **Erlebnispark
Straußberg** gefällt besonders den Kids. Im Affenwald kann man Berberaffen, schwarzweiße
Varis, Kattas und Bennettkängurus in Freigehegen erleben, auf die Action-Fans wartet eine

Sommerrodelbahn. April bis Okt. 9–18 Uhr,
Eintritt 5 €, Unterer Straußberg 6, ☏ 036334-
53214, www.affenwald.info.

Konzert und Theater Anfang der 1990er-
Jahre fusionierten das Loh-Orchester Sondershausen und das Nordhäuser Theater, zudem
gibt es eine Kooperation mit dem Theater
Rudolstadt. Spielstätten sind das Theater Nordhausen sowie Schloss Sondershausen, das
Haus der Kunst und das Achteckhaus in Sondershausen. Im Juni und Juli finden die Thüringer Schlossfestspiele im Schlosshof statt. Vor-
verkauf u. a.: Theaterkasse Nordhausen, ☏ 03631-
983452, Touristinformation Sondershausen,
☏ 03632-788111, www.theater-nordhausen.de.

Wandern Erlebnisreich, aber anspruchsvoll
ist der **Große Possen-Rundweg** (11 km)
vom Parkplatz Bebraer Teiche über Jagdschloss
Possen und Altergermanische Schanzen. Der
überregionale **Hainleite-Wanderweg** (70 km,
Markierung rotes Dreieck) führt von Friedrichs-
rode über Sondershausen bis Sachsenburg,
www.thueringen-wandern.de.

Übernachten/Essen   * Hotel Thüringer Hof,** direkt am Marktplatz, unterhalb des
Schlosses. Saniertes Haus von 1850 mit modernen und komfortablen Zimmern. EZ ab
59 €, DZ ab 69 € inkl. Frühstück. Im Restaurant werden frische regionale Speisen sowie
hausgemachte Kuchen und Torten serviert.
Hauptstr.   30–32,   ☏ 03632-6560,   www.
thueringerhof.com.

Pension Haus Waldheim, freundliche, inha-
bergeführte Pension in grüner Umgebung am
Stadtrand. Die gediegenen Gästezimmer sind
komfortabel ausgestattet, beim Frühstück liegt
die Zeitung schon parat. EZ ab 45 €, DZ ab 71 €,
Frühstück 4 €/Pers. Erfurter Str. 29, ☏ 03632-
758779, www.pension-waldheim.de.

MeinTipp **Café Pille,** in dem beliebten Kaffeehaus ist das Originalmobiliar aus dem Jahr 1929
erhalten – aufgefrischt im eleganten Streifen-
design. Das Café verwöhnt mit Frühstück, kleinen Speisen und Torten. Die Spezialität: Split-
tertorte. Das hausgemachte Eis schmeckt auch
auf der schönen Terrasse. Di–Sa 9–18, So 13–
18 Uhr. ☏ 03632-6665335, Hauptstr. 10.

Wohnmobile Fünf Stellplätze auf dem Parkplatz P 7 „Zur Windleite" (an der Hospital-
straße/L 1034) mit Strom- und Wasseranschluss. Ganzjährig geöffnet.

Das Kyffhäuser-Denkmal erinnert an Barbarossa und Wilhelm I.

Naturpark Kyffhäuser

Als 19 km langes und 7 km breites Minigebirge erhebt sich der Kyff-häuser südöstlich der Goldenen Aue und nordöstlich von Windleite und Hainleite. Seine höchste Erhebung ist der 473 m hohe Kulpen-berg. Die steile Nordseite ist von dichtem Laubwald bedeckt, die sanft abfallende Südseite zeigt eine Gips-Karst-Landschaft mit Steppencharakter.

Ein Gebiet mit 800 km² rund um das Gebirge wurde 2009 als **Geopark Kyff-häuser** ausgewiesen, um dem besonde-ren Reichtum der Region an geomorpho-logischen Formen Rechnung zu tragen.

Im Naturpark kann man besonders auf Schusters Rappen eine einzigartige Flora und Fauna entdecken. 20 von 24 in Deutschland vorkommenden Fleder-mausarten sind hier heimisch, Wild-katzen streifen durch den Wald. Der nördlich gelegene **Helme-Stausee** bei Kelbra bietet 300 Vogelarten wie Kra-nichen, Möwen und Fischadlern beste Lebensbedingungen. Im **Esperstedter Ried** (ca. 5 km östlich von Bad Fran-

kenhausen) tritt Salzwasser an die Oberfläche – hier gedeihen Salz lieben-de Pflanzen, die sonst nur am Meer vorkommen.

Der Kyffhäuser ist auch eine Region der Geschichte und Geschichten. Der Sage nach schläft Kaiser Barbarossa in seinem Schloss unter dem Kyffhäuser-Gebirge, bis er Deutschland eines Tages in eine herrliche Zukunft führen kann. Derweil wächst sein roter Bart um einen steinernen Tisch herum. An *Barbarossa* und *Barbablanca* – Kaiser Friedrich I. und Kaiser Wilhelm I. – erinnert das Kyffhäuser-Denkmal, das schon von weitem sichtbar auf einem

Bergvorsprung im Nordosten des Gebirges monumental aufragt. Am *Schlachtberg bei Bad Frankenhausen* endete mit der Vernichtung des Bauernheeres von Thomas Müntzer 1525 der deutsche Bauernkrieg.

Kyffhäuser-Denkmal

Das Kyffhäuser-Denkmal gehört zu den meistbesuchten Monumenten Thüringens. Auf den Resten der einstigen Reichsburg Kyffhausen wurde das 81 m hohe Kaiser-Wilhelm-Nationaldenkmal 1890 bis 1896 als Symbol der Reichseinheit nach dem preußisch-deutschen Sieg über Frankreich (1871) erbaut. Mit Anleihen aus der Romanik schuf der Architekt Bruno Schmitz, der auch das Völkerschlachtdenkmal in Leipzig entwarf, den aus rotem Sandstein gehauenen Turm. Seinen Sockel zieren züngelnde Schlangen, Kriegsfurien und zähnefletschende Masken. Den Abschluss des Turms bildet eine stilisierte, 6,5 m hohe Kaiserkrone, zu der im Inneren 247 Stufen hinaufführen. Richtung Osten zeigt das Denkmal ein von Emil Hundrieser aus Kupfer gestaltetes Reiterstandbild Wilhelms I. als Feldherr mit Pickelhaube. Zusammen mit den allegorischen Figuren eines Kriegers und Frau Historia ist die Figurengruppe 11 m hoch. Zu Füßen Wilhelms befindet sich in einer Rundbogennische in Stein gemeißelt der erwachende Barbarossa von Nikolaus Geiger. Das Museum informiert über die zwiespältige Interpretation des Monuments in der jüngeren deutschen Geschichte, die Barbarossasage und die historische Reichsburg.

Nach der Besichtigung des Denkmals lohnt es, die Reste der einst drei mittelalterlichen Burgen anzuschauen, die sich imposant auf einer Länge von über 600 m erstreckten. Die 350 m lange *Oberburg* dominiert der Bergfried, der so genannte Barbarossaturm. Er wurde in der Regierungszeit Friedrich I. Barbarossas (1152–1190) errichtet;

17 m sind von dem einst 30 m hohen Turm noch übrig. Zur Versorgung der Höhenburg mit Wasser wurde ein 176 m tiefer Brunnen in den Sandstein des Kyffhäusermassivs gegraben. Die Bautechnik erläutert eine kleine Ausstellung. Die *Mittelburg* wurde bereits im frühen Mittelalter als Steinbruch benutzt. In den 1930er-Jahren wurde die *Unterburg* freigelegt, die im 12. Jh. mit Ringmauern, Wohn- und Wirtschaftsgebäuden, Bergfried und Kapelle angelegt worden war.

■ April bis Okt. tägl. 9.30–18 Uhr, Nov. bis März tägl. 10–17 Uhr, Eintritt 7,50 €. 06567 Steinthaleben. Erreichbar über die B 85 zwischen Bad Frankenhausen und Kelbra. Vom Parkplatz (kostenpflichtig) zum Denkmal zu Fuß 5–10 Min. ☏ 034651-2780, www.kyffhaeuser-denkmal.de.

Barbarossahöhle

Auf der Suche nach Kupferschiefer wurde die Höhle 1865 gefunden und kurz darauf als Schauhöhle freigegeben. Die Barbarossahöhle ist eine von weltweit nur zwei existierenden Schauhöhlen im Anhydritgestein. Dieses Gestein verwandelt sich durch Luftfeuchtigkeit oberflächlich zu Gips, von dem sich Schichten wie abblätternde Tapeten ablösen. In manchen der weitläufigen unterirdischen Säle hängen bis zu 1 m lange Gipslappen herab. Die bizarren Formationen spiegeln sich in blaugrünen Seen. An vielen Stellen sind weiße Alabasteraugen zu sehen, die reinste Form von Gips.

■ April bis Okt. 10–17 Uhr, Nov. bis März Di–So 10–16 Uhr. Besichtigung der Höhle nur im Rahmen einer Führung, Start meist zur vollen Stunde, Dauer 1 Std., 8,50 €. An den Mühlen 6, Rottleben; in Bad Frankenhausen und Rottleben ausgeschildert. ☏ 034671-5450, www.barbarossahoehle.de.

Königspfalz Tilleda

In Sichtweite des Kyffhäuser-Denkmals, aber bereits in Sachsen-Anhalt liegt diese Königspfalz. Als einzige vollständig ausgegrabene Pfalzanlage gilt Tilleda als Musterbeispiel einer früh- bis hochmittelalterlichen Herrscherresidenz (8.–13. Jh.). Im Freilichtmuseum kann man die Ruinen der königlichen Gebäude und das Innere eines Wohnhauses aus dem 11. Jh. erkunden. Zu sehen sind vergoldeter königlicher Pferdeschmuck, Werkstätten und die eindrucksvolle Wehranlage. Es gibt verschiedene Veranstaltungen, die das Museum beleben.

▪ April bis Okt. 10–18 Uhr, März und Nov. 10–16 Uhr, Eintritt 4 €. Ernst-Thälmann-Str. 4c, Kelbra, OT Tilleda, ☎ 034651-2923, www.pfalz-tilleda.de.

Praktische Infos

Information Touristbüros gibt es in Bad Frankenhausen, Sondershausen und Nordhausen (siehe dort). Allgemeine Infos finden sich unter www.naturpark-kyffhaeuser.de, www.geopark-kyffhaeuser.com und www.region-suedharz-kyffhaeuser.de.

Verbindungen Mit dem Kyffhäuserbus (VGS 494) Bad Frankenhausen – Kyffhäuser – Berga erreicht man (mindestens 2-stündige Voranmeldung erforderlich!) am Sa/So die **Barbarossahöhle** und das **Kyffhäuser-Denkmal** (Ostern bis 31. Okt.). ☎ 0391-5363180, www.vgs-suedharzlinie.de.

Die Barbarossahöhle wird von der Linie 451 Sondershausen – Bad Frankenhausen der Regionalbus GmbH angefahren, www.regionalbus.de.

Baden Ein schönes, weitläufiges Strandbad mit Textil- und FKK-Bereich befindet sich am **Stausee Kelbra** direkt neben dem Campingplatz. Geöffnet Mai bis Sept., www.stausee-kelbra.de.

Fahrradfahren Rund um das Kyffhäusergebirge führt der **Kyffhäuserradweg** (36 km), www.bad-frankenhausen.de.

Wandern Der **Barbarossa-Wanderweg** (332 km, weißes X auf schwarzem Grund) führt von Korbach in Hessen über Straußberg, Sondershausen, Bad Frankenhausen bis zum Kyffhäuserdenkmal, www.thueringen-wandern.de.

Der **Kyffhäuserweg** (37 km, Markierung Denkmal) führt als abwechslungsreicher Rundweg von Bad Frankenhausen über die Barbarossahöhle, das Kyffhäuser-Denkmal, die Königspfalz Tilleda und das Panorama-Museum wieder zum Ausgangspunkt zurück, www.naturpark-kyffhaeuser.de.

Übernachten/Essen **Burghof Kyffhäuser,** hier genießt man ruhige Nächte und am Morgen einen traumhaften Blick auf das Kyffhäuser-Denkmal. Die großen Zimmer sind in modern-historischem Stilmix eingerichtet. EZ 75 €, DZ 95 € inkl. Frühstück. Das *Restaurant* in sehenswerten historischen Räumen serviert traditionelle deutsche und Thüringer Küche. Kyffhäuser 4, Bad Frankenhausen, ☎ 034651-45222, www.burghof-kyffhäuser.de.

Der Norden ↓ Karte S. 276/277

Kyffhäuser-Landschaft – im Hintergrund das Panorama-Museum

Bad Frankenhausen

Beschaulich zeigt sich der 8800-Einwohner-Kurort am Südrand des Kyffhäusergebirges. Im Süden zieht sich das fruchtbare Ackerland der „Diamantenen Aue" bis zur Hohen Schrecke bei Heldrungen. Salzhaltige Quellen ließen im 16. Jh. in Frankenhausen Handwerk und Handel erblühen.

Exakt 117 Siedehäuser gab es hier, die täglich 500 Zentner Salz produzierten. Nach dem Dreißigjährigen Krieg brach das Salzgeschäft zusammen. Um 1800 wurden drei Gradierwerke in Betrieb genommen. 1945 wurde das letzte Siedehaus geschlossen. Heute speisen die Solequellen die Frankenhäuser Therme und bescheren der Kleinstadt einen intensiven Kurbetrieb.

Frankenhausen taucht im 9. Jh. erstmals in den Geschichtsbüchern auf. Ab dem 14. Jh. regierten hier die Schwarzburger Grafen. Historisch bedeutsam wurde der Ort als Schauplatz des Deutschen Bauernkriegs. Am 15. Mai 1525 fand am Weißen Berg die *Schlacht von Frankenhausen* statt, die für das 8000 Mann starke Bauernheer unter Thomas Müntzer mit einer blutigen Niederlage endete. Ein Gedenkstein erinnert daran. Die Schlacht in der Interpretation des Malers Werner Tübke auf dem riesigen Monumentalgemälde *Bauernkriegspanorama* ist die wichtigste Sehenswürdigkeit von Bad Frankenhausen (→ Kasten „Tübkes Bauernkriegspanorama"). Das Wahrzeichen Frankenhausens aber ist der „Schiefe Turm".

Sehenswertes

Altstadt: Zwischen Anger und Markt spaziert man durch Gässchen mit Gebäuden aus verschiedenen Epochen. Von den Salzsiedereien gingen immer wieder Brände aus, die das Stadtbild mehrfach veränderten. Am südlichen Rand der Altstadt, unweit der modernen *Kyffhäuser Therme*, ist im *ehemaligen Schloss* der Fürsten zu Schwarzburg-Rudolstadt das **Regionalmuseum**

untergebracht. Die Ausstellung ist breit gefächert von Informationen über Geologie und Königspfalzen in der Kyffhäuserregion über die Salzherstellung bis hin zum Knopfmacherhandwerk Frankenhausens vom 13. bis ins 20. Jh. Am Ende des Jungfernstiegs steht die **Unterkirche,** die aus der romanischen Marienkirche des 1215 gestifteten Zisterzienser-Nonnenklosters hervorging und 1691–1703 als Barockkirche wieder aufgebaut wurde; hier finden alljährlich die „Frankenhäuser Sommermusiken" statt.

■ **Museum:** MI–So 10–17 Uhr (4 €). Schlossstr. 13, 034671-62086, www.regional museum-bfh.de.

Parks, Hausmannsturm, Schiefer Turm: Die Kurstadt umgibt sich mit schönen Parks. Im kleinen *Botanischen Garten* westlich des Angers findet man einheimische und ausländische Gewächse wie den Mammutbaum. Der in Hanglage nördlich des Zentrums angelegte *Kurpark* lädt zu Spaziergängen ein. Hier treten in einem alten Erdfall die beiden Salzquellen mit Sole unterschiedlicher Konzentration zutage. Der Solewasser Vitalpark (10–17/19 Uhr, 2 €) zwischen Kurpark und Quellgrund lädt mit Inhalierpavillon, Freibadebecken, Kneippbecken und Barfußparcour ganzjährig zu gesunder Bewegung im Freien ein. Im Siedehaus zeigen Salzsieder in historischen Gewändern, wie einst das Salz gewonnen wurde. Oberhalb des Kurparks grüßt der wuchtige *Hausmannsturm*. Er war Teil der hochmittelalterlichen Oberburg, die über die Salzstadt wachte.

Riesengemälde: Tübkes „Bauernkriegspanorama"

Das Abenteuer begann auf einem Gerüst in 14 m Höhe. Dort setzte der Leipziger Maler Werner Tübke am 16. August 1983 den ersten Pinselstrich für sein Monumentalgemälde „Frühbürgerliche Revolution in Deutschland". Seit der Wende wird es schlicht „Bauernkriegspanorama" genannt. Die zu bemalende Leinwand hatte die Ausmaße von 14 m in der Höhe und 123 m in der Länge. Für das zunächst als Schlachtengemälde anlässlich des 450. Jubiläums des Bauernkriegs von der DDR-Führung in Auftrag gegebene Werk wurde am Ort der blutigen historischen Ereignisse eigens ein zylindrischer Rundbau – das *Panorama Museum* – errichtet, das man schon von Ferne am Berg oberhalb von Bad Frankenhausen sieht.

Nach sieben Jahren intensiver Auseinandersetzung mit dem Thema und einer Vorfassung im Maßstab 1 : 10 ging Tübke zusammen mit 15 eigens auf seinen Stil eingeübten Mitarbeitern an die kräftezehrende Realisation auf der grundierten, in einem Stück gewebten Riesenleinwand. Etwa zwei Drittel des Werks stammen dennoch von seiner Hand. Vier Jahre später signierte Tübke sein 1722 m^2 großes Kunstwerk unter dem „Paradiesbrunnen", um den er die bedeutenden Persönlichkeiten der Zeit versammelt. Im September 1989 wurde das Panorama Museum eröffnet, seitdem haben über 2,6 Millionen Besucher das Gemälde gesehen.

Werner Tübke (1929–2004) malte nicht wie von den Auftraggebern bestellt ein historisches Schlachtengemälde zur Geschichtspropaganda. In einer suggestiven Bildsprache mit überbordender Fantasie entwickelte er das Abbild der Epoche der Renaissance. Als „theatrum mundi" wurde das Bild bezeichnet, ein Welt-Theater, das die Geschichte mit allegorischen Anspielungen, apokalyptischen Visionen und Verweisen auf die Bibel kontrastiert und interpretiert.

Das Bild fasziniert, irritiert und ist Anlass für leidenschaftliche Kunstdebatten. Mehr als 3000 Einzelfiguren tummeln sich auf dem Gemälde, darunter erkennt man den Maler selbst, aber auch Luther, Cranach, Dürer, Kopernikus, Kolumbus, Erasmus, Hans Sachs, Fugger ... Und natürlich auch Thomas Müntzer – nicht als Held, sondern als gebrochener Mann, dem sich der Tod mit dem Dudelsack nähert. Sterben und Geburt, Hunger und Völlerei, Paradies und Apokalypse – das Gemälde vereint in seinem fortlaufenden Fluss alle Extreme menschlicher Existenz.

Um die Vielfalt der Figurengruppen und Massenszenen überhaupt wahrnehmen zu können, empfiehlt es sich, für einen Besuch des Panoramas genügend Zeit einzuplanen. Von den Sitzmöglichkeiten aus oder beim näheren Herantreten an die Leinwand kann man das Werk in Ruhe auf sich wirken lassen. Stündlich werden informative Einführungen mithilfe eines Tourguides und Kopfhörers angeboten. Die Referenten beantworten dabei alle Fragen mit Geduld und Sachverstand.

▪ Di–So 10–17, Juli/Aug. auch Mo 13–17 Uhr. Eintritt 8 €. Der Ausstellungsraum ist klimatisiert, ggf. Pullover mitnehmen. Am Schlachtberg 9, ☎ 034671-6190, www.panorama-museum.de.

Zum Markenzeichen wurde der „Schiefe Turm", der am östlichen Rand des Kurparks steht. 1382 errichtete die Salzsieder-Gilde hier die gotische *Basilika „Unserer lieben Frauen am Berge"*, der Turm wurde im 18. Jh. im Barockstil umgestaltet. Die Sole unterhalb der Kirche wusch den Gips und höhlte den Karst. Das Nachgeben des Untergrunds brachte die Turmspitze bereits um 4,60 m aus dem Lot. Somit ist der Frankenhäuser Turm schiefer als der in Pisa. Statiker und Sponsoren sorgen nun dafür, dass das Wahrzeichen des Städtchens nicht umkippt.

Praktische Infos

Information Touristinformation: Mo–Fr 9–18, Sa/So 9–15. Anger 14, 06567 Bad Frankenhausen, ☎ 034671-71717, www.bad-frankenhausen.de.

Der „Schiefe Turm"

Verbindungen Bahn: Der Bad Frankenhausen nächstgelegene Bahnhof ist Heldrungen, von dort werden Erfurt und Sangerhausen erreicht.

Bus: Die Busse der „Südharzlinie" fahren von Bad Frankenhausen in regelmäßigem Takt u. a. nach Heldrungen, Sondershausen und Artern, www.vgs-suedharzlinie.de. Die Busse von Regionalbus fahren nach Sondershausen und Artern, www.regionalbus.de.

Baden   Kyffhäuser-Therme: Hier badet man in angenehm warmem Solewasser. Die moderne Badelandschaft bietet Schwimm- und Badebecken innen und außen mit Sprudelliegen, Strömungskanal und Wasserfall, auch eine 50-m-Rutsche ist dabei. Die Saunalandschaft sorgt für Entspannung von der Biosauna bis zur Erdsauna, die Totes-Meer-Salzgrotte entspannt rundum. Badewelt tägl. 9–22 Uhr. August-Bebel-Platz 9, ☎ 034671-5123, www.kyffhaeuser-therme.de.

Fahrradfahren Von Bad Frankenhausen aus kann man auf dem **Kyffhäuserradweg** (36 km) die Barbarossahöhle, Kelbra und Tilleda erkunden, www.bad-frankenhausen.de.

Kur Die ambulanten oder stationären Kuren setzen bei Erkrankungen der Atemwege, des Bewegungsapparats und der Haut die Frankenhäuser Sole ein. Mit der Kyffhäuser-Therme, dem Sole-Vitalpark, und Kurmittelhaus bietet das Bad eine moderne Infrastruktur. ☎ 034671-5123, www.kyffhaeuser-therme.de.

Kurtaxe Pro Pers. 2 €, Kind bis 16 J. 1 €.

Stadtführungen Von April bis Okt. jeden Sonntag, 4 €. Treffpunkt um 10 Uhr an der Touristinformation, Anger 14.

Veranstaltungen Das **Fliederfest** im Mai ist eines der beliebtesten Volksfeste der Region. Als großes Spektakel mit buntem Marktgeschehen findet alljährlich im September der **historische Bauernmarkt** statt. Höhepunkt ist der Umzug des Bauernheeres in historischen Kostümen. Die „**Frankenhäuser Sommermusiken**" finden von Mai bis Okt. mit klassischen Konzerten berühmter Ensembles in der Unterkirche statt.

Wandern Der Wanderweg an der von Mönchen künstlich angelegten **Kleinen Wipper** (15 km) führt durch überwiegend flaches Gelände von Göllingen nach Bad Frankenhausen. Unterwegs sieht man den Klosterturm St. Wigbert und die Orangerie des Barockdorfs Bendeleben, www.naturpark-kyffhaeuser.de.

Salzsiederei wie anno dazumal im Kurpark Bad Frankenhausen

Übernachten/Essen Hotel Residenz, am Hang gelegenes Haus mit bestem Ausblick auf den „Schiefen Turm" und die Kurstadt. Die Zimmer sind komfortabel, die hauseigene „Venustherme" sorgt für Entspannung. Wenige Parkplätze. EZ ab 91 €, DZ ab 121 € inkl. Frühstück. Im gepflegten Restaurant wird gehobene Thüringer und internationale Küche serviert. Tägl. 12–14 und 17.30–22 Uhr. Am Schlachtberg 3, ℘ 034671-750, www.bachmann-hotels.de.

Pension Zur Quelle, im Stadtzentrum. Die Zimmer sind freundlich, der Service ist nett. EZ ab 38 €, DZ ab 70 € inkl. Frühstück. August-Zierfuß-Str. 10, ℘ 034671-6680, www.pension-zur-quelle.de.

Hotel Straube, kleines Hotel im Zentrum mit freundlich gestalteten, wenn auch etwas kleinen Zimmern zum günstigen Preis. EZ 34 €, DZ 58 € inkl. Frühstück. Erfurter Str. 20, ℘ 034671-62916, www.hotel-straube.de.

Haus Toskana, am Solewasser Vitalpark. Vier komfortable Appartements mit Küchenzeile zur Selbstverpflegung, 59–75 €. Kurstr. 10, ℘ 034671-55575, www.pension-haus-toskana.de.

mein Tipp **Restaurant Schwan,** auf der Terrasse vor dem historischen Fachwerkhaus kommen beim Plätschern des Brunnens Italiengefühle auf. Hier und im gemütlichen Gastraum wird Thüringer und internationale Küche aufgetischt von Braumeisterschnitzel bis Gemüseplatte. Mo–So 11–14 und ab 17 Uhr, Mi Ruhetag. Erfurter Str. 5, ℘ 034671-565655, www.schwan-badfrankenhausen.de.

Alte Hämmelei, historisches Fachwerkhaus mit gepflegter, rustikaler Atmosphäre. Hier und im schönen Biergarten kommen Thüringer Spezialitäten und Frankenhäuser Traditionsgerichte auf den Tisch. Mo–Do 17–23, Fr–So 11.30–23 Uhr. Bornstr. 33, ℘ 034671-5120, www.alte-haemmelei.de.

Konditorei Trautmann, Thüringer Blechkuchen sollte man mindestens einmal probiert haben – in dem netten Café am Anger kommen sie täglich frisch aus dem Ofen. Dazu zaubert Konditormeister Trautmann zahlreiche Tortenvarianten und leckeres Eis. Di–Fr 5–17.30, Sa 5–11.30 Uhr. Anger 20, ℘ 034671-77870, www.konditorei-trautmann.de.

Wohnmobile   15 ebene Stellplätze mit Strom, Wasser und Abwasserentsorgung stehen ganzjährig an der Kyffhäuser Therme zur Verfügung. Anreise 7–22 Uhr, Anmeldung an der Rezeption der Therme. Stellplatz 10 €/Nacht plus Kurtaxe 2 €/Pers., ermäßigter Eintritt in die Therme. August-Bebel-Platz, ℘ 034671-5123, www.kyffhaeuser-therme.de.

Umgebung von Bad Frankenhausen

Bilzingsleben

Die malerische Strecke des Wipper-durchbruchs südlich von Bad Franken-hausen zwischen Seega und Bilzingsle-ben (700 Einwohner) auf der Rückfahrt vom Kyffhäuser ins Thüringer Becken ist den Umweg wert. Hier hat sich die Wipper in einem großen Bogen durch die Hainleite gefressen und steile Mu-schelkalkhänge hinterlassen. Die Ge-gend ist bekannt für ihren Orchideen-reichtum. Bei einer **archäologischen Grabung** 1,5 km südlich von Bilzings-leben wurden 370.000 Jahre alte Kno-chen und Artefakte gefunden, die dem Homo erectus zugeschrieben werden.

▪ Ausgrabungsstätte Steinrinne Bilzingsleben: April bis Okt. Di–So 10–16 Uhr, Eintritt 5 €. Frömmstedter Straße, www.steinrinne-bilzingsleben.com.

Oldisleben

Schnell und ohne Umweg geht es von Bad Frankenhausen auf der B 85 süd-ostwärts in den 2100-Einwohner-Ort Oldisleben, wo Naschkatzen gern einen Stopp in der **Goethe Chocolaterie** mit Schauwerkstätte und Werksverkauf einlegen.

▪ Schokoladenmanufaktur: Mo–Sa 10–17, So 13–17 Uhr. Gewerbegebiet 13, Oldisleben, www.goethe-schokoladentaler.de.

Heldrungen

Würziges kommt aus dem Nachbarort und aus seiner Umgebung. In Heldrun-gen (1600 Einwohner) flechten die Bauern seit alters her hübsche Zwiebel-zöpfe, die sie auf dem Zwiebelmarkt in Weimar und anderswo verkaufen. Mit einer 8,32 m langen Zwiebelrispe schaffte es ein Bauer ins Guinnessbuch der Rekorde. Rekordverdächtig sind auch die Befestigungen der alten **Was-serburg Heldrungen**. Zwei Wassergrä-ben, vier so genannte Vaubansche Bas-

tionen und fünf Rondelle umgeben das Renaissanceschloss von 1519. Nach der Schlacht von Bad Frankenhausen 1525 wurde Bauernführer Thomas Müntzer hier bis zu seiner Hinrichtung gefan-gengehalten und gefoltert.

Übernachten/Essen **Jugendherberge Heldrungen,** im alten Wasserschloss. Hier nächtigt man in modern eingerichteten 2- bis 8-Bett-Zimmern. Pro Pers. 22 € inkl. Frühstück. Schlossstr. 13, Heldrungen, ✆ 034673-91224, www.heldrungen.jugendherberge.de.

Mein Tipp **Gutshaus von Bismarck,** einem Verwandten des Reichskanzlers Fürst Otto von Bismarck kann man im Guthaus von Bismarck begegnen. Georg von Bismarck und seine Frau haben in dem renovierten Gutshaus einen schönen Ort für naturnahen Landurlaub ge-schaffen. Gäste können die Tiere des Hofs und die landwirtschaftliche Arbeit kennenlernen. Die Ferienwohnungen sind hübsch und gemüt-lich. Fewo mit 2 Pers. 49–72 €. Im *Guts-Café* lässt man sich hausgebackene Kuchen und Torten schmecken. Sa/So 14–18 Uhr. Heidel-bergstr. 1, Braunsroda, ✆ 034673-97974, www.gutshaus-von-bismarck.de.

Weißensee

Durch das landwirtschaftlich geprägte Thüringer Becken geht es auf der B 86 in das 3400 Einwohner zählende Mittelalterstädtchen Weißensee – ein Kleinod, das sich zu entdecken lohnt! Überragt wird der alte Stadtkern mit dem angeblich ältesten Rathaus Deutschlands (1351) von der **Runne-burg** (ab 1168). Die Burg ist reich an originaler Romanik, doch es bedarf noch vieler Arbeit, um das Bauwerk mit Palas und Palasturm wieder in alter Pracht erstrahlen zu lassen. Nahe dem Eingangstor zur Burg steht ein Elisa-beth-Denkmal. Es erinnert daran, dass sich das so genannte „Rosenwunder" der heiligen Elisabeth von Thüringen ebenso gut in Weißensee wie auf der Wartburg zugetragen haben könnte. Als ihr Gemahl Hermann I. sie eines

Tages wegen ihrer Mildtätigkeit zur Rede stellte, sollen sich die unter ihrem Gewand versteckten Gaben für die Armen – Fleisch, Eier und Brote – in Rosen verwandelt haben.

■ Führungen April bis Okt. Di–Fr nach Anmeldung, Sa/So stündl. 11–16 Uhr (2 €). ☎ 036374-36200, www.thueringerschloesser.de.

Chinesischer Garten: Gartenliebhaber finden in Weißensee eine exotische Perle. Der „Garten des ewigen Glücks" mit seinen Pagoden, Pavillons und Wasserflächen versetzt den Besucher in eine andere Welt. Zypressen, Kiefern, Bambus, Mammutbaum und Zierapfel sowie Affen- und Löwenskulpturen atmen fernöstliches Flair. In einem Ausstellungsraum kann man Kopien von Figuren der berühmten Terrakotta-Armee bewundern. Ein Zickzackweg (der böse Geister irritieren soll) führt über einen Steg zum Pavillon auf dem Gondelteich.

■ April bis Okt. 10–18 Uhr, Eintritt 5 €, Eingang Markt/Johannesstraße, www.weissensee.de.

Essen & Trinken   Café am Markt, direkt am historische Rathaus versorgt das nette Café Hungrige mit Kaffee und Kuchen sowie Thüringer Spezialitäten, Durstige laben sich am selbstgebrauten Weißenseer Ratsbräu. Mo 11-16, Di–So ab 11–22 Uhr. Marktplatz 23, Weißensee, ☎ 036374-36660,   www.cafeammarkt weissensee.de.

Tee-Terrasse im Chinesischen Garten, ein schöner Ort zum Seele baumeln lassen. Mit Blick auf Pagoden und Wasser genießt man chinesischen Erblüh-Tee und gebratene Nudeln, aber auch Kaffee, Kuchen und Eisbecher. April bis Okt. Di–So 11–17 Uhr. ☎ 036374-36660, www.cafeammarktweissensee.de.

Greußen

Wer etwas über das Leben der alten Germanen erfahren möchte, findet etwa 14 km westlich von Weißensee am Rande des 3600-Einwohner-Dörfchens Greußen ein ungewöhnliches Freilichtmuseum – die germanische **Funkenburg.** Auf einem Bergsporn über dem Helbetal wurde die Befestigungs-

Chinesischer Garten in Weißensee

anlage aus dem 2. bis 1. Jh. v. Chr. mit 60 Hütten und etwa 500 Gruben gefunden. Von 1992–1999 wurde die Funkenburg mit Gräben, Türmen, Wällen und Palisaden am Originalstandort rekonstruiert. Nachgebaute Wohn- und Arbeitshäuser, Speicher, Öfen und Arbeitsgerät vermitteln, wie die Germanen lebten. Bei Kursen oder Veranstaltungen wie dem *Funkenburgfest im August* wird das Germanendorf lebendig.

■ **Funkenburg:** April bis Okt. Mo–Fr 10–15, an Aktionswochenenden 10–17 Uhr, Nov., Feb. und März Di–Do 10–15 Uhr, Eintritt 4 €. Greußen liegt an der B 4, die Funkenburg im Ortsteil Westgreußen ist ausgeschildert. ☎ 03636-704616, www.funkenburg-westgreussen.de.

Sömmerda

Die 19.000-Einwohner-Stadt ist seit dem 14. Jh. von einer 1,3 km langen Stadtmauer umgeben, von der noch ein Großteil wie auch die Stadtmauertürme und das Erfurter Tor erhalten sind. Das *Renaissance-Rathaus* erhielt sein heutiges Aussehen von 1529 bis 1539. In der von Werksbauten geprägten Industriestadt vor den Toren Erfurts erfand Johann Nicolaus Dreyse im 19. Jh. das Zündnadelgewehr und begründete eine Waffenfabrik. Das **Dreyse-Haus** zeigt eine historisch-technische Sammlung.

■ **Museum im Dreyse-Haus:** Mo, Di und Do 10–18 Uhr, Fr 10–13 Uhr, So 14–17 Uhr, Weißenseer Str. 15.

Der Norden ↓ Karte S. 276/277

Der Osten

Thüringens Osten ist wie ein Fleckerlteppich. Geschichtsträchtige Orte, Parks und Freizeitseen setzen Akzente in dem bunten Patchwork. Das städtische Zentrum Gera lockt mit Kultur. Beeindruckende Schlösser thronen über Altenburg, Weida und Greiz.

■ In den Untergrund: In Geras Höhlen sind glänzende Mineralien zu bestaunen.

■ Durch die Blume: In Bad Köstritz blüht die Dahlienzucht.

■ Die Dialekte gebändigt: In Schleiz erfand Konrad Duden sein berühmtes Wörterbuch.

Von der Saale bis zum Vogtland, vom Holzland bis ins Osterland reicht Thüringens Osten. Östlich der Autobahn A 9 zwischen Hermsdorf (im Norden) und der Landesgrenze nahe Rudolphstein (im Süden) breitet sich die überwiegend landwirtschaftlich genutzte Region aus. Die Wunden der Ausbeutung von Uranvorkommen bei Ronneburg und der Braunkohle bei Altenburg sind durch gelungene Renaturierung weitgehend beseitigt, so dass sich der Osten heute als „blühende Landschaft" präsentiert. Drei Bundesländer bilden die Grenze des Thüringer Ostens: Sachsen-Anhalt, Sachsen und Bayern.

Gera pflegt das Erbe seines berühmten Sohnes, des Malers Otto Dix. Thüringens drittgrößte Stadt zeigt sich als Industriestadt, deren stattliche Gründerzeitvillen und weitläufige Grünanlagen mehr sind als nur Make-up. Auf seine prächtig ausgestaltete Barockkirche ist das kleine Eisenberg mit Recht stolz. Die Stadt Altenburg empfiehlt sich bei Kulturtouristen mit einer intakten Altstadt und sehenswerten Museen. Bekannt ist die Stadt im Pleißengau als Geburtsort des Skat-Spiels.

Die Kleinstaaterei des Fürstengeschlechts der Reußen prägte die Region durch eine Vielzahl von Burgen, Schlössern und Parks, die entlang der „Reußischen Fürstenstraße" zwischen Bad Köstritz und Bad Lobenstein auf Entdeckung warten. Gleich zwei Schlösser verdankt das malerisch im Talkessel der Weißen Elster gelegene Greiz dem reußischen Bruderzwist. Herrliche Parkanlagen und reiche Kulturschätze brachten der Stadt den Titel „Perle des Vogtlands" ein. Schleiz klingt Motorsportfreunden in den Ohren: Seit 100 Jahren ist das „Schleizer Dreieck" Schauplatz von Motorsportrennen.

Radfahrer und Wanderer kommen in den Naturlandschaften zwischen Wiesen, Feldern, Hügeln und kleinen Waldflecken auf ihre Kosten. Flüsse wie die Weiße Elster und zahlreiche Seen machen die Naturfreuden komplett. Die Talsperre in Zeulenroda-Triebes ist die größte Wasserfläche Ostthüringens und entwickelt sich zum beliebten Bade- und Wassersportrevier. Auf dem Wellness-Trip landet man im Heilbad Bad Klosterlausitz mit seiner herrlichen Thermenwelt.

Was anschauen?

Otto-Dix-Museum: In Gera sind das Geburtshaus sowie Früh- und Spätwerke des berühmten Malers Otto Dix zu sehen. → S. 323

Residenzschloss Altenburg: In dem über 1000 Jahre alten Schloss zeigt das Spielkartenmuseum, wie schon vor 500 Jahren gezockt wurde. Sehenswert sind auch die prächtigen Säle der Residenz sowie die gotische Schlosskirche. → S. 335

Lindenau-Museum: Eine kostbare Sammlung früher italienischer Tafelbilder, darunter ein geheimnisvolles Frauenportrait von Sandro Botticelli, wird im Lindenau-Museum in Altenburg präsentiert. → S. 337

Barockkirche Eisenberg: Die mit Säulen, Stuck, Deckengemälden und Wendeltreppen überreich ausgestaltete barocke Schlosskirche in Eisenberg ist einen Abstecher wert. Mit ihren Rängen und der Fürstenloge hat sie beinahe etwas Theatralisches. → S. 330

Osterburg in Weida: Die romanische Burg mit ihrem charakteristischen Bergfried war Stammsitz der Vögte von Weida, die das so genannte Vogtland verwalteten. → S. 342

„Little Berlin": Im bayerisch-thüringischen Grenzdorf Mödlareuth erinnern die einstige Sperrmauer, Beobachtungstürme und ein Museum daran, wie brutal die deutsch-deutsche Teilung wirklich war. → S. 352

Was unternehmen?

Eisenbahn-Nostalgie: In Gera halten diverse historische Eisenbahnen und laden zum Entdecken der Region im Gemütstempo ein. → S. 325

Baden unter Palmen: In der Waikiki-Badewelt in Zeulenroda-Triebes werden exotische Urlaubsträume wahr. Bei schönem Wetter wird das Glasdach geöffnet und man schwimmt „oben ohne". Die 243 m lange Rutsche sorgt für pures Vergnügen. → S. 348

Und was sonst?

Neue Landschaft Ronneburg: Der einstige Uran-Tagebau östlich von Gera wurde renaturiert und ist heute als weitläufiger Landschaftspark zu erleben. → S. 329

Was schmeckt?

Mutzbraten: Aus Schmölln stammt der leckere Mutzbraten von der Schweineschulter, der traditionell über Birkenholzfeuer gebraten wird und in vielen Restaurants in der Region serviert wird.

Gera

Kultur ist das Pfund, mit dem Gera wuchert. Die schönsten Fleck-chen der industriell geprägten Stadt findet man im Marktensemble und im Stadtteil Untermhaus. Hier sind im Geburtshaus von Otto Dix zahlreiche bedeutende Kunstwerke des Malers zu sehen. Auch das Theater und die Kunstsammlung in der barocken Orangerie sind einen Besuch wert.

Ähnlich wie Jena ist auch Gera eine Industriestadt, deren Bild von einer Mischung aus zweckdienlichen Bauten aus jüngerer Zeit, historischem Altbestand und stattlichen Gründerzeitvillen geprägt ist. Entlang des Elstertals hat sich die Stadt zwischen den grünen Hügeln ausgebreitet, so dass Gera der Fläche nach eigentlich die zweitgrößte Stadt Thüringens ist; nach Einwohnern gerechnet nimmt sie mit 95.000 Bürgern den dritten Platz im Bundesland ein. Die einstige Landeshauptstadt des Fürstentums Reuß ist nicht nur in Sachen Arbeitsplätze und als Verkehrsknotenpunkt Ostthüringens wichtigste Stadt, sondern auch durch ihre Lage im Zentrum der Region. Der weitläufige Stadtwald im Westen markiert das Ende des *Thüringer Holzlandes*. Im Süden des Stadtgebiets liegt der einwohnerstärkste *Stadtteil Lusan*, den großflächige Plattenbauten prägen. Im Osten schließt sich das Ronneburger Acker- und Bergbaugebiet an, im Norden grenzt die Stadt an Sachsen-Anhalt.

Schon in der Frühzeit kamen Menschen an diesen Ort. In der längst überbauten Lindenthaler Hyänenhöhle (heute etwa Pfortener Straße) wurden prähistorische Reste von Wildpferden, Höhlenhyänen und Mammuts ausgegraben, auch ein 80.000 Jahre alter Faustkeil, gefunden bei Gera-Pforten, weist auf die altsteinzeitliche Besiedlung der Gegend hin. Im Jahr 995 wird Gera erstmals erwähnt. Die Stadt an der Handelsstraße Nürnberg–Leipzig kontrollieren seit 1209 die Vögte von Wei-

da. Die aus diesem Geschlecht hervorgehenden Fürsten von Reuß regieren Gera sieben Jahrhunderte lang. In Gera sind einige Nebengebäude und der Bergfried von Schloss Osterstein erhalten, das Residenzschloss der Reußen auf dem Bergsporn des Hainbergs westlich des heutigen Hofwiesenparks. Die Erbfolgestreitigkeiten der Reußen-Dynastie sind legendär und boten reichlich Anlass zur Satire: Das Haus „Reuß-Schleiz-Greiz" amüsiert das Publikum bis heute in der Operette „Wiener Blut" von Johann Strauß.

Seit dem 15. Jh. wird „Gerisch Tuch" auf der Leipziger Messe gehandelt. Die Blütezeit der Textilstadt liegt im 16. und 17. Jh. Durch zwei große Stadtbrände 1686 und 1780 wurde ein Großteil der Altstadt verwüstet. Auch der Zweite Weltkrieg hinterließ tiefe Spuren: Bei dem schweren Bombenangriff am 6. April 1945 wurden Schloss Osterstein, das Stadtmuseum, die Orangerie, das Rathaus und zahlreiche weitere historische Gebäude getroffen. Beim DDR-Volksaufstand am 17. Juni 1953, der von sowjetischen Truppen niedergeschlagen wurde, war Gera mit Unterstützung der Wismut-Bergleute eines der Zentren der Erhebung.

Stadtrundgang

Rund um den Markt: Geras schönste Ecke ist der Markt. Im Zentrum des Platzes steht der *Simsonbrunnen* von 1685, der den mit einem Löwen ringenden Simson zeigt. Ein stattliches Bild gibt das *Rathaus* mit dem achteckigen

Renaissanceturm ab. Der Aufstieg über seine 161 Stufen wird mit einem grandiosen Blick über die Elsterstadt belohnt, in deren moderner (und nicht nur schöner) Dachlandschaft die historischen Überbleibsel die Blicke auf sich ziehen. Über der Türmerstube des Rathausturms befindet sich die Glockenspielerstube, das Carillon mit 37 Glocken kann nur per Hand gespielt werden. Das Rathausportal zeigt das reußische und das solmssche Wappen.

Das Herz der Stadtverwaltung zieht sich bis zum Kornmarkt. Das neue Rathaus am Kornmarkt 12 wurde als dreigeschossiger Sandsteinbau im Neorenaissancestil erbaut. Im Hauptportal findet man eine Nachbildung der Innenseite des 1884 abgerissenen Badertores. Ein sehenswertes Figurenrelief schmückt den Erker der *Stadt-Apotheke am Markt*, ein Renaissancebau von 1592.

Der Rathausturm

Das **Stadtmuseum** westlich des Marktes zeigt Exponate zur Geschichte der Stadt und zum Füstenhaus Reuß sowie wechselnde Ausstellungen zu Geschichte und Kultur.

■ Museum: Mi–So 12–17 Uhr, Eintritt 5 €. Museumsplatz 1.

Vom Nikolaiberg zur Johanniskirche:
Vom Markt aus erreicht man über die Große Kirchstraße mit ihren Barock- und Rokokofassaden den Nikolaiberg. Hoch über der Altstadt rückt die barocke *St. Salvatorkirche* in den Blick, die nach dem großen Stadtbrand 1780 wiederaufgebaut und mit einer neobarocken Freitreppe versehen wurde. Der Innenraum wurde 1903 mit Inventar in floralen Jugendstilformen ausgestattet. Gleich nebenan ist im barocken Schreiberschen Haus das *Museum für Naturkunde* zu finden, von wo aus der Besuch in die so genannten *Höhler* von Gera startet. Nördlich des Einkaufsviertels (Sorge und Humboldtstraße) mit modernen Shopping-Malls steht an der Clara-Zetkin-Straße Geras größte Kirche: *St. Johannis*. Die neugotische Backsteinkirche mit ihrem 70 m hohen Turm entstand 1881–84 als Nachfolgebau der 1780 abgebrannten Johanniskirche am Johannisplatz. Die schweren Schäden des Zweiten Weltkriegs wurden bis 1975 beseitigt. Seit 1995 stehen in St. Johannis wieder die restaurierten Sarkophage der Reußenfamilie.

Vom Bahnhof nach Untermhaus:
Weiteres Sehenswertes findet sich westlich des Bahnhofs. Das 1902 nach Plänen von Heinrich Seeling erbaute *Theater Gera* zeigt eine Neorenaissance-Fassade mit Gestaltungselementen des Klassizismus und Jugendstils. Das Theaterportal schmücken Bildnisse von Goethe und Schiller unter dem Schriftzug „Musis Sacrum", den heiligen Musen gewidmet. Durch den barocken Küchengarten spaziert man hinüber zur *Orangerie* (→ Museen). An der Untermhäuser Brücke öffnet sich ein herrliches

Im hübschen Stadtteil Untermhaus ist das Otto-Dix-Haus zu finden

Bild mit der *Marienkirche* an der Weißen Elster. Die 1440 gebaute Kirche mit ihrem kostbaren spätgotischen Altar ist das Zentrum der einstigen *Handwerkersiedlung Untermhaus* nahe der mittelalterlichen Burg Osterstein. Die meisten Touristen zieht jedoch das *Otto-Dix-Haus* (→ Museen) an.

Museen

Otto-Dix-Haus: In dem Bürgerhaus am Unterhäuser Mohrenplatz erblickte Otto Dix am 2. Dezember 1891 das Licht der Welt. In dem Gebäude aus dem 18. Jh. werden Jugend- und Frühwerke sowie Exponate aus der altmeisterlichen Schaffensphase von Otto Dix gezeigt. Außerdem ist eine historische Dokumentation zu Leben und Werk des Künstlers im Verhältnis zu seiner Heimatstadt zu sehen. Weitere Werke der städtischen Otto-Dix-Sammlung werden in der Orangerie präsentiert.

▪ Mi–So 12–17 Uhr, Eintritt 5 €. Mohrenplatz 4, ☎ 0365-8324927, www.gera.de.

Orangerie: Die zweiflügelige spätbarocke Orangerie im früheren Küchengarten der Fürsten Reuß wurde 1729 bis 1732 nach Plänen des fürstlich-sächsischen Landesbaumeisters Gottfried Heinrich Krohne erbaut. Nach umfangreicher Sanierung des Gebäudes zeigt die *Kunstsammlung Gera* nun die Dauerausstellung „Otto Dix. Werke von 1944 bis 1969" sowie regelmäßige Sonderausstellungen.

▪ Mi–So 12–17 Uhr, Eintritt 5 €. Kombikarte Orangerie und Dix-Haus 7 €. Orangerieplatz 1, ☎ 0365-8384250, www.gera.de.

Museum für angewandte Kunst: Im *Ferberschen Haus* präsentiert das Museum für angewandte Kunst deutsches und internationales Art déco mit Keramik, Schmuck, Mode und Möbeln sowie Kunsthandwerk und Fotodesign des 20. Jh. bis zur Gegenwart. Zu den wertvollsten Stücken gehören die Bauhaus-Keramiken von Otto Lindig und Theodor Bogler sowie Fotografien von Aenne Biermann.

Mi–So 12–17 Uhr, Eintritt 5 €. Greizer Str. 37, 0365-8381430, www.gera.de.

Geraer Höhler: In die Unterwelt führt die spannende Besichtigung der so genannten *Höhler*. Das städtische Bierbraubrauprivileg von 1487 berechtigte jeden Hausbesitzer zum Bierbrauen. Für die Lagerung des Gerstensafts wurden vor allem im 17. und 18. Jh. unter den eigentlichen Hauskellern Tiefenkeller gegraben. Heute sind zehn Höhler auf einer Länge von 250 m bei Führungen zu besichtigen. Im *Höhler unter dem Museum für Naturkunde* im Schreiberschen Haus sind Mineralien aus aller Welt zu sehen, darunter Amethyste, Bergkristalle, Diamanten und Turmaline. Besonderer Höhepunkt sind die Mineralien, die unter ultraviolettem Licht fluoreszieren.

Führungen: Mi 13 und 15 Uhr, Do–So 11, 13, 15 Uhr, Eintritt 5 €. Kombikarte Höhler und Mineralienhöhler 7 €. Eingang zu den Höhlern an der Rückseite des Museums für Naturkunde. Nicolaiberg 3, 0365-55249954, www.gera.de.

Geras Villenviertel

Zahlreiche repräsentative Villen aus der Blütezeit der Geraer Stoff- und Tuchindustrie erinnern an Wohlstand und ästhetischen Anspruch der Industriellen des späten 19. Jh. Die so ge-

nannte Gründerzeitarchitektur manifestiert sich hier in beeindruckender Größe. *Die schönsten Häuser* stehen in dem Viertel zwischen Berliner Straße, Clara-Zetkin-Straße, Goethestraße und Friedrich-Engels-Straße, im Stadtteil Untermhaus und um die Straße des Friedens. Als Kulturdenkmäler von internationaler Bedeutung gelten die *Villa Hirsch*, die *Villa Eichenberg*, die *„Zuckerbäckervilla" Brehme*, die *Villa Jahr* und das **Haus Schulenburg.** Es wurde von Bauhaus-Wegbereiter Henry van de Velde 1913/14 als Wohnhaus für den Geraer Textilfabrikanten Paul Schulenburg gebaut. Nach preisgekrönter Sanierung ist die Villa mit originalen Möbeln und Interieur aus der Entstehungszeit zu besichtigen. Das Haus beherbergt das Henry-van-de-Velde-Museum, in dem Architekturentwürfe, Buchgestaltungen, Stoffmuster und Möbel zu sehen sind.

Haus Schulenburg: April bis Okt. Mo–Fr 10–17, Sa/So 14–17 Uhr, Nov. bis März Mo–Fr 10–16, Sa/So 14–16.30 Uhr, Eintritt 7 €. Straße des Friedens 120, 0365-8264141, www.gera.de.

Geras Gärten

Im Jahr 2007 war Gera gemeinsam mit dem benachbarten Ronneburg Schauplatz der Bundesgartenschau, die Gera

Die spätbarocke Orangerie im schönen Küchengarten

herrliche grüne Oasen beschert hat. In vier Ovale gegliedert ist der **Hofwiesenpark** zwischen Stadtzentrum und Stadtteil Untermhaus entlang der Weißen Elster. Hier befinden sich das *Hofwiesenbad*, das *Spieloval*, das *Stadion der Freundschaft*, das *Veranstaltungsoval* mit der Hofwiesenbühne und die „*Partnerschaftsgärten*".

Nordöstlich schließt sich der als Barockgarten wiederauflebende **Küchengarten** an, der Orangerie und Theater verbindet. Der **Botanische Garten** (Nicolaistraße/Schillerstraße) widmet sich der Pflanzenwelt Ostthüringens. Im Herbst erstrahlt der seit 1928 bestehende **Dahliengarten** (Am Martinsgrund/Straße des Friedens) in allen Farben der in der Region gezüchteten Dahlien. Beim Dahlienfest am letzten Augustwochenende wird die schönste Dahlie prämiert. Im Süden wurde eine brachliegende Fläche am Südbahnhof zum **Ufer-Elster-Park** mit einem „Schienengarten" gestaltet.

Basis-Infos → Karte S. 327

Information Gera-Information, Mo–Fr 9–18, Sa 10–15 Uhr. Markt 1a, ☎ 0365-8381111, 07545 Gera, www.gera.de.

Verbindungen Bahn: Regionalverbindungen u. a. nach Erfurt, Jena, Leipzig und Weida, www.bahn.de. Mit der Vogtlandbahn geht es von Gera aus nach Adorf, Bad Brambach, Plauen und Zwickau, www.laenderbahn.com.

Bus: Im Nahverkehr verkehren 20 Bus- und drei Straßenbahnlinien in regelmäßigem Takt, www.gvbgera.de. Im Regionalverkehr u. a. Busse nach Neustadt/Orla und Schleiz, www.kombus-online.de. Die Busse von Regionalverkehr Gera/Land fahren u. a. nach Hermsdorf, Eisenberg, Zeulenroda, Ronneburg und Schmölln, www.rvg-gera.info.

Parken Ein Leitsystem weist zu den kostenpflichtigen Parkplätzen und Parkhäusern in Gera. Auf dem Parkplatz am Hofwiesenpark sind die ersten 2 Stunden kostenlos.

Baden Im **Hofwiesenbad Gera** finden Bahnenzieher ein 50-m-Becken und Wasserhopser eine Sprunganlage. Abwechslung bringt das Bad mit 65-m-Rutsche und Massagedüsen, Kinderbecken, Sauna, Dampfbad und Kneippanlage. Mo, Mi, Fr 8–22, Di, Do 6–22, Sa/So 9–18 Uhr. Hofwiesenpark 2, ☎ 0365-8384350, www.hofwiesenbad-gera.de.

Im Sommer schwimmen die Geraer gerne im **Naturbad Kaimberg**: Rund um die riesige Wasserfläche des Naturbeckens mit Sandstrand gibt es Liegewiesen, Beach-Volleyball und Kinderspielplatz. Geöffnet ab Mai. Kaimberger Straße, Im Südosten der Stadt. ☎ 0365-36441, www.naturbad-kaimberg.de.

Einkaufen Geras größtes Einkaufszentrum sind die **Gera Arcaden 12** mit 90 Shops und zahlreichen Restaurants (Heinrichstr. 30, www.gera-arcaden.de). Auch in der **Otto-Dix-Passage 9** (Museumsplatz 2) und in der **Amthorpassage 8** (Sorge 9) können sich Shoppingfans austoben. Schön bummeln lässt es sich in der **Fußgängerzone** zwischen Johannisplatz und Zschochernstraße.

Fahrradfahren Der **Elster-Radweg** (250 km) führt von der Quelle in Böhmen über Gera bis nach Halle, www.elsterradweg.de. Der **Gessentalradweg** (8 km) entlang des Gessenbachs verbindet Gera und Ronneburg.

Historische Eisenbahnen Freunde alter Eisenbahnen können die Region mit Nostalgie-Zügen erfahren. Der **Elstertal-Express** fährt an verschiedenen Terminen von Gera über Greiz nach Cheb (Eger). Der **Rotkäppchen-Express II** fährt von Neustadt/Orla über Gera in die Weinbaugebiete Naumburg (Saale) und Freyburg (Unstrut). Der **Wartburg-Express** schnauft u. a. von Altenburg über Gera, Jena, Weimar, Erfurt nach Eisenach. Tickets: ☎ 0361-2275227. Weitere Touren und Fahrpläne unter www.bahnnostalgie-thueringen.de.

Kabarett Das **Kabarett Fettnäppchen** ist überregional bekannt und spielt im Rathaushöhler verschiedene Programme zwischen Politsatire und anspruchsvoller Unterhaltung. Markt 1, ☎ 0365-23131, www.kabarett-fettnaeppchen.de.

Kino Mainstream-Movies zeigt die **UCI-Kinowelt**, Reichsstr. 3, ☎ 0365-85550, www.uci-kinowelt.de. Anspruchsvolle Filme zeigt das **Metropol-Kino**, Leipziger Str. 24, ☎ 0365-20448460, www.metropolkino-gera.de.

Der Osten → Karte S. 320

Stadtführungen Von Mai bis Aug. jeweils Sa 14 Uhr (7 €), Anmeldung erbeten unter ☎ 0365-8381111. Zudem gibt es nach Voranmeldung die Geraer Villentour, Nachtwächterführungen oder die „Otto-Dix-Tour". Termine und Infos unter www.gera.de.

Theater Unter dem Titel **Theater & Philharmonie Thüringen** bietet das Mehrspartentheater in den Häusern in Gera und Altenburg einen abwechslungsreichen Spielplan aus Oper, Operette, Musical, Schauspiel, Ballett und Puppentheater. Theaterplatz 1, Gera, Kartentelefon 0365-8279105, www.tpthueringen.de.

Tierpark Besonders Kindern macht ein Besuch im **Tierpark Waldzoo** Spaß. Hier leben heimische Tiere sowie Tiere aus Afrika, Südamerika und anderen Kontinenten. März bis Okt. 9–18 Uhr, Nov. und Febr. 9–17 Uhr, Dez./Jan. 9–16 Uhr, Eintritt 5 €. Straße des Friedens 85, ☎ 0365-810127, www.gera.de.

Veranstaltungen Die Festsaison wird im April/Mai mit dem **Frühlingsvolksfest** auf dem Festplatz Parkstraße eröffnet. Beim **Hofwiesenparkfest** Anfang Mai stehen im frühlingsbunt blühenden Hofwiesenpark Musik, Tanz, Sport und Attraktionen auf dem Programm. In der **Museumsnacht** Ende August laden die städtischen Museen und Kultureinrichtungen bis spät in die Nacht mit Lesungen, Konzerten und Kabarett zum kulturellen Spaziergang ein.

Beim **Höhlerfest** Anfang Okt. wird das Zentrum zur Festmeile mit umfangreichem Programm auf verschiedenen Bühnen, Spielleuten, Gauklern und Gaumenschmaus. Mitte Oktober kann man beim **Herbstvolksfest** noch einmal Karussell fahren, so viel man will. Beim **Geraer Weihnachtsmarkt,** der von Ende November bis Weihnachten Tausende in die Innenstadt zieht, sind 33 lebensgroße Märchenfiguren die Attraktion, www.gera.de.

Wandern Die Streckenwanderung **Gera–Ronneburg** (12 km, Markierung roter Balken) beginnt am Otto-Dix-Haus und führt über die „Colliser Alp" und das Gessental über die Teufelskanzel bis in die „Neue Landschaft Ronneburg". Zurück geht es in 10 Minuten mit der Bahn, www.wanderbares-deutschland.de.

Der **Thüringen-Weg** (410 km, blauer Punkt) führt vom Altenburger Land über Gera bis nach Eisenach, www.fernwege.de.

Übernachten/Essen & Trinken

Übernachten   ** The Royal Inn Regent 15,** englisch inspirierter Stil durchzieht das Royal Inn hinter einer extravaganten Fassade, ein Oldtimer zieht in der Lounge die Blicke auf sich. Die Standardzimmer sind klein, aber komfortabel und individuell gestaltet. Parkmöglichkeiten im Innenhof. EZ ab 59 €, DZ ab 71 € inkl. Frühstück. Englischer Landhausstil empfängt die Gäste des *Wirtshauses*, wo als Hausspezialität das Rostbrätl ebenso mundet wie das Rumpsteak oder der Gemüseteller. Tägl. 18–23 Uhr. Schülerstr. 22, ☎ 0365-91810, www.gera.the-royal-inn.de.

MeinTipp Hotel Gewürzmühle **13,** modernes Hotel in einer sanierten Gewürzfabrik aus den 1920ern, in Laufentfernung zu den Sehenswürdigkeiten, dennoch ruhig gelegen. Nach freundlichem Empfang fühlt man sich in den geräumigen Zimmern mit junger, komfortabler Einrichtung wohl. Wer zeitig auf ist, frühstückt am Brunch-Büffet, für Langschläfer gibt's Frühstück à la carte bis 15 Uhr. EZ ab 60 €, DZ ab 82 € inkl. Frühstück. Im *Restaurant* kommen Thüringer Gerichte und eine schöne Auswahl internationaler Speisen auf den Tisch.

Clara-Viebig-Str. 4, ☎ 0365-824330, www.hotelgewuerzmuehle-gera.de.

Hotel-Restaurant Zwergschlösschen 1, Gründerzeit-„Schlösschen" in Waldrandlage, ca. 1,5 km ins Zentrum. Überaus freundliche, angenehme Atmosphäre, die Zimmer sind hell und komfortabel. Es gibt auch Suiten. Köstliches Frühstücksbuffet, auch vegan und glutenfrei. Gepflegtes, sehr gutes *Restaurant*. EZ ab 50–60 €, DZ 75–90 € inkl. Frühstück. Untermhäuser Str. 67-69, ☎ 0365-22503, www.hotel4you.de.

Novotel Gera 3, in Lauflage zum Zentrum. Modern-elegante, komfortable Zimmer. Kleines Hallenbad und Sauna vorhanden. EZ ab 70 €, DZ ab 76 € inkl. Frühstück. Im *Restaurant* mit Wintergarten wird internationale Küche serviert. Tägl. 18–22 Uhr. Berliner Str. 38, ☎ 0365-43440, www.accorhotel.com.

Camping   Campingplatz am Strandbad Aga 2, schöner Platz an einem natürlichen Badesee inmitten der Natur. 120 parzellierte Stellplätze mit Stromanschluss für Zelte und Caravans, gute Sanitäranlagen. Der Sandstrand

Einkaufen
- Amthorpassage
- Otto-Dix-Passage
- Gera Arcaden

Übernachten
- Hotel Zwergschlösschen
- Campingplatz am Strandbad Aga
- Novotel Gera
- Hotel Gewürzmühle
- The Royal Inn Regent

Essen & Trinken
- Restaurant Grünspecht
- Lummersches Backhaus
- Paulaner Wirtshaus
- Café Mittendrin
- Kanitz
- Markt 1
- Alte Brauerei 1880
- Restaurant Waldmeisterei

lädt zum Baden ein. Es gibt eine kleine Gastronomie, Volleyball, Tischtennis, Spielgeräte und Grillplatz. Stellplatz mit 2 Pers. 22 €, Duschen extra. Geöffnet April bis Okt. Reichenbacher Str. 14, Gera-Aga, ✆ 036695-20209, www.thueringencamping.de.

Wohnmobile Der schön gelegene **Wohnmobilhafen Gessenpark** bietet 19 Stellplätze, Ver- und Entsorgung, Liegewiesen, Grillplatz und Spielplatz. Stellplatz 12 € inkl. Abwasserentsorgung; Frischwasser und Strom am Automaten (1 €), Dusche mit Münzautomat. Straße der Völkerfreundschaft, www.gessenpark.de.

Essen & Trinken **Restaurant Waldmeisterei** **16**, beliebtes Ausflugsrestaurant im Grünen, hier gibt es gehobene frische Küche mit Thüringischem oder internationalem Schwerpunkt sowie wechselnde Tagesgerichte.

Schöne Sonnenterrasse und Biergarten. Mi–Fr 11.30–21, Sa/So 9–21 Uhr. Am Stadtwald 4, ✆ 0365-77329820, www.waldmeisterei.de.

Restaurant Lummersches Backhaus **5**, in dem liebevoll sanierten historischen Fachwerkhaus neben der Marienkirche im Stadtteil Untermhaus genießt man kulinarische Leckerbissen. In Topf und Pfanne kommt nur regionales Biofleisch, das frisch zu raffinierten Köstlichkeiten veredelt wird. Feines gibt es natürlich auch für Fischfans und Veganer. Kostet etwas mehr, schmeckt aber lecker. Di–Fr 17–23, Sa/So 12–23 Uhr. Gries 1, ✆ 0365-77316959, www.lummersches-backhaus.de.

*mein*Tipp Café Mittendrin **7**, der richtige Platz für den Start in den Tag mit leckerem Frühstück und schönen Kaffee-Variationen. Wer einen Happen für Zwischendurch braucht:

Theater Gera mit Neorenaissance-Fassade

Hier gibt es belegtes Bauernbrot oder Weißbrot mit Salat, Schinken, Käse, Obst oder mal italienisch, mal exotisch. Suppen, frische Waffeln und Kuchen runden das Angebot ab. Die gemütlichen Sofas und Ledersessel sind heißbegehrt, besser reservieren. Mo–Fr 9–17 Uhr. Laasener Str. 6, ☎ 0365-22768180, www. mittendrin-gera.de.

Restaurant Grünspecht 4, ideenreich wird hier ambitionierte frische Küche gezaubert, das Fleisch stammt aus nachhaltiger Landwirtschaft. Spezialität des Hauses sind Steaks aus dem Dry Ager. Gehobenes Preisniveau. Mo–Sa 17–23 Uhr, So Ruhetag, am letzten Mo im Monat geschlossen. Friedrich-Engels-Str. 9, ☎ 0365-7737010, www.restaurant-gruenspecht.de.

Alte Brauerei 1880 14, zwischen Kornmarkt und Rathaus. Aus der historischen Brauerei sind Restaurant, Lounge und Club geworden, nach dem Essen kann man hier auch Livemusik genießen. In der modern eingerichteten Braumeisterstube gibt es neue deutsche Küche mit italienischen und französischen Einflüssen. Im Eiskeller kann man Marcel Brauchs aromenreiche Gourmetküche genießen. Dazu werden Spitzenweine, u. a. aus Saale-Unstrut-Winzereien eingeschenkt. Di–Sa 17–23 Uhr. Stadtgraben 14, ☎ 0365-55227188, www.1880.one.

Paulaner Wirtshaus 6, im thüringisch-bayerischen Wirtshaus trifft Soljanka auf Leberknödelsuppe und Würzfleisch auf Schweinshaxen. In der Theresienstube oder im Biergarten darf auf die weißblau-weißrote Völkerverständigung angestoßen werden. Mo–Do 11.30–24, Fr/Sa 11.30–1 Uhr. Clara-Zetkin-Str. 14, ☎ 0365-20449490, www.paulaner-wirtshaus-gera.de.

Markt 1 11, hier gibt es gehobene Küche in stilvollem Rahmen. Feine Steaks hängen im Reifekühlschrank vor der Nase der Gäste und werden auf dem Holzkohlengrill zum gewünschten Garpunkt gebracht. Auch Thüringer Spezialitäten und vegetarische Pasta munden. Di–Sa 11.30–23, So 11.30–15 Uhr. Markt 1, ☎ 0365-2147144, www.markt1-gera.de.

MeinTipp **Kanitz** 10, in der ehemaligen Kanitz'schen Buch- und Kunsthandlung verwöhnt heute ein gemütliches Restaurant-Café die Gäste. Beim Genießerfrühstück oder Frühstück „All inklusive" kann man ab 9 Uhr unter Sonnenschirmen den Stadtbesuch von seiner genüsslichen Seite starten. Mittagessen gibt es ab 11 Uhr mit wöchentlich wechselnden internationalen Gerichten zu günstigen Preisen. Kuchen und Eis oder feine Longdrinks runden das Angebot ab. So/Mo 9–20, Di–Do 9–24, Fr/Sa 9–2 Uhr. Markt 3, ☎ 0365-22605105.

Umgebung von Gera

Rund um Gera locken kleine historische Orte mit hübschen Sehenswürdigkeiten. Aber auch das einstige Bergbaugebiet bei Ronneburg ist heute als weitläufige Parklandschaft einen Ausflug wert.

Ronneburg

Ein Stück Bergbaugeschichte lässt sich 10 km östlich von Gera in Ronneburg entdecken. Noch zur Jahrtausendwende klaffte hier eine durch den Uran-Tagebau aufgerissene Wunde in der Landschaft. Heute sind die Abraumkegel planiert, die Stollen und bis zu 240 m tiefen Bergbau- und Tagebauflächen renaturiert. Die „Neue Landschaft Ronneburg" ist seit der Bundesgartenschau 2007 ein beliebtes Naherholungsgebiet.

Die Kleinstadt Ronneburg (5000 Einwohner) erlebt man heute wieder als idyllischen Ort rund um das Rathaus (1529), die spätgotische Pfarrkirche St. Marien oder das Patrizierhaus Noack (1736). Die sehenswerte Altstadt mit verwinkelten Gassen brachte der Stadt den Beinamen „Rothenburg Ostthüringens" ein. Sehenswert ist auch das *Neue Schloss* auf einem Bergsporn oberhalb des Baderteichs. Man kann sich gut vorstellen, wie Heinrich Hoffmann von Fallersleben und andere illustre Kurgäste im 18. Jh. das Radiumbad und die barocken Kuranlagen genossen haben. Die gesteigerten Bergbauaktivitäten in dem durch vulkanische Aktivität entstandenen Gebiet ließen die Mineralquellen versiegen. Der Uranerzabbau bescherte Ronneburg (und Gera) Arbeitsplätze und in Spitzenzeiten über 12.000 Einwohner, für die große Wohnblockareale errichtet wurden.

Neue Landschaft Ronneburg: Das Projekt „Revitalisierung der Uranerzberg-baufolgelandschaft" im Süden Ronneburgs war ein Vorzeigeprojekt im Rahmen der EXPO 2000 in Hannover. Sieben Jahre später wurde zur Bundesgartenschau in Gera die „Neue Landschaft Ronneburg" als 800 Hektar großer neuer Lebensraum vorgestellt. Die „Erlebnisbrücke Drachenschwanz" überspannt das Gessental. Der Entdeckerturm ist Aussichtsturm und zugleich Kletterwand. Der Rosengarten, ein begehbares Grubengeleucht und die „begehbare Landkarte" auf der Schmirchauer Höhe sind weitere Attraktionen. Tipp: Das weitläufige Gelände lässt sich

Drachenschwanzbrücke in der Neuen Landschaft Ronneburg

gut mit dem Fahrrad erkunden, es sind aber einige Steigungen zu bewältigen.

▪ Neue Landschaft, Eintritt 1 €. www.ronneburg.de.

Wismut Objekt 90: Von 1953 bis 1990 baute die Sowjetisch-Deutsche Aktiengesellschaft Wismut in Ronneburg Uranerz ab. Die Geschichte vom weltweit viertgrößten Produzenten von Uran bis hin zur Sanierung der strahlenden Hinterlassenschaften wird in der Ausstellung „Wismut Objekt 90" auf dem Gelände der „Neuen Landschaft" erzählt. Zu sehen sind eine Multivisionsshow, historische Dokumente, Infotafeln und -terminals sowie originale Exponate. Auch im Außenbereich gibt es Bergbaugeschichte zum Anfassen.

▪ März bis Nov. Do–So 13–17 Uhr. Auf dem so genannten „Ronneburger Balkon" in der Nähe des Ritterguts, Weidaer Straße; der Ausschilderung „Neue Landschaft Ronneburg" folgen. ☏ 0371-8120150, www.wismut.de.

Information Stadtinformation, Di und Do 10–12 und 14–18, Fr 9–12 Uhr. August-Bebel-Str. 4, 07580 Ronneburg, ☏ 036602-23044, www.ronneburg.de.

Verbindungen Bahn: Vom Bahnhof Ronneburg erreicht man Gera in 10 Min. mit dem Regionalexpress. Über Gößnitz hat man Verbindung nach Altenburg und Halle, über Glauchau nach Hof, www.bahn.de.

Bus: Regionalbusse verbinden Ronneburg u. a. mit Gera, Beiersdorf, Friedmannsdorf und Schmölln, www.rvg-gera.info.

Baden Weitläufige Liegeflächen umgeben das **Freibad Ronneburg** mit 25-m-Becken, Sprunganlage, Wasserrutsche, Nichtschwimmer- und Planschbecken. Mitte Mai bis Mitte Sept. 10–20 Uhr. Zeitzer Str. 15, ☏ 036602-22209, www.ronneburg.de.

Fahrradfahren Als Teilabschnitt des Radfernwegs **Thüringer Städtekette** (230 km) fährt man von der „Neuen Landschaft Ronneburg" durch das Gessental bis zum Hofwiesenpark Gera (14 km), www.thueringer-staedtekette.de.

Übernachten/Essen & Trinken   Hotel & Restaurant Gambrinus, in einem historischen Fachwerkhaus gegenüber dem Rathaus.

Ordentliche Zimmer zu günstigen Preisen. EZ 43 €, DZ 66 € inkl. Frühstück. Das *italienische Restaurant* sorgt mit Salaten, Pasta, Fleischgerichten und italienischem Eis fürs leibliche Wohl. Mo–So 11.30–14.30 und 17.30–23 Uhr. Markt 40, ☏ 036602-34205, www.gambrinus-hotel.de.

Gaststätte Schützenhaus, nicht nur die „Steigerstube" verweist auf die Bergmannsvergangenheit, auch die Speisen von „Hauerbrätel" bis „Schweinerückensteak Ausfahrt" nehmen darauf Bezug. Dahinter verbergen sich gutbürgerliche deutsche und Thüringer Gerichte, die ebenso munden wie internationale Spezialitäten. Schießgasse 11, ☏ 036602-93140, www.schuetzenhaus-ronneburg.com.

Wohnmobile 20 Stellplätze für Caravan und Wohnmobil nahe der „Neuen Landschaft Ronneburg". Strom, Wasser und Standgebühr werden am Automaten bezahlt. Geöffnet Mai bis Okt. Am kühlen Grund, ☏ 036602-53615, www.ronneburg.de.

Eisenberg

Der auf einer Hochebene gelegene Ort war schon in der Steinzeit besiedelt, die Altstadt geht auf eine slawische Gründung zurück. Im 12. Jh. wurde das heute 11.000 Einwohner zählende Eisenberg als Besitz der Markgrafen von Meißen ausgebaut. Später kam die Stadt in den Besitz der ernestinischen Wettiner. 1675 erbte Prinz Christian, Sohn von Herzog Ernst I. dem Frommen aus Gotha, das Herzogtum Sachsen-Eisenberg und machte die kleine Stadt Eisenberg zu seiner Residenz. Von 1680–1707 ließ er das auf eine mittelalterliche Burg und ein Renaissanceschloss zurückgehende Schloss Christiansburg als barocke Dreiflügelanlage umbauen. Die im Osten angebaute barocke **Schlosskirche** St. Trinitatis ist Eisenbergs ganzer Stolz und einen Besuch wert. Mit Säulen, überbordenden Stuckarbeiten, Deckengemälden, gewendelten Treppen und einer zweimanualigen Donat-Trost-Orgel reich ausgestattet, hat die Schlosskirche mit ihren Rängen und der Fürstenloge etwas Theatralisches. Das vom Hofmaler

Überbordender Barock in der Schlosskirche Eisenberg

Harms geschaffene Fresko „Anbetung der 24 Ältesten, vor dem Throne Gottes" schmückt die gewölbte Chordecke. Das Altarbild „Maria Verkündigung" von Benjamin Block ist von einem Kranz aus Blumen und Früchten umgeben. 1707 verstarb Herzog Christian und wurde unter dem Altar beigesetzt. Das Herzogtum Sachsen-Eisenberg wurde aufgelöst und die Schlosskirche verlor ihre Funktion. In neuerer Zeit wurde die Schlosskirche viele Jahre lang nur als Konzerthalle genutzt. Zu ihrem 300. Jubiläum 1992 wurde das sanierte Gotteshaus wieder geweiht und es finden Gottesdienste, Trauungen und Konzerte statt.

■ April bis Okt. Di–So 10–16, Nov.–März Di–Fr 10–16, Sa/So 13–16 Uhr, Eintritt 2 €.

Information   Eisenberg Information, Mo–Mi u. Fr 9–12 und 13–15 Uhr, Do 9–12 und 13–18, Sa/So 9–16 Uhr, Markt 26, 07607 Eisenberg, ℘ 036691–73454, www.stadt-eisenberg.de.

meinTipp Übernachten   **Hotel Trendtino** im Zentrum. Mediterranes Flair in liebevoll eingerichteten, komfortablen Zimmern erwartet die Gäste. EZ ab 40 €, DZ ab 60 €, Frühstück 8 €/Pers. Kostenfreie Parkplätze hinterm Haus. Im kleinen mediterranen Lädchen im Erdgeschoss findet man italienische Leckereien und hübsche Dekowaren. Auf dem „Szeneboden" werden mediterrane Abende veranstaltet. Steinweg 8, ℘ 036691-862288, www.trendtino.com.

Wohnmobile   Auf dem schön angelegten Wohnmobilparkplatz Geraer Straße 80 dürfen WoMos 48 Stunden stehen. 24-Stunden-Parkschein 5 €, Wasser und Strom nach Verbrauch, Entsorgung vorhanden, www.stadt-eisenberg.de.

Bad Köstritz

Schwarzbier und Dahlien – zwei schöne Gründe, um Bad Köstritz zu besuchen. Das seit 1543 erlaubte gewerbsmäßige Ausschenken des Fürstlich-Reußischen Bieres begründete die Köstritzer Brautradition. Und seit 1826 werden in Köstritz Dahlien gezüchtet, die den kleinen Ort in der Weiße-Elster-Aue im Spätsommer in bunten Farben erstrahlen lassen. Das 1830 entdeckte Solevorkommen wurde zur

In Bad Köstritz wird nicht nur Schwarzbier gebraut

Gewinnung von Speisesalz und seit 1845 für Solebäder genutzt. 1865 wurde das Kurhaus mit Kurpark eingeweiht. Nach dem Versiegen der Sole wurde der Kur- und Badebetrieb 1990 eingestellt.

An den einstigen Glanz erinnern beim Spaziergang im Kurpark das Rosarium und der Musentempel von Karl Friedrich Schinkel. Neben Bier und Blumen lockt auch die Barockmusik in die 4000-Einwohner-Stadt. Im ehemaligen Gasthaus zum Goldenen Kranich erblickte Heinrich Schütz am 8. Oktober 1585 das Licht der Welt. Der Gastwirtssohn war 55 Jahre Kapellmeister am kurfürstlichen Hof in Dresden und einer der bedeutendsten Komponisten seiner Zeit. Im *Heinrich-Schütz-Haus* kann man sich über Leben und Werk des Musikers informieren.

■ **Heinrich-Schütz-Haus:** Di–Fr 10–17 Uhr, Sa/So 13–17 Uhr, Eintritt 3 €. Heinrich-Schütz-Str. 1, ✆ 036605-2405, www.heinrich-schuetz-haus.de.

Information Haus des Gastes, Mo 13–16, Di–Do 10–12 und 13–17, Fr 10–13 Uhr, Sa/So nach Vereinbarung. Julius-Sturm-Str. 10, 07586 Bad Köstritz, ✆ 036605-86059, www.stadt-bad-koestritz.de.

Verbindungen Bahn: Von Bad Köstritz erreicht man mit der Regionalbahn regelmäßig Gera und Leipzig, www.bahn.de.

Bus: Regelmäßig Busse nach Gera, Bad Klosterlausnitz und Eisenberg, www.prg-greiz.de.

Baden Im **Freizeit- und Erholungsbad** sorgen beheizbare Schwimmer- und Nichtschwimmerbecken, Rutschen und Sprudler für sommerlichen Badespaß. Mitte Mai bis Sept. tägl. 10–20 Uhr, www.stadt-bad-koestritz.de.

Brauereibesichtigung Die **Köstritzer Schwarzbierbrauerei,** 1543 erstmals urkundlich erwähnt, zählt zu den ältesten Brauereien Deutschlands. Bei einer Besichtigung kann man erkunden, wie das berühmte Schwarzbier und die modernen Biere wie Pale Ale oder Witbier gebraut werden. Mo 17 Uhr, Do 14.30 und 17 Uhr, Anmeldung unter ✆ 036605-2006323, www.koestritzer.de.

Dahlien Neben der ständigen Ausstellung mit Themen rund um die aus Mexiko stammende Blume und dem Deutschen Dahlien-Archiv finden die Besucher im **Dahlien-Zentrum Bad Köstritz** (im Haus des Gastes) einen Lehr- und Schaugarten mit Naturarten, alten Sorten und Köstritzer Neuzüchtungen. Mai bis Okt. Mo–Fr 10–12 und 13–16 Uhr. Julius-Sturm-Str. 10, ✆ 036605-99910, www.dahlienzentrum.de.

Weitere Dahlienpflanzungen sind im **Köstritzer Park** und im Stadtbild zu sehen. In der **Dahlienzüchterei Paul Panzer** lohnt ein Blick ins Sortenschaubeet. Mo–Fr 9–18, Sa 9–12 Uhr. Werner-Sylten-Str. 12, ✆ 036605-84428, www.koestritzerdahlien.de.

Fahrradfahren Der **Elster-Radweg** (250 km) von der Quelle der Weißen Elster in

Böhmen bis nach Halle führt durch Bad Köstritz, www.elsterradweg.de.

Therme   Um in Thermalwasser zu baden, muss man ins 11 km entfernte **Heilbad Bad Klosterlausnitz** fahren. Dort bietet die attraktive *Thermenwelt Kristallbad* verschiedene Innen- und Außenbecken (z. B. ein Becken mit 12 % Solekonzentration), ein Wellenbad und eine Wasserwelt mit Spielgeräten für Kinder. Vier Innen- und sieben Außensaunen sowie Dampfbäder warten auf die Freunde des Schwitzens. So/Mo und Mi/Do 9–22 Uhr, Di und Fr/Sa 9–23 Uhr, Baden mit und ohne Textilien tägl. bis 12 Uhr, tägl. ab 12 Uhr nur textilfreies Baden. Köstritzer Str. 16, Bad Klosterlausnitz, www.kristall-saunatherme-bad-klosterlausnitz.de.

Veranstaltungen   Beim **Köstritzer Werfertag** im August tragen Sportler Wettkämpfe im Kugelstoßen, Diskuswurf und Speerwurf aus. Das Publikum liebt besonders die Highland Games, bei denen Muskelprotze in Kilts von Steinstoßen bis Bierfassrollen an ihre Grenzen gehen (www.werfertag.de).

Am ersten Septemberwochenende begeht Bad Köstritz das **Dahlienfest** mit Festumzug, Livemusik und Krönung der Dahlienkönigin. Den Geburtstag des Komponisten Heinrich Schütz feiert Bad Köstritz Anfang Oktober im Rahmen der **Mitteldeutschen Heinrich-Schütz-Tage** mit Konzerten und Vorträgen.

Wandern   Am Heinrich-Schütz-Haus beginnt die beliebte **Köstritzer Rundwanderung** (19,5 km), die über Gleina, Reichardtsdorf, den dreistöckigen Steinbruch, Eichberg, Köstritzer Park und zurück führt.

Übernachten/Essen   **Pension Egerer,** zentral und dennoch ruhig gelegen, mit schönem Garten, freundlichen Gästezimmern und einer komfortablen Ferienwohnung. EZ 30 €, DZ 50 €, Frühstück 4,90 €/Pers., Fewo 79 €. Bahnhofstr. 60, ☎ 036605-2671, www.pension-egerer.de.

Gaststätte & Pension Elstertal, Radfahrer und Biker finden in der privat geführten Pension grundsolide und günstige Zimmer, die Zweiräder sind sicher in der Garage untergebracht. EZ 34 €, DZ 58 € inkl. Frühstück. Die *Gaststätte mit herrlichem Biergarten* sorgt mit Thüringer Küche und Köstritzer Bier für Stärkung. Bahnhofstr. 98, ☎ 036605-2239, www.thueringen.info.

Gasthaus Zum Schlossgeist, das Steak- und Schnitzelhaus mit urigem Ambiente serviert deftige Genüsse. Auch lecker und günstig: Mutzbraten, Kartoffelauflauf mit Lamm oder Ofenkartoffel mit Quark. Di–So ab 17 Uhr. Julius-Sturm-Platz 5, ☎ 036605–909540, www.zum-schlossgeist.com.

Über die Dahlienzucht informiert in Bad Köstritz ein eigenes Museum

Altenburg

Reiz-voll ist Altenburg nicht nur für Skatspieler. Die eigentliche Trumpfkarte der Stadt im östlichsten Zipfel Thüringens ist die sehenswerte historische Altstadt, die zum Spaziergang zwischen Mittelalter und Neuzeit einlädt. Außerdem locken Kultur und würzige Spezialitäten.

Die 33.000-Einwohner-Stadt im Dreieck von Gera, Chemnitz und Leipzig liegt in einem landwirtschaftlich geprägten Hügelland. Diese letzten Ausläufer des Erzgebirgsvorlandes enden nördlich von Altenburg in der Leipziger Tieflandsbucht. Wichtigster Fluss ist die Pleiße, die dem Pleißenland bzw. Pleißengau der Staufer den Namen gab. Seit dem 17. Jh. wurde im Altenburger Land Braunkohle abgebaut. Die renaturierten Flächen sind heute Biotope und Wassergebiete.

Der Nikolaiturm

Mitten in der Stadt thront auf einem Porphyrfelsen das mächtige *Residenzschloss Altenburg*, das von 1000 Jahren Burgengeschichte erzählen kann. Neben dem Schloss locken die Altstadt, das Theater und die Park- und Teichanlagen viele Besucher in das Städtchen, das viel unternimmt, um die Patina der historischen Gebäudeensembles durch Sanierungsmaßnahmen zu entfernen.

Seit 500 Jahren werden in Altenburg Spielkarten hergestellt, hier wurde das Skatspiel um 1810 erfunden – ein Thema, das sich von der musealen Darstellung über die Vereinswelt mit vielen Skatclubs bis zur wirtschaftlichen Komponente durchzieht. Die *Spielkartenfabrik ASS Altenburg* gehört zu den führenden Firmen dieser Sparte. Viele bedeutende Persönlichkeiten wirkten in Altenburg, darunter Martin Luther, der hier predigte, sein Vertrauter Georg Spalatin, der als Superintendent von Altenburg für die Reformation kämpfte, sowie der Verleger *Friedrich Arnold Brockhaus*, der von 1810 bis 1817 seinen Verlag in Altenburg führte und hier die zweite Auflage seines „Conversations-Lexikons" verfasste.

Altenburg wird 976 erstmals erwähnt, als Kaiser Otto II. die Stadt dem Bistum Zeitz schenkte. Als Kaiserpfalz, in der Friedrich I. Barbarossa mehrfach Hof hielt, bot die Burg der Siedlung Schutz. Die Reichsstraße Via Imperii beflügelte Handel und Handwerk. Im 13. Jh. gewannen die Wettiner im Pleißenland Einfluss, seit 1329 gehörte Altenburg zu ihrem Besitz. Den Herrscherhäusern Sachsen-Altenburg und Sachsen-Gotha-Altenburg begegnet man auf Schritt und Tritt.

Altstadt

Rund um den Marktplatz: Mit gutem Schuhwerk ist man beim Stadtbummel in Altenburg gut beraten, denn buckeliges Kopfsteinpflaster bedeckt Wege, Straßen und auch den Markt. Für das prächtige **Renaissance-Rathaus**, erbaut von 1562 bis 1564 am Hauptmarkt, mussten die Stadtväter noch jahrzehntelang Schulden zurückzahlen. Dafür erfreut es mit seinen bildverzierten Eck-Erkern, säulengeschmückten Portalen und einem achteckigen Treppenturm bis heute. Eine Besonderheit sind die „Gaffköpfe", die auf den Betrachter herabsehen.

Über die Moritzstraße und den Rossplan erreicht man das idyllische **Nikolaiviertel** mit dem 45 m hohen *Nikolaiturm*, der von der romanischen Nikolaikirche übrig blieb. Der imposante Backsteinbau der **Brüderkirche** westlich des Hauptmarkts vereint Elemente aus Neugotik und Jugendstil. Sie wurde von 1902 bis 1905 auf den Grundmauern der abgerissenen Klosterkirche der Franziskaner erbaut. Die Fassade zeigt Bilder von Martin Luther, Georg Spalatin und Wenzeslaus Link. Am Hügel östlich des Marktensembles überragen die beiden Türme der ehemaligen Stiftskirche die Altstadt. *„Rote Spitzen"* werden die aus Backstein gebauten Türme mit ihren ungleichen Hauben genannt. Ganz in der Nähe, am kleinen Teich, fällt der so genannte *Kunstturm* ins Auge. Der nach dem Vorbild eines florentinischen Campanile erbaute Turm (1845) steht an der Stelle einer „Wasserkunst" aus der Renaissance.

■ **Nikolaiturm:** aktuelle Öffnungszeiten siehe Webseite Residenzschloss. **Rote Spitzen:** Mai bis Okt. Fr–So 12–17, Eintritt 4 €, Fr 11 Uhr Führung, 3 €. ☎ 03447-512712, www.residenz schloss-altenburg.de.

Vom Brühl zum Theaterplatz: Altenburgs älteste Kirche steht in der Burgstraße. **St. Bartholomäi** wurde um 1125 mit ursprünglich zwei Türmen auf den Resten einer romanischen Kirche erbaut, von der noch das Tonnengewölbe und die Krypta erhalten sind. Über die Jahrhunderte war St. Bartholomäi mehrfach Großbaustelle. Erhalten geblieben sind die spätgotische Hallenkirche und ein Barockturm von 1668. Die *Turmbesteigung* lohnt, denn rundum sind alle Altenburger Sehenswürdigkeiten vom Schloss bis zur Brüderkirche aufgereiht. Wenige Schritte unterhalb der Kirche steht am Brühl der berühmte *Altenburger Skatbrunnen* mit vier raufenden Wenzeln (Buben). Hier „taufen" Skatfans ihre Karten, was Spielglück verspricht. Vom barocken Glanz Altenburgs erzählen das *Seckendorfsche Palais* (1724) und das *Alte Amtshaus* (heute Amtsgericht). Im Stil der Neorenaissance ließ sich Herzog Ernst I. von Sachsen-Altenburg von 1869 bis 1871 sein „Neues herzogliches Hoftheater" erbauen. Der Architekt Otto Brückwald war Schüler von Gottfried Semper und orientierte sich an dessen Dresdener Semperoper. Anschließend plante er das Bayreuther Festspielhaus. Im **Altenburger Theater** bringt das Theater Gera-Altenburg Musiktheater, Schauspiel, Ballett und Konzerte auf die Bühne. Wegen einer Generalsanierung des Theaterbaus wird bis Frühjahr 2021 der Spielbetrieb in einem Theaterzelt (Teichpromenade 36) aufrecht erhalten.

■ **St. Bartholomäi:** Do 14–17, Fr 14–18, Sa 10–12 und 14–18, So 14–18 Uhr. Auf den Turm geht es nach der Spende von 1 € vom Kirchenschiff aus.

Schloss und Schlosspark

Residenzschloss Altenburg: Die mächtige Schlossanlage auf dem Felsen oberhalb der Stadt mit prunkvollen Repräsentationsräumen und dem einzigartigen Spielkartenmuseum ist die

Der Osten → Karte S. 320

▲▲ Marktplatz Altenburg

▲ Die „Roten Spitzen"

▼ Schloss Altenburg

▼▼ Orangerie im Schlosspark

Hauptattraktion Altenburgs. Ursprünglich befanden sich eine slawische Wallburg (um 800) und eine mittelalterliche Königs- oder Kaiserpfalz an diesem Platz. Der *Flaschenturm*, erbaut um 1080, diente als romanischer Wohn- und Wehrturm. Heute ist dort ein Panoramabild nach Gemälden des englischen Malers Anthony Lowe zu sehen. Aus dem 12. Jh. stammt der runde *Hausmannsturm*.

In der Schlossanlage finden sich noch Teile der hochmittelalterlichen Ringmauer und der spätmittelalterlichen Zwingermauer mit vier halbrunden Schalentürmen. Das Renaissanceschloss des 16. Jh. wurde von Zeitgenossen gerühmt. Glanzvoller Barock begegnet dem Besucher im *Corps de Logis* mit prächtigen Residenzräumen, dem barocken Festsaal und dem klassizistischen Goldsaal. Der Bachsaal wurde nach einem Brand 1905/1906 in Neorenaissanceformen rekonstruiert. Im gotischen Stil wurde die *Schlosskirche St. Georg* (1404–1414) erbaut, innen ist sie reich mit Seccomalerei, Stuck und barocken Ausstattungen gestaltet. Die Wohnungen der herzoglichen Familie befanden sich im 19. und 20. Jh. im *Prinzenpalais*.

Das Herzstück des **Schloss- und Spielkartenmuseums** sind Spielkarten aus fünf Jahrhunderten. In einer Kartenmacherwerkstatt wird veranschaulicht, wie die Karten einst von Hand gedruckt wurden. Außerdem sind Exponate zur Schlossbaugeschichte und Wohnkultur des 17./18. Jh., die herzogliche Rüst- und Antiquitätenkammer, eine Porzellansammlung, eine Uhrensammlung und sakrale Kunst zu sehen. Es gibt wechselnde Sonderausstellungen.

▪ **Schloss:** Mai bis Okt. Di–So 10–18, Nov. bis April Di–So 10–17 Uhr, Schloss- und Spielkartenmuseum 7 €, Führung durch Festräume und Kirche Di–So 11, 13, 15 Uhr (3 €). Kombikarte Schloss- und Lindenau-Museum (s. u.) 10,50 €. Schloss 2–4, ☎ 03447-512712, www.residenzschloss-altenburg.de.

Schlosspark: Östlich des Burgbergs ließ Herzog Johann von Sachsen ab 1592 einen Renaissancegarten anlegen. Während der Regierungszeit von Herzog Friedrich II. von Sachsen-Gotha-Altenburg wurde der Garten im Stil des Barock umgestaltet und für prunkvolle Feste und Theateraufführungen genutzt. Auch das Teehaus und die Orangerie wurden in dieser Zeit errichtet. Ende des 18., Anfang des 19. Jh. entstand ein Landschaftsgarten nach englischem Vorbild. Verschlungene Wege führen durch alten Baumbestand auf drei Gebäude zu: das *Lindenau-Museum*, das *Naturkundliche Museum* und die *Herzogin-Agnes-Gedächtniskirche*.

Museen

Lindenau-Museum: In einem prachtvollen Neorenaissance-Gebäude am Fuße des Schlossparks beherbergt das Museum eine kostbare Spezialsammlung früher italienischer Tafelbilder. Die auf Holz gemalten Bilder des 13. bis 16. Jh. illustrieren die Entwicklung der italienischen Malerei. Am berühmtesten ist das „Bildnis einer vornehmen Frau als Heilige" von *Sandro Botticelli*. Die Sammlung geht zurück auf den Naturwissenschaftler, Staatsmann und Mäzen Bernhard August von Lindenau (1779–1854), der auch antike Keramiken, Gipsabgüsse und eine wertvolle Kunstbibliothek zusammentrug. Zudem zeigt das Museum deutsche, französische, italienische, niederländische und französische Malerei, Graphik und Plastik des 16. bis 21. Jh. Schließlich verwahrt das Lindenau-Museum den weltweit größten Bestand an Werken von Gerhard Altenbourg (1926–1989).

▪ Di–Fr 12–18, Sa/So 10–18 Uhr, Eintritt 6 €, Kombikarte Lindenau-Museum und Schloss- und Spielkartenmuseum 10,50 €. Gabelentzstr. 5, ☏ 03447-89553, www.lindenau-museum.de.

Naturkundliches Museum Mauritianum: Das Mauritianum ist das naturkundliche Regionalmuseum Nordostthüringens mit Sammlungen zur Natur zwischen Weißer Elster und Mulde. Die Ausstellung zeigt mehr als 330.000 Objekte zu Geologie, Paläontologie und Zoologie. Es beherbergt auch eine völkerkundliche Sammlung. Weltweit einzigartig ist der „Altenburger Rattenkönig", ein mumifiziertes Bündel von 32 an den Schwänzen miteinander verknoteten Ratten.

▪ Di–Fr 13–17, Sa/So 10–17 Uhr, Eintritt frei. Parkstr. 1, ☏ 03447-2589, www.mauritianum.de.

Praktische Infos → Karte S. 339

Information **Altenburg Information,** zuständig für Stadt und Landkreis, Mo–Fr 9–18, Sa/So 10–14 Uhr; Jan. bis März So geschlossen. Markt 10, 04600 Altenburg, ☏ 03447-896689, www.altenburg.travel.

Verbindungen **Bahn:** Die S-Bahn-Linie Halle – Leipzig – Altenburg – Zwickau fährt im 30-Min.-Takt, www.s-bahn-mitteldeutschland.de. Mit Zügen der Bahn Verbindungen nach Gera, Jena und Erfurt, www.bahn.de.

Bus: In Altenburg verkehren mehrere Stadtbuslinien. Im Regionalverkehr erreicht man u. a. Gößnitz, Schmölln, Meuselwitz (Landkreis Altenburger Land) sowie Orte im Landkreis Leipzig, www.thuesac.net.

Baden Ganzjährig kann man in der (einfachen) **Schwimmhalle Altenburg** schwimmen. Di–Do 6–8 und 13–22, Fr 6–8 und 11–22, Sa 6–8 und 14–20, So 8–19 Uhr. ☏ 03447-316108, Teichpromenade 16a.

Im Sommer lockt das **Freibad** mit 50-m-Becken, 10-m-Sprungturm, Wasserrutsche und schönen Liegewiesen. Mai bis Sept. tägl. 8–20 Uhr. August-Bebel-Str. 30, ☏ 03447-314684, www.ewa-altenburg.de.

Fahrradfahren „Auf den Spuren der Braunkohle" (34 km) führt eine Radtour von Lucka entlang der Seen im nördlichen Altenburger Land, die nach dem Ende des Braunkohlebergbaus renaturiert wurden. Streckenführung: Lucka, Haselbacher See, Waltersdorf, Meuselwitz, Falkenhain, Lucka. Infos unter www.altenburgerland.de.

Auf dem **Pleiße-Radweg** (100 km) von Lichtentanne bis Leipzig fährt man durch die Dörfer des Altendorfer Landes, www.altenburg.travel.

Kinder Im **Altenburger Labyrinthehaus** kann man vier Kulissenlabyrinthe voller Spezialeffekte und Musik erkunden. Zu Fuß geht es

Der Osten → Karte S. 320

auf über 2000 m² durch die Attraktionen Tinka-Tempel, Kongo King, Tiefseelabyrinth und Labyrinth des Minotaurus. Tägl. 10–18 Uhr, Erw. 13 €, Kind bis 1,40 m 11 €, unter 100 cm frei. Hausweg 40, ☏ 03447-511273, www.labyrinthehaus.de.

Spezialitäten & Einkaufen *Altenburger Ziegenkäse* ist eine Spezialität, die in der **Käserei Altenburger Land** 8 in dem Dorf Hartha hergestellt wird. Werksverkauf Mo–Fr 9–12 und 13–17, Sa 9–12 Uhr. Theo-Nebe-Str. 1, Hartha, ☏ 034495-7700, www.kaesereialtenburgerland.de.

Altenburger Destillerie- & Liqueurfabrik 10, hier kann man das Schnapsmuseum besuchen, Likör und Kräuterschnäpse verkosten und erwerben. Werksverkauf Mo–Fr 10–18, Sa 10–13 Uhr. Museum und Verkostung nur nach telefonischer Voranmeldung. Am Anger 1–2, ☏ 03447-554660, www.destillerie.de.

Altenburger Senf 5 gibt es in etwa 300 Geschmacksrichtungen: Neben den Varianten mit Bärlauch, Honig, Walnuss oder „Köstritzer Schwarzbier" braucht sich das Original nicht zu verstecken. Senfladen (im Zentrum) 1, Moritzstr. 1, Mo/Di und Do/Fr 9.30–18, Mi 9–18, Sa 9–15 Uhr. ☏ 03447-892219, www.senf.de.

Altenburger Spielkartenladen 3, einer der größten Spielkartenläden Deutschlands. Über 110 verschiedene Spielkarten von Skat bis Rommé, von Poker bis Quartett sind erhältlich, auch antiquarische Karten. Mo–Fr 10–18, Sa/So 10–14 Uhr. Markt 17, ☏ 03447-511340, www.spielkartenladen.de.

Stadtführungen Mo, Mi, Fr 14, Sa 11 Uhr ab Altenburger Tourismus, Markt 17 (8 €).

Theater Unter dem Titel **Theater & Philharmonie Thüringen** bringt das Mehrspar-

Für jeden Anlass ein reiz-volles Blatt

tentheater in den Häusern in Gera und Altenburg einen abwechslungsreichen Spielplan aus Oper, Operette, Musical, Schauspiel, Ballett und Puppentheater auf die Bühne. Theaterkasse in der Altenburg Information, Markt 10, Kartentelefon 03447-585160, www.tpthueringen.de.

Tierpark Auf der kleinen Insel im „großen Teich" des **Altenburger Inselzoos** leben über 100 Tierarten, u. a. exotische Fische, Schildkröten, Echsen, Affen, viele Vogelarten und heimische Tiere. Mitte April bis 4. Okt. 8–18 Uhr, 5. Okt. bis Mitte April 9–16 Uhr, Eintritt 2,50 €. Teichpromenade 31, ☏ 03447-316005, www.inselzoo.de.

Veranstaltungen Das **Altenburger Musikfestival** beschert im August einen musikalischen Reigen mit Oper, Operette, Jazz, Kammermusik und Orchesterkonzerten. Tickets ☏ 03447-574942, www.altenburger-musikfestival.de.

Wandern Altenburg ist das Drehkreuz der thüringischen, sächsischen und sächsisch-anhaltinischen **Lutherwege**. Auf insgesamt 90 markierten Kilometern kann man durch das Altenburger Land wandern. Von Leipzig kommend verläuft der **Jakobsweg** auf der Via Imperii über Altenburg bis Zwickau, www.lutherweg.de, www.deutsche-jakobswege.de.

Übernachten/Essen Hotel am Rossplan 9, in der historischen Altstadt, in einem Neubau aus den 90er-Jahren. Das freundliche Haus ist ein guter Ausgangspunkt für Stadterkundungen. Die gemütlichen Zimmer verfügen über allen Komfort. EZ 55 €, DZ 95 € inkl. Frühstück. In der gediegenen *Gaststätte* und im rustikalen **Riebeckbräustübel** 9 werden regionale Spezialitäten wie Mutzbraten und internationale Speisen serviert. Mo–Do 16–23, Fr–So 11–23 Uhr. Am Rossplan 8, ☏ 03447-56610, www.hotel-rossplan.com.

Hotel-Pension Treppengasse 7, freundliche und günstige Unterkunft, zentral und ganz in der Nähe der „Roten Spitzen". Die Zimmer sind schlicht, aber komfortabel. Hauseigener kostenfreier Parkplatz. EZ 45 €, DZ ab 74 € inkl. Frühstück. Treppengasse 5, ☏ 03447-313549, www.hotelpension-treppengasse.de.

Gasthaus Gesecus 6, ein uriges Wirtshaus in der Altstadt, wo man sich den Tisch mit anderen Gästen teilt und leckere Hausmannskost wie Sülze mit Bratkartoffeln, Hamburger Schnitzel oder Nudel-Gemüse-Pfanne serviert bekommt. Mo, Di, Do, Fr 10.30–14.30 und 17–20, Mi 10.30–14.30 Uhr. Topfmarkt 2, ☏ 03447-315066, www.gasthaus-gesecus.de.

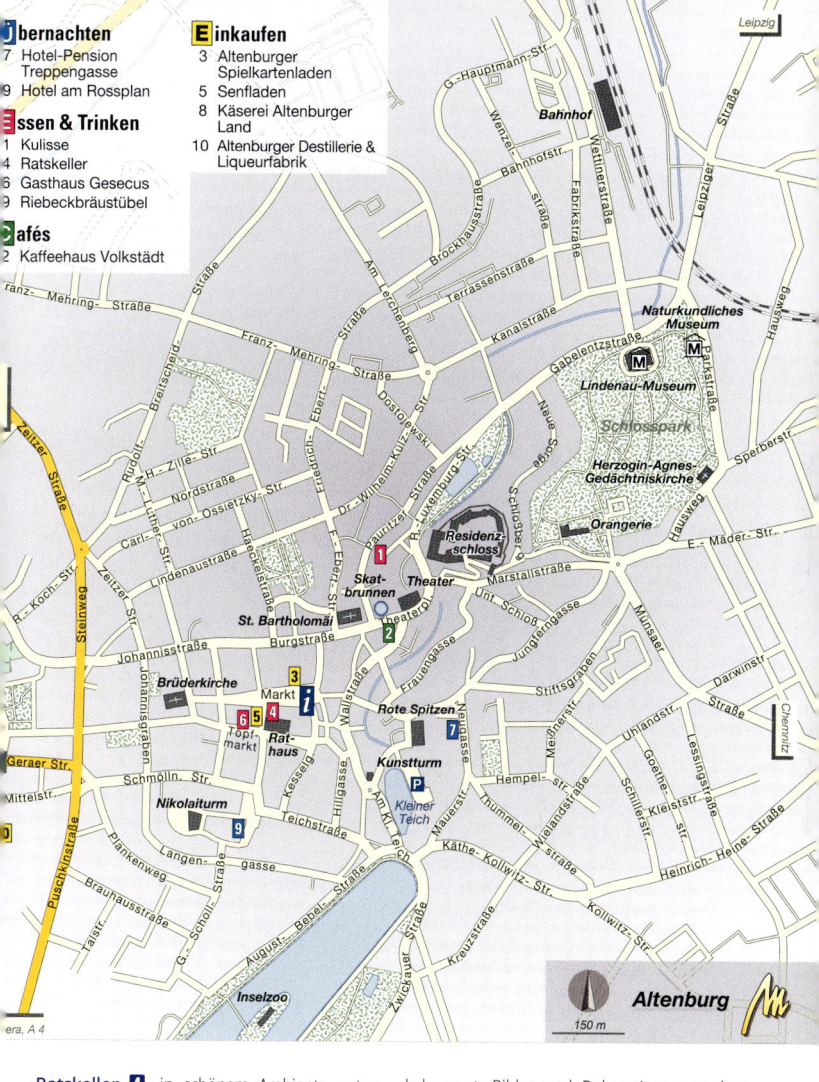

Ratskeller 4, in schönem Ambiente unter historischem Kreuzgewölbe wird frische Thüringer und internationale Küche zum gehobenen Preis serviert. Für Vegetarier gibt es mediterrane Gerichte, Fleischfans bekommen Hausspezialitäten wie das Ratsherrensteak mit Ziegenkäse oder den „Skatbruder"-Grillteller. Mo–Sa ab 10 Uhr, So ab 11 Uhr. Markt 1, ✆ 03447-311226, www.ratskeller-altenburg.de.

MeinTipp **Kulisse 1**, allein die Einrichtung des Szenelokals am Theaterplatz ist eine Einkehr wert. Bilder und Dekorationen machen die Kneipe selbst zur Bühne und bieten Spielraum für vielfältige Veranstaltungen. Die Küche inszeniert Traditionelles wie Sülze mit Bratkartoffeln, Mediterranes wie Piccata von der Hähnchenbrust oder Sattmacher wie Rinderfilet mit Gorgonzola. Der *Biergarten* ist einer der schönsten der Stadt! Di–So ab 17 Uhr. Theaterplatz 18, ✆ 03447-500939, www.kulisse-abg.de.

Kaffeehaus Volkstädt 2, seit fast 140 Jahren werden hier feine Torten, Kuchen, Gebäck und Eis hergestellt. All die Köstlichkeiten genießt man im eleganten Ambiente des Kaffeehauses. Di–Fr 9.30–17.30, Sa 9.30–12, So 13–17 Uhr. Burgstr. 13, ✆ 03447-311318.

Wohnmobile 13 Stellplätze mit Strom, Wasser und Abwasser am Großen Teich in innenstadtnaher Lage. Tagesgebühr 6 €. Keine Wohnwagen! August-Bebel-Straße, Info unter ✆ 03447-594840, www.stadt-altenburg.de.

Schmölln

Auf dem Weg von Altenburg nach Gera kommt man durch Schmölln. Der an der Sprotte gelegene 9000-Einwohner-Ort bietet keine großen Attraktionen, ist aber als „Knopfstadt" bekannt geworden. Seit 1861 fertigte Hermann Donath Knöpfe, zunächst aus Perlmutt, dann aus Steinnüssen. Er legte damit den Grundstein für die bis Anfang des 20. Jh. florierende Schmöllner Knopfindustrie. Heute existiert nur noch eine Knopffabrik, Kunststoffverarbeitung und Schuhherstellung bilden nun das Rückgrat der Schmöllner Wirtschaft. Das *Knopfmuseum* dokumentiert die Knopf-Historie.

Nett anzuschauen ist der 193 m lange *mittelalterliche Marktplatz*. Die Reußen erbauten ein feudales Schloss, eine trutzige Wasserburg und eine bis zu 8 m hohe Stadtmauer, von der Reste am Eichberg erhalten sind. Nach dem großen Stadtbrand 1772 wurden u. a. das *Rathaus* und die *Stadtkirche St. Nikolai* wieder aufgebaut. Die Stadtkirche zeigt sich heute als dreischiffige spätgotische Hallenkirche. In den letzten Jahren verschönte sich das Städtchen durch einige hübsche Grünanlagen. Ausflügler zieht es auf den Pfefferberg, wo der *Ernst-Agnes-Turm* weite Panoramablicke ins Altenburger Land ermöglicht (April bis Okt. 8–20 Uhr, Nov. bis März 9–16 Uhr).

Knopf- und Regionalmuseum: Die eiserne Steinnuss vor dem Museum erinnert an den typischen Werkstoff der früheren Knopfproduktion. Aus den Samen der Früchte der Steinnusspalme wurden in Schmölln seit dem 19. Jh. Knöpfe gefertigt. Die Herstellung wird in der Ausstellung mit einer Vielzahl von Geräten und Maschinen erläutert. Zu sehen sind Knöpfe in vielen Formen und Farben, aus Perlmutt, Horn, Holz, Leder, Polyester und eben auch Steinnuss.

▪ Fr 13–16 Uhr, Sa 13–18 Uhr, So 13–16 Uhr sowie nach Vereinbarung, 2,50 €. Sprottenanger 2 (links von der B 7 stadtauswärts Richtung Ronneburg), ✆ 034491-76121, www.schmoelln.de.

Information Bürger- und Stadtinformation, Mo, Mi, Fr 9–13 und 13.30–15, Di, Do 9–13 und 13.30–18 Uhr. Markt 1, ✆ 034491-760, www.schmoelln.de.

Verbindungen Bahn: Regionalzüge der DB fahren regelmäßig nach Altenburg, Gera und Erfurt, www.bahn.de.

Bus: Im Stadtverkehr verkehren zwei Buslinien. Regionalbusse fahren regelmäßig nach Altenburg, Gera, Gößnitz und in weitere Orte im Altenburger Land, www.thuesac.de.

Baden Das **Freizeitbad Tatami** zeigt sich japanisch mit Holz, Bambus und fernöstlicher Ausstattung. Es gibt Schwimmbecken, Sprudelliegen, Massagedüsen und Saunen im japanischen Garten mit Koi-Teich. Mo und Fr 13–21, Di–Do und Sa/So 11–21 Uhr. Ronneburger Str. 65, ✆ 034491-583366, www.sportbad-tatami.de.

Übernachten/Essen **Hotel Reussischer Hof,** das Hotel im Zentrum empfängt den Gast mit familiärer Atmosphäre und gediegen-komfortablen Zimmern. Parkmöglichkeiten vorhanden. EZ 65 €, DZ 95 € inkl. Frühstück. Das *Restaurant* mit gemütlicher Reussenstube bietet regionale Küche und saisonale Variationen. Tägl. 11–14.30 und 18–22 Uhr. Gößnitzer Str. 14, ✆ 034491-23108, www.hotel-reussischer-hof.de.

Hotel Bellevue, das Haus in einem parkähnlichen Grundstück oberhalb der Stadt ist eine romantische Adresse. Die Zimmer zeigen sich komfortabel in ländlich-elegantem Charme. EZ 61 €, DZ 82 €, Frühstück 8,50 €/Pers. Das *Restaurant* mit ausgezeichneter Küche bietet vegetarische Gerichte, feine Thüringer Spezialitäten und internationale Gerichte nach Saison. Mo–Fr ab 18, Sa 11–14 und ab 18, So bis 20 Uhr, Reservierung empfehlenswert. Am Pfefferberg 7, ✆ 034491-7000, www.bellevuehotel.de.

Das Thüringer Vogtland

Vom historisch als Verwaltungsgebiet unter Kaiser Barbarossa entstandenen Vogtland haben heute drei Bundesländer ein Stück. Das Thüringer Vogtland beginnt südlich von Gera und spannt sich vom Altenburger Land bis Bad Lobenstein sowie bis an die bayerische und sächsische Landesgrenze.

Die Stadt *Weida* gilt als Wiege des Vogtlands. Aber das Fürstenstädtchen *Greiz* bezeichnet sich als seine „Perle". Sehenswerte Burgen findet man hier wie dort. Zwischen sanften Hügeln, Wäldern und Flussläufen lassen sich herrliche Wanderungen und Radtouren unternehmen. Motorsportfreunde kommen auf dem Schleizer Dreieck auf Touren. Zum Baden und Entspannen lädt der Stausee in *Zeulenroda* ein. Nicht übersehen darf man das Dorf *Mödlareuth*, das während der deutsch-deutschen Teilung als „Little Berlin" Schlagzeilen machte.

Weida

Unübersehbar thront die mächtige Osterburg auf einem Berg im Zentrum des 8000-Einwohner-Städtchens Weida. Im engen Tal zwischen grünen Hügeln fließen die Flüsse Auma und Weida zusammen.

Nach den Slawen kamen deutsche Siedler, die hier seit etwa 1000 n. Chr. Landwirtschaft betrieben. Unter dem Schutz der vom Kaiser eingesetzten Vögte entstand ein Marktflecken. Zwischen 1163 und 1193 baute Vogt

Die kleine Stadt Weida schmiegt sich an die grünen Hügel

Der Osten → Karte S. 320

Die Osterburg mit dem sich nach oben verjüngenden Bergfried

Heinrich I. eine Festung, die zum Hauptsitz der Vögte von Weida wurde. Ab dem 15. Jh. verloren die Vögte an Macht, Weida ging an die Wettiner über. Im 18. Jh. wurde die Weidaer Textilindustrie begründet. Gerbereien, Webereien und Färbereien machten Weida bis Anfang des 20. Jh. zu einer kleinen Industriestadt. Bekannt ist der Ort unter dem Beinamen „Kuchenweide", der auf den guten Ruf der Weidaer Backwaren seit dem Mittelalter anspielt.

Sehenswertes

Altstadt: Das *Rathaus*, 1587 bis 1589 im Stil der Hochrenaissance gebaut, erhielt nach mehrmaliger Zerstörung im 17. Jh. sein heutiges Aussehen. Überragt wird es von einem 50 m hohen Turm. Nur noch als Ruine ist die *Widenkirche* erhalten, die Mitte des 12. Jh. als Kapelle errichtet und um 1230 zur romanischen Kirche mit zwei Türmen erweitert wurde. Ab 1350 entstand der hochgotische Anbau, im Dreißigjährigen Krieg wurde die Kirche zerstört. Die um 1350 als frühgotische Kirche erbaute *Stadtkirche St. Marien* war ursprünglich die Klosterkirche des Franziskanerordens. 1530 predigte hier Martin Luther auf seinem Rückweg von der Veste Coburg nach Wittenberg. Als „Kirche ohne Geläute" gehört sie zu den Wahrzeichen Weidas. Im Innenraum ist ein wertvolles Fresko aus dem Marienzyklus zu sehen, das einst die Widenkirche schmückte.

Osterburg: Die sehenswerte Festung hoch über dem Weidatal wurde als romanische Burg zwischen 1163 und 1193 erbaut. Bis ins 15. Jh. war sie Stammsitz der Vögte von Weida, dann spalteten sich die Vögte von Gera, die Vögte von Plauen und das Fürstenhaus Reuß ab. Durch Tausch kam die Burg im 15. Jh. erst an die Meißener Markgrafen, dann an die Wettiner, die die Anlage umbauten. Erst seit dem 16. Jh. wird die Burg in Anlehnung an die Landschaftsbezeichnung Osterland Osterburg genannt. Besonders imposant ist der 54 m hohe Bergfried, der sich nach oben hin verjüngt. Im Turm wird in einer 360°-Projektion „Die Geschichte des Vogtlands und des Adelsgeschlechts der Reußen" erzählt. Auch die bis 1917 bewohnte Türmerstube ist zu besichtigen und als Location für das „Türmerfrühstück zu zweit" beliebt.

Das **Schlossmuseum** zeigt in der Remise, im Alten Schloss und im Burgturm eine Gesteinssammlung, Grafiken, Exponate zur Stadtgeschichte sowie Ausstellungen zur Bildenden Kunst. Der historische Balkensaal dient als Trauungszimmer. Das „Neue Schloss" beherbergt ein Künstleratelier und gastronomische Einrichtungen. Gartenfans finden im „Mittelalterlichen Wurzgarten" Nutz- und Zierpflanzen von A bis Z. Von der Burgmauer aus öffnet sich ein schöner Blick über die Altstadt.

▪ März bis Okt. Do–So 10–18 Uhr, Eintritt 5 €. Von Ostern bis zum Reformationstag kostenlose Stadtbilderklärungen an der Burgmauer: an Sonn- und Feiertagen 14–16.30 Uhr. Schlossberg 14, ✆ 036603-62775, www.osterburg-vogtland.eu.

Technische Denkmäler: Als Meisterwerk der Ingenieurskunst gilt das *Oschütztal-Viadukt* aus dem Jahr 1884. Die 28 m hohe und 185 m lange Pendelpfeilerbrücke überspannt die B 175 im Norden der Stadt, bis 1983 wurde sie befahren. Im *Technischen Schaudenkmal Lohgerberei* in der Unteren Straße wurden von 1844 bis 1990 Sohlenleder für Schuhe gegerbt. Bei einem geführten Rundgang erhält man einen Einblick in das traditionsreiche Handwerk.

▪ **Schaudenkmal Lohgerberei:** April bis Okt. Do–So 10–18, Nov. bis März Do–So 10–16 Uhr, Führungen stündl. von 10.15 bis 17.15 Uhr. Eintritt 5 €. Untere Straße 6, ✆ 036603-71350, www.weida.de.

Praktische Infos

Information Weida Information, Di–Fr 9–12 und 13–18, Sa 9–12 Uhr. In der Stadtbibliothek, Petersberg 2, 07570 Weida, ✆ 036603-54181, www.weida.de.

Verbindungen Bahn: Züge fahren regelmäßig u. a. nach Gera, Hof und Leipzig, www.bahn.de.

Bus: Mit Regionalbussen geht es regelmäßig u. a. nach Gera, Greiz, Zeulenroda und Berga, www.prg-greiz.de.

Baden Das moderne **Freibad** bietet solarbeheizte Schwimmer- und Nichtschwimmerbecken, 50-m-Rutsche, Planschbecken, Beachvolleyball und Tischtennis. Geöffnet Mai und Sept. 11–18 Uhr, Juni bis Aug. 10–19 Uhr. Sportpark 1, ✆ 036603-60163, www.freibad-weida.de.

Fahrradfahren Die **Osterburgroute** (39 km) führt über Kloster Mildenfurth nach Wünschendorf, dann über Krippenberg, Teichwitz und Langenwetzendorf nach Hohenleuben; von dort geht es über Steinsdorf zurück nach Weida, www.outdooractive.com (siehe auch Freizeitkarte Landkreis Greiz).

Veranstaltungen An Ostern findet auf der Osterburg der **historische Ostermarkt** mit Händlern, Handwerkern und Rittern statt. Am ersten Septemberwochenende wird der **Weidsche Kuchenmarkt** mit folkloristischem Programm gefeiert.

Wandern Natur und Kultur verbindet die **Wanderung zur Aumatalsperre** (13 km). Vom Parkplatz an der Osterburg geht es über die Paulinenhöhe, Schömberg, Aumatalsperre, Eisenhammer, Liebsburg zurück nach Weida.

Der **Weidatalweg** (49 km, Markierung roter Querbalken) führt von Weida aus an der Weida entlang über Göhren-Döhlen und die Talsperre Weida zur Talsperre Zeulenroda und bis zur Weida-Quelle in Pausa, www.zeulenrodaer meer.de.

Übernachten/Essen   Gaststätte & Pension Zum Aumatal 5 Kontinente, am grünen Ortsrand von Weida haben die Betreiber ein erholsames Refugium geschaffen. Das Haus mit dem interessanten Turmbau bietet freundliche Gästezimmer mit Naturholzmöbeln, auch ein romantisches Zimmer mit Kamin ist zu bekommen. EZ ab 45 €, DZ ab 65 € inkl. Frühstück und kostenlose Benutzung des Freibads. Kegelbahn, Minigolfplatz und ein Tiergehege sorgen für Unterhaltung. Das *Restaurant* bietet neben Thüringer Küche Speisen aus fünf Kontinenten. Mo 17–22, Mi–Fr 11–14 und 17–22, Sa/So ab 11 Uhr. Liebsdorfer Str. 6, ✆ 036603-600930, www.zum-aumatal.de.

Mein Tipp **Gaststätte & Pension Zur Altstadt,** die Gästezimmer sind komfortabel und

Der Osten → Karte S. 320

ansprechend mit Naturholzmöbeln einge-
richtet. EZ ab 49 €, DZ ab 79 € inkl. Frühstück.
In der gemütlichen *Gaststube* und im schönen
Biergarten gibt es verschiedene Kloßgerichte
aber auch Pasta, Salate, Vegetarisches und
Kurzgebratenes vom Grill. Günstige Preise.
Mo–Fr 17–24, So 11–14 Uhr. Untere Straße 2,
☏ 036603-42577, www.zuraltstadt.de.

Wirtschaft zur Osterburg, im rustikalen
Tonnengewölbe speist man wie im Mittelalter,
auf der Terrasse gibt es Kaffee, Kuchen und Eis
mit schöner Aussicht über Weida. Spezialitäten
sind gebackene Ente, Fleischspieß und Lamm-
keule (Vorbestellung). *„Kleine Wirtschaft" mit
Stadtblickterrasse:* Mai bis Okt. Mi–So ab 14
Uhr, Mitte Okt. bis April Sa/So 14–17.30 Uhr.
„Große Wirtschaft": Mai bis Sept. Fr/Sa ab 18
Uhr (nur auf Vorbestellung), So 11.30–14 Uhr,
Okt. bis April Do–Sa ab 17, So 11.30–14 und
17.30–21 Uhr. Schlossberg 14, ☏ 036603-
62485, www.wirtschaft-zur-osterburg.de.

**Camping Campingplatz an der Aumatal-
sperre,** ein idyllisches Fleckchen direkt am
Stausee. Auf terrassiertem Gelände 27 Stellplätze für Caravans und Wohnmobile sowie 24
für Zelte. Alle Plätze haben Stromanschluss, 22
Caravanplätze verfügen über Frischwasser- und
Abwasseranschlüsse. Die beiden großzügigen
Sanitärhäuser werden umweltfreundlich betrieben. Auch *Bungalows, Mobilheime und
Zimmer* in einer Wanderherberge werden
vermietet. Stellplatz mit 2 Pers. ca. 17 €, Duschen 0,80 €. Ganzjährig geöffnet. An der
Aumatalsperre 1, ☏ 036603/62561, www.
campingplatz-weida.com.

Greiz

Grüne Hügel umgeben die an der Grenze zu Sachsen gelegene Kreisstadt. Malerisch ins Elstertal eingebettet, trägt
Greiz seinen Namen „Perle des Vogt-
landes" zu Recht.

Eine wechselvolle Geschichte mit
dynastischem Hickhack, Kleinstaaterei
und verheerender Feuersbrunst hinter-
ließen Spuren in Greiz. Und weil sich
zwei Brüder des Fürstenhauses Reuß
nicht einig waren, besitzt die 21.000-
Einwohner-Stadt gleich zwei mächtige
Residenzschlösser. Beim Spaziergang
an der Flusspromenade zieht das Panorama kleinstaatlicher Residenzarchi-

tektur vorbei: Das *Obere Schloss* auf
einem Felssporn überragt die hübschen
Bürgerhäuser, das *Untere Schloss*
macht sich vor dem Turm der Marienkirche breit, und das *Sommerpalais* mit
dem Landschaftspark zeigt sich in
frühklassizistischer Eleganz. Die einstigen Regenten leisteten sich beeindruckende Kunst- und Büchersammlun-
gen, die Greizer von heute und ihre
Gäste finden kulturelle Abwechslung
in den Angeboten der Vogtlandhalle.

Sehenswertes

Oberes Schloss: Um 1209 verlegte der
jüngste Sohn des Vogts von Weida seinen Sitz auf die Burg Greiz, die damit
erstmals in den Urkunden auftaucht.
Bei Sanierungsarbeiten wurde eine romanische Doppelkapelle (1188) entdeckt. Das Obere Schloss vereint
Bauelemente aus Romanik, Gotik, Renaissance, Barock und Rokoko. Bis
1809 war es Residenz der Herren, Grafen und des ersten Fürsten Heinrich XI.
Reuß, der die Herrschaft 1768 wieder
vereinte. Die Geschichte der zerstritte-
nen Dynastie erzählt der 3-D-Film
„Glanz und Gloria der Reußen". Im
„Museum zum Anfassen" wird die Geschichte hinter den Schaustücken interaktiv erlebbar. Eine Besonderheit der
Außenanlagen ist der *Schanzengarten*
im Rokokostil.

⏴ Di–So 10–17 Uhr, Eintritt 6 €, Kombi-Ticket
für beide Schlösser 8 €. Am Schlossberg,
☏ 03661-703411, www.museen-greiz.de.

Unteres Schloss: Im Jahr 1564 kam es
zur Teilung der Herrschaft Reuß in die
Gebiete Untergreiz, Obergreiz und
Gera. Heinrich der Ältere errichtete
neben der Marienkirche das Untere
Schloss. Schloss und Kirche (1736)
fielen im April 1802 dem verheerenden
Stadtbrand zum Opfer, das Schloss
wurde bis 1809 im klassizistischen Stil
wieder aufgebaut und diente fortan als
Residenz. Die prächtige Beletage mit
den Repräsentations- und Wohnräumen der Fürsten sind heute als *Muse-*

Ein Bruderzwist im Haus Reuß bescherte Greiz zwei Schlösser

um zu besichtigen. Außerdem sind im Schloss die *Textilschauwerkstatt* mit einer Ausstellung zur Geschichte des Greizer Textilwesens, die Greiz-Information, die Musikschule und ein Café-Restaurant untergebracht. In das klassizistische Schlossensemble ist die *Stadtkirche St. Marien* integriert. Nach dem Stadtbrand 1802 wurde sie bis 1805 wieder aufgebaut, der 63 m hohe Turm vorbildgetreu rekonstruiert und 1827 mit seiner heutigen Turmhaube versehen. Auf der ersten von drei Emporen erinnert ein Prunksarg an Heinrich VI. Graf Reuß-Obergreiz.

▪ Di–So 10–17 Uhr, Eintritt 3 €, Kombi-Ticket für beide Schlösser 8 €. Burgplatz 12, ☎ 03661-703411, www.museen-greiz.de.

Sommerpalais Greiz und Landschaftsgarten:
Im Stil des Frühklassizismus baute Fürst Heinrich XI. Reuß sein Sommerpalais. Die ehemalige Orangerie und die Repräsentations- und Wohnräume sind mit reichen Stuckaturen geschmückt. 1922 wurde hier die *Staatliche Bücher- und Kupferstichsammlung Greiz* mit den Beständen der fürstlichen Bibliothek und Kupferstichsammlung eröffnet. 1975 wurde das *„Greizer Satiricum"* begründet, eine Sammlung von Karikaturen aus der DDR, die seit 1990 um Blätter deutschsprachiger Karikaturisten erweitert wird. Gezeigt werden die Sammlungen in wechselnden Sonderausstellungen. Das Palais liegt im 45 Hektar großen Landschaftspark an der Weißen Elster. Der Fürstliche Greizer Park wurde Mitte des 17. Jh. angelegt, erhielt aber seine Gestalt als Landschaftsgarten ab 1872 durch den Muskauer Gartendirektor Carl Eduard Petzold.

▪ Palais: April bis Sept. Di–So 10–17 Uhr, Okt. bis März Di–So 10–16 Uhr, Eintritt 4 €. Greizer Park 1. Der Park ist jederzeit frei zugänglich.

Praktische Infos

Information Touristinformation, Di–Fr 9–17, Sa/So 10–17 Uhr. Burgplatz 12, Unteres Schloss, ☎ 03661-689815, www.greiz.de.

Verbindungen Bahn: Die Vogtlandbahn fährt regelmäßig nach Gera und Weischlitz, dort Umsteigemöglichkeit Richtung Bad Brambach, Zwickau und Mehltheuer, www.laenderbahn.com.

Der Osten ↓ Karte S. 320

Bus: Mit mehreren Stadtbuslinien ist man in Greiz und im Landkreis unterwegs. Im Regionalverkehr fahren Busse u. a. nach Gera, Weida, Zeulenroda und Elsterberg, www.prg-greiz.de.

Parken Zahlreiche kostenpflichtige Parkplätze und Parkhäuser in der Nähe der Sehenswürdigkeiten. Gebührenfrei sind u. a. die Parkplätze am Haus der Jugend (Marienstraße) und an der Vogtlandhalle in der Carolinenstraße (4 Std. mit Parkscheibe), www.greiz.de.

Baden Das **Hallenbad Greiz** verfügt über 25-m-Sportbecken, Nichtschwimmerbecken Planschbecken und Sauna. Mo–Fr 6–7.30, Mo 14–16.30, Di 9–12 und 13.30–20, Mi 14–16 und 20–21.30, Do 9–18 und 19–21.30, Fr 15–21.30, Sa 13–17.30, So 8–16 Uhr.

Im **Freibad** gibt es ein 50-m-Becken, eine 60 m lange Rutsche, Planschbecken und eine riesige, schöne Liegewiese mit hohen Bäumen. Geöffnet Mai bis Sept. 9–20 Uhr. Werdauer Str. 11, ☎ 03661-2264, www.greiz.de.

Fahrradfahren Greiz liegt am malerischen **Elsterradweg** (250 km): Eine schöne Etappe führt an der mäandernden Elster entlang bis Wünschendorf/Weida und wieder zurück **Zur Gölzschtalbrücke** (35 km) führt eine schöne Rundtour von Greiz über den Werdauer Wald und Waldhaus nach Reuth, weiter nach Gottesgrün, Kahner, Reinsdorf, Abstecher zur Göltzschtalbrücke, zurück über Reinsdorf und Irchwitz nach Greiz, www.outdooractive.com.

Göltzschtalbrücke Bahn- und Architekturfans sei ein Abstecher in den sächsischen Vogtlandkreis empfohlen. Bei Netzschkau (westlich von Reichenbach i. Vogtland) überspannt die größte Ziegelsteinbahnbrücke der Welt mit 29 Bogen in 78 m Höhe auf einer Länge von 574 m das Tal der Göltzsch. Am Kreisverkehr zur B 92 in Greiz ist die Sehenswürdigkeit ausgeschildert.

Kino Mainstream-Movies laufen im **UT 99 Kinocenter,** Thomasstr. 9, ☎ 03661-629111, www.ut99.de.

Klassische Musik Die **Vogtland-Philharmonie** Greiz-Reichenbach bietet abwechslungsreiche Konzertprogramme, www.vogtland-philharmonie.de.

Theater/Konzert In der modernen Vogtlandhalle kommt ein abwechslungsreiches Programm mit Theater, Konzerten, Musicals, Shows u. a. auf die Bühne. Carolinenstr. 15, Tickets ☎ 03661-62880, www.vogtlandhalle.de.

Veranstaltungen Jedes Jahr im Mai veranstaltet das **Greizer Jazz-Werk** ein internationales Jazzfestival. Im Juni wird beim **Park- und Schlossfest** die Greizer Innenstadt zur Partymeile mit verschiedenen Bühnen, Livemusik, Markt, Rummel, Festumzug und anderen Angeboten, www.greiz.de.

Der **Greizer Theaterherbst** führt Amateure und internationale Theaterprofis, Bildende Künstler und Musiker zusammen. Dabei werden über mehrere Monate Theaterstücke, Performances und Aufführungen entwickelt, die in einer Festivalwoche im September Premiere haben, www.theaterherbst.de.

Wandern Auf dem **Greizer Rundwanderweg** (70 km, Markierung roter Punkt im weißen Quadrat) kann man in mehreren Etappen historische Bauwerke und malerische Natur entdecken. Der **Elsterperlenweg** (72 km, Markierung EPW in blau-weiß) führt beidseitig entlang der Weißen Elster von Greiz über Neumühle, Wünschendorf und Berga zurück nach Greiz. Der **Thüringenweg** (410 km) macht Etappe in Greiz, www.greiz.de.

Übernachten/Essen * Schlossberghotel Greiz,** im Zentrum. Das Garni-Hotel ist in die „Altstadtgalerie" integriert und hat direkten Zugang zur kostenpflichtigen Tiefgarage. Die Zimmer bieten gediegenen Komfort. EZ 64 €, DZ 91 € inkl. Frühstück. Marienstraße 1–5, ☎ 03661-622123, www.schlossberghotel-greiz.de.

Landhotel garni am Wald, in ruhiger Waldrandlage, ca. 1,3 km ins Zentrum. Hübsches, familiengeführtes Hotel mit acht Zimmern und zwei Ferienwohnungen. Die Zimmer sind hell, freundlich und geräumig, der private Garten und Pool können mitgenutzt werden. EZ 56 €, DZ 80 € inkl. Frühstück. Fewo 65 € und 70 €, Frühstück auf Wunsch (6 €/Pers.). Untergrochlitzer Str. 8, 07973 Greiz, ☎ 03661-670803, www.hotel-ami.com/h-41373-D/landhotel-am-wald-in-greiz.de/index.htm.

Restaurant Parkschlösschen, im Wiener Kaffeehaus-Stil empfängt das kleine, feine Restaurant am Rande des Schlossparks die Gäste. Deftige Bratenspezialitäten und feine Fischgerichte werden ebenso serviert wie Vegetarisches. Zum Kaffeeklatsch gibt es leckere Kuchen, Torten und Eis. Mi 14–18, Do–Sa 11–23, So 11–17 Uhr. Parkgasse 72, ☎ 03661-455112, www.parkschloesschen-greiz.de.

PM Lounge, im modernen Lounge-Ambiente werden mittags wechselnde, günstige Mittagsgerichte serviert. Zudem gibt es Sandwichs,

Steaks, Burger, Pasta, Süßes und eine breite Palette von Getränken, Kaffees und Cocktails. Mo, Mi, Do 11.30–22, Fr 11.30–23 Uhr. Brückenstr. 24, ☏ 03661-631204, www.pmlounge.de.

Café und Restaurant Harmonie, mit Blick auf den Schlossgarten und das Obere Schloss kann man von der Terrasse des Lokals im Unteren Schloss sein Sightseeing-Programm wunderbar beschließen. Auch im romantisch-rustikalen Gewölbe lässt es sich bei vogtländischer und kreativer moderner Küche fürstlich tafeln. Traumhaft zum Nachmittagskaffee: hausgebackene Kuchen und extravagante Torten. Mi–So ab 11.30 Uhr. Burgplatz 12, ☏ 03661-3866, www.harmonie-greiz.de.

Wohnmobile Fünf kostenpflichtige Stellplätze mit Stromanschluss beim Schwimmbad. Benutzung der Sanitäranlagen möglich. 15 €/Nacht. Werdauer Str. 11, ☏ 03661-2264, www.greiz.de.

Zeulenroda-Triebes

Aus den Orten Zeulenroda und Triebes wurde 2006 die mit knapp 17.000 Einwohnern zweitgrößte Stadt im Landkreis Greiz. Der frisch gekürte „staatlich anerkannte Erholungsort" setzt auf Natur, Sport und Badetourismus. Neben dem Stausee bietet sich dafür die tropische Badewelt Waikiki an.

Geografisch gehört die „Stadt auf der Höhe" zum Ostthüringer Schiefergebirge. Das Stadtgebiet grenzt im Süden direkt an Sachsen. Im Westen erstreckt sich die Talsperre Zeulenroda, die von den Einheimischen liebevoll „Zeulenrodaer Meer" genannt wird.

Begründet wurde Zeulenroda 1325 durch die Vögte von Weida. Ausgestattet mit Stadtrechten, entwickelte sich hier ab 1438 ein wichtiger Marktort. Strümpfe aus Zeulenroda waren im 18. und 19. Jh. international bekannt. Anknüpfend an die Handwerkertradition, ist die Wirtschaft bis heute mittelständisch geprägt.

Sehenswertes

Altstadt: Die Silhouette des Bauernfeind-Turms prägt zusammen mit den Türmen des Rathauses und der Dreieinigkeitskirche das Bild der Stadt. Imposant wirkt das von 1825 bis 1827 im klassizistischen Stil erbaute *Rathaus*. Davor erinnert der *Karpfenpfeiferbrunnen* auf

Der Karpfenpfeiferbrunnen vor dem Rathaus in Zeulenroda

Der Osten → Karte S. 320

dem neuen Marktplatz an den Spitznamen der Zeulenrodaer: Bei einer fürstlichen Hochzeit verschmähte eine Bürgerabordnung das schlammig schmeckende Karpfengericht, worauf der beleidige Koch sie als „Karpfenpfeifer" beschimpfte. Vom Markt aus geht es entlang der Kirchstraße in wenigen Schritten zur Stadtkirche: Die *Dreieinigkeitskirche* von 1820 ist eine der wenigen klassizistischen Kirchen Thüringens. Im Innenraum findet man ein modernes Fresko mit Aposteldarstellungen. Die Stadtgeschichte dokumentiert das *Städtische Museum* in einem Gebäude, das sich ein reicher Strumpfwarenverleger im 19. Jh. im Stil der Neorenaissance erbauen ließ.

▪ **Museum:** Mi u. Fr 9–16, Do 9–18, Sa/So 13–17 Uhr, Eintritt 2,50 €. Aumaische Str. 30, ☎ 036628-64135, www.zeulenroda-triebes.de.

Zeulenrodaer Meer: Die 1968 bis 1975 erbaute Talsperre Zeulenroda erstreckt sich in süd-westlicher Ausrichtung zwischen Zeulenroda und dem Dorf Läwitz, liebevoll wird sie Zeulenrodaer Meer genannt. Ein 307 m langer, 35 m hoher Steinschüttdamm staut das Flüsschen Weida und trägt zur Hochwasserregulierung bei. Zwei Brücken überspannen das Wasser. Zur Freizeitnutzung des Sees gehören neben dem Baden diverse Arten von Wassersport – von Segeln über Paddeln bis hin zum Angeln. Für Sporttaucher sind sieben Tauchstellen ausgewiesen. Bei Zeulenroda entstanden Strandbad, Restaurant, Kinderspielplatz, Sportflächen und Bootsverleih. Das DSV Nordic Aktiv Zentrum bietet sechs Nordic-Walking-Strecken von zwei bis 18 km Länge an. Die *Badewelt Waikiki* (→ Baden) macht Südseeträume unter Palmen wahr.

▪ ☎ 036628-987064, www.zeulenrodaer-meer.de.

Praktische Infos

Information Tourismuszentrum Zeulenrodaer Meer, 15. Mai bis 15. Sept. Mo–Sa 10–17, So 13–17 Uhr, 16. Sept. bis 14. Mai Mo–Sa 10–15. Bleichenweg 30, 07937 Zeulenroda-Triebes, ☎ 036628-987064, www.zeulenrodaer-meer.de.

Verbindungen Bahn: Mit der Erfurter Bahn geht es nach Hof, Weida, Gera, Mehltheuer (Umstieg in Richtung Plauen – Vogtlandbahn), www.bahn.de.

Bus: In Zeulenroda-Triebes verkehren eine regelmäßige Stadtbuslinie und ein Rufbus. Regionalbusse fahren u. a. nach Weida, Gera, Greiz, Schleiz, Mehltheuer, www.prg-greiz.de.

Baden Tropische Träume unter Palmen – in der **Badewelt Waikiki** werden sie wahr. Das Waikiki bietet Lagunen, Grotten, Wasserfall, Strömungskreisel und Sole-Außenbecken. Bei schönem Wetter öffnet sich das Glasdach und man schwimmt open-air. Angegliedert ist ein 25-m-**Sportbecken** mit Sprunganlage. In der schönen **Saunawelt** genießt man klassische und nordische Schwitzkultur. Beliebt sind das Meerjungfrauenschwimmen sowie Events wie die Bädernacht. So–Do 9–21, Fr/Sa 9–22 Uhr. Am Birkenwege 1, Zeulenroda-Weißendorf, ☎ 036628-7370, www.badewelt-waikiki.de.

Das neue **Strandbad** bietet neben schönen Liegewiesen und Badestrand Spiel- und Sportmöglichkeiten von Trampolin bis Beachvolleyball. Barrierefreier Wasserzugang. 15. Mai bis 15. Sept. So–Do 10–19, Fr/Sa 10–20 Uhr, Eintritt 3,50 €, Parkplatz kostenpflichtig, Bleichenweg, ☎ 036628-987064, www.zeulenrodaer-meer.de.

Fahrradfahren Durch das hügelige Land **rund um Zeulenroda und die Talsperre** (30 km) führt eine Radtour ab Zeulenroda über Pahren, Zickra, Merkendorf, Döhlen und zurück, www.zeulenrodaer-meer.de.

Wandern Der **Zeulenrodaer Talsperrenweg** (45 km) führt auf überwiegend naturbelassenen Wegen zu Aussichtspunkten und immer wieder in die Nähe des Wassers, www.zeulenroadaer-meer.de.

Übernachten/Essen Suppenbar Zellreder, am Markt. „Futtern wie bei Muttern" ist das Credo der neuen Gastronomen, die dem Traditionsgasthaus „Zellreder" neues Leben einhauchen wollen. Ob Suppe oder Snacks, alles wird frisch gekocht und die Zutaten stammen aus der Region. Am Freitag und Samstag gibt es Cocktails. Auf der Außenterrasse schmecken Kaffee, Eis und Kuchen. So–Do 10–17, Fr/Sa 10–22 Uhr. Schleizer Str. 2, ☎ 036628-974355.

Schöner Sandstrand am Bio-Seehotel direkt am „Zeulenrodaer Meer"

🖎 **Bio-Seehotel Zeulenroda,** der von außen klotzige Hotelkomplex, 1999 aus einem früheren FDGB-Ferienhotel entstanden, zeigt seine Sonnenseiten im Inneren. Stimmig-modern und ökologisch eingerichtete Zimmer mit allem Komfort. Von den Premium-Zimmern mit Balkon genießt man den weiten Blick über das „Zeulenrodaer Meer". Dabei hat man das gute Gefühl, in einem CO_2-neutral betriebenen Haus zu wohnen. Urlaubern bietet das Seehotel viel Abwechslung, vom neuen Wellnessbereich und Spa über eigenen Sandstrand, Bootsverleih, Klettergarten, Kulturangebote sowie viele Spielmöglichkeiten für Kinder und Kinderbetreuung. Im *Panorama-Restaurant* erhält man à la carte oder vom Buffet regionaltypische und internationale Speisen in Bioqualität von Erzeugern aus der Region. EZ ab 99 €, DZ ab 145 € inkl. Frühstück, mit Seeblick teurer. Bauernfeindallee 1, ✆ 036628-98107, www.bio-seehotel-zeulenroda.de.

MeinTipp **Gästehaus Selbstgemacht,** im Dörfchen Arnsgrün, ca. 9 km südöstl. von Zeulenroda. Lichtdurchflutete Räume, warme Farben, modernes Interieur – das Gastgeberpaar Liesch-Görstner hat in seinem Haus ein wunderbares Refugium geschaffen. Zum Früh- oder Spätstück genießen die Gäste selbst gebackenes Brot, selbst gemachte Marmelade und Eier von den Hennen nebenan. Dem Hausherrn kann man in seinem Atelier beim Malen zuschauen oder in einem Kurs selbst kreativ werden. EZ ab 59 €, DZ ab 79 € inkl. Frühstück. Arnsgrün 56, Zeulenroda-Triebes, ✆ 037431-86959, www.selbst-gemacht.eu.

Pizzeria Toscana, hier geht es familiär und fröhlich italienisch zu. Frisch zubereitete Spezialitäten von Steak bis Fisch, feine Vorspeisen, auch Pasta und Pizza (mit vegetarischen Variationen) schmecken. Mo, Mi, Do 17–23. Fr–So 11–13.30 und 17–23 Uhr. Greizer Str. 42, ✆ 036628-83838, www.toscana-zr.de.

Ratskeller, rustikales Ambiente empfängt die Besucher, die gereichten Thüringer Spezialitäten kommen frisch und in großen Portionen auf die Teller. Riesenschnitzel, frischer Salat und lokales Bier – ein leckerer Klassiker. Di–Do 11–14 und 17–22, Fr/Sa 17–22, So 11–14 Uhr. Markt 1, ✆ 036628-82272, www.ratskeller-zeulenroda.de.

Strandhaus da Rosario, am Strandbad. Ein bisschen Dolce Vita genießen dürfen die Gäste des netten italienischen Restaurants. Wenn der Blick übers Wasser schweift, schmecken Spaghetti mit kalabresischer Wurst, Schwertfisch mit Zitronen-Orangen-Soße oder das Rinderfilet Marlon Brando noch mal so gut. Auch für Pizzagenießer gilt: am besten reservieren! Di–Sa 14–22, So 11.30–17.30 Uhr. Bleichenweg 30a, ✆ 036628-972220, www.strandhaus-da-rosario.de.

Wohnmobile 15 ganzjährige Stellplätze mit Strom- und Wasseranschluss (mit Strom 10 €, Adapter an der Kasse der Badewelt) auf dem **Parkplatz der Badewelt Waikiki.** Am Birkenwege 1, www.badewelt-waikiki.de.

18 ebene Stellplätze mit Stromanschluss im **Wohnmobilhafen Zeulenrodaer Meer** gleich neben dem Strandbad. WC und Dusche im Strandbad (nur während der Öffnungszeiten), Ver- und Entsorgung. WoMo 10 €/Nacht, Pers. 2 €. Ganzjährig geöffnet. Bleichenweg 30, ✆ 0172-8487568. www.zeulenrodaer-meer.de.

Schleiz

Unterwegs auf der Reußischen Fürstenstraße, die von Bad Köstritz bis nach Bad Lobenstein führt, erreicht man kurz vor der Autobahn A 9 das 8800-Einwohner-Städtchen. Rennsport-

Johann Friedrich Böttger

freunden ist das „Schleizer Dreieck" ein Begriff als älteste Naturrennstrecke Deutschlands.

Gegründet von den Herren von Lobdeburg, ging die 1297 erstmals erwähnte Stadt an die Vögte von Weida. Unter den Fürsten des Hauses Reuß-Schleiz wurde Schleiz 1665 zur Residenzstadt und ab 1806 auch Fürstensitz. Nur wenig historische Bausubstanz ist nach Stadtbränden und den Zerstörungen im Zweiten Weltkrieg geblieben. Überragt wird die Stadt im Wisenta-Tal von den zwei Ruinen-Türmen des ehemaligen Residenzschlosses.

Sehenswertes

Das älteste Haus der Altstadt ist die **Alte Münze.** In dem 1647 als „Herrschaftliches Farbhaus" erwähnten Gebäude wurden von 1678 bis 1681 eigene reußische Münzen geprägt. Als Münzmeister arbeitete hier der Vater von Johann Friedrich Böttger, dem späteren „Erfinder" des Porzellans. Zu seinem Gedenken zeigt das *Museum in der Alten Münze* eine Ausstellung der Staatlichen Porzellanmanufaktur Meissen.

■ Alte Münze, Neumarkt 13, gleiche Öffnungszeiten wie Stadtinformation.

Bergkirche St. Marien: Sehenswert ist das spätgotische Gotteshaus auf einem Hügel oberhalb von Schleiz. Mit reicher barocker Innenausstattung voller Putten und ausgemaltem Netzgewölbe wirkt die Kirche fast ein bisschen überladen. In der Fürstengruft fanden die Reußschen Regenten ihre letzte Ruhe.

■ Mai bis Mitte Okt. Mo, Mi, Fr–So 14.30–16.30 Uhr, Nov. bis April auf Anfrage. Bergstr. 11, ✆ 03663-422666. Besichtigungstermine für die Fürstengruft unter www.bergkirche-schleiz.de.

Schleizer Dreieck: Ein Dreieck aus öffentlichen Straßen südlich von Schleiz wird an einigen Tagen im Jahr zum Schauplatz internationaler Motorsportevents. Wer Richtung Hof unterwegs

Die Bergkirche St. Marien zeigt innen eine reiche barocke Ausstattung

ist, findet sich plötzlich zwischen weiß-roten Begrenzungen und Sandausläufen in den Kurven wieder. 1923 fuhren wagemutige Männer mit ihren Automobilen das erste Rennen auf dem Schleizer Dreieck. Es folgten gesamtdeutsche Meisterschaftsläufe und internationale Formel-3-Rennen. Heute wird die Strecke für Motorrad-, Gespann- und Veteranen-Rennen genutzt, auch die Internationale Deutsche Motorradmeisterschaft und der German Cycling Cup werden ausgetragen. Seit 2004 beträgt die Streckenlänge 3,8 km mit 14 Kurven. 10.000 Zuschauer finden auf fünf Tribünen Platz.

▪ Rennveranstaltungen im Juni, Juli und August, www.schleizer-dreieck.de.

Praktische Infos

Information **Stadtinformation** in der Alten Münze, Mo 9–14, Di, Do/Fr 9–12 und 13–18, Mi 9–12 und 13–16.30 Uhr, Mai bis Sept. auch Sa 9–14 Uhr. Neumarkt 13, 07907 Schleiz, ✆ 03663-428735, www.schleiz.de.

Verbindungen **Bahn:** Nur noch die Wisentatalbahn, eine Freizeitlinie mit historischen Zügen, rollt zwischen Schleiz und Schönberg (Vogtland). Termine unter www.wisentatalbahn.de.

Bus: Auf zwei Linien verkehren die Stadtbusse von Kombus. Im Regionalverkehr fahren Busse regelmäßig u. a. nach Zeulenroda-Triebes, Hof, Bad Lobenstein, Burgk, Gera und Jena, www.kombus-online.de.

Baden **Wisenta Perle** nennt sich das Freibad Schleiz nicht zu Unrecht, denn es erfreut durch die großzügige Anlage und sorgt mit mehreren Becken und Rutsche für Schwimm- und Badespaß. Juni bis Mitte Sept. 10–20 Uhr, Görkwitzer Unterweg 37, ✆ 03663-402388, www.schleiz.de.

Fahrradfahren Auf der Trasse der ehemaligen Kleinbahnstrecke zwischen Schleiz und Saalburg führt der **Oberlandradweg** (15,1 km) bis zur Bleilochtalsperre, www.bahntrassenradwege.de.

Wandern Die Schleizer Sehenswürdigkeiten und die Natur rund um die Stadt lernt man auf der Wanderung **An der Peripherie von Schleiz** (15 km) kennen. Ab Neumarkt geht es über Oberböhmsdorf, Heinrichsruh, Eremitage, Amorfelsen, Glücksmühle, Wisentapromenade und wieder zurück, www.schleiz.de. Schleiz ist eine Etappe auf dem **Saale-Orla-Wanderweg** (326 km).

Konrad Duden und die Schleizer Dialekte

Fränkisch, Thüringisch, Sächsisch – als Konrad Duden 1869, im Alter von 40 Jahren, sein Amt als Direktor des Schleizer Gymnasiums „Rutheneum" antrat, schwirrte ihm bei der Dialektvielfalt seiner Pennäler der Kopf. Die Beurteilung der Orthographie der Schüler hing davon ab, in welcher Sprachtradition der jeweilige Lehrer aufgewachsen war. Regeln zur Vereinheitlichung der deutschen Rechtschreibung mussten her, befand der Germanist und begann mit seinem Wörterverzeichnis nach dem phonetischen Prinzip „Schreibe, wie du sprichst." 1876 verließ Konrad Duden Schleiz, doch sein 1880 veröffentlichtes „Vollständiges Orthographisches Wörterbuch der deutschen Sprache" wurde zum Standardwerk, das uns bis heute als „der Duden" zuverlässig über alle Zweifelsfälle hinweghilft.

Übernachten/Essen Hotel Luginsland, im Park Heinrichsruh, 3 km südlich entlang der Landstraße nach Hof. Die 1883 erbaute Villa eines Schleizer Kleiderfabrikanten verdankt ihren Namen dem herrlichen Ausblick ins Schleizer Oberland, heute ist das Haus ein familiäres, komfortables Hotel mit gediegenen Zimmern. EZ 70–110 €, DZ 100–140 € inkl. Frühstück. Thüringer Gastlichkeit ist auch Trumpf im *Restaurant*, wo der Oberländer Sauerbraten mit Klößen ebenso mundet wie die vegetarische Heinrichsruher Kloßpfanne. Mo–Sa 12–22, So 12–22 Uhr. Heinrichsruh 8, 03663-48050, www.hotel-luginsland.de.

Café Restaurant Ried'l, die frühere „Hofconditorei" im Zentrum von Schleiz ist bis heute ein beliebtes Lokal, hier kann der Tag beim Frühstück beginnen. Mittags gibt es wechselnde Tagesgerichte. Donnerstag ab 17 Uhr ist Schnitzeltag, am Sonntag rutschen die Klöße den Gaumen hinunter. Natürlich steht das Ried'l auch für köstliche Kuchen und Tortenspezialitäten. Mo–Fr ab 10, Sa/So ab 11 Uhr. Neumarkt 20, ☏ 03663-428537, www.caferiedl.de.

Glücksmühle, ein wahres Glück ist's, hier im idyllischen Biergarten zu sitzen und ins Grüne zu schauen. Die 1318 urkundlich erstmals erwähnte Wassermühle am Stadtrand von Schleiz am Wisenta-Flüsschen ist ein engagierter Gaststättenbetrieb. Ländliche Spezialitäten, frisch zubereitet aus einheimischen Produkten, kommen hier auf den Teller. Die Karte wechselt regelmäßig, doch Bierkutschersteak im Schwarzbiersud oder Schleizer Eierschmaus mit Bratkartoffeln gibt es immer. Di–So 11–23 Uhr. Glücksmühlenweg 4, ☏ 03663-4089271, www.glücksmühle.de.

Mödlareuth

Als „Little Berlin" schrieb das 50-Einwohner-Dorf an der Grenze zwischen Thüringen und Bayern Geschichte. In dem 22 km südlich von Schleiz liegen-

„Little Berlin": Reste der Mauer ...

... im deutsch-deutschen Museum in Mödlareuth

den Mödlareuth zeigte sich die deutsch-deutsche Teilung auf ungewöhnlich dramatische Weise.

Seit 1810 gehörte ein Teil des Ortes zum Fürstentum Reuß, der Teil jenseits des Tannbachs gehörte zum Königreich Bayern. Bis 1945 hatte das für die Einwohner keine Bedeutung. Schule und Wirtshaus lagen im thüringischen Teil, die Kirche im bayerischen. Erst mit der Festlegung der Demarkationslinie zwischen der amerikanischen und der sowjetischen Besatzungszone fanden sich die Einwohner plötzlich in zwei politischen Systemen wieder. Am 26. Mai 1952 war plötzlich Schluss mit der Möglichkeit, den Tannbach mit dem „kleinen Grenzschein" zu überqueren.

Die Sperranlagen, zuerst nicht viel mehr als Stacheldraht und Bretterzaun, wurden ständig ausgebaut und gipfelten 1966 im Bau einer 700 m langen und 3,30 m hohen Betonsperrmauer mit Beobachtungsturm, Schutzstreifen und Sperrzone. Es herrschte Schieß-

befehl. Als ab dem 9. November 1989 überall die Schlagbäume hochgingen, mussten die DDR-Mödlareuther noch Umwege für den Besuch im Westen in Kauf nehmen. Erst einen Monat später öffnete sich auch am Grenzübergang Mödlareuth der Schlagbaum.

Deutsch-deutsches Museum Mödlareuth: Um die Erinnerung an „Little Berlin" lebendig zu erhalten, wurden ein Stück Mauer, der Grenzturm und weitere Teile der Sperranlagen bewahrt. Das *Museum Mödlareuth*, das alljährlich von Zehntausenden besucht wird, dokumentiert mit einer Ausstellung und dem Film „Alltag an der Grenze" die Geschichte der deutsch-deutschen Teilung. Die Gedenkstätte ist auch ein Ort der Erinnerung an die Verbrechen der SED-Diktatur und des Gedenkens an die Opfer der Teilung.

■ März bis Okt. Di–So 9–18 Uhr, Nov. bis Febr. Di–So 9–17 Uhr, Eintritt 3 €. Mödlareuth 13, Töpen, ✆ 09295-1334, www.moedlareuth.de.

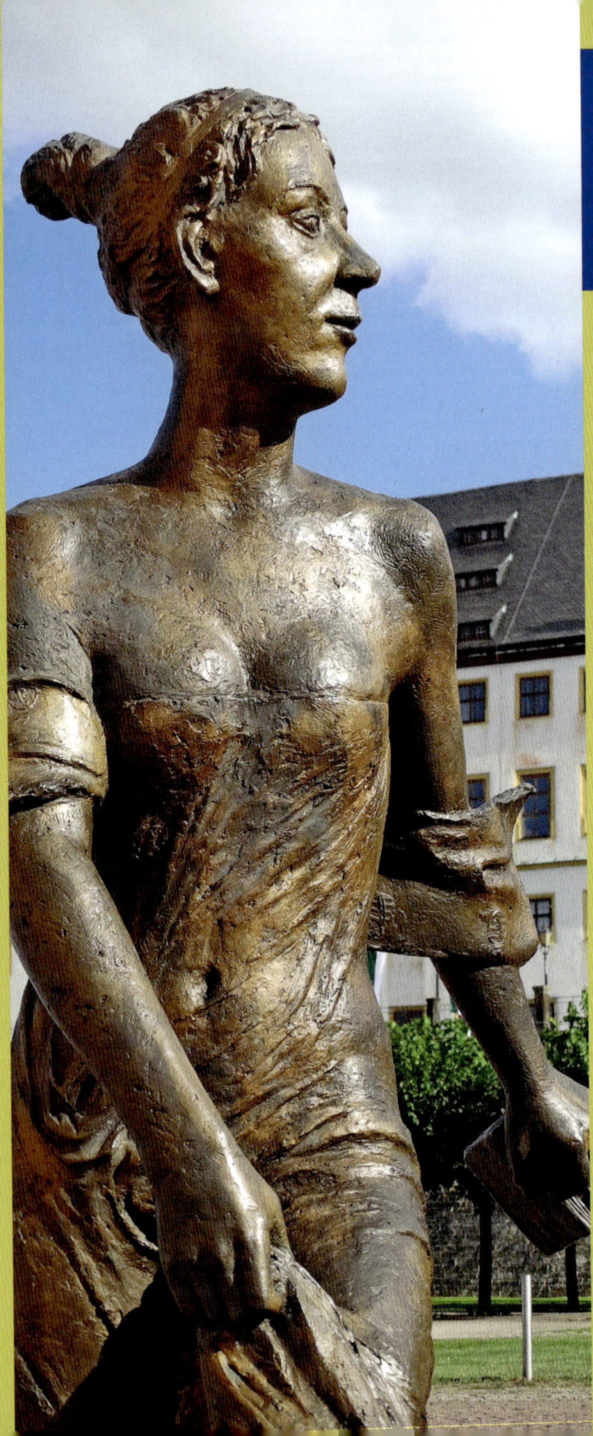

Gotha, Herzogin Luise

Nachlesen

& Nachschlagen

Duftende Bärlauch-Teppiche im Nationalpark Hainich

Geografie und Landschaft

Das Bundesland Thüringen nimmt 4,5 % der Fläche der Bundesrepublik Deutschland ein. Das Binnenland grenzt an Sachsen-Anhalt, Sachsen, Bayern, Hessen und Niedersachsen. Grün ist die vorherrschende Farbe: Die Hälfte der Thüringer Landesfläche dient der Landwirtschaft, etwa ein Drittel ist mit Wald bedeckt, ein Viertel wird als Naturlandschaft erhalten. So trägt Thüringen seit dem 19. Jh. seine Bezeichnung „grünes Herz Deutschlands" mit Recht.

Abwechslungsreiche Landschaften prägen das Bild. In der Landesmitte liegt das flache, fruchtbare *Thüringer Becken*. Im Norden wird es vom Südharz und dem Kyffhäuser-Minigebirge begrenzt. Im Westen erheben sich die Höhenzüge von *Hainich* und *Eichsfeld*. Im Osten schließt sich das Hügelland der Ilm-Saale-Platte und der Saale-Elster-Platte an. Von Südwesten nach Südosten ziehen sich der *Thüringer Wald* und das *Thüringer Schiefergebirge*

als grüne, bewaldete und von Bergen bis knapp an die 1000 m Höhe geprägte Barriere ins Land. Westlich davon liegen *Werratal*, *Grabfeld* und *Thüringer Rhön*.

Die beliebteste Landschaft ist der **Thüringer Wald** mit seinen endlosen Wäldern, schluchtartigen Kerbtälern und dem berühmten *Rennsteig*. Aus dem grünen Meer aus Laubwald (im Nordwesten) und flächigem Nadelwald erheben sich zahlreiche Bergkuppen. Der höchste Berg ist der *Große Beerberg* (983 m), wo sich ebenso wie am *Schneekopf* (978 m) geschützte Hochmoore befinden. Am markantesten und schon von Weitem her sichtbar ist der *Große Inselsberg* (916 m).

Zahlreiche Bäche und Flüsse wie Schleuse, Hasel, Gera, Ilm und Schwarza führen den Regen, den es hier reichlich gibt, zu Tal. Als Wasserspeicher und zur Energiegewinnung dienen eine ganze Reihe Stauseen. Vor allem die *Saale-Kaskade* am Ostrand des **Thürin-**

ger **Schiefergebirges** mit Bleilochtalsperre und Hohenwartestausee bietet abwechslungsreiche Freizeitmöglichkeiten. Das Schiefergebirge trägt seinen Namen vom Schiefergestein, das hier im Boden zu finden ist. Der Schieferbergbau ist wegen ausländischer Billigkonkurrenz weitgehend zum Erliegen gekommen. Die früheren *Schieferbrüche* wie bei Lehesten haben sich mit Wasser gefüllt und liefern türkisfarben schimmernde Wasserflächen zwischen grau-blauem Gestein.

Zwei wunderschöne Flusslandschaften gibt es in Thüringen zu entdecken. Das liebliche, meist breite **Werratal** zieht sich von den beiden Quellen im Thüringer Wald bis zur hessischen Grenze bei Vacha. Fischteiche und Baggerseen begleiten den Fluss. Westlich und südlich davon liegen das wellige **Grabfeld** und die durch vulkanische Aktivität entstandenen Kuppen der **Thüringer Rhön.** Zweiter großer Fluss Thüringens ist die **Saale.** Sie hat sich tief in die Buntsandstein- und Muschelkalkfelsen eingegraben und kurvt von Blankenstein über Saalfeld und Jena bis Großheringen, wo sie ihren Weg nach Sachsen-Anhalt fortsetzt. Östlich der Saale macht das **Holzland** durch reiche Bewaldung seinem Namen Ehre. Südlich der Orlasenke mit markanten Zechsteinriffen liegt das **„Land der tausend Teiche"**, eine Hochfläche am Ostrand des Thüringer Schiefergebirges, wo im Mittelalter Mönche etwa 2000 Teiche zur Fischzucht angelegt haben. Heute werden noch 600 Teiche bewirtschaftet, die sich allein durch Regenwasser und Schnee füllen.

Im **Norden Thüringens** umrahmen die sanften Höhenzüge des Hainich und des Eichsfelds, die Ausläufer des Harzes und das Mini-Gebirge des Kyffhäuser das Thüringer Becken. Im **Hainich** kann man einen der letzten Urwälder Deutschlands kennenlernen. Waldreich sind auch Eichsfeld und Harz, während der Naturpark **Kyffhäuser** von steppenähnlicher Landschaft geprägt ist. Bekanntester Fluss ist hier die Unstrut, die das Thüringer Becken von West nach Ost durchfließt.

Thüringens Osten ist ein weitgehend landwirtschaftlich genutztes Hügelland. Felder, Wiesen und Waldflecken, kleine Flüsse und zahlreiche Seen, darunter das „Zeulenrodaer Meer", machen diese Landschaft aus. Zur *„Neuen Landschaft Ronneburg"* hat sich das ehemalige Uran-Bergbaugebiet um Ronneburg gemausert. Hier wurde die „strahlende" Vergangenheit unter gewaltigen Anstrengungen beseitigt und ein Landschaftspark zur Naherholung angelegt. Auch die einstigen Kohle-Tagebaue im *Altenburger Land* haben heute ein schönes Gesicht: die renaturierten Gruben sind nun Biotope und Wasserflächen mit Freizeitwert.

Flora und Fauna

Die naturräumliche Vielfalt Thüringens ist auch der Grund für den Artenreichtum des Landes. Von den ungefähr 55.000 vorkommenden Tier- und Pflanzenarten sind etwa 850 gefährdet oder vom Aussterben bedroht. In den Thüringer Nationalparks und Reservaten bieten sich Rückzugsräume für gefährdete Spezies wie Wildkatze, Luchs, Biber, Gelbbauchunke, Feuersalamander oder seltene Schmetterlinge wie „Spanische Flagge" und „Kleiner Eisvogel".

Etwa ein Drittel Thüringens besteht aus Wald, der aber nur noch zu 30 % vom menschlichen Eingreifen unberührt ist. Im Hainich prägen vor allem Buchen das Bild, im Thüringer Wald findet man fichtendominierten Nadelwald und im Holzland sind Kiefern

▲ Wieder heimisch: die Wildkatze
▼ Leider giftig: der Fingerhut

verbreitet. Entlang der Flüsse wachsen Weiden und Erlen. Neben intensiv genutzten forst- und landwirtschaftlichen Flächen mit kilometerweiten und fürs Auge manchmal langweiligen Monokulturen findet man in Thüringen aber immer noch malerische Landschaften mit schattigen Alleen, bunten Streuobstwiesen und Schlehenhecken sowie historische Baumdenkmäler wie die typischen Dorf- oder Tanzlinden.

Das *Thüringer Becken* ist die Kornkammer Thüringens mit schier endlosen Weizen-, Roggen- und Gerstenfeldern. Der Zuschnitt der gewaltigen Anbauflächen rührt aus den Tagen der genossenschaftlichen DDR-Landwirtschaft her. Im Frühjahr dominiert überall das Gelb riesiger Rapsfelder. Mit dem Anbau von Lein- und Senfsaaten nimmt Thüringen einen Spitzenplatz in Deutschland ein. Im Mittelalter war die *Färbepflanze Waid*, die das „Thüringer Blau" lieferte, weit verbreitet. Heute wird Waid nur noch ganz vereinzelt angebaut. In den Gärtnereien rund um Erfurt werden verschiedene *Blühpflanzen* und *Kakteen* gezüchtet. Bad Köstritz ist bekannt für seine *Dahlienzucht*. Äpfel und andere Obstsorten werden auf der Fahner Höhe kultiviert. An Saale und Unstrut gedeihen *Weintrauben*. Besonders in den kargen, höheren Lagen wie im Thüringer Schiefergebirge sind die Wiesen reich an natürlichen *Kräutern* wie Kamille, Arnika, Scharfgarbe, Johanniskraut, Nachtkerze und Bärwurz. Die mageren Böden der Rhön bringen *Wacholder* hervor.

Die *Flüsse und Seen* Thüringens sind reich an Fischen wie Regenbogenforelle, Karpfen, Schleie, Hecht und Zander. Geschützt werden Arten wie Nase, Wels oder Neunauge, die kaum noch natürlich vorkommen. Auch Muscheln und Steinkrebs stehen auf der roten Liste und dürfen nicht gefangen werden.

Traumhafter Wintertag am Rennsteig bei Masserberg

Klima und Reisezeit

Thüringen bietet in jeder Jahreszeit abwechslungsreiche Erlebnisse vom sommerlichen Outdoor-Angebot über die Städtereise, wo viele Museen auch Schmuddelwetter vergessen lassen, bis hin zu herrlichem Wintersport. Wer zeitlich flexibel ist, sollte die Zeiten außerhalb der Ferien (Sommerferien Thüringen Juli/August) und der Feiertage nutzen, wenn sich günstige Preise und freie Kapazitäten bei Übernachtungen bieten.

Das gemäßigte Klima Thüringens mit vorherrschender Westwindrichtung ist *kontinental* geprägt. Die Winter sind kälter und die Sommer trockener als in anderen Teilen der Bundesrepublik. Innerhalb des Freistaats lassen sich sehr große klimatische Unterschiede feststellen. Der *Thüringer Wald* ist eine Wetterscheide. In den Gebirgszonen gibt es hohe Jahresniederschläge und viel Wind. Auf der Schmücke liegt die mittlere Januar-Temperatur bei minus 4 Grad Celsius, die Juli-Temperatur bei 12,8 Grad. Bis in den Mai kann in den *Kammlagen* des Thüringer Waldes Schnee liegen, was man bei Wanderungen im Frühjahr berücksichtigen sollte. Raue Witterung mit viel Wind und häufiger Nebelbildung in Herbst und Winter kennzeichnet die *Rhön*. Aber auch im *Hainich* und im *Südharz* ist es verhältnismäßig kühl und feucht.

Im *Thüringer Becken* fallen die geringsten Niederschläge Deutschlands. Im Januar liegen die mittleren Temperaturen zwischen −2 und +2 Grad, im Juli zwischen 14 und 24 Grad. Im Sommer herrscht große Dürregefahr. Durch seine Lage im Saaletal ist Jena klimatisch begünstigt mit frühem und mildem Frühling, heißen Sommern und langem warmem Herbst, weshalb die Region auch „Thüringer Toskana" genannt wird. Bis nach *Ostthüringen* zieht sich die verhältnismäßig trockene und warme Klimazone der südostdeutschen Becken und Hügel. Durch überdurchschnittliche Förderung von Windkraft, Solarenergie und Biomasse engagiert sich Thüringen als kleines Musterland für den Klimaschutz.

Geschichte im Zeitraffer

Frühgeschichte

Bei Bilzingsleben gefundene Knochen und Artefakte, die 400.000 Jahre alt sind und dem *Homo erectus* zugeschrieben werden, gehören zu den frühesten menschlichen Spuren in Thüringen. Als sich die Eiszeitgletscher zurückzogen, jagten nomadische Urmenschen Waldelefant und Nashorn und brieten sie über dem Feuer. Bei Weimar-Ehringsdorf haben sich Überreste des vor 200.000 Jahren lebenden frühen *Neandertalers* erhalten.

Ab 6000 v. Chr. wurden die Menschen sesshaft, sie betrieben Viehzucht und Ackerbau. Die Jungsteinzeit-Menschen schufen Gefäße in Bandkeramik, die der Zeit ihren Namen gab. Aus der *Bronzezeit* gibt es Hinweise auf die Hügelgräberkultur in Südthüringen und in der Vorderrhön. Zwischen dem 10. und 8. Jh. vor unserer Zeit legten die *Kelten* auf dem Kleinen Gleichberg ein kulti-sches Zentrum an: die Steinsburg. Damit ist Römhild wohl der älteste Thüringer Ort. Auch im Thüringer Becken, im Orla-Gau und in der Goldenen Aue ließen sich die Kelten nieder. Etwa um 100 v. Chr. wurden sie vom germanischen Volksstamm der *Hermunduren* vertrieben, der aus Richtung Elbe einwanderte; diese verbündeten sich mit den Römern, wie der Historiker Tacitus überliefert. Der römische Autor Vegetius Renatus erwähnt im Jahr 380 erstmals den Stamm der *Thoringi*, die bis zum 5. Jh. das mächtige Thüringer Königreich von der Elbe bis zu Werra und Donau errichteten. Unter König Herminafried wurden die Thoringi durch die *merowingischen Franken* 531 bei der Schlacht an der Unstrut besiegt. Thüringen ging im Fränkischen Reich auf.

Mittelalter

Die *Merowinger* errichteten im 7. Jh. das Herzogtum Thüringen. Die Grenzen zu den Sachsen im Norden und den Slawen im Osten prägten sich aus. Unter den *Karolingern* verbreitete sich das Christentum mit der Gründung des Bistums Erfurt durch den Missionar Bonifatius 742 als Höhepunkt. Das östliche Frankenreich formierte sich allmählich zum Deutschen Reich, in dem die Thüringer eine wichtige Stütze darstellten.

Mit dem *Bau der Wartburg* 1067 schuf Ludwig der Springer die Voraussetzungen für die beginnende 200-jährige Regentschaft der *Landgrafen von Thüringen*. In dieser Zeit entstehen prachtvolle Gotteshäuser der Romanik, wie die Klosterkirche Paulinzella (1124) und die Liebfrauenkirche Arnstadt (um 1200) sowie mächtige Burgen wie die Creuzburg (1165) und die Runneburg (1168), die den Machtanspruch der Landgrafen unterstreichen. Der Hof *Hermanns von Thüringen* wur-

Schmuck aus der Keltenzeit

de zum Treffpunkt berühmter Dichter und Minnesänger, wie Walther von der Vogelweide und Wolfram von Eschenbach. Als mächtiger Reichsfürst nahm *Landgraf Ludwig IV.* 1221 die ungarische Königstochter Elisabeth zur Frau, die als Heilige Elisabeth berühmt wurde. Mit dem Tod seines Nachfolgers Heinrich Raspe, der kurzzeitig deutscher König war, erlosch das Ludowingergeschlecht.

Es folgte ein blutiger Erbfolgekrieg, der 1264 mit der Teilung in eine hessische und thüringische Hälfte endete. Die *Markgrafen von Meißen* aus dem Geschlecht der *Wettiner* übernahmen Thüringen und herrschten bald als Kurfürsten über ein riesiges bis ins heutige Sachsen und Sachsen-Anhalt reichendes Territorium. Die „Leipziger Teilung" (1485) unter den Brüdern Ernst und Albrecht führte zur Aufspaltung des Besitzes in eine ernestinische (thüringische) und albertinische (sächsische) Linie. Mit der „Erfurter Teilung" (1572) spalteten sich die *Herzogtümer Sachsen-Weimar* und *Sachsen-Coburg-Eisenach*, was schließlich zu einer immer stärkeren Zersplitterung in die thüringischen Kleinstaaten führte, die zum Teil bis 1918 bestanden. Die verschiedenen Linien *Reuß* und *Schwarzburg* machten mit ihren Miniterritorien den Fleckenteppich perfekt.

Reformation und Bauernkrieg

Die Wende vom Mittelalter zur Neuzeit wird begleitet von neuen wissenschaftlichen Erkenntnissen, der Verbreitung des Buchdrucks und der Gedankenwelt des Humanismus, von sozialen Umbrüchen und der Notwendigkeit einer Erneuerung der Kirche. *Kurfürst Friedrich der Weise von Sachsen*, der im sächsischen Wittenberg Kunst und Geistesleben förderte, unterstützte auch die reformatorischen Ideen von *Martin Luther* (→ S. 367). Durch Friedrichs Protektion entkam Luther 1518 nach der kaiserlichen Ächtung auf die Wartburg und festigte seine Lehre in der Folge

Historiengemälde im Rathaus Erfurt

durch die Bibelübersetzung und die Ordnung des Gottesdienstes. Schnell fand der reformatorische Gedanke Verbreitung: Georg Spalatin predigte in Altenburg, Friedrich Myconius in Gotha und Johannes Lang in Erfurt. Immer mehr Landesherren nahmen den protestantischen Glauben an.

Die geistige Auseinandersetzung wurde begleitet durch eine soziale Revolution von unten: Der Bauernkrieg schwappte aus dem Schwäbischen ins Thüringische hinein und bald formierten sich Bauernhaufen entlang der Werra bis ins Thüringer Becken. Der Werrahaufen unter Hans Sippel stürmte Klöster, zwang Adelige zur Unterwerfung und vereinnahmte das Salzwerk der Stadt Salzungen. In Mühlhausen stellte sich der Prediger *Thomas Müntzer* auf die Seite der Bauern. Radikal vertrat der Pfarrer der Marienkirche die Reformation und forderte die Abschaffung der ständisch geprägten weltlichen Ordnung. Thomas Müntzer zog mit den Aufständischen in die Schlacht bei Frankenhausen, wo am

15. Mai 1525 das 6000 Mann starke Heer der Fürsten die 8000 aufmarschierten Bauern vernichtend schlug. Müntzer wurde inhaftiert und am 27. Mai in Mühlhausen enthauptet.

Nachdem *Kaiser Karl V.* die „Confessio Augustana" der evangelischen Reichsstände abgelehnt hatte, schlossen sich die protestantischen Fürsten und Städte unter Führung von Kursachsen und Hessen 1530 zum *Schmalkaldischen Bund* zusammen, einem Bündnis gegen den Kaiser. Im Schmalkaldischen Krieg, der 1546–47 zunächst in Süddeutschland, dann im sächsisch-thüringischen Raum geführt wurde, siegte mit der Schlacht bei Mühlberg schließlich der Kaiser. *Kurfürst Johann Friedrich I.* trat die sächsische Kurwürde und Wittenberg an die albertinische Linie ab. Um wieder über eine leistungsfähige Universität zu verfügen, baute er die „Hohe Schule" im Dominikanerkloster Jena zu einer Universität von Rang aus. Der Kriegsausgang hatte auf die Reformation letztlich keine Auswirkungen: Mit dem *Augsburger Religionsfrieden* wurde 1555 den protestantischen Fürsten die freie Religionsausübung zugestanden.

Vom 17. bis ins 19. Jahrhundert

Im Mai 1613 wurden weite Teile Thüringens von einer verheerenden Flutkatastrophe verwüstet, die als „Thüringer Sintflut" mit über 2200 Toten in die Geschichtsbücher einging. Im Dreißigjährigen Krieg (1618–1648) litt Thüringen unter Plünderungen, Brandschatzung, Raub und Verwüstungen durch Truppen der verschiedenen Konfliktparteien sowie in der Folge durch Hungersnot und Seuchen. Das 17. Jh. war geprägt von *gegenreformatorischen Bestrebungen* im Eichsfeld, vor allem in Erfurt. Die nach dem Krieg wirtschaftlich geschwächte Stadt unterwarf sich 1664 dem kurmainzischen Landesherrn, der den Petersberg zur gewaltigen Zitadelle ausbauen ließ.

Die Wiederkehr absolutistischer Herrschaft im Zeitalter des Barock ist in Thüringen besonders schön an den prachtvollen Residenzen Gotha und Weimar abzulesen. *Herzog Ernst I. der Fromme* setzte nach dem verheerenden Krieg mit dem Bau von Schloss Friedenstein in Gotha, der größten frühbarocken Schlossanlage dieser Zeit, ein Zeichen für den Wiederaufbau. Und er prägte das neue *Herzogtum Sachsen-Gotha* durch eine vorbildliche Bildungspolitik sowie Reformen im Justiz- und Gesundheitswesen. Während Gotha die Naturwissenschaften förderte, wurde Weimar zum Musenhof.

Die verwitwete *Herzogin Anna Amalia von Sachsen-Weimar-Eisenach* berief 1772 Christoph Martin Wieland als Prinzenerzieher an den Hof und pflegte die höfische Geselligkeit mit Theater, Musik und Literaturrunden. Ihr Sohn *Herzog Carl August* verpflichtete den Juristen und bereits berühmten Dichter Johann Wolfgang von Goethe (→ S. 369) als Beamten an seinen Hof. Zusammen mit Schiller, Herder und Wieland verkörpert Goethe die *Weimarer Klassik*. Jena wurde Ende des 18. Jh. zum Zentrum der Frühromantik mit den Philosophen Reinhold, Fichte und Schelling sowie den Dichtern Novalis, Brentano, Schlegel und Tieck. Der geistigen Blüte steht ein bescheidener wirtschaftlicher Aufschwung gegenüber. Bergbau, Textilgewerbe, Porzellan und Glasproduktion, Puppenherstellung und Waffenschmieden – in allen Regionen regten sich die Hände in Familienbetrieben und kleinen Manufakturen. Bedingt durch die Kleinstaaterei sollte es bis zur industriellen Revolution in Thüringen noch bis ins 19. Jh. dauern.

1803 musste das *Erzbistum Mainz* Erfurt und Eichsfeld aufgeben und die Reichsstädte Mühlhausen und Nordhausen verloren ihre Selbstständigkeit. Die entscheidende Schlacht des Dritten Napoleonischen Krieges fand 1806 in Thüringen statt. Am 14. Oktober 1806 siegten die französischen Truppen in den *Schlachten bei Jena und Auerstedt* über das preußische Heer. Zum Höhepunkt der folgenden napoleonischen Besatzung (1806–1814) wurde der glanzvolle Fürstenkongress, bei dem Napoleon Bonaparte und Zar Alexander I. in Erfurt zusammentrafen. Nach dem Sturz Napoleons ordnet der *Wiener Kongress* die Landkarte neu: Erfurt, das Eichsfeld, Mühlhausen und Nordhausen werden Preußen zugeschlagen. Thüringen bleibt ein Fleckenteppich mit dem zum Großherzogtum ernannten Sachsen-Weimar-Eisenach, den Herzogtümern Sachsen-Coburg und Gotha, Sachsen-Meiningen, Sachsen-Altenburg und den Fürstentümern Schwarzburg-Sondershausen, Schwarzburg-Rudolstadt, Reuß ältere Linie und Reuß jüngere Linie.

In Bevölkerung und Studentenschaft wurde die *Forderung nach einem vereinten Deutschland* laut. 1815 gründete sich in Jena die „Urburschenschaft", die sich als Reformbewegung verstand und ihren Protest vor allem bei den Wartburgfesten (ab 1817) artikulierte. Unter *Großherzogin Maria Pawlowna* erlebte Weimar sein „Silbernes Zeitalter" mit Musikern wie Franz Liszt und Richard Wagner sowie Künstlern wie Franz von Lenbach und Max Liebermann an der „Weimarer Malerschule".

Entscheidende Fortschritte für die zunehmend sich industrialisierenden Staaten gab es durch den *Zoll- und Handelsverein der Thüringischen Staaten* (1833) und die ersten Eisenbahnlinien, die ab 1842 von Leipzig über Altenburg nach Nürnberg und ab 1846 von Naumburg über Weimar entlang der Städtekette bis Bebra vorangetrieben wurden. Im Rahmen der *Märzrevolution 1848* kam es in Thüringen zu Unruhen in zahlreichen Orten; in Erfurt starben 27 Menschen. Die 1849 in der Paulskirche verabschiedete *Reichsverfassung für das Deutsche Reich* wurde von den 28 Staaten des *Deutschen Bundes*, darunter alle Thüringer Staaten, anerkannt. Die prekären Lebens- und Arbeitsverhältnisse der Arbeiterschaft führten 1869 in Eisenach zur Gründung der *Sozialdemokratischen Arbeiterpartei* durch August Bebel und Wilhelm Liebknecht, eine der Vorläuferparteien der SPD.

Weimarer Republik, Nationalsozialismus, Zweiter Weltkrieg

Nach der Novemberrevolution 1918 und dem Ende des Ersten Weltkriegs dankten im Zuge des Sturzes der Monarchie im Deutschen Reich nach und nach die Thüringischen Herzöge und Fürsten ab. Im Weimarer Theater beschloss die Nationalversammlung am 31. Juli 1919 die Weimarer Verfassung als demokratische Grundlage der *Weimarer Republik*. Im gleichen Jahr nahm das von Walter Gropius initiierte *Staatliche Bauhaus* seine Arbeit auf, eine Kunstschule, die mit ihren avantgardistischen Entwürfen Furore machte.

Am 1. Mai 1920 wurde das Land Thüringen gegründet, in dem die Thüringischen Freistaaten und der Volksstaat Reuß aufgingen. Der fränkisch geprägte Freistaat Coburg entschied sich per Volksabstimmung zum Anschluss an Bayern. Die preußischen Gebiete konnten nicht in das Land Thüringen integriert werden. Landeshauptstadt wurde Weimar. Hier spielte sich in Vorbereitung des Nationalsozialismus ein regelrechter Krieg der freigeistigen und nationalistischen Strömungen ab. 1926 hielt die *NSDAP* den zweiten Parteitag nach ihrer Gründung ab. Hitler fand in den nationalkonservativen Bürgern den Nährboden für seine Doktrin und instrumentalisierte Weimar als Ort der Klassik und Gründungsort der verhassten Republik für seine Zwecke.

1932 übernahm die NSDAP unter Gauleiter Fritz Sauckel die Regierung in Thüringen. Weimar wurde regelrecht umgebaut mit Kasernen, einem riesigen Aufmarschplatz und dem „Landesamt für Rassewesen". Auf dem nahen Ettersberg errichteten die Nationalsozialisten ab Sommer 1937 das *Konzentrationslager Buchenwald*, wo bis 1945 von den etwa 250.000 Inhaftierten mehr als 56.000 ermordet wurden oder starben. Nach der Befreiung am Kriegsende diente Buchenwald bis 1950 der sowjetischen Militärverwaltung als „Speziallager Nr. 2" zur Inhaftierung von 28.000 politischen Gegnern. In Nordhausen mussten von 1943 bis 1945 60.000 Zwangsarbeiter im KZ Mittelbau-Dora in den unterirdischen Stollen die „Vergeltungswaffe V2" bauen. Etwa 20.000 von ihnen starben unter den unmenschlichen Arbeits- und Lebensbedingungen. Am Ende des Zweiten Weltkriegs kam es bei Bombardements der Alliierten besonders in Erfurt, Gera, Jena, Weimar und Eisenach teilweise zu verheerenden Schäden. Die Stadt Nordhausen wurde fast völlig zerstört. Zunächst unter amerikanischer Besatzung wurde Thüringen am 1. Juli 1945 an die sowjetische Militärverwaltung übergeben. Nun wurde das Land Thüringen wiederhergestellt. Das preußische Erfurt wurde hinzugenommen und 1948 zur Hauptstadt Thüringens bestimmt.

DDR-Zeit

Am 7. Oktober 1949 wurde die Deutsche Demokratische Republik gegründet, damit begann auch in Thüringen ein prägendes Stück Geschichte. 1952 wurde das Land Thüringen aufgelöst und durch die drei Bezirke Suhl, Erfurt und Gera ersetzt. Der planmäßige Aufbau des Sozialismus in der *Ära Walter Ulbricht*, die Drangsalierung der Mittelschicht durch erhöhte Abgaben und die Erhöhung der Arbeitsnormen für Arbeiter führte zum *Aufstand des 17. Juni 1953*, der von der Sowjetarmee blutig niedergeschlagen wurde. Neben Erfurt und Jena war Gera mit Unterstützung der Wismut-Bergleute einer der Thüringer Schwerpunkte. Der bis zum *Bau der Berliner Mauer* (1961) kontinuierliche Ausbau der DDR-Grenze zum „Todesstreifen", die Einrichtung einer 5-km-Sperrzone und die Zwangsumsiedlung von 6000 Menschen („Aktion

Figurengruppe von Fritz Cremer im Mahnmal KZ Buchenwald

Ungeziefer") traf Thüringen hart: 743 Grenz-Kilometer verbinden das Land mit Bayern, Hessen und Niedersachsen.

Wie Familien auseinandergerissen wurden, lässt sich noch heute im deutsch-deutschen *Museum Mödlareuth* nachvollziehen: eine Betonmauer (1966) mitten durch den thüringisch-bayerischen Ort machte das Dorf als „Little Berlin" bekannt. Die DDR-Zeit brachte in Thüringen einen Ausbau der Industrie (Textil, Maschinenbau, Elektronindustrie, Optik) und die Umwandlung der Landwirtschaft zu monotonen Ackerflächen mit sich. Die Ausbeutung der Bodenschätze – von den Kali-Vorkommen im Werra-Raum bis zum Uran-Tagebau in Ronneburg – hinterließ Umweltprobleme und offene Wunden, die erst lange nach der Wende wieder beseitigt wurden. Zum Vorzeigeprojekt für den SED-Staat wurde die Sportförderung: Die Wintersportgebiete im Thüringer Wald wurden für Skisprung, Rodeln und Skilanglauf/Biathlon ausgebaut und brachten zahlreiche Olympiasieger und Weltmeister hervor. Während der Aufbau riesiger Plattenbau-Trabantenstädte vorangetrieben wurde, gerieten die historischen Altstädte mit ihren Baudenkmälern ins Hintertreffen.

Zum Markstein der deutsch-deutschen Annäherung wurde 1970 das legendäre und von Tausenden Menschen auf dem Bahnhofsplatz bejubelte Treffen von Willy Brandt und Willi Stoph in Erfurt. Einen kulturellen Markstein setzte die Honecker-Regierung noch kurz vor der „Wende" am 14. September 1989 mit der Eröffnung des Panorama Museums Bad Frankenhausen, in dem das monumentale „Bauernkriegspanorama" von Werner Tübke zu sehen ist.

Von der Wende 1989 bis heute

Auch in Thüringen gingen die Bürger im Herbst 1989 auf die Straße, um in großen Demonstrationen für Reisefreiheit und Bürgerrechte zu demonstrie-

Relikte der DDR-Grenze

ren. Mit der Öffnung der Grenzübergänge in der Nacht vom 9. zum 10. November 1989 setzten sich Trabi-Kolonnen und Menschen zu Fuß in Bewegung, um die Nachbarorte in der Bundesrepublik zu besuchen. Im Zuge der deutschen Wiedervereinigung am 3. Oktober 1990 wurde auch der Freistaat Thüringen wieder gegründet. Bei der Wahl zur Landeshauptstadt gewann Erfurt gegen Gera, Jena, Weimar und Nordhausen.

Die Nachwendezeit ist geprägt von großen Umwälzungen in der Wirtschaft: Zahlreiche Betriebe schafften den Übergang in die Marktwirtschaft nicht und mussten Konkurs anmelden. Thüringen kämpft seitdem mit Arbeitslosigkeit und Abwanderungsbewegungen, ein Trend, der seit dem Jahr 2000 rückläufig ist. Den wirtschaftskräftigen Regionen entlang der Thüringer Städtekette stehen auch heute noch Regionen mit Entwicklungsproblemen gegenüber, wie im nördlichen Thüringer Becken oder in Ostthüringen. Vor allem in der Universitätsstadt Jena und im Umfeld der TU Ilmenau sorgt die Verknüpfung von Forschung und Industrie für international konkurrenzfähige Innovationen. Die im Rahmen des „Verkehrsprojekt Deutsche Einheit" fertiggestellten Autobahnen und die Bahnverbindungen wie die ICE-Trasse

Berlin–Erfurt–München haben beste logistische Voraussetzungen geschaffen.

Große Investitionen flossen auch in die Sanierung der historischen Bausubstanz und in die Förderung von Kunst und Kultur. Die Bauhaus-Stätten (1996), elf Stätten des Klassischen Weimar (1998) und die Wartburg (1999) gehören heute zum UNESCO-Weltkulturerbe. Ein spektakuläres Ereignis war der Brand der Anna Amalia Bibliothek Weimar, bei dem 2004 50.000 wertvolle historische Bücher vernichtet und zehntausende beschädigt wurden. Das wiederaufgebaute Bibliotheksgebäude erstrahlt seit 2007 in neuem Glanz. Zum 500-jährigen Reformationsjubiläum 2017 wurden die Lutherstätten und -museen herausgeputzt.

Dichter und (Quer-)Denker

Die Geschichte Thüringens lässt sich nicht nur als Fluss von Ereignissen begreifen. Immer waren es Menschen, die durch ihr Handeln politische, gesellschaftliche oder kulturelle Entwicklungen auslösten. Das Attribut „Land der Dichter und Denker" trifft auf Thüringen in besonderer Weise zu. Deshalb sollen die bedeutendsten Persönlichkeiten kurz vorgestellt werden. Im Buch scheinen sie an den verschiedenen Orten ihres Wirkens und bei den Sehenswürdigkeiten auf.

Elisabeth von Thüringen (1207–1231)

Auf der Wartburg bei Eisenach, auf der Creuzburg und auf der Runneburg in Weißensee kommt man der Landgräfin Elisabeth von Thüringen (1207–1231) näher. Die fromme ungarische Königstochter, die ihr Leben ganz der Fürsorge für Arme und Kranke widmete und schließlich in elenden Umständen einen frühen Tod fand, ist eine Heilige der katholischen Kirche, wird aber auch von Protestanten als Beispiel gelebter Nächstenliebe verehrt. Schon im zarten Alter von vier Jahren kam Elisabeth, ausgestattet mit einer reichen Mitgift, an den Hof des kunstsinnigen *Landgrafen Hermann I.* Hier wurde sie gemeinsam mit dessen Söhnen Hermann und Ludwig IV. erzogen. Vermutlich war sie dem Erstgeborenen Hermann verlobt, doch nach dessen Tod wurde sie mit Ludwig verheiratet.

Glücklicherweise war Liebe im Spiel, als sie als 14-Jährige 1221 mit Ludwig vor den Altar der Eisenacher Georgenkirche trat. Unterstützt von ihrem Mann widmete sie sich der karitativen Fürsorge. Im Spital am Fuße der Wartburg kümmerte sich Elisabeth persönlich um die Pflege der Kranken und ließ landesweit im Hungerwinter 1225/1226 die Notleidenden versorgen. Sie selbst lebte streng religiös, versagte sich fürstliche Speisen und kleidete sich ärmlich. Mit ihrer Radikalität beschwor sie Konflikte mit der adeligen Verwandtschaft herauf.

Als Landgraf Ludwig 1227 auf dem Weg zum Kreuzzug ins Gelobte Land in Italien an Fieber starb, entbrannte ein Machtkampf um Elisabeths Besitz. Unterstützt von ihrem Beichtvater Konrad von Marburg flüchtete Elisabeth nach Marburg und verbrachte dort ihre letzten drei Lebensjahre in dem von ihr gegründeten Spital als ärmliche Spitalschwester. Ausgezehrt starb sie nach kurzer Krankheit am 17. November 1231. Schon während der Aufbahrung wurden Haare, Nägel und Fetzen des Leichentuchs als Reliquien geplündert. Bereits vier Jahre später wurde Elisabeth wegen ihres wundertätigen Wirkens von Papst Gregor IX. heiliggesprochen. 1235 wurde über ihrem Grabmal die Marburger Elisabethkirche errichtet. Ein Elisabeth-Reliquiar ist im Erfurter Dom ausgestellt. Der Schädel der Heiligen wird in einem edelsteinverzierten Goldkelch mit Krone im Historischen Museum Stockholm aufbewahrt. Elisabeths Geschichte bleibt in Legenden wie der vom „Rosenwunder" und in zahlreichen Kunstwerken lebendig. Sie ist die Patronin von Thüringen und Hessen.

Martin Luther (1483–1546)

Mitteldeutschland ist das Kernland der Reformation. Unterstützt durch die Protektion der sächsischen Kurfürsten und verschiedener Landesfürsten konnte die von Martin Luther begründete protestantische Lehre hier als erstes Fuß fassen. Viele Spuren des Reformators führen nach Thüringen.

Unweit der heutigen Landesgrenze in Eisleben (Sachsen-Anhalt) wurde Martin Luther am 10. November 1483 geboren und hier verstarb er am 18. Februar 1546. Der Bergmannssohn besuchte von 1498 bis 1501 die Lateinschule in Eisenach und verdiente seinen Lebensunterhalt als Kurrendesänger in der Georgenkirche. Von 1501 bis 1505 studierte Luther an der Universität Erfurt und erwarb dort seinen „Magister Artium". Nach dem legendären Blitzerlebnis nahe Stotternheim bei Erfurt gelobte Luther, Mönch zu werden. 1505 trat er als Mönch in das Erfurter Augustinerkloster ein, 1507 wurde er im Dom zum Priester geweiht. Ein Jahr später begann er ein Theologiestudium in Wittenberg (Sachsen-Anhalt), wo er 1512 die Doktorwürde erhielt und den Lehrstuhl für Bibelauslegung bis zu seinem Lebensende innehatte.

Das Amt als Provinzialvikar seines Ordens führte ihn auf zahlreichen Reisen immer wieder nach Thüringen, wo er die ihm unterstellten Konvente in ihrer Arbeit beriet. Erfurt, Bad Langensal-

Elisabeth-Statue in Eisenach

za, Weimar, Neustadt an der Orla, Weida – kaum eine Stadt, in der er nicht predigte. Die *Veröffentlichung seiner 95 Thesen 1517* gilt als Höhepunkt der geistigen Kontroverse der Reformation. Luther geriet damit ins Visier der Kurie, der Streit wurde zum Politikum. Beim Reichstag zu Augsburg 1518 weigerte er sich, seine Lehre zu widerrufen. 1521 wurde er vom Papst mit dem Kirchenbann belegt. Nachdem er auf dem Reichstag zu Worms 1521 erneut einen Widerruf ablehnte, erließ Kaiser Karl V. die Reichsacht über ihn.

Um Luther zu beschützen, ließ ihn sein Schutzherr *Kurfürst Friedrich der Weise* bei Bad Liebenstein zum Schein entführen. Ein Denkmal am Lutherweg erinnert an dieses Ereignis. Luther wurde auf die Wartburg gebracht, wo er vom 4. Mai 1521 bis 1. März 1522 inkognito als „Junker Jörg" lebte. Die Zeit des Exils nutzte er zur Übersetzung des Neuen Testaments ins Deutsche, dessen Veröffentlichung ein riesiger

Erfolg wurde. Zurück in Wittenberg machte sich Luther nun mit *Melanchthon*, *Bugenhagen* und anderen Kollegen an die Übersetzung des Alten Testaments. Immer mehr Landesherrn nahmen den evangelischen Glauben an. In Kursachsen war Luther weiterhin unterwegs. In Jena schlichtete er Streit zwischen dem Klerus und der Bevölkerung.

Anlässlich des Fürstentags 1537 in Schmalkalden veröffentlichte Luther seine „Schmalkaldischen Artikel", in denen er sich mit den Lehren und Praktiken der katholischen Kirchen, vor allem des Ablasshandels, auseinandersetzte. Auf dem Rückweg erlitt er in Gotha eine schwere Nierenkolik und meinte sterben zu müssen. Bis 1545 hielt Luther Vorlesungen in Wittenberg. Im Januar 1546 reiste er nach Eisleben, um einen Streit der Grafen von Mansfeld zu schlichten. Am 18. Februar ist er dort gestorben. In der Schlosskirche zu Wittenberg fand er seine letzte Ruhe.

Luther-Standbild in Eisenach

Die bronzene Grabplatte, die nach Vorlagen von *Lucas Cranach dem Älteren* (1472–1553) angefertigt wurde, verblieb in den Wirren des Schmalkaldischen Krieges in der Michaeliskirche Jena. Der Maler Lucas Cranach war ein guter Freund und Weggefährte Luthers. Seine Portraits prägen unser Bild von Martin Luther, das von ihm entwickelte Bildprogramm diente im Zeitalter der Renaissance als „Public Relation" der Reformation. Viele Caranach-Werke sind in Thüringen im Original zu bewundern. Zu den berühmtesten gehören das Luther-Bildnis als Junker Jörg auf der Wartburg und die Cranach-Altäre in Neustadt/Orla und in Weimar.

Johann Sebastian Bach (1685–1750)

Musik war Johann Sebastian Bach in die Wiege gelegt, denn er stammt aus einer weit verzweigten Musikerfamilie. Sein Ururgroßvater *Veit Bach* (1550–1619) war Müller in Wechmar, aber auch Amateurmusiker, wie man in einem kleinen Museum in Wechmar lernen kann. Als Sohn des Stadtpfeifers *Johann Ambrosius Bach* erblickte Johann Sebastian 1685 in einem Fachwerkhaus am Frauenplan in Eisenach das Licht der Welt. Hier lernte er das Violinspiel, sang im Schulchor der Georgenkirche und besuchte die Lateinschule. Bachs Geburtshaus beherbergt heute eines der größten Musikmuseen in Deutschland. Im Bachhaus wird Bachs Werk nicht nur in reichen archivalischen Beständen und einer prächtigen Instrumentensammlung dokumentiert. Seine Musik wird mit der Installation „Das begehbare Musikstück", mit zahlreichen Hörstationen sowie stündlichen Konzerten lebendig.

Mit neun Jahren war Johann Sebastian Vollwaise. Er zog zu seinem 13 Jahre älteren Bruder *Johann Christoph*, dem Organisten an St. Michaelis in Ohrdruf, der ihm das Spiel auf den Tasteninstrumenten beibrachte. Erste

Kompositionen entstanden. Im Alter von 14 Jahren besuchte Bach die Partikularschule in Lüneburg, lernte die Orgelwerke von Buxtehude und Reincken kennen. Ab 1703 war Bach Violinist in der Kapelle von Ernst von Sachsen-Weimar. Als Sachverständiger begutachtete er die neue Arnstädter Orgel, spielte dem Rat der Stadt vor und wurde als Organist der Neuen Kirche angestellt. Der junge Künstler sorgte für den einen oder anderen Skandal, schrieb aber auch seine ersten nennenswerten Orgelwerke. Nach Auseinandersetzungen mit seinen Arbeitgebern verließ er die Stadt, nahm 1707 die Stelle des Organisten der Divi-Blasii-Kirche in Mühlhausen an und heiratete alsbald seine *Maria Barbara*.

Bereits 1708 bat er um seine Entlassung – es zog ihn nach Weimar. Als Hoforganist musizierte er an der Weimarer Schlosskirche, begann mit seinem „Orgelbüchlein" und komponierte seine großen Orgelwerke. 1714 wird er zum Konzertmeister ernannt, was die Verpflichtung beinhaltete, jeden Monat eine neue Komposition aufzuführen. 20 seiner berühmten Kantaten entstehen. Ohne vorheriges Entlassungsgesuch unterschrieb er 1717 einen Anstellungsvertrag als Hofkapellmeister in Köthen (Anhalt), was in Weimar eine kurzzeitige Inhaftierung, vor allem aber die Entlassung in Ungnade nach sich zog. In seine Köthener Zeit fallen der Tod seiner Frau, die Heirat mit Anna Magdalena und die Herausgabe der „Brandenburgischen Konzerte".

Letzte, aber wichtige Lebensstation Bachs war Leipzig. Hier wirkte er als „Thomaskantor" und schrieb seine großen Passionen. Am 28. Juli 1750 starb Johann Sebastian Bach und wurde auf dem Johannisfriedhof begraben. Heute befindet sich der Sarkophag mit den sterblichen Überresten Bachs in der Thomaskirche. Von den insgesamt 20 Kindern Johann Sebastian Bachs überlebten viele das Kindesalter nicht. Sein

Bach-Statue in Eisenach

berühmtester Sohn *Carl Philipp Emanuel Bach* (1714–1788) war ein begabter Cembalist und schuf viele bedeutende Werke für Tasteninstrumente, aber auch Sinfonien, Kammermusik und Oratorien.

Johann Wolfgang von Goethe (1749–1832)

Dichterfürst, Universalgenie, Olympier – kaum ein anderer Schriftsteller wird mit so vielen Prädikaten versehen, keiner hat die deutsche Literatur so nachhaltig geprägt. Er selbst machte aus seiner Biographie ein „Kunstwerk des Lebens" (R. Safranski). Gemeinsam mit Friedrich Schiller prägte er die Epoche, die als „Weimarer Klassik" in die Geschichte einging. Er schuf mehr als 20 Bühnenwerke, darunter „Götz von Berlichingen", „Iphigenie auf Tauris", „Faust" und „Torquato Tasso", Romane wie „Wilhelm Meisters Lehrjahre" und mehr als 3000 Gedichte.

Als Spross einer vermögenden Familie mit thüringischen Wurzeln wurde Johann Wolfgang von Goethe 1749 in

Frankfurt geboren. Von 1765 bis 1768 studierte er Jura in Leipzig. Einen Blutsturz kurierte er im Elternhaus in Frankfurt aus, dann ging er 1770 nach Straßburg und schloss sein Studium ab. Hier lernte er Herder kennen und prägte mit der Hinwendung zur schöpferischen Freiheit des Dichters die Bezeichnung „Sturm und Drang". Zurück als Rechtsreferendar in Frankfurt erlebt er eine unglückliche Liebe, die er in dem überaus erfolgreichen Briefroman „Die Leiden des jungen Werther" verarbeitet.

1775 holt ihn Herzog Carl August nach Weimar, wo Goethe zunächst als Beamter tätig ist, bald aber in die höchsten Ministerämter aufsteigt. Durch seine Kontakte kommen Herder und Schiller an den Musenhof, den Herzogin Anna Amalia begründet hatte. Ab 1791 übernahm Goethe die Leitung des neuen Hoftheaters, formte ein Schauspielensemble nach seinen „Regeln für Schauspieler". Auf seinen Reisen im Herzogtum Sachsen-Weimar-Eisenach kümmerte er sich nicht nur um dienstliche Aufträge wie die Neuorganisation des Bergbaus in Ilmenau. Er erkundete wandernd die Regionen und fertigte zahlreiche Zeichnungen an, die uns das damalige Aussehen der Wartburg oder des Thüringer Waldes überliefern. Auf dem Kickelhahn entstanden glühende Briefe und Gedichte an *Freifrau Charlotte von Stein*, mit der ihn bis 1786 eine tiefgehende Beziehung verband.

Mit seiner Italienreise (1786–88) brach er aus der Weimarer Enge aus und erhielt neue Impulse für seine lange brachliegende dichterische Arbeit. Zurück in Weimar, verliebt sich Goethe in die 23-jährige *Christiane Vulpius* und lebt mit ihr in wilder Ehe, bis er sie 1806 dann doch ehelicht. Sein Interesse richtet sich nun auf die systematische Naturforschung. In Jena war Goethe maßgeblich an der Umwandlung des Lustgartens in einen botanischen Garten beteiligt. Auch sorgte er für die Neuordnung der Bestände der Universitätsbibliothek und die Berufung namhafter Professoren wie Fichte, Hegel, Schelling und Schiller.

In Goethes Weimarer Wohnhaus am Frauenplan lässt sich der Kosmos Goethe in ganz besonderer Weise spüren. Zahlreiche Gipsabgüsse erinnern an seine Vorliebe für die italienische Antike, die Sammlungen von Grafik über Majolika bis Naturalien machen die Vielseitigkeit des Universalgelehrten sichtbar, und die Gesellschaftsräume erinnern an die Funktion des Dichterhauses als Ort des regen geistigen Austausches. In dem schlichten Schlafzimmer neben seinem Arbeitszimmer verstarb Goethe am 22. März 1832. Er wurde in der Weimarer Fürstengruft an der Seite Schillers beigesetzt.

Friedrich Schiller (1759–1805)

Den 1759 im württembergischen Marbach geborenen Friedrich Schiller verschlug es 1782 nach Thüringen. Als Absolvent einer Militärschule hatte er bereits eine Karriere als Regimentsarzt hinter sich und widmete sich schon lange der Literatur und der Dramatik im Stil des „Sturm und Drang". Nach einem Eklat um sein Freiheitsdrama „Die Räuber" war er aus Stuttgart geflohen und schlüpfte in einem Häuschen der Familie Wolzogen in dem kleinen Thüringer Ort Bauerbach unter. Unter dem Decknamen Dr. Ritter schrieb er an dem Drama „Luise Millerin" und begann mit „Don Karlos". Regelmäßig wanderte er ins 10 km entfernte Meiningen, um sich mit Büchern, Papier und Tinte zu versorgen. 1783 folgte er dem Ruf des Theaterintendanten Dalberg nach Mannheim und wirkte dort als Theaterdichter. Die Aufführungen seiner Dramen „Fiesco" und „Kabale und Liebe" bescherten ihm einen guten Ruf in der Theaterwelt.

1784 verlieh ihm Herzog Carl August von Sachsen-Weimar den Titel eines Weimarischen Rats. Stets in ungesicherten finanziellen Verhältnissen lebend, zog Schiller nach Leipzig, dann nach Dresden. Im Juli 1787 reist er nach Weimar, wo er Herder und Wieland kennenlernt. Nach einem Besuch bei Henriette von Wolzogen in Bauerbach nimmt er den Rückweg über Ilmenau und Rudolstadt – eine Visite, die sein Leben grundlegend verändern sollte. Im Hause von Louise von Lengefeld lernt er deren Töchter Caroline und Charlotte kennen und ist von beiden fasziniert. Den darauffolgenden Sommer verbrachte er wieder in Rudolstadt und erkundete die Gegend. Seine beiden Musen inspirierten seine künstlerische Kreativität. Im September kam es im Hause Lengefeld zu einem kühlen Zusammentreffen mit Goethe.

Schiller nahm 1789 eine Professur für Geschichte an der Universität Jena an. Mit der Aussicht auf ein regelmäßiges Gehalt hielt er 1789 um Charlottes Hand an und heiratete diese 1790 in der nach ihm benannten Schillerkirche in Jena. Wenig später zeigten sich bei ihm Symptome der Tuberkulose, einer Krankheit, die ihn bis an sein Lebensende nicht mehr losließ. Goethes anfängliche Missachtung des jüngeren Kollegen änderte sich durch die gemeinsame Arbeit an der Zeitschrift „Die Horen". Dem freundschaftlichen Briefwechsel folgten gegenseitige Einladungen und schließlich eine tiefe Freundschaft.

1799 zog Schiller mit seiner Familie nach Weimar. Er vollendete „Maria Stuart", „Die Jungfrau von Orléans" und „Wilhelm Tell". Gemeinsam mit Goethe, der die Leitung des Hoftheaters innehatte, arbeitete er für die Weimarer Bühne, wo seine späten Dramen (bis auf „Jungfrau von Orléans") uraufgeführt wurden. Immer häufiger erkrankte er. Am 9. Mai 1805 erlag er schließlich einer akuten Lungenentzündung. Schiller wurde auf dem Jacobsfriedhof in Weimar beigesetzt. Danach begann eine abenteuerliche Odyssee: 1826 wurden seine Gebeine (oder was man dafür hielt) geborgen und in die Anna Amalia Bibliothek verbracht. Goethe „lieh" sich 1826 heimlich Schillers Schädel und schrieb das Gedicht „Bei Betrachtung von Schillers Schädel". 1827 wurden die sterblichen Überreste in der Fürstengruft beigesetzt. Bei einem Forschungsprojekt kam 2008 heraus, dass weder die Knochen noch der Schädel von Schiller stammen.

Goethe-Schiller-Denkmal in Weimar

Anreise

... mit dem Auto: Durch ein gut ausgebautes Netz an Autobahnen und Bundesstraßen ist Thüringen aus allen Richtungen sehr gut mit eigenem Fahrzeug zu erreichen. Von Süden her gelangt man über die A 71 (ab Schweinfurt) und die A 73 (ab Nürnberg) nach Erfurt. Über die A 9 (Nürnberg–Berlin) sind das Saaleland, Gera und Ostthüringen am besten zu erreichen. Als Ost–West-Verbindung fungiert die A 4 (Dresden–Bad Hersfeld). Von Kassel und Göttingen bzw. Halle (Saale) aus erreicht man über die A 38 den Norden Thüringens. Besonders in den ländlichen Gebieten bietet das eigene Fahrzeug bestmögliche Flexibilität. Die Landeshauptstadt Erfurt hat eine Umweltzone ausgewiesen, in die man nur mit der grünen Umweltplakette (Schadstoffgruppe 4) einfahren darf.

... mit der Bahn: Durch Thüringen führen die ICE-Linien Frankfurt/M.–Erfurt–Leipzig–Dresden und Berlin–Leipzig–Nürnberg–München. So ist Thüringen per Bahn z. B. ab Berlin oder München in zwei Stunden erreichbar. Der Bahnhof Erfurt fungiert als ICE-Knoten, von wo aus die Regionen mit Regional-Express-Zügen in regelmäßigem Takt angefahren werden. Das Reisen mit den *Regionalzügen* ist umweltfreundlich und bequem und ermöglicht auch die Mitnahme von Fahrrädern (www.bahn.de).

... mit dem Bus: Verschiedene Omnibus-Unternehmen unterhalten ein engmaschiges Netz an regionalen Busverbindungen, mit denen man auf vielen Strecken sehr gut unterwegs ist. Manche kleine Ortschaft wird jedoch nur im Schulbusverkehr oder mit dem Rufbus erreicht.

▪ www.bus-bahn-thueringen.de.

Übernachten

Fürstlich träumen auf Burgen und in Schlössern, quirliges Stadtleben in modernen Hotels genießen oder naturnah eine Auszeit vom Alltag nehmen – wer in Thüringen Urlaub macht, hat die Qual der Wahl. Von der Luxussuite bis zum Schäferwagen finden sich in allen Regionen Übernachtungsmöglichkeiten für jeden Geschmack und Geldbeutel.

Urlaub in Deutschland liegt im Trend und so verzeichnet auch Thüringen seit mehreren Jahren einen Anstieg der Gästeankünfte. Etwa 3,8 Millionen Touristen besuchen Jahr für Jahr Deutschlands grüne Mitte. Im statistischen Durchschnitt verbringt jeder Gast knapp drei Tage in Thüringen. Die meisten Urlauber zieht es in den Thüringer Wald. Doch auch die Städte Eisenach, Erfurt, Jena und Weimar sind

im Aufwind und besonders für internationale Touristen ein „Muss" ihrer Deutschlandvisite. Obwohl gerade hier eine Vielzahl von Hotels, Pensionen und Privatvermietern Zimmer in jeder Kategorie anbieten, empfiehlt sich in der Ferienzeit und zu besonderen Veranstaltungen eine rechtzeitige Reservierung. Auch in den Kurorten sind die schönsten Unterkünfte meist schnell ausgebucht.

Wer mit eigenem Auto unterwegs ist und ein paar Fahrkilometer nicht scheut, findet „auf dem Land" preiswerte, aber nicht minder komfortable Alternativen. Wenn Sie die Weihnachts- und Silvestertage in den Wintersportzentren des Thüringer Waldes verbringen möchten, ist Vorabbuchung ebenso ratsam.

Bereit für eine romantische Nacht auf der Wartburg

Hotels und Pensionen

Thüringen ist reich an Burgen, Schlössern, alten Herrensitzen, Gutshöfen oder Mühlen. Viele dieser historischen Gebäude wären dem Verfall preisgegeben, würden nicht engagierte Hoteliers und Gastronomen durch die touristische Bewirtschaftung für deren Erhalt und Nutzung sorgen. In der gehobenen Kategorie wird romantisches Ambiente an historischen Orten mit Komfort, Wellness und edler Küche verbunden. Oft werden Specials angeboten, wie das unvergessliche Wochenende zu zweit oder Aufenthalte mit kulturellen Veranstaltungen. Entsprechendes Budget vorausgesetzt, kann man sich stilvoll verwöhnen lassen. Günstiger, aber oft nicht minder erlebnisreich sind die Zimmer, die private Schlossherren anbieten, oder örtliche Vereine, die sich um die Sanierung historischer Gebäude bemühen. In solchen mit viel Herzblut belebten „Museen" wird Geschichte wirklich lebendig. So kann man z.B. auf der Wartburg heute First Class nächtigen, wo früher Pilger die Nähe zur Lutherstätte suchten – oder auch im liebevoll renovierten Gutshaus von Bismarck in Braunsroda bei Nachfahren des Reichskanzlers Landurlaub machen.

Mitunter erzählen Hotels Geschichte: Wie zwei Sprungschanzen überragt das „Ahorn Panorama Hotel" die Stadt Oberhof. Nach eingehender Sanierung hat das komfortable Hotel heute nichts mehr mit dem 1969 erbauten früheren „Interhotel" gemein – außer der spektakulären Aussicht über den Thüringer Wald. Das Nobel-Hotel Elephant in Weimar hat Thomas Mann in seinem Roman „Lotte in Weimar" literarisch verewigt.

Viele Übernachtungsbetriebe haben sich auf die Bedürfnisse von Aktivurlaubern eingestellt. Sie halten Unterstellmöglichkeiten für Fahrräder und anderes Sport-Equipment bereit, sorgen für Transfers oder bieten verschiedenste sportliche Angebote. Die Ausstattung mit Fernseher und WLAN ist fast überall Standard – es sei denn, es wird darauf verzichtet, um den Gästen eine Auszeit von allen Störfaktoren des Alltags zu ermöglichen. Geradliniger, internationaler Standard findet sich in den Kettenhotels vom gehobenen Steigenberger, Radisson oder Dorint über Best Western und Comfort Hotels bis hin zum günstigen ibis-Budget.

Ferienwohnungen und -häuser

Sowohl in den Städten als auch auf dem Lande sind Ferienwohnungen und Ferienhäuser die entspannte Alternative zum Hotelbetrieb. Überwiegend verfügen die Appartements über komplett ausgestattete Küchen, je nach Größe und Preis stehen mehrere Zimmer zur Verfügung. Für Kurzaufenthalte wird oft ein Aufschlag verlangt. Herrlich residiert man beispielsweise in der Ferienwohnung „Am Schlosspark" in Gotha. Ökologisch und modern ist man in den Wohnungen des „Familienhotels Weimar" zu Hause. Beliebt bei Wanderern sind die preisgünstigen, rustikalen Ferienhütten und Finnhütten im Thüringer Wald, die über Küche, Aufenthaltsraum und mehrere Schlafplätze verfügen. Informationen erhalten Sie bei den regionalen Touristen-Büros oder Sie buchen über eines der Internetportale.

▪ www.fewo-direkt.de

Außergewöhnliche Unterkünfte

Wer seine Übernachtung zum Erlebnis machen möchte, der findet dieses gerade in kleinen Hotels oder bei Privatvermietern. In der ehemaligen Ölmühle Eberstedt kann man in romantischen Hotelzimmern schlummern wie einst Müller und Müllerin – oder im schwimmenden Hüttendorf dem Glucksen des Wassers und dem Schnattern der Enten lauschen. Die Mühle selbst kann wieder in Aktion bewundert werden. Echtes Hobbit-Feeling kommt auf in den Erdhäusern des Feriendorfs Auenland in Waffenrod. Schlafen im Schäferwagen, in der „Her(r)bergskirche" in Neustadt am Rennsteig oder auf dem Hausboot – wer mag, kann in Thüringen wirklich außergewöhnlich übernachten.

▪ www.thueringen-entdecken.de

Camping

Auf über 70 Campingplätzen und Stellplätzen für Wohnmobile finden Anhänger des mobilen Unterwegsseins sowohl in der Natur als auch in Stadtnähe ihr Plätzchen. Vom 5-Sterne-Komfort-Platz

Im schwimmenden Hüttendorf das Wasser glucksen hören

bis zum einfachen Gelände ist alles vertreten. Wer Familienurlaub mit dem Besuch der wichtigsten Thüringer Sehenswürdigkeiten verbinden möchte, findet auf dem Campingplatz Hohenfelden einen idealen Standort voller Komfort und mit viel Abwechslung. Manche Campingplätze, wie der schön gelegene Camping am Kiessee in Breitungen, vermieten auch Bungalows oder Schäferwagen.

Vor allem in den Ferienzeiten, aber auch bei Veranstaltungen in der Region ist Reservierung anzuraten. Häufig sind bei Sehenswürdigkeiten oder Übernachtungsbetrieben Wohnmobilstellplätze ausgewiesen. Auch erlauben z. B. Sportanbieter oder Bootsverleihe den Wasserwanderern das Zelten. Wild Campen ist wie überall in Deutschland auch in Thüringen offiziell nicht erlaubt und wird mit Geldbußen geahndet. Informieren Sie sich vor Ort und holen Sie sich die Erlaubnis des Grundstücksbesitzers ein, bevor Sie Ihr Zelt aufschlagen.

■ Tourist Information Thüringen, Willy-Brandt-Platz 1, 99084 Erfurt, ☎ 0361-37420, www.thueringen-entdecken.de. Interaktive Karte: www.campingverband-thueringen.de.

Essen und Trinken

Die Thüringer Küche ist deftig und gehaltvoll. Sie hat ihre Wurzeln in der von körperlicher Arbeit geprägten Lebensweise der Bauern, der Bergarbeiter und Forstarbeiter. Zu einiger Berühmtheit haben es die Thüringer Bratwurst und die Thüringer Klöße gebracht. Dazu gibt es reichlich heimisches Bier von hell bis dunkel, sowie Saale-Wein und Doppelkorn. In den meisten Restaurants stehen Thüringer Spezialitäten auf der Speisekarte, doch auch auf die leichte mediterrane Küche und Angebote für Vegetarier muss man in guten Lokalen nicht verzichten.

Bratwurstland

Die Bratwurst aus feinem Schweinemett wird am liebsten auf dem offenen Grillrost knusprig braun gebraten. In manchen Landesteilen auch „Roster" genannt, ist die Bratwurst im Brötchen mit und ohne Senf des Thüringers liebstes Fast Food, das an jeder Straßenecke zu haben ist. Der Begriff „Thüringer Rostbratwurst" ist geschützt, was bedeutet, dass mindestens 51 % der Rohstoffe aus Thüringen stammen müssen. Die Thüringer sind sich darüber einig, dass natürlich ihre Bratwurst die beste der Welt ist. Uneins sind sie sich nur in der Frage der Würzung. Salz, Pfeffer und Majoran gehören unbedingt ins Brät. Nördlich des „Kümmeläquators", wie man den Rennsteig im Thüringer Wald auch nennt, kommt auch noch eine Prise Kümmel in die Wurst. Die zweite typische Grillspezialität ist das *Thüringer Rostbrätel*: marinierte Scheiben vom Schweinenacken werden auf Holzkohle gegrillt und mit gebräunten Zwiebelringen und Beilagen wie Brot, Sauerkraut und Kartoffeln serviert. In Schmölln brät man faustgroße Stücke Schweineschulter an Spießen über Birkenholzfeuer. Zum „Mutzbraten" gehören traditionell Brot, Sauerkraut und Senf.

Kloß und Soß

Kleese, Knölla, Hütes – der regionale Sprachgebrauch variiert ein bisschen, was die leckeren *Thüringer Klöße* angeht. Getreu des alten Spruchs „Ein Sonntag ohne Klöße verlöre sehr an Größe!" greifen noch viele Familien am Sonntag zu Kartoffelreibe und Presse, um aus zwei Drittel rohen, geriebenen und einem Drittel gekochten Kartoffeln den Kloßteig zuzubereiten. Dieser wird mit den Händen zu runden Klößen geformt, mit ein paar „Bröckchen" (geröstete Semmelwürfel) gefüllt und dann in heißem Wasser ziehen gelassen. Die Industrie bietet fertigen Kloßteig an, aber so richtig lecker ist eben nur der selbst gemachte.

Dazu werden in allen Thüringer Regionen Bratengerichte mit viel Soße serviert. In kaum einem Restaurant fehlt die Rinderroulade auf der Speisekarte, die von deftigem Apfelrotkohl begleitet wird. Auch heimisches Wild und Geflügel wird bevorzugt mit Klößen serviert. Eine Besonderheit sind *Wickelklöße*, für die Kartoffel- oder Nudelteig ausgewellt und dann in geröstetem Semmelmehl gerollt wird. Dazu gibt es meist eine Rindfleisch-Petersiliensoße.

Kein Tag ohne Bratwurst ...
... und Klöße

Würzig und süß

Für die Brotzeit gibt es in Thüringen zahlreiche Wurstspezialitäten wie *Eichsfelder Feldgiecker* (eine Art Salami), „Schmalkalder Gefülltes", Presskopf, Blutwurst und Leberwurst, luftgetrocknete oder geräucherte Knackwurst. Käseliebhaber finden im *Altenburger Ziegenkäse* eine würzige Spezialität, aber auch Rohmilchkäse, Bärlauchfrischkäse oder geräucherter Käse werden aus Kuh-, Schafs- und Ziegenmilch und mit frischen Kräutern hergestellt.

Im Thüringer Wald wachsen Kräuter frisch und reichlich. Getrocknet oder als Elixier mit Hochprozentigem angesetzt, würzen sie Speisen und helfen der Verdauung. Auch in der Küche finden sie Verwendung: Am „Mellichstöckdooch" in Lauscha werden die grünen Blätter des Löwenzahn (Mellichstöck) z. B. Beispiel in Suppen, Salaten, Soßen oder in Bratkartoffeln mit Speck verwendet. Auch heimische Waldfrüchte wie Blaubeeren und Preiselbeeren finden sich in der Küche oder im Einweckglas wieder.

Rund um die Fahner Höhe im Thüringer Becken wird seit Jahrhunderten Obst angebaut. Vor allem Äpfel, aber auch Kirschen, Pflaumen, Holunder, Erdbeeren und Spargel werden hier kultiviert. Säfte, Obstweine, Konfitüren und Glühwein aus der Region sind ein Genuss. Die Region um Heldrungen ist traditionell ein Anbaugebiet von Zwiebeln, die hier in hübsch geflochtenen Zöpfen z. B. auf dem Weimarer Zwiebelmarkt verkauft werden. Besonders zur Zwiebelmarktzeit duftet es bei vielen Bäckern nach dem würzigen Zwiebelkuchen: ein Blech voll Hefeteig mit Zwiebeln, Speck, Kümmel, Eiern und Schmand.

Neben Deftigem ist Süßes in Thüringen beliebt. Bei jedem Bäcker „um die Ecke" bekommt man den traditionellen

Blechkuchen: Pflaumen-, Streusel-, Apfel-, Quark-, Stachelbeer-, Blaubeer- oder Mohnkuchen, rechteckig oder wagenradgroß – in jeder Saison und jeder Größe gibt es das Lieblingsstück. Aus Saalfeld stammen die *„Detscher"*, eine Kartoffel-Spezialität, die auf offenem Ofen gebacken und mit Zucker und Zimt serviert wird. Zur Weihnachtszeit wird Christstollen gebacken, gespickt mit Mandeln, Korinthen und Orangeat – in Erfurt trägt er den Namen *„Schittchen"*. Schmalkalden ist die Heimat des leckeren „Viba-Nougats". In Saalfeld wird auch heute noch Schokolade produziert und aus Pößneck stammen die legendären Gelee-Bananen.

Auch einige Speisen aus der DDR-Küche sind noch auf den Speisekarten zu finden, allen voran die russische *Soljanka*, ein Eintopf aus Kartoffeln, Hülsenfrüchten und Kohl, aber auch das *„Würzfleisch"* (gekochtes Fleisch in heller Soße, mit Käse überbacken), das mit Brot oder als „Steak au four" serviert wird. Grillhähnchen tragen häufig den Namen „Broiler".

Bier und Wein

Angestoßen wird am liebsten mit Thüringer Bier, das von hell bis kupferfarben in vielen kleinen regionalen Brauereien gebraut wird. Die bekanntesten dunklen Biersorten sind das *Köstritzer Schwarzbier* und der *„Schwarze Esel"* aus Apolda. Die längste Tradition bei den Weizenbieren hat das Arnstädter.

Thüringer Winzer in Bad Sulza

An klimatisch begünstigten Tal-Hängen reift der herrliche *Saale-Wein* heran. Weißwein, Rosé, Rotwein und Secco entwickeln auf Muschelkalkverwitterungsboden oder Buntsandsteinhängen eine charakteristische Note. Aber auch als Tresterbrand (Grappa) und Weinbrand werden die Trauben der Saale verarbeitet. Wer's zum Abschluss des Essens hochprozentig-kernig mag, für den ist der traditionelle *Nordhäuser Doppelkorn* das Richtige.

Kur und Wellness

Für Kur- und Wellnessurlauber gibt es in den zahlreichen Kurorten Thüringens ein umfangreiches Angebot für entspannenden Urlaub. Von Atemkur über Kneippanwendungen bis zu Moor- und Solebädern reicht das Spektrum (www.thueringen-entdecken.de). In der

Avenida-Therme Hohenfelden findet man in einer Thermenlandschaft mit Palmen, Rutschenpark und Saunawelt im mallorquinischen Stil Ruhe und Action gleichermaßen (www.avenidatherme.de). Schwereloses Baden ermöglicht die Sole in der *Friederiken-Therme*

in Bad Langensalza. Hier gibt es auch eine Kältekammer mit -110 Grad Celsius zur Therapie von Schmerzerkrankungen (www.friederikentherme.de). Die *Toskana Therme* in Bad Sulza bietet Besonderes: Farbe, Licht und Klang machen den Besuch vor allem bei Nacht zu einem Erlebnis, das die Sinne inspiriert (www.toskanaworld.net). In der *Thermenwelt Kristallbad* in Bad Klosterlausnitz mit Wellenbad und elf Saunen dürfen die Gäste mit und ohne Badebekleidung baden. (www.kristallsaunatherme-bad-klosterlausnitz.de). Die *Solewelt* Bad Salzungen bietet ein Sole-Aktiv-Bad mit mehreren Becken und Salztopf (15 %), eine große Saunalandschaft und Inhalation im Gradierwerk (www.solewelt.de). In der *Ardesia-Therme* Bad Lobenstein gibt es neben dem Thermalbad auch die Möglichkeit, sich in entspannendem Moor zu räkeln (www.ardesiatherme.de). Der *Vitalpark* im Heilbad Heiligenstadt vereint Sole-Therme, Sport- und Familienbad, eine große Saunalandschaft und Wellness-Angebote (www.vitalpark-heiligenstadt.de). Den Atemwegen und der Haut tut die Inhalation in der Totes-Meer-Salzgrotte gut, die man neben Sole-Badelandschaft, Sauna und Wellness in der *Kyffhäuser-Therme* in Bad Frankenhausen (www.kyffhaeuser-therme.de) findet. Neu ist der *Sole-Wasser-Vitalpark* mit Freiluftbecken, Inhalierpavillon und Kneipp-Becken.

Dieringisch – Vielfalt im wilden Osten

„Dieringisch is kee Säggsisch!" Dem kann man ganz Thüringisch mit einem klaren „No!" = „Ja!" zustimmen. Thüringisch ist extrem vielfältig und wechselt durchaus von einem Ort zum anderen. Neun Dialekträume unterscheiden die Experten: Zentralthüringisch, Ilmthüringisch, Ostthüringisch, Südostthüringisch, Nordthüringisch, Nordostthüringisch und Westthüringisch, nicht zu vergessen das Hennebergische und das Itzgründische.

Gästen gegenüber bemühen sich die Thüringer um deutsche Hochsprache. Ob man nun „Glees" oder „Hütes" serviert bekommt, ist doch egal, Hauptsache die Klöße schmecken. „Roster", „Broiler" und „Bemme" munden anderswo als Bratwurst, Grillhähnchen und belegtes Brot. Auf ein paar sprachliche Besonderheiten sei an dieser Stelle noch hingewiesen: Wenn der Thüringer vom „Sonnabend" spricht, dann meint er damit den Samstag. Und wenn von „Plaste" die Rede ist, dann ist, wie die Wessis sagen, Plastik (Kunststoff) gemeint.

Hängt der Thüringer „Ge?" an eine Feststellung an, erwartet er Zustimmung im Sinne von „oder?". Spricht er von „öfterst", ist das kein neuer Superlativ von „oft", sondern er meint „öfter". Im Mittelthüringischen wird das „P" gerne zum „B" (z. B. „Bolizei"). Das „G" wird durch „ch" ersetzt, das „E" spricht sich „Ä" und die Silbe „-tig" mutiert zu „tsch".

So wird der Kellner Sie in Ärfurt frachn: „Sind Se fertsch?", und dann die Teller abservieren.

Zwiebelzöpfe sind typisch für den Weimarer Zwiebelmarkt

Thüringen von A bis Z

Ausblicke

Verschaffen Sie sich einen Überblick über Thüringen! Die schönsten Ausblicke gibt es hier: Großer Inselsberg, Schneekopf (Oberhof), Plänckners Aussicht am Großen Beerberg (Oberhof), Kickelhahn (Ilmenau), Saaleturm (Burgk), Hohe Geba (Rhön), Baumkronenpfad (Hainich), Kaiser-Wilhelm-Denkmal (Kyffhäuser), Jentower Jena.

Bahn-Erlebnis

Glanzlichter für Eisenbahnfans sind die Harzer Schmalspurbahn, die Oberweißbacher Bergbahn und das Meininger Dampflokwerk. Die Thüringerwaldbahn ist eine 22 km lange Straßenbahn, die kurvenreich von Gotha nach Tabarz im Thüringer Wald führt. Wer auf der Sachsen-Franken-Magistrale von Hof nach Leipzig unterwegs ist, überquert die 574 m lange und 78 m hohe historische Göltzschtalbrücke aus Backstein.

Bergwerke

Die Bodenschätze von Kali-Salz über Eisenerz bis Flussspat bescherten Thüringen eine lange Bergbautradition. Die meisten Bergwerke wurden jedoch spätestens in der Wendezeit aus Kostengründen geschlossen. Heute dienen viele dieser Gruben als Schaubergwerke der Information der Besucher. Die attraktivsten Bergwerke sind das **Erlebnisbergwerk Merkers** (bis zu 800 m Tiefe) und das **Erlebnisbergwerk Glückauf** (bis 670 m Tiefe) in Sondershausen. Hier finden unterirdische Konzertveranstaltungen, Mountainbike-Rennen und sogar Marathons statt. Vielfarbige Tropfsteine gibt es im **Alaunbergwerk Morassina** in Schmiedefeld zu bewundern. Der angegliederte **Heilstollen** „Sankt Barbara" dient der Inhalations-Kur. In den Schaubergwerken **Volle Rose** (Ilmenau) und **Hühn** (Trusetal) fahren die Freizeitbergleute auf Grubenzügen in den Berg ein.

Eintrittspreise

Die meisten Museen, Sehenswürdigkeiten und Freizeiteinrichtungen bieten Ermäßigungen z. B. für Schüler, Studenten, Rentner, Schwerbehinderte, Arbeitslose. Die Preisangaben in diesem Buch beziehen sich auf ein Erwachsenen-Ticket. Eintritt für Kinder und Ermäßigte ist günstiger. Kleine Kinder haben häufig freien Eintritt.

Fahrradfahren

Thüringen lässt sich auf bestens ausgebauten Fahrradwegen und einer Vielzahl von Radfernwegen entdecken. Auf diesen Web-Seiten gibt es Informationen zu Streckenführung sowie Karten:

Werratal-Radweg: 306 km, www.werratal.de

Saale-Radweg 403 km, www.saaleradweg.de

Elsterradweg 250 km, www.elsterradweg.de

Radfernweg „Thüringer-Städtekette" 230 km, www.thueringer-staedtekette.de

Ausblick am Kyffhäuser

Unstrut-Radweg 190 km, www.unstrutradweg.de

Rennsteig-Radwanderweg 200 km, www.rennsteig.de

Feste und Veranstaltungen

Ausführliche Informationen zu den Veranstaltungen finden Sie in den Ortskapiteln unter „Veranstaltungen".

Januar: Biathlon- und Rodel-Weltcups in Oberhof

Februar: Hundeschlittenrennen Trans-Thüringia in Masserberg und Neustadt a. Rennsteig

Februar/März: Wasunger Karneval

März: Eisenacher Sommergewinn

März/April: Thüringer Bach-Wochen

Mai: GutsMuths Rennsteiglauf

Juni: Krämerbrückenfest Erfurt

Hütesfest Meiningen

Juli: Tanz- & Folklorefest Rudolstadt

Juli/August: Kulturarena Jena

Ekhof-Festival Gotha

Domstufen-Festspiele Erfurt

August: Mühlhäuser Stadtkirmes

Barockfest Gotha

Schmalkalder Hirschessen

SonneMondSterne-Festival Saalburg

August/September: Kunstfest Weimar

September/Oktober: Festival Güldener Herbst (Alte Musik, in ganz Thüringen)

Oktober: Weimarer Zwiebelmarkt

Oktober/November: Jazzmeile Thüringen (in ganz Thüringen)

Dezember: Weihnachtsmärkte, besonders schön in Erfurt, Weimar, Schmalkalden, Mühlhausen

Golf

Vor allem in der Landesmitte finden Golfer ansprechende und anspruchsvolle Greens. Mit Blick auf die Wartburg golft man auf dem *Wartburg Golfpark* (18 Loch, www.golf-eisenach.de) bei Eisenach. Nahe der Burgen „Drei Gleichen" bietet das *Hotel Taubennest* eine 18-Loch-Golfanlage (www.hotel-taubennest.de). Die spektakulärste Golfanlage Thüringens findet man in der 36-Loch-Anlage des *Golf-Resort Weimarer Land* in Blankenhain (www.golfresort-weimarerland.de).

Höhlen

Mit fast 2 km Länge ist die **Altensteiner Höhle** bei Bad Liebenstein Thüringens längste Höhle. In der **Marienglashöhle** bei Friedrichroda gibt es bis 90 cm lange Gipskristalle zu bestaunen. Vorhänge aus Gips und weiße Alabasteraugen sind in der **Barbarossahöhle** im Kyffhäuser-Gebirge zu entdecken. Am zauberhaftesten sind die **Saalfelder Feengrotten**: Mit ihren farbigen Tropfsteinen, Grottenseen und Feenwelten lassen sie nicht nur Kinderaugen leuchten.

Information

www.thueringen-entdecken.de: Hier gibt es allgemeine Informationen über Thüringen, Infobroschüren sowie Buchungsmöglichkeiten. Information Thüringen, Willy-Brandt-Platz 1, 99084 Erfurt, ☎ 0361-37420.

www.thueringen.info: gute Übersicht über die Regionen sowie diverse Buchungsmöglichkeiten.

www.thueringer-wald.com: Aktivitäten im Thüringer Wald wie Wandern, Radeln, Klettern und Wintersport werden ausführlich beschrieben, Infos auch unter ☎ 03682-3530520.

www.rennsteig.de: alle Etappen des Rennsteig-Wanderwegs mit Höhenprofilen und Übernachtungstipps.

www.nationalpark-hainich.de: Natur- und Wandertipps im Nationalpark Hainich.

www.thueringer-staedte.de, www.thueringerschloesser.de, www.museen.thueringen.de: Hier finden Städte- und Kulturreisende Wissenswertes und Hintergründe zu den Sehenswürdigkeiten sowie aktuelle Veranstaltungshinweise.

www.kurorte-thueringen.de: Auf der Seite des Thüringer Heilbäderverbands werden alle Kurorte Thüringens und ihre Kurangebote vorgestellt. Böhmenstr. 4, Bad Langensalza, ☎ 03603-893347.

Laufklassiker: der alljährliche GutsMuths-Rennsteiglauf

Medien

Der Mitteldeutsche Rundfunk MDR sendet von Erfurt aus Radio- und Fernsehprogramme aus Thüringen für Thüringen. In Erfurt hat auch der „KiKA" seinen Sitz, der Kinderkanal von ARD und ZDF. Der Radiosender MDR Thüringen bietet Musik, internationale und regionale Nachrichten, Verkehrsfunk, Service und Wetter. Außerdem gibt es die Hörfunkanbieter Antenne Thüringen, Landeswelle Thüringen, Landesradio Thüringen sowie diverse Lokalradios.

Zu den großen Regionalzeitungen im Freistaat gehören die Thüringer Allgemeine, Ostthüringer Zeitung und Thüringische Landeszeitung; Lokalberichterstattung und aktuelle Terminkalender bieten die Lokalausgaben von Freies Wort, Südthüringer Zeitung und Meininger Tageblatt.

Öffnungszeiten

Nach dem Thüringer Ladenöffnungsgesetz dürfen Verkaufsstellen von Montag 0 Uhr bis Samstag 20 Uhr geöffnet sein. Rund-um-die-Uhr-Einkaufen ist jedoch eher eine Seltenheit. In den großen Städten Thüringens sind die Läden meist zwischen 8 und 20 Uhr geöffnet. In kleineren Orten schließen die Läden werktags meist um 18 Uhr, an Samstagen schon gegen 12 Uhr. Schließung zur Mittagspause ist an der Tagesordnung. Bäckereien, Blumenläden und Zeitungskioske dürfen auch sonntags öffnen. In den großen Städten sind die Tourist-Informationen meist an allen Tagen der Woche geöffnet. Die kleinen Orte bieten den Service oft nur an bestimmten Tagen oder halbtags an (→ „Information" in den Ortskapiteln).

Radarkontrollen

Auf zahlreichen Strecken in Thüringen – innerorts wie außerorts – stehen fest installierte „Blitzer". In den Tunneln der Rennsteigautobahn A 71 überwachen (nicht sichtbare!) Messinstallationen Tag und Nacht die Geschwindigkeit. Die Hinweisschilder und Tempolimits unbedingt ernst nehmen!

Superlative

Bauernkriegspanorama: 14 m hoch und 123 m lang ist die Panoramaleinwand, die der Maler Werner Tübke für das Panorama Museum in Bad Frankenhausen mit Szenen aus dem Bauernkrieg in vier Jahre langer Arbeit bemalte.

Schiefer Turm: Der Turm der gotischen Basilika „Unserer lieben Frauen am Berge" in Bad Frankenhausen ist 4,60 m aus dem Lot und damit schiefer als der Turm in Pisa.

Rococo en miniature: In 50 Jahre langer Arbeit schufen Gerhard Bätz und Manfred Kiedorf die Miniaturkönigreiche Pelarien und Dyonien mit tausenden Minifigürchen, die auf Schloss Heidecksburg in Rudolstadt zu sehen sind.

Thüringer Meer: Die „Saale-Kaskade" mit fünf Talsperren staut die Saale zwischen Blankenstein und Saalfeld auf 80 km Länge zu einem Seen-Meer mit insgesamt 410 Mio. m^3 Wasser.

Gloriosa: Die größte frei schwingende mittelalterliche Glocke der Welt ist die „Gloriosa" im Erfurter Dom. Sie ist 2,62 m hoch und wiegt 11,5 Tonnen.

Stadtführungen

In den meisten Städten werden regelmäßig Führungen angeboten, die in ein bis zwei Stunden zu den Hauptsehenswürdigkeiten führen. Oft gibt es darüber hinaus Themen- und Kostümführungen, die vorab gebucht werden müssen. Wer gerne im eigenen Tempo unterwegs ist, kann sich per Audioguide führen lassen. Geführte Stadtrundfahrten gibt es in den großen Städten z. B. mit der Straßenbahn, in der Pferdekutsche, mit Segways oder in der Stretchlimousine. Informationen erteilen die Tourist-Informationen (→ „Basis-Infos").

Theater

Theaterfans können sich in Thüringen über ein reiches Angebot an Theater, Kabarett und Konzert freuen. 21 Bühnen bieten ein abwechslungsreiches Programm. Die berühmtesten Theater sind das Deutsche Nationaltheater Weimar, das Meininger Theater und das barocke Ekhof-Theater in Gotha.

Themen-Straßen

Wer in Thüringen mit dem Auto unterwegs ist, kann sich entlang von Themen-Straßen durch malerische Landschaften und zu besonderen Sehenswürdigkeiten führen lassen: Bier- und Burgenstraße, Deutsche Alleenstraße, Naturparkroute Thüringer Wald, Thüringer Porzellanstraße, Thüringisch-Fränkische Schieferstraße, Deutsche Spielzeugstraße, Deutsche Fachwerkstraße, Klassikerstraße, Reußische Fürstenstraße. Die Themenstraßen sind vor Ort ausgeschildert. Wissenswertes erfährt man auf Infotafeln, in den Tourist-Informationen oder unter dem jeweiligen Stichwort im Internet.

Thüringen Card

Freien Eintritt zu mehr als 200 Ausflugszielen, Freizeiteinrichtungen und

Wintergenuss pur auf bestens präparierten Loipen im Thüringer Wald

Sehenswürdigkeiten erhalten Inhaber der Thüringen Card. Sie ist als 24-Stunden-Karte (19 €), 3-Tages-Karte (39 €) oder 6-Tages-Karte (59 €) für jeweils frei wählbare Tage erhältlich. Dazu gibt es das **Thüringen Card mobil-Ticket,** für freie Fahrt in den Nahverkehrszügen, mit Bussen, Bahnen und Straßenbahnen des Verkehrsverbundes Mittelthüringen, den Bussen von KomBus sowie Bus und Straßenbahn in Erfurt. Infos unter ☏ 0361-37420, Online-Bestellung unter www.thueringen-entdecken.de.

Wandern

Mehrere Weitwanderwege führen durch ganz Thüringen. Auf diesen Web-Seiten gibt es Informationen und Karten:

Rennsteig   170 km, www.thueringer-wald.com und www.rennsteig.de

Thüringenweg 410 km, www.fernwege.de

Lutherweg 900 km, www.lutherweg.de

Hainichlandweg 130 km, www.eisenach.info

Barbarossa-Wanderweg   332 km, www.thueringen-wandern.de

Werra-Burgen-Steig   350 km, www.werra-burgen-steig.de

Wintersport

Im Thüringer Wald und in der Rhön werden Pisten, Loipen und Skiwanderwege präpariert. In Oberhof ist ganzjährig Langlauf in der Skisporthalle möglich. Infos unter:

www.oberhof-skisporthalle.de

www.thueringer-wald.com

www.thueringen-alpin.de

Schneetelefon Rhön: 06654-1211, www.rhoen.de

www.bob-icerafting.de

Zecken

Wer viel in der Natur unterwegs ist, sollte auf die kleinen Plagegeister besonders achtgeben. Der auch „Holzbock" genannte Blutsauger kann bekanntlich Borreliose und die gefährliche Hirnhauterkrankung (FSME) übertragen. Zurzeit sind die Landkreise Hildburghausen, Saale-Holzland, Saale-Orla, Saalfeld-Rudolstadt, Ilm-Kreis, Sonneberg, Suhl und Greiz sowie die Stadtkreise Gera und Jena als FSME-Risikogebiete eingestuft. Man sollte sich deshalb mit speziellen Zeckensprays schützen und bei einem Biss einen Arzt aufsuchen.

Auf dem Geba-Weg in der Rhön

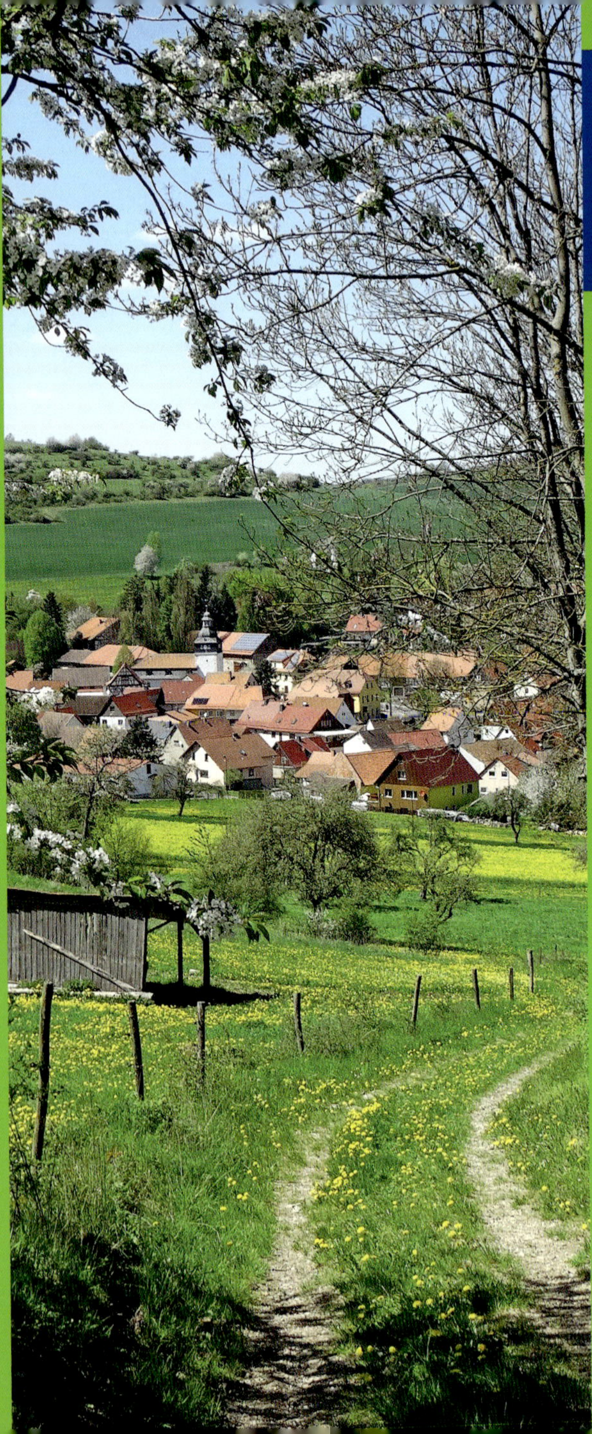

Wandern

in Thüringen

GPS-kartierte Touren sind mit dem Symbol GPS gekennzeichnet. Download der GPS-Tracks inkl. Waypoints unter https://mmv.me/47560

Übersicht der
Wanderungen   10 km

Kleiner Wanderführer

Luther tat es, Goethe tat es und wir tun es auch. Thüringen ist Wanderland und bietet in allen Regionen herrliche Touren in abwechslungsreichen Naturlandschaften. Besonders der Thüringer Wald ist ein tolles Revier für Wanderfreunde. Die Rhön lockt mit weiten Ausblicken und entlang von Werra und Saale lässt sich die Burgenvielfalt ganz entschleunigt erkunden.

Der berühmteste Weitwanderweg Thüringens ist der **Rennsteig.** Hunderttausende machen sich alljährlich auf die knapp 170 km lange Strecke auf dem Kamm des Mittelgebirges. Wer im Thüringer Wald und im Thüringer Schiefergebirge wandert, wird irgendwann über den Weg mit dem weißen „R" marschieren. Die *Drachenschlucht-Tour* (Wanderung 7) führt durch eine faszinierende Klamm und berührt den Rennsteig an ihrem höchsten Punkt. Eine schöne Rundtour (Wanderung 2) führt zeitweise direkt am Rennsteig entlang zu den höchsten Gipfeln des

Thüringer Waldes, dem *Großen Beerberg* (983 m) und dem *Schneekopf* (978 m). Auch eine gemütliche Familienwanderung zur *Werraquelle* ist am Rennsteig möglich (Wanderung 3).

Lohnenswert sind auch andere Ziele im **Thüringer Wald.** Den mit 96 m höchsten Kletterfelsen Thüringens, den *Falkenstein*, findet man bei Tambach-Dietharz (Wanderung 4). Wer Wandern und Kultur verbinden möchte, ersteigt auf dem Goethewanderweg bei Ilmenau den 861 m hohen *Kickelhahn* (Wanderung 5) und lernt dabei mehrere Goethe-Stätten kennen. Auch an der

Saale bietet sich dem Wanderer nach Wasser- und Felserlebnis mit dem Besuch von *Schloss Burgk* ein kulturelles Highlight (Wanderung 6).

Naturliebhaber können in Thüringen einen der letzten Urwälder Deutschlands erforschen: den **Hainich**. Der als UNESCO-Weltnaturerbe ausgezeichnete Buchenwald beherbergt eine Vielfalt an Fauna und Flora. Bei der Wanderung zur *Betteleiche* (Wanderung 8) gibt es auch noch andere historische Denkmäler zu erkunden. Die Kuppen der **Rhön** weisen schon auf ihren vulkanischen Ursprung hin. Im „Land der offenen Fernen" beeindrucken besonders die Ausblicke, die man auf der Wanderung rund um die *Hohe Geba* (751 m) (Wanderung 1) reichlich genießen kann.

Wandersaison: Wer im Thüringer Wald unterwegs ist, muss sich auf rasche Wetterwechsel einstellen. Der Winter kommt bald und bleibt lange. Deshalb ist in den Hochlagen um 900 m die beste Zeit für Wanderungen Mitte Mai bis September. Um für jede Eventualität gewappnet zu sein, sollte man an Regen- und Sonnenschutz sowie etwas Warmes zum Überziehen am Gipfel denken. Verlassen Sie sich nicht darauf, überall das Handy benutzen zu können, denn manche Bereiche haben keine Netzabdeckung! In der Rhön hat der Wind freies Spiel, was man für die Ausrüstung berücksichtigen sollte. Der Hainich entfaltet seine schönste Pracht mit den Frühblühern im Frühling und in der Laubfärbung des Herbstes.

Kartenmaterial: Die beschriebenen Wanderungen sind sorgfältig recherchiert und beschrieben, jedoch können auf der Strecke immer wieder mal Markierungen verwittert und Wegweiser verschwunden sein. Es empfiehlt sich, eine gute Wanderkarte mitzunehmen, z. B. die Kompass-Wanderkarten *Westlicher Naturpark Thüringer Wald* und *Östlicher Thüringer Wald*, die *Wanderkarte Hainich* und die Wanderkarte *Thüringische Rhön*, beide im Verlag Dr. Barthel. Die Touristinformationen haben Karten für die jeweilige Region meist vorrätig. Über Begehbarkeit der Wege oder Sperrungen wegen Waldarbeiten informieren die Touristinformationen und Forstämter.

Ein herrlicher Blick belohnt nach dem Aufstieg zum Schneekopf

Schöne Aussichten:
Rund um die Hohe Geba in der Thüringer Rhön

Charakteristik: Keine schwierige, aber anstrengende Rundwanderung mit mehreren langen Auf- und Abstiegen. Abwechslungsreiche Tour durch viel offenes Gelände mit grandiosen Ausblicken sowie schönen Waldstrecken. **Länge/Gehzeit:** 15,6 km, 5 Std. **Markierung:** rotes „G". **Ausrüstung:** Wind- und Sonnenschutz empfehlenswert. **Einkehr:** Bergstübchen Hohe Geba, April bis Okt. Di–Fr 11–17, Sa/So 10–18 Uhr, Nov. bis März Di–So 11–17 Uhr, ☎ 036943-24597, www.hohe-geba.de. In Stepfershausen: Gasthaus Zum grünen Baum, Mi–Mo ab 11 Uhr, Hauptstr. 119, ☎ 036493-63862. In Oberkatz: Dorfladen mit Imbiss, Mo–Fr 9–13, Mo–Mi 16–17, Do/Fr 16–19, Sa 8–10 Uhr, auch nach Anmeldung: ☎ 036966-83265. **Start/Ziel:** Parkplatz auf der Hohen Geba (751 m).

Wegbeschreibung: Zum Start der Rundwanderung auf dem „Gebaweg" geht es mit dem Auto erst einmal bequem hinauf auf die Hohe Geba (751 m). Wo kann man schon gleich zu Beginn eine großartige Aussicht genießen? Und auch sonst ist man versucht, erst einmal die Gipfel-Angebote zu nutzen, wie den Rhönkulturgarten, den Kinderspielplatz im keltischen Stil oder eine kleine Stärkung im Bergstübchen. Wer aber zuerst etwas tun, sprich wandern will, marschiert am **Parkplatz 1** los, geht zwischen Bergstübchen und Spielplatz hindurch und wandert auf dem ab hier mit rotem „G" markierten Gebaweg entlang des Waldrands bergab. Nach etwa 500 m biegt der **Weg links in den Wald 2** ab.

Richtung Stepfershausen geht es nun einfach immer geradeaus und (teilweise steil) bergab. Nach kurzem Stück durch den Wald gibt es die erste Panoramaaussicht. Die Gleichberge in östlicher und der dunkelgrüne Saum des Thüringer Waldes in nördlicher Richtung vor Augen geht es durch Blumenwiesen, an Obstbäumen vorbei und durch Gebüschreihen. Die „Landschaft der offenen Fernen", für die die Rhön be-

Am Rhönkulturgarten auf der Hohen Geba

kannt ist, zeigt sich von ihrer schönsten Seite. Nach etwa 1,5 km biegt der **Gebaweg** 3 bei ein paar Obstbäumen rechts ab und wird als Wiesenpfad durch eine Kehle hinunter ins Dorf geführt.

Stepfershausen, das „Dorf der Brunnen", besitzt 13 öffentliche Laufbrunnen und schöne Fachwerkhäuser. Direkt bei den ersten Häusern zweigt der Gebaweg am **Wegweiser Richtung Dörrensolz** 4 links ab. Wir müssen wieder bergauf steigen, werden aber durch einen schönen Blick auf das Dorf (einfach umdrehen!) und auf die Landschaft belohnt. An der folgenden Wiesenwegkreuzung gehen wir mit Wegweiserunterstützung geradeaus auf den Wald zu. Im Wald kreuzt der Wanderpfad einen befestigten Waldweg, den wir überqueren. Nach etwa 1 km durch schönen Buchenwald stößt der Weg an einer Lichtung auf eine **Forstwegkreuzung** 5. Wir halten uns geradeaus, gehen mit der „G"-Markierung den mit einer Rechtskurve in den Wald bergauf führenden Forstweg. Nach etwa 500 m an einer **Forstweggabelung** 6 schlagen wir den rechten Weg ein. Die Wegweisung führt uns auch an der nächsten Gabelung auf den rechten Weg. Noch etwa 1,5 km bleiben wir immer auf dem Schotterweg, der durch einen Buchenwald allmählich wieder bergab führt. Der Weg führt an einer **Gabelung** 7 aus dem Wald.

Hier oberhalb einer Gartenanlage mit Teich am *Dorfrand von Dörrensolz* wandern wir nach links weiter und umrunden dabei die Koppeln des Reiterhofs. An einer Wegkreuzung mit Wegweisern gehen wir geradeaus (rechts kann man hinunter ins Dorf gehen, 400 m). Der Wanderpfad führt alsbald auf einen befestigten Forstweg, auf den wir nach rechts einbiegen, um gleich darauf nach links weiterzuwandern. Auch hier ist der Gebaweg mit Wegweisern sehr gut ausgeschildert. Etwa 500 m geht es entlang eines kleinen Bachlaufs und dann nach einer Spitzkehre auf der anderen Seite des Bachgrundes wieder zurück.

Windzerzauster Wacholder

An der **Kreuzung am Waldrand** 8 biegen wir links ab, *Oberkatz* ist nun unser Ziel. Während es zünftig bergauf geht, entwickelt sich die nächste prägnante Aussicht: Mit Erreichen einer Schotterwegkreuzung haben wir freie Sicht auf den Thüringer Wald und erkennen den charakteristischen Turm des Inselsbergs. Am Feldrand folgen wir dem **Wegweiser nach links** 9 und wandern bergauf bis zum nächsten Wäldchen. Hier biegen wir **mit dem roten „G" nach rechts ab** 10. In westlicher Richtung geht es, zunächst auf grasigem Weg, dann nach etwa 700 m rechts auf einen Forstweg. Wir erreichen eine **Teerstraße** 11, wenden uns nach rechts und laufen auf dem folgenden Schotterweg etwa 400 m bergab.

An einer Kuhweide oberhalb des Dorfes **Oberkatz** biegt der Gebaweg an einem Wegweiser rechts auf einen **malerischen Wiesenweg** ab, der hinunter Richtung Dorf führt. Kurz vor Erreichen der Landstraße biegt der Wanderweg am Wegweiser auf einen **Wiesenpfad** 13 nach links ab, der oberhalb von Oberkatz an einigen Bäumen entlang führt. An einem Bauernhof mündet der Pfad auf einen Schotterweg, dem wir mit Wegweisern *Richtung*

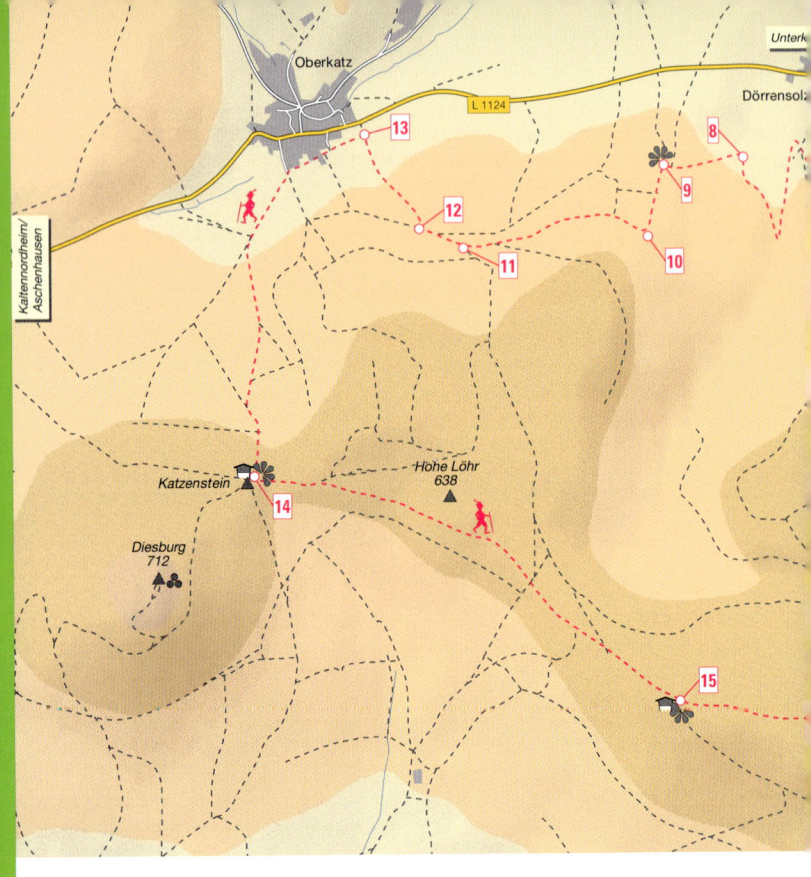

Geba über eine Wegkreuzung hinaus in südwestlicher Richtung weiter folgen. Zwischen den Feldern verläuft der Weg geradeaus auf einen bewaldeten Hügel zu. Nach etwa 400 m biegt der Gebaweg an einem Obstbaum mit Wegweiser links auf einen Wiesenweg. Wieder liegt eine Kehle zwischen zwei Wiesenhängen vor uns mit für die Rhön typischem Strauchbewuchs und Schlehenhecken. Bleiben Sie einfach auf dem geradeaus und immer bergauf führenden Weg. Nach reichlicher Anstrengung ist auch dieser Anstieg nach gut 600 m bewältigt. Es quert ein Schotterweg, dem wir mit Wegweisung nach links folgen, bis wir am **Katzenstein 14** Rastbänke, eine Schutzhütte und eine wunderschöne Aussicht vorfinden.

Am Wegweiserbaum folgen wir links einem Wiesenweg mit einigen alten Grenzsteinen. Entlang des Sattels zwischen der *Basaltkuppe der Diesburg* (keltische Überreste!) und der *Hohen Löhr* erleben wir auf den nächsten 2 km ein wirklich spektakuläres Panorama, für das man gerne immer wieder stehenbleibt. Gebaweg, Schäferweg und Milseburgweg (rotes Dreieck) verlaufen hier auf identischem, stets ansteigendem Pfad. Nach gut 1 km halten wir uns an einer Gabelung am Wegweiser rechts, während oben am Berg der Mast unseres Ziels, der *Hohen Geba*, aus den Bäumen spitzt. Über einige Stationen des Schäferwegs, z. B. die Sehrohre, freuen sich Kinder, während die Großen die rundum liegenden Erhebungen auf einem Orien-

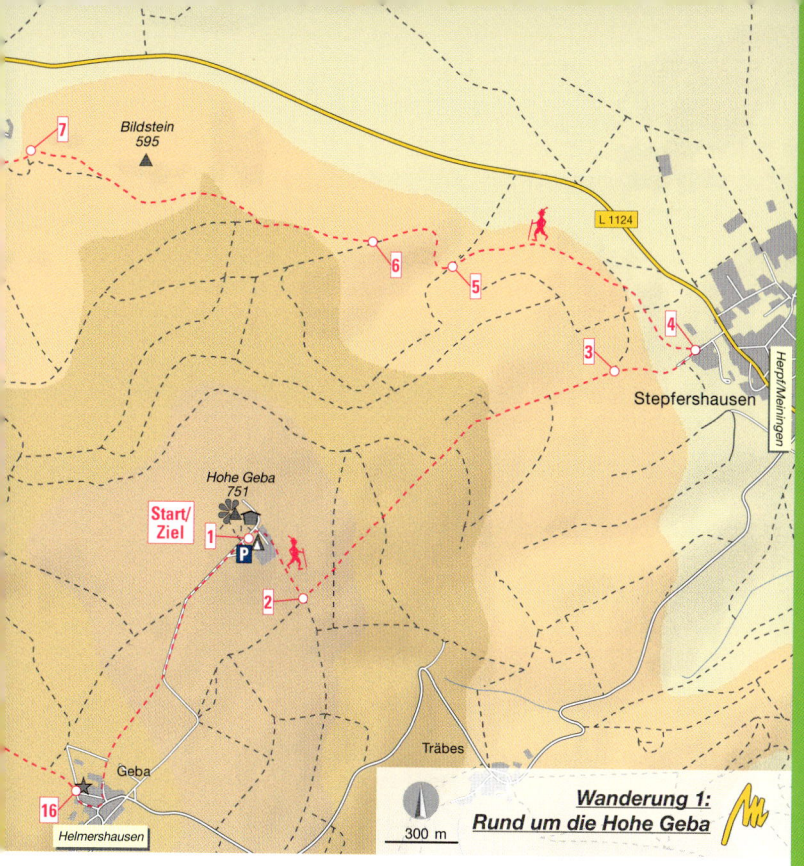

Bildstein
595

7

L 1124

6

5

4

3

Stepfershausen

Herpf/Meiningen

Hohe Geba
751

Start/
Ziel

1

P

2

Träbes

Geba

16

Helmershausen

300 m

Wanderung 1:
Rund um die Hohe Geba

tierungspunkt reflektieren können. Bei klarem Wetter ist von hier aus sogar der Kreuzberg in Sicht. Kurz führt der Weg durch ein paar Tannen hindurch. An der folgenden Kreuzung geht es geradeaus. Noch 800 m führt der Weg zunehmend steiler den Sattel hinauf zum „Rhönfrieden" **15** in 673 m Höhe, wo sich eine Rast auf den Bänken neben der Schutzhütte anbietet. Dann nehmen wir den linken Weg in den Wald. 300 m weiter treten wir wieder in die offene Flur und es grüßt die Hohe Geba.

Angenehm und landschaftlich reizvoll führt der Feldweg zunächst auf den Ort **Geba** zu, wo wir auf eine Besonderheit treffen: die achteckige **Barockkirche 16**. Über den Kirchweg gelangen wir zur Dorfstraße, an der wir uns links halten.

Wir biegen links ab in die Neue Straße und wandern dann bergauf zum Wiesenweg am Ende der Bebauung. Den Sendemast im Blick, geht es schnurstracks über den Wiesenweg und zuletzt auf der geteerten Zufahrtsstraße bis rauf zum **Wanderparkplatz auf dem Geba-Gipfel 1**.

Wer jetzt immer noch nicht genug vom Panorama hat, der steigt auf den kleinen Aussichtshügel im *Rhönkulturgarten*. Alle großen und kleinen Gipfel sieht man hier in prächtiger Rundsicht: den Ellenbogen (813 m), die Wasserkuppe (950 m), den Kreuzberg (928 m), großen und kleinen Gleichberg (679 und 642 m), Schneeberg (1053 m) im Fichtelgebirge, Bleßberg (866 m) bei Eisfeld, den Großen Beerberg (983 m) bei Oberhof und den Großen Inselsberg (916 m).

GPS-Wanderung 2

Rennsteigrunde zum Großen Beerberg und Schneekopf

Charakteristik: Leichte Rundwanderung mit schönen Aussichtspunkten und kurzen Gipfelanstiegen. **Länge/Gehzeit:** 12 km, 3:30–4 Std. **Markierung:** rotes Dreieck, weißes „R", „Rundwanderweg 3". **Ausrüstung/Begehbarkeit:** knöchelhohe Wanderstiefel, wind- und regenfeste Kleidung. Da in der Kammlage des Thüringer Waldes bis in den Mai Schnee liegen kann, vorher die Begehbarkeit der Wege erfragen: Touristinformation Oberhof, ☎ 036842-2690. **Einkehr:** Suhler Hütte, Di–So 10–17 Uhr, ☎ 036845-50418. Waldhotel Schmücke, Restaurant, tägl. 10–19, Sommer bis 20 Uhr, ☎ 036845-5880. Neue Gehlberger Hütte, Wanderherberge, Restaurant, tägl. 10–17 Uhr, ☎ 036845-49911. **Start/ Ziel:** Wanderparkplatz Suhler Ausspanne an der L 1129 Oberhof–Schmücke.

Wegbeschreibung: Oben auf dem Kamm des Thüringer Waldes brechen wir am **Wanderparkplatz** **1** entsprechend der Wegweisung „Suhler Ausspanne" auf dem Forstweg in südlicher Richtung auf. Nach 200 m erreichen wir an einer Wegkreuzung den Rennsteig, den berühmten Fernwanderweg, folgen dem Forstweg nach links und erreichen sogleich die *„Suhler Ausspanne"*, wo einst die Fuhrleute nach Erreichen der Höhe ihre Pferde ausspannten. An der riesigen Wanderwegkreuzung finden wir eine Schutzhütte und viele Wegweiser. Wir folgen einfach dem großen weißen „R", dem Zeichen des Rennsteigwanderwegs, und gehen auf einem breiten Weg Richtung *Großer Beerberg/Plänckners Aussicht*, unserem ersten Etappenziel. Während es leicht bergan geht, begleiten uns Blaubeersträucher und die gelben Eulen-Schilder des Biosphärenreservats Thüringer Wald, das bis hier heraufreicht. Zur Kernzone dieses Naturschutzgebiets gehört das *Hochmoor des Beerbergs*. Um Flora und Fauna nicht zu stören, gilt: auf den Wegen bleiben!

Etwa 1,5 km nach Start ist **Plänckners Aussicht** **2** erreicht. Von der Aussichtsplattform aus schweift der Blick über Suhl mit seinen klotzigen Bauten. Wir sehen den Ringberg mit dem markanten Hotel und in der Ferne den gro-ßen und kleinen Gleichberg, das Grabfeld und die Rhön. Die Wanderung verläuft weiter auf dem Rennsteig *Richtung Schmücke*. Bei einer Gabelung halten wir uns rechts, ungefähr 300 m weiter zweigt der Rennsteig als schmaler Wanderpfad mit Steinen und Wurzeln rechts vom breiten Weg ab **3** und verläuft idyllisch im Wald. Kurz darauf ist der „Adler" erreicht, eine Wegkreuzung mit Schutzhütte, an der uns ein Wegweiser auf einen grasigen Weg zur *Suhler Hütte* schickt. Wir folgen diesem Waldweg, der einmal scharf links abknickt und dann den Berg hinauf führt, rund 1 km. Kurz nachdem er auf einen querenden Forstweg einmündet, kommt links die **Suhler Hütte** **4** in Sicht.

Von der Beliebtheit des Treffpunkts für Wintersportler und Wanderer zeugt ein Sammelsurium an Skiern, Schlitten und Wanderstiefeln, ein uriges Freilichtmuseum. Noch ein kurzer Blick über die Baumwipfel ins Goldlautertal, dann setzen wir unseren Weg bergwärts fort, bis wir an der **Wetterstation des Deutschen Wetterdienstes** **5** die Landstraße und den Rennsteig wieder erreichen. Dem weißen „R" folgen wir östlich auf dem Waldweg in Richtung **Schmücke** **6**. Die höchstgelegene Ansiedlung des Rennsteigs auf einem Bergplateau in 916 m Höhe ist einer der sonnenärmsten Orte Deutschlands und so niederschlagsreich wie sonst kein Ort in Thüringen. Bei schönem Wetter aber öffnet sich ein weiter Blick über das Thüringer Schiefergebirge. Wie viele Wanderer mit unzulänglichem Schuhwerk schon hier heraufgekommen sind, lässt sich am skurrilen Stiefeldenkmal an der Grillstation erahnen.

In der Verlängerung des Hotels und der Landstraße führt ein Wiesenweg schnurstracks auf den Waldrand zu. *Richtung Güldene Brücke/Gehlberg* wandern wir auf dem bequemen Weg, über den im Winter auch die Loipen führen. Linker Hand liegt das „Schneekopfmoor am Teufelskreis", auch dieses ist ein besonders geschützter Bereich. Nach etwa 1 km trifft der immer geradeaus führende Forstweg am **Wanderparkplatz Güldene Brücke 7** auf die Landstraße. Hier an der Kreuzung biegt der Weg scharf links ab *Richtung Teufelskanzel und Schneekopf.*

Wir folgen dem mit rotem Dreieck markierten Waldweg etwa 600 m bis zu einer **Gabelung 8** mit einer Sitzbank in

geschnitzter Drachenform und marschieren dann mit der Wegweisung nach rechts zur Teufelskanzel. Allmählich wird der Weg zum wurzelgespickten Pfad. Wir folgen ihm an einer Gabelung mit dem roten Dreieck weiter nach rechts, queren dabei die steile Nordflanke des Berges, bis wir die **Teufelskanzel 9** erreichen. Von dem Aussichtsfelsen aus genießen wir den Blick in den schluchtartigen Schneetiegel und das Tal der wilden Gera am Nordabhang des Thüringer Waldes, bis dieser weit hinter der mächtigen Geratalbrücke der Autobahn A 71 in die flache Landschaft des Thüringer Beckens übergeht. An der Teufelskanzel wendet sich der Waldpfad südwärts, nach etwa 120 m geht es ab einer Gabelung mit dem roten Dreieck nach links steil bergauf Richtung Schneekopf. Nach kurzem Anstieg kommt der alte Fernmeldeturm schon in Sicht. Am Waldrand führt ein steiniger Pfad nach rechts aufs Gipfelplateau des **Schneekopfs 10**. Hier auf 978 m Höhe ist die

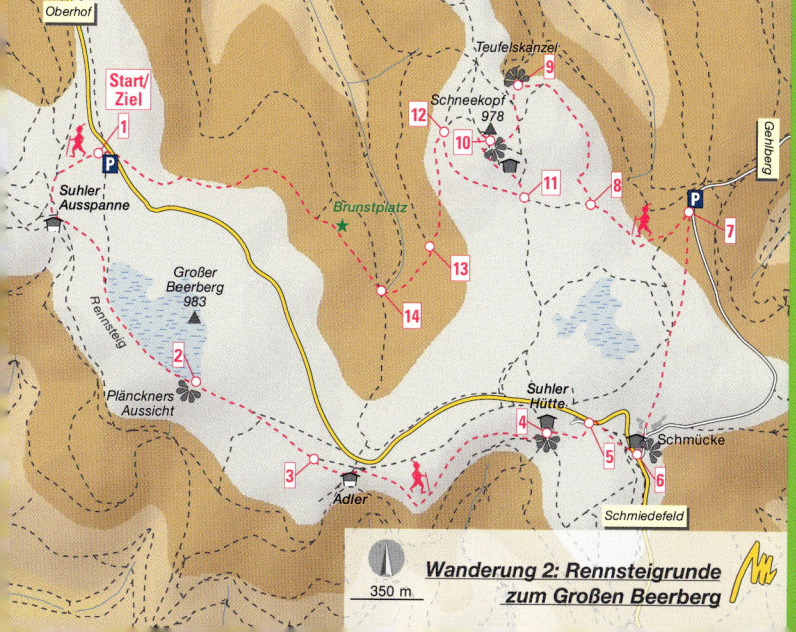

Wanderung 2: Rennsteigrunde zum Großen Beerberg

350 m

Rundsicht von der Rhön bis zum Ettersberg bei Weimar und bei klarer Sicht bis zum Brocken überwältigend. Aber auch die näheren Ziele wie Oberhof mit dem charakteristischen „Sprungschanzenhotel" oder Goethes Kickelhahn bei Ilmenau lohnen den Blick. Die Gipfelstürmerei muss auf dem Schneekopfplateau noch nicht zu Ende sein: Wer mag, steigt den Aussichtsturm (tägl. 10–18 Uhr) hinauf und endet mit seiner Thüringer-Tausender-Besteigung auf exakt 1001,1 m. Nach einer Stärkung aus dem Rucksack oder aus der Küche der *Neuen Gehlberger Hütte* geht es auf den Rückweg.

Unterhalb der Hütte sorgen eine Wanderkarte und ein **Wegweiserbaum** 🔟 für Orientierung. An dieser Wegkreuzung nehmen wir den *ersten Weg ganz rechts*, der an einer Infotafel über das Biosphärenreservat in (nord)westlicher Richtung führt. (Vorsicht: Die Wegweisung „Rundwanderweg Nr. 3", die für dieses Wegstück gilt, ist überall stark verwittert und kaum zu erkennen!). Der leicht abwärts führende Grasweg im Wald erreicht nach 700 m eine Lichtung. Hier zweigt an dem **Wegweiser „Forsthaus Sattelbach"** 🔢 ein Weg scharf links ab, der nun steil bergab führt. Nach 600 m mündet dieser Weg auf einen **Forstweg** 🔢, auf den wir nach links abbiegen, um sogleich die (geschlossene) *Dürrenberger Hütte* zu passieren.

Den wenig später **kreuzenden Forstweg** (Rennsteig-Bahnhof Gehlberg) 🔢 überqueren wir, nehmen danach sofort den linken Waldweg, der westlich und bergauf führt (nicht den Forstweg nach Oberhof einschlagen!). Die Markierung „Rundweg 3" links an einem Baum ist stark verwittert. Im weiteren Verlauf folgen wieder reguläre Markierungen. Der tief eingegrabene, windungsreiche Waldweg führt oberhalb einer Lichtung entlang (Brunstplatz). An einer Wegkreuzung gehen wir mit Markierung geradeaus und können nach insgesamt etwa 1,5 km nochmals einen Weitblick über die grünen Hügel und Täler erhaschen. Nach 500 m trifft der Waldweg wieder auf die Landstraße und der **Wanderparkplatz** 🔳 ist erreicht.

Etappenziel in Sicht: der Schneekopf mit Aussichts- und Fernmeldeturm

Familienwanderung zur Werraquelle und auf die Rennsteigwarte am Eselsberg

Charakteristik: Gemütliche Wanderung für die ganze Familie. Abwechslung im Fichtenwald bieten die Werraquelle, historische Grenzsteine am Rennsteig und die tolle Aussicht von der Rennsteigwarte. Bis zur Werraquelle kann man auch mit Kinderwagen gut gehen. Auf dem kurzen „Holper"-Stück zwischen Quelle und Heidehütte 5 bis 7 müsste man den Wagen hier und da kurz tragen. Danach wieder gut fahrbare Wege. (Alternative: der breite, aber nicht so idyllische Forstweg von Schutzhütte Eselsgrund bis Rennsteigwarte). **Länge/Gehzeit:** 6,5 km, 2 Std. **Markierung:** weißes „R", grüner Querbalken, blaues Quadrat. **Einkehr:** Werraquell-Hütte, tägl. ab 11 Uhr, ☎ 036870-258666. **Start/Ziel:** Gebührenpflichtiger Wanderparkplatz beim Rennsteighaus (WC, Umkleiden) am Ortseingang, 98666 Masserberg.

Wegbeschreibung: Am Wanderparkplatz beim **Masserberger Rennsteighaus** 1 geht es los. Nach Überquerung der Hauptstraße informiert ein steinerner Rennsteig-Wegweiser über den berühmten Weitwanderweg auf dem Kamm des Thüringer Waldes. Wir lassen uns von der *Ausschilderung „Werraquelle"* leiten, passieren das *Hotel Haus Oberland* und halten uns am Abzweig rechts. Nach knapp 300 m geht es am Wegweiser auf dem **Masserberger Höhenweg** 2 rechts. Der bequem zu gehende, befestigte Forstweg, auf dem sich im Winter die Langläufer tummeln, führt kaum merklich bergauf durch den Fichtenwald. Blaubeeren und Himbeeren wachsen hier, aber auch Disteln und giftiger Fingerhut. Wer Glück hat, dem huschen Eidechsen über die Füße. Nach etwa 1 km überqueren wir eine Kreuzung geradeaus, nach einem weiteren Kilometer ist die *Schutzhütte Eselsgrund* erreicht. Hier an der **Kreuzung** 3 wenden wir uns nach links. 100 m weiter finden wir rechts die **Ausschilderung der Werraquelle** 4, die wir nach kurzem Wegstück auf einem schmalen Wanderweg an der **Werraquell-Hütte** 5 erreichen. Wer den Düften nach frisch Gebratenem und Gebackenem nicht widerste-

hen kann, lässt sich gleich im Biergarten nieder. Unterhalb des anliegenden Forstwegs sollte aber auch die 1897 gefasste und aus einem Messing-Löwenkopf sprudelnde *Werraquelle* einen Blick wert sein. Die Fehrenbacher bestehen darauf, dass ihre Werraquelle die „echte" ist (während die Bürger von

Rennsteigwarte

Die Werra-Quelle

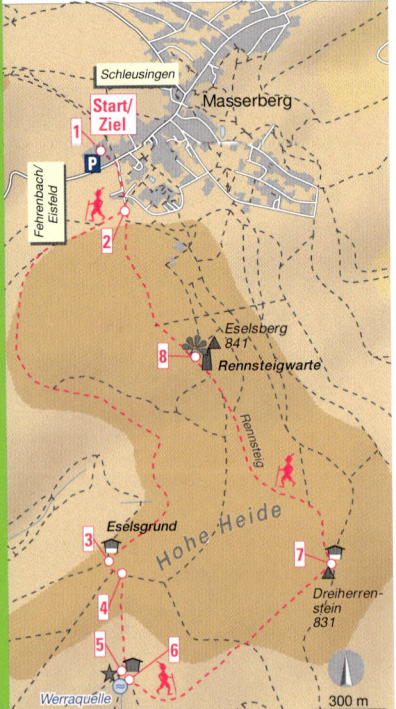

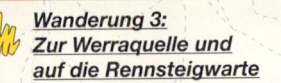

Wanderung 3:
Zur Werraquelle und
auf die Rennsteigwarte

Sigmundsburg, wo ein zweiter Arm der Werra entspringt, den gleichen Titel für ihre Werraquelle reklamieren).

Nach Rast, Erfrischung und Spiel setzen wir die Wanderung *Richtung Rennsteig und Heidehütte* fort. Ein **Wegweiser oberhalb des Parkplatzes** **6** markiert den Abzweig von der Forststraße. Der schöne Waldweg mit Wurzeln und Steinen (Markierung blaues Quadrat) führt leicht bergauf und quert auf Holzbrücken kleine Bäche. Nach rund 500 m wird ein Forstweg versetzt gequert. Noch mal 500 m weiter wird am **Dreiherrenstein** **7** und der *Heidehütte* (eine Schutzhütte) wieder der Rennsteig erreicht. Hier an der Hohen Heide (832 m) markiert der Dreiherrenstein aus dem Jahr 1846 die Grenze zwischen drei Territorien: Schwarzburg-Sondershausen, Schwarzburg-Rudolstadt und Sachsen-Meiningen.

Wir folgen nach links dem Verlauf des Rennsteigs (weißes „R") und treffen auf weitere historische Grenzsteine rechts und links des befestigten Forstwegs. Unser Ziel, die Rennsteigwarte, kommt nach etwa 900 m an einer Weggabelung in den Blick und wir wandern, uns rechts haltend, zügig darauf zu. Die **Rennsteigwarte** **8** überragt den *Eselsberg* (841 m) noch um 32 m. Für 1 Euro lässt uns das Drehkreuz im Turm passieren (tägl. 9–19 Uhr) und nach 155 Stufen ist die geräumige, verglaste Aussichtsplattform erreicht. Über die Baumwipfel blickt man hinüber zum Pumpspeicherwerk Goldisthal, zum Großen Farmdenkopf (868 m) und zum Bleßberg (867 m). Die fränkische Veste Coburg ist bei klarer Sicht zu sehen, aber auch die höchsten Thüringer Gipfel – der Große Beerberg (982 m) und der Schneekopf (978 m) – sind greifbar nahe.

Für den Rückweg lassen wir die Turmbaude rechts liegen und wandern auf dem Rennsteig bergab nach Masserberg, wo wir nach 700 m den Ortsrand und alsbald auch den **Wanderparkplatz** **1** erreicht haben.

GPS-Wanderung 4

Zwischen Seen und Fels:
Zum Röllchen und Falkenstein bei Tambach-Dietharz

Charakteristik: Lange, weitgehend angenehm gehbare Rundwanderung im Thüringer Wald zwischen Schmalwassertalsperre und Talsperre Tambach-Dietharz. Dabei werden die Natursehenswürdigkeiten Röllchen, Falkenstein und Steinernes Tor besucht. Beim Abstecher durch die Felsenklamm Röllchen ist Trittsicherheit gefragt, denn es geht über eine heikle felsige Passage (einfacher Alternativweg vorhanden). **Länge/Gehzeit:** 16,4 km, 4 Std. **Markierung:** grünes Dreieck, grünes Quadrat, roter Querbalken, gelbes X. **Ausrüstung:** knöchelhohe Wanderstiefel mit rutschfesten Sohlen. **Einkehr:** keine, deshalb Verpflegung mitnehmen. Der Bergwachtstützpunkt am Falkenstein ist von Mai bis Okt. Sa/So 10–17 Uhr geöffnet; es gibt Getränke, manchmal wird gegrillt. **Start/Ziel:** Parkplatz an der Schmalwassertalsperre, Oberhofer Straße, 99897 Tambach-Dietharz.

Wegbeschreibung: Felsen, Wasser, Wald – auf dieser Rundwanderung zeigt sich der Thüringer Wald von seiner abwechslungsreichen Seite. Schon im engen *Schmalwassertal* türmen sich über uns felsige Hänge auf. So steigt die Vorfreude auf den Höhepunkt der Wanderung, den am **Wanderparkplatz** **1** ausgeschilderten *Falkenstein*.

Wir nehmen nach der Schranke der Talsperre den rechten geteerten Versorgungsweg, den wir entlang der Markierung grünes Dreieck bis zur „Wurzel" (dem Zufluss) der Schmalwassertalsperre nicht verlassen werden. Ärgern wir uns nicht über die Asphalttreterei, sondern freuen wir uns, dass der satte Aufstieg über die Straße bequem zu bewältigen ist. Bei der Abzweigung zur Dammkrone nach 1,23 km halten wir uns rechts. Oberhalb des Betriebsgeländes gibt es einen ersten Blick auf den Trinkwassersee, der seit 1998 in Betrieb ist und 21 Mio. m³ Wasser fassen kann. Der Staudamm ist mit 76 m übrigens der höchste Schüttdamm Deutschlands. Beim ersten Waldweg, der in unseren Weg mündet, ist eine **Schutzhütte** **2** zu finden. Der sonnige Teerweg führt weiter in südlicher Richtung. Nach

500 m haben wir eine grandiose **Aussicht** **3** auf den blaugrün schimmernden See, dessen Ufer steil zum Wasser hin abfallen. Mal flach, mal ansteigend geht der Weg dahin, meist führt er durch Fichtenwald, und so freuen wir uns auf jede Aussicht aufs Wasser. Ab dem „Wolfszahn" geht es bergab zum **Meister-Eckart-Blick** **4**, der uns ein wirklich malerisches Seepanorama eröffnet und mit Bänken zur Rast einlädt. Nach etwa 600 m ist die Stauwurzel des Sees erreicht.

Wir verlassen den See und wandern auf das Brunnenhaus zu. Hier finden wir mit Unterstützung der Wegweisung den **Eingang zum so genannten „Röllchen"** **5**. Nachdem wir eine kleine Holzbrücke passiert haben, tauchen wir auf einem Naturpfad in den Wald hinein. Ab jetzt wird es abenteuerlich: Der Wildbach hat sich über Jahrmillionen in das harte Porphyrgestein gefressen und einen engen Taleinschnitt geformt. Den munter springenden Bach begleiten wir bergauf, steigen über ausgetretenes Wurzelwerk, über Baumstämme und bald über Geröll (daher der Name Röllchen) entlang fast senkrechter Felswände. Langsam geht es voran, aber mit Natur-Genuss! Eine Kette hilft bei der Passage einer heiklen Stelle oberhalb eines Wassertopfs. Bald kommt ein Holzsteg in den Blick. Wer sich traut, klettert über das nasse, geschliffene Gestein nach oben. „Begehen auf eigene Gefahr" steht am oberen Eingang/**Ausgang der Klamm** 6. Zum Glück müssen wir nicht wieder hinunterklettern, das wäre deutlich unangenehmer. Wir wenden uns nach rechts auf einen bequemen Forstweg, der uns gemütlich zwischen zwei hohen Felsen hindurch und bald mit Blick auf den See bergab führt. Gut 500 m später biegen wir nach links auf den **Talweg** 7 ab, über den diejenigen ab Stauwurzel bzw. Eingang Röllchen wandern können (Wegweisung Richtung Falkenstein), die sich das „Röllchen" nicht zutrauen.

Etwa 150 m weiter gabelt sich der Weg, wir nehmen den linken bei Wegweiser **„Falkenstein 400 m"**. Bald teilt

Kletterfelsen: der Falkenstein

sich auch dieser Weg: Weiter geht es rechts im Talgrund auf eine Wiese zu (Markierung T 15). Alsbald sieht man linker Hand den 96 m hohen Falkenstein hinter den Bäumen hervorblitzen. Die Wegkreuzung interessiert uns vorläufig nicht, wir gehen auf dem Hauptweg geradeaus und können bald ein schönes Foto machen: der **Falkenstein mit Teich** 8. Etwa 200 m weiter finden wir das *Bergwachthaus* mit einem einladenden Picknickplatz. Wer einmal direkt unter der imposanten **Felswand** 9 des größten freistehenden Kletterfelsen Thüringens stehen will, geht am Bergwachthaus geradeaus über einen Weg aus großen Flusssteinen, dann links über eine Naturtreppe mit hohen Stufen. Das Klettern am Felsen sollten nur geübte Sportler wagen! Wer Glück hat, sieht einen der Wanderfalken, die hier auch heute noch brüten.

Nach ausgiebiger Rast verläuft unser Rückweg zunächst bis zur **Waldwegkreuzung am Teich** 8. Am Wegweiserbaum geht es weiter Richtung Tambach-Dietharz (in Wanderrichtung linker Weg). Der Forstweg ist mit roten Querbalken, grünem Quadrat und T 15 markiert. Bei der nächsten **Kreuzung** 10 geradeaus. Wir lassen auch die Abzweigung nach Altenfels rechts liegen. Auf der (abgetragenen) Burg war Ritter Eckart von Hochheim Burgvogt, der Vater des mittelalterlichen Mystikers Meister Eckart, der in Tambach geboren wurde. Unser Weg führt uns mit einigem Anstieg um den großen Buchenberg herum und ermöglicht uns schließlich noch einen Blick durch die Fichten hinunter zur Schmalwassertalsperre.

An der **Kreuzung „Am Buchenberg"** 11 mit Wegweiser-Baum und Unterstand nehmen wir den nördlichen Abzweig *Richtung Steinernes Tor und Alte Tambacher Talsperre* (Markierung roter Querbalken). Der Forstweg führt leicht bergab oder folgt derselben Höhenlinie quer zum Hang. Eine Kreuzung etwa 400 m weiter passieren wir geradeaus,

Georgenthal

Tambach-
Dietharz

Alte
Talsperre
Tambach

Apfelstädt

Kirchberg
627 ▲

Mittelwasser

Schmalwasser

Start/
Ziel

Talsperre
Schmalwasser

Steinernes
Tor

Kleiner Buchenberg
745 ▲

Großer Buchenberg
813 ▲

Röllchen
(Klamm)

Falkenstein

Nähertalskopf
791 ▲

350 m

Wanderung 4:
Zum Röllchen und Falkenstein

nochmals 700 m später wählen wir den linken Weg. Nun heißt es Ausschau halten nach der **Ausschilderung „Steinernes Tor"** 🔟, das gut 300 m weiter am linken Wegrand an einem Baum befestigt ist. Hier geht es noch 200 m eine steile Naturtreppe und einen Waldpfad hinunter zu einem weiteren sehenswerten Naturdenkmal. Das **Steinerne Tor** 🔟 ist ein übermannshohes Felsentor, unter dem das weichere Erdreich ausgewaschen wurde. Wir steigen wieder hinauf zum Forstweg, auf dem wir (nach links) weiterwandern (Markierungen T 14, T 15, ab Muhalterdelle gelbes Kreuz). Langsam, aber stetig geht es bergab, bis wir kurz vor Tambach-Dietharz das Wasser der Alten Tambacher Talsperre unter uns erkennen. Da der Baumbestand dicht ist und ein Zaun den Zugang zum Wasser verhindert, kann man die Schönheit des Ausblicks, der sich bieten könnte, nur erahnen.

Kurz nach der alten Staumauer finden wir den *Wegweiserbaum Schließleiteweg*. Ab hier folgen wir dem grünen Punkt Richtung Schmalwassertalsperre. Der schmale Wanderpfad führt in östlicher Richtung zwischen Bäumen hindurch auf eine offene Wiese oberhalb des Ortes und verläuft zunächst außen am Waldrand. Von hier hat man eine herrliche Aussicht 🔟 auf Tambach-Dietharz und den Thüringer Wald.

Wieder im Wald, folgen wir den häufigen Markierungen grüner Punkt, damit wir den Abzweig scharf nach links nicht verpassen. In mehreren Serpentinen geht es über Wurzelwerk bergab und bis auf die geteerte **Oberhofer Straße im Tal** 🔟. Wer seine Füße in der Kneipp-Anlage erfrischen will, findet diese bei einem Rastplatz etwa 100 m links. Nach rechts geht es zurück zum **Wanderparkplatz** 🔟, den wir nach 600 m erreichen.

GPS-Wanderung 5

Felsen, Höhlen, Literatur:
Auf Goethes Spuren zum Kickelhahn bei Ilmenau

Charakteristik: Lange, an Auf- und Abstiegen reiche Waldwanderung mit vielen Ausblicken über den Thüringer Wald. Für Abwechslung sorgen zudem mehrere Sehenswürdigkeiten, wie das Goethe-Häuschen auf dem Kickelhahn oder die Höhle am Hermannstein. **Länge/Gehzeit:** 18,5 km, ca. 5–6 Std. je nach Verweilzeit bei den Sehenswürdigkeiten. **Markierung:** grünes „g" in Sütterlin-Schrift, schwarzer Schlitten, grüner Diagonalstrich – jeweils auf weißem Grund. **Einkehr:** Waldgaststätte Schöffenhaus, ab 11 Uhr, Mi/Do Ruhetag, ☏ 03677-4688220. Berggaststätte Kickelhahn, Mai bis Nov. Mo–So 10–18 Uhr, ☏ 03677-202034. Berg- und Jagdhotel Gabelbach, Gourmetrestaurant, tägl. 12–21.30 Uhr, Am Gabelbach 1, ☏ 03677-8600. Bobhütte am Lindenberg, Mi–So 11–21 Uhr, Mo/Di Ruhetag, ☏ 0176-20941904. **Start/Ziel:** Amtshaus am Marktplatz in 98693 Ilmenau. Verschiedene Parkmöglichkeiten in der Nähe, z. B. Friedhofsparkplatz mit Tagesticket (4 €), Oberpörlitzer Straße (kostenlos).

Wegbeschreibung: Für Goethe-Liebhaber ist die Wanderung auf dem ausgezeichneten Goethewanderweg bei Ilmenau fast schon ein Muss! Aber auch Naturliebhaber ohne literarische Neigungen können sich an den zahlreichen Naturdenkmälern und der herrlichen Mittelgebirgswelt des Thüringer Waldes erfreuen. Los geht es am **Amtshaus in Ilmenau** 🔟, in dem das

Blick vom Hermannstein über Stützerbach zum Schneekopf

GoetheStadtMuseum untergebracht ist. Wir sagen Tschüß zum bronzenen Goethe, der vor dem Haus auf der Bank sitzt, und wandern mit der Goetheweg-Markierung, dem grünen „g" in Sütterlin-Schrift, zwischen Amtshaus und Rathaus die Obertorstraße bergauf. Die Erfurter Straße wird überquert, dann geht es hinein in den *Friedhof*, wo der Goethewanderweg an historischen Grabmalen vorbeiführt. U. a. ist hier Corona Schröder begraben, eine von Goethe verehrte Sängerin und Schauspielerin. Der Weg führt nach gut 400 m wieder aus dem Friedhof hinaus.

Dort überqueren wir die Erfurter Straße und wenden uns am Wegweiser links. Gleich geht es rechts über ein kurzes Stück im „Rasen" und den Hangeberg hinauf, bis wir links in die **Neue Marienstraße** 🄶 abbiegen. Vorbei geht es am *Zechenhaus* hinauf bis zur Sturmheide, in die wir nach links abbiegen. Info-Tafeln, die es an diesem Wanderweg reichlich gibt, informieren uns, dass Goethe hier den Berggraben für die Wasserzufuhr zum Sturmheider Bergwerk wieder instand setzen ließ (mehr über Goethes Tätigkeit in Ilme-

nau → S. 102). Nach einem langen Blick auf Ilmenau lassen wir die Stadt hinter uns. In einem schönen Buchenwald mit Blaubeersträuchern geht der feine Wanderweg angenehm dahin. Nach gut 1 km treffen wir auf eine **Waldwegkreuzung** 🄴, an der wir mit dem Wegweiser geradeaus weitergehen.

Nach etwa 250 m bergauf erreichen wir eine **Kreuzung** 🄵, an der es nach links flach weitergeht. Nach 400 m gehen wir an der Markierung an einer Gabelung auf dem rechten Weg weiter. Der Pfad kreuzt alsbald einen Forstweg und führt geradeaus. Wir werden gut geführt mit Markierungen und Wegweisern, sodass wir nach gut 1 km die *Berthaquelle* passieren und gleich darauf über den kreuzenden Forstweg geradeaus auf unserem Pfad weiter bergauf wandern. Schon kommt der *Schwalbenstein mit einem Holzhäuschen* in den Blick. Unten am Felsen erinnert eine **Gedenktafel** 🄳 an den Märztag 1779, als Goethe auf diesem Felsen den 4. Akt seiner „Iphigenie" niederschrieb. Den Musenkuss in Form eines herrlichen Ausblicks genießt man als Wanderer von der **Schutzhütte** 🄶 aus.

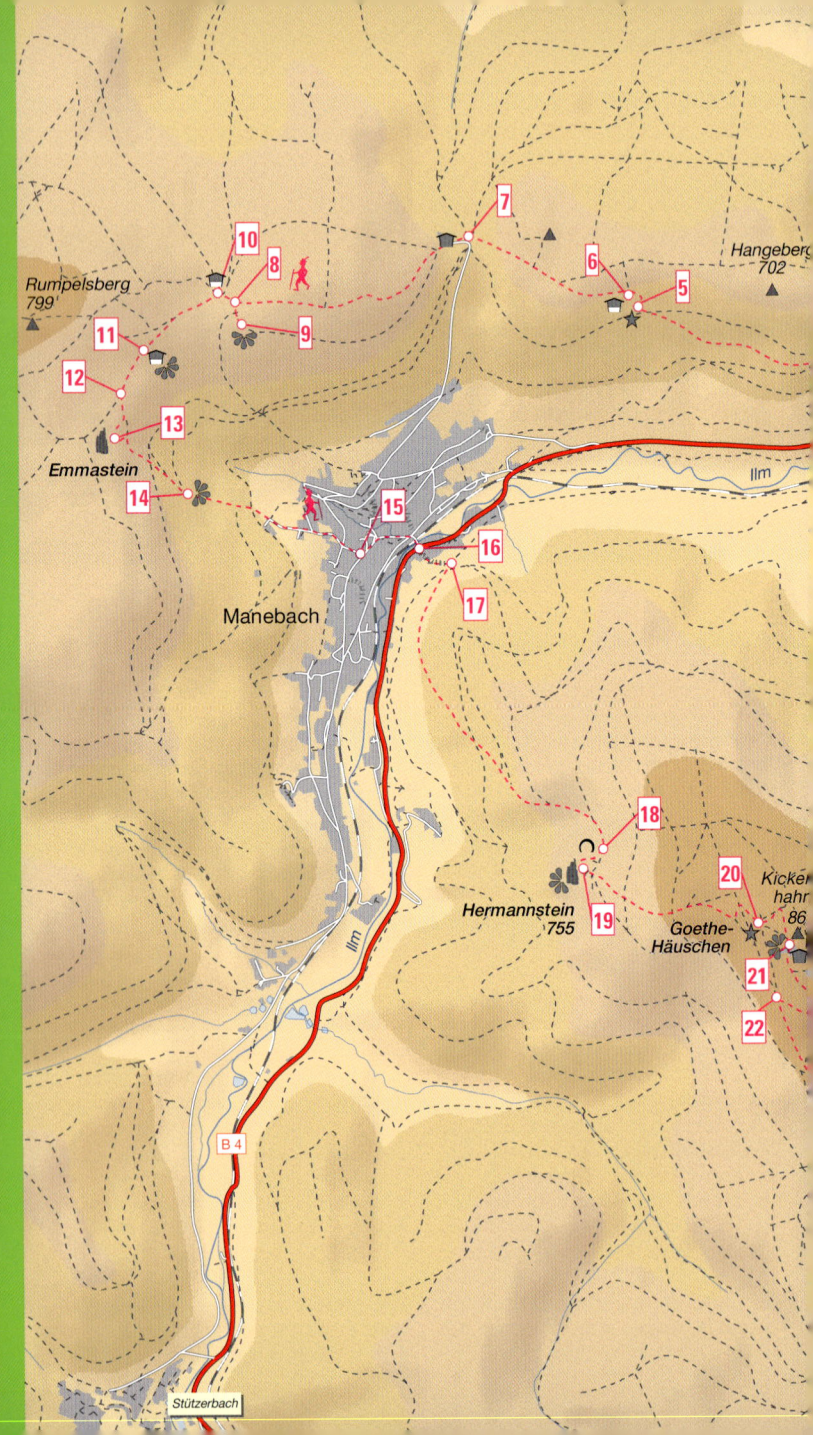

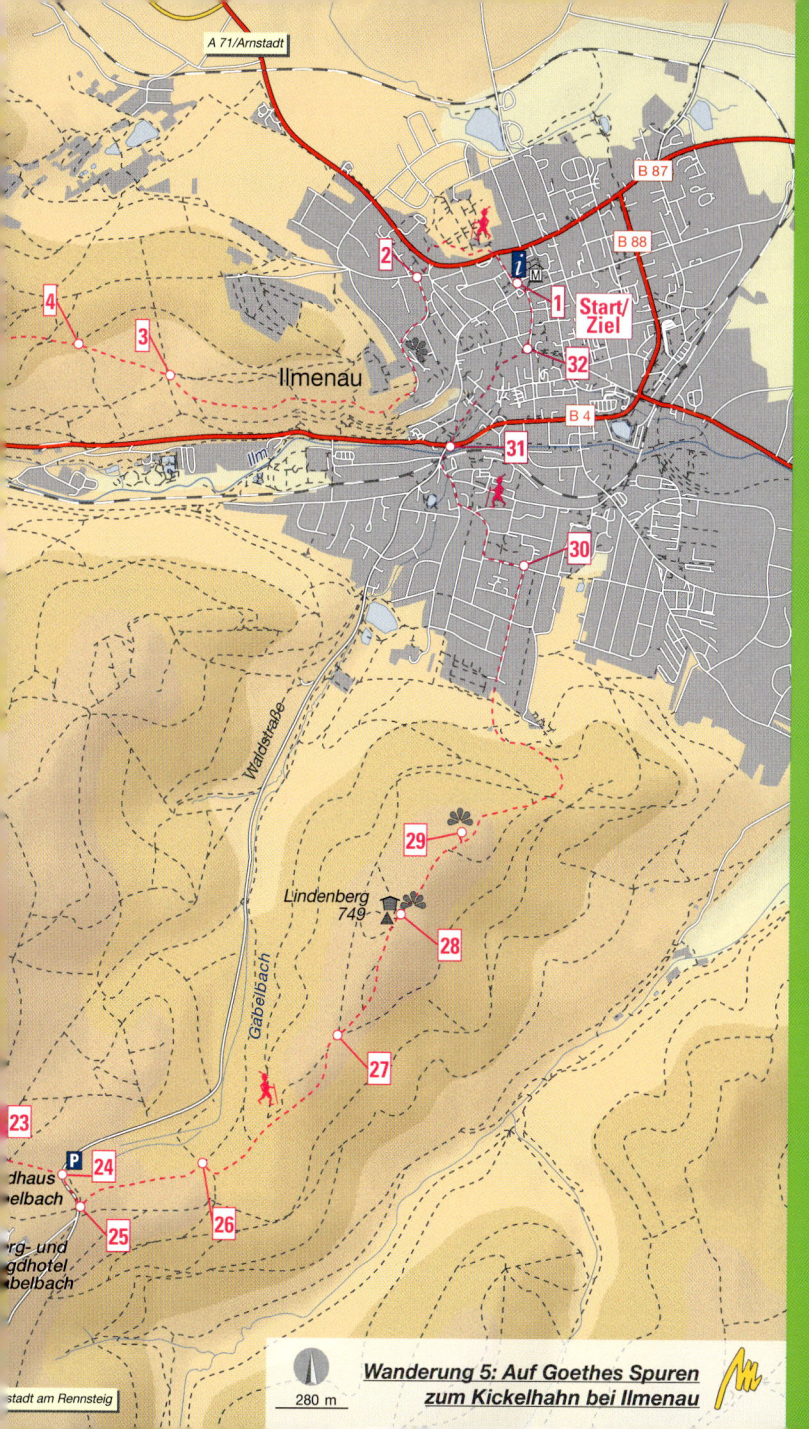

A 71/Arnstadt

B 87

B 88

2

4

3

Ilmenau

1

Start/Ziel

32

B 4

31

30

Waldstraße

Ilm

29

Lindenberg
749

28

Gäbelbach

27

23

P 24

dhaus
elbach

25

26

rg- und
gdhotel
äbelbach

stadt am Rennsteig

280 m

Wanderung 5: Auf Goethes Spuren
zum Kickelhahn bei Ilmenau

Der Wanderweg führt nun zum **Tanneneck 7** und vorbei an der *Waldgaststätte Schöffenhaus*. Am Wegweiserbaum gleich nach der Gaststätte folgen wir dem Pfeil „Hohe Warte" (hier fehlt eigentlich die Ausschilderung Manebach). Es geht 600 m bergauf zum Heidelberg. Wir folgen dem Wegweiser Richtung Emmastein und erreichen nach 300 m eine **Waldwegkreuzung 8**. Eine **Bank mit schöner Aussicht 9** findet sich links in etwa 100 m Entfernung.

Zurück vom Abstecher führt der Goethewanderweg zur **Schutzhütte „Am Steiger" 10**, wo wir den breiten Hauptweg ganz links einschlagen. In kurzem Abstand folgen eine weitere **Hütte mit Rastplatz 11** und die *Marienquelle*. Etwa 200 m nach der Hütte zweigt der **Goetheweg 12** deutlich beschildert links vom Forstweg ab. Über viel Wurzelwerk führt der Pfad nach 200 m zum **Emmastein 13**, einem imposanten Felsen aus Rotliegendem, den Goethe zeichnete und der wohl auch dem Maler Adolph Menzel als Vorbild für ein Gemälde diente. Über Stock und

Goethe-Gedenktafel
am Schwalbenstein

Stein führt der Pfad nun steil bergab, kreuzt einen Waldweg, bis wir nach gut 500 m den Waldrand und einen **Rastplatz mit Ausblick auf Manebach 14** erreichen. Durch offenes Gelände nähern wir uns dem Talort, wandern vorbei an der schiefergeplätteten Kirche bis zur **Goethestraße 15**, an der wir uns links wenden. Im Haus Nr. 13, dem *„Haus des Kantors"* (rechts vom Abzweig gelegen), war der Geheimrat öfters zu Gast und er zeichnete den Manebacher Grund, wie eine Inschrift informiert. Am Bahnhof werden die Gleise überquert, ebenso die Schleusinger Straße. Neben der Bushaltestelle finden wir einen **Wegweiserbaum 16** und einen kleinen Treppenweg, der zwischen den Häuschen den Hang hinaufführt.

Bis zum Gipfel des *Kickelhahn* haben wir nun knapp 3 km stetigen Aufstieg vor uns. Oberhalb Manebachs wenden wir uns an der **Helenenruh 17** rechts. Der Waldweg führt im Prinzip bei den folgenden Kreuzungen immer geradeaus und ist gut markiert. Nach etwa 1,5 km bringt der kurze **Abstecher zur Höhle des Hermannsteins 18** eine kurze Verschnaufpause. Goethe besuchte die Höhle mehrfach, um hier zu schreiben und zu zeichnen, und hier verbrachte er anregende Stunden mit seiner verehrten Frau von Stein. Der Pfad umrundet den mächtigen Felsen, den man schließlich über eine steile Stahltreppe erklettern kann. Oben auf dem drahtseilgesicherten **Felsgipfel 19** schweift der Blick über den Manebacher und Stützerbacher Grund hinüber zum Schneekopf mit seinen markanten Türmen. Am Rastplatz mit Wegweiserbaum wandern wir über einen steinigen Weg bergauf, überqueren nach etwa 500 m einen Forstweg, halten uns nach 300 m an einer Gabelung rechts und passieren die *Dachsquelle*. Bald ist die nächste Sehenswürdigkeit der Tour erreicht: das legendäre **Goethehäuschen 20**, in dem Goethe 1780 „Wandrers Nachtlied" mit dem bekannten Beginn „Über allen Gipfeln ist Ruh ..." auf die Bretterwand schrieb. Das Original-häuschen ist abgebrannt, aber in der originalgetreuen Rekonstruktion kann man die Verse nun in 16 Sprachen nachlesen.

Unser Weg führt in Wanderrichtung links am Goethehäuschen vorbei. Nur ein paar Schritte entfernt finden wir die *Rekonstruktion eines historischen Jagd-schirms* und die ausgegrabenen Pirsch-gänge der Jagdanlage der Weimarer Herzöge. An einem Sendemast halten wir uns rechts und erreichen nach gut 100 m den 24 m hohen **Kickelhahnturm** **21**, der 1855 eröffnet wurde. Wer mag, klettert die 107 Stufen hinauf für eine Rundumsicht. Doch auch von den Rastbänken an der Berggaststätte be-lohnt das Panorama für die Mühen des Aufstiegs. Westlich des Gasthauses set-zen wir den Weg bergab in *Richtung Jagdhaus Gabelbach* fort, zunächst auf einem Waldwanderweg, dann ab einer **Kreuzung 22** links auf einem steinigen, breiteren Weg. Nach gut 1 km ist das **Jagdhaus Gabelbach 23** erreicht. Das *Museum* mit barockem Festsaal beher-bergt eine Jagdsammlung von Goethe und Herzog Carl August (April bis Okt. Di–So 10–17 Uhr, Nov. bis März Di–So 10–16 Uhr).

Wir verlassen nun den Goethewan-derweg, um die Tour über die Bobhütte nach Ilmenau zurück zu runden. Gera-deaus geht es bergab zum 400 m ent-fernten **Wanderparkplatz Herzogröder-wiese 24**. Am Infopunkt nehmen wir den Pfad unterhalb der Straße nach rechts und folgen dem „Schlitten"-Symbol und der *Ausschilderung Rich-tung Bobhütte*. Nach 200 m biegt ein Forstweg am **Wegweiser 25** links ab und wir entfernen uns von der Straße. Etwa 500 m später geht's an einer **Kreu-zung 26** rechts und an der gleich fol-genden Gabelung halten wir uns links. An der 300 m entfernten Gablung wan-dern wir Richtung Bobhütte rechts auf dem Forstweg weiter und bleiben auf

Der 24 m hohe Kickelhahnturm

dem **Schotterweg 27**, der uns bergauf zur **Bobhütte auf dem Lindenberg 28** führt. Hier war der Start der 1926 ange-legten und damals mit durchschnittlich 13-prozentigem Gefälle steilsten Bob-bahn Europas. Nach 500 m über einen Fuhrweg erreichen wir den **„Ilmenauer Balkon" 29**, der eine grandiose Aus-sicht über Ilmenau bietet.

Von nun an geht es auf dem zum Teil ausgewaschenen, steinigen Weg steil bergab. Nach 500 m überqueren wir den Forstweg und gehen geradeaus auf dem *Ilmenauer Naturpfad* weiter (Mar-kierung grüner Diagonalbalken). Nach einigen Serpentinen, die der Pfad am Hang schlingt, sehen wir unter uns die rasanten Kurven der im Sommer und Winter geöffneten *Freizeit- und Renn-schlittenbahn „Wolfram Fiedler"* (Stein-str. 61), wo Olympiasieger trainieren und Gästerodeln möglich ist. Wir queren einen Versorgungsweg, an dem die Rodelbahn ausgeschildert ist (150 m), kreuzen einen zweiten Weg und erreichen dann die *Stadtgrenze*. Auf der Straße „Lindenberg" geht es bergab bis zur *Schule* in der Prof.-Deubel-Straße **30**, hier biegen wir links ab, nach 200 m rechts die Knebelstraße bergab, dann links in die Heinrich-Heine-Straße, die bei einem Netto-Markt in die Waldstraße mündet. Wir überqueren die Bahnschienen sowie die **Schleusinger Allee 31**. Beim Hotel Tanne gehen wir durch die Lindenstraße in die Fußgängerzone, vorbei am ehemaligen Gasthaus „Zum Löwen", in dem Goethe 1831 seinen letzten Geburtstag feierte. Am Ende der **Straße des Friedens 32** biegen wir nach links in die Marktstraße ein und gelangen zurück zum **Amtshaus 1** am Markt.

GPS-Wanderung 6

Um die Saaleschleife zum Kobersfelsen und zu Schloss Burgk

Charakteristik: Schöne, meist einfache Wanderung zwischen Wasser, Fels und Wald. Dabei wird der sehenswerte Kobersfelsen passiert. Auf der Strecke gibt es Gelegenheit zum Besuch von Schloss Burgk (10–18 Uhr). **Länge/Gehzeit:** 13,5 km, 4 Std. reine Gehzeit ohne Besichtigungen. **Markierung:** blaues Andreaskreuz, rotes Dreieck. **Einkehr:** Gaststätte Schlossterrasse auf Schloss Burgk, Di–So 11–17 Uhr, Ortsstr. 11, 07907 Burgk ☏ 03663-402341. Café Isabellengrün, Di/Mi Ruhetag, Isabellengrün 3, 07907 Burgk, ☏ 036640-284730. **Start/Ziel:** Wanderparkplatz Staumauer Bleilochtalsperre. Anfahrt mit dem Pkw von Gräfenwarth oder Remptendorf.

Extra-Tour: Für eine erlebnisreiche Tagestour bietet sich die Anfahrt von Saalburg mit dem Ausflugsschiff bis zum Bedarfs-Anleger Staumauer an. Wichtig: eigenes Fahrrad mitbringen, denn zurück kommt man nach der Wanderung nur per Drahtesel vom Wanderparkplatz an der Staumauer über Gräfenwarth und den Fahrradweg über Kloster. (Hinfahrt: Schiff um 12 Uhr ab Saalburg, Fahrt 30 Min., 6,50 €, Fahrrad kostenlos, Ausstieg und Zustieg an der Staumauer nach vorheriger Absprache; Fahrgastschifffahrt ☏ 036647-22250).

Wegbeschreibung: Dort, wo die Talsperre den Bleilochsee aufstaut, beginnt unsere Wanderung. Vom **Wanderparkplatz westlich der Staumauer 1** geht es los, die Markierungen blaues Andreaskreuz und rotes Dreieck des *Saale-Orla-Wegs* geleiten uns. Beim Weg über die Staumauer in östliche Richtung darf der Blick über das von grünen Hängen gesäumte blaue „Thüringer Meer" schweifen. Nach etwa 450 m ist man raus aus dem Betriebsgelände der Stromgesellschaft. (Hier unterhalb befindet sich der Schiffsanleger). Noch rund 300 m führt der Weg auf der asphaltierten Straße entlang. Dann taucht der Wanderweg bei einem **Rastplatz 2** und *Wegweiser „Burgk über Kobersfelsen"* links hinein in den dichten Saaledschungel. Nach gut 100 m geht es auf einem Graspfad am **Wegweiser „Ausgleichsbecken" 3** links bergab zum Wasser, das nach kurzem Abstieg erreicht ist.

Nun führt der Weg unter dem Blätterdach idyllisch und ruhig entlang an der Saale. Immer wieder neue Sichten aufs Wasser werden frei. Felsen begleiten hier und da den Weg am Ostufer, das bis zu 70 m steil aufragt. Nach

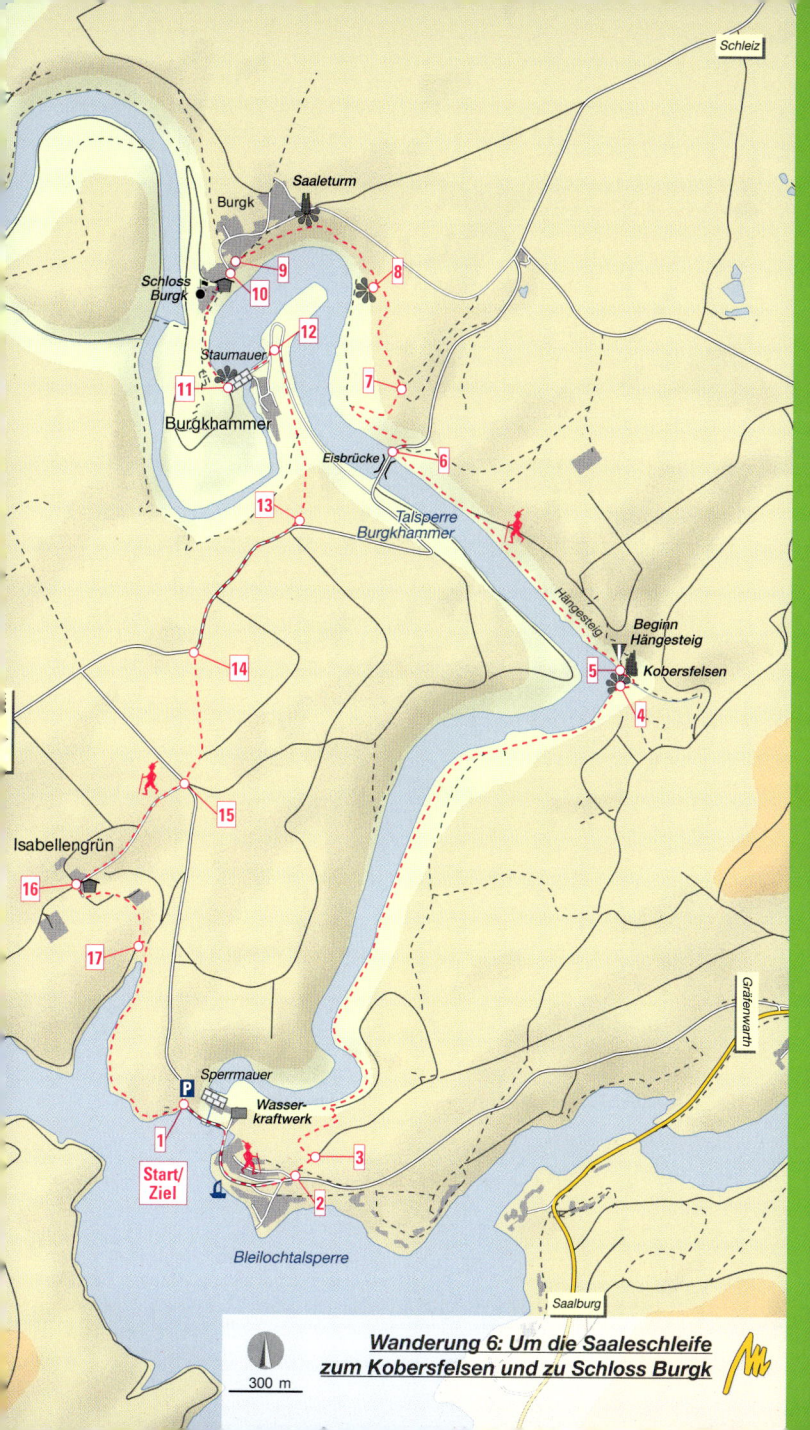

Schleiz

Saaleturm

Burgk

9

8

Schloss
Burgk

10

12

Staumauer

11

7

Burgkhammer

Eisbrücke

6

13

Talsperre
Burgkhammer

Hängesteig

Beginn
Hängesteig

14

5

Kobersfelsen

4

Isabellengrün

15

16

17

Grafenwarth

Sperrmauer

P

Wasser-
kraftwerk

1

3

Start/
Ziel

2

Bleilochtalsperre

Saalburg

**Wanderung 6: Um die Saaleschleife
zum Kobersfelsen und zu Schloss Burgk**

300 m

etwa 2,5 km liefern der See mit dem **Kobersfelsen** 4 und **Schloss Burgk** in der Ferne ein grandioses Fotomotiv. Schon jetzt ist der Hängesteig zu sehen, der in den Fels geschlagen ist und den wir gleich passieren werden. Dorthin gelangen wir, wenn wir am nächsten Wegweiserbaum Richtung Burgk nach links weiterlaufen. Der mit Geländer gesicherte, leicht zu gehende **Hängesteig** 5 führt entlang des Naturschutzgebiets Kobersfelsen. An den stark aufgeheizten Felswänden finden Pflanzen wie die Astlose Graslilie oder das Blasse Habichtskraut Halt. Reptilien wie die Zauneidechse und die ungiftige, aber bissige Glattnatter lieben diesen Lebensraum. Hoch oben baut der Uhu sein Nest. Ebenfalls gefährdet ist der Kleine Eisvogel, ein Schmetterling, der hier in kleinen Gruppen unterwegs ist. Unter uns schlägt das Wasser gluck-

Hängesteig am Kobersfelsen

send an den Felsen und wir genießen die Sicht über den See.

Nach 1,5 km ist die **Eisbrücke** 6 erreicht. Rechts geht es 100 m an einem kleinen Parkplatz entlang und dann links der Straße am *Wegweiser Richtung Burgk* auf dem Röhrensteig den Berg hinauf. In Kürze gelangen wir an eine Obstwiese, an der wir mit der Wegweisung rechts entlanglaufen, um dann mit dem blauen Andreaskreuz und roten Dreieck den steilen, aber kurzen Anstieg im Wald anzugehen. An einer **Wegkreuzung** 7 wenden wir uns links und wandern in der Folge quer zum Hang. Nach etwa 400 m ist ein kurzer Abstecher zu einem **Aussichtspunkt** 8 möglich, der uns Schloss Burgk in den Blick rückt. Zurück auf dem Wanderweg folgen wir einen weiteren Kilometer der Höhenlinie und passieren weitere Aussichtspunkte mit Burgk-Blick.

Schließlich erreichen wir am Gasthof Saaleblick die kleine Ansiedlung **Burgk** 9. Wer eine wirklich spektakuläre Aussicht über die Saaleschleife des Ausgleichsbeckens Burgkhammer, auf Schloss Burgk, übers Thüringer Schiefergebirge und sogar bis hinüber zur Bergkirche Schleiz genießen will, geht ab hier rechts für einen Abstecher den geteerten Fußweg bergauf. Am Parkplatz in knapp 500 m Entfernung steht der 43 m hohe *Saaleturm*. Für 1 Euro Eintritt gelangt man über 192 Stufen auf die Aussichtsplattform. Das lohnt sich wirklich! Allen Kulturinteressierten sei der Besuch von **Schloss Burgk** 10 empfohlen (→ S. 154). Mit welchen kulturellen oder kulinarischen Erfrischungen auch immer gestärkt, geht die Wanderung links unterhalb der Burg weiter *Richtung Isabellengrün*. Die Saale wird an der **Staumauer von Burgkhammer** 11 überquert. An der Rastbank bei einem kleinen **Parkplatz** 12 geht der Wanderweg über einen Grasweg bergauf (Wegweiser liegt etwas versteckt). Nach rechts geht es ein paar Schritte auf der Teerstraße weiter, dann führt uns ein rechts gelegener, grasbewachsener Weg (*Wegweiser „Jägerstieg"*) in der Mitte der Saaleschleife stetig und geradeaus bergauf.

Nach gut 600 m kommen wir erneut zur **Teerstraße** 13, auf die wir nach rechts einbiegen und etwa 800 m entlang wandern müssen. Dann geht es in einer Kurve an der Markierung rotes Dreieck links ab auf einen befestigten **Forstweg** 14, dem wir in lichtem Wald folgen bis zur nächsten **Kreuzung mit der Landstraße** 15. Der Ausschilderung „Isabellengrün" folgend, überqueren wir die Landstraße und erreichen nach knapp 1 km die Ferienanlage **Isabellengrün** 16, wo ein Café zur Einkehr einlädt. Hinter dem Gasthaus geht es am *Wegweiser Richtung Spermauer* links und dann unterhalb der bunten Bungalows vorbei. Über den geschotterten Weg ist der See rasch erreicht. Dort geht es **am Wegweiser scharf links** 17, um mit dem blauen Andreaskreuz die kleine Bucht rechter Hand auszulaufen.

Etwa 1 km wandern wir zum Abschluss auf einem schönen, flachen Uferweg unter Bäumen mit Ausblicken auf den *Bleilochsee*, bis zum **Wanderparkplatz** 1 an der Staumauer.

GPS-Wanderung 7

Durch die Drachenschlucht zur Hohen Sonne, zurück durch die Landgrafenschlucht

Charakteristik: Erlebnisreiche Wanderung, bei der man zwei sehenswerte Felsschluchten durchwandert und herrliche Ausblicke zur Wartburg genießt. Meist leichte Rundwanderung, nach Regen ist mit matschigen Wegen zu rechnen, mäßiger Aufstieg zur Hohen Sonne. In der Landgrafenschlucht sind einige kürzere, mit Stahlseil gesicherte Passagen zu gehen, bei denen der schmale Weg etwa 5–8 m an der steilen Kante oberhalb der Schluchtbasis entlangführt. **Achtung:** Nach Starkregen und Sturm können die beiden Schluchten kurzfristig gesperrt werden. Bei Schnee und Eis sind sie nicht begehbar. Info: Touristinformation (☎ 03691-79230) oder im Forstamt (☎ 036925-26800) nachfragen. **Länge/Gehzeit:** 8,5 km, 2:30 Std. **Markierung:** blaues X, grüner Punkt. **Einkehr:** Imbiss Hohe Sonne, Mai bis Okt. Di–Fr 9–17, Sa/So 10–17 Uhr, Dez. bis April Di–Fr 9–15, Sa/So 10–17 Uhr. Sängerwiesen-Hütte, Mi–So 11–17 Uhr, ☎ 03691-203272, ca. 15 Min. Extra-Fußweg ab Wanderparkplatz Marienthal. **Start/Ziel:** Wanderparkplatz etwa 600 m nach dem Ortsschild Eisenach an der B 19 stadtauswärts Richtung Bad Salzungen auf der linken Seite, 99817 Eisenach. Hier auch Bushaltestelle.

Wegbeschreibung: Auf dieser abwechslungsreichen Wanderung folgen Denkmäler aus Natur und Kultur Schlag auf Schlag. Natürlich könnte man direkt in Eisenach im Marienthal loswandern. Wir ersparen uns jedoch den 2 km langen Hatsch entlang der B 19 und parken etwa 600 m nach dem Ortsschild auf der linken Seite. Dort befindet sich ein kleiner **Wanderparkplatz** 1 unterhalb des Königsteins. Wir queren die B 19 und wandern Richtung Süden. Nach 180 m biegen wir rechts in die Auffahrt zum *Waldhaus Sängerwiese* ein. Während wir einen kleinen Teich links liegen lassen, lotsen uns hölzerne Geländer und ein Wegweiser zum Anfang des Drachenschlucht-Wanderwegs.

Entlang eines Bächleins erreichen wir den **Eingang der Drachenschlucht** **2** nach 750 m. Das Tal verengt sich zur Klamm, deren moosbewachsene Felsen meterhoch aufragen. Der Weg führt über Metallroste, unter denen der Bach munter gurgelt. An manchen Stellen ist die wildromantische Schlucht mit ihrem Gestein aus Wartburgkonglomerat (Oberrotliegendem) kaum 70 cm breit. 1832 wurde sie durch den Eisenacher Oberforstrat Gottlob König begehbar gemacht. Gerne bummelt man hier ein

▲ Blick zur Wartburg

▼ Erlebnis Drachenschlucht

bisschen und blinzelt hinauf, ob man zwischen Farnwedeln und dem grünen Blätterdach des Waldes ein bisschen Himmel erhaschen kann. Vielleicht huscht auch ein Feuersalamander vorbei.

Am Ende der Drachenschlucht setzen wir unsere Wanderung immer entlang des Baches im weiterhin engen, felsigen Tal fort. Das „R" auf den Wegweisern verrät, dass sich unser nächstes Etappenziel, die Hohe Sonne, am Rennsteig befindet. Etwa 750 m nach Ende der Schlucht wird der Weg steiler, führt hier und da über Treppen und hölzerne Stege, die man aufmerksam begehen sollte. Im Wald liegen umgestürzte Bäume herum, denn der Forst wird als Reservat in Ruhe gelassen. Wir passieren ein Hinweisschild zum oberen Eingang der Drachenschlucht und laufen an der Wegkreuzung geradeaus bergauf.

Am Ende des Anstiegs erreichen wir die **Hohe Sonne** **3**. Auf 434 m Höhe hatte sich der Eisenacher Herzog Ernst August I. Mitte des 18. Jh. ein Jagdschloss errichten lassen, das nun aus dem Dornröschenschlaf geweckt werden soll. Vom herrschaftlichen Genussleben zeugt noch der wahrhaft fürstliche Ausblick zur Wartburg, den man vom Rastplatz aus gerne eine Weile genießt.

Zur Fortsetzung unserer Tour überqueren wir beim Parkplatz Hohe Sonne die B 19 und folgen der *Wegweisung zur Landgrafenschlucht* nach links auf der Weinstraße, einem breiten Forstweg Richtung Norden. Hier wanden wir gemütlich auf dem Höhenrücken unter den Laubbäumen dahin und genießen Ausblicke über den Thüringer Wald. Nach 1,3 km erreichen wir einen **Rastplatz** **4**, der uns nochmals einen herrlichen Blick auf die Wartburg beschert. Wir bleiben dem geradeaus führenden Forstweg treu, auch wenn 300 m weiter an einer Weggabelung nach links die Landgrafenschlucht ausgewiesen ist. Rechts könnte man einen Abstecher über den *Großen Drachenstein* machen.

Eisenach

Wartburg

B 19

Marientdl

1
Start/
Ziel

2

Drachenschlucht

Drachenschlucht

Landgrafenschlucht

5

Großer
Drachenstein
470

4

Kleiner
Drachenstein
462

Saalkopf
629

Rennsteig

B 19

R

Hohe
Sonne

3

Wilhelmsthal/
Bad Salzungen

300 m

Wanderung 7:
Durch die Drachenschlucht

Erst 500 m später bei einer **Wegkreuzung mit Schutzhütte** 5 folgen wir dem *Wegweiser zur Landgrafenschlucht* nach links. Der zunächst einspurige, später wieder breitere Pfad führt uns bergab, wir folgen seinen Windungen entlang des Waldhangs. Auch bei einer 900 m entfernten Gabelung halten wir uns auf dem bergab führenden, linken Weg.

Nach weiteren 100 m erreichen wir den **Beginn der Landgrafenschlucht.** Hier wandern wir auf dem Waldpfad an einem Bach entlang und immer bergab bis zum Ende. Bald helfen uns Holztreppen, Plankenwege oder Brücken über Engstellen zwischen Felsen und übers Wasser. Nach längerem Regen ist es hier matschig und glitschig. Die Schlucht mag weniger spektakulär wirken als die Drachenschlucht, trotzdem ist sie ein aufregendes Stück Wegs.

Nach der Überlieferung soll sich hier 1306 Friedrich der Gebissene versteckt haben, bevor er gegen seinen Vater Albrecht den Entarteten vorging, der auf der Wartburg saß und ihm die Erbfolge streitig machte. In dieser wilden Natur kann man sich eine solche Geschichte gut vorstellen. Der Weg führt teilweise in etlichen Metern Höhe über dem Bach, so dass man hier tief in den felsigen Abgrund schauen kann. Zum Glück ist an den besonders steilen Stellen ein Stahlseil zum Festhalten angebracht.

Zuletzt laufen wir wieder am (oder im) Bachbett und genießen das idyllische Wassergemurmel. Nach insgesamt 2,5 km ist auch die Landgrafenschlucht durchschritten. Wir kommen direkt an unserem **Parkplatz** 1 zurück in die Zivilisation.

GPS-Wanderung 8

Von Kammerforst zur Betteleiche und zum Ihlefelder Kreuz

Charakteristik: Angenehme Rundwanderung im Nationalpark Hainich, bei der man die Ruhe und Natur genießen kann und die Sehenswürdigkeiten Betteleiche, Ihlefelder Kreuz und Eiserne Hand besucht. Der Weg führt anfangs leicht bergauf, ist aber ohne große Anstrengung zu gehen. Die Wanderung ist besonders schön im Frühjahr und Herbst. **Länge/Gehzeit:** 12 km, ca. 3:15– 4 Std. **Markierung:** Symbol Rundweg Betteleiche, Symbol Waagebalken. **Einkehr:** Landgasthaus Brauner Hirsch, Mo/Di 17–22, Mi/Do 8–14 und 17–22, Fr 11–24, Sa 8–24, So 8–22 Uhr. Straße der Einheit 12, 99986 Kammerforst, ☎ 036028-30114. **Start/Ziel:** Parkplatz an der Nationalpark-Information im Obergut, Straße der Einheit, Kammerforst, ☎ 036028-36893. Hier hält auch der Bus von Regionalbus.

Wegbeschreibung: In der Nationalpark-Gemeinde **Kammerforst** geleiten wunderschöne historische Fachwerkhäuser zum mitten im Dorf gelegenen Obergut aus dem 16. Jh. Auf dem gepflasterten **Parkplatz** 1 vor der Nationalpark-Information kann man parken und sich in der Informationsstelle mit Info- und Kartenmaterial über den Nationalpark Hainich eindecken.

Wir wenden uns am Hoftor links und wandern bis zur etwa 150 m entfernten Kreuzung, wo uns das naturfarbene Betteleiche-Symbol auf kleinen Holzwegweisern nach links auf den *Rundwanderweg Betteleiche* schickt. Am Ende der Bäckergasse treffen wir auf die *Reckenbühler Straße*, wo wir mit dem Betteleichen-Symbol nach rechts abbiegen. Auf einer Teerstraße geht es

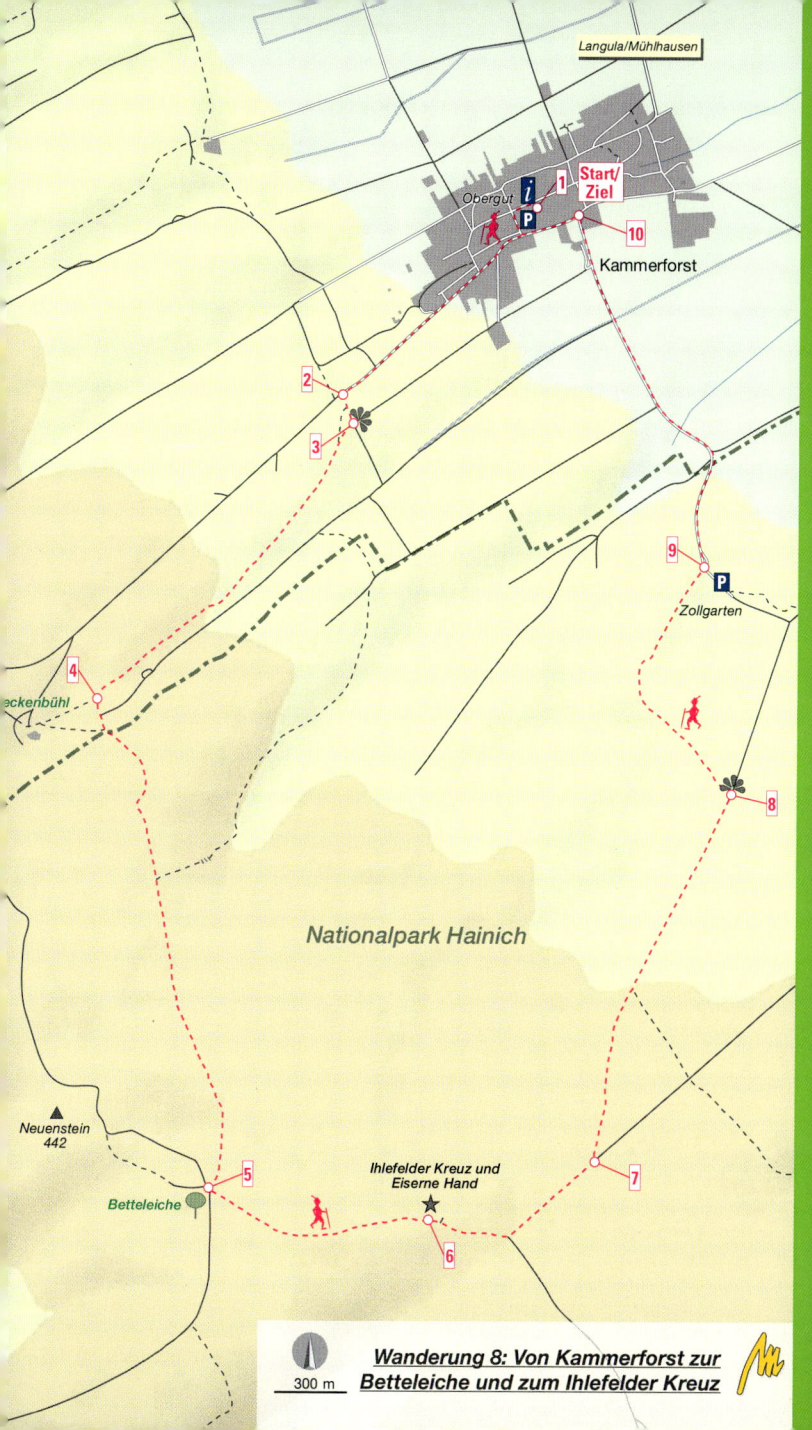

Langula/Mühlhausen

Obergut

Start/Ziel

1

10

Kammerforst

2

3

9

P

Zollgarten

4

eckenbühl

8

Nationalpark Hainich

Neuenstein
442

5

Betteleiche

Ihlefelder Kreuz und
Eiserne Hand

6

7

300 m

**Wanderung 8: Von Kammerforst zur
Betteleiche und zum Ihlefelder Kreuz**

bergauf und schnurstracks aus dem Ort hinaus, bis wir nach 900 m den **Waldrand 2** erreichen. Hier wandern wir links auf dem Forstweg etwa 150 m am Waldrand entlang bis zu einem Waldweg mit **Wegweiser 3**, der das Ziel unseres Weges, die Betteleiche, in 4,2 km avisiert. Bevor es weitergeht, sollte man noch kurz die Aussicht ins Thüringer Becken genießen.

Wir folgen ab hier der *Markierung Waagebalkenweg* (ein auf dem Kopf stehendes T) auf einem erst von Fahrzeugen ausgefahrenen, unbefestigten und nach Regen etwas matschigen Waldweg. Bald jedoch sind auch diese menschlichen Spuren vorbei, im geschützten Nationalpark-Bereich führt nun der oft begangene Trampelpfad auf federndem Waldboden durch den Urwald. Vorbei an bemoosten Baumstümpfen und liegengelassenem Totholz, im Frühjahr durch herrliche Frühblüher-Teppiche im lichten Buchenmischwald, im Herbst unter einem farbglühenden Blätterdach, wandern wir auf diesem Pfad stetig bergauf, bis wir nach 2 km eine **Wiesenlichtung 4** mit einigen Häusern (*Reckenbühl*) erreichen.

Wir bleiben im Wald und wenden uns ihm auf dem Pfad nach links. Der *Waagebalkenweg* verläuft hier gemeinsam mit dem Fahner Höhe-Hainich Weg und dem Hainichland-Weg. Nur wenige Schritte weiter treffen wir auf eine *Wegkreuzung* (von links kommt der schon bekannte Betteleichenweg herauf), die wir geradeaus passieren. Auch an der nächsten Wegkreuzung folgen wir der Ausschilderung des Waagebalkenwegs Richtung Betteleiche, die uns nach links tiefer hinein in den Wald auf einen etwas breiteren Naturweg führt. Der Weg bleibt hier weitgehend auf derselben Höhe, kreuzt nach 200 m eine Fahrspur, schlängelt sich durch Bärlauchteppiche und zwischen den Stämmen der Baumriesen hindurch. Nach 1,2 km hilft uns eine kleine Brü-

cke, ein kleines Gewässer trockenen Fußes zu überqueren, danach ist in Kürze die **Betteleiche 5** erreicht. Mindestens 800 Jahre soll sie alt sein, die knorrige Betteleiche mit ihrer markanten Aushöhlung. Hier am Ihlefeld lebten einst in einer Klause Bettelmönche, die in den Dörfern die Messe lasen oder Kranke pflegten. Die Menschen versorgten die Mönche, indem sie an der Betteleiche Lebensmittel niederlegten. Um diese vor dem Wetter zu schützen, schlugen die Mönche eine Vertiefung in den Stamm der Eiche, was über die Jahrhunderte zu ihrer heutigen Form führte.

An der Betteleiche treffen sich fünf Wege. Der Betteleichenweg führt von hier aus auf dem direkt an der Eiche entlang führenden, befestigten Waldweg Richtung Osten. Wir folgen dieser Wegweisung und teilen uns hier den Weg gelegentlich mit Radfahrern oder auch Reitern. Froh über die Abwechslung auf dem monoton wirkenden Streckenabschnitt, nehmen wir die **Ausschilderung „Ihlefelder Kreuz" 6** wahr, überqueren einen Steg und gehen etwa 50 m in den Wald hinein. Das Steinkreuz aus dem 15. Jh. mit einer verwitterten Bärenjagdszene weist vermutlich darauf hin, dass an dieser Stelle bei der Bärenjagd ein Mensch ums Leben kam. Zurück auf dem befestigten Weg finden wir etwa 100 m weiter an einem Rastplatz die so genannte „*Eiserne Hand*". Heute ist die Nachbildung eines 1554 im Salzaer Amtsbuch erwähnten Wegweisers zu sehen, dessen einzelne Finger Reisenden die Richtungen im Hainich angeben. Wir verlassen uns lieber auf die modernen Wanderwegweiser und folgen dem Betteleichenweg-Symbol weiter auf dem befestigten Weg. Bei der nächsten Weggabelung halten wir uns links.

Nach etwa 500 m an einer Weggabelung **7** wählen wir den linken befestigten Weg auf dem Betteleichenweg. Im

Unterholz finden sich immer wieder Wühlspuren von Tieren, vielleicht Wildschweine. Auch fordern leuchtende Pflanzen wie der lilafarbene Seidelbast unsere Aufmerksamkeit. So erreichen wir den Saum des Waldes, der hier in eine andere typische Hainich-Landschaft übergeht, den steppenartigen Bereich der Gebüsche und Pionierwälder. Wir bleiben auf dem befestigten Weg, von dem der Wanderweg Saugraben rechts abzweigt, wandern vorbei an einem hölzernen Hochstand und erreichen einen **kleinen Rastplatz 8**. Wir folgen dem Wegweiser Betteleichenweg (der Weg ist hier identisch mit dem Saugraben-Weg) nach links auf einen Wiesenweg. Während wir die mit Wildrosen und Schlehensträuchern durchsetzte Steppe queren, können wir einen weiten Blick ins Thüringer Becken und bei klarem Wetter (so versicherte der Nationalparkmitarbeiter im Obergut) sogar bis zum Brocken genießen. Eine hölzerne Info-

Tafel berichtet von dem 1819 erbauten, heute nicht mehr existenten *Zollhaus*, das einst hier oben den Grenzverkehr zwischen dem Königreich Preußen und dem Großherzogtum Sachsen-Weimar-Eisenach kontrollierte. Am Waldrand geht es ab durch die Hecke. Wir tauchen noch einmal kurz ein in den wilden Urwald, müssen unter einem umgefallenen Baumstamm hindurch und wandern danach außen am Waldrand an Schlehenhecken entlang bis zum **Wanderparkplatz Zollgarten 9**.

Links geht es auf der gepflasterten Straße hinaus aus dem Naturparkbereich hinunter Richtung Kammerforst. Nach knapp 1,5 km durch die Felder erreichen wir **Kammerforst 10**, wo wir links wieder in die Reckenbühler Straße einbiegen und bis zum bereits bekannten Betteleichenweg-Schild wandern. Dort geht es rechts in die Bäckergasse und zurück zum **Obergut 1**.

Etwa 800 Jahre alt: die Betteleiche

Kartenverzeichnis und Zeichenerklärung

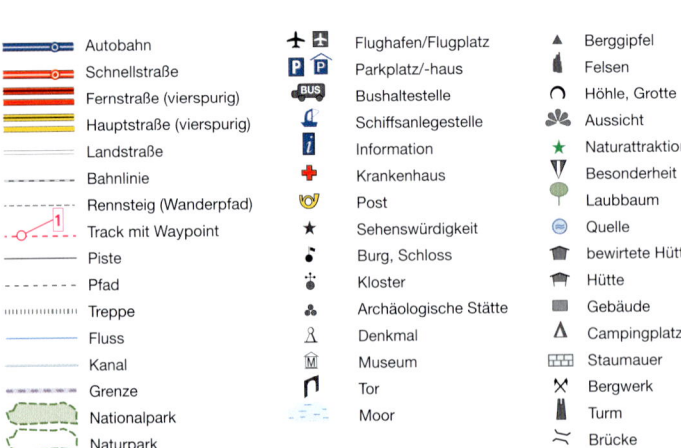

Autobahn	Flughafen/Flugplatz	Berggipfel
Schnellstraße	Parkplatz/-haus	Felsen
Fernstraße (vierspurig)	Bushaltestelle	Höhle, Grotte
Hauptstraße (vierspurig)	Schiffsanlegestelle	Aussicht
Landstraße	Information	Naturattraktion
Bahnlinie	Krankenhaus	Besonderheit
Rennsteig (Wanderpfad)	Post	Laubbaum
Track mit Waypoint	Sehenswürdigkeit	Quelle
Piste	Burg, Schloss	bewirtete Hütte
Pfad	Kloster	Hütte
Treppe	Archäologische Stätte	Gebäude
Fluss	Denkmal	Campingplatz
Kanal	Museum	Staumauer
Grenze	Tor	Bergwerk
Nationalpark	Moor	Turm
Naturpark		Brücke

Alles im Kasten

Fotonachweis

Alle Fotos Heidi Schmitt außer: André Nestler: S. 176 | Andreas Wohlleben: S. 16 | arcona-W-Hotelbetriebsgesellschaft GmbH: S. 373 | Köstritzer Schwarzbierbrauerei: S. 332 | Maik Schuck, Weimar GmbH S. 228, 230 (oben), 379 | Maik Schuck, Thüringer Tourismus GmbH S. 235 | Matthias Frank Schmidt: S. 18, 137 | Museum für Glaskunst Lauscha: S. 121 | Skiarena Silbersattel: S. 118 | Stadt Bad Köstritz: S. 333 | Stadt Bad Liebenstein: S. 94 | Steffen Fietze: S. 311 | Stiftung Leuchtenburg: S. 145 | Stiftung Schloss Friedenstein Gotha, Marco Karthe: S. 180 | Thomas Stephan: S. 356 | Thomas Wolf: S. 116

Was haben Sie entdeckt?

Haben Sie ein gemütliches Lokal gefunden, einen schönen Weg erwandert, eine Attraktion oder ein besonderes Museum entdeckt? Wenn Sie Ergänzungen, Verbesserungen oder Tipps zum Buch haben, lassen Sie es uns bitte wissen!

Schreiben Sie an: Heidi Schmitt, Stichwort „Thüringen"

c/o Michael Müller Verlag GmbH | Gerberei 19, D – 91054 Erlangen

heidi.schmitt@michael-mueller-verlag.de

Vielen Dank!

Vielen Dank allen Mitarbeiter/innen der örtlichen Touristenbüros, Nationalparkverwaltungen, Pressestellen, Museen, Gastronomiebetriebe etc. für die freundliche Unterstützung. Auch möchte ich mich bei allen Leserinnen und Lesern für ihre Zuschriften mit wertvollen Tipps und Hinweisen bedanken. Ganz besonders danke ich meinem Mann Peter Schmitt.

Impressum

Text und Recherche: Heidi Schmitt   **Lektorat:** D&M Services GmbH: Sabine Senftleben **Redaktion:** Johanna Prediger   **Layout:** D&M Services GmbH: Steffen Fietze, Susann Weickert, Heike Wurthmann   **Karten:** Janina Baumbauer, Hans-Joachim Bode, Theresa Flenger, Judit Ladik, Benedikt Neuwirth, Gábor Sztrecska **Herausnehmbare Karte:** Benedikt Neuwirth **Fotos:** siehe S. 417   **GIS-Consulting:** Rolf Kastner **Covergestaltung:** Karl Serwotka **Covermotiv:** Wartburg near Eisenach, Thuringia, Germany © mauritius images / Novarc Images

ISBN 978-3-95654-756-0

Haftungsausschluss

Die in diesem Reisebuch enthaltenen Informationen wurden von der Autorin nach bestem Wissen erstellt und von ihr und dem Verlag mit größtmöglicher Sorgfalt überprüft. Dennoch sind, wie wir im Sinne des Produkthaftungsrechts betonen müssen, inhaltliche Fehler nicht mit letzter Gewissheit auszuschließen. Daher erfolgen die Angaben ohne jegliche Verpflichtung oder Garantie der Autorin bzw. des Verlags. Autorin und Verlag übernehmen keinerlei Verantwortung bzw. Haftung für mögliche Unstimmigkeiten. Wir bitten um Verständnis und sind jederzeit für Anregungen und Verbesserungsvorschläge dankbar.

Aktuelle Infos zu unseren Titeln, Hintergrundgeschichten zu unseren Reisezielen sowie brandneue Tipps erhalten Sie in unserem regelmäßig erscheinenden Newsletter, den Sie im Internet unter **www.michael-mueller-verlag.de** kostenlos abonnieren können.

Abruzzen ▪ Ägypten ▪ Albanien ▪ Algarve ▪ Algarve ▪ Allgäu ▪ Altmühltal & Fränk. Seenland ▪ Amsterdam ▪ Andalusien ▪ Andalusien ▪ Apulien ▪ Australien – Der Osten ▪ Azoren ▪ Bali & Lombok ▪ Barcelona ▪ Bayerischer Wald ▪ Berchtesgadener Land ▪ Berlin ▪ Bodensee ▪ Bornholm ▪ Bremen mit Bremerhaven ▪ Bretagne ▪ Brüssel ▪ Budapest ▪ Chalkidiki ▪ Chiemgauer Alpen ▪ Chios ▪ Cilento ▪ Comer See ▪ Cornwall & Devon ▪ Costa Brava ▪ Costa de la Luz ▪ Costa Rica ▪ Côte d'Azur – Alpes Maritimes ▪ Cuba ▪ Dolomiten ▪ Dolomiten ▪ Dominikanische Republik ▪ Dresden ▪ Dublin ▪ Düsseldorf ▪ Ecuador ▪ Eifel ▪ Elba und der Toskanische Archipel ▪ Elsass ▪ Elsass ▪ Fehmarn ▪ Florenz & Chianti ▪ Föhr & Amrum ▪ Franken ▪ Fränkische Schweiz ▪ Fränkische Schweiz ▪ Friaul-Julisch Venetien ▪ Fuerteventura ▪ Gardasee ▪ Gardasee ▪ Golf von Neapel ▪ Gomera ▪ Gran Canaria ▪ Graubünden ▪ Hamburg ▪ Harz ▪ Haute-Provence ▪ Ibiza & Formentera ▪ Irland ▪ Island ▪ Istanbul ▪ Istrien ▪ Kalabrien & Basilikata ▪ Kanada – der Westen mit Südost-Alaska ▪ Karpathos ▪ Kärnten ▪ Katalonien ▪ Kefalonia & Ithaka ▪ Köln ▪ Kopenhagen ▪ Korfu ▪ Korsika ▪ Korsika Fernwanderwege ▪ Korsika ▪ Kos ▪ Krakau ▪ Kreta ▪ Kreta ▪ Kroatische Inseln & Küstenstädte ▪ Kvarner-Bucht – Zentralkroatien, Zagreb ▪ Kykladen ▪ Lago Maggiore ▪ Lago Maggiore ▪ La Palma ▪ La Palma ▪ Languedoc-Roussillon ▪ Lanzarote ▪ Latium mit Rom ▪ Lesbos ▪ Ligurien – Italienische Riviera, Genua, Cinque Terre ▪ Ligurien ▪ Limnos ▪ Limousin & Auvergne ▪ Liparische Inseln ▪ Lissabon & Costa de Lisboa ▪ Lissabon ▪ London ▪ Lübeck inkl. Travemünde ▪ Madeira ▪ Madeira ▪ Madrid ▪ Mailand ▪ Mainfranken ▪ Mainz ▪ Mallorca ▪ Mallorca ▪ Malta, Gozo, Comino ▪ Marken ▪ Marseille ▪ Mecklenburgische Seenplatte ▪ Mecklenburg-Vorpommern ▪ Menorca ▪ Midi-Pyrénées ▪ Mittel- und Süddalmatien ▪ Montenegro ▪ Moskau ▪ München ▪ Münchner Ausflugsberge ▪ Naxos ▪ Neuseeland ▪ New York ▪ Niederlande ▪ Nord- u. Mittelengland ▪ Nord- u. Mittelgriechenland ▪ Norddalmatien ▪ Norderney ▪ Nördliche Sporaden – Skiathos, Skopelos, Alonnisos, Skyros ▪ Nordportugal ▪ Nordspanien ▪ Normandie ▪ Norwegen ▪ Nürnberg, Fürth, Erlangen ▪ Oberbayerische Seen ▪ Oberitalien ▪ Oberitalienische Seen ▪ Odenwald mit Bergstraße, Darmstadt & Heidelberg ▪ Ostfriesland – Ostfriesische Inseln ▪ Ostseeküste – Mecklenburg-Vorpommern ▪ Ostseeküste – von Lübeck bis Kiel ▪ Paris ▪ Peloponnes ▪ Pfalz ▪ Pfälzerwald ▪ Piemont & Aostatal ▪ Piemont ▪ Polnische Ostseeküste ▪ Porto ▪ Portugal ▪ Prag ▪ Provence & Côte d'Azur ▪ Provence ▪ Rhodos ▪ Rom ▪ Rügen, Stralsund, Hiddensee ▪ Rumänien ▪ Rund um Meran ▪ Sächsische Schweiz ▪ Salzburg & Salzkammergut ▪ Samos ▪ Santorini ▪ Sardinien ▪ Sardinien ▪ Schottland ▪ Schwäbische Alb ▪ Schwarzwald Mitte/Nord ▪ Shanghai ▪ Sizilien ▪ Sizilien ▪ Slowakei ▪ Slowenien ▪ Span. Jakobsweg ▪ Sri Lanka ▪ St. Petersburg ▪ Steiermark ▪ Stockholm ▪ Straßburg ▪ Südböhmen – Böhmerwald ▪ Südengland ▪ Südfrankreich ▪ Südnorwegen ▪ Südschwarzwald ▪ Südschweden ▪ Südtirol ▪ Südtoscana ▪ Südwestfrankreich ▪ Sylt ▪ Tallinn ▪ Teneriffa ▪ Teneriffa ▪ Tessin ▪ Thailand – der Norden ▪ Thassos & Samothraki ▪ Thüringen ▪ Toscana ▪ Toscana ▪ Tschechien ▪ Türkei ▪ Türkei – Lykische Küste ▪ Türkei – Mittelmeerküste ▪ Türkei – Südägäis ▪ Türkische Riviera – Kappadokien ▪ Umbrien ▪ USA – Südwesten ▪ Usedom ▪ Varadero & Havanna ▪ Venedig ▪ Venetien ▪ Wachau, Wald- u. Weinviertel ▪ Wales ▪ Warschau ▪ Westböhmen & Bäderdreieck ▪ Wien ▪ Zakynthos ▪ Zypern

Reisehandbuch   MM-City   MM-Wandern

MM-Wandern
informativ und punktgenau durch GPS

- für Familien, Einsteiger und Fortgeschrittene
- ausklappbare Übersichtskarte für die Anfahrt
- genaue Weg-Zeit-Höhen-Diagramme
- GPS-kartierte Touren (inkl. Download-Option für GPS-Tracks)
- Ausschnittswanderkarten mit Wegpunkten
- Konkretes zu Wetter, Ausrüstung und Einkehr

Übrigens:
Unsere Wanderführer gibt es auch als App für iPhone™ und Android™

- Allgäuer Alpen
- Andalusien
- Bayerischer Wald
- Chiemgauer Alpen
- Eifel
- Elsass
- Fränkische Schweiz
- Gardasee
- Gomera
- Korsika
- Korsika Fernwanderwege
- Kreta

- Lago Maggiore
- La Palma
- Ligurien
- Madeira
- Mallorca
- Münchner Ausflugsberge
- Östliche Allgäuer Alpen
- Pfälzerwald
- Piemont
- Provence
- Rund um Meran
- Schwäbische Alb

- Sächsische Schweiz
- Sardinien
- Schwarzwald Mitte/Nord
- Schwarzwald Süd
- Sizilien
- Spanischer Jakobsweg
- Teneriffa
- Toscana
- Westliche Allgäuer Alpen
- Zentrale Allgäuer Alpen

Alte Papiermühle Arnstadt

Unterwegs auf der Deutschen Alleenstraße

Register

Die in Klammern gesetzten Koordinaten verweisen auf die herausnehmbare Thüringen-Karte.

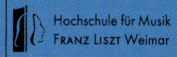

Der Umwelt zuliebe

Unsere Reiseführer werden klimaneutral gedruckt.

Eine Kooperation des Michael Müller Verlags mit myclimate

Sämtliche Treibhausgase, die bei der Produktion der Bücher entstehen, werden durch Ausgleichszahlungen kompensiert. Unsere Kompensationen fließen in das Projekt »Kommunales Wiederaufforsten in Nicaragua«:

- Wiederaufforstung in Nicaragua
- Speicherung von CO_2
- Wasserspeicherung
- Überschwemmungsminimierung
- klimafreundliche Kochherde
- Verbesserung der sozio-ökonomischen und ökologischen Bedingungen
- Klimaschutzprojekte mit höchsten Qualitätsstandards
- zertifiziert durch Plan Vivo

Plan Vivo
Carbon management and rural livelihoods

Einzelheiten zum Projekt unter myclimate.org/nicaragua.

Michael Müller Reiseführer
So viel Handgepäck muss sein.

myclimate
shape our future

Die Webseite zum Thema:
www.michael-mueller-verlag.de/klima